高等院校应用型本科经济管理系列教材

世界经济学

SHIJIE JINGJIXUE

主　编　王发兴

副主编　洪锦端　钟显龙

華南理工大學出版社
SOUTH CHINA UNIVERSITY OF TECHNOLOGY PRESS
·广州·

图书在版编目（CIP）数据

世界经济学/王发兴主编．—广州：华南理工大学出版社，2019. 8
ISBN 978 -7 -5623 -6000 -1

Ⅰ．①世…　Ⅱ．①王…　Ⅲ．①世界经济学 - 高等学校 - 教材　Ⅳ．①F11 -0

中国版本图书馆 CIP 数据核字（2019）第 111866 号

世界经济学
王发兴　主编

出 版 人：卢家明
出版发行：华南理工大学出版社
（广州五山华南理工大学 17 号楼，邮编 510640）
http：//www. scutpress. com. cn　E-mail：scutc13@ scut. edu. cn
营销部电话：020 -87113487　87111048（传真）
策划编辑：王　磊
责任编辑：陈　尤　王　磊
印 刷 者：广州市人杰彩印厂
开　　本：787mm ×960mm　1/16　印张：22. 5　字数：587 千
版　　次：2019 年 8 月第 1 版　2019 年 8 月第 1 次印刷
定　　价：68. 00 元

前　言

为了满足高等院校专升本后转型发展和地方高校本科教学的需要，在广东省高等教育特色重点学科“国际贸易学”建设项目的支持下，本教材编写组承担了教材《世界经济学》（对应“世界经济概论”“世界经济学原理”等课程）的编写任务。

在吸收与借鉴前人研究成果的基础上，遵循有所创新、强化特色的基本原则，本教材在初始设计和编写过程中，努力实现以下编写目标。

（1）学科体系完整，逻辑关系清晰。本教材以经济学（西方经济学、区域经济学）为基点，以世界地理（全球地理空间）为平台，构建起世界经济学的主体知识框架。全书以“世界经济学原理（世界经济内涵、形成与发展，经济全球化，全球可持续发展等）—世界经济运行机制（国际贸易体制、金融货币体制、跨国公司等）—世界主要经济体（发达国家与发展中国家）—国别经济（美、日、德、印、俄、中等国别经济）”为基本思路，展示世界经济学的完整学术体系，让学生全面系统地掌握世界经济学的知识结构。

（2）立足学术前沿，展示理论观点。本教材注重基本理论和前沿学术观点的介绍和传播。比如，在“经济全球化的表现和成因”一节中介绍了“跨国公司作用说”“技术进步说”“国际机构驱动说”等基本理论；在“国际贸易与多边贸易体制概述”一章中介绍了“比较优势”“幼稚产业保护”等自由贸易和保护贸易的理论；在“跨国公司及其影响”一章中重点介绍了“垄断优势”“寡占反应”“内部化”“边际产业扩张”等跨国经营理论；在“国际区域经济一体化”一章中展示了“关税同盟”“大市场”“协议性国际分工”等国际区域性合作理论。

（3）关注校情学情，文笔通俗易懂。一般来讲，由于民办高校、地方普通高校等应用型院校的特殊性，本教材在编写过程中尽量考虑民办高校和地方普通院校的校情学情特点，力求教材内容的表达言简意赅、融会贯通、通俗易懂、易教易学。如教材中的外国人名或国际机构，一律采用中文表达，并尽量在其名称后的括号里用外文原文作标注。本教材也尽量避免难度过大、存在争议和猎奇媚俗的内容出现。

（4）紧跟时代步伐，呈现热点问题。经济全球化、知识经济及网络经济的出现以及我国改革开放环境下政治经济生活日新月异的变化，鞭策我们所编写的教材要有时代的战略眼光，要适应中国的国情国策。故此，本教材特别安排了“一带一路”“金砖国家”“特别提款权与中国”“特朗普政府贸易霸凌主义”等当代国际热点问题，以此来拓展学生的视野，增强其历史责任及担当意识。

本书由广州工商学院经贸系和韶关学院经济管理学院的教学一线骨干教师联合编写。全书由广州工商学院国际经济与贸易专业带头人王发兴教授担任主编，由广州工商学院经贸系国际贸易教研室主任洪锦端老师和韶关学院经济管理学院“世界经济概论”课程主讲教师钟显龙老师担任副主编。

本教材各章的撰稿工作，具体分工如下：

王发兴：编写大纲、第一章、第二章、第三章、第六章第一节、第七章、第十一章第四节和第五节；唐思：第四章；洪锦端：第五章；曾燕银：第六章第二节、第三节和第四节；李小青：第八章；杜玲燕：第九章；钟显龙：第十章；甘荣俊：第十一章第一节、第二节和第三节；陈兰江：第十二章。全书最后由王发兴主编修改、统稿和定稿。

本书在编写过程中得到了广州工商学院教务处、广州工商学院经贸系和韶关学院经济管理学院的领导及老师们的鼎力支持与关怀；同时得到了华南理工大学出版社领导和同志们的关心和支持，在此一并表示感谢。

在本书编写过程中，我们参考和引用了大量的文献及资料，有的已在参考文献中列出，有的还来不及一一列出，在此谨向原作者致以真挚的谢忱。由于水平所限，书中难免存在疏漏或不妥之处，敬请各位同仁及读者批评指正。

王发兴

2019 年 2 月

目录 contents

第一章　世界经济导论 …… 1
教学目标 …… 1
第一节　世界经济的内涵 …… 1
第二节　世界经济的学科属性和基本特征 …… 3
第三节　世界经济的基本态势和发展前景 …… 7
第四节　世界经济学的研究内容和学习意义 …… 12
本章小结 …… 15
思考与练习 …… 15

第二章　世界经济的形成和发展 …… 16
教学目标 …… 16
第一节　世界经济的基础 …… 16
第二节　世界经济的成长历程 …… 28
第三节　20 世纪上半期世界经济的大动荡 …… 36
第四节　战后世界经济的新发展 …… 46
本章小结 …… 54
思考与练习 …… 54

第三章　经济全球化与“一带一路” …… 55
教学目标 …… 55
第一节　经济全球化的内涵与发展 …… 55
第二节　经济全球化的表现和成因 …… 64
第三节　经济全球化的意义与影响 …… 71
第四节　新全球化——“一带一路” …… 79
本章小结 …… 88
思考与练习 …… 89

第四章　世界的经济资源与全球可持续发展 …… 90
教学目标 …… 90
第一节　世界的人口与人力资源 …… 90
第二节　世界的农业生产与粮食问题 …… 95

第三节　世界的能源与能源问题 …… 106
第四节　人类的可持续发展议程 …… 112
本章小结 …… 118
思考与练习 …… 118

第五章　国际贸易与多边贸易体制概述 …… 119
教学目标 …… 119
第一节　国际贸易的概念和作用 …… 119
第二节　发达国家贸易政策的演变 …… 124
第三节　发展中国家贸易政策的演变 …… 130
第四节　全球多边贸易体制的形成与发展 …… 134
本章小结 …… 142
思考与练习 …… 143

第六章　国际金融与国际货币体系概述 …… 144
教学目标 …… 144
第一节　国际金融概述 …… 144
第二节　国际金融组织 …… 148
第三节　国际金融市场 …… 162
第四节　国际货币体系的发展及其前景 …… 172
本章小结 …… 182
思考与练习 …… 182

第七章　跨国公司及其影响 …… 183
教学目标 …… 183
第一节　跨国公司的定义和特点 …… 183
第二节　跨国公司的发展与成因 …… 188
第三节　跨国公司的经济效应与影响 …… 194
本章小结 …… 199
思考与练习 …… 199

第八章　国际区域经济一体化 …… 200
教学目标 …… 200
第一节　国际区域经济一体化概述 …… 200
第二节　国际区域经济一体化的形成与发展 …… 206
第三节　国际区域经济一体化对世界经济的影响 …… 216
第四节　国际区域经济一体化的实践 …… 220
本章小结 …… 224
思考与练习 …… 224

第九章　发达国家经济体的模式与经济调整 ········ 225
教学目标 ········ 225
第一节　发达国家概述 ········ 225
第二节　发达国家的市场经济模式 ········ 230
第三节　发达国家的经济发展与调整 ········ 240
第四节　发达国家首脑会议 ········ 249
本章小结 ········ 252
思考与练习 ········ 253

第十章　发展中国家经济体的改革与发展 ········ 254
教学目标 ········ 254
第一节　发展中国家概述 ········ 254
第二节　战后至20世纪70年代发展中国家的经济改革和发展 ········ 259
第三节　20世纪70年代以后新兴工业化国家的发展 ········ 264
第四节　发展中国家新兴市场经济体——“金砖国家”的崛起 ········ 269
本章小结 ········ 274
思考与练习 ········ 274

第十一章　国别经济选读 ········ 275
教学目标 ········ 275
第一节　世界经济强国——美国 ········ 275
第二节　经济转型发展——俄罗斯 ········ 286
第三节　从高增长走向低迷——日本 ········ 291
第四节　欧洲经济强国——德国 ········ 295
第五节　新兴市场经济体——印度 ········ 302
本章小结 ········ 309
思考与练习 ········ 310

第十二章　中国经济发展与国际地位提升 ········ 311
教学目标 ········ 311
第一节　中国的基本国情 ········ 311
第二节　中国的改革开放进程 ········ 321
第三节　中国经济的发展现状 ········ 328
第四节　中国经济的国际地位提升 ········ 340
本章小结 ········ 347
思考与练习 ········ 347

参考文献 ········ 348

第一章　世界经济导论

教学目标

1. 知道世界经济学的定义及其与国际经济学的主要区别；
2. 认识世界经济的学科属性、地位和基本特征；
3. 了解当今世界经济的发展态势以及未来的发展趋势；
4. 掌握世界经济的研究内容、研究方法和学习意义。

在世界经济导论一章里，我们将介绍世界经济的内涵、世界经济的研究对象和内容、学习世界经济的意义和方法等基本知识和基础理论。

第一节　世界经济的内涵

自 1912 年德国经济学家哈姆斯在《国民经济与世界经济》一书中首先提出“世界经济学”一词的概念以来，相继有苏联学者布哈林（1923）、日本经济学家作田庄（1933）等对“世界经济学”一词做出解读，如今对“世界经济学”一词的阐述越来越清晰明朗。

一、世界经济的定义

在现代辞典中，“经济”一词的含义如下：一是为“社会生产关系的总和”；二是指人们“物质资料的生产、分配、交换和消费活动的全过程”；三是对“国民经济的泛称”。如果我们仅仅从“经济”一词的定义推而广之，就会将“世界经济”一词定义为：“世界范围的社会生产关系的总和”“世界范围人们物质资料的生产、分配、交换和消费活动的全过程”“以各国的国民经济为单元而组成的有机整体”。这样解释，显然还是不尽人意。

（一）学界的解说

（1）苏联学者布哈林早在《世界经济与帝国主义》（1923）一书中就对“世界经济”下过定义：世界经济是全世界范围的生产关系和与之相适应的交换关系的体系。生产者之间建立的联系，不管是什么形式，不管是直接还是间接建立的，只要这种联系已经建立起来，而且具有了巩固的性质，就可以说它是一个生产关系的体系，也可以说是一种社会经济的成长（或形成）。……世界经济是一般社会经济的种类之一。

（2）美国经济学家里昂惕夫在《世界经济的结构》（1974）一文中对“世界经济”一词做出解释：世界经济是由许多相互依赖的过程所构成的一个体系。

（3）苏联学者伊万诺夫在《世界经济中的美国和欧洲》（1924）一书中指出，世界经济是一个庞大的全人类的生产有机体。

（4）日本经济学家大崎平八郎和久保田顺在《世界经济论》（1970）一书中强调，所谓世界经济，是生产力、世界市场、国际分工以及国际的货币信用关系发展到一定阶段，世界各主要国民经济通过世界规模的紧密的相互联系、依存、竞争、对抗而形成的经济结合体。

（5）我国学者陶大墉曾在《论世界经济学的研究对象》（1980）一文中指出，从本质上看，世界经济是与一定生产方式相联系的全球规模的经济体系。

（二）辞书与教材中的解说

（1）上海辞书出版社出版的《经济大辞典》（1992）指出，世界经济是在社会发展到一定阶段形成的处于复杂的相互依存中的各国经济的总和。

（2）《世界经济概论》（尤盛东，2015）给出的定义是，世界经济是世界各国（地区）经济在国际分工和世界市场的基础上，通过商品（劳务）的国际流动而形成的相互联系、互相依赖的全球经济体系。

（3）《世界经济概论》（池元吉、李晓，2013）对其下的定义是，世界经济是世界各国（地区）经济相互联系而形成的矛盾统一体。它是以各国国民经济为主体，通过国际贸易、国际投资、国际金融及国际劳务合作等各种纽带相联结，在世界范围内所进行的生产、分配、交换、消费等经济活动的总和。

（三）综合定义

综合来说，世界经济是指人们超越国家或国界，在世界范围内的经济活动和经济现象的总称。其中既反映了作为超越于国家和国界的经济体系，也强调了在世界范围内进行经济活动以及表现出来的全球经济体系。

二、世界经济的实质

就世界经济的本质而言，我们可以做出以下解释：

首先，世界经济是一个经济范畴。作为经济学中的一门独立学科——世界经济学，其核心的内容就是经济。世界经济学是研究世界范围内的经济活动和经济现象的学科。

其次，世界经济是一个历史范畴。世界经济从无到有，经过了一个不断发展变化的过程。原始社会、奴隶社会和封建社会不存在世界经济。当时的社会生产力水平低下，自然经济占主导地位，虽然各国之间存在商品交换和人员往来，但是这种交换和往来是偶然的、局限的、单一的，真正的国际分工和世界市场还没有建立起来，世界经济自然也就不存在。19 世纪中叶，资产阶级登上欧美各主要国家的舞台，列强瓜分世界完毕，资本主义生产方式得以建立，一个世界性的经济体系形成了。

第三，世界经济是一个地理范畴。“世界”一词与地理（空间）的概念有关。在经济地理学科中，不少学者更多地偏重或热衷于世界经济地理的理论与实践的探索。

第四，世界经济的主体是民族、国家、跨国公司和国际经济组织，世界经济由它们来主导和推动。民族、国家、跨国公司和国际经济组织的发展与变化，决定着世界经济的微观关系和宏观状态。其中，随着世界经济的不断发展，民族与国家的地位和权利逐渐下降，跨国公司和国际经济组织的重要性不断上升。

在理解和把握世界经济这一概念时，池元吉在《世界经济概论》一书中曾经强调两点：一是世界经济不可能是世界各国国民经济的简单总和或机械合成，而是相互渗透地有机结合或融为一体；二是世界经济不可能是一成不变的，而是一个不断变动和发展的经济体系，是历史和现实结合的产物。经济全球化开始正式成为世界经济发展的一个新的重要阶段。

三、世界经济学与国际经济学的区别

通常有的人会把世界经济学与国际经济学混为一体（尽管新的学科分类中已经把国际经济学并入了世界经济学中）。其实，严格地讲起来，二者是既有联系又有区别的不同概念。

（一）研究对象不同

世界经济学是一门研究世界经济的特殊矛盾和运动规律的学科，它是在国际分工和世界市场不断深化与扩大的基础上形成的；而国际经济学是研究国际经济活动和国际经济关系的一门分支学科，它是在传统的国际贸易学和国际金融学的基础上逐步发展起来的。

（二）研究内容不同

世界经济学研究的内容是包括国际关系在内的全球性的经济问题；而国际经济学主要研究的是国际贸易和国际金融的理论和政策。其中，世界经济学的研究内容主要包括：

(1) 国际贸易的自由贸易理论和保护贸易理论，以及相关的国际贸易政策。

(2) 国际金融理论，包括外汇市场决定理论、国际收支调整理论、对各种货币体系的分析等。

(3) 有关资本、劳动力、技术等生产要素的国际转移的理论，以及对跨国投资与经营的分析等。

（三）存续性也有区别

世界经济作为全球性的经济实体，具有存续性的一面；即使某个或某几个国家消亡了，它仍将继续存在和发展下去，所改变只是这一经济实体的性质、形态和结构。而国际经济学是以民族国家、国别经济的存在为前提的，没有国家关系就没有国际经济关系，国际经济也将随国家的消亡而消亡。

第二节　世界经济的学科属性和基本特征

世界经济学作为经济学中一门独立的学科，自然有其自身的属性；也有它与其他学科相区别的独特之处。

一、世界经济的学科属性

（一）世界经济学在经济学中的地位与属性

世界经济并不仅仅是指世界上所有国家或地区的国民经济的简单加总，而是由各种经济纽带把各国和各地区联结起来的一个既互相依赖又互相矛盾的世界经济体系。它既研究微观经济主体（跨国企业、政府、组织、居民等）的生产、交换、消费等活动的行为和关系；也研究国家调控政策、世界贸易规则、国际货币体制、区域经济协调、国际政治经济关系、经济全球化等宏观层面的内容。故此，本书将其界定为：属于微观经济学与宏观经济学之间的中观经济学范畴。

（二）世界经济学在经济管理专业课程中的地位与属性

从经济与管理专业课程设置而言，世界经济学的前置课程主要是马克思主义政策经济学、西方经济学（微观经济与宏观经济）、区域经济学等基础理论性课程；而其后置课程主要有国际贸易学、国际金融学、国际投资学、国际营销学、跨境电子商务等专业基础课程。由此可以看出，世界经济学在经济与管理专业课程体系中的前瞻性、基础性和铺垫性的地位和作用。

二、世界经济的基本特征

世界经济是商品经济发展的必然结果。随着社会生产的不断发展，世界经济经历着由低级向高级演进的动态过程，形成了自身的基本特点。国内学者张幼文将世界经济的基本特征归纳为以下七个方面。

（一）活动的市场性

世界经济是在市场经济基础上形成和发展的。不仅参与世界经济的主体大多推行市场经济的体制，而且世界经济的运行机制遵循着市场经济的一般规则。具体地说，它具有交易自由化、市场主体平等化、运行机制市场化和管理法制化的特性。这些特性都从本质上揭示了世界经济的市场性特点。

首先，交易的自由化在世界经济中，交易主体本着自主和互利的原则，在自愿的基础上，共同达成各种交易协议，议定交易条件，发生各种经济联系。尤其在国际贸易中，自由化的趋向反映了市场化的特性。它要求参加交易的国家或地区之间打破各种壁垒，不搞贸易保护主义，并通过友好协商和谈判的方式解决各种贸易争端。

其次，市场主体的平等化。作为世界市场的主体，不论企业，还是国家或地区之间都应当处于平等的地位，政府奉行的方针政策和提供的经济环境都应体现平等互利的精神。市场主体平等化主要表现在两个方面：一是对来自不同国家的进口产品都应一视同仁，而不应厚此薄彼，这就是关贸总协定中最惠国待遇的规定；二是对国内外产品一视同仁，平等相待，这就是国民待遇的问题。可见，市场主体平等化是世界经济健康发展的前提条件。

再则，运行机制的市场化。这一特性具体体现为经济参数形成的市场化。在一个开放的世界经济体系中，各国的利率、主要商品价格、汇率等重要经济参数主要是靠市场供求自由调节，而不是靠政府干预形成的。尽管在目前，世界经济一体化还在发展中，但重要的经济参数并不是由某一主体单独操纵的。因而，这种参数体现市场的客观规律性，能够引导各个经济主体依照市场参数的变化而做出决策。同时，经济运行的市场化还表现为各类市场以经济原因形成，以经济联系为纽带，各种经济参数相互作用。在全球信息相当发达的今天，外汇市场的汇率、资金市场上的利息率、商品市场上的价格、证券市场上的指数等，都呈现出规律性的联系，牵一发而动全身，这都是经济运行市场化的标志。

最后，市场管理的法制化。市场经济，说到底是法制经济市场运行中的各个方面，要靠制度来规范，要靠法律来保护。法律具有规范性、公平性和公开性的特点，在世界经济领域中发挥着越来越重要的作用，这突出地表现为世界各国之间签订了越来越多的双边或多边条约，以及更加严格地承担起各自相应的义务。同时，像世界贸易组织（WTO）等国际性经济组织在依据国际条约协调各方利益以及仲裁经济摩擦中也具有越来越大的权威。

（二）空间的广阔性

在空间概念上，世界经济是一个最广的经济范畴。它是由世界上的所有国家（除绝对闭关自守的国家之外）的国民经济所组成的；在部门上，它又包括了所有产业。如果我们看一下经济的空间范围，那么它们依次是企业经济、地区经济或部门经济、国民经济、区域经济、世界经济。世界经济在范围上是最大的。

（三）历史的短暂性

在经济、国民经济和世界经济这三个范畴中，世界经济的历史是最短的。自从有了人类的生产活动以来，就开始有了“经济”的概念。在中国古代，经济是“经世济民”；在古希腊，经济是家庭管理术。亚里士多德又赋予其“谋生手段”的含义。国民经济至少在国家产生以后才有。事实上，在交通和交换不发达的古代，一国经济被分割成大大小小的自给自足的区域，并不存在以国家为范围的生产、交换、分配、消费的整体，因而尚不存在现代意义上的国民经济。至于世界经济，则只是各国经济联系和相互依赖高度发展的产物。世界经济不但不是与人类经济活动共始点，而且也不是与各国国民经济共始点。前文已指出，世界经济只是市场经济发展的产物，只是在世界市场高度发展的基础上产生和发展起来的，它的完全形成还只有近百年的历史。世界经济的历史性还在于，世界范围的人类经济联系和劳动交换方式的演变经历了几个阶段，并还在不断地演变中。跨国公司的出现，多种水平的一体化组织的形成，各种类型的国际贸易和合作形式的发展，等等，都极大地改变着世界经济的总模式。较长期的世界经济格局也许还很难预言。

（四）构造的复杂性

世界经济是由各国国民经济所构成的有机整体。在这个构造体中，包含大到十多亿人口的大国，小到几万人的小国；发达到登上月球，落后到饿殍遍野；有高度集权的计划经济，也有自由放任的市场经济；人均收入少到200美元，多到8万多美元。在世界经济的整体运转中，各个部分的运行机制的差异是巨大的，既有实行市场经济体制的国家，也有转型国家，还有实行计划经济体制的国家，它们各自对世界经济的影响也是不同的。

（五）运行的多元性

在纯粹商品经济中，“看不见的手”调节着整个经济的运行，经济是自发运行、不受干扰的。在受干预的资本主义经济中，这种自发运行机制受到了一个外力的干扰作用，而且是唯一的外力作用，这一作用来自国家。在完全中央集权国家中，经济计划曾作为转轨经济的运行过程中唯一的经济管理力量，国家计划和市场调节是经济运行的两种外力。然而，在世界经济中，我们看到的是完全不同的现象：经济运转过程中的多极干扰。这种干扰，首先来自主权国家的存在。由于主权国家的存在，各国经济过程产生了相对独立性，一切对外经济活动受到国家的干预，只是各国程度不同而已。这种干预集中表现在贸易、资金、政策和关税。由于主权国家的存在，产生了货币差异——货币发行是国家主权的象征之一，从而在经济货币化了的今天，以货币为媒介的经济活动使世界经济比一国经济增加了层次上的复杂性。由于主权国家的存在，资本、劳动力的流动受到阻碍（鼓励政策只是减少障碍），世界经济活动受到政治的影响（国家利益和国家安全）。其复杂性和影响深度超过了在一国国内的情况，其特点和规律也完全不同。由于主权国家的存在，进而又产生了各种形式的主权国家的联合体，各种类型的国际经济组织、协议，影响着世界经济的自发运行机制。这些干扰性都是世界经济的多元性的表现。

（六）整体的统一性

世界经济能作为一个有机整体而存在，其根本原因在于它的统一性。这个统一性就是世界经济的商品性。

世界经济是高度发达的商品经济，首先表现在世界经济的全部活动规律都是商品经济的规律。世界的生产、交换、分配、消费的规律都表现出高度发达的商品经济的特性。同时，这种统一性还在于，任何一个国家、国家集团或国际企业，即使在其内部实行的是计划经济或不发达的商品经济，但在与其他国家、国家集团或国际企业的关系中，却总是奉行商品经济原则的。

商品经济特性是世界经济的统一性，还在于它是世界各种生产方式的共性所在。发达资本主义国家是商品经济，发展中的民族资本主义国家是商品经济，这些都是毫无疑问的，问题在于社会主义国家。第二次世界大战后的特殊历史条件一度使世界分裂为两个平行的世界市场，即资本主义世界市场与社会主义世界市场。在当时，资本主义体系和社会主义体系在经济上只存在微弱的联系。这种分离状态除了政治的原因外，经济上的原因在于：两类国家的内部经济机制存在着巨大差异，即中央集权的计划经济与市场经济之间的差异。这种差异虽然不能绝对排斥两者的联系，但是排除了两者的统一性。社会主义国家的经济改革为这种统一性的产生创造了条件。社会主义市场经济的建立和发展，使两种不同社会制度的联系发生了重大变化。商品经济的统一性创造了更完整意义上的世界经济。这种商品经济特性决定了一国的国际经济活动对于价值的追求，而不只是对使用价值的追求，这就是各国经济活动的轴心。同时，“互通有无”这种以使用价值的转换为主而不是以价值的增值为主的国际经济活动，已不是典型形式和一般意义上的国际经济关系了。

（七）一体化的必然性

世界经济发展的曲折性并不阻碍一体化的发展。随着世界生产力的发展，特别是生产和资本国际化的迅猛发展，世界各国的经济联系和相互依赖关系日益紧密，逐步形成有组织、可协调、高效率运转的国际经济体系，不仅使世界经济成为一个有机整体，而且从微观、中观和宏观三个层面上展现一体化的趋势。

在微观层次上，企业经营国际化迅速发展，跨国公司在纵横交错的内部化市场中根据全球战略目标，实现了内部分工、贸易、资金转移、人员流动、资源调配、技术转让、信息交流、国际管理和生产活动，从而在公司范围内实现全部再生产过程的国际化和一体化。

在中观层次上，区域经济一体化方兴未艾。随着各国经济发展中相互依赖和影响日益增强，越来越多的国家卷入到区域经济一体化的潮流之中，经济区域集团内部的国家经济边界日趋模糊，区域集团间经济关系大有取代国家间经济关系的趋向，日益成为国际经济关系的主体，区域经济一体化正呈现“洲域经济一体化”的新趋势，为实现全球一体化创造了条件。

在宏观层次上，全球经济一体化正向纵深发展。随着世界经济政治形势的发展和格局的变化，世界经济的宏观管理体制及其协调机制正不断地调整和创新，在全球范围内统一的行为规则和准则，即国际规范逐步形成和完善，并被用以规范、协调和管理世界经济的有序运行，以及建立相应的国际协调机构作为监督和组织保证。如关税及贸易总协定（GATT）、布雷顿森林货币体系、国际货币基金组织（IMF）、世界银行（WB）以及世界贸易组织（WTO）等国际贸易和金融协调组织和机构的成立，为协调全球经济运行和实现全球经济一体化做出了积极的贡献。从总体上说，全球层面的宏观协调机制还比较薄弱，但它的形成和发展毕竟是为了适应战后经济生活高度发展的需要，抑制世界经济运行自发作用的负面影响，建立和调整国际经济新秩序，从而为世界经济一体化必然发展奠定了基础。实质上，世界经济的协调过程也是一体化发展的过程。

第三节 世界经济的基本态势和发展前景

学习世界经济知识，必须了解当今世界经济的发展态势，以及未来世界经济的发展趋势。

一、世界经济发展的基本态势

当今的世界经济，在经济全球化、区域一体化、格局多极化的发展进程中，呈现出以下基本态势。

（一）经济全球化进程迅速发展

21世纪以来，各国经济全球化进程加快，相互依存度越来越大，市场自由化的程度越来越高。其中，经济全球化是当今世界发展的大趋势，尽管在其进程中会有波折，但是这一进程不会中止，其最重要的原因在于，推动经济全球化的两个轮子一直勇往直前，这就是市场化和网络化的力量，又称作市场革命和技术革命。

1991年苏联解体，其殖民主义体系土崩瓦解，阻碍社会前进和市场经济发展的最大障碍消失了。世界市场经济因此获得迅速发展，规模不断扩大，整个世界的开放度、市场自由度前所未有：俄罗斯与东欧国家初步走上市场化道路；中国改革开放，市场经济逐步建立；发达资本主义国家对市场的控制也在明显减弱。世界贸易组织的建立，统一的国际经济贸易规则的形成，对国家的约束力逐步加强，都大大推动了全球贸易和投资的自由化，从而促进了经济全球化的进程。

（二）科学技术成为经济增长的加速器

20世纪80年代以来，世界科学技术突飞猛进，电子信息技术、生命科学技术、新材料技术和航空航天技术取得了一系列重大突破，改变了世界的面貌，推动了经济全球化的进程。当今世界，以发展现代化科技来提升综合国力，成为世界各国共同关注的焦点。

如果说各种先进工具的诞生是人类双手的延伸，那么电脑的出现则是人类大脑的延伸。当前正在进行的信息技术革命，其巨大效应被美国人比作1760年的英国第一次产业革命。信息技术产业的迅猛发展，几乎突破了时空的限制，互联网使世界各国之间的距离“缩小”，人员、商品、资金、技术、信息的流动空前加快，成本迅速降低。

21世纪的世界经济将具有一个明显的特征，即都是建立在日新月异的科学技术发展的基础之上。科学技术是发展经济的加速器，是增强国力的关键手段，是富民强国的根本，是当代世界综合国力竞争中最重要的武器。一个国家的兴衰、经济的增长，都将在很大程度上依赖于它的高科技发展水平。

（三）国际贸易是经济增长的发动机

1. 国际贸易增长快于世界经济增长

在经济全球化趋势下，世界贸易呈现出高速增长的态势。世界经济的结构性调整，将使世界各国（地区）的比较利益更加明显，进出口结构进一步趋向于合理。如果国际经济新秩序得以更好地发展，将使各国尤其是发展中国家的贸易条件获得改善；国际的贸易活动将更加频繁，贸易仍将是各国经济增长的重要推动力。20世纪90年代以来，世界贸易增长与生产发展的相关程度不断提高。

2. 国际贸易自由化成为主流

在贸易自由化潮流下，发达国家是主要获利者。对于发展中国家来说，贸易自由化一方面有助于发展中国家发展经济；另一方面本国市场与本国工业将受到发达国家强有力的冲击。从总体趋势上看，贸易自由化是不可逆转的，各国之间的贸易因此将得到迅速发展。有时一些国家为了本国的利益，会出台一些新的贸易壁垒，从而对贸易自由化造成障碍。当发展中国家和一些努力申请加入世界贸易组织的国家还未来得及处理如何将其国内经济政策适应世界贸易组织的多边贸易体制规则的时候，发达国家已把更多的新议题列入了世界贸易组织议事日程中。这无疑会给发展中国家带来麻烦，从而也给未来的多边贸易体制带来更多变数。

3. 贸易商品结构发生变化

能源和原材料等初级产品贸易数量大幅增加，一些重要原料性产品的价格将趋于提高，能源价格将趋于坚挺。同它相对应的是，制成品贸易将大幅增长，特别是其中的高新技术产品贸易额将占世界贸易总额的很大比重。人口增加的压力将推动初级产品贸易的发展，相当一部分发展中国家，尤其是那些经济最落后的国家只能依靠初级产品出口缓慢推动经济的增长，这一状况在相当长一段时期将难以发生根本性改变。

世界出口商品结构向智能化方向发展，以微电子、电脑软件、光导纤维、航天工程、生物工程、海洋工程、新材料、新能源为代表的新兴工业日新月异，极大地推动了世界产业结构的调整与升级，从而推动出口商品结构向智能化方向发展，深加工、高附加价值的技术产品贸易将成为制成品贸易的主要内容，在整个贸易中的比重将显著增大，可望由20世纪90年代中期的约20%上升到21世纪初期的30%以上。美国信息技术产品的出口额已占出口总额的40%。高新技术产品生产和出口的增加，不仅提高了人类的生活质量，而且高新技术产品生产的扩大会在规模效应的作用下，急剧地降低生产成本，并且有利于关联产品的出口。服务贸易、技术贸易将与商品贸易呈三足鼎立之势，成为国际贸易的三个组成部分。

传统工业是以尽可能多地利用自然资源来获取最大利润，因而很少考虑环境效益、生态效益和社会效益。现代文明国家提出的发展知识经济，是一种促进人与自然协调可持续发展的经济。21世纪的生产、贸易和消费，高技术产品的研究与开发将遵循一种新的指导思想，即科学、合理、综合、高效地利用现有资源，同时开发尚未利用的丰富自然资源，以取代几近枯竭的稀缺自然资源。因此，知识经济下的生产更注重与自然环境的和谐，绿色贸易将顺应环境保护的客观要求而得到发展，绿色消费将成为潮流。

4. 跨国公司是国际贸易的主力

跨国公司是经济全球化的主要推动力量，哪里的市场环境相适宜，哪里成本低廉、利润丰厚，它们就推进到哪里。在国际贸易中，跨国公司是国际贸易的龙头，它具备资金、技术、资讯及管理经验等方面的绝对优势。当代世界，绝大部分国家的国际贸易都是通过跨国公司进行的。全世界7万多家跨国公司凭借资金、技术、品牌和销售网络的优势驰骋世界市场，控制着全球1/3的商品生产、2/3的国际贸易、70%的技术专利和90%的国际直接投资，跨国公司在国际贸易中正发挥着越来越大的作用。

5. 发达国家占据主导地位

在国际贸易的区域分布中，发达国家将继续占据主导地位，不同层次的发展中国家其国家地位也各不相同。随着发展中国家之间经济发展水平差距的拉开，一部分发展水平较高的发展中国家正在成为重要的贸易国，在经济水平上更趋于进入发达国家行列。而大部分发展中国家，基本上仍处于原料提供国和制成品销售市场的地位。

（四）国际投资规模加速扩大

国际资本移动的主体仍然是发达的资本主义国家，不管是资本的输出国还是资本的输入国皆然。对于发展中国家来说，一部分经济发展水平较高的发展中国家将成为国际资本的重要吸收国，原因是这部分国家在21世纪初表现出较高的经济增长率，自由化和私营化将进一步发展。伴随国际直接投资在21世纪的大扩张，投资的部门结构也将发生变化，即从初级产业和资源加工型产业转为投向服务和技术密集型产业。国际直接投资的主要方式将进一步趋向于采用兼并与收购方式。另据国际货币基金组织的估计，目前在全球各市场中频繁出入的国际游资约有十几万亿美元，因此，21世纪初的金融风险的防范依然是各国，尤其是抗风险能力较弱的发展中国家要认真面对的严峻课题。

（五）三大经济体主导世界经济

1. 东亚地区的经济将保持稳定增长

近半个世纪以来，东亚的经济增长领跑全球。从早期的日本在走出战争废墟后迅速腾飞，崛起为世界第二大经济体，到随后的“亚洲四小龙”，再到中国、越南的经济腾飞。在每一历史时段，东亚均出现了领头雁经济体，引领亚洲及全球经济。进入21世纪，东亚地区已经成为世界上最具经济活力的区域，同时也成为世界范围内最大的贸易与投资市场之一。2010年东亚的中、韩、日三国的GDP增长率分别为10.64%、6.5%和4.1%，2017年东亚的中、越、韩三国的GDP增长率分别为6.9%、6.81%和3.06%，均高出世界平均水平。目前，东亚经济已经走入一个稳定增长的时期。

2. 以欧洲联盟为代表的欧洲经济将缓慢增长

欧洲经济对于全球经济的影响巨大，但不同区域有着很大的差异。其大体上可以分为三块：第一块是俄罗斯，第二块是东欧国家，这一块的政治与经济都在急速向欧盟靠拢，对全球经济的影响较小；第三块是以欧盟为代表的欧洲国家，这一块是欧洲经济的主体部分，对整个世界经济的影响极大。欧洲一体化的核心是欧盟，欧盟的发展代表着欧洲一体化的发展。欧盟东扩的成功，对世界经济的影响力也进一步加强，欧盟在一体化发展方面会有重大进展，但其在经济调整方面尚有难题需要解决：一是欧盟现在的失业率仍处于较高水平，降低失业率成为一个重要问题；二是欧元区成员同其他欧盟成员之间的经济协调，以确保整个欧盟一体化不受到影响。欧盟在经济调整方面将加快步伐，但其经济仍维持稳定增长的态势。

3. 美国仍将保持世界经济的领导地位

自1895年美国生产总值超过英国成为世界最大经济体以来，美国经济已经引领世界经济一百多年。进入21世纪，美国依靠其在信息技术领域的领先地位，继续发挥着对整个世界经济的领导作用。当然，我们也看到，近年来美国强势推行单边主义、贸易保护主义和霸凌主义，会对世界经济贸易发展带来某些负面影响。

从全球范围来看，尽管受到1997年东南亚金融危机、2008年美国金融危机、2012年欧洲债务危机，以及2018年以来美国贸易保护主义的影响，但是，改革、调整、创新和发展，仍然是全球经济发展的主流，整个世界经济仍将呈现缓慢稳定增长态势。发达国家以及受金融危机影响较小的国家的发展速度相对更快，其效益也更容易体现。发达国家及一些新兴工业化国家，将快速进入知识经济时代，充分利用和合理配置知识与智力资源，借助所拥有的强大的经济基础，在世界范围内获取更大效益。

二、世界经济发展的前景

国内学者尤盛东在《世界经济概论》一书中，对未来世界经济的发展前景，做出了如下描述。

（一）21世纪的世界仍将是美国世纪

美国不仅是以电脑、互联网信息技术为代表的第三次科技革命的发源地，而且是第三次科技革命带来经济高速发展的遥遥领先者，它的产业代表了世界高科技经济发展的最高水平，创造了世界近1/3的国内生产总值，将继续主导世界社会进步和经济发展，保持世界综合国力最强的第一经济大国地位。

（二）欧洲仍然为世界经济的第二极

欧洲（俄罗斯除外）将成为“世界大国”，以德国为龙头，以德国、法国为轴心，以英国、法国、德国呈三足鼎立和以英国、法国、德国、意大利为四大支柱构架的“欧洲大厦”的核心经济大国内聚力增强，地盘迅速东扩，力量日益强大，其经济总量已跃居世界第一。欧洲进入了一个新的和平与繁荣的时代，将成为所有成员建立在和平友好、互利互惠、共同发展基础之上的大家庭。

（三）东亚成为世界经济的第三极

东亚的中国是世界第二大经济体，日本是世界第三大经济体，韩国是东亚“四小龙”之首，以这三者为龙头，外加东盟十国的东亚经济共同体将出现，经济充满着生机活力，成为与西欧、北美并驾齐驱的世界经济三极之一。

（四）“金砖国家”的经济地位将继续显现

在“金砖国家”中，印度和巴西的社会结构比较合理，人力资源和自然资源十分丰富，经济可以基本保持持续稳定发展；随着中国大陆坚持对内改革和对外开放，市场经济地位逐渐确立，人权状况得到了改善，人民从温饱走向小康，在国际事务中已逐渐发展成为负责任的建设性国家，获得了世界的瞩目和称赞。虽然中国大陆自改革开放以来经济高速发展的态势将有所减缓，但仍会以高于世界经济平均增长的速度发展下去。俄罗斯独立二十多年来，经济的休克疗法带来的阵痛基本结束，计划经济的痼疾得到了根治，经济构架比较合理，近些年来世界市场上能源和原材料价格的高位运行，为其经济的恢复和发展带来了巨额的资金，经济发展形势良好。存在于中国和俄罗斯的社会深层的变动风险给经济发展带来的隐忧也随之趋于淡化。

（五）经济全球化与跨国公司继续发挥推动作用

经济全球化将进一步推动各国经济一体化的进程，区域经济一体化、集团化趋势更加明显，区域合作的空间不断拓展，合作的层次不断深化，并进一步推动世界经济向多极化发展。

世界各大跨国公司几乎全部为发达的欧、美、日国家所拥有，跨国公司成为推动经济全球化的主角，日益成为世界生产的主要组织者，全球范围内的生产过剩将进一步加剧。跨国公司联合与兼并的浪潮更加汹涌澎湃，大型跨国公司和跨国银行将在世界经济中扮演更为重要的角色。

（六）国际贸易的增长速度继续超过经济的增长速度

发达国家在国际贸易中占据主导地位，发展中国家则因经济发展水平不同而有较大差异。尽管，近些年来在某些国家出现单边主义、贸易保护主义的势头，但是从整个世界来看，贸易自由化和绿色贸易仍将成为世界经济发展主流，高新技术产品贸易在各国进出口贸易中将占有更大的比重。

（七）金融自由化进一步推动地区货币体系的发展

未来，经济全球化将进一步推动金融自由化发展，资本将在全球各地加速流动，成为各国经济发展中不可忽视的力量。跨国经营、证券投资将成为国际资本流动的主要方式。国际贸易结算的自由化，将进一步冲击“石油美元”的霸主地位。亚洲基础设施投资银行、金砖国家新开发银行等货币组织的相继出现，将推动地区货币体系走向世界。

（八）第四次工业革命推动世界经济新一轮高速发展

据媒体报道，随着物联网、大数据、云计算以及人工智能等技术在能源领域的广泛运用，分布式能源、新能源汽车、储能等能源技术的进一步发展，以及光伏产业与互联网、大数据的深度融合，智慧能源时代（即第四次工业革命）已经来临。在一系列新生动力的助推下，再辅以商业化及技术瓶颈的突破，第四次工业革命将给世界经济提供更为强劲的发展动力。世界全新技术革命的出现，必将带来一系列新产品、新产业和新业态，绿色经济、可持续发展将成为各国政府的共识和自觉行动，以信息为主导的高新技术将推动人类社会进入知识经济发展阶段，世界经济也因此进入新一轮的高速发展时期。

第四节　世界经济学的研究内容和学习意义

世界经济学之所有别于其他的分支学科，主要在于它本身的研究对象和它自身的研究方法。

一、世界经济学的研究对象和内容

（一）世界经济学的研究对象

世界经济学是经济学中的一门主要学科，它的研究对象主要包括以下几个方面：

（1）世界经济的形成与发展。包括世界经济形成与发展的基础（国际分工、世界市场）、世界经济的驱动力、世界经济形成的过程、世界经济不同发展阶段的特征、世界经济格局的变化等。

（2）世界经济的联结纽带。世界各个经济体（主权国、经济组织、跨国企业等）之间的联结纽带，主要包括国际贸易、国际金融、国际投资以及它们之间的相互关系和对世界经济的影响等。

（3）世界经济的运行机制。包括科技革命、信息经济挑战、生产力结构变革等世界经济的传导，以及国际贸易规则、国际货币制度等世界经济的协调。

（4）国别（地区）经济。包括不同经济制度、不同体制的国家和地区的经济发展过程、经济特征、比较与联系等，以及美国经济、俄罗斯经济、日本经济、印度经济等国别经济选读。

（5）全球性问题。包括世界生产力布局、世界经济结构调整、世界人口与粮食问题、世界能源与资源问题、泡沫经济与金融风险、人类环境保护与可持续发展问题等。

（二）本教材的主要内容

本教材的主要内容包括以下四大块：

（1）世界经济总论。包括世界经济的内涵、世界经济的基础、世界经济的形成与发展、经济全球化、世界的经济资源与可持续发展等基础理论和基本知识。

（2）世界经济的运行。主要内容有：国际贸易与多边贸易体制概要、国际金融与国际货币制度概要、国际投资与跨国公司发展、国际区域经济一体化等基础知识。

（3）世界的经济体。包括发达国家经济体的经济发展与调节、发展中国家经济体的经济改革与发展、新兴市场经济体的成长等内容。

（4）国别经济。重点介绍了美国经济、日本经济、俄罗斯经济转型，印度经济改革与发展以及中国经济的国际经济地位提升等具有代表性和影响力的国别经济。

二、世界经济学的研究方法

世界经济学是一个复杂的、开放的知识体系。正因为如此，我们学习和研究这门学科，应具备多学科的知识结构和科学的分析方法。

（一）所具备的知识结构

就知识结构而言，我们除了要具有坚实的经济学（包括微观经济学、宏观经济学、区域经济学等）基础理论知识外，还应当具备政治学、历史学、民族学、法学、国际关系学等多学科的知识准备。

（二）应掌握的分析方法

就分析方法而言，必须学会运用归纳与演绎相结合的方法、比较分析与综合分析相结合的方法、历史与逻辑相统一的方法、定性分析与定量分析相结合的方法、西方经济学理论与当代世界经济现实相结合的方法。

具体来讲，主要把握以下三种分析研究方法：

（1）必须从实际出发，做到理论联系实际。世界经济现象广泛而复杂，必须用马克思主义的基本原理和西方经济学理论来指导世界经济的学习和研究；善于用真实详细的材料，对其进行科学而准确的分析；对世界经济发展中出现的新情况、新问题，要透过现象看其本质，得出符合客观事物的科学论断。

（2）必须用对立统一和科学发展的观点，全面地、辨证地分析研究世界经济。在学习研究中，我们既要看到各个经济主体间相互依赖依存的一面，又要看到它们相互对立冲突的一面，并从中揭示其变化和发展的规律。在世界经济的运行和发展过程中，总是会同其他多种因素保存着这样或那样的联系，因此，我们必须对世界经济中的各种问题进行全面的、辩证的综合考察，研究多种影响，进一步认识和掌握其发展变化的规律性。

（3）必须运用比较与数量分析相结合的方法，学习和研究世界经济的运行规律。首先，运用比较方法，能够更好地发现客观事物的差异，看清矛盾的普遍性和特殊性，进一步认识事物的客观规律性。比如，将发达国家（如美、日等国家）的产业结构状况与我国的三次产业结构状况进行比较，就能发现目前我国产业结构与发达国家产业结构的不同点以及世界产业结构的演进趋势。其次，运用数量分析的方法，则可以帮助我们更好地认识事物内部存在的数量关系，以便发现支撑这些数量关系的内在原因和规律。尤其对世界经济现状的分析、经济要素关系的研究、经济发展趋势的预测等，都应从量和质的角度进行分析，这有助于我们更进一步揭示世界经济运动的规律性。比如，在全球化背景下，发达国家与发展中国家的两极分化的问题，必须要有可靠的数据来说话，事实才具有说服力。

三、学习世界经济学的意义

世界经济学是一门理论学科，同时它又具有显著的实践意义。因此，学习世界经济学既具有理论指导意义，又有实际应用价值。

（一）学习世界经济学的理论指导意义

1. 对世界经济的整体认识是涉外经济实务学科的基础

世界经济一体化趋势的实践发展不仅给世界经济学这门学科注入了新的生命力，增添了新的内容；而且对这门学科的理论提出了新问题和新要求。随着世界经济一体化的发展，不仅各国之间的商品交换关系、货币金融关系和技术与资本交流关系等更加紧密，而且出现了一系列全球化的经济问题，如世界经济运行机制问题、区域经济一体化问题、世界经济增长问题、世界经济周期性问题、世界经济发展不平衡性问题、国际经济传递机制问题以及国际经济新秩序问题等。这些问题在客观上提出了建立世界经济学新的学科体系的要求。

2. 世界经济涉及的领域和内容十分广泛，也十分复杂，需要我们认真学习和研究

它需要通过结合学习国际贸易、国际金融、国际投资等一系列课程来把握。世界经济学是整个世界经济研究领域中各门学科的基础课程，只有认识了世界经济现状和发展中最基本的原理和最突出的问题，才能为学习有关世界经济的其他课程打下基础。

3. 在开放、融合的当今世界，我们要努力学习和研究世界经济

在各国经济日益开放、融合、密切联系的今天，对世界经济的学习和研究，可以为国家制定经济发展战略提供客观依据，为国家建设提供可资借鉴的国外经验及教训，也能够为学生和读者学习其他经济课程提供基本理论知识。

（二）学习世界经济学的实际应用价值

1. 学习和研究世界经济是我国科学制定和实施对外战略的需要

正确认识、了解和把握国际经济政治形势，是制定和实施国家对外发展战略所不可缺少的前提。世界经济是世界政治的基础，世界政治是世界经济的集中表现。研究世界经济的发展变化，有助于了解世界政治变动的根源，更好地把握国际政治形势和国际关系大局。当代世界政治和国际关系错综复杂，为了对世界的政治经济形势发展做出正确的估量，制定正确的对外发展战略，进而为我国的社会经济发展创造一个良好的外部环境，我们必须加强对世界经济现状及未来趋势的学习和研究。

2. 学习和研究世界经济是加速我国现代化建设的需要

当代世界经济，是建设中国特色社会主义经济的外部大环境。中国特色社会主义经

济，是当代世界经济的内在组成部分。学习和研究世界经济，了解当代世界经济中的复杂国际关系和各项规则准则，把握世界经济的新情况、新特点，以及世界经济的发展趋势和规律，有利于加快我国社会主义现代化建设的步伐，促进我国社会经济又好又快地发展。

3. 学习和研究世界经济是进一步推进我国改革开放的需要

改革开放40年，我国正处在一个历史发展的新时代。一方面，我们要解放和发展生产力，实现两个一百年的“中国梦”，就必须继续深化改革和进一步对外开放。我们要扩大对外开放，就得认识、了解和研究世界的经济和政治。另一方面，世界上某些发达国家以及一些发展中国家，在发展市场经济方面积累了丰富的实践经验。我们要发展社会主义市场经济，建设社会主义现代化强国，就必须了解和学习世界经济运行和发展中的成果和经验。

本章小结

本章作为《世界经济学》的开局章，首先从世界经济学的内涵入手，介绍了世界经济学的定义以及与国际经济学概念的不同之处；进而介绍了世界经济学的学科属性、地位与基本特征，当代世界经济的发展态势和未来前景；最后陈述了世界经济学的研究内容、研究方法和学习意义。学习和掌握这一章的基本知识和内容，能为后面各章的学习打下理论基础。

思考与练习

1. 分析学者们对世界经济的解说，请你给世界经济做出一个综合定义。
2. 简述世界经济学与国际经济学的不同之处。
3. 简要说出世界经济的研究对象和研究内容。
4. 学习世界经济，我们应具备哪些基础知识？
5. 学习世界经济，我们应掌握哪些基本分析方法？
6. 请你谈谈学习世界经济课程的意义和打算。

第二章　世界经济的形成和发展

教学目标

1. 知道世界经济形成的国际分工和世界市场的基础；
2. 了解世界经济形成发展的基本过程；
3. 认识20世纪上半期世界经济大动荡的表现和原因；
4. 分析战后世界经济的新发展及格局变化；
5. 懂得信息经济的产生、内涵及其挑战。

随着新大陆的发现，全球科技革命的发生，以及资本主义生产方式的确立，世界经济在国际分工和世界市场的基础上逐步形成并快速发展起来。

第一节　世界经济的基础

国际分工和世界市场是世界经济赖以形成和发展的条件、纽带和载体，是世界经济历史和逻辑的出发点。我们要学习和研究世界经济的形成与发展，应首先从了解和把握国际分工及与之直接相联系的世界市场开始。

一、国际分工

社会劳动分工推进了人类文明的发展和社会的进步。在社会生产力高度发达的当今世界，国际分工越来越成为世界经济活动的重要角色。

（一）国际分工的影响因素

国际分工（international division of labor）是指世界各国之间的劳动分工。它是社会分工发展到一定历史阶段，国民经济内部分工超越国家界限而形成的国家之间的分工。其表现形式是各国货物、服务和生产要素的交换。

产生国际分工的因素是多种多样的。本节主要介绍影响国际分工的自然条件、社会生产力、人口与市场、交通与通信、国际资本流动、国际生产关系、经济体制与政策。

1. 自然条件

自然条件包括气候、土地、水流、自然资源、地理位置和国土面积等，它是一切经济活动的基础，没有一定的自然条件，无法进行任何的经济活动。自然条件对各国产业结构的影响是显而易见的：如只有地处热带的国家，才能生产热带作物；只有沿海且渔业资源丰富的国家，才有可能发展海洋渔业和养殖业。国土面积小的国家，可能只拥有少数几种自然资源，也就是只能以有限的自然资源发展某几种产业。相反，国土辽阔的大国，如俄罗斯、加拿大、中国、美国、巴西等国，国内各地区自然条件具有多样性，自然资源也很丰富，为发展多种产业和建立相对完整的工业生产体系提供了必要条件。一个内陆国家，没有出海口，对外交通不便，自然会影响到该国的经济发展；同样，一个孤悬于大洋的岛国，与其他国家和地区相距甚远、交往困难，也会影响其经济的发展。

此外，需要注意的是，自然条件是国际分工生产和发展的重要基础，自然条件的优劣，能促进或限制一个国家发展某种产业，但这种促进或限制的作用不是决定性的，因为人类的生产力，即人类利用和开发自然的能力在不断提高。随着社会生产力的发展，自然因素的作用逐渐下降，建立在自然条件上的国际分工的意义也随之减弱。

2. 社会生产力

社会生产力是国际分工下形成和发展的决定性因素，其作用主要体现在以下几方面：

（1）促进国际分工的发展。生产力的发展是社会分工的前提条件。一切分工，包括国际分工，都是社会生产力发展的结果。它突出地表现在科学技术的重要作用上。迄今为止出现的三次科学技术革命，都深刻地改变了许多生产领域，不断地改善生产技术、工艺过程和生产过程，使社会分工和国际分工随之发生变革。

（2）决定国际分工的地位。历史上，英国最早完成产业革命，生产力得到巨大发展，使其成为“世界工厂”，英国在国际分工中居于主导地位。继英国之后，欧美资本主义国家的产业革命相继完成，生产力迅速发展，它们便与英国一起成为国际分工的中心国家与支配力量。第二次世界大战以后，原来的殖民地、半殖民地国家在政治上取得独立，努力发展经济，生产力得到较快发展，出现了一些新兴工业化国家，它们在国际分工中的不利地位得到逐步改变。

（3）影响国际分工的参与度。随着生产力的发展，各种经济类型的国家都加入国际分工行列，国际分工已把世界各国紧密地结合在一起，形成了世界性的分工。随着各国生产力的发展，各国参与国际分工的形式从垂直型向水平型过渡，从国际货物分工向国际服务业分工延伸，从单一类型的国际分工向多层次的国际分工形式发展。

（4）提高国际分工的层次。以高科技为核心的知识作为一种要素，在生产中的作用大大超过了自然资源，使各国的经济活动在更大程度上依靠科学技术和人的智力，促使国际分工向高层次发展。主要表现在：①科学技术具有不断创新的潜力和可能性。②人类掌握了科学技术，并把它应用于自然资源的勘探和开发上，自然资源才得以为人所利用。如中东地区有丰富的石油资源，但直到20世纪初，人类掌握了油田勘探开发技术和原油炼制技术后，那里的石油工业才发展起来。③科学技术使一部分天然原材料得以用人工合成原材料代替。如人造纤维代替棉、麻、绦、毛等天然纤维，人造橡胶代替天然橡胶，人造金刚石代替天然钻石。④科学技术使新产业、新产品的科技含量不断提高，而原材料含量则不断降低。如目前生产的芯片，其价值的98%是科学技术，原材料只占2%。⑤科学技术使生产工艺日益改进，单位产品中原材料和能源的消耗日益减少。

3. 人口与市场

人口分布、生产规模和市场发育程度以及市场规模影响各国参与国际分工的能力。

（1）人口分布。人口分布的不均衡，会使分工和贸易成为一种需要。人口稀少、土地广阔的国家往往偏重发展农业、牧业、矿业等产业；而人口众多、资源贫乏的国家往往大力发展劳动密集型产业。于是，在国家间就有进行国际分工与国际贸易的必要。

（2）生产规模。现代大规模的生产使分工成为必要的条件，这种分工跨越了国界，就形成了国际分工。随着劳动规模越来越大分工会越来越细，任何一个国家都不可能包揽所有的生产，必须参与国际分工。

（3）市场发育程度与规模。在自给自足的自然经济条件下，由于商品经济不发达，市场狭小，各国参与国际分工的动力不足。在市场经济条件下，商品经济日益发展，市场不断扩大，分工向纵深发展，各国参与国际分工的愿望日益强烈。

4. 交通与通信

交通运输和通信成本主要通过以下途径影响国家对国际分工的参与度。

（1）较高的运输成本减少了初级产品出口所得的收入，降低了一国经济可以用作投资的储蓄量。它们还会抬高资本货物的出口价格，抑制比较优势的发挥。

（2）在其他条件相同的情况下，运输成本比较高的国家可能把自己产出量较小的部分投在贸易上，而且不大可能吸引出口导向型的外国直接投资，难以进入跨国公司的生产链条和销售渠道。

（3）运输影响一国与他国的国际分工的形成。运输成本因素会制约着国际分工伙伴的选择。

（4）交通运输和通信业制约着世界分工的形成。交通运输和通信条件是世界经济与国际贸易的先决条件，交通运输条件和通信业发展状况如何，自然会影响到全球社会分工的形成。

5. 国际资本流动

国际资本流动是国际分工深入发展的关键。资本国际化促进了国际分工的迅速发展。自19世纪末以来，资本输出就成为世界经济中重要的经济现象。第二次世界大战后，跨国公司迅猛发展，发展中国家和经济转型国家对外资开放，这些都大大加速了资本的国际化进程，使国际分工向深度和广度发展，出现了世界性的分工。

（1）跨国公司通过国外直接投资，把子公司所在国纳入国际分工体系，发挥这些国家和地区的比较优势。

（2）跨国公司通过承包方式构筑世界性的生产和营销体系。如美国波音公司于1994年组装第一架波音飞机，其最大承包商是日本，其他部件由意大利、澳大利亚、韩国和加拿大等国的公司提供。这些承包方式在汽车、家用电器、机器设备、纺织品、鞋类和服装等行业中被广泛运用。

6. 国际生产关系

生产关系影响着国际分工的性质和作用。国际分工是生产力发展的结果，同时它也受到生产关系的制约。既然国际分工是社会分工超出国家界限的结果，社会的生产关系也会超越国界，形成国际生产关系。

国际分工的产生与发展是和资本主义生产方式的产生与发展密切相关的，体现了资本主义生产方式发展生产力的要求，同时，在形成过程中又受资本主义生产关系的影响和制约，由此决定着国际分工的两重性：一方面，它节约了社会劳动，使世界各国人力资源和物质资源得到合理利用，有利于发挥分工国家的比较优势，并把这种优势转化为世界范围的巨大社会生产力，促进了先进国家和后进国家生产力的提高和经济发展；另一方面，它又带有资本主义的剥削性，即国际分工的利益不能平等地、合理地被分工国家获得，并形成了经济发展上的片面性和依附性。

7. 经济体制与政策

从历史发展来看，经济体制是参与国际分工内因的基础。处于自然经济形态的国家，由于追求自给自足的生活，分工与市场不发达，缺乏参与国际分工的内在要求，其参与分工是被动的和外加的。处于计划经济体制的国家，由于受计划控制，分工与市场较自然经济有所发展，但与国际市场处于相对隔绝状态，却又被迫发展对外贸易，参与国际分工的深度和广度受到限制。在市场经济体制下，国内分工和市场获得巨大的发展空间，为一国参与国际分工提供了切实的基础。无疑，市场经济体制的发展程度影响一国参与国际分工的深度和广度。通常，经济体制决定各国的对外贸易政策。实行自给自足的经济体制的国家执行的是保护型贸易政策；实行计划经济的国家倾向于采取国家高度垄断的保护型贸易政策。就发展中国家而言，随着经济体制本身的变化，出现了四种类型的对外贸易发展模式和政策，即进口替代型、出口导向型、混合型和自由贸易型。

（二）国际分工的形成发展

环顾国际分工历程，国际分工大体经历了萌芽、发展和形成的三个阶段。

1. 萌芽阶段

这一阶段包括16—18世纪中叶资本原始积累时期以及资本主义以前的各个社会经济形态。由于自然经济占主导地位，该阶段只存在着不发达的社会分工和不发达的地域分工。随着社会生产力的发展，11世纪欧洲城市兴起，手工业与农业逐步分离，商品经济有了较快的发展。特别是在15世纪末至16世纪上半叶的“地理大发现”和随后的殖民地开拓，使市场大大地扩展，并促进了手工业向工场手工业的过渡。这种过渡也体现了社会分工水平的进一步提高。从此，资本主义进入了资本原始积累时期。殖民主义国家用暴力和超经济的强制手段，在亚、非、拉美殖民地开采矿山，建立甘蔗、烟草等农作物种植园，为本国提供其不能生产的农作物原料，以扩大本国工业品的生产和出口。宗主国和殖民地之间最初的垂直型国际贸易形式出现了。

2. 发展阶段

这一阶段包括18世纪60年代至19世纪60年代。这个阶段发生的第一次工业革命首先出现在英国，接着迅速扩展到其他国家。伴随着工业革命的完成，资本主义经济体系得以确立。它加快了商品经济和社会分工的发展，促进了国际分工，其特点如下：

（1）机器工业为国际分工的发展奠定了物质基础。一是大机器生产使生产能力不断增强，生产规模迅速扩大，源源不断地生产出来的大批商品使国内市场饱和，需要寻求新的市场。同时，生产力革命带来生产的急剧扩大，引起原料供应的紧张，要求开辟大量而稳定的新的原料来源地。二是大机器工业改革了运输方式，提供了电报等现代化通信工具，使国际分工成为可能，把原料生产国和工业品生产国联系在一起。三是大机器工业成为开拓市场的“重炮”，它消灭了古老的民族手工业，打破了以往地方和民族的自给自足和闭关自守的市场，把各类型的国家卷入世界市场中。

（2）英国成为国际分工的中心。首先完成工业革命的英国，其生产力和经济迅速发展，在国际经济竞争中处于相对优势地位。英国放弃了长期推行的重商主义政策，转向自由贸易政策。它通过殖民统治和强大的经济贸易实力，将亚、非、拉美国家落后的农业经济纳入国际分工世界市场的漩涡中，成为国际分工的中心。

（3）世界市场上出现大宗商品。国际贸易中交换的商品，过去主要是那些满足贵族需要的奢侈品，现已被国际贸易中的大宗商品，如小麦、棉花、羊毛、咖啡、铜、木材等所代替。这些产品的贸易促进了各国之间产业间分工，为工业化的发展奠定了基础。

3. 形成阶段

这一阶段包括19世纪中叶到第二次世界大战。这个时期发生了第二次产业革命，石油、汽车、电力、电器工业的建立，交通运输工具的更新，苏伊士运河（1869）和巴拿马运河（1914）的开通，电报、海底电缆的出现，大大促进了资本主义生产的发展，推动了资本主义经济体系的确立。这一时期垄断代替了自由竞争，资本输出加强，形成了国际分工体系，其特点如下：

（1）进入国际分工的中心国家增多。这一时期完成产业革命的法国、德国、美国、日本等发达国家都进入了国际分工中心国家的行列，这些国家控制着国际分工的机制。

（2）发达国家间出现部门分工。挪威专门生产铝，比利时专门生产铁和钢，芬兰专门生产木材和木材加工产品，芬兰和丹麦专门生产肉产品（主要是肉类和乳品），美国成为谷物的生产大国。

（3）亚、非、拉美国家垂直型分工加深。随着国际分工中心国家的增多，亚、非、拉美殖民地和后进国家原有的垂直型分工加深，其产品生产进一步单一化，主要生产和出口一两种中心国家生产和生活所需的农产品和矿产品，而所需的工业品和消费品则从中心国家进口。

（4）生产和消费变成世界性的。随着国际分工体系的形成，参与国际分工的每个国家都有许多生产部门，首先是为世界市场生产的，而每一个国家所消费的生产资料和生活资料，都全部或部分地依靠其他国家供应。其结果是，世界各国间的相互依赖关系加强，生产和消费逐渐变成世界性的了。

（三）国际分工的作用

1. 国际分工是世界经济的基础

分工起源于自然，交换出自于天性，没有分工，便没有交换。国际分工源于对外贸易的发展，在资本主义生产方式下，国际分工又变成对外贸易的基础。各国参与国际分工的形式和格局决定了该国对外贸易的结构、对外贸易地理方向和贸易利益的获得等。与此同时，各国对外贸易又是国际分工利益实现的途径，各国对外贸易的模式与措施影响着国际分工的发展。由此，国际分工与国际贸易是相辅相成、互为因果的关系。

2. 国际分工促进国内分工的发展

国际分工是发达国家国内社会分工发展的结果。发达国家国内各种产业分工超越国界形成国际分工，再把这种分工延伸到其他的国家，形成国际分工体系。这种分工体系对发达国家而言，促进了它们国内的分工，扩大了国内市场，促进了新兴产业的产生；对后进国家而言，冲击了原有的社会分工体系，促使新的国内分工体系的形成，以及新产业的出现。

3. 国际分工推进世界市场的扩大

国际分工是社会生产力发展的结果。国际分工使各国在其具有相对优势的部门或产品上扩大生产规模，形成规模经济，增加产品数量，取得规模效益。国际分工使各国生产要素得到有效的配置，节约了社会资本，提高了效率，大大推动了整个世界社会生产力的发展。世界社会生产力的发展加深了国际分工的深度，拓宽了其广度，从而扩大了世界市场。

4. 国际分工影响世界经济格局

在国际分工的基础上，形成了不同国家国民经济参与国际分工的形式和格局的差异。发达国家一般处于国际分工体系中的优势地位和格局中心，发展中国家处于劣势地位和格局中的外围。这种差异决定了各类国家在国际贸易中的主次地位和贸易利益获得的多寡，形成了国际贸易中的秩序和矛盾，这种秩序和矛盾又推动着国际分工的改善，推动着国际贸易秩序的改革和重构。

（四）国际分工的类型

按照参与国际分工国家之间的社会经济水平差异，国际分工可以分为以下三种形式：

1. 垂直型国际分工

垂直型国际分工（vertical international division of labor）是指经济发展水平不同的国家之间的纵向分工，主要指发达国家与发展中国家之间制造业与农业、矿业的分工。19 世纪形成的国际分工就属于垂直型分工。第二次世界大战后，随着发展中国家的经济发展，这种类型的分工有所削弱，但仍然是发达国家与新兴工业化经济体以外的发展中国家之间的一种主要的分工类型。2003 年，初级产品占整个发展中国家出口的比重为 28.6%，但同年，非洲 55 个发展中国家的出口中，初级产品出口占总出口的比重高达 70.2%（燃料为 49.7%）。

2. 水平型国际分工

水平型国际分工（horizontal international division of labor）是指经济发展水平相近的发达国家之间的横向分工，主要指发达国家之间在工业部门上的分工。第二次世界大战前，表现为产业间的分工。第二次世界大战后，由于科技进步与产业的迅速发展，这种类型的分工深化到产业内部，形成国际间工业部门内部的分工，其主要表现形式如下：

（1）不同型号、规格产品的分工。一般来说，同样的产品往往具有不同的型号和规格，不同国家对同一类产品按不同型号或规格进行分工，从事专业化生产，以适应国内外市场的需要。例如，大体上，美国着重发展大功率的轮式和履带式拖拉机，英国发展中型轮式拖拉机，德国发展小功率的轮式拖拉机。

（2）零、配件和部件生产的分工。由于各国科技和工艺水平的差异，一国对某一种零、配件或部件的生产具有优势，另一国对另一种零、配件或部件可以进行专业化生产。第二次世界大战后，这种形式的专业化生产在许多产品的生产中得到了较大的发展。例如，喷气式飞机、原子能发电站设备、汽车、拖拉机、收音机、电视机、电脑等大批量生产所需的各种零、配件或部件，往往在不同国家中进行专业化生产。

（3）工艺过程的分工。这种分工是指不同国家对生产过程的不同阶段进行专业化生产。例如，在化学工业方面，某国一些工厂专门生产半成品，然后出口这些半成品供给设在其他国家的化工厂去生产各种化学制成品。举世闻名的德国拜耳公司所生产的中间产品提供给世界各地上万家的化工厂制造各种化学成品，就属于工艺过程的专业化。

水平型国际分工已成为当今主流的国际分工形式。参与这种分工的国家除了发达国家，还有一些新兴工业化国家。

3. 混合型国际分工

混合型国际分工（mixed international division of labor）是指垂直型与水平型混合起来

的国际分工。德国曾是典型的混合型国际分工的代表，它与发展中国家进行垂直型分工，而与其他发达国家则进行水平型分工。

二、世界市场

随着社会分工和商品生产的发展，商品市场逐步发展，其先后经历了地方市场、国内市场和世界市场三个时期。世界市场是在社会劳动分工超越了国界、商品交换在世界范围内展开的结果。

（一）世界市场的含义

在商品经济中，有社会分工就会产生市场。哪里有分工的商品生产，哪里就会有市场。同样，商品生产的社会分工发展为国际分工就有了世界市场，即商品交换关系突破国家和地区界限而扩展到整个世界范围时就有了世界市场。这样，我们就能给世界市场一个明确的定义：世界市场是世界各国从事商品和劳务交换的领域，是买卖双方在世界范围内开展贸易活动的场所。世界市场既是一个与社会分工密切相关的历史过程，也是一个与空间地域有关联的经济范畴。从狭义上说，世界市场是世界各国相互间进行商品交换的场所或领域；从广义上说，是指国际流通领域包括商品、资本、技术、劳务等各种交换关系的总和。

世界市场与国内市场是两个既有联系又有区别的概念。首先，各国国内市场的形成是世界市场形成的前提，只有各国国内市场发展到一定程度，才有可能使商品交换关系突破国家界限而扩大到世界范围。但是，各国生产要素的交换总是有相当大的一部分局限在国内范围，并不进入世界市场，进入世界市场的只是各国进入国际交换的部分，不进入国际交换部分则不是世界市场的组成部分。其次，各国的国内市场是一个国家内部交换关系的反映，是国内交换的场所或领域，而世界市场是超越国家界限的生产要素交换场所或领域。正因为如此，国内市场要受到每个国家的政治制度和经济制度的制约和影响，而世界市场则主要受世界各国经济和政治状况的制约和影响。

（二）世界市场的主要特点

与国内市场、民族市场相比较，世界市场具有统一性、竞争性和扩展性等基本特点。

1. 统一性

这是指世界市场是一个相对统一的整体。世界市场并不因为各种社会制度和经济集团并存甚至是对立而被割裂，它包容世界上一切经济制度和发展层次国家的生产要素的相互流动。一般说来，世界市场的统一性，有三个主要标志：

（1）各国经济循环和周期的同步性；

（2）商品和资本的自由转移；

（3）“一种商品一个价格”（以下简称“一个价格”）的规律经常存在。

其中第三点被认为是世界市场统一性的最重要的标志。所谓“一个价格”的规律，是指在完全竞争的世界市场条件下，同一种商品不能有两个或两个以上的价格。因为如果流通渠道没有障碍，商品就会从价格低的地方向价格高的地方流动，从而使整个世界市场的价格一致起来，其差价只等于运费的差价。这种价格的统一性取决于商品和资本的可流动性。商品和资本的可流动性越大，价格的统一程度也就越高。当然，“一个价格”是相对的，由于各国民族历史、社会制度和意识形态等方面的差别，以及垄断和国家干预的客观存在，价格的统一性会受到扭曲或破坏。但“一个价格”的规律总是在起作用，即使在垄断领域也是如此，因为垄断不可能全面、持久地排斥世界市场的竞争，垄断价格也不能无限度地偏离价值。因此，世界市场的统一性也是相对的，绝对的统一性是不存在的。

2. 竞争性

世界市场为各国经济提供了全球性的竞争舞台。这种竞争性主要表现为商品国际交换中的价格竞争和非价格竞争。在世界市场上，各国的社会劳动通过国际交换而成为世界社会劳动的一部分。各国商品进入世界市场，它们在各国国内的不同量的价值，在国际交换中转化为商品的国际价值。这种商品的国际价值与国内价值不同，它不是由一个国家生产该种商品的社会必要劳动时间决定的，而是由一切有关国家生产该种商品消耗劳动的平均单位所决定。由于各国劳动生产率水平的不同，一种商品的国内价值，在世界范围内就变成了个别价值，并与在世界市场上自然形成的国际价值相对立。国际价值的货币表现的就是国际价格。这是价值规律在世界市场上的具体体现。各国为了在世界市场上赢得商品的价格优势，必然不断地进行制度和技术创新，在提高劳动生产率、降低生产成本上展开激烈的竞争。除了价格竞争之外，由于受产品生命周期缩短、市场消费结构变化和多样化等因素的影响，诸如改进商品的品质、性能、包装，推出名牌商标，加强售后服务等非价格竞争，已经成为价格竞争的重要辅助手段。应该看到，完全竞争的世界市场体制实际上并不存在。由于产品和要素市场的缺陷、规模经济、各国政府的贸易管制，包括关税和非关税壁垒等阻碍，现实的世界市场是介于完全竞争和完全垄断之间的市场。这种由市场竞争的不完全性所导致的不等价交换和国际剥削，在一定程度上影响着世界市场的健全发展。完全的自由竞争和各国的贸易自由化只是一种趋势。

3. 扩展性

世界市场的扩展性，源于工业社会生产力和商品经济的扩张性。除了战争或危机的年代，世界市场的范围规模及容量都在不断扩大，在科技革命浪潮所引发的工业高涨期间更具飞跃的势头。世界市场的这种扩展性，从内容上说，既包括卷入世界市场的商品数量的增多、商品种类的翻新、商品结构的变化，同时也包括贸易组织的完善、交易手段的多样和市场功能的增大。从特征上看，主要有两大标志：一是世界贸易的增长速度快于世界生产的增长速度，说明了世界市场容量的扩充；二是世界出口总值在世界生产总值中的比重加大，说明了各国经济生活对世界市场依存度的增强。尽管世界市场的扩展还经常受到国家壁垒的阻碍，但其扩展趋势是不可逆转的。

4. 不平衡性

这种不平衡性，一方面表现在市场分布上的差异，主要是发达国家与发展中国家的不平衡。发达国家的市场贸易量大，发展中国家的市场贸易量小。另一方面表现在商品结构上的差异，发达国家在世界市场上的工业制成品，以及资本和技术密集型产品比重大，而大多数发展中国家则以初级产品和劳动密集型产品为主。发达国家处于世界经济的主导地位，而发展中国家在世界经济舞台中有被边缘化的趋势。

（三）世界市场的运行机制

世界市场的运行受着多种机制的制约和影响，并通过不同机制的作用，制约和影响着各国经济。就其运行机制来说，主要有如下六种。

1. 国际价格机制

国际价格机制是世界市场运行的重要机制之一。这一机制不仅促进了商品的国际流动，还调节着世界经济利益在各国之间的分配。

（1）世界市场的价格机制具有把不同国家的国别价值统一为单一国际价值的功能，即把国别价值统一为世界价值，把国别价格转换为国际价格。

（2）同一国的国内市场一样，世界市场的国际商品交换依然要求遵循等价交换的原则。这种等价的基础是世界市场上的平均必要劳动时间，通过交换使各个国家内在的等价关系转化为国际交换的等价关系。

（3）世界市场的国际价格机制是世界各国经济利益分配的重要渠道。由于各国劳动生产率及其他条件的差异，各国同种同量产品的要素投入量各不相同，因而生产成本也不相同，按照国际统一价值进行等价交换就会出现价值的国际转移，即从劳动生产率低的国家转移到劳动生产率高的国家。这样，世界市场就成了各国经济利益分配和再分配的场所。

（4）世界市场的供求关系引起价格围绕着均衡价格上下波动，对调节各国、各产业间的资源配置也产生积极的反作用。

2. 关税率机制

关税是一国财政收入的基本来源，也是调节经济的重要手段。对国际贸易来说，关税是一国财政收入的重要来源，更是调节进出口的基本手段。关税按其征收的目的划分，分为财政关税和保护关税。前者以增加财政收入为主要目的，占比重较小；后者以保护本国经济为主要目的，占比重较大。关税率的高低，直接影响着一国和世界进出口商品的成本和价格的高低，从而影响着进出口商品的市场占有率；不同商品的不同关税率直接影响进出口商品结构的变化。因此，税率机制对世界市场的运行和各国经济的发展起着重要作用。

3. 资本收益率机制

市场经济是追求利润最大化的经济，也就是追求资本高收益率的经济。各国资本收益率的差异是引起资本跨国流动的基本动因，也是世界市场运行的重要机制。一般地，资本相对充裕的国家，资本收益率相对较低；资本相对稀缺的国家，资本收益率相对较高。收益率的差异使资本从收益率低的国家流向收益率高的国家，流动的结果使各国资本供求发生变化。利率低的国家由于资本流出，资本收益率因之上升；利率高的国家由于资本流入，资本收益率因之下降。资本收益率机制促进了资本的国际流动，调节了资本的供求关系，提高了资本的利用率。

4. 汇率机制

汇率即一国货币单位兑换他国货币单位的比率。各国的外汇汇率受通货膨胀、国际收支状况以及黄金外汇储备情况等因素的影响，波动较大。在浮动汇率制下，汇率的变动是世界市场商品和资本流动的重要机制。如果一国国际收支为顺差，因外汇供过于求，会引起该国对外汇率上浮，使外币大量流入。外币流入意味着该国对外债务增加，而偿债使外币流出，导致对外汇率下浮。反之，如果一国国际收支为逆差，因外汇供不应求，会引起该国对外汇率下浮，使外币流出，外币流出意味着该国对外债权增加，而外国偿债使外币流入，导致对外汇率上浮。这不仅引起资本的国际流动，也引起国际商品价格的变动和商品的进出口。在一般情况下，本币对外汇汇率上浮，使本国商品价格相对提升和外国商品价格的相对下降，有利于进口而不利于出口；反过来，本币对外汇汇率下浮，则有利于出口而不利于进口。由于汇率变动造成的各种影响大多会通过商品和资本的国际流动表现出来，因此，各国为实现本国宏观经济目标和促进对外贸易的发展即是要确定目标汇率，通过汇率变动的机制达到预期的目的。

5. 资源配置机制

如果说上面的四种机制主要是世界市场发展变化的驱动机制，那么资源配置机制便是世界市场发展变化的作用机制。由于国家的存在，资源在国际间的配置要比在一国内部困难得多。国际间资源的配置，主要是通过世界市场上商品和资本的国际流动实现的。一方面，世界市场的国际商品交换和资本流动会促使一国国内资源向利润率较高或出口创汇的外贸部门移动。这种资源转移直接增加了国内某部门的资源量，间接地增加了世界范围内这一部门的资源总量。尽管资源并未进行跨国移动，但这种转移过程的结果却实现了资源在世界不同部门间的重新配置；另一方面，每个国家都使用自己相对丰裕的资源进行生产并出口，同时进口自己急需的、对方国家用其相对充裕的资源生产的产品，从而使资源直接在世界范围内流动，使资源得到充分有效的利用。因此，世界市场的国际交换可以在一定程度上缓解资源不能在国家间自由流动的困难，弥补国际生产要素分布不均的缺陷。

6. 传导机制

不论是驱动机制还是作用机制，都是通过传导机制对各国经济运行发挥其作用的。世界市场的传导机制是指某些经济现象（如景气、衰退、失业、通货膨胀等）通过国际贸易和国际金融渠道从一个国家传导和转移到另一个国家，并对该国经济产生作用的过程。一般来说，一个国家对外开放程度越高，同世界市场联系越紧密，国内经济受其他国家的影响就越大。当世界市场供求及价格、汇率等出现较大幅度的波动时，该国国内与世界市场有直接联系的开放部门或地区自然会首当其冲地受其影响，其产品价格将上涨或下降，产量将增加或减少，经济将加速或停滞。总之，上述变化又将通过这些开放部门或地区传递给国民经济的其他部门，从而使整个国民经济都受到世界市场的影响。

（四）世界市场的基本构成

第二次世界大战以后，随着生产国际化和专业化程度的提高，国际经济贸易关系得到了进一步发展，世界市场继续扩大和发展，世界市场的构成日趋复杂。

1. 世界市场的基本要素构成

从国际市场构成要素来看，世界市场主要由以下几大要素构成：

（1）国家构成。第二次世界大战前，世界市场的国家构成较为单一，并由少数资本主义国家主宰世界市场。第二次世界大战以后，殖民体系瓦解，一大批亚非拉发展中国家以独立主权国家的身份参加了世界市场活动。因此，第二次世界大战以后的世界市场是由各种经济类型的国家组成的既统一又对立的复合体。发达的市场经济国家、发展中国家和地区在统一的世界市场上并存，相互依赖，又相互矛盾。

（2）成员构成。当代世界市场的成员既有以追求商业利润为目的而进行经济活动的企业，也有以促进私营企业扩大出口而建立并代表企业家集团利益的企业主联合会，还有经政府授权进行外贸活动的国家机关和机构。活动目的和性质互不相同的三类成员在世界市场上组成商品和劳务交换的主体。

（3）商品构成。当代世界市场上的商品包括有形商品和无形商品。第二次世界大战以后，在第三次科技革命的推动和其他因素的作用下，世界工农业生产有了较大增长，世界有形商品贸易随之迅速增长。由于制造业的迅速发展、国际分工的深化和发达资本主义国家推行农业保护政策，加之技术进步使原料利用率提高，世界市场上工业制成品所占比重不断上升，初级产品所占比重不断下降，有形商品构成的这种变化趋势将随着知识经济时代世界范围内产业结构的智能化、高级化而不断增强。在未来的世界市场上，与高技术相适应的新型服务贸易项目的发展速度将超过传统的服务贸易项目；高级人才、高素质的劳务人员的跨国流动将成为主流。

（4）销售渠道构成。销售渠道是指商品从生产者到消费者手中所经过的路线。世界市场上的销售渠道通常由三部分构成：第一部分为出口国的销售渠道，包括生产企业或贸易企业；第二部分是出口国和进口国之间的销售渠道，包括贸易双方的中间商；第三部分是进口国国内的销售渠道，包括经销商、批发商和零售商。随着网络的发展及其在国际贸易中的日益广泛使用，直接贸易越来越成为主要贸易方式，销售渠道也将随之改变，中间商将会减少。

（5）运输网络构成。世界市场上的运输网络是由铁路运输网、公路运输网、水上运输网、管道运输网等组成的。第二次世界大战以后，在国际贸易货物运输中，水上运输占了第一位，铁路运输占第二位，可见，水上运输网和铁路运输网尤为重要。

（6）信息网络构成。信息网络是世界市场的中枢。它由电话国际网、大众交流工具（印刷品、电话、电报、电传、电视广播等）、通信卫星系统、电脑互联网网络组成。第二次世界大战以后，世界市场信息网络手段更加多样化和现代化，信息网机构不断增加且越发专业化，信息系统日趋国际化。

2. 世界市场的内部构成

从国际市场内部交换形式来看，世界市场又主要包括国际商品市场、国际资本市场和外汇市场三种类型。

（1）国际商品市场。国际商品市场可分为没有固定组织形式的市场和有固定组织形式的市场。没有固定组织形式的市场，主要是指经面谈或电函就主要交易条件达成协议或签订合同的商品购销，这是当前世界商品市场上最通行的商品贸易方式；有固定组织形式的市场以商品交易所为代表，还包括拍卖市场和国际博览会等。商品交易所进行所谓“大路货”的买卖，即品种规格比较单一的大批量商品，如农产品和矿产品等。从买卖方式看，既做现货交易，也做期货交易。商品交易所是决定世界市场价格的集中点和晴雨表，直接影响着出口国和进口国的生产和消费。拍卖市场，亦称拍卖行，是一种定期市场。它买卖对象的品种、规格都是不太标准化的商品，如珠宝、古董、艺术品等。一般以“叫价”方式竞购成交，在拍卖市场进行的一般都是现货交易。国际博览会可分为综合型国际博览会和专业型国际博览会，它也是扩展国际经贸关系的重要途径。

（2）国际资本市场。国际资本市场可分为长期信贷市场和短期信贷市场，前者以证券交易所为代表，后者以国际货币市场为代表。证券交易所是国际资本市场的基本形式，在证券交易所里，国际资本以股票和债券的形式流通，买卖各方进行交易。国际货币市场是国际短期信贷存放和流动的场所。

（3）外汇市场。外汇市场主要从事本国货币同外国货币之间的兑换和买卖活动。实际上，它是由一批从事外汇买卖的银行等金融机构构成的。

（五）世界市场的开拓模式

1. 出口模式

出口模式包括间接出口和直接出口两种方式。

（1）间接出口是指企业通过本国的中间商（即专业性的外贸公司）来从事产品的出口。此种方式下，企业可以利用中间商现有的销售渠道，不必自己处理出口的单证、保险和运输等业务。同时，企业在保持进退国际市场和改变国际营销渠道的灵活性的情况下，还不用承担各种市场风险，初次出口的小企业比较适合运用间接出口的方式。

（2）直接出口是指企业拥有自己的外贸部门，或者使用目标国家的中间商来从事产品的出口。直接出口有利于企业摆脱对中间商的依赖，培养自己的国际商务人才，积累国际市场营销的经验，提高产品在国际市场上的知名度。但同时也要承担更多的风险，由于其业务量可能比较小，企业自己处理单证、保险和运输不能达到规模经济，而且企业进退国际市场和改变营销渠道的灵活性不足。

2. 契约模式

契约模式主要包括许可证模式、特许经营模式、合同制造模式、管理合同模式、工程承包模式和双向贸易模式六种。

（1）许可证模式。许可证模式指企业在一定时期内向国外法人单位转让其工业产权（如专利、商标、配方等无形资产）的使用权，以获得提成或其他补偿。许可证模式最明显的好处是能绕过进口壁垒的困扰，而且政治风险很小，但是这种方式不利于控制对目标国市场的营销规划和方案，还可能将被许可方培养成强劲的竞争对手。

（2）特许经营模式。这种模式和许可证模式很相似，所不同的是，特许方要给予被特许方以生产和管理方面的帮助。在这种模式下，特许方不需投入太多的资源就能快速地进入国外市场，而且还对被特许方的经营拥有一定的控制权。但是很难保证被特许方按照特许合同的规定来提供产品和服务，不利于特许方在不同市场上保持一致的品牌形象。

（3）合同制造模式。合同制造模式是指企业向国外企业提供零部件由其组装，或向外国企业提供详细的规格标准由其仿制，由企业自身负责营销的一种方式。采取这种模式不仅可以输出技术或商标等无形资产，而且还可以输出劳务和管理等生产要素，以及部分资本。但是由于合同制造模式往往涉及零部件及生产设备的进出口，有可能受到贸易壁垒的影响。

（4）管理合同模式。这种模式是指管理公司以合同形式承担另一公司的一部分或全部管理任务，以提取管理费、一部分利润或以某一特定的价格购买该公司的股票作为报酬。利用这种模式，企业可以利用管理技巧，不发生现金流出而获取收入，还可以通过管理活动与目标市场国的企业和政府接触，为以后的营销活动提供机会。但这种模式具有阶段性，即一旦合同约定完成，企业就必须离开东道国，除非又有新的管理合同签订。

（5）工程承包模式。工程承包模式指的是企业通过与国外企业签订合同并完成某一工程项目，然后将该项目交付给对方的方式进入外国市场。它是劳动力、技术、管理甚至是资金等生产要素的全面进入和配套进入，这样有利于发挥工程承包者的整体优势。工程承包模式最具吸引力之处在于，它所签订的合同往往是大型的长期项目，利润颇丰。但也正是由于其长期性，这类项目的不确定性因素也因此而增加。

（6）双向贸易模式。指在进入一国市场的同时，同意从该国输入其他产品作为补偿。

双向贸易通常是贸易、许可协定、直接投资、跨国融资等多种国际经营方式的结合。根据补偿贸易合同内容的不同，双向贸易可以分为易货贸易、反向购买和补偿贸易三种形式。

3. 融资模式

它主要包括合资进入模式和独资进入模式两种。

（1）合资进入模式。合资进入指的是与目标国家的企业联合投资，共同经营、共同分享股权及管理权，共担风险。合资企业可以利用合作伙伴的成熟营销网络，而且由于当地企业的参与，企业容易被东道国所接受。但是也应看到由于股权和管理权的分散，公司经营的协调有时候比较困难，而且公司的技术秘密和商业秘密有可能泄露到对方手里，将其培养成将来的竞争对手。

（2）独资进入模式。独资进入指企业直接到目标国家投资建厂或并购目标国家的企业。独资经营的方式可以是单纯的装配，也可以是复杂的制造活动。企业可以完全控制整个管理和销售，独立支配所得利润，技术秘密和商业秘密也不易丢失。但是独资进入要求的资金投入很大，而且市场规模的扩大容易受到限制，还可能面临比较大的政治和经济风险，如货币贬值、外汇管制、政府没收等。

4. 国际战略联盟模式

国际战略联盟就是指两个或两个以上企业为了相互需要，分担风险并实现共同目的而建立的一种合作关系。国际战略联盟是弥补劣势、提升彼此竞争优势的重要方法，可以迅速开拓新市场，获得新技术，提高生产率，降低营销成本，谋求战略性竞争策略，寻求额外的资金来源。

第二节　世界经济的成长历程

世界经济是人类社会发展到一定历史阶段的产物。从历史上看，它的形成是与工业社会联系在一起的，是与近代机器大工业联系在一起的，是国际分工、世界市场和资本国际化发展的结果。总体上看，世界经济的成长大体上经历了三个历史阶段：萌芽期、初步形成期和最终形成期。

一、世界经济的萌芽期

在资本主义以前的各种生产方式中，自然经济占统治地位，生产力水平低下，商品生产发挥作用的范围有限，参加商品流通的只是小部分农产品和手工艺品，不用说在国际范围内，就是在一国内部，几乎都没有社会生产的固定分工。到 14—15 世纪，围绕地中海所进行的东西方贸易，曾经促进了西欧经济的繁荣和商品经济的发展。但这种以商人为媒介的东西方贸易，不仅数量微不足道，而且参加国际交换的商品种类也只限于那些具有资源优势或那些生产成本差别很大的少数商品，如欧洲的呢绒、金属制品和东方的珠宝、香料、丝绸、瓷器等名贵产品。这些产品虽然有的已是社会分工的产物，但从国际贸易的角度来说，仍然是各国由于地理、民族传统以及国民经济特点的差异而引起的地域分工，而且贸易的地理范围也极其有限。因此，这种不稳定的地域市场不能促进世界经济萌芽的出现。

世界经济萌芽开始于15世纪末、16世纪初的地理大发现，并一直延续到18世纪中后期，前后经历了近300年的时间。随着新航路的开辟和新大陆的相继被发现，国际贸易中心由地中海转向大西洋，国际贸易范围也随之扩大到世界各地。国际贸易在地域上的扩大和商品种类的增加，引起了西欧商业的革命性变化，促进了以分工为特征的工场手工业的发展。因此，地理大发现使全球历史由各地区分散隔绝发展朝着以世界为整体的方向发展，是世界经济萌芽的重要起点。从16世纪开始，西欧的封建专制国家为了扩大财源，防止金银外流，借助于商人资本，大力推行重商主义政策，积极鼓励发展航海业和对外贸易，这就促进了为出口而生产的国际分工的产生和发展。与此同时，西欧殖民者在用武力强占了亚洲、非洲和拉丁美洲的广大地区以后，运用暴力或超经济强制等手段，在这些地区大力推行殖民主义政策，在殖民地开发矿山，经营种植园，发展以奴隶劳动为基础的、为本国和国外市场生产的近代奴隶制度。这样，就建立起以国际分工为特征的早期的资本主义专业化生产。当时盛行一时的“三角贸易”，就是宗主国与殖民地之间分工的具体表现形式。西方殖民者从西非贩运黑人劳动力，到西印度群岛生产并出口热带产品，由英国生产并出口工业品，如此往复循环。这种由英国组织的国际分工和国际交换，自17世纪以后逐渐扩大到整个美洲、非洲和亚洲。美洲的金银、非洲的奴隶、亚洲的香料、欧洲的工业品纷纷卷入国际商品流转中来。西欧各国的商船队跨洲越洋，把原来只具有地域色彩的国际分工逐渐扩展到世界各地。

但是，这种以手工工场作为物质基础的国际分工，不过是宗主国与殖民地之间的一种带有强制性的特殊分工，是西欧国家进行资本原始积累的一种手段。这种分工，从严格意义上说还不是真正的国际分工。这一时期的国际贸易，对各国的再生产过程并不起决定性的作用，尚未成为各国经济运行必不可少的条件，各国经济对海外市场的依赖程度还很有限。因此，这一时期出现的国际分工和世界市场只是一种早期的原始形式。这种早期的国际分工和世界市场的出现，标志着世界经济的萌芽。

二、世界经济的初步形成期

世界经济的初步形成期开始于18世纪60年代前后的英国产业革命，完成于19世纪70年代前后工业社会在欧美国家的建立，包括整个资本主义确立时期，经历了大约100年的时间。这一时期世界经济的形成是在机器大工业的基础上以国际分工体系的建立和世界市场的开拓为主要标志的。

（一）机器大工业的发展

以蒸汽机的发明和应用为主要标志的产业革命，完成了工场手工业向机器大工业的过渡，机器大工业获得了空前的发展，社会生产力出现了一次质的飞跃。机器大工业的发展使工业文明取代了传统的农业文明，使内外开放的城乡经济取代了封闭的农村经济，将彼此分割的地域经济和民族经济连为一体，形成有机的国民经济体系和世界经济。

1. 机器大工业成为资本主义在世界范围内进行扩张的锐利武器

机器大工业以其雄厚的物质基础和巨大的生产能力，对开拓世界市场具有势不可挡的威力，大工业带来的技术进步成为资本主义在世界范围内进行扩张的锐利武器。机器大工业不同于以往的手工生产，它本身就是一种世界性的生产。在竞争规律的支配下，它需要不间断地扩大再生产，从而要求一个不断扩大的市场，一个尽可能广泛的市场。这样，竞争必然驱使它从国内走向国外，到海外寻找新市场。19 世纪的历史证明每一次新的工业高涨，都与海外市场的开辟，即世界市场的扩大相关联。19 世纪 40—60 年代，世界贸易的增长速度超过世界工业的增长速度，就是机器大工业促进世界市场不断扩大的证明，当然，也是世界市场给机器大工业创造生机的证明。

2. 机器大工业使世界市场的范围不断扩大

机器大工业不仅需要不断扩大海外销售市场，同时也需要日益扩大原料供应的来源。大工业本身已成为农业原料和矿产原料的巨大销售市场。当这些原料在国内市场不能充分供应或完全不能供应时，它们越来越多地转向世界市场，特别是到经济落后但资源丰富的国家去购买。同时，机器大工业用商品生产征服一切产品生产，用廉价商品摧毁落后国家的手工产品，从而使这些国家不得不依赖于强加在它们头上的国际分工，变成工业国的棉花市场、羊毛市场、黄麻市场、咖啡市场等。这样，资本主义的机器大工业不仅把它的工业品销售到世界市场，而且把它的原料产地都卷入世界市场中来。广大亚、非、拉美国家沦为西方国家商品销售市场和原料产地的过程，也就是这些国家日益卷入世界市场的过程。

3. 机器大工业使世界市场的内容不断丰富

随着机器大工业对世界市场的开拓，进入世界市场的商品数量和种类也大幅度地增加。过去仅限于欧洲手工业产品和热带农产品交换的世界市场，现在已让位给种类繁多的大宗商品交换的世界市场。特别是诸如棉花、羊毛、矿砂、煤、铁、棉纱、棉布、机器等资本品和大众消费品进入世界市场后，使世界市场内涵更深、作用更大，使资本主义各国的生产过程同世界市场紧密地联系在一起。世界市场供求关系和行情的任何变动，对于世界各国的经济生活都会发生不同程度的影响。一旦商品在世界市场上的流通受到阻碍，资本主义的再生产过程就不能顺利进行，商品的价值就不能顺利实现。

（二）国际分工体系的建立

这一时期，由于机器的广泛采用，工业内部的分工得到进一步发展，分离出许多专门从事原料生产资料和消费资料生产的独立部门。这种分工规模的不断扩大、产品产量的大幅增加，使这些工业所加工的，已经不是本地的原料，而是来自极其遥远的地区的原料；它们的产品不仅供本国消费，而且同时供世界各地消费。大规模生产所需的原料已非本国生产的原料所能满足，它的产品也非本国的市场所能容纳。社会分工迅速向国际领域扩展，把经济发展水平不同的国家或多或少地纳入国际分工之中。国际贸易商品日益大量地参与到资本主义扩大再生产过程，是世界市场成为资本主义再生产过程必不可少的条件。在机器发明以前，一个国家的工业主要是用本地原料来加工。例如，英国加工的是羊毛，德国加工的是麻，法国加工的是丝和麻，东印度和黎凡特（即地中海东岸诸国的旧称）加工的则是棉花，等等。由于机器和蒸汽的应用，分工的规模已使脱离了本国基地的大工业，完全依赖于世界市场、国际交换和国际分工。

于是，机器大工业把越来越多国家的社会生产吸引到国际分工体系中来。19 世纪中叶，英国一半以上的工业品要依靠海外市场销售，国内所消费的大部分原料又要靠国外供应。这种情况在棉纺织业中表现得尤为突出。当时，英国生产的棉纺织品 80% 销往海外，而所需的棉花几乎全部靠国外进口。

伴随着资本主义在欧美先进国家的大发展，它们开始在亚洲、非洲和拉丁美洲推行国际专业化生产，以廉价商品为武器，以自由贸易为旗帜，在破坏这些国家原有的前资本主义经济结构以后，逐渐把这些国家改造成依赖于国际分工的单一经济。在自由贸易政策下，亚、非、拉国家的落后农业经济日益被卷入国际分工中来。自由贸易对落后国家社会经济的破坏，比以往殖民主义所实行的一切政策更为彻底。

到19世纪中期，由机器大工业引起的国际分工基本上形成了世界城市与世界农村既相互对立又相互依存的国际分工体系，这种分工体系以英国占支配地位为主要特征。19世纪60年代以后，世界城市由英国扩展到欧洲大陆和美国，而世界农村则由于新地区的开发也进一步扩大。国际分工体系的建立，标志着世界市场进入一个新的历史发展阶段。

（三）世界市场的形成

经过工业资本近一个世纪的开拓，到19世纪60年代，一个区别于早期世界市场的、赋予了新的经济和物质基础的世界市场形成了。世界市场的形成是资本主义生产方式向国际领域扩展的集中体现，也是工业资本取代商业资本在世界市场上占据统治地位的集中体现。因此，这一时期的世界市场已成为资本主义再生产必不可少的条件，这也是它区别于早期世界市场的本质特征之一。

1. 19世纪各种贸易组织形式的正规化、大型化和专业化

这是世界市场形成的主要标志，并为国际贸易的大发展和世界市场的形成提供了组织保证。各种从事商品买卖的交易所早在17—18世纪就已出现，但其数量和规模还很有限。19世纪以后，与国际贸易规模的日益增大相适应，商品交易所的数量不断增多，而且从过去只是偶然进行商品交易的场所变为经常性的营业机构，成为买卖一定商品的巨大中心。其中，谷物、棉花、矿砂等大宗商品几乎都在交易所成交。

随着商品种类的增加和商品结构的变化，商品交易所也日趋专业化，即从经营多种商品变为经营单一商品。1848年，芝加哥出现了第一个谷物交易所。1862年，伦敦成立了有色金属交易所，新奥尔良成立了棉花交易所。同时，在殖民地的原料产地也出现了如加尔各答的黄麻、新加坡的锡和橡胶、墨尔本的净毛等大型商品交易所。在这些交易所中，现场看货的传统方式已让位给凭样品或根据凭证签约的方式。交易双方为了避免签约与发货期间市场价格涨落的影响，期货交易也盛行起来。此外，在世界各地还兴办了许多为国际贸易服务的保险公司、租船公司和转运公司等。贸易组织形式的上述变化，有力地促进了世界市场成为各国经济赖以生存和发展的巨大舞台，加速了世界经济的形成。

2. 19世纪黄金逐渐演变为单一的世界货币

19世纪，各主要资本主义国家相继过渡到金本位制，这也是世界市场和世界经济形成的重要标志。世界货币的产生是国际贸易发展的必然结果，同时它本身也有助于世界市场的稳定、世界贸易的扩大、各国经济贸易联系的加强。“金银帮助了世界市场的形成，因为金银在自己的货币概念中已经预示着世界市场的存在”。早期的世界货币是黄金白银并用，称为复本位制。1816年，英国最早过渡到单一金本位制。到19世纪70年代，主要资本主义国家都实行了金本位制，并逐渐形成一个以英镑为中心、以黄金为唯一基础的国际金本位制度。由于居于世界市场中心国家的货币都有了确定的含金量，它们之间存在固定的比价，所以便利了国际支付和国际结算，促使世界市场经常保持汇率稳定，世界市场机制更加完善，各国之间经济联系更加密切。

3. 19 世纪 50 年代以后世界性经济危机的周期出现

这标志着世界各国的再生产周期已按照统一的世界市场机制同步运行。资本主义历史上第一次周期性生产过剩危机发生于 1825 年的英国。但在 19 世纪中期以前的历次危机几乎都表现为英国一国的危机，对其他国家的再生产周期影响不大。1857 年首先在美国爆发的经济危机，很快从大西洋彼岸蔓延到欧洲诸国。这次危机已开始具有世界性和周期性。经过 1866 年危机的进一步发展，到 1873 年，经济危机的世界性已经十分明显。危机不仅同时打击了所有资本主义国家，连殖民地、半殖民地国家也未能幸免。经济危机的世界性和同期性，反映出通过世界市场联结的世界各国在很大程度上已融为一个统一的整体，其经济运行已按同一脉搏跳动，标志着世界市场已高度统一和世界经济的形成。

4. 19 世纪交通工具的变革

交通工具的重大变革为国际分工领域的扩大、世界市场和世界经济的形成提供了物质手段。从 1825 年英国建成世界上第一条铁路起，铁路就迅速地在欧美大陆普及。1830 年世界铁路总长度仅为 332 千米，到 1870 年猛增到 320 万千米，40 年增长了近 1 万倍。1838 年轮船横渡大西洋成功，但直到 1860 年轮船同帆船相比还不占优势。随着铁路里程的延伸、轮船的出现、远洋帆船吨位的增加，商品的运载量不断增加，周转速度明显加快，运输时间大大缩短，运输费用大幅度降低，极大地促进了商品在国际市场上的频繁流转，并把各大洲的地方性、区域性市场同世界贸易中心联结起来。资产阶级挟持着机器大工业的廉价商品，乘坐快速的交通工具，利用便捷的通信设施，往来奔走于世界各地，冲破一道道闭关自守的阻力，把越来越多的落后国家卷入世界市场，并纳入资本主义国际分工体系中来。

5. 世界市场将越来越多的国家纳入其中

这一时期，世界上除了非洲内陆以及亚洲、拉丁美洲的少数国家和地区外，都已被编织到世界市场的密网中。过去那种地方和民族自给自足、闭关自守的状态，已被各民族各个方面的相互往来和相互依赖所代替。同时，应该指出，世界市场的形成虽然加强了世界各国以国际分工为基础的经济联系和相互依赖关系，但是在资本主义制度下，这种相互依赖关系使许多落后国家逐渐丧失了经济上和政治上的独立性，变为资本主义工业强国的经济附庸，成为这些国家工业资本剥削对象的殖民地和半殖民地。

综上所述，随着资本主义国际分工体系的建立和世界市场的发展，到 19 世纪 60—70 年代，在自由资本主义发展到顶点时人类历史上第一次初步形成了以国际分工和世界市场为纽带的世界各国生产、交换、分配融为一体的世界经济或资本主义世界经济体系。之所以说它是初步的，一方面，这一时期世界上还有相当多的国家和地区仍处在闭关自守甚至与世隔绝的状态，商品经济和资本主义生产方式的触角还没有深入落后国家的内地和穷乡僻壤，非洲幅员广阔的内陆仍然鲜为人知，世界经济覆盖的人口还仅占全球人口的 10%。另一方面，各国经济的直接联系渠道还主要是商品交换，生产和资本的国际流动还十分有限。因此，世界经济只是初步形成，还不能说最终形成。

三、世界经济的最终形成期

世界经济的最终形成期为 19 世纪 70 年代至 20 世纪初。在第二次科技革命对社会生产力的巨大推动作用下，国际分工进一步深化，世界市场范围进一步扩大，特别是随着以资本输出为特征的生产和资本的国际扩张、国际贸易的巨大发展以及国际金融制度的完善，名副其实的世界经济最终形成了。

（一）交通运输和通信业的巨大发展

从19世纪70年代开始，资本主义世界发生了以电的发明和应用为主要标志、以重化工业发展为中心的第二次科技革命。这次科技革命对社会生产力的巨大推动，不仅为自由竞争资本主义过渡到垄断资本主义奠定了物质基础，也为世界经济的最终形成提供了强大动力。

第二次科技革命使交通运输和通信业发生了真正的革命，解除了世界经济形成的桎梏。在前一个历史时期，火车、轮船、电报虽然已经出现，但并没有普及和大发展。因为它们的发展是以钢铁、煤炭、电力、石油等重工业的大发展为前提的。这次科技革命的最大特点是重心从轻纺工业转向了重化工业，钢铁、机械、石油工业得到了大发展。重化工业的发展使全球进入到火车时代、轮船时代。19世纪90年代，轮船最终排挤了帆船，成为远洋航行的主要交通工具。20世纪初，铁路在欧美国家已趋于饱和，开始大规模向落后国家普及，并在南美大陆、南亚次大陆以及远东地区形成建设铁路的高潮。由于铁路从沿海延伸到大陆腹地，大量人口移居内地，因而使许多国家的大草原、大森林以及矿产资源得以开发和利用。铁路是联系港口和内地的陆路交通工具，而轮船又以海运把世界各地的铁路系统联结成一个跨洲的庞大国际交通运输网。国际交通运输体系的建立，极大地沟通了世界各国的生产、流通和消费。

与此同时，电报的使用已遍及全球，使世界市场形成了迅捷的信息网络。1866—1874年，先后有四条横跨大西洋和印度洋，连接欧洲、北美、南美和亚洲的海底电报电缆铺设成功并投入运营。19世纪70年代，电话开始在欧美国家应用。1901年，无线电波飞越大西洋并迅速普及。跨洲电报使电汇取代了汇票，便利了国际贸易和国际支付。此外，1874年万国邮政联盟的成立，使国际通邮业务变得更加方便可靠。总之，交通运输业和通信业的革命就像催化剂和黏合剂把越来越多的经济发展水平不同的国家纳入世界经济体系之中。

（二）国际分工的深化

这一时期国际分工的深化与垄断资本和资本输出的大发展密不可分。社会生产力和科学技术的发展以及生产社会化程度的提高，促使资本的社会化形式产生相应的发展和变化。第二次科技革命使生产规模空前扩大，导致了生产和资本的积聚和集中，并在此基础上，形成了垄断资本和金融寡头。到19世纪末20世纪初，生产集中达到了空前的高度，许多部门中少数大资本已居于压倒优势的地位。卡特尔、辛迪加、托拉斯和康采恩等各种垄断组织，迅速发展成为在社会经济生活中占统治地位的垄断资本。在垄断资本的发展过程中，工业垄断资本和银行垄断资本又进一步融合为一种新型的垄断资本即金融资本，金融资本的进一步集中又形成金融寡头。金融寡头通过“参与制”支配了大量的社会资本，从而扩张自己的经济实力，攫取高额垄断利润。

由于垄断，大垄断组织能够迅速聚敛起巨额资本，资本在国内已经找不到有利可图的投资场所，从而形成“过剩资本”，这些“过剩资本”必然要涌向海外市场。于是，资本输出成为这一时期国际经济关系中最重要的经济现象。

资本输出直接促进了国际分工的深化。首先，原来的国际分工主要是以商品流通为媒介，而现在则在此基础上发展到以资本流通为媒介，特别是资本输出使资本主义国家的生产过程向国际范围扩展，实现了世界范围的生产社会化和国际化，进一步加强了各国国民经济之间相互联系的紧密程度。其次，资本输出强化了国际间垂直分工的发展。19 世纪 70 年代以后，垂直分工得到了扩大和加深。因为此时工业国已经不再是英国一个国家，还包括欧洲和北美各国以及亚洲的日本。同时，原料供应地已不再是少数殖民地，而是世界所有落后地区，原材料供应所涉及的范围也更广。这使得垂直分工成为该时期国际分工的主要特点。再次，资本输出扩大了世界市场的内涵。以前的世界市场主要是指世界商品市场，该时期的世界市场不仅包括世界商品市场而且包括国际资本市场。由于世界市场上两大国际流通领域——国际商品流通和国际资本流通的交织，世界市场机制更加完善。

（三）世界经济体系的确立

在第二次科技革命的推动下，交通工具的变革使远程运输安全、便捷，电信工具的使用加速了商业信息的交流和传播，便利了人们的联系；生产和资本高度集中化，列强国家为最大限度地攫取利润，开始大规模的资本输出，通过开设工厂、修筑铁路和其他基础设施等手段，使世界各地的生产、流通和消费紧紧结合在一起。世界市场的内涵日益丰富，从以特产、财富、黑奴、工业制成品和原料等为主，发展到以资本流通、金融服务和技术交流等为主。主要帝国主义国家为了抢占更多的原料产地、销售市场和投资场所，掀起了瓜分世界的狂潮。到 20 世纪初，世界被瓜分完毕，以欧美工业国为主导的统一的世界经济体系得以完全确立。世界市场最终形成，主要体现在以下三个方面。

1. 商品流通领域的发展

商品流通领域的发展主要有三个方面的特点：

（1）国际商品贸易继续保持迅速增长的趋势。从贸易规模来看，1876—1880 年，世界贸易的年均规模为 130.7 亿美元，到 1913 年上升到 405 亿美元。其中，进口贸易从 70.6 亿美元上升到 210.5 亿美元，出口贸易从 60.1 亿美元上升到 194.5 亿美元。从贸易结构来看，同期内初级产品世界贸易的年均规模为 79.1 亿美元，到 1913 年上升到 253.3 亿美元；相应地，工业品的世界贸易年均规模从 47.7 亿美元上升到 151.7 亿美元。在此期间，二者保持了几乎相同的增速，初级产品贸易仍然占较大的比重。

（2）国际贸易规范与惯例的发展。在贸易组织形式正规化和专业化的推动下，国际贸易规范与惯例也开始得到完善和普及。各国为了调整彼此之间的贸易关系、协调移民和其他方面的待遇问题，设法寻求协调分歧和消弭争端的途径。其中，有两种主要的方式：一是通过缔结国际公约和协定来制定调整国际经贸关系的法律规范，二是在长期业务实践中形成统一的、各方都能接受的贸易惯例。在法律规范方面，比较有成效的是在工业产权、文学艺术作品和商标注册方面达成的几个著名公约和协定，如 1883 年的《保护工业产权巴黎公约》、1886 年的《保护文学和艺术作品伯尔尼公约》、1891 年的《商标国际注册马德里协定》、1896 年的《民事诉讼程序海牙公约》等。后来，这些公约或协定几经修改一直沿用至今。在贸易惯例方面，最重要的是对国际贸易术语的统一定义和解释。如 FOB（船上交货价）术语在 19 世纪初已经流行，CIF（成本加保险费加运费）术语也开始陆续使用。

（3）国际货物保险规则实现了统一。1877 年，在比利时的安特卫普对共同海损依据的规则予以修订，使共同海损的理算规则和条件在世界范围内趋于统一。早在 1860 年，贸易、运输、保险业各界代表在英国的格拉斯哥开会拟定了理算共同海损所应依据的国际规则。1864 年，此规则在英国的约克郡进行了修订，又经过 1877 年安特卫普的修订后被称为《约克－安特卫普规则》。1912 年，伦敦保险协会制定了《协会货物保险条款》（*Institute Cargo Clauses*，ICC），后经多次修改，成为目前应用最广的保险条款。这标志着国际保险市场在“销售条件”统一性方面取得了重大进展。

2. 资本流通领域的发展

资本流通领域的发展主要表现在下面三个方面：

（1）国际直接投资的迅猛发展。资本输出是该时期国际经济关系中最重要的经济现象。对于大多数先进的工业国来说，直接投资是资本输出的重要方式，并得到迅猛发展。1870 年，英国对外直接投资规模为 2 亿至 4 亿英镑，1913 年达到 13 亿英镑。1897 年美国对外直接投资规模约为 6 亿美元，1914 年达到 27 亿美元。其中，北美和拉丁美洲是英国对外直接投资的主要地区，其次为亚洲地区。拉丁美洲也是美国对外直接投资的主要地区，其次为北美和欧洲地区。法国和德国的对外直接投资则以欧洲地区为主。总之，国际直接投资的迅猛发展，极大地推动了国际分工的深化和世界市场的最终形成。

（2）国际间接投资以英国为主，伦敦成为国际资本市场的中心。从 19 世纪初开始，伦敦作为欧洲以及世界金融中心的地位超过了阿姆斯特丹。1820 年以后，随着英国对外投资的增长，英国开始专门发行国外证券。伦敦的商业银行后来也专门从事承兑业务或证券发行，它们推销世界各国的公债和有价证券。1860—1876 年，伦敦出售的国外证券总计为 7. 146 亿英镑。1870—1914 年，英国向国外发行的证券总额达到 36. 36 亿英镑。并且，在此期间英国间接投资在其对外投资总额中的比重始终在 60% 以上。商业银行和公司是英国国外证券的发行主体。相比之下，20 世纪初的美国间接投资只占其对外投资总额的 30% 左右。伦敦通过享有崇高国际信誉的承兑行和保险机构，以及稳定的英镑币值，成为当时无可匹敌的国际资本市场乃至国际金融市场的中心。

（3）英国、法国和德国成为主要的债权国家。英国以其雄厚实力的经济为基础成为当时最大的债权国，即资本的净流出国。1886—1890 年，英国对外资本净流出额为 21. 7 亿美元，德国为 7. 3 亿美元，法国为 6. 6 亿美元；同期的美国、阿根廷、澳大利亚和加拿大是资本的净流入国，流入规模分别为 10. 5 亿美元、6. 5 亿美元、5. 3 亿美元和 2. 4 亿美元。1911—1913 年，英国依旧是最大的债权国家，对外资本净流出额为 30 亿美元，其次是德国的 10. 1 亿美元，以及法国的 6. 4 亿美元，加拿大是该时期最大的资本净流入国，其规模为 11. 6 亿美元，而美国从 20 世纪初开始从债务国向债权国转变。

3. 货币流通领域的发展

在这个时期，国际货币流通领域最重要的发展就是金本位国际货币体系的确立及其稳定运行。金本位制是以黄金为本位货币的一种货币制度。国际金本位制形成于 19 世纪 70 年代。这一时期世界主要贸易国都纷纷从金银复本位制转向金本位制，标志着金本位国际货币体系的确立。英国于 1816 年就进入了金本位时代。1873 年和 1876 年美国通过了两个法律，基本确立了黄金本位。1871 年的德国，1873 年的瑞典、挪威和丹麦，1874 年的法国、比利时和意大利，1875 年的荷兰，以及之后的俄罗斯、印度、奥地利、匈牙利、日本等国也相继确立了金本位制。

在国际金本位制下金币可以自由铸造和自由熔化，辅币和银行券可以自由兑换成金币以黄金进行国际结算，黄金可以自由地输出和输入国境。金币的自由铸造和熔化使其具有调节市场上货币流通量的作用，保证了国内物价水平的相对稳定。金币的可自由兑换保证了黄金与其他辅币和银行证券之间比价的相对稳定；黄金在国家间的自由输出输入保证了各国货币之间比价的相对稳定。国际金本位制的形成和发展对于推动当时资本主义经济的发展以及世界经济的最终形成起到了重要作用。

总而言之，该时期商品流通领域、资本流通领域和货币流通领域的发展，促进了世界经济的最终形成。世界各国以国际分工为基础、以世界市场为纽带的经济联系和相互依赖关系大大加强，促进了社会生产力全球规模的发展，推动了人类的文明和进步。但是，一方面，当时的世界经济是在资本主义生产方式下，在国际分工、世界市场和资本国际化的基础上形成的少数"先进"国家的金融资本剥削、压榨世界上大多数国家和民族的剥削体系，也就是资本主义世界经济体系；另一方面，各国垄断资本除了建立国际垄断同盟在经济上瓜分世界之外，更加紧对殖民地领土的瓜分，到20世纪初，各国领土业已被瓜分完毕。世界经济的最终形成使得资本主义经济体系囊括全球，它在促进世界发展的同时，也必然孕育着巨大的风险与矛盾。

第三节　20世纪上半期世界经济的大动荡

20世纪初世界经济的最终形成，为各国经济生活的国际化和世界范围生产力的发展展示了广阔的前景。但是由资本主义生产方式的扩展而形成的世界经济，一开始就成为少数资本主义经济强国激烈争夺的场所，从而加剧了世界经济的内在矛盾，破坏了世界经济的稳定。整个20世纪上半期，世界政治多种矛盾错综复杂，冲突不断，险象环生；世界经济也一直处于"战争—周期景气与衰退—战争"的剧烈动荡之中。

一、第一次世界大战及其对世界经济的影响

（一）第一次世界大战概况

第一次世界大战（World War I，WWI），简称"一战"，是在19世纪末20世纪初，资本主义国家向其终极阶段，即帝国主义过渡时产生的广泛的不可调和矛盾，亚洲、非洲、拉丁美洲殖民地和半殖民地基本上被列强瓜分完毕，新旧殖民主义矛盾激化、各帝国主义经济发展不平衡，利益分割不对等的背景下，为重新瓜分世界和争夺全球霸权而爆发的一场世界级帝国主义战争。

战争的直接原因（即导火索），是1914年6月28日，奥匈帝国皇储斐迪南大公夫妇在萨拉热窝视察时，被塞尔维亚青年枪杀。一个月后，奥匈帝国在德国的支持下，以萨拉热窝事件为借口，向塞尔维亚宣战。接着德、俄、法、英等国相继投入战争。

战争过程主要是同盟国（包括德意志帝国、奥匈帝国、奥斯曼帝国、保加利亚王国等）和协约国（大英帝国、法兰西第三共和国、俄罗斯帝国、意大利王国和美利坚合众国）之间的战斗。战争以1918年11月的德国宣布投降、同盟国的失败而告终。

战争的结果，是以英、法、俄为首的协约国集团战胜以德、奥为首的同盟国集团。这

场战争是欧洲历史上破坏性最强的战争之一。战争历时四年多，30 多个国家、15 亿人口被卷入了这场战争，对人类造成了巨大的物质和精神上损害。第一次世界大战大约有 6 500 万人参战，1 000 多万人丧生，2 000 万人受伤。按当时的美元计算，参战国直接经济损失高达 1 805 亿美元，间接经济损失也达 1 516 亿美元。战争不仅造成了人员的巨大伤亡，而且导致了世界经济的巨大衰退。

（二）第一次世界大战对世界经济的影响

第一次世界大战后，世界经济表现出以下四个方面的特点。

1. 世界经济增长受到重创，世界贸易缓慢发展

第一次世界大战，不仅造成了人员的巨大伤亡；而且导致了经济的巨大衰退。战争结束时，全球农业产量比战争前的水平降低 1/3，世界工业生产下降了 12.3%，欧洲制造业产量下降 1/5 以上。在经历一战后初期的经济混乱和 1920—1921 年的经济危机之后，1924 年世界工业生产才勉强恢复到一战前水平。1929 年，世界工业生产比第一次世界大战前增长了 45%。

在经济缓慢增长的同时，世界贸易也出现萎缩。第一次世界大战期间，国际贸易实物量缩减了 40%。1914 年以前，虽然存在关税保护和一些垄断，但总体来说，世界上的经济交往是相对自由的。迫于战争的需要，各个国家加强了对经济的干预，使得价格、产量等指标不能反映市场的供求关系，从而影响了国家之间的贸易。第一次世界大战结束后，各国着手放宽对外贸易管制，但 1920—1921 年经济危机使市场问题一度尖锐化。各国又恢复或保持对外贸易的限制，大多数国家争相提高进口关税。整个 20 世纪 20 年代，各大国不止一次召开国际会议，试图消除妨碍国际贸易扩大的各种限制，缔结恢复自由贸易的协定，但各大国都想为自己争得有利的贸易条件，以期加强贸易扩张。由于各方面矛盾很尖锐，始终未能达成任何国际协议。世界市场运行的这种无序状态，无疑加剧了各国特别是少数大国之间的贸易摩擦和矛盾。

2. 资本国际化步履蹒跚与资源争夺战愈演愈烈

资本国际化是世界经济最终形成的重要标志之一，也是资本主义经济强国在经济上瓜分世界的主要手段。19 世纪末 20 世纪初，资本国际化的步伐加快。1913 年主要资本主义国家对外资本输出总额已达 440 亿至 480 亿美元。但是，第一次世界大战使得投资减少，经济秩序混乱，通货膨胀严重。这一切都使得资本的国际流动受阻，英国的对外投资损失了 15%，法国损失了 50%。国际资本的流动速度明显放缓，几乎处于停滞状态。第一次世界大战初期，资本跨国流动的规模比战前缩减了 1/3，直到 20 年代末才恢复到战前水平。

经过第一次世界大战，资本主义列强增强了对世界市场和投资场所的控制，加紧了在经济上分割世界，特别是对原料产地的争夺和劫掠。各国力图通过排挤竞争对手，控制品种更多、面积更大的原料产地，以便掠取更丰富的矿产资源和原材料，尤其是战略性原料和燃料。它们之间的资源争夺战越来越激烈。为此，以国际卡特尔为最普遍形式的国际垄断同盟获得了长足发展，并成为这一时期资本国际化最主要的组织形式。1914 年，正式的国际垄断同盟有 116 个，1931 年增加到 320 个，至第二次世界大战前夕猛增到 1 200 个。同第一次世界大战前相比，国际垄断同盟不仅在于数量的增加和规模的扩大，而且其形式和组成类型也日趋多样化。这种对原料产地、商品销售市场和投资场所的争夺，严重破坏

了世界经济的稳定。

3. 国际金融秩序的不稳定

第一次世界大战使以英镑为中心建立起来的金本位制陷于崩溃。各国银行券停止兑换黄金，禁止黄金自由输出，交战国政府普遍利用滥发纸币以弥补巨额军费支出，从而引发了严重的通货膨胀。第一次世界大战结束后，各国的通货膨胀变本加厉，持续严重的通货膨胀使货币购买力和外汇行市急剧下跌，不仅严重阻碍了各国经济的恢复，而且导致国际金融关系混乱。

20 世纪 20 年代，西方各主要国家先后进行了币制改革与金本位制的重建。虽然稳定了通货，但除美国继续保持金本位制外，绝大多数国家仅能恢复到不稳固的金块本位制或金汇兑本位制。这种削弱了的金本位制以及国际金融关系协调一致性的缺乏，显现了国际货币制度进入到新的不稳定时期。由于缺乏稳定的国际金融秩序，在货币信用危机面前，国际信用规模大为缩小，国际结算中用以支付的黄金严重缺乏，以金本位为基础的国际货币体系必将难以维持。因此，不稳定的国际金融秩序导致了金本位制的最终崩溃以及之后货币集团的林立与相互对抗。

4. 世界经济结构的变化

第一次世界大战的一个重要影响，就是使世界经济结构或经济格局开始出现重大变化，具体表现在以下三个方面。

（1）西欧各国的国际地位开始削弱。发生于欧洲的第一次世界大战，使欧洲各国的经济受到严重打击，西欧各国的国际地位受到严重削弱。战败的德国不仅产生了天文数字的通货膨胀，而且由于中东欧国境线的变动，新的独立国家增多，其原有的势力范围急剧缩小，原有的国际贸易关系被切断。法国也同样经历了严重的通货膨胀，对外债权尤其是对俄国的债权因其爆发苏维埃革命而大部分丧失，因而难以维持战前的货币价值。英国也由于战争减少了对外债权，出口竞争力下降，国际收支均衡面临巨大的挑战，并难以维持战前对外投资活动的规模。

（2）美国的国际经济地位迅速上升。美国虽然在 19 世纪末就已经在世界工业生产中占有最大的比重，但在国际金融关系方面它仍然是纯债务国。但第一次世界大战使得美国彻底摆脱了债务国的身份。由于美国在战争中大肆向欧洲交战双方提供借款，到 1919 年，仅协约国欠美国的债务就高达约 100 亿美元，其中英国一国就多达 41 亿美元。美国成为 20 个国家的债权国，并成为黄金储备最多的国家，其黄金储备从 1913 年的 7 亿美元增加到 1921 年的 25 亿美元。在世界工业生产所占的比重方面，曾作为欧洲工业中心地区的德国和英国所占的比重明显下降，而美国和日本的比重在提高。其中，英国比重降低得特别显著，而美国比重增加得格外引人注目。这样一种美国跃进而英国衰退的不对称关系，对两次世界大战期间世界经济体系的影响十分重大。

（3）资本主义的世界经济体系被打破。第一次世界大战诞生了第一个社会主义国家——苏维埃俄国。沙皇俄国参加第一次世界大战，原希望有所收获，但是幻想很快破灭，对经济进行战时改造不仅没有满足前线的需要，还使经济陷入一片混乱。物价飞涨，生活必需品奇缺，农业全面衰退，而工资赶不上价格的上涨，贪污腐化充斥着整个政权。1917 年，俄国“十月革命”胜利。1922 年底，苏联正式成立。20 世纪 20 年代末，苏联在全国范围内加速开展农业全盘集体化和社会主义工业化运动，高度集中的计划经济体制逐步得以确立。社会主义计划经济体制的确立和运行，不仅使苏联迅速进入到工业化国家行列，也为后来取得反法西斯战争胜利奠定物质基础。更为重要的是，以第一次世界大战为契机，世界范围内统一的资本主义世界经济体系被打破，为相互对立和彼此隔绝的两个“平行世界市场”的形成奠定了基础，也为二战后世界经济结构或世界格局的变化埋下了伏笔。

二、1929—1933 年经济大危机及其对世界经济的冲击

（一）经济大危机概况

世界经济大危机（capitalistic world economic crisis in 1929—1933），或称“30 年代大危机”（the great depression of the 1930），是指 1929—1933 年间发生的、资本主义发展史上波及范围最广、打击最为沉重的世界经济危机。

第一次世界大战以后，世界资本主义经济曾经历了 20 世纪 20 年代相对稳定的发展时期，但随着各国进行大规模的固定资本更新以及开展“产业合理化”运动，生产迅速扩大，而劳动人民有支付能力的需求却在相对缩小，这一对资本主义社会的基本矛盾日益尖锐。

从 1929 年起，资本主义世界陷入历史上最深刻、最持久的一次经济大危机。危机首先在实力最强大的资本主义国家美国爆发，然后迅速波及整个资本主义世界。危机历时近五年，1933 年危机逐渐结束。

导致经济大危机的直接原因是股票投机活动猖獗，掩盖了生产和销售的矛盾。1929 年 10 月 24 日星期四美国纽约股市的大暴跌，成为此次大危机的导火线。导致经济大危机的具体原因是生产（供给）和销售（需求）的矛盾。主要表现在以下四个方面：一是贫富差距过大，资本家盲目扩大生产，人民相对贫困，购买力低于生产能力；二是信贷消费过度膨胀，造成市场的虚假繁荣，加剧生产与销售的矛盾；三是股票投机过度，股票无法反映经济运行的实际情况，造成经济虚假繁荣，掩盖了矛盾；四是自由放任经济思想的影响，使整个社会生产处于无政府状态。

（二）经济大危机对世界经济的冲击

此次大危机，对世界经济的影响十分深远。具体表现在以下三个方面：

1. 造成资本主义世界经济的大衰退

经济大危机首先在美国爆发，很快蔓延到加拿大、日本和西欧各国，袭击了整个资本主义世界。这次危机使资本主义世界遭受了 2 600 多亿美元的经济损失，远远超过第一次世界大战 1 700 亿美元的经济损失。整个资本主义世界的工业生产下降了 37.2%，其中美国下降了 46.2%，居各帝国主义国家之首，德国下降了 40.5%，日本下降了 36.7%，英国下降了 23.8%，法国下降了 23.9%。在危机的冲击下，各国的工业生产倒退了二三十年甚至半个世纪，退回到 19 世纪末 20 世纪初的水平。大危机对经济的冲击还表现在企业大批破产以及银行纷纷倒闭。在大危机的冲击下，美国破产的企业达 14 万家以上，德国为 6 万家，法国和英国分别为 5.7 万家和 3.2 万家。危机期间大量银行倒闭，仅美国破产的银行就达 1.05 万多家，占全国银行总数的 49%，德国四家全国最大的银行有两家倒闭。由于企业大批破产，成千上万的工人失业。资本主义各国的失业率高达 30% ～50%，失

业总人数多达4 000万～4 500万人。其中美国的失业工人最多，有1 320万人完全失业，比危机前的150万人增加了近9倍，加上半失业工人，已相当于工人总数的近一半。

在大危机的冲击下，世界贸易规模严重萎缩，资本输出几乎陷于停滞。1933年，整个资本主义世界的贸易额比1929年缩小了2/3，倒退到了1919年的水平。其中，德国的对外贸易规模下降了76%，美国下降了70%，法国和英国则分别下降了60%和40%。大危机期间，资本输出一落千丈，最后几乎完全停止。例如，1930年美国对外投资10.1亿美元，1932年减少为0.26亿美元。这次大危机对整个资本主义世界的影响和破坏是空前的。

2. 宣告了自由放任经济体制的终结

此次大危机是资本主义自由市场经济的总危机，是对资本主义自由市场经济积累起来的矛盾所进行的一个总清算。这不仅仅是各国国内经济矛盾的总清算，而且是国际经济矛盾的总清算；不仅仅是经济总量和结构矛盾的总清算，而且是资本主义自由市场经济制度矛盾的总清算。在大危机中，罢工运动、示威游行、农民斗争不断高涨，致使资本主义世界处于风雨摇摆之中。美国、英国、法国等老牌的帝国主义国家为挽救危机加强了国家对经济的干预和调节，而后起的帝国主义国家德国、意大利、日本则走上了法西斯极权主义和扩军备战之路。无论这些国家选取了怎样摆脱经济危机的政策和道路，它们都是用国家的直接干预或直接统治代替了以往自由放任的经济体制。因此，这次大危机宣告了自由放任经济体制的终结。大危机以前，人们认为最好的资源配置方式是经济自由主义，即生产和经济的发展可以通过“看不见的手”自行调节，不需外力干预，政府只应该是个“守夜人”，为经济发展提供必要的环境。但是，此次危机提醒人们，在新的技术进步和垄断资本主义条件下，自由市场的调节力量是有缺陷的，必须借助国家力量来进行宏观调控。罗斯福“新政”是主要资本主义国家经济发展政策以及经济调节手段发生重大变化的主要标志。1933年3月，罗斯福总统入主白宫，他不再像前任的胡佛总统那样主张“无为而治”，而是主张实行“开明政治”，并立即要求国会授予他颁布“新政”法令的一切大权，加紧推行“新政”措施。所谓罗斯福“新政”指罗斯福总统在1933年3月9日至6月16日的“百日新政”，以及1936—1938年第二个任期内推动美国政府通过上百个调节经济的政策法令，内容涉及农业、工业、财政金融政策和社会政策等社会经济发展的各个领域，可以概括为“3R”，即复兴（recovery）、救济（relief）、改革（reform）。这些政策法令对美国经济的恢复以及战后美国经济的发展产生了重大影响。罗斯福“新政”通过国家干预经济的政策，使政府为个人的福利承担了一定责任，使政府有效提供了公共产品的供给，重铸了美国人对本国政治制度和经济制度的信心。1936年，英国经济学家凯恩斯发表了《就业、利息和货币通论》，从理论上论证了资本主义国家干预经济的必要性和意义，使“国家干预”理论逐渐成为影响经济发展的重要政策依据。罗斯福“新政”的成功和凯恩斯主义经济学的诞生，为国家干预经济生活或混合经济时代的开启提供了经验和理论基础。

3. 国际经济秩序遭到严重破坏

在这一时期，为了摆脱大危机，主要资本主义大国曾试图开展国际经济协调，恢复国际货币金融秩序，为此于1933年6月在伦敦召开了有66个国家参加的世界经济货币会议，讨论大危机后稳定各国币值、降低关税、取消外汇和贸易限制等问题。但由于各参加国之间矛盾重重，尤其在稳定美元、英镑、法郎等主要货币汇率上无法取得一致，最终不欢而散。结果，使得资本主义各国为争夺国外市场、扩大商品销售，纷纷开始采取以邻为壑的经济封锁、对抗政策，贸易保护主义盛行，经济摩擦加剧，资本主义世界所固有的各种矛盾被激化，在国际关系中爆发了一系列空前激烈的经济战，主要包括贸易战、关税战和货币战。

（1）贸易战。这场贸易战发生于美国1930年5月19日，通过了被美国经济学家称为“自杀”行为的《霍莱—斯姆特法》。该法案决定对美国国内可以生产的农产品、工业产品的进口征收100%、最高可达250%的关税。提高进口关税税率的进口商品达到890多种。这一法令付诸实施后，立即遭到33个国家的抗议，7个国家采取了报复性措施。例如，法国对美国进口小汽车增税60%，德国也制定新税法，对许多进口商品征收100%的从价税。英国于1931年颁布了《工业品非常输入法》《农产品法》和《进口税法》，授权贸易部门对某些进口商品征收100%的从价税，规定对水果、蔬菜及一些农产品征收进口税。仅在1931—1932年，共有76个国家和地区提高了进口商品的关税税率，或限制使用外汇购买外国商品，或实行输入限额制度，或宣布禁止某些商品输入。各资本主义国家政府为了维护本国资产阶级的利益，在对外贸易中普遍实行国家管制或干预。从此，政府干预对外贸易已成为资本主义各国的重要职能之一。

（2）关税战。由于提高关税是贸易战中直接和有效的手段，愈演愈烈的贸易战最终升级为关税战以及经济集团之间的争斗。为了保护英帝国的市场，抵制其他国家的倾销，并加强对各自治领和殖民地的控制，英国于1932年7月21日至8月20日在加拿大的渥太华召开了英帝国会议。英国分别与各自治领和殖民地缔结了12个协定，总称为《帝国特惠协定》。英帝国范围内建立起来的这种排他性的“帝国特惠制”，使美国对加拿大、新西兰、印度等国的贸易额大幅度下降，因而遭到美国强烈反对。1933年，第七届泛美会议在乌拉圭首都蒙得维的亚召开，美国在会上约定泛美联盟各国之间相互降低关税。美国与拉丁美洲各国签订了一系列双边互惠贸易协定，企图利用泛美联盟对抗英国和德国的倾销。德国为了应对贸易战，也采取了所谓“广域经济圈”战略，即通过外汇结算协定，同东南欧、中南美各国建立贸易集团。同时，德国在与其他地区的贸易中，采取了鼓励出口和限制进口并举的政策，靠补偿金的手法刺激出口，靠外汇管制来控制进口。

（3）货币战。如前所述，货币战是在各国相继放弃金本位的形势下展开的。在大危机的严重袭击下，英国于1931年9月放弃金本位制，并禁止黄金出口，同时宣布英镑贬值近1/3。同时，英国和英联邦国家又组成英镑集团。同英国财政经济上有密切联系的瑞典、丹麦、葡萄牙、埃及、伊拉克、阿根廷、巴西等也都加入英镑集团。英镑集团成员国使本国货币与英镑保持固定的比价，参加国之间的贸易以英镑结算，并把大部分外汇储存在伦敦。在混乱的货币战中，法国曾坚持金本位制。比利时、意大利、荷兰、瑞士、波兰等国基于各自的利益，也坚持金本位制，并与法国结成“金集团”，与以英国为首的“非金集团”对抗。“金集团”国家都是在第一次世界大战后深受通货膨胀之苦的国家。美国为了与英镑集团和帝国特惠制抗衡，联合中、南美洲的一些国家成立了“美元集团”。参加美元集团的国家货币与美元保持固定汇率，彼此之间的贸易以美元结算。到1935年，世界很大部分地区分裂成五个货币集团，即英镑区、美元区、黄金本位区、日元区和德国统治下的外汇控制区，相互间进行着激烈的对抗和斗争。

在大危机的冲击下，主要资本主义国家特别是老牌帝国主义国家之间的这种恶性竞争，使国际经济秩序遭到严重破坏，世界经济利益集团林立，各国为谋求自身利益纷纷采取以邻为壑的政策，严重影响了后起的工业化国家如德国和日本的经济发展，阻碍了它们参与世界市场的瓜分，因而对它们走上军国主义道路和对外侵略起到了推波助澜的作用，最终导致了第二次世界大战的爆发。

三、第二次世界大战及其对世界经济的影响

（一）第二次世界大战概况

第二次世界大战（World War II），简称“二战”，亦可称世界反法西斯战争，在欧洲战场，爆发时间为1939年9月1日—1945年9月2日，在亚洲战场（日本对中国的侵略）主要是1931年9月18日—1945年8月15日，是以德意志第三帝国、日本帝国、意大利王国三个法西斯轴心国和匈牙利王国、罗马尼亚王国、保加利亚王国等仆从国为一方，以反法西斯同盟和全世界反法西斯力量为另一方进行的第二次全球规模的战争。

战争范围从欧洲到亚洲，从大西洋到太平洋，先后有61个国家和地区、20亿以上的人口被卷入战争，作战区域面积2 200万平方千米。据不完全统计，战争中军民共伤亡9 000余万人，5万多亿美元付诸东流，是人类历史上规模最大、最惨烈的世界战争。

第二次世界大战最后以美国、苏联、英国、中华民国等反法西斯国家和世界人民战胜法西斯侵略者赢得世界和平与进步而告终。第二次世界大战在客观上推动了科学技术的发展，战争带动了航空技术、原子能、重炮等领域的发展与进步。

由于第二次世界大战的惨烈，根据雅尔塔会议协定，为了维护国际和平与安全，以中、英、美、苏、法为首的同盟国在1945年10月24日发起成立了联合国，中、美、苏、英、法则成为安理会常任理事国。1948年以来，安理会共授权进行了60余项维和行动。另外，联合国还先后组织制定了从不扩散核武器到和平利用外层空间等数百个国际条约。

（二）第二次世界大战对世界经济的影响

1. 大战对世界经济造成了极其严重的破坏

第二次世界大战不仅给人类带来了巨大灾难，而且对世界经济造成了极其严重的破坏。二战期间（1939—1945），世界工业生产虽然仅增长了4.76%，但由于交战双方庞大的军事支出，致使国民收入的60%～70%被军费开支吞噬，4万亿美元的物质财富毁于战火。战争结束时，德国工业产量已降到1860年的水平，日本工业产量不到1943年的30%，意大利全国财富减少了30%，法国工业产量几乎降到1938年的1/4，英国商船减少了600万吨，苏联物资总损失6 790亿卢布，相当于苏联全部社会财富的1/3。在第二次世界大战的影响下，国际贸易量缩减了17%，国际资本输出也大为减少。1938年英国资本输出额为229亿美元，但在战争结束时，英国对外投资只剩下140亿美元，法国减至15亿～20亿美元。虽然美国在短短的五六年间攫取了1 150亿～1500亿美元的暴利，1940—1946年工业生产增长1.4倍，但这远远不足以弥补战争对其他国家以及世界经济的严重破坏。

2. 美国成为世界经济的新霸主

第二次世界大战对世界经济造成了极其严重的破坏，却推动美国成为世界经济新霸主。同第一次世界大战一样，美国在第二次世界大战初期仍长期执行中立政策，大做战争双方的生意，使经济又一次获得了巨大发展。

首先，在工业生产领域，若以1937年的工业指数为100，战争刚刚结束的1946年各国的工业指数分别是：美国为150，英国为88，法国为69，德国为31，意大利为72，日本为24。显然，在战争期间只有美国工业生产出现了大繁荣，其他主要资本主义国家的工业均因战争而大大减缩。结果，1937—1948年各国在资本主义世界工业生产总额中所占比重发生了重大变化：美国由42%增加到53.4%，英国由11%稍增为11.2%，法国由5%降为3.9%，德国和日本的则分别由12%和4%猛降为3.6%和1%。

其次，在对外贸易方面，发生了同样的变化。1937—1945年，美国的出口额由33.1亿美元剧升为99亿美元，英国由26.3亿美元降为18.2亿美元，法国由9.6亿美元降至2.3亿美元，德、日两国分别由23.8亿美元和12亿美元大幅度降为1.6亿美元和1亿美元。结果，在资本主义世界对外贸易总额中，美国从1937年的13%上升为1946年的22%；同期，英国从16%下降为13%，法国保持在5%的比重上，德国和日本分别从9%和4%跌落为均占不到1%。

再次，在资本输出方面，1938年美、英、法、德四国各为115亿、229亿、39亿和40亿美元，到第二次世界大战末期，美国上升为168亿美元，而英、法两国分别减至140亿和15亿～20亿美元，至于德国的国外投资则几乎全都化为乌有。

最后，在黄金储备方面，美国从1937年的127.9亿美元增加到1947年的228.7亿美元，同期英国从41.4亿美元减至20.2亿美元，法国从27.2亿美元减至5.5亿美元，德、日两国分别从0.3亿美元和2.6亿美元均几乎降为0。

可见，经过第二次世界大战，英、法两国更加衰弱了，德、日两国已一败涂地，只有美国极度地扩大了经济实力并增强了国际经济地位，成为资本主义世界中唯一的超级经济大国，成为世界经济中最大的债权国和霸主。

3. 大国主导国际经济秩序重建

第二次世界大战的爆发使世界经济遭受了沉重的打击，这引发了美国和英国等国家对国际秩序和国际关系的深刻反思，并意识到第一次世界大战结束后对战败国的压榨，特别是世界经济中以邻为壑政策和集团化的形成及其恶性竞争，是引发第二次世界大战的重要经济根源。所以，美国凭借其军事、政治和经济的绝对优势，在战争期间就开始试图重建以其为主导的国际经济秩序。

1941年8月罗斯福与丘吉尔《大西洋宪章》的签署标志着美国主导的国际经济秩序萌芽出现。《大西洋宪章》中所提出的基本原则成为战后“IMF－GATT体制”的哲学基础或价值前提。此后，美国从金融、投资、贸易三个方面推进国际经济秩序的重建。在金融方面，重建国际货币制度，以维持汇率的稳定和国际收支的平衡；在投资方面，以鼓励对外投资、筹措资金来促进战后经济的复苏和发展；在贸易方面，以扭转日益盛行的高关税贸易保护主义和歧视性的贸易政策来促进国际贸易的自由化。

在经过美、英等国的艰苦谈判后，1944年7月在美国召开的布雷顿森林会议具体确定了自由、无差别、多边主义等原则，彻底否定了资本主义国家之间以邻为壑的经济政策，并于1945年建立了国际货币基金组织（International Monetary Fund，IMF）和国际复兴开发银行（International Bank for Reconstruction and Development，IBRD），后者也即世界银行（World Bank）。国际货币基金组织对于缓解战后国际收支危机，增加国际清偿力发挥了重要的作用；世界银行则在资助发展中国家经济和社会发展必需的建设项目方面起到了积极的作用。其次，为了削减各主要资本主义国家间保持的高关税壁垒，积极提倡和推动国际贸易自由化，美国同英国、法国等其他22个国家于1947年10月在日内瓦签署了《关税与贸易总协定》（*General Agreement on Tariffs and Trade*，GATT，简称关贸总协定）。关贸总协定所实行的最惠国待遇原则、非歧视原则、取消数量限制原则以及公平贸易等一系列建立自由贸易秩序的基本原则，为战后世界经济的恢复和发展创造了一个自由贸易的环境，同时也对美国在国际贸易和经济领域谋取世界霸权和经济利益起到了重大作用。

总之，在第二次世界大战的影响下，美国主导的以自由开放为原则的国际经济秩序基本上得以确立，并成为战后世界经济迅速恢复和高速发展的重要基础。

4. 一大批社会主义国家的兴起及其“两极”格局的形成

第二次世界大战以前，世界经济格局表现为一个社会主义国家与四分五裂的资本主义经济体系并存。但是，第二次世界大战使国际舞台上各种力量发生了极其深刻的变化。其中，较为明显的是苏联在经受了战争考验之后，成为唯一能够同美国抗衡的政治、军事和经济大国。并且，在苏联以及国际共产主义运动的影响下，欧洲和亚洲一大批国家，如阿尔巴尼亚、保加利亚、匈牙利、民主德国、中国、越南民主共和国、朝鲜、波兰、罗马尼亚、捷克斯洛伐克、南斯拉夫等，相继走上了社会主义的发展道路，由此形成了世界社会主义体系。

随着美国和苏联在第二次世界大战中地位的迅速提升，美、苏两国对结束战争、处理战争遗留问题、划分战后势力范围、维护战后和平及安排战后世界秩序等问题的解决发挥着主导作用，并通过德黑兰会议、雅尔塔会议、波茨坦会议达成了一系列谅解和协议，形成了所谓“雅尔塔体系”。该体系左右了战后的世界格局及其发展潮流，奠定了战后“两极”格局的基础。

战后初期，西欧主要资本主义国家的经济大都处于崩溃边缘，国家政权岌岌可危。为了挽救西欧资本主义制度，防止共产主义的渗透，1947年美国提出并实施了欧洲复兴计划（即马歇尔计划）。1949年1月，随着该计划的初步成功和西方国家对社会主义国家的封锁，苏联为了加强社会主义国家之间的合作建立了“经济互助委员会”（简称经互会）。而且，斯大林认为世界市场是可以分割的，并提出“两个平行的世界市场”理论，把世界经济划分为社会主义市场和资本主义市场两个组成部分，并将两者封闭、割裂开来。同时，1949年4月以美国为首的北大西洋公约组织成立，1955年5月以苏联为首的华沙条约组织成立，出现了对峙的政治、经济和军事两大集团。

第二次世界大战使世界经济格局发生了巨大变化，这不仅表现在经济、军事和政治实力空前膨胀的美国取代了英国从而成为资本主义世界的霸主，还表现在一大批社会主义国家的兴起以及形成了美、苏两个超级大国争夺霸权的“两极”格局。

5. 第二次世界大战成为20世纪世界经济发展的重要连接点

第二次世界大战不仅导致世界格局的重大变化，而且战后世界经济的许多发展变化都酝酿于第二次世界大战的进程当中。

（1）军事技术研发对战后科技革命的推动作用。第二次世界大战是通向20世纪下半期第三次技术革命的桥梁。第三次科技革命主要是在第二次世界大战中动员起来的科技开发基础上发展起来的，战争催生的许多物理、化学等方面的新成就，随着战争结束而被应用到一系列重大技术突破中。第三次科技革命中最具有历史意义的三大突破——原子能的利用、空间技术的突破、电子计算机的发展，以及其他代表性技术，如超音速飞机技术、精密制造技术、激光技术、半导体技术、数字通信技术、合成纤维和石油化工技术等，都是源于战争时期的军事技术，或是因战争需要而开发的。第三次科技革命在很大程度上是一场军事科学技术革命，或说它是一场在军事技术领域率先突破，而后带动民用科学技术迅速发展的科技革命。

（2）战时经济体制的连贯性。战时经济也称战争经济，它的最大特征是国家对经济采取直接控制和干预措施，努力将资源集中在自己手中，以保证资源的供应，使经济发展围绕着战争的目的来进行，以确保战争的最后胜利。第二次世界大战结束后，虽然各国纷纷从战时经济体制向战后经济体制过渡，但受到凯恩斯主义经济学和战后社会经济环境的影响，战时经济体制的许多特征尤其是政府强化对经济生活的干预等在各国依然得到不同程度的保留和发展。

第二次世界大战期间，许多政府的财政支出规模急剧扩大。战争结束后，为了避免因军事支出减少导致经济衰退，美国政府对经济发展的干预得到进一步增强。例如，1946 年《就业法案》明确规定美国联邦政府拥有维持就业稳定的责任。日本的战后经济体制对战时经济体制的保留更为明显。日本战后经济体制中的终身雇佣制、年功序列、企业内工会等所反映的日本式劳役关系，轻股东重职工的日本式经营，以主银行为核心的“银行系列”，相互持股和承包的“企业系列”等经济制度和经济习惯，都是在 20 世纪三四十年代前期日本经济的重工业化和战时经济化的过程中诞生的。可见，战时经济体制在战后主要资本主义国家的经济发展过程中具有明显的连贯性。

（3）“福利国家”政策的广泛实施。“福利国家”是资本主义国家通过创办并资助社会公共事业，实行和完善一整套社会福利政策和制度，对社会经济生活进行干预，以调节和缓和阶级矛盾，保证社会秩序和经济生活正常运行的一种制度及其安排。它对战后资本主义国家的经济稳定发展和社会进步发挥了非常重要的作用。

早在 20 世纪 30 年代，法国的人民阵线内阁和瑞典的社民党政权等就以“福利国家”理念采取了一些福利政策，被称为“福利政策的先驱”。在第二次世界大战中，英国将轴心国称为“战争国家”（warfare state），作为其对应概念，将西欧民主主义国家称为“福利国家”（warfare state）。1942 年的贝弗里奇报告提出了“从摇篮到坟墓”的总体社会保障计划，认为英国当时的社会保险及福利制度存在限制过严、管理混乱、津贴额过低、执行机构工作效率低下等缺点，建议改革社会福利制度、扩大福利范围、增加保险人数、提高津贴标准。其重要影响之一，是高举这种旗号和理念的工党在大选中一举击败了丘吉尔领导的保守党政权。1948 年，英国首相艾德礼宣布英国第一个建成了福利国家，贝弗里奇也因此获得了“福利国家之父”的称号。

过去，福利国家政策只是资本主义经济陷入危机的时候才采取的临时政策，但在第二次世界大战以后，福利国家政策成为主要资本主义国家都纷纷采取的主要社会经济政策。

（4）混合经济体制时代的到来。所谓混合经济，是指既有市场调节，又有政府干预的经济。在这种经济制度中，决策结构既有分散的方面又有集中的特征；相应地，决策者的动机和激励机制可以由市场决定，也可以被动地接受政府指令或者引导。混合经济的优势在于，通过市场机制的自发作用，解决生产什么和生产多少、如何生产和为谁生产的基本问题，而在市场机制出现错误时，则通过政府干预来提高资源使用效率、增进社会平等和维持经济稳定和增长。

第二次世界大战结束后，混合经济体制在主要资本主义国家得到全面采用。其原因除了受到凯恩斯主义的影响，使政府在经济发展中的干预作用不断增强以外，更为重要的因素则在于战后社会主义因素在世界范围内的影响及其普及。

在反法西斯斗争和推翻希特勒政权的过程中，社会主义苏联的作用是巨大的，其直接后果是战后众多东欧国家实行了社会主义制度，社会主义因素在世界范围内得到了普遍宣传。特别是在战后初期，面临着主要西方国家经济备受打击、经济萧条、失业增多以及由此所导致的共产主义运动的兴起，为了确保资本主义制度的生存和发展，在西欧左翼和社会主义政党的广泛影响下，英国工党政权和法国戴高乐政权将重工业、运输业和银行等经济的管制高地纷纷实行国有化。日本也受到了占领当局中“新政”派的巨大影响，也采取了许多带有社会主义特征的政策措施。所以，社会主义因素对于推动西方国家采取混合经济体制起到了重要作用。

总而言之，第二次世界大战中军事技术的重大突破对战后民用科学技术的发展具有重大推动作用。同时，战争中各国在不同领域实施的各种经济体制与经济政策，在战后仍然得以不同程度的延续和保持。因此，第二次世界大战不仅仅是20世纪世界经济发展的转折点，更是20世纪世界经济发展的重要连接点。

第四节　战后世界经济的新发展

第二次世界大战以后，世界政治经济形势发生了深刻的变化。在科技革命的推动下，各国产业结构得到提升，国际贸易、国际投资和国际金融发展迅速，特别是资本主义国家迎来了经济高速增长的黄金时期。之后，由于石油危机的爆发，资本主义国家陷入滞胀困境；而冷战的结束，使市场经济体制向全球扩散，经济全球化时代真正到来。但是，随着金融自由化与全球化的发展，金融危机频发，这对世界经济的稳定发展产生了越来越大的影响。

一、战后经济的恢复与经济的高速增长

（一）经济恢复时期

第二次世界大战是人类历史上规模空前的浩劫。作为战争发动者的德、意、日以军事失败而告终，经济上也受到严重破坏。作为战胜国的英、法两国经济也遭到严重打击。战争结束时，西欧各国和日本生产衰退、交通瘫痪、燃料短缺、食品匮乏、住房不足等成为普遍的社会问题。而且，战后社会主义国家的建立、经济的发展及其经济体系的建立，以及原帝国主义国家殖民体系的瓦解，对战后发达国家的经济恢复和发展产生了极其重要的影响。正是在上述历史背景下，发达资本主义国家开始了战后的经济恢复工作。

经济恢复最为迅速的是西欧各国。到1948年，即战争结束3年之后，除战败的德国和意大利外，西欧国家经济都恢复并超过了战前1938年的水平。就整个西欧来说，到1950年已完全恢复到战前水平。日本恢复较迟，大约用了10年的时间，到1955年工矿业生产超过战时最高水平（1.7%，1944年）。

战后西欧和日本的经济之所以能够得到较快的恢复，主要有以下三个方面的原因。

1. 它们拥有比较雄厚的物质基础和人力资源

西欧各国和日本在战前就已经是工业相当发达的国家。这些国家的工业设施虽然在战争期间遭到了严重损坏，但多数国家的工业基础尚存，而且在战争期间各国多进行了大规模的固定资本投资。同时，西欧和日本在战前就有比较充沛的、素质较高的劳动人口和技术工人。战争期间虽然造成了巨大的人员伤亡，但战后海外流亡者、军人等大量返回国内，也补充了部分劳动人口。东欧一些国家由于社会主义革命，许多有产者和知识分子被驱逐或大量逃亡到西欧国家，这在很大程度上弥补了劳动力和技术力量的不足。例如，战后有 600 万移民从被日本占领过的亚洲国家回国，使日本的劳动力比战前增加了 15%。

2. 国家加强了对经济的干预和调节

战后西欧各国和日本等许多发达资本主义国家，对经济的调节或干预主要包括三个方面，即政府对宏观经济运行进行调节、实行国有化与“计划化”，以及实行所谓福利国家等社会经济政策。政府对宏观经济运行进行调节的方式，主要是运用财政和货币政策等工具，力求同时达到经济增长、价格稳定、充分就业和国际收支平衡四大宏观经济目标。国有化政策在英国和法国表现得最为明显。德国和日本虽然没有采取企业国有化政策，但在战后也组建了一批国有或半国有企业。同时，各国积极推行经济计划化。例如，法国在 1947—1950 年实施了第一个四年计划，联邦德国实行了“社会市场经济”体制，日本在 1946 年由政府实施“倾斜生产方式”，倾全力以恢复和发展煤炭工业、钢铁工业作为恢复经济的突破口。此外，为了同社会主义国家进行竞争和出于稳定社会经济发展的目的，欧洲发达国家还积极推行了福利国家制度，不仅涉及“从摇篮到坟墓”的各种社会保障制度，力求调节富人与穷人之间的关系，还涉及调节雇主与雇员关系的各种社会政策。

3. 美国大力扶持他国经济

战后初期，在社会主义和民族解放运动蓬勃发展的国际背景下，美国为了巩固资本主义制度和体系，在全球范围内遏制共产主义势力，积极开展冷战战略，对战败的德、意、日和被战争削弱的英、法等国，采取了大力帮助其经济复兴的政策。其中包括：

（1）在美国“不赔偿主义”的影响下，多数战胜国都放弃了对战败国的赔偿要求，极大地减轻了战败国恢复经济的负担。

（2）1947 年，美国提出了“复兴欧洲”的“马歇尔计划”，从 1948 年 4 月到 1952 年向西欧提供了 130 亿美元的援助。这笔巨款对当时的西欧经济恢复起到了重要作用。

（3）日本在朝鲜战争期间（1950—1953）得到的美国战争“特需”收入多达 23.77 亿美元，为日本带来了“战争景气”，刺激了其经济恢复与增长。

（4）美国主导建立的国际货币基金组织、世界银行、关税与贸易总协定等组织与机构，也为西欧和日本的经济恢复提供了资金和各种市场便利。

（二）经济高速增长时期

经过经济恢复阶段，20 世纪 50 年代初发达国家进入了一个经济大发展时期，即经济高速增长时期。这一时期一直持续到 1973 年 9 月石油危机爆发为止。这个被称为“黄金时代”的 20 余年是发达国家实现经济高度现代化的决定性阶段。这一时期经济发展的突出特征主要有以下三点。

1. 经济发展速度超过历史上任何时期

1951—1970 年的 20 年间，发达资本主义国家的年均经济增长率为 5.3%，且经济高速增长几乎席卷了所有发达国家，带有很大的普遍性，也涵盖了工业、农业、商业、建筑业、金融业和对外贸易等各个领域，带有明显的全面性。1960—1965年，发达国家的农业和制造业年均增长率分别为1.7%和6.3%；1966—1970年分别为2.1%和5.4%。同时，它们在经济高速增长中基本上实现了充分就业（危机年代除外），物价也比较稳定。即使在1945—1952年、1957—1958年、1960—1961年的经济危机期间，生产下降的幅度也较小、持续时间较短、对经济的打击较轻。

2. 经济增长主要是靠劳动生产率的提高实现的

主要资本主义国家在20世纪五六十年代的工业生产增长中，劳动生产率提高的因素占60%～80%。劳动生产率的提高主要是靠采用先进的科学技术。二战后，随着以电子技术为中心的第三次科技革命的兴起，电子计算机得到广泛应用，使得生产实现了自动化，经济现代化达到了一个新的高度。随着劳动生产率的提高，发达国家的产业结构也发生了深刻的变化，即农业在国民收入和就业中的比重不断下降，工业的比重由上升转为下降，而以服务业为中心的第三产业的比重则不断上升，到20世纪70年代已经占到国民收入的60%左右。

3. 各国经济发展的不平衡

在20世纪50年代到60年代的20年间，几乎所有的发达国家经济都出现了大发展的局面，但各国经济的增长速度差异很大。总的说来，日本增长最快，联邦德国和法国其次，美、英两国最慢。例如，1955—1968年，日本国内生产总值（GDP）增长了3.5倍，联邦德国和法国分别为2倍和1.9倍，而美国和英国分别只有1.6倍和1.4倍。在这一时期，日本实现了跳跃式的大发展，到1968年日本的GDP就超过联邦德国，一跃成为仅次于美国的资本主义世界第二经济大国。日本在资本主义世界工业生产中所占的比重，从1950年的1.6%上升为1970年的9.5%，同期在资本主义国家出口贸易中所占的比重从1.5%上升为6.9%。相反，同期美国工业的比重从48.7%下降为37.8%，贸易额从18.1%下降为15.4%。资本主义世界开始出现了美国、西欧和日本三足鼎立的局面。

二、石油危机与发达国家经济滞胀

（一）20世纪70年代的石油危机

战后直至1973年9月第四次中东战争爆发之前，在国际石油垄断资本的控制下，国际石油价格一直十分低廉，1945—1970年，中东轻质原油的标准价格从每桶1.05美元增至1.80美元，增长了71%，但由于美元贬值，石油的实际价格却下降了50%左右。廉价石油是该时期发达国家经济大发展的一个重要条件和原因。然而1973年中东战争爆发后，以阿拉伯国家为主的石油输出国组织（OPEC）为抗议美英等国对以色列的支持，收回了原油定价权，大幅度提高了油价，1974年年初每桶达11.65美元，1979年2月第二次提价后每桶达20.13美元，1981年3月上升到每桶34.87美元。世界经济或各国经济受到石油价格变化的巨大影响所产生的经济危机被称为石油危机。石油危机对以石油为基本能源的发达国家是一个沉重打击，它不仅导致企业成本提高和物价上涨，更对世界经济发展产生了十分深远的影响。

1. 引发世界性大危机，使发达国家经济进入了滞胀阶段

在石油价格大幅提升的冲击下，1974—1975 年主要资本主义国家财政金融危机日益加深，通货膨胀继续恶化。这次危机波及的范围广、程度深、时间长，对各国经济的打击格外沉重，是战后以来最严重的一次经济危机。第一，工业生产普遍大幅度下降。美国工业生产连续下降 18 个月，降幅为 15.3%；英国制造业生产下降 22 个月，降幅为 11%；日本工矿业生产下降 12 个月，降幅为 20%；联邦德国下降 14 个月，降幅为 11.4%。资本主义各国工业生产和各种经济活动严重萎缩。第二，各国工商企业大量倒闭，失业队伍急剧扩大。美国、日本、联邦德国、英国、法国、意大利和加拿大七个国家，产值 100 万美元以上的公司 2 年内破产的高达 12 万多家。这些国家的失业人数也都达到战后最高纪录。第三，各国物价猛涨，国际贸易状况恶化。1974 年同 1973 年相比，美国的消费物价指数上涨了 11.1%，日本上涨了 22.7%，英国上涨了 16%，法国上涨了 13.7%，都是两位数。很多国家由于国际市场萎缩，出口贸易额大大下降。除联邦德国外，主要资本主义国家都出现了国际收支逆差。

2. 发达国家产业结构的调整与可持续发展理念的产生

石油危机的爆发推动了发达国家企业生产成本不断提高，迫使它们不得不将“重、厚、长、大”型的钢铁、造船、化工等传统产业以及汽车、家电等部分资本密集型产业大量向海外转移，致力于发展以微电子、新能源、新材料等技术为核心的“轻、薄、短、小”型产业，即高附加值和低能耗的技术密集和知识密集型行业，实现产业结构的升级和调整，使产业结构日益趋于高度化或“厂软化”。发达国家产业结构的调整产生了两个重要后果：一是由此产生的全球范围内的产业转移使得许多后进的发展中国家抓住了这一轮产业转移机遇，尤其是亚洲“四小龙”等新兴工业化国家和地区积极承接从发达国家转移出来的资本密集型产业，形成了出口导向型的经济发展模式，取得了工业化发展和经济发展良好局面，并启动了战后“外围”国家现代经济增长的进程。二是在石油危机的冲击下，国际舆论开始关注世界能源危机问题，开始探索、研究开发和利用新能源，以避免非再生矿物能源、资源枯竭可能带来的危机。1972 年，在斯德哥尔摩举行的联合国人类环境研讨会上正式提出了“可持续发展”的理念。可持续发展的理念是人类对工业文明进程进行反思的结果，是人类为了克服一系列全球范围的环境、经济和社会问题，特别是全球性的环境污染和广泛的生态破坏及其严重失衡等问题做出的理性选择。从此，“可持续发展”作为一种注重长远发展的经济增长模式，逐渐得到世界各国的普遍认同。

3. 石油美元的兴起

石油美元（petro-dollar）是指 20 世纪 70 年代中期石油输出国由于石油价格大幅提高后增加的石油收入，再扣除用于发展本国经济和国内其他支出后的盈余资金。由于石油在国际市场上是以美元计价和结算的，也有人把产油国的全部石油收入统称为“石油美元”。对于“石油美元”的规模有各种不同的估计。根据一般推算，1974 年石油输出国家的石油输出总收入约为 1 150 亿美元，其经常输入约为 400 亿美元，因而计有盈余约为 750 亿美元。这项盈余，一方面表明石油消费国家的外汇减少额，是一些发达国家国际收支出现巨额逆差的主要原因，另一方面则表示石油输出国拥有丰富的美元储备。目前的石油美元估计有 8 000 亿～10 000 亿美元，并成为国际资本市场上一支令人瞩目的巨大力量。

石油美元的形成与发展严重影响了国际金融市场的格局。对石油输出国而言，由于石油美元收入巨大，而其国内投资市场狭小，不能完全吸纳如此多的美元，必须以资本输出

方式在国外运用。而对于西方工业发达国家来说，由于进口石油对外支出大幅度增加，国际收支大多呈巨额逆差，倘若采取紧缩性措施，或限制进口石油等来谋求国际收支状况的改善，则可能导致经济衰退，并影响世界贸易的发展。因此，工业发达国家大多希望石油美元回流，即由石油输出国通过购买工业发达国家商品或向发达国家投资的形式回流到石油输入国。石油美元的回流，在初期主要是流向欧洲货币市场、纽约金融市场、各国金融机构和国际金融机构等，其流入地区主要是西欧及美国。欧洲美元市场的形成与发展在很大程度上同石油美元密切相关。发展中国家也大多希望能利用石油美元资金来发展经济。但是，规模庞大的石油美元也经常给国际金融市场带来动荡。由于石油美元大多是国际短期资金，为谋利而在国际间大量而迅速地移动，严重影响着国际金融市场的稳定。因此，世界各国都高度关注石油美元的动向。

4. 形成了石油美元计价机制

在布雷顿森林体系下，美国通过美元和黄金的固定比价实现了美元在国际货币体系中的主导地位，从而掌控了世界经济体系。但是，1973 年布雷顿森林体系崩溃、美元与黄金脱钩后，为了确保美元的国际储备货币地位，维持以美元为中心的国际货币体系，1975 年，美国与 OPEC（成员包括伊拉克、伊朗、沙特、委内瑞拉等原油出口大国）进行多次磋商，达成了以美元作为石油贸易计价和结算货币的协定，实现了美元国际地位与石油挂钩的“石油美元计价机制”。在金本位制或布雷顿森林体系下，世界储备货币的权利和义务是对等的，储备货币国家欠债还钱的义务是无法逃脱的。但在美元本位制条件下，储备货币国家的权利和义务是不对等的。只要石油美元计价机制存在，美元作为国际储备货币的地位就难以撼动，美元持有者就可以兑换任何人的石油资源。通过锁定石油，美国人在享受欠债填写美元支票的权利的同时却不负有维护美元信用的义务。该义务是由那些以美国为主要出口市场的国家（如东亚各国、各地区）来承担的。因为它们为了维持自己手中拥有的大量美元储备的价值并维系自身的出口价格竞争优势，不得不以购买美国国债和公司债等形式支撑着美元的汇率。所以，石油美元计价机制是现阶段美国的核心利益之一，是美国金融（美元）霸权的支柱所在，任何国家若要对此发起挑战，美国必定会动用一切资源进行压制和打击。

（二）发达国家的经济滞胀

在 1973 年石油危机的影响下，发达国家不仅终止了长达 20 多年的经济高速增长，更进入了史上空前的滞胀时期。从 1975 年下半年开始，各主要资本主义国家都相继渡过了危机，经济逐渐回升。但与此同时，各主要资本主义国家普遍出现了历史上空前的滞胀现象。所谓滞胀，即在同一时期里生产停滞（或低速增长）、失业增加和物价暴涨并存的不符合以往经济学理论和社会发展实践的“怪现象”。这一现象持续了 10 年之久，到 1982 年才开始消退。石油危机是滞胀现象产生的直接动因。据经济合作与发展组织（简称经合组织或 OECD）估计，石油价格每上涨 10%，其成员国的消费物价就要上涨 0.5% ～ 0.7%，国民生产总值（GNP）就要减少 0.3%。在石油价格上涨的带动下，其他初级产品的国际价格也有较大幅度的提高，从而也促进了物价上涨和经济停滞滞胀的出现，标志着发达国家经济高速增长的黄金时期已经成为过去，并暴露出经济高速增长背后所隐藏着的一系列问题和矛盾。

究竟为什么会出现滞胀，西方经济学家曾提出两个主要原因：一是石油危机及其所导致的油价上涨；二是工资提高过快，拉动了物价上涨和导致失业增多。上述两个原因对滞胀的产生来说虽然是重要的，但都不是根本性的。石油危机虽然是引发滞胀的直接原因，但却并非根本原因。产生滞胀的根本原因主要有两个：一是发达国家长期推行凯恩斯主义经济政策，二是战后科技革命高潮的消逝。

战后，发达国家普遍推行以凯恩斯理论为指导的刺激投资和扩张有效需求的经济政策。这项政策的重要支柱就是增加政府财政支出搞赤字财政，扩大信贷搞债务经济。这种做法在一定时期内因扩大消费需求而刺激了经济增长，缓解了经济危机，但同时也积累了许多矛盾和问题。一方面，财政赤字的不断增加、债务的不断扩大、货币的超量发行，给通货膨胀埋下了种子；另一方面，投资和信贷的增加，刺激了社会需求，鼓励了超前消费，破坏了经济危机的自动平衡机制，使日益严重的生产过剩状态在一定时期内被掩盖起来。这些负面因素积累到一定程度，一旦与某种突发性事件（如石油危机等）相结合，必然要引发滞胀。

形成滞胀的另一个深层次的原因是战后新科技革命高潮的消逝。20 世纪五六十年代的经济高速增长，主要是靠战后新科技革命支撑的。到 70 年代初，在新科技革命中形成的一系列新科技、新工艺都已基本上得到普及，并为生产所广泛吸收，而曾经带动整个产业发展的钢铁、石化、汽车、家电等支柱产业已经度过了成熟期，但发达国家新的科技革命尚处于酝酿当中，新的技术群和产业群尚未形成。同时，发达国家由于财政赤字剧增、财政拮据，对科技的投入和支持也在减缩。这自然对生产发展和经济增长带来不利的影响。

面临经济滞胀的困境，各种反凯恩斯主义经济学开始兴起，发达国家政府也开始重新思索以往的经济政策及其失误。1979 年上台的英国撒切尔政府，1981 年上台的美国里根政府和法国密特朗政府，1982 年上台的联邦德国科尔政府，都不同程度地抛弃了凯恩斯主义，不同程度地接受了反凯恩斯主义学派的主张，进行经济调整和改革，实行了紧缩政府开支、紧缩货币政策、减税、国有企业民营化、调整产业结构、加速科技发展和积极开展国际经济协调等一系列措施。一系列的经济调整和改革，在不同程度上取得了一定的积极效果。从 1983 年开始，经合组织 24 个成员国的通货膨胀率开始下降，1980—1993 年，美国、日本、德国、法国、英国、意大利和加拿大七个国家的通货膨胀率平均值为 2.8%。自 1982 年经济危机后，发达国家曾出现了长达 8 年的经济持续增长。总体上看，从 20 世纪 80 年代初开始．发达国家经济开始告别滞胀阶段，进入到一个经济缓慢增长的时期。

三、冷战结束及世界经济格局的变化

1989—1990 年东欧剧变，标志着东西方对立的格局解体，尤其是 1991 年 12 月苏联解体后近半个世纪的东西方冷战格局结束，进而对世界经济的发展及其格局变化产生了极其深远的影响。

（一）市场经济体制向全球扩展

在冷战时期，社会主义和资本主义两种社会制度和经济体系处于对立并存的局面，世界经济存在两个很少相互往来和独立运行的平行市场。冷战结束使东西方的对立和斗争缓和下来，并逐渐消除了政治制度和意识形态对世界经济发展的障碍。同时，东欧国家和独联体各国开展了以私有化、自由化和市场化为核心的经济转轨，中国等社会主义国家以市场为取向的经济改革也进一步扩展和深化。这些因素使推行市场经济、与世界市场接轨、按国际规制运行等成为几乎所有国家的共同要求和趋势。两个平行市场终于统一为以市场经济为特征的全球性的经济体系，市场经济体制在全球范围内得到进一步扩展。

（二）经济全球化时代的到来

所谓经济全球化，是指世界经济活动超越国界，通过对外贸易、资本流动、技术转移、提供服务而形成全球范围内有机经济整体的历史过程。它是世界经济由初级向高级发展进程中的一个十分重要的历史阶段。由于经济全球化的本质是市场经济规则的全球一体化，是市场经济体系的全球化，因而冷战的结束是经济全球化得以最终实现的重要标志。

（三）“一超多强”世界格局的形成

所谓“一超多强”的世界格局是指冷战结束后美国成为唯一的超级大国，其政治、经济和军事实力及其软实力远大于其他主要国家，同时其他大国的国际地位及其影响力亦日趋增大的世界权力结构。在“一超多强”的格局下，美国主宰世界的欲望更加膨胀，加紧推行霸权主义和单边主义的对外战略。但与此同时，两极格局下西方国家为捍卫资本主义整体利益而具有的那种凝聚力伴随着意识形态影响力的下降而大大减弱，加之冷战期间敌对国之间关系的重大变化，诸如俄罗斯、法国、德国、中国、印度等众多大国包括美国的盟国都在谋求自身国际地位的提升与影响力的扩大，要求美国与其相互尊重、平等互利，通过对话和合作，促进共同发展和繁荣。所以，“一超多强”的世界格局在使国际经济关系日益紧密的同时，也使得大国间的竞争和利益冲突趋于激烈。而且，未来世界格局中“多强”的数目将会增加。例如，经济快速增长的金砖国家（中国、俄罗斯、印度、巴西、南非），都可能成为未来世界格局中强有力的竞争者。总体而言，“一超多强”的世界格局将会长期持续下去。

四、信息经济的产生及其影响

（一）信息经济的产生

1991 年 3 月至 2001 年 6 月，美国实现了长达 120 多个月的持续经济增长。这是自 1854 年以来美国经济史上 32 个周期中最长的一次，并出现了与以往的经济增长不同的新特点，即伴随着低失业率、低通货膨胀率和低财政赤字的高经济增长（即“一高两低”或“一高三低”）。这次美国经济的持续增长引发经济增长方式、经济结构和经济运行规则的某些改变，并从美国开始在全世界掀起了一场“新经济”（后来叫“信息经济”）浪潮。

由于信息的渗透性、流动性和无损性，信息已成为重要的生产要素；又因为当今时代，信息产业日益发展壮大，已成为重要的产业部门。故此，21 世纪的今天，人类已进入信息社会。信息经济的发展，标志着人类社会经济生活的一次深刻的革命。它不仅将带来产业结构的大调整、经济增长方式的大转变、市场经济制度的大变化，而且标志着人类社会经济发展的新飞跃。

（二）信息经济的主要特征

所谓信息经济，是指在信息技术出现重大突破和一系列制度创新的基础上，由经济全球化推动的经济结构调整，促进了劳动生产率的提高，形成了微观经济和宏观经济良性互动的新的经济增长方式。它是与过去的（以农业文明和工业文明为标志的）经济增长方式不同的崭新的经济增长方式，具有以下三个主要特征。

1. 经济知识化

经济知识化是指知识（或信息）取代物质成为生产、分配和销售的主要内容，知识和拥有知识的劳动力成为最重要的生产要素，经济增长的实现是以知识为基础的。经济知识化导致资本要素组合的无形化，知识重要性的增加意味着无形资本（如教育、研发等）的增长超过了有形资本（如建筑、运输和机器等）。同时，企业财富的创造日益取决于无形资本。这是传统会计制度无法衡量的。随着知识或信息投入的增加，产品和服务中的知识或信息含量提高，服务经济在国民经济中的比重不断提高，其结果是使得整个国民经济日益“软化”。

2. 经济网络化

随着数字经济和网络经济的发展，社会生产组织方式、社会经济交往方式、社会财富分配方式和社会消费方式等都发生了重大变革。生产者相互之间的网络，生产者与消费者之间的网络，消费者之间的网络，个人、企业和国家之间的网络，世界各国和各地区之间的网络，诸如此类纵横交错的网络系统，使得全球经济活动的时间缩短，空间缩小，频率加快，协同性增强，效益增大。

3. 经济全球化

正是由于经济知识化、网络化的发展，生产要素在全球范围内的组合发生了很大变化。知识流（知识生产、知识分配、知识交换、知识传播、知识消费）、信息流和技术流（无形贸易）的规模和发展速度都大大超过了以往的商品流和物流（有形贸易）。新经济的形成和发展使得企业扩大了在全世界进行资源配置的规模，更加具有规模经济效益，对其劳动生产率的提高做出了重大贡献。在此过程中，不仅是巨型跨国公司，中小企业也参与到了经济全球化的进程当中。除了制造业以外，越来越多的服务业也面向海外经营，使得对外投资和对外贸易的依存度明显提高。

（三）信息经济的影响

信息经济首先出现在美国，其影响在美国也表现得最为突出。

1. 推动了信息产业的大发展

首先，信息技术和设备投资成为美国企业投资的重要组成部分。20 世纪 90 年代美国计算机软件业以每年 12.5% 的速度增长，比美国整个经济增长率高出数倍。1996 年，信息技术产业所创造的产值已占当年美国 GDP 的 33%。其次，信息技术的发展降低了交易成本和生产成本，商家甚至可以在零库存的情况下维持正常的商贸业务，这无疑极大地提高了劳动生产率。再次，信息产业的迅速发展推动了就业的增长。信息技术产业通过促进传统经济的新发展以及自然失业率的下降，减少乃至消除了因经济结构调整所可能带来的失业率上升。

2. 促进了制度创新

由信息技术革命推动的美国产业结构调整，要求有与之相适应的体制变革，需要制度创新。例如，在生产领域小型初创公司的兴起，大公司与小公司在创新上的协作关系；在流通领域各种金融创新，如二板市场、风险资本的出现；在分配领域股票期权的盛行，在企业管理领域层级制为水平管理和对基层的授权所取代，都是适应产业结构调整而进行的制度创新。

3. 引发了新的社会经济问题

信息经济促进了美国社会生产力的大发展，从总体上培育出一个更加富裕的社会，但由于它是在原有的生产关系的框架中发展的，不仅没有能够解决一些根本的社会问题，而且产生了一些新的问题。

（1）数字鸿沟问题。数字鸿沟是指由于存在信息收集处理能力的差异，在信息社会中引起的不同机遇、不同地位，乃至造成经济上的巨大差别和心理失衡。它不仅存在于不同国家、地区之间，而且存在于同一国家的不同地区、行业之间，甚至存在于同一组织的不同人群之间。

（2）两极分化问题。"新经济"所导致的股市飙升，使得掌握大部分股票的富人和企业经理人员的财富迅速扩张，成为新经济的最大受益者。这导致了美国经济在高度繁荣的同时，贫富两极分化的现象日益严重。

（3）新型垄断问题。两极分化加剧的根源之一，是大公司垄断性的进一步加强。这一方面表现为生产规模的扩大，另一方面表现为财富的更加集中。尤其值得注意的是，科技的进步还引发了一种新型垄断，即创新者垄断，创新者不仅聚敛了大量财富，而且往往阻碍甚至威胁到科技的进步。这种情况在软件行业表现得十分突出。美国对微软公司的"世纪末审判"（被罚款7.5亿美元）就反映出该问题的严重性。

本章小结

本章首先介绍了世界经济的形成基础——国际分工与世界市场，以及世界经济经历的萌芽期、初步形成期和最终形成期的三个历史过程。接着阐述了20世纪上半期世界经济的大动荡和不成熟性。重点介绍了两次世界大战及其之间的经济大危机。最后介绍了战后世界经济经历的恢复和高速增长阶段，以及发达国家经济的滞胀阶段和冷战结束后的信息经济社会。信息经济时代的到来，标志着人类社会经济发展的新飞跃。

思考与练习

1. 何谓国际分工？影响国际分工的因素有哪些？
2. 简述世界市场的基本特征和运行机制。
3. 世界经济最终在什么时期形成，其主要标志是什么？
4. 20世纪上半期世界经济发展的不成熟性表现在哪些方面？
5. 试说出1929—1933年世界经济大危机产生的原因，以及对我国社会经济发展的启示。
6. 简述第二次世界大战对世界经济发展的影响。
7. 战后世界经济的发展具有哪些特点和趋势？

第三章　经济全球化与“一带一路”

教学目标

1. 知道经济全球化的定义，以及不同学者对经济全球化的不同解读；
2. 了解经济全球化的发展历史及各个阶段所呈现的主要特点；
3. 认识经济全球化的表现与基本特征；
4. 懂得经济全球化的原因及主要理论分析；
5. 掌握经济全球化对发达国家、发展中国家以及全球经济的影响；
6. 了解“一带一路”倡议的内涵和意义；
7. 熟悉“一带一路”倡议的重点和国际影响。

自从1985年美国学者特·莱维（T. Levitt）提出“全球化”一词以来，真可谓“仁者见仁、智者见智”，经济全球化已成为不争的事实。目前，关于经济全球化的理论分析，主要集中在为对经济全球化的定义分析、关于经济全球化的成因分析、关于经济全球化的影响和后果分析等方面。

第一节　经济全球化的内涵与发展

经济全球化的现象无论是学界还是普通百姓都深有感触，且这一“化”作为一个过程在不断加深，影响着全球经济和贸易的持续发展。

一、经济全球化的内涵

（一）全球化概念的提出

关于“全球化”的话题，可以说是众说纷纭，但至今为止还没有一个是被公认的定义。

早在1985年，特·莱维就在《市场的全球化》一文中指出：“全球化是商品、服务、资本和技术在世界性生产、消费和投资领域中的扩散。”英国学者大卫·哈维（D. Harvey）则认为，“在最近20年，我们经历了一个时空收缩的阶段，它对于政治经济实践、阶级力量的平衡以及文化和社会生活都带来了令人迷惑和混乱的影响。这个阶段是与资本主义积累的一次深刻危机相契合的，与之相伴随的便是全球化的明显加强。它最明显地表现在制造业生产和金融领域。技术和组织的变化加速了资本的全球流动，产生了新的国际分工。处于这种变化核心地位的就是第一个真正的全球金融体系的创立”。俄罗斯学者也认为，“21世纪的全球力量如何分布，取决于一系列进程，其中最主要的是全球化。对这个词应该这样理解：统一的世界市场，世界性的金融和商品，统一的世界性运输和服务系统，以及全球性价值观和统一的占优势的文化……在这个全球化过程中起主导作用的是美国……实际上，正是在美国主持下对世界进行文明‘熨烫’”。

伦敦政治经济学院院长安东尼·吉登斯（Anthony Giddens）指出，“关于全球化较早的争论发生于20世纪80年代中期，争论的焦点在于能否用这个概念揭示正在发生的变化。争论双方各执一词，一方认为，这个概念极大地夸大了全球经济之间的关系，事实上当今世界的变化与早已存在的全球主义没有根本差别，全球贸易市场、货币兑换、移民、跨国自由往来、国际文化融合等都是100多年前就已经具备的特征；另一方认为，这个概念准确地揭示了世界的巨大变化和崭新的全球运行机制”。

然而，争论已经成为过去，经济全球化作为当今世界经济的基本特征和运行机制，已被人们普遍认同。

（二）经济全球化的科学定义

关于经济全球化的定义，学术界也有以下几种不同看法。

1. 从资源配置角度来定义经济全球化

一些组织或学者从资源和生产要素在全球合理配置的角度分析，认为经济全球化是指贸易、投资、金融、生产等生存要素在全球范围内的最佳配置。经济全球化，有利于资本和产品在全球性流动，有利于科技在全球性的扩张，有利于促进不发达地区经济的发展，是人类发展进步的表现，是世界经济发展的必然结果。

国际货币基金组织（IMF）认为：“经济全球化是指跨国商品与服务贸易及资本流动规模和形式的增加，以及技术的广泛迅速传播使世界各国经济的相互依赖性增强。”经济合作与发展组织（OECD）认为，“经济全球化可以被看作一种过程，在这个过程中，经济、市场、技术与通讯形式都越来越具有全球特征，民族性和地方性在减少”。欧洲委员会认为，经济全球化“可以界定为由于商品和服务的流动以及资本和技术的流动，而导致的各国市场和生产相互依赖程度日益提高的过程”。

关于经济全球化的定义，国内一些学者也提出了自己的看法。陈宝森认为，“经济活动全球化泛指贸易、投资、金融活动的全球化，特殊的含义是指生产活动的全球化和生产要素的全球配置……以整个地球作为资源配置的大舞台，生产资本向全球流动以及由它所带动的全球贸易和金融活动，就成为二次大战后世界经济发展的主要特征之一。它是生产力和生产关系变革的结果，这一变化反过来又有力地促进了全球生产力的大发展和各国生产关系的变革，使世界经济跨入了一个崭新的阶段”。马俊如则认为，“经济全球化是指人力流、物流、资本流、信息流、知识流‘五大流’的全球流通和融合，并对其在全球范围内按照互惠互利原则，通过公平竞争，加以有效地组织和运作实施”。

2. 从生产关系的角度来定义经济全球化

有的学者从生产力运动发展的角度分析，认为经济全球化是一个历史过程。一方面，在世界范围内，各国、各地区的经济相互交织、相互影响、相互融合成统一整体，即形成“全球统一市场”；另一方面，在世界范围内建立了规范经济行为的全球规则，并以此为基础建立了经济运行的全球机制。经济全球化是指生产要素跨越国界，在全球范围内自由流动，各国、各地区相互融合成整体的历史过程。从根源上说，经济全球化是生产力和国际分工的高度发展，要求进一步跨越民族和国家疆界的产物。

持这种观点的主要有法国学者雅克·阿达以及我国学者俞旵金等人。雅克·阿达曾经指出，经济全球化就是资本主义经济体系对世界的支配和控制。苏联与东欧剧变以后，资本主义全球化的主要障碍已经不复存在。非洲和拉丁美洲的债务国在债务危机的压力下，正在按照国际金融机构的意志进行经济和政治体制改革。而国际金融机构无论是从历史上看，还是从现实上讲，都充当着资本主义的“代理人”，是推行全球化资本主义的工具。从这种意义上说，经济全球化也就是资本主义肆虐全球的过程。

我国学者俞旵金则认为，“必须把‘全球化’和积极推进‘全球化’的主体联系起来进行考察。那么，究竟谁是积极推进全球化的主体呢？换言之，究竟谁在全球化的过程中处于主动状态呢”。观察与研究表明，是西方发达国家。西方发达国家为什么会成为全球化历史进程的积极推动者，答案也是不言而喻的，因为它们能够从中获益。除了这个根本原因外，还因为它们拥有推进全球化的先进的科学技术和资本方面的条件。与西方发达国家所处的主动状态相对应的是受动状态，而受动者则是不得不接受“全球化”理念和行为结果的发展中国家或在发展中相对滞后的国家。

3. 本书对经济全球化的理解

上述观点从不同角度对经济全球化的特性进行了一定的分析，有一定的合理性，但缺乏对经济全球化多视角的考察。若全方位地审视经济全球化，它应该具有多维特征，它是指人类经济活动跨越民族、国家界限以及各国经济在世界范围的相互融合过程。以此为出发点，经济全球化既是指资本、生产、技术、信息、货物等生产要素在全球范围内跨国界的广泛而自由流动，从而实现资源有效配置的过程，也是指由于这个过程的深化，使各国之间的联系和相互作用不断加强，形成各国经济相互依赖甚至制约的国际经济关系。

二、经济全球化的基本特征

经济全球化在形成和发展的进程中，会表现出自身的规律性和基本特征。概括起来，其基本特征主要表现在以下几个方面。

（一）经济全球化是与知识经济和信息技术相适应的

从世界经济的发展过程来看，当今的经济全球化已经超越了工业经济时代，而与知识经济相适应。在全球化的国际经济关系中，不仅有货物、劳务和资本的大规模国际交流，而且信息技术的广泛应用给人们提供了一种更便捷的国际交流手段，使国际经济关系更加紧密。没有以知识的生产、交换和消费为基础的知识经济和世界经济的信息化，就没有当今的经济全球化。

（二）垂直型和水平型的国际分工并重是经济全球化的基础

以往的经济全球化是以垂直型分工为主，即发达国家专门从事制造业生产，而经济落后的国家则是其农产品和原材料的供应者。现在则强调水平分工，不仅发达国家从事制造业生产，发展中国家也大力实行工业化，发展制造业。各国不仅在制造业方面有分工，而且在同一部门的不同产品与同一产品的不同零部件方面也有分工。第二次世界大战后，这种水平型的分工日益深化。近年来，国际分工又有了新的发展，发达国家着重发展高科技产业，发展中国家则发展一般制造业。两者之间，既建立了新的互补关系，又造成了新的差距。

（三）全球化以多元的行为主体构成的世界经济和国际关系

在以往的经济全球化条件下，世界市场的主体是国家，国际联系主要是在国家之间进行的。当时的企业对发展国际经济关系、扩大国际经济交流所起的作用并不显著。而在当今的经济全球化形势下，世界经济和国际关系的行为主体是多元的，除国家之外，更强调企业，即现代跨国公司和跨国银行。它们把生产、投资、销售等活动场所遍布到世界各地，实行全球经营战略，形成了当代空前巨大而严密的全球网络，把世界各国乃至全球的经济都包罗在内，使全球化经济变成网络经济。

（四）全球化是通过全方位、多渠道市场体系来沟通各国间的经济联系

以往，作为各国之间的经济交往主要是商品交换和资本流通；在经济全球化条件下，不仅国际货物贸易空前扩大，资本流通成倍增长，而且国家间的对外直接投资、劳务贸易、科技贸易信息传播、人员流动国际旅游等领域都有了迅猛的发展。这些领域互相促进、互相结合，形成了一个全方位、宽领域、多渠道的发达而又完整的市场体系，这个体系使各国在各个领域都产生了广泛的经济联系，从而把各国的经济紧密地联系在一起。

（五）经济全球化同区域化和集团化同时并存

综观世界历史，我们可以发现，经济发展的不平衡是全球经济发展的一般规律。经济全球化不是某一时段上的状态，而是一种不断变化的过程，并与经济区域化和集团化共同发展和演进。目前世界上存在自由贸易区、关税同盟、共同市场等各种类型的区域经济合作组织达 400 多个，其中以自由贸易区（FTAS）为主要表现形式。在集团化方面，迄今出现的经济集团有 7 国集团、77 国集团、24 国集团等。

（六）全球化并不意味着国家利益的淡出，相反使民族利益更加凸显

全球化是否就意味着各国都开始追求全球利益而置本国利益不顾了？或者是否像某些西方大国领袖所说的，世界整体利益的重要性超过了各国家、各民族的利益？事实恰恰相反。可以说，随着全球化进程的加快，民族经济非但没有萎缩，反而更加凸显，民族利益也越发突出。全球化制度以西方发达国家为主导的事实本身，就蕴涵了这种制度的利益偏颇性。越来越多的贸易战、日益严重的民族冲突等充分说明了这一点。对此，汉斯·摩根索有一经典之语：只要世界还是由国家组成的，国家利益仍然是各国交往的最后语言。

像许多其他事物一样，全球化也是一个二律背反，它既包含一体化的趋势，同时又包含分裂化的倾向；既有单一化，又有多样化；既是集中化，又是分散化；既是国际化，又是本土化。目前，经济全球化的一个重要特点，就是全球化与本土化之争。而全球化与本土化两个动力之间的紧张关系构成了当今世界事务的核心。因此，随着全球化的发展，世界在变小，但各国彼此并没有因经济全球化而放弃民族化的倾向。其原因主要有以下三个层面。

一是区域性经济集团在发展。这些区域性集团一般都是对内实行贸易优惠，对外实行一定程度的歧视政策，保护集团利益，从而保护本国利益。

二是发达国家的贸易保护主义抬头。尤其是美国，自20世纪90年代以来以新凯恩斯主义理论为基础，打着公平贸易主义的旗号，公开推行战略贸易，竭力扶持本国企业，干预本国产品在国际市场的竞争力，特别是2018年以来，美国单方面对中国、欧盟等国家和经济体加征高额关税，搞贸易霸凌主义，在国际上产生极大的负面影响。

三是各区域集团之间以及各国间的经济矛盾和竞争越来越明显。在世界市场上，控制和反控制的争斗越来越激烈。如美日欧之间的汽车战，日美之间的半导体战等，全球围绕农产品和服务贸易的一轮又一轮的摩擦，以及世界上永无止境的倾销—反倾销、报复—反报复的贸易战屡见不鲜。在经济全球化条件下，世界各国捍卫自由贸易、公平竞争环境的任务，仍然还很艰巨。

（七）知识资源在全球化的进程中日趋加强，教育成为各国较量的重点

全球化竞争的核心是知识和人才的较量，生产的主要资源是人力资源和知识。美国管理学权威彼得·德鲁克认为，从事知识工作和服务工作的人的生产力而不是制造和运送产品的人的生产力，才是发达国家的生产力。美国著名经济学家莱斯特·瑟罗指出，今天只有知识和技能才是各种竞争中获得优势的唯一胜利源泉。彼得·德鲁克甚至认为，只要各国重视知识的创造，那么，在今后的10年或20年内很可能会出现新的、惊人的“经济奇迹”，贫穷落后的第三世界国家几乎会在一夜之间使自己变成飞速增长的经济强国。

40年前，从事知识和服务工作的人不到劳动力总数的1/3，现在，在所有发达国家，他们已经占劳动力总数的3/4甚至4/5，而且其份额还在扩大。正是他们而不是制造和运送产品的人们，才是发达国家的生产力。从美国《商业周刊》公布的全球1 000家大公司的排名也可以看出，凡是公司名次上升的公司（如美国微软、德国的西门子等）都是由于这些公司的技术、制造工艺和产品具有较高的国际知名度。可以说，一个国家的技术政策决定着这个国家在什么地方进行竞争。

那么，知识是从哪里获得的呢？首先在于教育，科技及其制度的优劣是教育的函数。德国的卡尔·梅因茨·巴奎认为，从长期观点来看，只有当一个国家的教育制度在某种程度上与经济结构相配合的时候，才能使劳动力的供给获得保障。1997年，克林顿连任总统后发表声明，将确保每个美国人享有世界上最好的教育。目前美国全部职工平均受教育时间已达13年以上，其中受过高等教育的人数占55%以上。日本和韩国高度重视教育也是众所周知的，两国教师在国内的相对收入位于世界同行的前列，从而确保了自小学到大学均有一流人才在培养和教育下一代。日本政府认为，一个国家拥有设计和销售产品的知识工作者，就能轻易地实现产品的低成本和高质量。把发达国家花在创造蓝领工作岗位的钱用于推进该国的教育，从而确保年轻人学到足够的知识以胜任知识工作，或至少胜任高级服务工作，将会创造更多的经济价值。

（八）经济全球化是以发达国家为主导的

制度的变迁往往是由那些从中得到潜在利益的人推动的，将制度变迁推广到国际关系中也是如此。当前的全球化制度是由在国际事务上占支配地位的某些西方大国组织实施的，最有竞争力的西方强国在国际事务上利用其垄断地位和霸权，力图将自身的生产方式逐渐扩展到所有国家。正如吉登斯所说，作为唯一的超级大国，美国深刻而突出地影响了全球新秩序的形成。从某些方面看，它还企图把美国的宪法条款推及全球。

依照制度经济学的理论，组织变迁的过程一般是从非正式的组织开始，但它必然会过渡到正式的组织安排；一旦正式的组织安排形成，必然会产生强制力的作用以利于规章的实施，因而极易违反一致性原则，在各国力量悬殊的情况下，甚至会偏离多数人的意愿。因此，马丁和舒曼说，全球化被看作世界市场上力量的解放，从经济上使国家失去权力。这种全球化对于大多数国家来说，是一个被迫的过程，一个它们无法摆脱的过程；对于美国来说，却是其经济与政治精英有意识地推动并维持的过程。这种主要由发达国家引导和控制的全球化进程，其目的是在全球范围内实施资源和市场的不公平分配和竞争，并用西方资本主义的经济、政治和文化制度与模式来统一全世界。

三、经济全球化的发展历程

国内学者杨培雷在《国际经济学》一书中，从发展进程的角度审视全球化，把全球化的发展历程分为四个阶段：第一阶段，19 世纪中期以前，经济全球化处于萌芽阶段；第二阶段，19 世纪后半期至 20 世纪初，全球化有了较坚实的物质基础，并以较快的速度在之后半个多世纪中继续发展；第三阶段，从第一次世界大战到“冷战”结束，经济全球化在曲折中前进；第四阶段，从 20 世纪 80 年代末开始，全球化迅速扩展，成为世人瞩目的焦点。

（一）全球化的萌芽：15 世纪至 19 世纪中期

从经济全球化的全部历史进程来看，全球化的萌芽在资本主义发展的早期就已经孕育。马克思和恩格斯在《共产党宣言》中指出：“美洲的发现、绕过非洲的航行，给新兴的资产阶级开辟了新的活动场所。”“大工业建立了由美洲的发现所准备好的世界市场。世界市场使商业、航海业和陆路交通得到了巨大的发展。这种发展又反过来促进了工业范围的扩大。”“地理大发现”引发了欧洲的商业革命，使人类的商业活动第一次具有了全球性——普通消费品进入国际贸易市场，世界贸易量迅速增长。发现“新大陆”后的 16、17 世纪这 200 年间，当时贸易强国荷兰的商船吨位增长了 10 倍，达到了 50 万吨。英国在 16 世纪上半叶每年出口的毛织品达到 5 万至 15 万吨。1600 年英国东印度公司成立，1610—1640 年英国的对外贸易额增长 10 倍。人类的经济活动由于世界市场的出现而第一次被广泛地联系在一起，经济全球化自国际贸易中萌生。

但是，当时的商业行为只涉及少数几种商品，贸易量比较小，参与的公司屈指可数，只面向为数不多的消费者。这些全球产品经营的先驱者在分配、定价以及销售方面也没有高度统一的全球经营战略。同样地，早期资本主义发展产生的国际货币和金融也不具有在世界上任何地方同步即时交易的性质。尽管在 13—15 世纪之间，意大利的银行家向英格兰、佛兰德斯地区以及巴尔干各国提供远距离信贷；在 18 世纪，阿姆斯特丹和日内瓦的商行向全欧洲的政府以及新建立的美国联邦政府提供贷款；与此同时，希望公司（Hope &Co）和巴林银行在几个国家进行股票交易。然而，这些国际金融贸易相当罕见，而且它们也是双边的，即在一国的金融家与另一国的客户之间进行。

总之，在 19 世纪以前，全球化基本上还处于萌芽状态，超地域的通信、市场、生产、货币、金融、组织等都未出现。在这一时期，全球意识也并非世人关注的核心意识。

（二）早期全球化：19 世纪中期至 20 世纪初

19 世纪后半期到 20 世纪初的 50 年左右时间，是经济全球化进展极快的一个时期。西方发达国家在这一时期进行了第二次科技革命，从蒸汽时代进入了电气时代，以纺织工业为中心的轻工业革命发展为以钢铁、石化、电器、机械、汽车为代表的重工业化革命，生产力获得了极大发展。同时，西方发达国家从自由资本主义过渡到垄断资本主义，垄断资本在经济生活中占据重要地位。这一切为后来全球化的加速发展奠定了基础。

1. 电话、电报等全球通信发展

19 世纪 50 年代以后电报开始普及，随后就是 19 世纪 90 年代以后跨国电话联系和无线电通信的普及，1919 年以后洲际航空的普及。通过这些联系，信息就能在数日而非一个月之内传遍世界。在 19 世纪末，通过电话，不受距离限制的语言通信也变成了现实。到 1933 年，美国电报电话公司（AT&T）的一则广告理直气壮地宣称：“有了电话，世界连为一体。”然而，在 20 世纪 60 年代以前，除了无线电之外，全球通信并不是所有人都可以亲身经历的，只有少数人才有这样的资格。早期全球电报、电话和航空运输相对而言速度慢、容量小、可靠性差、价格昂贵。

2. 货物市场出现

这一时期出现了对某些商品进行的有系统的全球分配、定价、宣传和销售。例如，典型的全球铜金属市场是 19 世纪 50 年代以后形成的，这个市场使来自澳大利亚、智利、古巴、英格兰和美国的货物之间建立了互相联系。伦敦金属交易所（LME）成立于 1876 年，处理所有铜、锡、铅和锌贸易。无论原料来自何处，也不论货物是否卸在英国的土地上。全球定价同时也刺激了谷物和棉花等行业的发展，在布宜诺斯艾利斯、开罗、芝加哥、利物浦、纽约和里约热内卢等地的商品交易中尤为明显。

品牌包装食品的全球市场也在 19 世纪末开始出现。例如，坎贝尔汤（Campbell Soup）和海因茨（Heinz）食品等产品自 19 世纪 80 年代中期以后，就成为几个国家百姓的家庭食品。可口可乐在 1886 年发明之后，20 年内就打开了英国、加拿大、古巴、墨西哥等国的市场。随着这一时期殖民地以及其他越洋移民的扩张，欧洲、亚洲以及北美的移民都想要带着“家乡”的产品到地球各个角落去定居。1899 年，J. 瓦尔特·汤普森（J. Walter Thompson）公司成为第一家在其创始国以外开设机构的广告公司，预示着跨国商业销售活动即将发展起来。

在 20 世纪上半期，全球市场在初级产品方面也取得了进一步发展。伦敦金属交易所和其他商品交易所继续其营业的同时，各政府首次采取措施（如通过多边商业协议）对某些产品（包括糖、咖啡、橡胶和锡在内）实行全球价格控制。第二次世界大战期间，同盟国创立了一系列所谓的“联合委员会”，以便对数十种战略原料和产品实行全球统一生产和分配。

然而，对这一时期市场全球化的程度不可估计过高。当时能够同时进行全球分配和销售的产品为数甚少。而且，即使在这些有限的情况中，营销战略也缺乏严格的全球统一。这种一致性在 20 世纪末随着计算机、先进的电子通信以及电子大众传媒的发展才变为现实。

3. 金本位制全球货币

货币和金融的全球化也出现在 19 世纪末 20 世纪初。在 1870 年前后到 1914 年之间通行的以英镑为基础的金本位制，使少数几个国家的货币得以在全球流通。英镑是当时基本的全球货币，但是荷兰盾、日元、墨西哥比索以及其他货币单位在一些与其本国统辖没有直接关系的贸易和金融中也崭露头角。第一次世界大战中金融体系瓦解，战后金汇兑本位制在21世纪20年代得到了短暂而不完全的恢复。不过，全球化初期阶段的外汇贸易与近几十年的程度相比微不足道，政府的外汇储备量也很小。

在金融市场方面，第一次世界大战前夕，英资机构在阿根廷、澳大利亚、巴西和新西兰等国的银行存款中占有1/4 ～ 1/3 的份额。当时的主要银行向国外提供的贷款数额巨大。19世纪70年代世界经济衰退，致使许多国家无力偿还借款，这些银行因此遭受了一场债务危机。然而，19世纪末20世纪初的国际银行仍受到地域距离和边界的极大限制。几乎没有人持有居住国以外的银行账户，离岸银行机构直到1929年才以较小的规模在卢森堡出现。

与此同时，在证券市场方面，金本位制在19世纪末促进了国外债券发行的激增。例如欧洲发行的债券为加利福尼亚淘金热以及美洲、中国和俄国的铁路建筑提供了大部分资金。在股票方面，19世纪末世界金融中的上市股票总值只有50亿英镑，而且具有明显的地域性，交易根本不涉及全球货币、全球基金管理者、全球投资者或全球投资组合。

简言之，这一时期，货币和金融在一定程度上获得了某种国际特征，受到距离和边界的限制，它们主要在少数国家之间进行。

4. 全球性通信、货币和金融组织

19世纪末20世纪初出现的早期全球通信、市场、货币和金融促进了典型的全球组织的形成。这些机构包括许多市场参与者及立法机构。19世纪少数企业不仅开始在别国销售产品，而且开始设立分公司以及在本国外进行生产。首开先河的是美国的机械制造商科尔特（Colt)，1850年在英国开设了一家工厂。德国西门子公司于1855年在俄国建立了分支机构，而日本的龟田万公司则于1892年在美国建立了酱油生产厂。到20世纪初，已经有数百家公司在整个殖民世界内或几国的统辖范围内同时进行经营。

19世纪末也诞生了最早的世界性立法机构，如成立于1865年的国际电报（现为电信）联盟、成立于1874年的总邮政联盟（现为万国邮政联盟）。然而，所有这些公司、立法机构所具有的全球性都是十分微弱的，它们大体上是在国家之间而不是在把世界当作整体的空间内运作。上述组织中以地域为基础的组织成员（如分公司、政府或分支协会）拥有独立于任何全球领导部门的高度自治。

总之，从19世纪中期到20世纪初期，经济全球化具有了更多的形式和更坚实的物质基础。然而，这一时期的全球化在广度和深度上都无法与20世纪80年代以后的发展相比拟。

（三）曲折发展的全球化：第一次世界大战至“冷战”结束

经济全球化的发展历程并非一帆风顺，在第一次世界大战至“冷战”期间，世界政治经济的变化在不同程度上阻碍了经济全球化的进程。1914—1918年的第一次世界大战，1929—1933年的世界经济危机和大萧条，1937—1945年的第二次世界大战，苏联、东欧、亚洲的一批国家摆脱资本主义体系，形成了与资本主义阵营相抗衡的社会主义阵营，等等。这些事件以不同的方式打乱了经济全球化的正常进程和秩序。

但是，经济全球化的步伐并未因此停滞，相反，这些事件反而使人们认识到，战争和对峙只会损害全球的经济发展，阻碍人类文明的进步。因此，在第二次世界大战结束前夕，作为稳定和调节世界经济与国际经济关系的三大国际经济组织 GATT，世界银行和国际货币基金组织应运而生。这三大国际经济组织的产生和发展标志着经济全球化从自发过程走向制度化过程。也正是在这一时期，西方帝国主义国家苦心经营数百年的殖民体系瓦解了，亚、非、拉殖民地国家摆脱了殖民统治，建立自己当家做主的国家，并与西方发达国家逐步形成独立自主、平等互利的国际经济关系。同时，以微电子、新材料、新能源为代表的新科技革命，将工业化引向新的阶段，发达资本主义国家经历了 20 余年的经济高速增长期。所有这些都表明，在这一时期，尽管经济全球化受到某种阻碍，但是，国际经济关系也进入了一个新的阶段，为经济全球化向纵深发展孕育了条件。

（四）全面的全球化：20 世纪 80 年代末至今

20 世纪 80 年代末开始，随着苏联解体、东欧剧变，经济全球化进入了一个新的阶段，经济全球化在广度、深度、制度化等方面都获得了极大的发展。

1. 全球通信相关的基础设施获得了巨大发展

到 1990 年，全球直拨电话已遍及 200 多个国家。同一时期，卫星和光缆的出现大大提高了全球通信基础结构的承载能力，全球电话通信量从 1990 年的 330 亿分钟猛增到 1998 年的 700 亿分钟，光缆也为计算机网络开辟了巨大的超地域空间。公众可以使用的互联网出现于 20 世纪 80 年代，90 年代急速扩展。连接互联网的计算机系统的数量从 1981 年的 200 台增加到 1990 年的 30 万台，1999 年又增加到 5 亿多台。目前，绝大多数商用计算机系统和个人电脑连接了互联网，形成了全球化的互联网空间。

2. 零售、批发市场具有全球特征

20 世纪 80 年代以来，零售、批发商开始在全球范围发展。比如广为人知的意大利的贝纳通（Benetton）服装公司、瑞典的宜家（IKEA）家具零售商店等，具有了全球经营的特征。全球消费者只要拥有商品销售目录、信用卡和电话、电视或互联网终端，就可以足不出户地选购全世界的商品。不仅如此，全球电话、计算机网络以及航空运输的进步，极大地方便了管理者们对分配、宣传和销售活动进行超地域协调，企业经营已经是全球性的了。

3. 生产超地域性

20 世纪 60 年代，超地域性协调主要在半导体和民用电子工业生产中发展起来。随后，这一趋势扩展到服装、机动车和电器行业。现在，许多服务性行业也转向全球生产经营。生产的全球性突出表现为离岸加工区的涌现。20 世纪 80 年代末，世界上大约有 260 个出口加工区，设于 67 个国家中，绝大多数在亚洲、加勒比海地区和墨西哥及美国边界地区。20 世纪 90 年代，这类生产性特区的数量进一步增加。21 世纪初，全世界有近 550 个出口加工区存在，目前世界出口加工区远大于这个数字。

4. 美元成为全球货币

1944 年，布雷顿森林体系确立了以美元为核心的金本位体制。在布雷顿森林体系的作用下，美元成为全球货币。1971 年，美国停止了美元—黄金兑换，布雷顿森林体系崩溃。然而，布雷顿森林体系的崩溃丝毫没能阻止货币的全球化。在浮动汇率的条件下，德国马克、日元、瑞士法郎和十几种其他国家货币一起成为全球价值储备和交易工具。20 世纪 90 年代，价值数万亿美元的各国货币在各种交易中使用，全世界各国政府的外汇储备总值从1970年的1 000亿美元上升到1997年的15 790亿美元。20世纪末，还出现了超国家货币的形式。例如，创立于1969年的特别提款权，在国际货币基金组织的监督下作为一种储备手段使用。又如，1999年进入流通领域的区域性超国家货币——欧元。另外，还有一些超地域的货币形式，如旅行支票、银行卡、信用卡、电子钱包等。

5. 规模空前的金融全球发展

外汇交易、银行业、金融衍生品市场和保险业走向全球化。全世界所有外汇市场的日交易量从1979年到1998年的20年间增加了15倍，从1 000亿美元上升到1.5万亿美元。20世纪90年代中期，主要商业银行都建立了计算机化的全球结算系统，可以立刻进行外汇交易的多边结算。银行业在20世纪后半期出现了全球存储现象，储户通过使用全球银行网可以把钱存在世界上的任何银行。拥有价值数万亿美元银行存款的离岸金融中心，1950年以前只有零星几个，到20世纪90年代已经在几十个国家迅速发展起来，每个离岸金融中心都聚集了众多的国外银行。例如，开曼群岛离岸金融中心拥有500多家国外银行。除了银行业呈现全球化的特征之外，债券市场、股票市场等也都超越了地域限制，呈现出全球化的特征。

6. 全球性的经济组织

经济组织的发展不仅体现在全球性机构数量的多少上，而且体现在它们所具有的全球运作程度和协调程度上。就跨国公司的数量而言，能够同时在几个国家进行经营的公司数量从20世纪60年代末到90年代中期增加了36倍。到1997年，约4.5万家全球公司在其本国之外拥有近28万家分公司。2006年跨国公司总数为7.8万家，海外子公司达到了78万家。国外直接投资的世界总额从1960年的680亿美元猛增到1996年的3.2万亿美元。

2015年全球外国直接投资（FDI）流入量达到1.76万亿美元。跨国公司在数量激增的同时，质的方面也发生了深刻的变化。基于全球通信系统，跨国公司进行资源的全球配置和经营的“全球战略”安排。

总之，我们应历史地看待经济全球化。它既有深远的渊源，又有鲜明的时代特征。20世纪80年代以后，全球化才在大多数人的生活中具有持续、广泛而集中的影响力。

第二节　经济全球化的表现和成因

进入全面的全球化时期，经济全球化表现在贸易自由化、生产和投资国际化、科技全球化、人力资源流动全球化、国际经济关系调节全球化等方面。对于经济全球化表现的成因，有跨国公司作用说、技术进步说、国际机构驱动说、矛盾演化说等多种解说。

一、经济全球化的表现

（一）贸易自由化

战后，在关税与贸易总协定的主持下，世界各有关国家先后进行了8轮多边贸易谈判，达成了内容越来越广泛的贸易自由化协议，特别是在1986—1994年的乌拉圭回合谈判中，有关国家达成了从关税措施到非关税壁垒、从货物贸易到服务贸易、从国际贸易到国际投资的规模空前的贸易自由化协议，并在1995年建立了世界贸易组织（World Trade Organization，WTO），确立了真正意义上的世界多边贸易体制，形成了一个以贸易自由化为中心、以多边贸易体制为框架、覆盖世界大多数国家、囊括当今世界贸易诸多领域的高度统一的全球贸易大市场。世界贸易自由化的扩展和多边贸易体制的确立，不仅规范了世界贸易的规则，而且进一步降低了各国海关和市场准入的门槛。目前，发达国家的进口平均税率已降到3%左右，发展中国家的进口平均税率也降至15%以下。

有人说，全球化是被贸易自由化推着走的一列高速火车。战后世界贸易增长速度超过历史上的任何时期。世界贸易额在1820—1850年的30年间增长了3.5倍，1870—1900年的30年间增长了1.6倍，而1950—1980年的30年间增长了7.2倍。1980—2010年，世界贸易额又从2.4万亿美元增加到14.9万亿美元，增加了5.2倍。世界贸易的增长速度超过了世界生产的增长速度。1990—1995年世界贸易增长率为世界生产增长率的3倍，全球贸易额在世界生产中的比重从1985年的29.8%提高到1996年的35%。

（二）生产和投资国际化

生产力作为人类社会发展的根本动力，极大地推动着世界市场的扩大。以互联网为标志的科技革命，从时间和空间上缩小了各国之间的距离，促使世界贸易结构发生巨大变化，促进了生产要素跨国流动，它不仅对生产超越国界提出了内在要求，也为全球化生产准备了条件，是推动经济全球化的根本动力。

投资活动的全球化，主要表现为私人对外直接投资的迅速增大。战后，发达国家的私人对外直接投资增长速度极快、规模巨大。1945年仅为200亿美元，1978年增加到698亿美元。20世纪80年代以后，在投资自由化的推动下，随着跨国公司纵横世界，对外直接投资发展更加迅速，并遍及全球。1970—1985年对外直接投资年均增长率为15%，而1985—1990年上升为28%。在90年代的10年中，对外直接投资的增长率进一步加快，年均增长率达到30%。不仅如此，对外直接投资和吸收直接投资的主体也开始多元化。20世纪80年代以前，对外直接投资和吸收直接投资的主体主要是发达国家的私人资本，发达国家间的相互投资成为主要流向。80年代以后，随着新兴市场的兴起，对外直接投资已不再是发达国家的独占领域。1985—1990年，在对外直接投资的比重中发达国家从93.2%下降到84.9%，发展中国家从6.7%上升到14.8%；同期在吸收对外直接投资的比重中发达国家从82.2%下降到59.6%，发展中国家从17.4%上升到36.9%。东亚地区继北美和西欧之后成为国际直接投资和吸收投资的又一个热点地区。随着发展中国家纷纷调整经济发展战略，把大力引进外资作为政策目标，国际投资的规范安排也开始提上日程，保护投资和促进投资的双边投资条约大幅度增加。乌拉圭回合多边贸易谈判第一次把投资问题纳入多边贸易体系，并达成了《与贸易有关的投资措施协议》。通过协商建立一个综合多边国际直接投资框架的方案也在探讨之中。这些情况表明，扩大直接投资已成为各国加强经济联系、发展国际分工的重要渠道，同时也使生产要素的流动配置扩展到全球。

（三）资本全球化

世界性的金融机构网络使大量的金融业务跨国界进行，跨国贷款、跨国证券发行和跨国并购体系已经形成。世界各主要金融市场在时间上相互接续，在价格上相互联动，几秒钟内就能实现上千万亿美元的交易，尤其是外汇市场已经成为世界上最具流动性和全天候的市场。

战后初期，在美国国家资本输出的带动下，资本国际化的步伐加快。20 世纪 70 年代以后，随着跨国银行的迅速发展和私人国际信贷的巨额增长，资本国际流动规模空前加大。

具体来讲，资本全球化主要表现在以下六个方面：

第一，跨国投资规模迅速扩大。20 世纪 70 年代到 90 年代初，世界跨国投资的增长比世界生产快 3 倍，比世界贸易快 2 倍。

第二，国际金融市场迅速扩张，尤其是在金融自由化的浪潮中，西方国家日益放松了对金融的管制，不仅取消了外汇管制，减免或取消外国投资者的税收，而且允许银行从事证券和保险业务，允许外国公司进入本国证券市场，并放宽了国内机构投资基金（包括退休金、保险金、互惠投资基金和公共基金等）对外投资的限制，各国证券交易所都在外国金融中心建立自己的机构和经营本国的证券，各国大银行也都把触角伸向全球各地，根据不同需要建立分行、合资银行或代理行，从事借贷和买卖有价证券等业务。

第三，金融自由化还推动了金融创新的开展，使新的金融工具、金融市场和金融机构不断涌现。

第四，到 20 世纪 90 年代，一个以国内外金融市场相互贯通，以国际金融中心为依托，通过信息网络和金融网络运行的全球统一的、不受时空限制的、无国界的金融大市场正在形成。随着发展中国家相继开放本国的金融市场和电子化、网络化技术的应用，网上交易为金融业提供了全天候的交易场所，资金的调拨和融通在全球各地以光速进行。同时，在一体化金融市场上，不同类型的市场相互贯通，资金得以在信贷市场、股票市场、外汇市场等不同类型的市场间转移，金融证券化又加深了直接融资和间接融资、信贷市场和证券市场以及银行与非银行金融机构的联系。由于各种市场关联度的提高，各国利率水平趋于同步变动，各个主要国际金融中心的主要资产价格差距进一步缩小。

第五，全球一体化金融大市场的形成过程也加剧了金融机构的国际竞争，国际银行业并购风潮从 20 世纪 90 年代一直持续至今，不仅并购的规模和资金巨大，而且同业、同地并购与跨业、跨境并购同时进行。

第六，伴随着各类金融市场相互融合、连为一体，金融活动的全球协调和风险规避等问题日益成为世界性问题。20 世纪 90 年代以来货币金融危机的频发，使得国际社会对预防和控制世界性金融风险问题的重视日益提升，由国际清算银行发起制定的《巴塞尔协议》及《有效银行监管的核心原则》已为越来越多的国家接受和采纳。

（四）科技全球化与信息网络化

科技全球化是指各国科技资源在全球范围内的优化配置，这是经济全球化最新拓展和进展迅速的领域，表现为，先进技术和研发能力的大规模跨国界转移，跨国界联合研发广泛存在。以信息技术产业为典型代表，各国的技术标准越来越趋向一致，跨国公司巨头通过垄断技术标准的使用，控制了行业的发展，获取了大量的超额利润。经济全球化的四个主要载体都与跨国公司密切相关，或者说跨国公司就是经济全球化及其载体的推动者与担当者。

战后运输和交易手段的进步及贸易信息网络的形成，极大地促进了国际贸易的发展。现代海陆空主体的运输系统，使国际贸易的商品流转更加方便快捷，进一步降低了运输成本。目前贸易的运输成本仅为货物价值的2%。在传统贸易方式的基础上，电子数据交换（EDI）已在国际贸易中广泛采用，其他如电子商务（EC）、电子资金转账（ETF）等也逐渐开始推广、贸易合同的标准化也使国际贸易标准进一步趋同，大大降低了商品交易成本。贸易信息的网络化，使经贸人员在几分钟内就能找到世界各地进出口商品的种类、规格、价格等各种资料，并在短时间内利用经济模型分析出世界经济贸易的最新动态。

（五）人力资源流动的全球化

全球化的发展，有力地推动了人力资源的全球流动。具体来讲，主要表现在以下三个方面。

1. 全球移民数量和范围的扩增

战后，随着信息渠道的增多、交通运输条件的改进、国际分工的深化，世界性移民的数量和范围不断扩大，出现了移民高潮。联合国2011年10月26日公布的《2011年世界人口状况报告》表明，1975年以来世界移民的数量增加2.4倍，2010年已达到2.14亿人。移民中的大部分是从发展中国家移向发达国家，拉美和加勒比、南亚、撒哈拉以及南非洲、东亚和太平洋地区都有大量移民定居国外。尽管在发达国家经常存在大量失业工人，但其体力劳动的岗位特别是粗活、重活和脏活等，主要由移民来承担。同时由于发达国家人口出生率低下和人口老龄化趋势加重，对外国劳工的需求不断增加。据联合国统计，2005年，对外籍劳工的需求量已达1.59亿人。对发达国家来说，大量外籍劳工的流入，既解决了体力劳动者的不足，也降低了劳动力支出。对发展中国家来说，虽然流出的劳工收入相对微薄，但减轻了人口过剩的压力，增加了外汇收入。据统计，因出国劳工流向发展中国家的汇款1980年为177亿美元，1990年增至306亿美元，2003年达到1 000亿美元，2010年则多达3 250亿美元，大大超过了发达国家向发展中国家提供的官方援助数额。而且，劳工到海外打工开拓了眼界，增长了知识，学到了技术和专业，为回国施展才能、发家致富提供了条件。

2. 人才跨国培养和流动大幅增加

战后各类专业人才的跨国培养和流动不断扩大，人数不断增多，成为一股持续不断的潮流。其突出特点是世界各地的科技人才大量流向发达国家，主要是美国。1969—1979年，流入美国的专门人才达50万人，其中37.5万人来自发展中国家。美国著名的高科技园区硅谷，其科技人员的60%是亚裔。在当代人才跨国流动中，留学生是重要的组成部分，接收留学生是培养各类人才的主要渠道。美、英、法、德、意大利、加拿大、澳大利亚等西方发达国家，为了解决高素质专门人才短缺的问题，都通过提供助学金、奖学金和简化移民手续等优惠措施，吸引外国出类拔萃的学生。其中，吸收留学生最多的国家也是美国。随着一些发展中国家的经济起飞，经济和生活条件的改善，滞留在外国的科技人才和毕业留学生逐渐减少，返回祖国创业和就业的人数与日俱增，人才向发达国家流动的单向流动正在向双向流动转变。20世纪80年代以来，韩国、新加坡、中国和印度等国滞留在国外的早年出国的留学生，返回祖国的人数日益增多。

3. 人才隐性跨国流动趋势增强

人才的隐性跨国流动，主要是指人才没有离开本土但为外国企业所雇用，接受外国科技培养和管理的人才变相跨国流动。20世纪90年代以来，跨国公司随着其投资、生产、营销和研发等各种业务的扩大，大力推行并购和本土化的经营战略，增加了对东道国当地科技人才和管理人才的聘用。同时，跨国公司还通过分包方式将产品和服务的一部分分给外国客户来完成。这些客户的职工虽未离开本土，但他们实际上是在为跨国公司工作。世界500强企业中在中国的400多家公司都在大力聘用中国各方面的专业人才。这种人才隐性跨国流动，对跨国公司的发展十分有利；同时为当地的人才培养、成长创造了有利条件，因而将日益成为人力资源流动全球化的主要渠道和形式。

总的来说，跨国的人才流动和相互人才交流，开辟了各国和各民族人民直接接触的渠道，有助于相互学习和理解，有助于先进科学技术和文化在全球的传播和普及，促进了世界经济发展和社会进步。

（六）国际经济协调机制全球化

世界经济的发展过程是各国经济之间相互依存日益加强和深化的过程。在此过程中，由于各类国家和各个国家之间在贸易、货币金融、投资等各个领域所处地位和利害关系的不同，经常发生矛盾和摩擦，导致世界经济的混乱和震荡。第二次世界大战前，对这种矛盾和摩擦几乎没有行之有效的协调组织和手段，以致不断爆发世界性的工业危机、贸易危机、金融危机和农业危机，诱发各帝国主义国家对殖民地、半殖民地的武力瓜分和争夺，直至爆发两次世界大战。战后，吸取以往的经验和教训，以美国为主导的发达国家开始关注国际经济协调问题，构建了以国际货币基金组织、世界银行和关税与贸易总协定（现为世界贸易组织）等为核心的一系列国际经济协调的组织，使世界经济的运行不仅受自发的市场机制和各国各自为政的政策调节，也日益受到国际经济组织和国际经济协调机制的调节，进而为世界经济的稳定发展做出了应有的贡献。

（1）国际经济协调的机构。主要有全球性经济协调组织——国际货币基金组织、世界银行和世界贸易组织等；以及区域经济协调组织——欧洲经济共同体（EEC，现为欧洲联盟）、北美自由贸易区（NAFTA）、亚太经济合作组织（APEC）等。

（2）国际经济协调的梁道。如世界贸易组织的工作职能明确，更能强化多边贸易协定的约束力，推进贸易自由化的进程，遏制贸易保护主义；国际货币基金组织和世界银行为稳定国际汇兑、协调成员国的国际收支、促进各国货币金融的交流与合作，起到了一定的积极作用；在全球范围内，发达国家与发展中国家经济关系的协调主要是由联合国及其有关所属机构来协调，强化了区域性的发达国家与发展中国家经济协调的机制。

（3）国际经济协调发挥的作用。全球化背景下，逐渐形成和深化的多边国际协调机制，对世界经济的发展产生了多方面的积极作用。一是减少了国际经济交往中的不确定性；二是缓和了不同国家和国家集团的利益冲突；三是避免了世界经济和金融的剧烈波动；四是抑制了世界生态环境和国际安全环境的恶化。

当然，国际经济协调机制还处于逐渐形成的过程中。不仅存在不全面、不广泛、不完善、不配套等诸多问题，还存在发展中国家与发达国家之间利益不对称、权利不平等、规则不公正等问题，存在协调机制受不同政治目标和意识形态干扰的问题，建立和形成完善的国际协调机制还任重而道远。

二、经济全球化的形成原因

关于经济全球化的原因分析，学术界有多种说法。归纳起来，主要有以下几种解说。

（一）跨国公司作用说

阿兰·鲁格曼（Alan Rugman）在《全球化的终结》一书中指出，全球化是“跨国公司跨越国界从事外国直接投资和建立商业网络来创造价值的活动”。他不同意把全球化理解为经济、政治、文化、技术等领域内同时进行的、复杂的相关过程。在鲁格曼看来，基于三极（美国、日本、欧盟）的跨国公司活动推动着全球化，跨国公司为了实现规模经济，建立广泛的生产网络，从而能够跨越国界进行生产、销售产品和服务，这是跨国公司推进全球化的内在机制。

跨国公司虽然在第二次世界大战前已经出现，但为数很少，第二次世界大战后，在科技革命的推动下得到了极大发展。从经济实力来说，它们约占世界总产值的40%，占世界贸易的60%，占世界技术转让的75%，占世界技术开发经费的90%。跨国公司经营的特点是：以本国为基地，把全世界作为企业活动的舞台，组织国际化生产和经营，在世界范围内组织专业化分工和协作，把国际分工变成企业内部分工。在经营上实行多元化，从生产到销售，从贸易到金融，从制造业到服务业，囊括一切领域。跨国公司以其雄厚的经济实力和灵活的经营战略，冲破国家的藩篱，侵蚀着国家的主权，通过自己广泛的经营活动，把世界各国经济紧密地联系在一起，为经济全球化打下了坚实的微观基础。

（二）技术进步说

学术界很多人认为，经济全球化是科学技术进步的要求与结果。一方面，科学技术的进步使社会生产力的发展水平不断提高，日益增强和扩大的社会生产力越来越要求摆脱国家疆域和主权的束缚，在世界范围内更有效、更合理地配置和利用各种资源，共享广阔的全球市场；另一方面，科学技术的进步还推动着国际分工和协作向国际范围内扩大和深化，把世界上许多国家和地区越来越多地吸纳到全球范围的分工与协作体系之内。正如罗西瑙（J. Rosenau）所说：“正是技术……才如此巨大地缩短了地理的和社会的距离。正是通过喷气式飞机、计算机、地球卫星以及许多其他的发明，比以往更迅捷和安全地跨越空间和时间传递着人员、商品和观念。正是技术深刻地改变了人类事务发生的规模……一句话，正是技术促进了地区、民族和国际共同体的相互依赖。这种相互依赖性之大是空前的。”

以电子技术为主导的科技革命是近现代史上的第三次科技革命，其发展速度之快、规模之大、影响之深，是前所未有的。它一方面使生产技术和生产规模达到了一个全新的水平，出现了以生产自动化为基础的大规模生产，出现了一开始就是面向世界市场的外向型和特大型企业，如钢铁、造船、汽车、家电、石化等行业的企业。另一方面，它使交通、运输、通信工具革命化，出现了载重几十万吨的远洋超级货轮、大载量的超音速飞机，出现了光纤、卫星、传真等通信工具，形成了世界性的四通八达的交通运输网，空前地缩短了各国之间的空间和时间距离，“天涯若比邻”从理想变成了现实，从而为经济全球化奠定了物质技术基础。

（三）国际机构驱动说

学术界也有人认为，经济全球化是国际经济组织驱动的结果。第二次世界大战后的初期，在美国的倡导下，为了重建被战争破坏了的世界经济秩序，加强国家间的经济协作与合作，先后建立了国际货币基金组织、国际复兴开发银行（世界银行）和关税贸易总协定（现为世界贸易组织），它们被称为国际经济关系的三大支柱，其成员从几十个发展到160多个。它们制定国际货币、国际金融、国际贸易的统一规则，对成员国经贸活动进行协调。它们制定的超国家、超意识形态的国际规则，对世界经济的运行起规范作用，对各国的经济行为有约束作用，为经济全球化奠定了组织基础和法律框架。美国学者撒米尔·T.伊斯哈克（Samir T. IsHak）描述了国际组织推动全球化的状况。他说："'唯恐达不到资本主义天堂之中的理想国，你就去全球化吧。'这句话似乎成为发达国家新的宗教信条，并且经过国际组织的反复强调，笼罩着整个世界。世界上的其他国家，或者说其他国家中的绝大多数，如果不遵守这新的理念，他们将失去智慧，也将失去新世界秩序捍卫者的支持。所谓发展中的、新兴的、贫穷的、欠发达的经济体，去企求发达国家集团把它们的经验和专门知识技能与欠发达国家分享，其前提条件就是要走市场经济的道路。换句话说，就是要走资本主义道路，然后它就会像它的偶像——发达国一样，走上发展之路。因此，目前就有了一条咒语：学习我们的制度和政策，否则你将永远处于欠发达状态。"

（四）矛盾演化说

冷战结束之后，经济全球化取得了显著进展，这就是市场经济的全球化。这是一个具有划时代意义的进展。加速全球化的最大推动力从来就是市场经济。

从经济全球化的历史逻辑来看，矛盾的演化是经济全球化形成的主要原因。马克思在分析资本主义市场经济的基本矛盾时，曾十分深刻地指出，私有制和生产社会化之间的对立是导致资本主义经济一切问题的基本原因。这种对立所造成的问题是，经济决策者按最有利于自己的原则——利润最大化——来支配经济资源；而生产社会化的现实，又要求全社会应有统一的规划和协调。但在生产资料个人所有制的前提下，是很难实现两者兼容的，因此就造成了从全社会角度看生产无政府状态的盲目性，与社会资源在各种用途之间的转移过程中所表现出来的浪费。这一问题再加上利润和工资所得之间分配的不对称，连同由此造成的绝对贫困化和相对贫困化一起，成为资本主义经济危机的基本原因。作为一种替代方案，以公有制取代私有制，以计划经济取代市场经济便在逻辑上被演绎出来。但这种替代方案在实践中所显露出来的新问题，是经典作家始料不及的。

经济全球化是以市场经济为基础的，没有市场经济就没有生产要素国家间的自由流动，就谈不上经济全球化。第二次世界大战后，在欧亚建立的十几个社会主义国家，都以苏联模式为榜样，形成了高度集权的计划经济体制和产品经济模式，排斥商品经济和市场，西方资本主义国家也出于对社会主义国家的敌视立场，对社会主义国家采取经济封锁政策。同时，许多发展中国家也以苏联为榜样，实行内向型的计划经济体制。这样，市场经济只局限在发达资本主义国家和一部分发展中国家。冷战结束后，形势发生了重大变化。一方面，世界各主要国家争夺的重点从政治军事领域转向了经济领域，增强综合国力成为各国第一位的战略目标，普遍扩大了对外开放；另一方面，在东欧剧变和中国、越南等国改革中都抛弃了计划经济体制，选择了市场经济体制，加强与西方国家的经济交往，努力与国际经济接轨。这样，市场经济体制成为不同制度和不同发展层次国家的共同体制，真正形成了世界性的无所不包的统一的世界市场，从而为经济全球化奠定了制度性的基础。

（五）综合因素说

大多数学者主张全球化的形成不是偶然的，是由多种因素共同作用的结果。概括起来，主要表现在以下几个方面：

1. 世界政治环境急剧改变，和平与发展成为世界各国的发展主流

冷战结束后，缓和的国际关系为世界经济发展提供了有利的国际环境，发展经济成为各个国家，特别是发展中国家面临的迫切任务。亚洲新兴工业化国家经济发展的成功范例，促使越来越多的发展中国家效仿对外开放、深化国际贸易的发展模式。苏联解体后，东欧国家和绝大多数社会主义国家走上改革经济体制的道路。这些变革促成了世界范围的经济市场化趋势，创造了经济全球化必需的体制前提。

2. 科学技术突破性的进展，提供了全球化的技术基础和动力

20世纪八九十年代信息技术迅猛发展，远洋运输和航空货运技术不断进步，使国际运输与信息交流的成本大幅下降。廉价便捷的通信和交通使全球化的生产布局和管理成为现实。

3. 西方国家经济新自由主义的兴起，为全球化提供了理论依据

多年的“滞胀”导致凯恩斯主义被否定，西方各国相继采取了以自由化、私有化、放弃经济管制为标志的新自由主义。以关税为例，第二次世界大战结束时国际平均关税水平在40%左右；世界贸易组织成立后，发达国家的平均关税水平下降到4%左右，发展中国家下降到14%左右。这就大幅降低了跨国贸易的成本。另外，政府干预的减弱和控制的放松则有力地促进了资本的全球流动。

4. 跨国企业作为全球化的行为主体，直接推动着全球化的发展

第二次世界大战后，跨国公司迅猛发展，它们追逐规模效益与分工效益，推动了投资和生产从国内区域间分工向国际分工发展，销售从国内市场向国际市场扩张，形成了全球配置资源、跨国协调生产与经营活动的格局。

第三节 经济全球化的意义与影响

经济全球化是当今世界经济和科技发展的产物，在一定程度上适应了生产力进一步发展的要求，促进了各国经济的较快发展。但同时，也使世界经济的发展蕴藏着巨大的风险。

一、经济全球化的意义

总体来讲，经济全球化的积极意义主要有：

（一）优化配置和合理利用

一国经济运行的效率无论多高，总要受本国资源和市场的限制，只有全球资源和市场一体化，才能使一国经济在目前条件下最大限度地摆脱资源和市场的束缚。经济全球化，可以实现以最有利的条件来进行生产，以最有利的市场来进行销售，达到世界经济发展的

最优状态，提高经济效率，使商品更符合消费者的需要。

（二）促进国际分工

经济全球化促进了世界市场的不断扩大和区域统一，使国际分工更加深化，各国可以充分发挥自身优势，从事能获得最大限度的比较优势的产品的生产，扩大生产规模，实现规模效益。经济全球化可以促进产业的转移和资本、技术等生产要素的加速流动；可以弥补各国资本、技术等生产要素的不足，积极参与国际市场竞争，迅速实现产业演进和制度创新，改进管理，提高劳动生产率，积极开发新产品，提高自身的国际竞争力。

（三）促进经济结构合理优化

促进了经济结构的合理优化和生产力的较大提高。在经济全球化条件下，实现了在全球化范围内的科技研究和开发，并使现代科学技术在全球范围内得到迅速传播，现代科技创新是世界性的，任何国家的科学技术活动，都必须也只能以世界上现有的科技成果为前进的基础。经济全球化带来科学技术的世界性流动，使各国特别是发展中国家可以进口世界上自己需要的先进科学技术，借助“后发优势”，促进科技进步、经济结构的优化和经济发展。

（四）促进经济多极化发展

经济全球化使国际经济关系更加复杂，它使以往的国别关系、地区关系发展成为多极关系和全球关系，推动了处理这些关系的国际协调和合作机制的发展，并必然会导致一系列全球性经济规则的产生，使参与经济全球化进程的国家出让或放弃部分主权，形成和遵守这些经济规则。因此，从这个意义上说，经济全球化是一个制度变迁的过程，是一个既相互竞争，又相互融合渗透的过程。

（五）促进发展模式创新

全球化促进生产、资源、人员、贸易、投资和金融等生产要素全球优化配置、降低成本和提高效率。跨国公司已发展到在全球布设研发、生产、销售链条的全球公司阶段。经验显示，一国经济开放度提高与其人均 GDP 增长之间成正比。无论一个国家的发展模式如何调整变化，不考虑全球化因素，不利用全球化机遇，就不可能探索出先进的发展模式。

（六）促进国际利益融合

利益融合既表现在经济领域，又表现在其他领域；既表现在双边领域，又表现在多边领域。国家间经济相互依赖逐步深化，俱荣俱损局面开始形成。全球经济链条越拧越紧，一国经济发展对全球经济发展的依赖增强。除国家利益外，共同地区利益和全球利益明显增多。利益融合有利于国家关系改善，国家间协调合作增多，出于不同利益而形成的不同“志愿者联盟”不断出现。谋霸权、搞对抗，坚持集团政治和冷战思维越来越不得人心。

（七）促进安全内涵扩展

安全已从传统安全领域扩展到非传统安全领域。恐怖主义、经济安全、环境恶化、气候变暖、疫病蔓延、移民浪潮和跨国犯罪等非传统安全问题威胁增大，涉及经济、民生、社会和自然等领域。非传统安全主要由人类发展的不科学、发展与社会和自然的不协调引起，其实质是发展问题。非传统安全问题模糊了安全与发展的界限，增大了国际安全合作的紧迫性，挑战着传统安全的主导地位，缓和了国家间的军事对抗关系。如恐怖主义和气候变化不是任何单一国家能够解决得了的，美国在反恐中不得不多方借重国际社会。又如，美俄在导弹防御问题上矛盾尖锐，但在非传统安全领域总的来说合作顺利。

（八）促进国家主权转移

全球化促进了国际组织的发展。仅1990—1998年，国际组织就从26 656个增至48 350个，其中政府间国际组织250多个。政府间国际组织成为全球性规则的制定者和监督实施者、全球性问题的管理者和全球性争端的解决者。世界贸易组织（WTO）在其《关于解决争端的规则与程序的谅解》中，全面规定了WTO解决贸易争端的政治方法、法律方法、裁决执行与监督以及救济办法等，并专门设立了争端解决机构（DSB）。的确，国家仍然是国际社会的主要行为体，国家主权仍然是国家至高无上的权利，但在全球化背景下，一个不争的事实就是国家主权在越来越多地向政府间国际组织转移。比如，向联合国、地区组织转移政治、外交和军事权利，向WTO、国际货币基金组织、世界银行和全球公司转移经济权利，向各种各样的其他非政府国际组织转移社会权利。全球化还促使一国的国内规则尽可能与国际规则协调与一致。

（九）推进国际体系转型

现行国际体系的主要特征是：由西方特别是美国主导、国家间名义上平等而事实上不平等、国际组织作用有限、霸权主义和“问题国家”得不到有效制约。现行国际体系在应对日益增多的全球性问题方面日渐乏力，其调整、完善和转型乃大势所趋。今后几十年内新的国际体系有可能基本形成，其主要特征有如下五点：一是世界格局多极化。由于新兴大国和广大发展中国家的振兴，国际力量对比正在发生有利于多强不利于“一超”、有利于发展中国家不利于发达国家的变化，“一超”与多强、南方与北方两个力量对比失衡问题有望最终解决。据国际权威机构预测，2020年世界排名前20位的经济大国将重新洗牌，中国将跃居世界第2位，俄罗斯、印度、巴西将跃入前10名，另有部分发展中大国将跃居前20名。美、中、欧、日、俄、印度、巴西等新的各极之间利益融合与相互依存度提高，彼此发生尖锐对抗与全面战争的危险性降低。二是西方与非西方国家共同主导。将来随着美国“一超”地位和西方力量优势的逐步丧失，西方的主导地位将难以维系，多极、西方与非西方将共同主导新的国际体系，国际关系民主化将得到发展。三是国际组织作用增强。国际组织和国际规则将进一步充实、完善和强化，对大国和“问题国家”的约束将得到加强。四是国际治理多样化。全球性问题增多将促进国际治理模式多样化，如国家治理与全球治理、大国共治与中小国家共治、全球性国际组织治理与地区性国际组织治理等相互结合和相互补充。五是和平渐进性。以往国际体系的变革都是通过战争实现的，这一次国际体系转型可能在保持总体和平状态下通过大国之间、南北方国家间的斗争、协商、妥协，以渐进式改良逐步完成。

（十）推进人类文明进步

人类有可能在全球化、全球性问题、全球利益和全球治理基础上，形成人类新的共同价值观念和新的人类文明，打破西方在人类文明中的主导地位，实现对西方文明的总体超越。

但是，经济全球化是在不公平、不合理的国际经济旧秩序没有根本改变的条件下形成和发展起来的。在经济全球化中占有主导地位和绝对优势的是西方发达资本主义国家，在经济全球化中资本主义的内在本质和规律性特征会得到充分体现；资本主义发展不平衡规律的作用会更加突出，使国家之间的市场竞争和民族冲突会更加激烈和尖锐；少数大国一手操纵世界经济事务，使平等互利原则和国际间的合作屡遭破坏；局部地区的民族摩擦、经济危机以及政治经济的震荡也极易在全球范围内传播和扩展，增加了国际政治经济的不稳定性和不确定性。

经济全球化使得世界各国的经济联系在一起，这在促进各国经济合作的同时，也使得一个国家的经济波动可能殃及他国，甚至影响全世界，加剧全球经济的不稳定性，尤其对发展中国家的经济安全构成极大的威胁。

二、经济全球化的影响

（一）经济全球化对发达国家的影响

经济全球化是社会化大生产发展的必然，是社会化大生产发展的新高度、新阶段，各种生产要素在全球范围内得到最有效的配置，代表了人类社会迄今最先进的生产方式，是人类社会发展的必然。因此它对一切国家都是难得的机遇，同时也带来了严峻的挑战。

1. 经济全球化对发达国家的积极作用

众所周知，发达国家既是经济全球化的发起者和直接推动者，更是经济全球化的最大受益者，这是一个不争的事实。对发达国家而言，其积极意义主要有以下几方面：

（1）经济全球化为发达国家提供了更加广阔的经济活动空间，使它们凭借各自的优势和经济实力活跃在世界经济舞台上，不断扩大经济势力范围，在全球获得更大的销售、投资和劳动力市场，谋取更大的经济利益。

（2）由于经济全球化的加快发展，促进了世界多边贸易体制的形成，使国际贸易增长迅速，其增长速度大大超过世界国内生产总值的增长。在国际贸易的强劲发展势头中，发达国家不仅是国际贸易的最大受益者，而且也成为国际贸易的垄断者。一方面，贸易自由化会极大地促进发达国家出口的增长；另一方面，美、日、欧三方的科技开发与应用更加直接地促进了自身以及全球贸易的发展。它们对外直接投资的不断增加，成为全球贸易发展的主要推动力，而发达国家对外贸易的发展又促进了地区经贸一体化趋势的加强，从而更加有利于发达国家经贸合作关系的拓展。例如，欧盟和北美自由贸易区主要是以发达国家为主的规模大而极具影响力的地区性贸易集团。

（3）经济全球化极大地促进了发达国家跨国公司的发展和全球扩张，并使其对外投资规模不断扩大。跨国公司在发达国家对外经济活动中占有举足轻重的地位。例如，以美国为基地的跨国公司占美国出口总额的3/4以上，占进口总额的1/2以上。发达国家跨国公司在经济全球化进程中发挥着越来越重要的作用，始终是国际直接投资的主导力量。有资料表明，目前90%以上的跨国公司投资来自发达国家。最大的1%的跨国公司拥有世界对外直接投资总额的50%。按资产排列的世界100家最大的跨国公司控制了约1/3的世界对外直接投资。对外直接投资剧增，也反映了发达国家跨国公司向全球的不断扩张。

（4）经济全球化带来的世界范围内的空前竞争，促使发达国家经济向科技和资本密集型产业升级，在高新技术方面不断创新，研究、开发和生产出技术和知识含量高的新产品，并及时推向市场，提高产品的国际竞争力。

总之，发达国家作为经济全球化的积极推动者，利用其在国际贸易、国际生产和投资以及在高新技术产业上的优势和垄断地位，在经济全球化进程中逐步建立起有利于发达国家的国际经济秩序，并成为经济全球化的最大受益者。

2. 经济全球化对发达国家的消极影响

发达国家在得到经济全球化的种种益处的同时，许多来自发达国家尤其是主要发达国家的对经济全球化的抱怨声也始终不绝于耳，甚至像诺贝尔经济学奖得主莫里斯·阿莱、世界经济论坛前主席克劳斯·施瓦布以及汉斯·彼得、马丁和哈拉尔特、舒曼等西方著名学者也竭力宣扬“经济全球化对发达国家危害论”，将经济全球化视为“陷阱”，看作“对民主和福利的进攻”，甚至把发达国家的失业问题、工资和收入水平的下降也都归咎于经济全球化。应当说，这些观点虽然过于偏颇，但经济全球化在给发达国家带来巨大经济利益的同时，确实也带来了一些挑战及负面影响。

（1）经济全球化使发达国家面临前所未有的挑战。经济全球化对发达国家带来的挑战，有些是近在眼前的，有些是潜在的。目前，发展中国家与发达国家之间的“南北差距”越来越大，如果不能得到及时有效的解决，将对发达国家带来许多消极影响。贫穷的发展中国家无力购买发达国家的产品，将使全球市场萎缩，“贸易自由化”就会失去实质意义；如果贫穷国家总是发生严重的社会矛盾与动荡，从而投资环境恶化，也难以实现真正的“金融自由化”。若占世界总人口2/3以上的发展中国家无法平等参与，也就谈不上经济全球化。这些问题对发达国家的经济发展必然造成制约，引发全球性经济危机。在全球性经济危机中，发达国家不仅无法幸免，而且必然损失巨大。正如邓小平同志所指出的那样：“南方得不到适当的发展，北方的资本和商品出路就有限得很，如果南方继续贫困下去，北方就可能没有出路。”

“南北差距”越来越大，还意味着历史上殖民地与殖民主义的对立将以新的形式再现。在经济全球化的形势下，一个贫穷国家的动乱将引起周边地区乃至全球性动乱。更严重的是，哪里有压迫，哪里就有反抗，这是历史规律，贫穷的发展中国家反对美国为首的发达国家的浪潮必将一浪高过一浪。从这个意义上讲，经济全球化也是向人类的挑战，全人类应该在这一挑战面前深思。

（2）资源和环境问题成为当代资本主义经济持续发展的障碍。一方面，西方国家对世界资源掠夺性的开发和不合理的使用，已经形成了日益严重的资源问题。仅占世界人口20%的西方发达国家却消耗了世界80%的能源和物质材料，人均能源和物质材料分别为发展中国家的35倍和50倍。占世界人口不足5%的美国每年消耗全世界开发资源的34%，人均消耗能源为发展中国家的500倍。另一方面，西方国家产生的工业垃圾成为世界的主要污染物。据联合国环境署统计，工业发达国家产生的有害废弃物占全球产生量的95%，而且，它们还通过转移高污染产业和污染废弃物，大肆向发展中国家转移污染。日本60%

以上的高污染产业转移到东南亚和拉丁美洲，美国39%的高污染产业也转移到发展中国家，美国每年向境外倾倒200万吨的毒废料，是世界上最大的有毒废料输出国；德国每年也运送60万吨以上的危险废物到国外。由于不断追求自身增值这一资本特性所导致的资本主义生产无限扩大的趋势，决定了资源短缺和环境污染问题的产生不可避免，而且日益加重。从长远看，全球范围内生态平衡的破坏、人和自然关系的恶化必然阻碍资本主义经济自身的持续发展。

（3）经济全球化也会对发达国家工人就业以及工资水平产生一些冲击。由于国际贸易的迅速发展和发展中国家向发达国家出口规模的扩大，对发达国家的某些劳动密集型产业和就业会产生不利影响，但这种影响绝非像西方一些著名学者所讲的那样严重。美国经济学家对美国相关部门的调查表明，来自发展中国家的进口可能仅使制造业对非熟练工人的需求量下降6%。世界银行也认为："工业国劳动力市场的困难只有10%～30%是与发展中国家的贸易所造成的……即使是考虑商品异常的劳动力密集性，国际贸易对工业国劳动者的直接影响也十分有限。"国际贸易的发展尤其是发展中国家的出口冲击，也可能会对发达国家的工资和收入水平有一些负面影响。据克鲁格曼估算，来自外国的竞争使美国平均工资的下降幅度不到国民收入的0.07%。1994年世界经济论坛（达沃斯会议）发表的《国际竞争力报告（导言）》宣称："现代技术向新兴工业化国家的传播，对高工资国家有反工业化的作用。资本流入第三世界，而这些国家低成本生产者以低廉的制成品洪水般地涌入世界市场。这种趋势将逼迫高工资国家未来只有在降低工资与增加失业之间做出选择。"这就是发达国家一些工会反对全球化的原因。

（二）经济全球化对发展中国家的影响

经济全球化对于广大发展中国家而言是一把"双刃剑"，既有正面效应，也有负面效应。一方面，经济全球化为发展中国家参与世界经济、吸收发达国家的资金、技术和先进管理经验，充分发挥后发优势，并最终赶超发达国家提供了机遇，带来了前所未有的利益；另一方面，经济全球化也可能给发展中国家带来风险甚至灾难，对发展中国家的主权、经济安全、价值观念出了挑战，稍有不慎，就可能为经济全球化付出沉重代价。

1. 经济全球化对发展中国家的机遇

第二次世界大战以来，发展中国家纷纷实行市场经济体制，逐步融入经济全球化进程，经济发生了翻天覆地的变化，各项经济指标均有明显改善。发展中国家的人均GDP、科研开支、吸收外国投资均得到大幅度增长。20世纪80年代以来，东亚发展中国家和地区经济增长迅速，与发达国家的经济差距缩小。世界银行的《世界经济前景与发展中国家》研究报告表明，1983—1994年，积极参与经济全球化的东亚发展中国家都获得了年均2%的经济增长速度，东亚以外的其他快速参与经济全球化的发展中国家也取得了年均1.5%的经济增长率。

发展中国家利用经济开放程度的提高，获得过去难以得到的先进技术、管理经验、资本、市场资源和其他有利条件，实现经济的赶超梦想。特别是经济全球化带来的国际分工大发展、产业大转移、资本大流动和技术大外溢，对于发展中国家弥补国内资本、技术等生产要素缺口，实现产业升级、技术进步和整个经济起飞都是非常有利的。因此，经济全球化为发展中国家提供了前所未有的发展机遇，多数发展中国家在不同程度上成为经济全球化的受益者。这主要反映在以下几个方面：

（1）经济全球化为发展中国家提供了更多的吸引外资的条件和机会。经济全球化下，投向发展中国家的国际私人资本迅速增加。吸引外资规模的扩大无疑有助于解决发展中国家的资金短缺问题。

（2）对外直接投资增长迅速。在过去十几年，一些发展中国家已成为外国直接投资的重要来源。虽然发达世界仍占世界外国直接投资流出量的9/10，但来自发展中国家的对外直接投资近年来展示了较高的增长率，1990 年这一比例占世界对外直接投资的 7%，到 2003 年上升到超过 10%，这有助于发展中国家参与国际分工，分享经济全球化的成果。

（3）经济全球化带动了世界范围内经济与技术开发区以及保税区和自由贸易区等多种形式的自由经济区的发展。各类经济区为数达 230 个，遍及世界 70 多个国家，且主要分布在发展中国家，不仅成为吸引外资的载体，而且对解决这些国家的就业问题发挥了积极作用。

（4）经济全球化使世界范围内的产业结构调整进一步深化，步伐加大。发展中国家可以利用这个契机，既立足现实又着眼未来，主动协调好世界范围产业结构，调整和国内产业升级的关系。既要继续引进发达国家技术比较先进的劳动密集型产业，充分发挥比较优势，增加国内就业，扩大出口，完成工业化进程，又可以利用经济全球化提供的机会，加大对发达国家先进技术的引进和学习，发展一批高新技术产业，加速国内现代化进程。

（5）经济全球化促进了发展中国家的跨国公司的发展，使其在世界市场的竞争力逐渐增强。有些跨国公司的发展甚为迅速，已经从贸易活动深入到国际生产领域和高科技领域，并开始参与国际市场的竞争，向发达国家的跨国公司提出了挑战。当然，从总体上说，发展中国家跨国公司由于起步较晚，目前发展水平较低，普遍投资规模较小，生产规模不大，而且产品多属于技术含量较低的劳动密集型产品。但从发展趋势看，由于经济全球化为发展中国家提供了在更广泛的领域内积极参与国际竞争的机会，发展中国家跨国公司将更积极地活跃在世界经济舞台上。

（6）经济全球化拉动了国际贸易的迅速发展。第二次世界大战以来，国际贸易总量和规模不断扩大。据统计，1950 年世界商品贸易额仅为 610 亿美元，1970 年和 1990 年则分别为 3 120 亿美元和 31 870 亿美元，尤其是 20 世纪 90 年代以来，这一增长趋势更加明显。1998 年，全球商品贸易额达到 54 148 亿美元，服务贸易额达到 13 263 亿美元，创下了国际贸易总额 67 411 亿美元的新纪录。1997—2001 年，国际贸易年平均增长率为 6%，而同期的世界 GDP 平均增长率仅为 3.3%。尽管发达国家是国际贸易的最大受益者，但发展中国家尤其是亚洲发展中国家也受益于国际贸易，其贸易额约占世界总额的 20%。

由此可见，发展中国家通过参与经济全球化可以使国内资源得到最充分的合理配置，为自身的发展提供全球化的市场、资金、人才及先进的管理经验，这些是发展中国家发展经济所急需的。通过参与经济全球化，还可以使发展中国家在日益激烈的国际竞争中，尽快提高本国民族企业的竞争力，加快经济改革与对外开放，促进经济现代化的早日实现。此外，经济全球化还有助于发展中国家的政治改革，加速民主化进程。

2. 对发展中国家的负面影响

经济全球化在推动发展中国家经济发展的同时，也带来了许多负面影响。除了少数发展中国家和地区（如东亚部分国家和地区），大多数发展中国家是经济全球化的被动参与者，在经济全球化中处于“边缘化”的地位，它们面临的更多的是挑战和风险。主要有以下几方面：

（1）发展中国家在当前经济全球化进程中处于不利地位。随着全球贸易和全球生产体系的迅速发展，以及跨国公司及其资本的不断扩张，发展中国家的民族经济面临着越来越大的压力和冲击，对发达国家的依附性也不断增大。一方面，发达国家不仅是经济全球化的主导者和推动者，掌握着主动权，而且现存的国际经济规则大部分是以发达国家为主导制定的，有些规则是在发展中国家缺席的情况下制定的（如某些产业规则、信息技术产品协议和劳工标准等），这就决定了发展中国家在经济全球化进程中始终处于与发达国家无法相比的不利地位；另一方面，由于发展中国家经济基础不稳固、市场发育不完备、经济结构相对脆弱、资金匮乏、技术比较落后、人才流失严重等，很容易受到经济全球化的冲击而产生国内经济波动。发达国家控制着国际经济体系，手里掌握着资金、技术等优势，在经济全球化中把大多数发展中国家远远抛在后面。

（2）经济全球化条件下的金融全球化在推动发展中国家经济增长的同时，带来了不容忽视的金融风险和经济冲击。目前，24 小时电子化交易的全球金融市场已经形成，在为市场交易提供更大便利的同时，也为金融界的不少投机分子提供了可乘之机。与此同时，防范金融风险和稳定金融秩序的任务却被发展中国家普遍忽略。他们在金融体制不完善和金融监管能力不强的情况下盲目开放国内金融市场，放松金融管制，削弱了政府宏观金融调控能力。在这种情况下，金融全球化对发展中国家的负面影响凸显，对其金融市场造成不小的冲击。无论是 1994 年底至 1995 年初的墨西哥金融危机，还是 1997 年下半年的东南亚金融危机，都反映了有关发展中国家在参与全球化过程中受到的冲击。

（3）在解决全球性问题时，发展中国家也面临着尴尬的局面。一方面，它们要发展经济、提高人民生活水平；另一方面，却被发达国家指责为环境的破坏者。实际上，发达国家已经超越了工业化发展阶段，应对已经形成的环境污染结果负责。同时，经济全球化使发达国家将越来越多的劳动密集型和资源密集型产业以及对生态环境破坏严重的产业向发展中国家转移，虽然从某种意义上说，可以使发展中国家的劳动和资源密集型产业得到较大发展，但发展中国家却因此使良好的自然环境受到污染，平衡的生态系统遭到破坏，资源浪费现象严重，社会负担成本日益加重，更重要的是无助于发展中国家发展高新技术产业，从而影响发展中国家的发展，并最终影响到整个世界的可持续发展。

（4）经济全球化导致和加剧了世界经济发展的进一步不平衡。突出表现在南北差距不断扩大，发展中国家更加落后于发达国家，尤其是造成那些处于最底层的发展中国家更加贫穷落后。目前南北贫富差距之严重已经到了令人吃惊的程度。据联合国的统计，世界上最富有的 1/5 人口和最贫困的 1/5 人口的人均国民收入相比，1960 年为 30:1，1999 年为 74:1；前者占有全球国内生产总值的 86%、出口市场的 76.6% 和外商直接投资的 68%；而后者只占以上各项的 1%，只消费世界财富的 1.3%。2005 年世界上最富有的 1/5 人群占据了全球个人消费总量的 76.6%，最穷困的 1/5 人口仅占消费总量的 1.5%。世界经济在不断发展，而全球最不发达国家的数量也在逐年上升。10 多年前世界最不发达国家共有 36 个，而近几年已经增加到 48 个。在这方面，非洲地区面临的形势最为严峻。伴随着经济全球化的迅速发展，非洲经济与世界经济差距会越来越大，正面临被边缘化的危险。

（5）经济全球化带给发展中国家的最大问题是它们的国家主权受到冲击和削弱，国家经济安全受到挑战。首先，经济全球化的发展要求各国都要一定程度地让渡和共享经济主权。但实际上，这种让渡和共享是不对称的。由于经济实力的差别，发展中国家对于发达国家的资金、技术乃至管理经验的需求更加迫切，这就为发达国家把一些不合理的要求强加给发展中国家提供了条件。其次，由于经济全球化条件下世界范围内市场力量的加强，以及发达国家跨国公司的不断扩张，有可能冲击发展中国家的一些国内产业，威胁其国内市场安全，使发展中国家在经济事务中的权力相对减弱。在跨国资本流动中，发达国家的跨国公司借助于资本、技术等方面的优势通过独资、合资等方式控制发展中国家国内企业，甚至控制那些关系到国计民生的重要产业，这样就严重威胁着发展中国家的经济安全。最后，为适应经济全球化需要而成立的“超国家”，专门性国际经济组织也对发展中国家的经济主权形成约束。例如中国要加入世界贸易组织时，不仅要做出服从世界贸易组织规则的承诺，而且对一些发达国家过高的要价筹码要做出一定的让步。

第四节　新全球化——“一带一路”

“一带一路”（The Belt and Road，B&R）是“丝绸之路经济带”和“21 世纪海上丝绸之路”的简称，2013 年 9 月和 10 月由中国国家主席习近平分别提出建设“新丝绸之路经济带”和“21 世纪海上丝绸之路”的合作倡议。它将充分依靠中国与有关国家既有的双边和多边机制，借助既有的、行之有效的区域合作平台，高举和平发展的旗帜，积极发展与沿线国家的经济合作伙伴关系，共同打造政治互信、经济融合、文化包容的利益共同体、命运共同体和责任共同体。在新贸易保护主义抬头的当今时代，由中国引导的“一带一路”行动，已被学界称为“新经济全球化”。

一、“一带一路”的背景

（一）历史背景

丝绸之路是起始于古代中国，连接亚洲、非洲和欧洲的古代陆上商业贸易路线，最初的作用是运输古代中国出产的丝绸、瓷器等商品，后来成为东方与西方之间在经济、政治、文化等诸多方面进行交流的主要道路。

1877 年，德国地质地理学家李希霍芬在其著作《中国》一书中，把“从公元前 114 年至公元 127 年间，中国与中亚、中国与印度间以丝绸贸易为媒介的这条西域交通道路”命名为“丝绸之路”，这一名词很快被学术界和大众所接受，并正式运用。其后，德国历史学家郝尔曼在 20 世纪初出版的《中国与叙利亚之间的古代丝绸之路》一书中，根据新发现的文物考古资料，进一步把丝绸之路延伸到地中海西岸和小亚细亚，确定了丝绸之路的基本内涵，即它是中国古代经过中亚通往南亚、西亚以及欧洲、北非的陆上贸易交往的通道。

丝绸之路从运输方式上，主要分为陆上丝绸之路和海上丝绸之路。陆上丝绸之路，是指西汉（公元前 202 年—公元 8 年）汉武帝派张骞出使西域开辟的以首都长安（今西安）为起点，经凉州、酒泉、瓜州、敦煌、中亚国家、阿富汗、伊朗、伊拉克、叙利亚等到达地中海，以罗马为终点，全长 6 440 千米。这条路被认为是连接亚欧大陆的古代东西方文明的交汇之路，而丝绸则是最具代表性的货物。海上丝绸之路，是指古代中国与世界其他地区进行经济文化交流交往的海上通道，最早开辟也始于秦汉时期。从广州、泉州、宁波、扬州等沿海城市出发，从南洋到阿拉伯海，甚至远达非洲东海岸的海上贸易的“海上丝绸之路”。

随着时代发展，丝绸之路成为古代中国与西方所有政治经济文化往来通道的统称。除了“陆上丝绸之路”和“海上丝绸之路”，还有北向蒙古高原，再西行天山北麓进入中亚的“草原丝绸之路”等。

（二）当代背景

当今世界正发生复杂深刻的变化，国际金融危机深层次影响继续显现，世界经济缓慢复苏、发展分化，国际投资贸易格局和多边投资贸易规则酝酿深刻调整，各国面临的发展问题依然严峻。共建“一带一路”需要顺应世界多极化、经济全球化、文化多样化、社会信息化的潮流，秉持开放的区域合作精神，致力于维护全球自由贸易体系和开放型世界经济。共建“一带一路”旨在促进经济要素有序自由流动、资源高效配置和市场深度融合，推动沿线各国实现经济政策协调，开展更大范围、更高水平、更深层次的区域合作，共同打造开放、包容、均衡、普惠的区域经济合作架构。共建“一带一路”符合国际社会的根本利益，彰显人类社会共同理想和美好追求，是国际合作以及全球治理新模式的积极探索，将为世界和平发展增添新的正能量。

共建“一带一路”致力于亚欧非大陆及附近海洋的互联互通，建立和加强沿线各国互联互通伙伴关系，构建全方位、多层次、复合型的互联互通网络，实现沿线各国多元、自主、平衡、可持续的发展。“一带一路”的互联互通项目将推动沿线各国发展战略的对接与耦合，发掘区域内市场的潜力，促进投资和消费，创造需求和就业，增进沿线各国人民的人文交流与文明互鉴，让各国人民相逢相知、互信互敬，共享和谐、安宁、富裕的生活。

40 年来，中国改革开放事业取得了巨大成就，同时也存在着缺乏顶层设计、谋子不谋势和不注重改善国际发展环境等问题，迫切需要加强各方面改革开放措施的系统集成。以开放促改革是中国改革开放的基本经验，其成功秘诀在于通过主动融入世界市场，为公司治理、政府治理引入外部监督从而提高治理效率。但是，40 年来无论是宏观中观还是微观层面改革创造的外部监督都不是真正的外部监督，监督主体一定程度上只是治理者的化身，不是来自治理体系外部的主体，效率低下问题仍得不到根本解决，亟待全面深化改革。“一带一路”倡议既是今后中国对外开放的总纲领，也理应成为全面深化改革的总钥匙。通过融入国际治理和开展国企的跨国产权合作，“一带一路”倡议的实施在有效避免“西方经验”局限、防止治理本身被“短视”市场消解和坚持“四项基本原则”的同时，将为中国经济治理、国家治理、社会治理进一步引入来自治理体系之外的监督主体，创造强有力、更有效的外部监督，从根本上解决治理效率问题。当前，在经济新常态和改革“空转”情况下，迫切需要加强以“一带一路”倡议为引领构建开放型经济新体制，全面统筹促进国内各领域改革特别是供给侧改革发展。当前，中国经济和世界经济高度关联。中国将一以贯之地坚持对外开放的基本国策，构建全方位开放新格局，深度融入世界经济体系。推进“一带一路”建设既是中国扩大和深化对外开放的需要，也是加强和亚欧非及世界各国互利合作的需要，中国愿意在力所能及的范围内承担更多责任义务，为人类和平发展做出更大的贡献。

2015 年 10 月 19 日，“一带一路”国家统计发展会议在陕西西安召开，国家统计局时任局长王保安在会上倡议，“一带一路”沿线国家要进一步加强政府统计交流与合作，努力为各国可持续发展提供准确、可靠的统计数据。王保安指出，信息互联互通是经济互联共赢的基础，“一带一路”行动，将推动政府间统计合作和信息交流，为务实合作、互利共赢提供决策依据和支撑。中国政府统计部门将积极开展对可持续发展相关指标的统计和监测，大力推进现代统计体系建设；将以更加积极、开放的态度，努力提供中国经济社会发展的权威统计数据，积极搜集整理“一带一路”相关国家统计资料，进一步提高中国统计数据的国际可比性，与各国分享中国统计改革发展实践；将与“一带一路”沿线国家政府统计机构一起，共同致力于加强统计交流合作，研究建立统计数据交换共享机制。第71届联合国大会决议欢迎“一带一路”等经济合作倡议，敦促各方通过“一带一路”倡议，呼吁国际社会为“一带一路”倡议建设提供安全保障环境。2016年12月16日（“一带一路”国际日），全球留学生志愿者举行庆祝活动，联合国总部降旗以示欢迎。

二、“一带一路”的基本内涵和意义

（一）“一带一路”的基本内涵

“一带一路”倡议自提出以来不断拓展合作区域与领域，尝试与探索新的合作模式，使之得以丰富、发展与完善，但其初衷与原则却始终如一。这是认知与理解“一带一路”倡议的基点与关键。

1. “一带一路”是开放性、包容性区域合作倡议，而非排他性、封闭性的中国“小圈子”

当今世界是一个开放的世界，开放带来进步，封闭导致落后。中国认为，只有开放才能发现机遇、抓住用好机遇、主动创造机遇，才能实现国家的奋斗目标。“一带一路”倡议就是要把世界的机遇转变为中国的机遇，把中国的机遇转变为世界的机遇。正是基于这种认知与愿景，“一带一路”以开放为导向，冀望通过加强交通、能源和网络等基础设施的互联互通建设，促进经济要素有序自由流动、资源高效配置和市场深度融合，开展更大范围、更高水平、更深层次的区域合作，打造开放、包容、均衡、普惠的区域经济合作架构，以此来解决经济增长和平衡问题。这意味着“一带一路”是一个多元开放包容的合作性倡议。可以说，“一带一路”的开放包容性特征是区别于其他区域性经济倡议的一个突出特点。

2. “一带一路”是务实合作平台，而非中国的地缘政治工具

“和平合作、开放包容、互学互鉴、互利共赢”的丝路精神成为人类共有的历史财富，“一带一路”就是秉承这一精神与原则提出的现时代重要倡议。通过加强相关国家间的全方位多层面交流合作，充分发掘与发挥各国的发展潜力与比较优势，彼此形成了互利共赢的区域利益共同体、命运共同体和责任共同体。在这一机制中，各国是平等的参与者、贡献者、受益者。因此，“一带一路”从一开始就具有平等性、和平性特征。平等是中国所坚持的重要国际准则，也是“一带一路”建设的关键基础。只有建立在平等基础上的合作才能是持久的合作，也才会是互利的合作。“一带一路”平等包容的合作特征为其推进减轻了阻力，提升了共建效率，有助于国际合作真正“落地生根”。同时，“一带一路”建设离不开和平安宁的国际环境和地区环境，和平是“一带一路”建设的本质属性，也是保

障其顺利推进所不可或缺的重要因素。这些就决定了“一带一路”不应该也不可能沦为大国政治较量的工具，更不会重复地缘博弈的老套路。

3. “一带一路”是共商共建共享的联动发展倡议，而非中国的对外援助计划

“一带一路”建设是双边或多边联动基础上通过具体项目加以推进的，是在进行充分政策沟通、战略对接以及市场运作后形成的发展倡议与规划。2017 年 5 月《“一带一路”国际合作高峰论坛圆桌峰会联合公报》中强调了建设“一带一路”的基本原则，其中就包括市场原则，即充分认识市场作用和企业主体地位，确保政府发挥适当作用，政府采购程序应开放、透明、非歧视。可见，“一带一路”建设的核心主体与支撑力量并不在政府，而是企业，根本方法是遵循市场规律，并通过市场化运作模式来实现参与各方的利益诉求，政府在其中发挥构建平台、创立机制、政策引导等指向性、服务性功能。

4. “一带一路”是和现有机制的对接与互补，而非替代

“一带一路”建设的相关国家要素禀赋各异，比较优势差异明显，互补性很强。有的国家能源资源富集但开发力度不够，有的国家劳动力充裕但就业岗位不足，有的国家市场空间广阔但产业基础薄弱，有的国家基础设施建设需求旺盛但资金紧缺。我国经济规模居全球第二，外汇储备居全球第一，优势产业越来越多，基础设施建设经验丰富，装备制造能力强、质量好、性价比高，具备资金、技术、人才、管理等综合优势。这就为中国与其他“一带一路”参与方实现产业对接与优势互补提供了现实需要与重大机遇。因而，“一带一路”的核心内容就是要促进基础设施建设和互联互通，对接各国政策和发展战略，以便深化务实合作，促进协调联动发展，实现共同繁荣。显然，它不是对现有地区合作机制的替代，而是与现有机制互为助力、相互补充。实际上，“一带一路”建设已经与俄罗斯欧亚经济联盟建设、印尼全球海洋支点发展规划、哈萨克斯坦光明之路经济发展战略、蒙古国草原之路倡议、欧盟欧洲投资计划、埃及苏伊士运河走廊开发计划等实现了对接与合作，并形成了一批标志性项目，如中哈（连云港）物流合作基地建设。作为新亚欧大陆桥经济走廊建设成果之一，中哈（连云港）物流合作基地初步实现了深水大港、远洋干线、中欧班列、物流场站的无缝对接。该项目与哈萨克斯坦“光明之路”发展战略高度契合。哈萨克斯坦“光明道路”党主席佩鲁阿舍夫就表示，在与“光明之路”新经济政策的对接中，“一带一路”倡议有效推动了哈萨克斯坦乃至整个中亚地区的经济发展，为各国在经济、文化等领域的合作开辟了广阔空间，创造了更多机遇。

5. “一带一路”建设是促进人文交流的桥梁，而非触发文明冲突的引线

“一带一路”跨越不同区域、不同文化、不同宗教信仰，但它带来的不是文明冲突，而是各文明间的交流互鉴。“一带一路”在推进基础设施建设，加强产能合作与发展战略对接的同时，也将“民心相通”作为工作重心之一。通过弘扬丝绸之路精神，开展智力丝绸之路、健康丝绸之路等建设，在科学、教育、文化、卫生、民间交往等各领域广泛开展合作，“一带一路”建设民意基础更为坚实，社会根基更加牢固。法国前总理德维尔潘认为，“一带一路”建设非常重要，“它是政治经济文化上的桥梁和纽带，让人民跨越国界更好交流”。因而，“一带一路”建设就是要以文明交流超越文明隔阂、文明互鉴超越文明冲突、文明共存超越文明优越，为相关国家民众加强交流、增进理解搭起了新的桥梁，为不同文化和文明加强对话、交流互鉴交织就有了新的纽带，推动各国相互理解、相互尊重、相互信任。

（二）“一带一路”的意义

“一带一路”合作范围不断扩大，合作领域更为广阔。它不仅给参与各方带来了实实在在的合作红利，也为世界贡献了应对挑战、创造机遇、强化信心的智慧与力量。

1. 为全球治理提供了新的路径与方向

当今世界，挑战频发、风险日益增多。经济增长乏力，动能不足，金融危机的影响仍在发酵，发展鸿沟日益突出，“黑天鹅”事件频出，贸易保护主义倾向抬头，“逆全球化”思潮涌动，地区动荡持续，恐怖主义蔓延肆虐。和平赤字、发展赤字、治理赤字的严峻挑战正摆在全人类面前。这充分说明现有的全球治理体系出现了结构性问题，亟须找到新的破题之策与应对方略。作为一个新兴大国，中国有能力、有意愿同时也有责任为完善全球治理体系贡献智慧与力量。面对新挑战新问题新情况，中国给出的全球治理方案是：构建人类命运共同体，实现共赢共享，而“一带一路”正是朝着这个目标努力的具体实践。“一带一路”强调各国的平等参与、包容普惠，主张携手应对世界经济面临的挑战，开创发展新机遇，谋求发展新动力，拓展发展新空间，共同朝着人类命运共同体方向迈进。正是本着这样的原则与理念，“一带一路”针对各国发展的现实问题和治理体系的短板，创立了亚洲基础设施投资银行、新开发银行、丝路基金等新型国际机制，构建了多形式、多渠道的交流合作平台，这既能缓解当今全球治理机制代表性、有效性、及时性难以适应现实需求的困境，并在一定程度上扭转公共产品供应不足的局面，提振国际社会参与全球治理的士气与信心，同时又能满足发展中国家尤其是新兴市场国家变革全球治理机制的现实要求，大大增强了新兴国家和发展中国家的话语权，是推进全球治理体系朝着更加公正合理方向发展的重大突破。

2. 为新时期世界走向共赢带来了中国方案

不同性质、不同发展阶段的国家，其具体的战略诉求与优先方向不尽相同，但各国都希望获得发展与繁荣，这便找到了各国共同利益的最大公约数。如何将一国的发展规划与他国的战略设计相对接，实现优势互补，便成为各国实现双赢多赢的重要前提。“一带一路”正是在各国寻求发展机遇的需求之下，同时尊重各自发展道路选择基础之上所形成的合作平台。因为立足于平等互利、相互尊重的基本国际关系准则，聚焦于各国发展实际与现实需要，着力于和各国发展战略对接，“一带一路”建设在赢得了越来越多的世界认可与赞誉的同时，也取得了日益显著的早期收获，给相关国家带来了实实在在的利益，给世界带来了走向普惠、均衡、可持续繁荣的信心。2016 年 10 月开通的非洲第一条电气化铁路——亚吉铁路（亚的斯亚贝巴至吉布提）和 2017 年 5 月开通的蒙内铁路（蒙巴萨至内罗毕），成为中国在非洲大陆承建的两大极具影响力的世纪工程，受到许多非洲国家好评，被誉为“友谊合作之路”和“繁荣发展之路”。从中非合作的缩影可以看出，“一带一路”是一条合作之路，更是一条希望之路、共赢之路。

3. 为全球均衡可持续发展增添了新动力，提供了新平台

“一带一路”涵盖了发展中国家与发达国家，实现了“南南合作”与“南北合作”的统一，有助于推动全球均衡可持续发展。“一带一路”以基础设施建设为着眼点，促进经济要素有序自由流动，推动中国与相关国家的宏观政策协调。对于参与“一带一路”建设的发展中国家来说，这是一次搭中国经济发展“快车”“便车”，实现自身工业化、现代化的历史性机遇，有力推动“南南合作”的广泛展开，同时也有助于增进南北对话，促进

南北合作的深度发展。不仅如此，“一带一路”倡议的理念和方向，同联合国《2030 年可持续发展议程》高度契合，完全能够加强对接，实现相互促进。联合国秘书长古特雷斯表示，“一带一路”倡议与《2030 年可持续发展议程》都以可持续发展为目标，都试图提供机会、全球公共产品和双赢合作，都致力于深化国家和区域间的联系。他强调，为了让相关国家能够充分从增加联系产生的潜力中获益，加强“一带一路”倡议与《2030 年可持续发展议程》的联系至关重要。就此而言，“一带一路”建设还有助于联合国《2030 年可持续发展议程》的顺利实现。

写下了《丝绸之路：一部全新的世界史》一书的英国历史学家彼得·弗兰科潘说：“丝绸之路曾经塑造了过去的世界，甚至塑造了当今的世界，也将塑造未来的世界。”作为和平、繁荣、开放、创新、文明之路，“一带一路”必将会行稳致远，惠及天下。

三、“一带一路”的基本框架和重点

（一）“一带一路”的基本框架

“一带一路”是促进共同发展、实现共同繁荣的合作共赢之路，是增进理解信任、加强全方位交流的和平友谊之路。中国政府倡议，秉持和平合作、开放包容、互学互鉴、互利共赢的理念，全方位推进务实合作，打造政治互信、经济融合、文化包容的利益共同体、命运共同体和责任共同体。

（1）“一带一路”贯穿亚欧非大陆，一头是活跃的东亚经济圈，一头是发达的欧洲经济圈，中间广大腹地国家经济发展潜力巨大。丝绸之路经济带重点在于畅通中国经中亚、俄罗斯至欧洲（波罗的海）的通道；中国经中亚、西亚至波斯湾、地中海的通道；中国至东南亚、南亚、印度洋的通道。21 世纪海上丝绸之路重点方向是从中国沿海港口过南海到印度洋，延伸至欧洲；从中国沿海港口过南海到南太平洋。

（2）“一带一路”在陆上的走向，依托国际大通道，以沿线中心城市为支撑，以重点经贸产业园区为合作平台，共同打造新亚欧大陆桥、中蒙俄、中国—中亚—西亚、中国—中南半岛等国际经济合作走廊；海上以重点港口为节点，共同建设通畅安全高效的运输大通道。中巴、孟中印缅两个经济走廊与推进“一带一路”建设关联紧密，要进一步推动合作，取得更大进展。

（3）“一带一路”建设是沿线各国开放合作的宏大经济愿景，需各国携手努力，朝着互利互惠、共同安全的目标相向而行。努力实现区域基础设施更加完善，安全高效的陆海空通道网络基本形成，互联互通达到新水平；投资贸易便利化水平进一步提升，高标准自由贸易区网络基本形成，经济联系更加紧密，政治互信更加深入；人文交流更加广泛深入，不同文明互鉴共荣，各国人民相知相交、和平友好的目标。

（二）“一带一路”的重点

“一带一路”沿线各国资源禀赋各异，经济互补性较强，彼此合作的潜力和空间很大。以政策沟通、设施联通、贸易畅通、资金融通、民心相通为主要内容，重点在以下方面加强合作。

1. 政策沟通

加强政策沟通是“一带一路”建设的重要保障。加强政府间合作，积极构建多层次政府间宏观政策沟通交流机制，深化利益融合，促进政治互信，达成合作新共识。沿线各国可以就经济发展战略和对策进行充分交流对接，共同制定推进区域合作的规划和措施，协商解决合作中的问题，共同为务实合作及大型项目实施提供政策支持。

2. 设施联通

基础设施互联互通是“一带一路”建设的优先领域。在尊重相关国家主权和安全关切的基础上，沿线国家宜加强基础设施建设规划、技术标准体系的对接，共同推进国际骨干通道建设，逐步形成连接亚洲各次区域以及亚欧非之间的基础设施网络。强化基础设施绿色低碳化建设和运营管理，在建设中充分考虑气候变化影响。

抓住交通基础设施的关键通道、关键节点和重点工程，优先打通缺失路段，畅通瓶颈路段，配套完善道路安全防护设施和交通管理设施设备，提升道路通达水平。推进建立统一的全程运输协调机制，促进国际通关、换装、多式联运有机衔接，逐步形成兼容规范的运输规则，实现国际运输便利化。推动口岸基础设施建设，畅通陆水联运通道，推进港口合作建设，增加海上航线和班次，加强海上物流信息化合作。拓展建立民航全面合作的平台和机制，加快提升航空基础设施水平。

加强能源基础设施互联互通合作，共同维护输油、输气管道等运输通道安全，推进跨境电力与输电通道建设，积极开展区域电网升级改造合作。共同推进跨境光缆等通信干线网络建设，提高国际通信互联互通水平，畅通信息丝绸之路。加快推进双边跨境光缆等建设，规划建设洲际海底光缆项目，完善空中（卫星）信息通道，扩大信息交流与合作。

3. 贸易畅通

投资贸易合作是“一带一路”建设的重点内容。宜着力研究解决投资贸易便利化问题，消除投资和贸易壁垒，构建区域内和各国良好的营商环境，积极同沿线国家和地区共同商建自由贸易区，激发释放合作潜力，做大、做好合作“蛋糕”。

沿线国家宜加强信息互换、监管互认、执法互助的海关合作，以及检验检疫、认证认可、标准计量、统计信息等方面的双多边合作，推动世界贸易组织《贸易便利化协定》生效和实施。改善边境口岸通关设施条件，加快边境口岸“单一窗口”建设，降低通关成本，提升通关能力。加强供应链安全与便利化合作，推进跨境监管程序协调，推动检验检疫证书国际互联网核查，开展“经认证的经营者”（AEO）互认。降低非关税壁垒，共同提高技术性贸易措施透明度，提高贸易自由化便利化水平。

拓宽贸易领域，优化贸易结构，挖掘贸易新增长点，促进贸易平衡。创新贸易方式，发展跨境电子商务等新的商业业态。建立健全服务贸易促进体系，巩固和扩大传统贸易，大力发展现代服务贸易。把投资和贸易有机结合起来，以投资带动贸易发展。

加快投资便利化进程，消除投资壁垒。加强双边投资保护协定、避免双重征税协定磋商，保护投资者的合法权益。拓展相互投资领域，开展农林牧渔业、农机及农产品生产加工等领域深度合作，积极推进海水养殖、远洋渔业、水产品加工、海水淡化、海洋生物制药、海洋工程技术、环保产业和海上旅游等领域合作。加大煤炭、油气、金属矿产等传统能源资源勘探开发合作，积极推动水电、核电、风电、太阳能等清洁、可再生能源合作，推进能源资源就地就近加工转化合作，形成能源资源合作上下游一体化产业链。加强能源资源深加工技术、装备与工程服务合作。

推动新兴产业合作，按照优势互补、互利共赢的原则，促进沿线国家加强在新一代信息技术、生物、新能源、新材料等新兴产业领域的深入合作，推动建立创业投资合作机制。

优化产业链分工布局，推动上下游产业链和关联产业协同发展，鼓励建立研发、生产和营销体系，提升区域产业配套能力和综合竞争力。扩大服务业相互开放，推动区域服务业加快发展。探索投资合作新模式，鼓励合作建设境外经贸合作区、跨境经济合作区等各类产业园区，促进产业集群发展。在投资贸易中突出生态文明理念，加强生态环境、生物多样性和应对气候变化合作，共建绿色丝绸之路。

4. 资金融通

资金融通是“一带一路”建设的重要支撑。深化金融合作，推进亚洲货币稳定体系、投融资体系和信用体系建设。扩大沿线国家双边本币互换、结算的范围和规模。推动亚洲债券市场的开放和发展。为共同推进亚洲基础设施投资银行、金砖国家开发银行筹建，有关各方就建立上海合作组织融资机构开展磋商。加快丝路基金组建运营。深化中国－东盟银行联合体、上合组织银行联合体务实合作，以银团贷款、银行授信等方式开展多边金融合作。支持沿线国家政府和信用等级较高的企业以及金融机构在中国境内发行人民币债券。符合条件的中国境内金融机构和企业可以在境外发行人民币债券和外币债券，鼓励在沿线国家使用所筹资金。

加强金融监管合作，推动签署双边监管合作谅解备忘录，逐步在区域内建立高效监管协调机制。完善风险应对和危机处置制度安排，构建区域性金融风险预警系统，形成应对跨境风险和危机处置的交流合作机制。加强征信管理部门、征信机构和评级机构之间的跨境交流与合作。充分发挥丝路基金以及各国主权基金作用，引导商业性股权投资基金和社会资金共同参与“一带一路”重点项目建设。

5. 民心相通

民心相通是“一带一路”建设的社会根基。传承和弘扬丝绸之路友好合作精神，广泛开展文化交流、学术往来、人才交流合作、媒体合作、青年和妇女交往、志愿者服务等，为深化双多边合作奠定坚实的民意基础。

扩大相互间留学生规模，开展合作办学，中国每年向沿线国家提供 1 万个政府奖学金名额。沿线国家间互办文化年、艺术节、电影节、电视周和图书展等活动，合作开展广播影视剧精品创作及翻译，联合申请世界文化遗产，共同开展世界遗产的联合保护工作。深化沿线国家间人才交流合作。

加强旅游合作，扩大旅游规模，互办旅游推广周、宣传月等活动，联合打造具有丝绸之路特色的国际精品旅游线路和旅游产品，提高沿线各国游客签证便利化水平。推动 21 世纪海上丝绸之路邮轮旅游合作。积极开展体育交流活动，支持沿线国家申办重大国际体育赛事。

强化与周边国家在传染病疫情信息沟通、防治技术交流、专业人才培养等方面的合作，提高合作处理突发公共卫生事件的能力。为有关国家提供医疗援助和应急医疗救助，在妇幼健康、残疾人康复以及艾滋病、肺结核、疟疾等主要传染病领域开展务实合作，扩大在传统医药领域的合作。

加强科技合作，共建联合实验室（研究中心）、国际技术转移中心、海上合作中心，促进科技人员交流，合作开展重大科技攻关，共同提升科技创新能力。整合现有资源，积极开拓和推进与沿线国家在青年就业、创业培训、职业技能开发、社会保障管理服务、公共行政管理等共同关心领域的务实合作。

充分发挥政党、议会交往的桥梁作用，加强沿线国家之间立法机构、主要党派和政治组织的友好往来。开展城市交流合作，欢迎沿线国家重要城市之间互结友好城市，以人文交流为重点，突出务实合作，形成更多鲜活的合作范例。欢迎沿线国家智库之间开展联合研究、合作举办论坛等。

加强沿线国家民间组织的交流合作，重点面向基层民众，广泛开展教育、医疗、减贫开发、生物多样性和生态环保等各类公益慈善活动，促进沿线贫困地区生产生活条件改善。加强文化传媒的国际交流合作，积极利用网络平台，运用新媒体工具，塑造和谐友好的文化生态和舆论环境。

四、“一带一路”的合作机制及其影响

（一）“一带一路”的合作机制

加强双边合作，开展多层次、多渠道沟通磋商，推动双边关系全面发展。推动签署合作备忘录或合作规划，建设一批双边合作示范。

1. 建立完善双边联合工作机制

研究推进“一带一路”建设的实施方案、行动路线图。充分发挥现有联委会、混委会、协委会、指导委员会、管理委员会等双边机制作用，协调推动合作项目实施。

2. 强化多边合作机制

发挥上海合作组织（SCO）、中国—东盟“10+1”、亚太经合组织（APEC）、亚欧会议（ASEM）、亚洲合作对话（ACD）、亚信会议（CICA）、中阿合作论坛、中国—海合会战略对话、大湄公河次区域（GMS）经济合作、中亚区域经济合作（CAREC）等现有多边合作机制作用，相关国家加强沟通，让更多国家和地区参与“一带一路”建设。

3. 注重论坛联合机制

继续发挥沿线各国区域、次区域相关国际论坛、展会以及博鳌亚洲论坛、中国—东盟博览会、中国—亚欧博览会、欧亚经济论坛、中国国际投资贸易洽谈会，以及中国—南亚博览会、中国—阿拉伯博览会、中国西部国际博览会、中国—俄罗斯博览会、前海合作论坛等平台的建设性作用。支持沿线国家地方、民间挖掘“一带一路”历史文化遗产，联合举办专项投资、贸易、文化交流活动，办好丝绸之路（敦煌）国际文化博览会、丝绸之路国际电影节和图书展。

（二）“一带一路”的积极影响

“一带一路”倡议的目标是要建立一个政治互信、经济融合、文化包容的利益共同体、命运共同体和责任共同体，是包括欧亚大陆在内的世界各国，构建一个互惠互利的利益、命运和责任共同体。

"一带一路"是中国与丝路沿途国家分享优质产能，共商项目投资、共建基础设施、共享合作成果，内容包括道路联通、贸易畅通、货币流通、政策沟通、人心相通"五通"，肩负着三大使命。

1. 探寻经济增长之道

"一带一路"是在后金融危机时代，作为世界经济增长火车头的中国，将自身的产能优势、技术与资金优势、经验与模式优势转化为市场与合作优势，实行全方位开放的一大创新。通过"一带一路"建设共同分享中国改革发展红利、中国发展的经验和教训。中国将着力推动沿线国家间实现合作与对话，建立更加平等均衡的新型全球发展伙伴关系，夯实世界经济长期稳定发展的基础。

2. 实现全球化再平衡

传统全球化由海而起，由海而生，沿海地区、海洋国家先发展起来，陆上国家、内地则较落后，形成巨大的贫富差距。传统全球化由欧洲开辟，由美国发扬光大，形成国际秩序的"西方中心论"，导致东方从属于西方，农村从属于城市，陆地从属于海洋等一系列不平衡不合理效应。如今，"一带一路"正在推动全球再平衡。"一带一路"鼓励向西开放，带动西部开发以及中亚、蒙古等内陆国家和地区的开发，在国际社会推行全球化的包容性发展理念；同时，"一带一路"是中国主动向西推广中国优质产能和比较优势产业，将使沿途、沿岸国家首先获益，也改变了历史上中亚等丝绸之路沿途地带只是作为东西方贸易、文化交流的过道而成为发展"洼地"的面貌。这就超越了欧洲人所开创的全球化造成的贫富差距、地区发展不平衡，推动建立持久和平、普遍安全、共同繁荣的和谐世界。

3. 开创地区新型合作

中国改革开放是当今世界最大的创新，"一带一路"作为全方位对外开放战略，正在以经济走廊理论、经济带理论、21 世纪的国际合作理论等创新经济发展理论、区域合作理论、全球化理论。"一带一路"强调共商、共建、共享原则，超越了马歇尔计划、对外援助以及走出去战略，给 21 世纪的国际合作带来新的理念。比如，"经济带"概念就是对地区经济合作模式的创新，其中经济走廊——中俄蒙经济走廊、新亚欧大陆桥、中国—中亚经济走廊、孟中印缅经济走廊、中国—中南半岛经济走廊等，以经济增长极辐射周边，超越了传统发展经济学理论。

"丝绸之路经济带"概念，不同于历史上所出现的各类"经济区"与"经济联盟"，同以上两者相比，经济带具有灵活性高、适用性广以及可操作性强的特点，各国都是平等的参与者，本着自愿参与、协同推进的原则，发扬古丝绸之路兼容并包的精神。

本章小结

本章从经济全球化的概念学习入手，介绍了学界对经济全球化这一概念的不同解读；进而介绍了经济全球化的表现、形成原因，以及全球化对发达国家与发展中国家所产生的积极影响和消极影响；最后，围绕"一带一路"话题，就其背景、深刻含义，以及重点和国际影响，做出了分析和评价。学习和掌握这一章的基本知识，可以为后面有关章（节）的学习，奠定理论基础。

思考与练习

1. 什么是经济全球化？简要说出其基本内涵。
2. 简要说出经济全球化的成因和主要特征。
3. 为什么说经济全球化是“贸易自由化推着走的一列快速火车”？
4. 试分析经济全球化对不同类型国家的影响。
5. 联系生活实际，谈谈你对经济全球化的体会。
6. 简要说出“一带一路”的基本内涵和背景。
7. 分析评价“一带一路”的重点以及产生的国际影响。

第四章　世界的经济资源与全球可持续发展

教学目标

1. 认识世界人口发展的过程和现状；
2. 知道世界的农业生产分布与粮食问题；
3. 了解世界主要能源工业的生产与布局；
4. 熟悉伴随着全球经济增长产生的能源问题；
5. 分析全球主要环境问题，树立人类可持续发展观。

经济全球化的发展，世界经济的融合，也为各个国家带来了一些共同的问题，如人口、粮食、能源和环境等问题，这些问题已经越来越成为影响人类在地球上的生存条件和人类能否可持续发展下去的共同性问题。人口过快增长、自然资源耗竭、生态环境污染等问题不但在许多国家内日益突出，而且已经跨越国界，成为全球性的问题，成为制约全球经济可持续发展的重要因素。人类重新考虑资源、环境、人口与经济增长的关系，实现资源、环境、人口和经济的和谐发展，这是人类历史上对自然关系认识的一次重大飞跃，它对世界产生了积极而深远的影响。

第一节　世界的人口与人力资源

人类是大自然之骄子，已有数百万年的历史。世界人口问题是全球性经济问题中的一个重要问题。人类社会发展的历史表明，人口的增长必须与经济的增长相适应。人口及其发展对社会经济的发展有着重大的促进或延缓作用。尤其是进入21世纪以来，世界经济开始转向以知识经济为主，人口不再仅仅作为简单的生产者和消费者而存在，而是作为知识的载体开始成为促进社会经济发展的重要资源。人力资源的开发就是指以人力资源为中心，培养、发掘、充分利用人力资源的能力。因此，人力资源的开发也成为世界各国人口研究的重点。

一、世界人口与人力资源概述

（一）人口与人力资源的内涵

人口，是指生活在特定社会制度、特定地域、具有一定数量和质量的人的总称。而人力资源是指能够推动整个经济和社会发展的具有智力劳动和体力劳动能力的人的总称，它包括数量和质量两个指标。人力资源仅指人口中那些已经成年并且具有和保持着正常劳动能力的人。

人力资源的数量是人力资源存量的重要方面，是人力资源量的规定性，表现为某一特征范围内的人口，包括劳动年龄中具有劳动能力的全部人口以及在劳动年龄以外实际常年参加社会劳动的人口总和。而人力资源的质量是指最能体现人的体力和脑力的生理素质和科学文化素质以及这两者的综合，即人力资源所具有的体质、智能、知识、技能等方面的内容。

（二）人口与人力资源的关系

人力资源与人口这两个概念，既存在紧密联系又有所区别。人力资源是人口的一部分，是能够推动整个经济和社会发展、具有劳动能力的那部分人口。而人口不一定是人力资源，人口规模庞大并不等于人力资源充沛。素质低下的人口不能成为人力资源，也不能成为社会经济发展的动力。目前，世界各国的基本情况是，低素质的劳动者供过于求，而高素质的劳动者却供不应求。人力资源还具有许多自身的特点：第一，作为人力资源实体的劳动者是具有思想性和主观能动性的人，不仅能够认识世界，而且能够改造世界；第二，劳动者既是生产者，也是消费者；第三，人力资源具有可再生性和可塑性。人类不仅能够不断繁衍后代，而且可以通过各种教育手段，培育和造就出符合社会需求的劳动者。

人力资源是一切资源中最核心、最宝贵的资源。有了人力资源，各种自然资源才能成为经济资源，才能够进入生产过程而成为生产要素，各种经济资源才能得到深层次的开发和利用。人力资源的利用就是把具有一定的体力、智力的劳动者配置、投入到一定的社会领域中，并让他们在其中发挥作用，以推动社会发展的过程。

二、世界人口的增长

人口发展已有数百万年的历史，自人类出现以来，世界人口一直处于不断的发展变化中。人口的发展对世界的自然、社会、经济和文化等各个方面也产生了深远的影响。世界人口发展历程，总的趋势是人口一直在不断增长。2017 年中国人口数量为 14.05 亿，占全世界人口的 18.82%。印度紧随其后，2017 年印度人口数量为 13.04 亿。人口不断增长，而用于维持这些人口生存、改善人类生活质量和消除普遍贫困的自然资源是有限的，因此，人口增长已日益成为制约世界经济发展的一大障碍，甚至是威胁。2017 年 6 月 21 日，联合国发布了《世界人口展望（2017 年修订版）》报告。报告指出，人口发展趋势关系到可持续发展的成败，并将在实现 2030 年可持续发展议程上产生巨大影响。

（一）世界人口增长的趋势

在漫长的人口增长过程中，世界人口一直处于不断地变动中，不同的时期表现出不同的增长特征。总的来说，从时间上看，世界人口的增长主要有以下三个趋势。

1. 世界人口增长的绝对量越来越大

在第一次工业革命以前，人口增长十分缓慢，在公元前 8000 年全球只有约 1 000 万人口。公元前 500 年左右，世界人口达到 1 亿。公元 1000 年世界人口达到 3.4 亿。第一次工业革命前夕（1650 年左右），世界人口达到 5 亿。据统计，1820 年地球上大约生活着 10 亿人口，1927 年达到 20 亿，增加 10 亿人口用了 107 年。20 世纪 50 年代以来，世界人口呈爆炸式增长，1960年世界人口达到30亿。14年后（即1974年），世界人口达到40亿。1982年，世界人口达到50亿。1999年10月12日世界人口突破60亿大关，联合国也因此把10月12日定为世界人口日。而在2005年，世界人口已经突破了65亿。联合国《世界人口展望（2017年修订版）》报告，对未来世界人口发展趋势进行了分析和展望。根据这一报告，世界人口数量自2005年以来增加了10亿，到2017年约达76亿人，预计2030年将达86亿，2050年将达到98亿，2100年将达到112亿。印度则将在2024年超越中国，成为世界第一人口大国。

2. 人口增长速度经历了缓慢、加快再到逐渐放慢的过程

从公元初年到1750年，世界人口年平均增长率还不到0.05%，1750—1850年，人口平均增长率为0.5%，甚至在1900—1950年间，世界人口平均增长率也只有0.8%。第一次工业革命后直至第二次世界大战，发达资本主义国家生产力获得很大的提高，人口急剧增长。从1950年起，世界人口增长异常迅速，人口年均增长率猛增到2%。当时世界人口的增长主要是由于发达资本主义国家人口增长引起的。1963年，2.2%的增长率创下了整个人类历史上的最高纪录，有人将这一时期世界人口的快速增长称为“人口爆炸”。20世纪80年代以后，国际社会越来越意识到人口的过度增长对经济、社会和环境造成的沉重压力。很多发展中国家开始采取节制生育政策来控制人口增长。同时，随着经济社会的发展，文化素质尤其是妇女文化水平和就业机会的提高以及抚养孩子费用的增加，使人们的价值观和生育观发生了改变，开始趋向少生甚至不愿生育，世界人口自然增长率开始下降。根据世界银行数据统计，1987年世界人口自然增长率为1.782%，1997年降为1.428%，2004年为1.257%。2017年世界人口年均增长率为1.158%，每年约增加8 300万人。世界人口增长速度虽然已经放缓，但是增长还在继续。

3. 世界人口增长的地区差异

人口的增长主要取决于社会生产力的发展。从空间上来看，世界人口增长在洲际之间表现出明显的差异。自然增长率最高的为非洲，其次是拉丁美洲、亚洲，再次为大洋洲、北美洲，欧洲最慢。欧洲、北美洲、大洋洲以发达国家为主，近年来一直保持较低的人口自然增长率，甚至出现了人口的负增长。其次，拉丁美洲和亚洲以发展中国家为主，其人口增长可以分为两种类型。一种类型是人口持续高增长。如印度，由于宗教、文化和习俗的影响，这些国家存在着根深蒂固的多育传统，导致人口增长在相当程度上是失控的。另一种类型是人口的低增长率、高增长量。如中国，实行了强有力的节制生育政策，特别是20世纪90年代以来，中国人口的自然增长率平稳下降，但由于人口基数庞大，中国人口仍以每年800万左右的速度增长。最后，非洲是世界上人口增长最快的地区。因此，世界人口增长的趋势是，经济越发达，人口增长越慢；相反，经济越落后，人口增长越快。这种经济增长与人口增长的强烈反差和不平衡，无疑将导致世界经济与政治矛盾的加剧。

（二）世界人口增长的模式

人口增长模式，又称人口转变模式，它反映了不同国家和地区的人口出生率、死亡率和自然增长率随社会经济条件变化而变化的规律。根据人口自然变动的特征，可将人口增长模式划分为四种类型。它体现了人口增长模式由高出生率、高死亡率、低自然增长率的“原始型”向低出生率、低死亡率、低自然增长率的“现代型”转变的过程。

1. 三极“原始型”

原始社会时期，该时期生产力水平低下，人们以采集、狩猎和手工劳动为主，抵御疾病和自然灾害的能力差，加上粮食的缺乏和部落之间战争的影响，人口的死亡率极高，尽管出生率也极高，但自然增长率极低，导致人口增长非常缓慢，甚至长期停滞不前，遇到天灾或疾病流行，还会有所减少。这一时期的人口增长模式表现为以极高出生率、极高死亡率和极低自然增长率为特征的三极“原始型”。在当今世界仅在一些发展中国家的个别地区，特别是一些孤立的民族中仍保留着这种模式，如非洲的布须曼人。

2. 高高低“传统型”

农业革命使生产力水平有了很大提高，粮食供应和人们的生存环境有了一定的改善，死亡率比原始社会有所下降，但仍然很高，且波动较大，出生率也较高，导致人口增长速度仍然较低。这一时期的人口增长模式表现为以高出生率、较高死亡率和较低自然增长率为特征的高高低“传统型”。目前这一类型仅见于少数发展中国家和地区，如津巴布韦、多米尼加等国家。

3. 高低高“过渡型”

产业革命的出现极大地促进了社会生产力的发展。由于生产力水平明显提高，医疗卫生事业得到迅速发展，粮食产量大增，人口死亡率显著下降。人口增长模式表现为以高出生率、低死亡率和高自然增长率为特征的高低高“过渡型”。这种增长模式出现在工业文明时期，分布在大多数发展中国家和地区。

4. 三低“现代型”

随着生产力进一步发展，现代科学知识的普及和医疗卫生技术的进步，人类生活水平和文化水平得到提升，人们的生育观念和生育行为也发生了较大的变化。现代型人口发展模式的基本特点表现为：低出生率、低死亡率、低自然增长率，人口增长缓慢，不少国家和地区出现了零增长和负增长。这一时期，人口平均预期寿命进一步延长，人口年龄结构呈老龄型。这种增长模式出现在新技术革命时期，分布在大多数发达国家或地区，如瑞典、比利时、奥地利等国家。

三、世界人口的地理分布与迁徙

人类在长期的发展过程中，受自然、社会、文化和经济等因素的影响而不断地发生迁移，世界人口的分布也在不断发生变化。

（一）世界人口的地理分布

人口地理分布是人口增长过程在空间的表现形式。人类的各种社会经济活动都会受到自然地理环境的影响，因此人口的分布在地理环境的作用下也表现出明显的空间差异性。人口的分布是一种复杂的社会现象，即深受自然条件的影响，更受制于社会、经济、政治制度。由于世界各国自然环境和经济发展水平的差异，人口的地理分布是不平衡的。据统计，地球上人口最稠密地区约占陆地面积的 7%，那里却居住着世界 70% 的人口，而且世界 90% 以上的人口集中分布在 10% 的土地上。而且，世界人口的数量分布在不同空间尺度上的差异都十分明显，人口在各大洲之间的分布也相当悬殊。具体来说，世界人口的地理分布归结为三个方面：

（1）从区域分布来看，世界人口集中在北半球中低纬度地带、沿海和低平原地区。纬度上，北半球的中低纬度地带是世界人口集中分布区，世界上有近80%的人口分布在北纬20°～60°之间的中低纬度地区（亚热带和温带地区），而且南半球人口只占世界人口的11%左右。海陆位置上，沿海岸200千米的地区面积虽然仅占整个陆地面积的3%左右，却集中了世界总人口的一半。距海岸200千米内大洋洲人口比重最大，高达94%；欧洲、北美洲和南美洲的近海岸地区人口也都占总人口的一半以上。海拔高度上，55%以上的人口居住在海拔200米以下、不足陆地面积28%的低平地区，而海拔在2 000米以上的地区的人口仅占世界总人口的0.5%。

（2）从各大洲的人口分布来看，人口分布不均衡。联合国《世界人口展望（2017年修订版）》报告指出，世界人口的60%生活在亚洲（45亿），17%生活在非洲（13亿），10%生活在欧洲（7.42亿），9%生活在拉丁美洲和加勒比地区（6.4亿），其余6%生活在北美洲（3.61亿）和大洋洲（4 100万）。从人口密度来看，亚洲人口密度最大，平均每平方千米约有124人；欧洲、非洲以及拉丁美洲和加勒比海地区次之，每平方千米分别为31.6人、29.7人和27人；北美洲仅为16.6人；大洋洲人口密度最小，平均每平方千米只有3.9人。

（3）从各个国家的人口分布来看，人口分布差距大。根据世界银行最新数据统计，2017年世界人口密度为58.045人/平方千米土地面积。除去我国的澳门特别行政区（人口密度为20 546.8人/平方千米土地面积）和香港特别行政区（人口密度为7 039.7人/平方千米土地面积），2017年世界人口密度排名靠前的国家（地区）分别是摩纳哥（人口密度为1 9374.5人/平方千米土地面积）、新加坡（人口密度为7 915.7人/平方千米土地面积）、直布罗陀（人口密度为3 457.1人/平方千米土地面积）、巴林（人口密度为1 935.9人/平方千米土地面积）、马尔代夫（人口密度为1 454.4人/平方千米土地面积）、马耳他（人口密度为1 454.0人/平方千米土地面积）、百慕大（人口密度为1 308.8人/平方千米土地面积）、孟加拉国（人口密度为1 265.0人/平方千米土地面积）。世界上还有一些人口密度非常低的国家：蒙古（人口密度为1.98人/平方千米土地面积）、纳米比亚（人口密度为3.08人/平方千米土地面积）、利比亚（人口密度为3.62人/平方千米土地面积）、毛里塔尼亚（人口密度为4.29人/平方千米土地面积）、冰岛（人口密度为3.40人/平方千米土地面积）等。

（二）国际人口的迁徙

国际人口迁移是指人口跨越国界并改变住所达到一定时间（通常为1年）的迁移活动。它是人口在地理空间上的一种活动过程，包括人口居住地的空间位置的改变和人口活动（经济、社会与文化等方面）的空间位置的改变。经济发展水平的差异是国际人口迁移的主要原因。劳动力也是一种生产要素，他们可以根据利益最大化进行选择。在劳动力的流动过程中，劳动力由劳动和收入条件差的地方流向劳动和收入条件好的地方，以实现自身的价值。人口迁移是影响社会变迁的最主要因素，地区之间由自然人口增长引起的变化，通常比人口迁移所引起的变化要小。15世纪以前，世界人口的绝大部分分布在亚欧大陆南半部和非洲。15—16世纪，欧洲殖民者登陆新大陆以后，美洲、大洋洲人口快速增长，而非洲人口急速下降。20世纪60年代以来，随着经济全球化趋势的日益加快，在全球范围内掀起国际人口的迁徙，其中最明显的特征是人口从发展中国家流向发达国家。具体来说，根据迁移的不同特点，可以划分为第二次世界大战以前和第二次世界大战以后，即近代和当代国际人口迁移两个阶段。

1. 近代国际人口迁移

近代以来，随着生产力的发展、商业贸易的活跃以及交通运输条件的进步，特别是15世纪末期和16世纪初的地理大发现，开辟出从欧洲绕过非洲或南美洲到达亚洲的东西方航路，把世界联成一个整体，有力地促进了世界范围的人口迁移。这一时期，大规模的人口迁移主要有：欧洲向美洲、澳大利亚和新西兰的移民，非洲向美洲的移民以及亚洲各国向外的移民等。

2. 当代国际人口迁移

当代国际人口迁移是从第二次世界大战开始，一直延续至今。第二次世界大战后，人口迁移主要特点是国际人口迁移的流向发生了很大变化。人口主要从发展中国家流向发达国家，从贫穷国家流向富裕国家。发达国家始终是国际移民的输入国，而发展中国家则是国际移民的主要输出国。在国际移民中，大部分是从发展中国家移民到发达国家，但也有一部分是发展中国家之间的相互移民。据估计，发达国家人口中有1/10是移民，发展中国家只有1/70是移民。美国作为世界经济大国仍然吸引着大批移民，但迁入人口来源的结构已发生变化：欧洲移民减少；拉丁美洲成为移入人口主要来源地。20世纪70年代后，亚洲移民人数超过了欧洲。目前，在移民美国的人口中，有25%～30%的移民来自墨西哥；另外25%来自拉丁美洲的其他地区，例如加勒比海、中美和南美地区；还有25%来自亚洲，数量最多的是中国、印度和东南亚国家；还有少量来自其他地区。

第二节　世界的农业生产与粮食问题

农业生产是人类向大自然索取衣、食之源的基本生产部门。世界工业中所用原料的大约1/3仍然出自农业。农业部门给人类提供的各种食物，是任何其他生产部门无法代替的。农业部门中的种植业、畜牧业、林业和水产业，生产了人类得以生存和延续所需的全部食物。农业生产是人类的食物之源。粮食是国际关系中的一种政治性工具。粮食的国际贸易关系着世界市场的稳定。粮食问题已成为世界经济和政治研究中的一个重大问题，也是一些国际性组织关注的问题之一。在关于人类未来和全球性问题研究中，粮食问题也是一项重要的研究内容。

一、世界农业发展概况

（一）世界农业的发展历程

农业是人类社会最古老也是最基本的产业部门。它为人类提供衣、食、住、行等基本生活资料。农业还是一切非农部门得以独立化和进一步发展的基础。农业是人类最早从事的一种社会生产活动。有了农业，说明人类已经“学会靠人类活动增加天然产物”来维持生存的本领，从而也有了逐渐改变其原始生活状况的可能性。人类的农业生产发展大致经历了三个阶段。

1. 原始农业阶段

原始的农业指的是自从人类摆脱了采集和狩猎生活，并且能够依靠自己的活动来增加天然产物的时候起，直到原始社会瓦解并向奴隶社会过渡这一个漫长的历史时期里的农业。其主要特点是，生产率十分低下，在开始阶段，使用的主要是一些木石工具，到后来也有一些铁制农具，但它所袭用的一直是一种没有摆脱原始状态的粗放耕作方法和以简单协作为主的集体劳动。

考古学家根据出土文物判断，在公元前9000—公元前7000年，人类在近东地区就已经由狩猎和采集向食物生产，即经营农牧业过渡。事实上，根据世界各地从地下发掘出来的实物说明，不但生活在近东，而且生活在东亚、南亚、北非、欧洲以及南北美洲的人类，在公元前7000—公元前5000年先后也都脱离了蒙昧阶段，开始了驯化动、植物的生产活动。

2. 传统农业阶段

传统的农业指的是奴隶社会、封建社会的农业，也包括资本主义发展前期的小农经济。人们以分散的个体劳动为基础，采用传统的农作制、牧畜饲养方式和简易的生产工具从事农业生产活动，以自给自足的自然经济为主，生产规模小，商品经济薄弱。

3. 现代农业阶段

现代的农业，则是19世纪半叶以后已在个别先进资本主义国家出现，但到20世纪中叶才先后在一些发达国家（包括发达的资本主义国家和发达的社会主义国家）最终建成的现代化大农业。农业现代化，就是用机械、化学等现代工具、现代科学技术和管理方法来武装农业，使农业工业化，表现为农业机械化、化学化和水利化。它是广泛应用现代农艺技术成就、拥有现代生产装备、采用现代农业管理方法进行经营的高度社会化和高效率的农业。

（二）世界土地资源及其利用概况

1. 土地资源的分布及其利用方式

根据联合国粮农组织（FAO）的统计，2017年世界土地总面积约为129.7亿公顷（部分国家的土地面积见表4-1）。联合国粮农组织定义的土地面积是指一国国土总面积，不包括内陆水体、提出主权主张的大陆架和专属经济区。在大部分情况下，内陆水体的定义包括主要河流和湖泊。

土地资源指目前或可预见到的将来，可供农、林、牧业或其他各业利用的土地，是人类生存和社会生产活动的物质载体。土地资源是最重要的无法替代的自然资源，它既是环境的组成部分，又是其他自然资源和社会资源的载体，是人类赖以生存和发展的基础，是从事一切社会实践的基地和进行物质生产过程不可或缺的生产资料，是人类生态系统物质的供应者和能量的调节者。

联合国粮农组织2016年数据表明，全球五大洲土地面积，亚洲土地面积最大，为31.02公顷。其次是非洲（29.65公顷）、欧洲（22.13公顷）、北美洲（18.65公顷）、南美洲（17.46公顷）、大洋洲（8.5公顷）、中美洲（2.45公顷）。

表 4－1 世界部分国家 2017 年土地面积

国家	土地面积（平方千米）	国家	土地面积（平方千米）
中国	9 388 211	刚果（金）	2 267 050
美国	9 147 420	沙特阿拉伯	2 149 690
加拿大	9 093 510	墨西哥	1 943 950
巴西	8 358 140	印度尼西亚	1 811 570
澳大利亚	7 682 300	利比亚	1 759 540
印度	2 973 190	伊朗伊斯兰共和国	1 628 760
阿根廷	2 736 690	蒙古	1 553 560
哈萨克斯坦	2 699 700	秘鲁	1 280 000
阿尔及利亚	2 381 741	刚果（金）	2 267 050
苏丹	2 376 000	沙特阿拉伯	2 149 690

数据来源：联合国粮农组织数据。

按照农业生产中土地利用，农业用地可进一步划分为：耕地（arable land）、多年生作物用地（permanent crops land）、永久性草地和牧场（permanent pasture）、森林林地（forest land）、其他土地（包括未开垦但具有生产潜力的土地、建筑用地、荒地、公园、道路、内陆水域等）。由于各洲的地形、气候等自然因素以及人口数发展水平等的不同，各洲土地利用的方式有很大差异。

2. 世界耕地分布情况

联合国粮农组织定义的耕地（以公顷计）包括短期作物用地（双季作物土地仅计算一次）、供割草或放牧的短期草场、供应市场的菜园和自用菜园，以及暂时闲置的土地。因转换耕作方式而休闲的土地不包括在内。

根据联合国教科文组织（UNESCO）和联合国粮农组织最新统计，世界耕地面积从 1961 年 12.79 亿公顷，增加到 2015 年 17.30 亿公顷，耕地面积总量逐年递增，尤其 1990—2015 年，耕地面积增长 19.02%。世界人均耕地面积 1961 年为 0.415 公顷，到 1990 年为 0.265 公顷，再到 2015 年人均耕地面积降至最低，为 0.26 公顷，1961—2015 年，人均耕地减少了 37.35%。世界人均耕地面积持续减少的态势与全球人口增长密切相关。

各洲及洲内国家、地区由于地形、气候等自然的差异，以及人口数量、经济发展水平的不同，耕地的利用也不相同。在非洲，由于气候干旱，生产力水平低，加上沙漠多等，耕地比重普遍小。有的国家耕地比重很小，根据联合国粮农组织最新统计，2015 年非洲西南部的纳米比亚耕地只占土地面积的 0.97%，北非的利比亚耕地只占土地面积的 0.98%，西北部的毛里塔尼亚耕地只占土地面积的 0.44%。但是也有耕地比重大的国家，比如非洲中东部的卢旺达，耕地占土地面积的 46.68%；西非东南部的尼日利亚，耕地占土地面积的 37.33%。在亚洲，各地区不尽相同。南亚气候炎热、雨量充沛，适宜耕种，2015 年南亚耕地比重高达 43.16%，其中印度更是高达 52.62%。而中国和中亚、西亚干旱或半干旱大陆性气候地区所占面积较大，因而耕地比重不大。2015 年，中国的耕地只占土地面积的 12.68%，中亚的哈萨克斯坦耕地占土地面积的 10.89%，西亚的伊朗耕地占土地面积的9.02%，而沙特阿拉伯耕地只占土地面积的1.63%。

二、世界的粮食生产与粮食问题

在多种多样的农产品中，最重要的是粮食。粮食类作物在世界耕地面积中占最大份额，也是世界种植业生产中占首要地位的作物。粮食是人类生存的基础。自有农业以来，人类要解决吃的问题，首先种植的农作物是粮食类作物。粮食也是饲养牲畜的饲料，也为工业发展提供原料。

（一）世界粮食生产的变化

自第二次世界大战结束至20世纪80年代末，随着科技革命成果在农业中的应用，农业机械化、良种化、化学化和工厂化的推进，世界农产品单位面积产量和总产量都有很大增长。

1946年世界谷物产量为5.33亿吨，1990年世界谷物产量达到19.51亿吨，增加了2.66倍。进入20世纪90年代后，在西方发达国家经济不景气和世界主要粮食产区发生大面积自然灾害等影响下，世界粮食生产停滞不前。1995年谷物产量为18.96亿吨，未达到1990年的产量，而同期世界人口由52.83亿增加到56.73亿，使人均谷物产量由369公斤降为333公斤，并导致世界粮食库存不断减少，粮价不断上涨。为了缓解此种局面，从1996年开始，欧盟与英国纷纷调整农业政策，通过放松对农业生产的管制，削减土地休耕面积等措施，以增加粮食产量。联合国粮农组织数据表明，2016年世界谷物产量达到28.49亿吨。中国的谷物产量近几年一直较稳定增加，2005年中国的谷物产量为4.28亿吨，占比18.96%；2008年中国的谷物产量为4.79亿吨，占比18.98%；2014年中国的谷物产量为5.57亿吨，占比19.74%；2016年中国的谷物产量为5.81亿吨，占比20.39%。

（二）世界粮食生产的分布

世界种植的谷类作物有：水稻、小麦、玉米、大麦、燕麦、黑麦、高粱、谷子等。其中以小麦、水稻、玉米三项为主。这三种作物占到世界谷物种植面积的70%以上（2016年世界和主要产粮国家谷物产量及占世界比重见表4－2）。水稻和小麦是世界大多数居民的主要食粮。其他谷物即玉米、大麦、燕麦、黑麦、高粱、谷子等，也统称粗粮。粗粮的一部分也是世界一部分地区居民的主要食粮，粗粮的大部分是用做饲料。

表4－2　2016年世界和主要产粮国家谷物产量及占世界比重

国家	产量（万吨）	所占比重（%）	国家	产量（万吨）	所占比重（%）
世界	284 863.46	100.00	加拿大	5 525.13	1.94
中国	58 089.84	20.39	法国	5 465.46	1.92
美国	47 598.39	16.71	阿拉伯联盟	5 168.42	1.81
印度	29 471.19	10.35	越南	4 868.51	1.71
俄罗斯	11 774.97	4.13	德国	4 536.44	1.59

续上表

国家	产量（万吨）	所占比重（%）	国家	产量（万吨）	所占比重（%）
印度尼西亚	9 766.71	3.43	巴基斯坦	4 307.57	1.51
巴西	8 412.85	2.95	墨西哥	3 846.61	1.35
阿根廷	6 702.44	2.35	土耳其	3 527.66	1.24
乌克兰	6 521.15	2.29	澳大利亚	3 523.04	1.24
孟加拉国	5 638.89	1.98	泰国	3 042.08	1.07

数据来源：联合国粮农组织数据。

1. 小麦的生产分布

小麦为世界播种面积最大、产量最多、分布最广的粮食作物。其产量占世界粮食总产量近30%，占世界粮食贸易量的近50%。世界约有1/3的人口以小麦为主粮。小麦是一种世界性的粮食作物。2016年，全球小麦种植收获面积达22 025.26万公顷，年产量约7.49亿吨（表4－3）。由于自然条件和国土面积等原因限制，各地区小麦种植面积和单产差异较大。小麦类型和品种繁多、分布广，对土壤、气候条件适应性强，耐寒、耐旱、稳产、高产；但是遇到极端天气爆发时，小麦的生产与价格依然会受到影响。世界小麦的种植遍布除南极洲以外的各大洲，但是主要分布在北纬25°～55°和南纬25°～40°的温带地区。著名的小麦地带有：北美、阿根廷、澳大利亚、俄罗斯、亚洲。从国别来看，世界小麦产量最大的国家是中国，其次是印度、俄罗斯和美国。中国的小麦产量较稳定，2010年产量为1.152亿吨（占世界比重为17.99%）、2014年为1.262亿吨（占世界比重为17.38%）、2015年为1.326亿吨（占世界比重为17.64%）、2016年为1.333亿吨（占世界比重为17.79%）。

表4－3 2016年世界和主要小麦生产国产量及占世界的比重

国家	产量（万吨）	所占比重（%）	国家	产量（万吨）	所占比重（%）
世界	74 901.48	100	乌克兰	2 609.88	3.48
中国	13 327.83	17.79	巴基斯坦	2 563.30	3.42
印度	9 229.00	12.32	德国	2 446.38	3.27
俄罗斯	7 329.46	9.79	澳大利亚	2 227.45	2.97
美国	6 283.31	8.39	土耳其	2 060.00	2.75
加拿大	3 213.99	4.29	哈萨克斯坦	1 498.54	2.00
法国	2 950.45	3.94	阿根廷	1 131.50	1.51

数据来源：联合国粮农组织数据。

2. 水稻的生产分布

水稻是热带和亚热带作物，主要产区是亚洲东部和南部季风气候地带，特别是该气候地带的大河三角洲、江河冲积平原和沿海平原；其次是墨西哥湾沿岸、密西西比河下游地区。亚洲种植面积、产量均占世界的90%以上。21世纪初，世界稻米生产一直呈下降态势，世界稻米产区主要集中在亚洲，其稻谷播种面积占全球的近90%，产量占全球的91%，因此它被称为“亚洲的粮食”。中国和印度是世界最大的水稻种植国和生产国。除此之外，印度尼西亚、孟加拉国、越南、缅甸、泰国、菲律宾、巴西、美国等也是重要的稻谷生产国（表4－4）。2010年中国的水稻产量为19 721.20万吨（占世界比重为28.13%）、2014年为20 823.96万吨（占世界比重为28.05%）、2015年为21 372.37万吨（占世界比重为28.67%）、2016年为21268.18万吨（占世界比重为28.13%）。

表4－4　2016年世界和主要水稻生产国产量及占世界的比重

国家	产量（万吨）	所占比重（%）	国家	产量（万吨）	所占比重（%）
世界	75 615.82	100.00	缅甸	2 567.28	3.40
中国	21 268.18	28.13	菲律宾	1 762.72	2.33
印度	16 370.00	21.65	尼日利亚	1 134.61	1.50
印度尼西亚	7 935.50	10.49	巴西	1 062.22	1.40
孟加拉国	5 045.29	6.67	巴基斯坦	1 027.35	1.36
越南	4 311.20	5.70	美国	1 016.71	1.34
泰国	2 665.30	3.52	日本	1 005.50	1.33

数据来源：联合国粮农组织数据。

3. 玉米的生产分布

玉米也是世界三大谷类作物之一，相当部分的玉米也用作粮食，甚至有些国家和地区将其作为主粮。玉米占世界粮食收获面积的1/5，占世界粮食总产量的1/4，在全世界粮食作物中占第三位。由于玉米杂交品种的出现，单产提高很快，加之世界畜牧业的发展，对饲料玉米需求量增加，也使玉米生产增长很快。2016年玉米的种植收获面积达18 795.9万公顷。玉米对自然条件的适应性强，单位面积产量高，因此分布十分普遍。玉米大多集中在夏季高温多雨、生长季节较长的地区。主要集中在北美洲、亚洲、欧洲。其中，以北美洲产量最多，2016年达到39 866.69万吨。而亚洲和欧洲分别为35 925.96万吨、11 800.42万吨。从国家看（表4－5），美国是世界"玉米之王"，其次是中国。目前世界主要有三大玉米产区：一是美国中部的玉米带；二是我国的东北平原、华北平原玉米带；三是欧洲南部平原地带。以上三大玉米带生产了世界玉米总量的80%以上。2010年中国的玉米产量为17 754.08万吨（占世界比重为20.85%）、2014年产量为21 581.21万吨（占世界比重为20.77%）、2015年为26 515.73万吨（占世界比重为25.20%）、2016年为26 377.78万吨（占世界比重为23.97%）。

表4－5　2016年世界和主要玉米生产国产量及占世界的比重

国家	产量（万吨）	所占比重（%）	国家	产量（万吨）	所占比重（%）
世界	110 022.55	100.00	印度	2 590.00	2.35
美国	38 477.79	34.97	印度尼西亚	2 357.80	2.14
中国	26 377.78	23.97	俄罗斯	1 530.98	1.39
巴西	6 414.34	5.83	加拿大	1 388.90	1.26
阿根廷	3 979.29	3.62	法国	1 213.12	1.10
墨西哥	2 825.08	2.57	尼日利亚	1 154.80	1.05
乌克兰	2 807.46	2.55	罗马尼亚	1 074.64	0.98

数据来源：联合国粮农组织数据。

（三）世界粮食问题

当肥胖症已经成为发达国家和发展中国家增长最快的一种健康问题时，全球却仍有8亿多人食不果腹。由于全球耕地资源禀赋的不均匀，发达的农业大国粮食生产能力过剩，而欠发达的发展中国家粮食生产能力则严重不足，由此产生了世界粮食问题。据世界银行、联合国粮农组织等分析预测，今后若干年，尽管人口会不断增长，粮食的消费量甚至会以高于人口增长的速度增长，但就全球而论，粮食的供应基本能满足需求，问题的关键在于世界粮食生产和消费的地区不平衡，说到底是生产力发展水平的地区不平衡。

世界粮食问题主要包括两个方面：一方面，一些发达国家，如美国、加拿大、澳大利亚，凭着先进的农业生产技术和丰富的耕地资源，生产出远远超过本国消费量的粮食，个别大国还以粮食为武器，对粮食进口国进行经济、政治的控制；另一方面，一些发展中国家由于人口增长速度过快、农业生产技术水平低等原因，粮食越来越缺乏，不得不依赖进口。

世界粮食生产较快，但各洲和各国粮食生产发展不平衡。各洲按人均计算，粮食产量最多的是北美洲，大洋洲和欧洲次之，亚洲和拉丁美洲较低，而非洲最低，只有100多千克。各国按人均计算，美国、加拿大、法国、澳大利亚人均900～1620千克，中国、印度人均只有326千克和230千克，西非、中非和东非的许多国家人均只有几十千克。

据联合国粮农组织估计，20世纪60年代发展中国家处于饥饿状态的人口约为2.3亿，70年代末增加到4.7亿，80年代末为5.3亿。特别是非洲正处于大饥荒时代，有近20个国家严重缺粮，如埃塞俄比亚、索马里、苏丹南部、乌干达北部等地，就有1.7亿人口处于饥饿状态。从现状看，粮食短缺的国家，粮食需求增速大于粮产增速的国家多属于发展中国家。联合国粮农组织发布的《2017年世界粮食安全和营养状况》称，根据最新估计，全球饥饿人口数量在长期持续下降后，于2016年出现上升，目前饥饿人口数量为8.15亿。此外，全球饥饿人口发生率也在2016年出现上升，虽然仍大大低于十年前的水平。在世界部分地区，饥饿人数最近的增势已达到极点，2017年初南苏丹部分地区宣布出现饥荒，三个地方发出饥荒高风险警告（尼日利亚东北部、索马里和也门）。撒哈拉以南的非洲依然是食物不足发生率最高的区域，2016年食物不足人口比例竟然高达22.7%。东非的情况尤为严重，估计有1/3的人口面临食物不足，该分区域的食物不足发生率已从2015年的31.1%升至2016年的33.94%。加勒比地区（17.7%）和亚洲（平均11.7%，南亚最高，为14.4%）的食物不足发生率也处于高位。相反，拉丁美洲的食物不足发生率则一直维持在较低水平，虽然也有迹象表明情况也可能出现恶化，尤其在南美洲，其食物不足发生率已从2015年的5%升至2016年的5.6%。

联合国粮农组织发布的《全球粮食危机报告》称，2017年全球共有51个国家约1.24亿人受到急性粮食不安全的影响，较上一年多出1 100万人。报告将急性粮食不安全定义为对生命或生计造成即刻威胁的严重饥饿情况，称冲突和气候变化是导致急性粮食不安全情况的根源，其中，冲突是造成全世界大多数急性粮食不安全事件的主要原因，影响7 400万人。

发展中国家严重缺粮是世界粮食问题的核心。消除饥饿与营养不良，首先需要发展中国家自己的努力，像南亚及撒哈拉以南的南部非洲这些缺粮及严重缺粮的地区，必须调整农业生产政策，把粮食生产放在首位；其次要提高缺粮国家的粮食产量，要得到国际社会更多的帮助，如在资金、技术、设施等方面。此外，消除饥饿必须增加贫困国家人们对粮食的有效需求，即人们必须有钱来购买粮食。因此，不仅在粮食生产方面，而且在世界贸易、金融、国际间的合作乃至提高整个贫困国的经济水平方面，都需要国际社会的援助与合作。

下列因素将共同决定着世界未来的粮食供求和粮食安全状况：世界人口绝对数量的高速增加；世界人均收入和营养状况的不容乐观；世界畜牧产品需求的大幅提高；世界粮食需求的持续增长；世界粮食贸易的不断扩大；世界粮食种植面积增幅的有限；世界耕地退化问题的日趋严重；世界粮食单产增长的缓慢等。

总之，我们对粮食问题的严重性应该予以足够的重视。今后应该通过发展生产，控制人口过快增长以及改变不合理的旧的经济秩序和发展科技等，来解决世界粮食问题。

三、世界林业、牧业、经济作物、水产业的生产与分布

（一）世界森林资源的生产与分布

森林是自然环境的重要组成部分，森林资源是人类最宝贵的财富，素有“绿色金子”之称。森林不仅有经济价值，更重要的在于它是陆地上最大的生态系统，没有森林，生态系统就会崩溃，因此，在保持自然界的生态平衡中，森林占有极其重要的地位。破坏森林就等于破坏人类赖以生存的自然环境。

联合国粮农组织对森林面积的定义，是指由自然生长或人工种植且原地高度至少为5米的直立树木（无论是否属于生产性）所覆盖的土地，不包括农业生产系统中的立木（例如，果树种植园和农林系统）以及城市公园和花园中的树木。世界各国的森林覆盖率差异很大，排名前十的森林国家占全球森林面积的67%（表4-6）。根据《2015年全球森林资源评估》报告显示，1990年全世界共有41.28亿公顷的森林，到2015年面积已减少到39.99亿公顷，森林占全球陆地的面积则由1990年的31.6%减少到2015年的30.6%。

表4-6 2015年拥有最大森林面积的前十个国家

国家	森林面积（千公顷）	占陆地面积百分比（%）	占全球森林面积百分比（%）
俄罗斯联邦	814 931	50	20
巴西	493 538	59	12
加拿大	347 069	38	9
美国	310 095	34	8
中国	208 321	22	5
刚果民主共和国	152 578	67	4
澳大利亚	124 751	16	3
印度尼西亚	91 010	53	2
秘鲁	73 973	58	2
印度	70 682	24	2

数据来源：《2015年全球森林资源评估》。

1990—2015年间的森林面积净损失为1.29亿公顷天然林，相当于整个南非的面积，代表着0.13%的年度净损失率。但综合起来看（表4-7）：森林每年净损失率已从1990年代的0.18%减缓到在过去五年里的0.08%。在2010—2015年间，森林年损失量为760万公顷，年增长量为430万公顷，结果为森林面积每年净减少330万公顷。森林面积减少最多的区域是在热带，特别是在南美和非洲，尽管这些地区的损失率在过去五年里已有实质性的下降。从1990—2015年，人均森林面积从0.8公顷下降到0.6公顷。人均森林面积减少最多是在热带和亚热带地区，随着人口增长和林地被转化为农业和其他用地，这种情况出现在每一个气候域（除了在温带区域）。

表4-7　1990-2015年全球森林面积变化

		年度净变化		
年份	森林（千公顷）	时期	面积（千公顷）	年度百分比（%）
1990	4 128 269			
2000	4 055 602	1990—2000	-7 267	-0.18
2005	4 032 743	2000—2005	-4 572	-0.11
2010	4 015 673	2005—2010	-3 414	-0.08
2015	3 999 134	2010—2015	-3 308	-0.08

数据来源：《2015年全球森林资源评估》。

（二）世界畜牧业的生产与分布

畜牧业是人类与自然界进行物质交换的重要生产部门，是农业产业结构中的重要组成部分。发展畜牧业，不仅对于改变人们的食物构成、提高生活水平有重要意义，而且对促进整个农业发展，为工业生产提供轻工业原料，扩大出口等都有重要作用。

二战后，随着世界粮食产量的不断增长，世界畜牧业的产品产量也相应得到增长。但是，不同类型国家的畜牧业发展情况不同。大多数发达国家粮食供应大于粮食的直接消费，因而有充裕的土地用于发展饲料和牧草生产。所以，从世界主要畜产品产量来看，除少数几个土地面积较大的发展中国家（如中国、印度、巴西、阿根廷）外，畜牧产品主要分布在北美、西欧、东欧和澳大利亚等地区和国家。表4-8展示了2016年世界部分国家主要畜牧产品产量情况。

表4-8　2016年世界部分国家主要畜牧产品产量

国家	蛋类（千吨）	国家	牛奶（千吨）	国家	牛肉（千吨）
世界	78 968.20	世界	663 941.83	世界	65 663.12
中国	31 972.68	美国	96 346.28	美国	11 470.61
美国	6 046.96	印度	78 098.88	巴西	9 284.00
印度	4 561.00	巴西	33 656.16	中国	6 822.81
墨西哥	2 720.19	德国	32 672.34	阿根廷	2 644.00
日本	2 562.24	中国	31 018.55	澳大利亚	2 315.99

续上表

国家	蛋类（千吨）	国家	牛奶（千吨）	国家	牛肉（千吨）
俄罗斯	2 412.85	俄罗斯	30 495.93	墨西哥	1 878.71
巴西	2 281.77	法国	24 482.49	俄罗斯	1 618.97
印度尼西亚	1 485.69	新西兰	21 671.52	法国	1 458.28
土耳其	1 131.10	土耳其	16 786.26	德国	1 155.48
法国	960.00	巴基斯坦	15 529.00	土耳其	1 059.20

数据来源：联合国粮农组织数据。

（三）世界主要经济作物的生产与分布

经济作物，是指除粮食以外的重要农作物，它是重要的轻工业原料。它的生长多半要求有特殊的自然环境，生产要求精耕细作，使用劳动力多，因而高度集中于少数地区。经济作物在世界农产品贸易总额中所占比例远远大于粮食作物。除棉花、甜菜、大豆以外，世界经济作物的生产与输出国主要是发展中国家。

经济作物的种类繁多，一般可分为以下几类：第一，纤维作物，如棉花、麻类等；第二，糖料作物，如甘蔗、甜菜等；第三，油料作物，如草本油料作物；第四，饮料作物，如茶、可可、咖啡等；第五，其他工业原料作物，如橡胶等。在此，仅介绍棉花、大豆和茶叶这三种主要的经济作物。

1. 棉花

棉花是纺织工业的主要原料，随着人们对纺织品需求的不断增加，作为主要的纺织原料，棉花产量不断增长。棉花是亚热带作物，主要产于北纬20°～40°之间的地区。由于灌溉技术的进步以及对棉花质量要求的提高，第二次世界大战后，棉花生产日益向具有灌溉条件的干旱地区集中。世界棉花生产主要集中在4个地区：一是亚洲中部、东部和东南部地区，这是世界棉花的主要产区，棉花产量占世界棉花总产量的一半。中亚地区包括苏联的中亚棉花生产区、中国的天山南北。东亚地区包括中国的华北平原、长江中下游平原和关中平原。南亚地区包括印度的德干高原和印度河平原。二是北美洲南部地区，这里主要是指美国南面的棉花带。它是世界第一大棉花生产区，棉花产量占世界棉花总产量的1/4左右。三是非洲东北部地区，这里主要指埃及和苏丹的棉花产区。其长绒棉的产量占世界长绒棉产量的80%以上。四是拉丁美洲地区，这一地区包括墨西哥、巴西、阿根廷及中美各国。

2. 大豆

大豆是一种历史悠久的作物，最早产于我国，已有几千年的栽培历史。大豆是世界重要的油料作物之一，同时又是营养极丰富的粮食作物。从20世纪70年代以来，世界大豆产量不断增长。由于畜牧业的发展要大豆饼粕作为饲料，国际市场上大豆产品价格较高，促进了大豆的种植。随着对大豆饼粕的利用，豆油的产量也相应增长。第二次世界大战以前，中国的大豆生产量和出口量都占到世界的90%。以后受战争影响，1958年后又受政策影响，大豆生产量下降。1979年以后才逐渐恢复到战前水平。从1954年起，美国和巴西的大豆生产量先后超过中国。阿根廷是在20世纪70年代以后崛起的大豆主产国。表4－9展示了2016年世界和主要产粮国家大豆产量及占世界比重。

表 4-9 2016 年世界和主要产粮国家大豆产量及占世界比重

国家	产量（万吨）	所占比重（%）
世界	33 550.88	100.00
美国	11 692.03	34.85
巴西	9 639.48	28.73
阿根廷	5 879.93	17.53
印度	1 315.90	3.92
中国	1 279.20	3.81
巴拉圭	916.30	2.73
加拿大	659.65	1.97
乌克兰	427.70	1.27
玻利维亚	320.40	0.95
俄罗斯	313.52	0.93

数据来源：联合国粮农组织数据。

3. 茶叶

茶叶是世界上最主要的饮料之一。亚洲、非洲，中国、苏联等，都是盛行饮茶的地区和国家。茶叶是热带、亚热带多年生常绿植物，喜湿润气候，耐阴性强，分布较普遍，在北纬 42 度以南至南纬 33 度以北地区，有 40 多个国家种植茶树。2016 年，全球共产茶叶 591.4 万吨，中国的茶叶产量占世界茶叶产量的 39.33%，印度占 21.24%，肯尼亚占 8.00%，斯里兰卡占 5.91%。其他生产茶叶较多的国家还有越南、印度尼西亚、缅甸、阿根廷等。

其中，肯尼亚也是重要的茶叶出口国。英国、俄罗斯、美国是重要的茶叶进口国。特别像美国，近年来在茶保健观念的影响下，袋泡茶、速溶茶、冰茶、罐装茶发展很快，故茶叶的消费量与进口量也有所增长。世界上人均茶叶消费量最大的国家当属英国，英国人均年消费茶叶在 2 千克以上。

（四）世界水产业生产与分布

水产业是在海洋和江、河、湖、塘等水中从事捕捞或养殖水生动物的生产事业，一般以鱼类捕捞、加工为主，习惯上把水产业统称为渔业。水产品是人类不可缺少的高营养价值食物。目前，世界主要的水产品几乎都是天然生长的。人工养殖的水产品是投入少而收益较大的产业。因此，随着世界人口的不断增长和耕地面积日渐减少，发展水产业对满足人类日益增长的食物需要具有重要意义。

从 1965 年到 2015 年，全球水产品产量稳定增长，食用水产品供应量年均增长 3.2%，超过 1.6% 的世界人口增长率。中国是水产品供应增加的主要国家，其水产品产量增幅巨大，特别是来自水产养殖的产量。2013 年全球海洋水域渔业产量为 8 260 万吨，2014 年为 7 970 万吨。全球内陆水域捕捞产量 2012 年达到 1 160 万吨。尽管其向上的趋势似乎还在继续，但在全球捕捞渔业总产量的份额不超过 13%。亚洲内陆水域捕捞产量占全球的 2/3 左右。内陆渔业在非洲是重要的，占其捕捞渔业总产量的 1/3，靠近大型湖泊（维多利亚、坦噶尼喀和马拉维）和主要河流（尼罗河、尼日尔河、刚果河等）居住的大量人口主要依赖鱼作为摄入的蛋白。其他大洲内陆水域总产量稳定，美洲为58万吨，欧洲为38万吨，大洋洲为1.8万吨。

世界水产养殖生产可归类为内陆水产养殖和海水养殖。内陆水产养殖一般利用淡水，此外在埃及一些生产活动利用内陆区域的咸水以及在中国利用盐碱水域。海水养殖包括在海洋和潮间带的生产以及在岸上设施和构筑物中的生产。世界水产养殖产量继续增长，尽管增速缓慢。2012年世界水产养殖产量又创新高，达9 040万吨。自2008年起，亚洲整体产量是养殖产量高于捕捞产量，2012年其水产养殖量在总产量中的份额达到54%，欧洲为18%，其他大洲则不到15%。由于大多数水产养殖国家对食用鱼的需求在增长，水产养殖产量的总体增长相对强劲。在21世纪开始的前12年，水产养殖产量年增长最快的是非洲以及拉美和加勒比，增长率分别为11.7%和10%。不包括中国，亚洲其他地区食用鱼养殖产量年增长率从2000年到2012年达8.2%，明显高于1980—1990年的6.8%和1990—2000年的4.8%。

第三节　世界的能源与能源问题

能量资源是指在目前社会经济技术条件下能够为人类提供大量能量的物质和自然过程，包括煤炭、石油、天然气、风、河流、海流、潮汐、草木燃料及太阳辐射等。大自然赋予人类多种多样的能源：一是来自太阳的能量，包括太阳辐射能和间接来自太阳能的煤炭、生物能等；二是来自地球本身的能量，如地热能和原子能；三是来自地球和其他天体相互作用所产生的能量，如潮汐能。能源是资源的一部分，是人类生产和生活的重要物质基础。当今世界，能源不仅是重要的燃料动力资源，而且是重要的原材料和重要的战略物资。能源直接影响国民经济的增长，也与政治、环境等问题密切相关。

一、世界能源工业的生产分布和消费结构

就目前所知，能源包括太阳能、风能、水力能、生物质能、地热能、化石燃料、核能、海洋能和潮汐能等。能源利用的广度和深度是衡量社会生产力发展水平的主要标志之一。人类利用能源的历史表明，能源的使用与环境和发展有着非常密切的关系。

（一）能源工业的生产分布

随着科学技术的进步，人类历史上能源利用经历了薪炭时代、煤炭时代和石油时代，并正从传统的矿物能源向水能、太阳能、地热、风能等可再生能源和新能源方向发展。世界能源工业从产业革命以来一直保持着快速增长，20世纪50年代以来，世界能源工业进入了一个新的发展时期。由于石油、天然气比煤炭在性能上更为优良，得到广泛使用，从而使其增长更快。

能源可分为两大类：一是可再生能源，包括太阳能、水能、风能、地热能、生物能和植物燃料等；二是不可再生能源，包括煤炭、石油、天然气和核能等。能源工业的生产发展从产业革命开始一直保持高速增长，特别是20世纪50年代以来，世界能源工业进入一

个新的发展时期。一方面是能源生产总量不断提高；另一方面是能源生产结构发生了变化，传统的煤炭工业受到石油、天然气工业的排挤，生产长期停滞不前，近年才开始有所回升，但增长速度远不及石油和天然气工业快。同期，水电、核电得到较大发展，在能源生产中的地位日益重要。

世界能源生产分布是不平衡的，以美国为最多。此外，中国、俄罗斯、沙特阿拉伯、印度、加拿大、英国、伊朗、印度尼西亚、墨西哥、挪威、澳大利亚等国能源产量也较多。而且世界各国拥有的各种能源资源状况不同，因此，各国能源工业生产的状况也不同。有的国家煤炭、石油、天然气生产全面发展，如美国、苏联等；有的国家以煤炭生产为主，如中国、印度、南非、澳大利亚、波兰等；有的国家以石油、天然气生产为主，如中东地区各国、委内瑞拉、阿尔及利亚、尼日利亚等；有的国家水力资源利用率高，如瑞典、瑞士、巴西、加拿大等；有的国家核能利用多，如法国；有的国家各种能源资源都贫乏，如日本。

（二）能源消费结构的变化

随着生产力的发展和科学技术的进步，人类在能源消费上经历了三个阶段，目前正在走向第四阶段。在前资本主义时期，生产力不发达，木柴等在能源消费中居首位，被称为能源的“木柴时代”。以蒸汽机为主要标志的18世纪的产业革命，促进了煤炭的大规模使用，大约经过一个多世纪的发展，到19世纪70年代，煤炭在世界能源消费中占24%。之后电力开始进入社会各领域，蒸汽机和火电站（烧煤）发展迅速，对煤炭的需求骤增，到20世纪初达95%，取代木柴成为主要能源，称为能源的“煤炭时代”。20世纪初，内燃机问世，汽车、飞机制造业兴起，各工业部门和运输业相继采用石油为燃料的动力装置，在一些新型军事装置广泛应用石油为动力，致使石油消费量显著增加。20世纪60年代初，石油（气）的产量与消费量超过煤炭，世界能源进入“石油时代”。从长远上来看，能源消费结构将从传统的矿物燃料转向可再生能源（太阳能、核能、生物能等）为基础的持久能源系统，预计彻底转换需半个世纪到一个世纪。在转换的过渡期仍以石油（气）、煤炭为主，其他的核能、新能源可望有些提高，将是能源的“多极化时代”。

二、主要能源工业部门的生产与分布

能源资源按利用情况，可分为在现有经济和技术条件下，已经大规模生产和广泛使用的常规能源，如煤炭、石油、天然气、水能等；目前正在推广使用的新能源，如太阳能、海洋能、地热能、生物质能等。新能源大部分是天然和可再生的，是未来世界持久能源系统的基础。

（一）世界煤炭工业

煤炭是近代工业发展史上的主要能源之一，从18世纪到20世纪60年代初，一直是最重要的能源，被誉为“黑色的金子”。

1. 煤炭资源的分布

根据BP世界能源统计年鉴报告称，2016年底，煤炭全部探明储量为11 393.31亿吨。全部探明储量通常是指，通过地质与工程信息以合理的确定性表明，在现有的经济与作业条件下，将来可从已知储层采出的煤炭储量。世界煤炭资源的储量、密度，北半球高于南半球，特别是高度集中在亚洲、北美洲和欧洲的中纬度地带。从国家上来看，美国的煤炭全部探明储量占比 22.1%，俄罗斯占比 14.1%，中国占比 21.4%，其他煤炭资源较丰富的国家有澳大利亚、印度、乌克兰、印度尼西亚、哈萨克斯坦、德国等。

2. 煤炭工业分布

煤炭工业是较古老的工业部门，从 19 世纪中期以来，煤炭产量增长迅猛。煤炭的生产地点及其规模首先取决于煤炭矿床的地点、储量、煤种、媒质状况；此外，还受多方面因素的影响，特别是现代化科学技术在采煤、运输、综合利用等方面的应用程度。例如，发展采煤综合机械化，优先发展露天开采，综合利用煤炭资源，使煤炭工业生产向大型化、集中化发展，产量就会迅速提高。根据《BP 世界能源统计年鉴（2017 年）》，在 2016 年 36.56 亿吨的煤炭产量中（表 4－10），中国占 46.1%，美国占 10%。其他产煤较多的有澳大利亚、印度、俄罗斯、印度尼西亚、波兰、德国等。鉴于中国煤炭价格对世界煤价的重要影响，中国煤炭市场的变动也波及了全球煤炭市场。2016 年，煤炭产量大幅下降了 2.31 亿吨油当量（－6.2%），其中美国煤炭产量第二年连续剧烈下滑 8 500 万吨油当量（－19.0%）。

表 4－10　部分国家煤炭产量

单位：百万吨

国家	2006 年	2011 年	2012 年	2013 年	2014 年	2015 年	2016 年
世界	3 194.7	3 897.3	3 938.9	4 006.1	3 992.4	3 887.3	3 656.4
中国	1 328.4	1 851.7	1 873.5	1 894.6	1 864.2	1 825.6	1 685.7
美国	595.1	556.1	517.8	500.9	507.7	449.3	364.8
澳大利亚	220.4	245.1	265.9	285.8	305.7	305.8	299.3
印度	198.2	250.8	255.0	255.7	269.5	280.9	288.5
俄罗斯	141.0	157.6	168.3	173.1	176.6	186.4	192.8
印度尼西亚	114.2	208.2	227.4	279.7	269.9	272.0	255.7
波兰	68.0	55.7	57.8	57.2	54.0	53.0	52.3
德国	53.3	46.7	47.8	45.1	44.1	42.9	39.9
哥伦比亚	45.7	59.2	61.5	59.0	61.1	59.0	62.5

数据来源：《BP 世界能源统计年鉴（2017 年）》。

3. 煤炭的消费和贸易

世界煤炭的消费量与生产量基本吻合，两者相伴涨落；同时也随着其他能源，特别是石油消费的增减而变动。世界煤炭消费多的国家大多是发达国家和人口众多的国家，2016 年世界煤炭消费量中，中国和美国分别占比 50.6% 和 9.6%。其他消费较多的国家有印度、俄罗斯、日本、德国、波兰、韩国、澳大利亚等。2016 年，全球煤炭消费减少 5 300 万吨油当量，较 2015 年下降 1.7%，这是煤炭消费连续第二年下滑。煤炭消费降幅最大的是美国（－3 300 万吨油当量，－8.8%）和中国（－2 600 万吨油当量，－1.6%）。英国煤炭消费下降超过五成（－1 200 万吨油当量，－52.5%），成为年鉴历史记录中的最低值。在煤炭的消费结构中，工业用煤占世界煤炭消费量的 80% ～90%，特别集中在发电和炼焦方面。进入20世纪80年代，澳大利亚超过美国成为最大的煤炭出口国，其他出口较多的国家有美国、南非、哈萨克、俄罗斯、中国等国家。日本一直是最大的煤炭进口国，其他进口较多的国家有韩国、德国、荷兰、英国、意大利、加拿大、法国等。基本在发达国家间进行，海陆运输各占煤炭贸易量的一半。

（二）石油和天然气工业

石油是发热量最高的矿物能源，又是制造塑料、合成纤维、合成橡胶、合成洗涤剂、染料、医药、农药、炸药和化肥的重要原料。天然气是热量高、成本低、使用方便和污染小的能源。天然气成为次于石油、煤炭成为世界第三能源，又是化工的重要原料。自20世纪50年代以来，随着世界各国工业、农业、交通运输、国防和科技的迅速发展，对石油和天然气的需求不断增加，石油和天然气产量持续上升。

1. 石油和天然气资源的分布

原油的分布从总体上来看极端不平衡：从东西半球来看，约3/4的石油资源集中于东半球，西半球占1/4；从南北半球来看，石油资源主要集中于北半球；从纬度分布来看，主要集中在北纬20°～40°和北纬50°～70°两个纬度带内。波斯湾及墨西哥湾两大油区和北非油田均处于北纬20°～40°内，该带集中了51.3%的世界石油储量；北纬50°～70°纬度带内有著名的北海油田、俄罗斯伏尔加及西伯利亚油田和阿拉斯加湾油区。而天然气资源高度集中在少数国家和油气田，世界天然气总储量超过一半存在于3个国家——俄罗斯、伊朗和卡塔尔，而全球25个大气田就约占了世界天然气总储量的一半，欧佩克（OPEC）国家也拥有全球将近一半的储量。

2. 石油和天然气工业分布

20世纪六七十年代，中东地区采油业崛起，此后持续发展。2016年，全球石油产量仅增长40万桶/日，为2013年以来的最缓增速。中东石油产量增加170万桶/日，增长主要来自伊朗（70万桶/日），伊拉克（40万桶/日）和沙特阿拉伯（40万桶/日）。中东以外的其他地区石油产量下降130万桶/日，下降最大的是美国（－40万桶/日），中国（－31万桶/日）和尼日利亚（－28万桶/日）。从各国来看，2016年沙特阿拉伯的石油产量占世界石油总产量的13.4%，俄罗斯占12.6%，美国占12.4%。表4－11展示了部分国家的石油产量情况。

表4－11　部分国家石油产量

单位：百万吨

国家	2006年	2011年	2012年	2013年	2014年	2015年	2016年
世界	3 964.8	4 007.9	4 116.4	4 125.3	4 226.2	4 359.5	4 382.4
沙特阿拉伯	508.9	525.9	549.8	538.4	543.4	567.8	585.7
俄罗斯	485.6	518.8	526.2	531.1	534.1	540.7	554.3
美国	304.5	344.9	393.2	446.9	522.7	565.1	543.0
伊朗	210.7	212.7	180.7	169.8	174.2	181.6	216.4
墨西哥	182.5	144.5	143.9	141.8	137.1	127.5	121.4
委内瑞拉	171.2	141.5	139.3	137.8	138.5	135.9	124.1
中国	184.8	202.9	207.5	210.0	211.4	214.6	199.7

数据来源：《BP世界能源统计年鉴（2017年）》。

据《BP 世界能源统计年鉴（2017 年）》，2016 年世界天然气产量为 35 516 亿立方米，全球天然气产量仅增加 210 亿立方米，上升 0.3%。天然气产量最高的地区是欧洲及欧亚大陆，占总产量的 28.2%；其次是北美地区，占 26.7%。北美地区产量的下滑（-210 亿立方米）部分抵消了澳大利亚（190 亿立方米）和伊朗（130 亿立方米）的强劲增长。从国别上来看，俄罗斯和美国是最大的天然气生产国，2016 年这两个国家的天然气产量分别占世界总产量的 16.3% 和 21.1%。其他天然气主要生产国有加拿大、英国、阿尔及利亚、伊朗、印度尼西亚、沙特阿拉伯、荷兰等。

3. 石油和天然气的消费、贸易

世界石油储量、产量、冶炼、销售的地区分布很不平衡，使得石油贸易量在世界能源贸易量中数量最大。2016 年，世界石油消费总量为 44.18 亿吨。美国仍然是世界最大的石油消费国，中国是世界第二大石油消费国。分区域来看，亚太地区是世界石油消费量最高的地区，年消费石油 15.57 亿吨，占世界消费总量的 35.2%。北美地区是世界第二大石油消费区，年消费石油 10.47 亿吨，占世界总量的 23.7%。欧洲和欧亚地区是世界第三大石油消费区，年消费石油 8.85 亿吨，占世界总量的 20.0%。接下来依次是中东地区和中南美地区，分别消费石油 4.18 亿吨和 3.26 亿吨，占世界消费总量的 9.5% 和 7.4%。非洲是石油消费量最少的地区，2016 年仅消费石油 1.85 亿吨，占世界消费总量的 4.2%。

从进口贸易来看，美国仍是全国最大的石油进口国，2016 年进口石油 1 005.6 万桶/日，占世界石油进口总量的 15.4%。从地区层面来看，欧洲是世界第一大石油进口地区，2016 年进口石油 1 418.8 万桶/日。从出口贸易来看，中东仍是世界最大的石油出口地，2016 年中东（除沙特阿拉伯）出口石油总量为 1 499.2 万桶/日，占世界石油出口总量的 22.9%。

世界各国天然气消费主要用于城市、工业和发电。天然气消费结构取决于各国的资源可得性、经济结构以及与可替代能源的竞争水平等因素。美国天然气消费结构较均衡且结构稳定，加拿大天然气主要用于工业和城市用气，英国以城市用气为主，日本则以发电为主。2016 年，全球天然气消费增加 630 亿立方米，上升 1.5%，低于 2.3% 的十年平均水平。欧盟天然气消费大幅上升，增加了 300 亿立方米，较 2015 年上涨 7.1%，这是自 2010 年以来的最大增幅。俄罗斯天然气消费下滑在各国中最为显著（-120 亿立方米）。2016 年，天然气贸易上升 4.8%，这得益于液化天然气进出口贸易 6.2% 的增长。液化天然气出口的净增长（210 亿立方米）大部分来自澳大利亚（190 亿立方米）。美国液化天然气出口量由 2015 年的 7 亿立方米增加至 2016 年的 44 亿立方米。

（三）电力工业

电力是最重要的二次能源。自 19 世纪 70 年代以电力的发明和应用为主要标志的第二次科技革命以来，电力工业结构发生了较大变化。19 世纪末以前，电力只能用于照明，发电主要依靠煤炭；20 世纪后，由蒸汽动力向电力动力过渡，使电力生产快速增长。许多国家水力发电超过燃煤发电。战后，由于石油、天然气廉价、清洁，被大量用于发电，20 世纪 70 年代中期，火电比重大大超过水电比重，并一直保持至今。

1. 火力发电工业

火力发电是目前世界上应用最广泛的发电方式，它利用煤炭、天然气、原油作为燃料发电。火力发电生产分布极不平衡，发电能源分布状况与电力生产分布状况极不相称。世界火电站高度集中在北半球中纬度地带，约占总发电量的90%以上。一些油气丰富而煤炭资源少的国家，如中东各国、墨西哥等，主要用本国油气发电。有少数各种矿物能源都缺乏的国家，如日本、意大利，用进口的煤炭、天然气、原油来发电。

2. 水力发电工业

水能资源是一种清洁、可再生、发电成本低廉、较其他矿物能源具有显著优越性的能源，因而在世界得到广泛重视。但因受水力条件（如地表径流、地形等）的影响及发电站建设工期长、投资大、收益慢的限制，水力发电的发展受到制约。当今世界水电发展趋势表现在以下几个方面：第一，水电站建设规模越来越大。随着电力需求量的增加、水电建设技术水平的提高和超高压远距离输电技术的发展。第二，注重发挥综合利用效益。修建具有一定库容的水电站，不仅能提供电力，而且一般还具有防洪、灌溉、航运、养殖、旅游等综合利用价值。第三，修建抽水蓄能电站。为了满足电力系统中调峰的需要，近年来世界各国纷纷修建抽水蓄能电站。这在目前被认为是在较长时间储蓄大量电能的一种最经济可靠的手段。第四，重新重视小水电。小水电站一度因生产成本高、发电量小而不受重视，被放弃或改建。但近年来，人们认识到小水电在经济不发达和偏僻地区，对农业生产和人民生活有重要作用，因此，在对发电设备进行技术改造后，小水电重新得到重视。第五，新的水力发电形式。世界上一些国家根据自身的资源条件，还在寻求新的发电形式，以满足不断增长的电力需求。目前，有的国家根据自身的资源条件，已开始利用这些新的发电形式来发电，如挪威、日本已建造了小型海洋波浪能发电站。

3. 核电工业

核电工业是新兴的电力工业部门，它是一种切实可行和有前途的能源。不少国家的能源结构中核电比重不断增大。近年来，全世界核电站的发展，使得核能耗量增加，从而节省了大量的石油、煤炭和天然气等矿物性能源。特别是那些矿物性能源和水力资源匮乏的国家，在发展能源方面都把发展核电作为一项重要国策。核电以其价格较便宜、供应稳定的特点，受到普遍重视。

根据国际能源机构数据表明，2015 年核能发电量占总发电量的比例较高的国家有法国（77.67%）、斯洛伐克共和国（58.16%）、匈牙利（52.45%）、比利时（38.94%）、斯洛文尼亚（38.14%）、瑞士（35.05%）、瑞典（34.85%）、芬兰（33.90%）。其中，电力来源是指用于发电的投入。核能发电是指由核电站生产的电力。

三、能源问题

能源是指能为人类利用获取光、热、动力等任何一种形式能量的各种载体，包括燃料、流水、风、阳光等自然资源。能源是人类生产和生活的重要物质条件。产业革命前，主要能源是木柴、风力、水力；产业革命后，煤炭成为主要的能源。二次大战后，石油在能源中的地位日益提高，成为世界的主要能源。当代世界经济中的能源问题主要是石油问题。

石油是一种不可再生的能源，随着世界经济的发展，石油资源已经显示出逐渐枯竭的趋势。历史出现过三次石油危机：①第一次石油危机。1973 年 10 月，以色列和阿拉伯国家之间爆发了战争。为了抗议美国和荷兰对以色列的支持，包括绝大多数石油生产大国的国际卡特尔石油输出国组织，即欧佩克（OPEC）中的阿拉伯成员国强制该组织通过了一个对美国和荷兰的石油禁运决议。由于害怕石油输出方面更大的混乱，购买者努力增加预防性石油存货，从而抬高了石油的市场价格。因为石油市场这种情况变化的刺激，欧佩克成员国开始提高它们的主要顾客大石油公司的价格。到 1974 年 3 月，石油价格涨到原来的 4 倍，从战争爆发前的 3 美元一桶升到 12 美元一桶。持续 3 年的能源危机对发达国家的经济造成了严重的冲击。②第二次石油危机。1878 年底，世界第二大石油出口国伊朗的政局发生剧烈变化，石油产量受到影响，从每天 580 万桶骤降到 100 万桶以下，打破了当时全球原油市场上供求关系的脆弱平衡。油价在 1979 年开始暴涨，从每桶 13 美元猛增至 34 美元，导致了第二次石油危机的出现，此次危机成为 20 世纪 70 年代末西方经济全面衰退的一个主要原因。③第三次石油危机。1990 年 8 月初伊拉克攻占科威特之后，伊拉克遭受国际经济制裁，使得伊拉克的原油供应中断，国际油价因而急升至 42 美元的高点。美国经济在 1990 年第三季度加速陷入衰退，拖累全球 GDP 增长率在 1991 年跌破 2%。国际能源机构启动了紧急计划，每天将 250 万桶的储备原油投放市场，使原油价格在一天之内就暴跌 10 多美元。以沙特阿拉伯为首的欧佩克也迅速增加产量，很快稳定了世界石油价格。由于战争很快结束，这次油价暴涨对全球经济的冲击要小得多。

石油价格大幅度波动，对世界各国经济的影响是不同的。20 世纪 70 年代石油价格的大幅度上涨，对石油输出国十分有利。它们通过出口石油获得巨额的石油美元，仅 1973 年就达 1 104 亿美元，相当于 1973 年以前 20 年内石油收入的总和。从而加快了这些国家经济发展速度。但是，石油提价对非产油的发展中国家是不利的，因为它们要支付额外的石油进口费用，增加了经济的困难。因此，石油输出国曾向这些国家提供了大量的援助。石油提价对发达国家影响更加不利。它们不得不以高价进口石油，致使国内物价急剧上涨。能源的供应不足，又阻碍了经济的增长。20 世纪 80 年代以来，一直到 90 年代初，虽然海湾战争爆发使石油价格略有反弹，但总的油价走势是下跌的，这对发达国家经济增长有利，对石油输出国组织和发展中国家其他产油国不利，石油收入大大减少，导致石油生产国的经济增长速度放慢。综上所述，石油问题是影响当今世界经济和未来世界经济发展的重大问题，已引起全世界各国的重视。

2016 年，全球探明石油储量增加了 150 亿桶（0.9%）至 1.707 万亿桶，按照 2016 年产量水平，这足够满足世界 50.6 年的产量。增加主要来自伊拉克（100 亿桶）和俄罗斯（70 亿桶），而一些国家和地区则有小幅下降（10 亿桶以下）。欧佩克国家现在掌握 71.5% 的全球探明储量。

第四节　人类的可持续发展议程

随着科学技术的不断进步，人类社会的经济水平快速的增长，能源消耗也同时在更加快速地增长，却也不经意地让我们付出了环境和资源的代价，使持续发展难以为继。自从 1992 年在巴西召开的联合国环境与发展首脑会议以来，一个新的名词——“可持续发展”，就在全世界各国开始流传，世界经济的发展也由此增添了新的内容。人类要发展、要进步，就必须正确地认识能源与环境保护之间的关系，在可持续发展战略的基础上合理地开发和使用能源，从而保护我们的环境、我们的地球。

一、全球主要环境问题

世界经济的发展已日益受到全球环境问题的困扰。而且各国为发展本国经济，不得不共同面对和解决这一重大课题。广义的环境包括自然环境和政治、经济、文化所构成的社会环境。我们所探讨的环境问题指的是自然环境的问题，即人类的生产和生活活动致使周围环境的结构和状态发生变化，反过来对人的生存和发展条件产生不利影响的状况。发展中国家和发达国家所面临的环境问题有所不同。发展中国家所面临的最紧迫的环境问题是：有害健康的饮用水、卫生设施的不完备、土壤侵蚀、炉火造成的室内烟尘和燃煤造成的室外烟尘。它们与富国因富足而造成的环境问题不同。富国的问题是：二氧化碳的排放、臭氧层的减少、光化学烟雾、酸雨以及城市的有毒废料。但是现代意义上的环境问题是全球性的，毕竟人类只有一个地球。所以我们必须对环境问题高度重视。

（一）大气污染

由于工业、交通运输和国内能源消费，产生大量含有二氧化碳、氯氟烷烃、硫化物、铅、其他悬浮颗粒物等有毒有害物质的排放物，导致大气环境污染严重，出现了下列现象。

1. 温室效应

随着经济和社会的发展，大气中的温室气体也在逐年增加。温室气体主要包括二氧化碳、甲烷、氯氟化碳、臭氧、氮的氧化物和水蒸气等，其中最主要的是二氧化碳。从全球看，由于工业化的发展和人类对高标准生活的追求，大气中的温室气体含量急剧增加，从而造成温室效应的加剧和全球气候变暖。全球气候变暖的直接后果之一是海平面不断上升，从而使沿海城市受到被淹没的威胁。气候变暖，海平面上升，将对全球的生态环境系统和人类社会的发展带来严重的影响：干旱区更为干旱，多雨区更多洪涝；海平面上升，海水盐度降低，岛国难以生存，地势低洼的沿海区域将被淹没；淡水咸化，地下水污染加剧；全球干旱频率增大，中纬度地区更为干旱、酷热，森林失火，湖泊干涸，水资源更为紧张；土壤盐渍化和沙漠化加剧。

2. 臭氧层破坏

臭氧存在于大气平流层中，它一方面是一种温室气体，可调节地球气温，另一方面能阻止过量的紫外线到达地球表面，一般可过滤掉 70% ～ 90% 太阳紫外线，从而保护人和地球上其他生物免遭过量紫外线的伤害。臭氧在平流层一定高度上遍布，成层状，所以有臭氧层之说。自 1958 年对臭氧层进行观察研究以来，发现高空臭氧层有减少的趋势，20 世纪 70 年代以来这种趋势更为明显。破坏臭氧层的主要化学物质是氯氟烷烃和氧化亚氮。氯氟烷烃是一种强力温室气体，它基本上是人工排放的。它广泛用作制冷剂、发泡剂、清洗剂、喷雾剂、灭火剂以及溶剂。目前已存留于大气中的氯氟烷烃的危害可持续一个世纪。人类活动使平流层臭氧浓度出现全球性下降。1985 年，在南极上空首次观察到“臭氧空洞”。如果平流层臭氧减少 10%，地球表面紫外线辐射强度将增加 20%。这将对人类健康、其他生物乃至整个地球生态系统产生严重后果，植物生长速度将下降 20% ～ 50%，叶绿素含量将减少 10% ～ 30%，有害突变频率将增加 20 倍，农林牧业将因此而减产，整个水生生态系统将受影响，人类皮癌发病率将增加 26%。如果臭氧含量减少 20%，水域中藻类将全被杀死，完全打乱原有的平衡。

3. 酸雨

酸雨是以化石燃料为能源的工业化的产物，是空气污染物积累性作用的结果，控制酸雨是人类走向可持续发展所必须解决的重大环境问题。酸雨最早出现在19世纪中叶的英国。其他欧美发达国家随后也出现了酸雨现象。1972年在斯德哥尔摩召开的联合国人类环境会议上，瑞典第一次把酸雨作为一个国际性环境污染问题提出来。酸雨改变湖泊河流的化学成分，破坏水生生物系统，破坏作物与森林，还破坏建筑物，使土壤甚至饮水管道中的有毒金属析出，危及人类健康。酸雨是由大气污染造成的，而大气污染是跨越国界的全球性问题，所以，酸雨是涉及世界各国的灾害，需要世界各国齐心协力，共同治理。

（二）水污染

水污染是指生活污水和工业废水对江河、湖泊、海洋和地下水造成的污染。大量的工业废水、残留农药和生活垃圾直接危害水体生物，恶化水质，加速疾病的传播，更严重的是减少了饮用水资源。水污染包括淡水污染和海洋污染两个方面。

1. 淡水污染

随着经济、社会和城市化的发展，排放到环境中的污水量日益增多。据称，目前全世界每年约有4 200多亿立方米污水排放至江河湖海，污染了55万亿立方米的淡水，约占全球径流总量的14%以上。今后随着人口的增加和工业的发展，排出的污水量还将日益增加。估计，今后20多年内全世界污水量将增加14倍，为了稀释这些污水（按污水处理程度增加一倍），需要的河水量将为实际稳定流量的3.3倍。特别在发展中国家，污水、废水基本不经处理即排入水体，因而，全世界的水质将日趋恶化。

2. 海洋污染

水污染的国际性危害是通过海水流动来传递的。海水流动性虽不及河水那么直接，但海洋面积占地球表面71%，且海水循环流动能在很大范围内混合和传输污染物，海洋污染的全球性更明显。目前，海洋污染已引起广泛关注。海洋污染主要来自陆源性污染物排入、海上生产活动以及直接向海洋倾废，其中对海洋环境影响最大的污染物是石油、有机营养盐类以及重金属等。其次，在某些发展中国家生活废水和工业废水造成的污染情况也很严重，如印度多数的河流就是敞开的下水道。它们把未经处理的城市和农村废物带入大海，约有70%的次大陆地表水被污染。总的来说，亚洲的河流可能是世界上污染最严重的河流。据资料称：在监测的78条中国河流中，有54条被未经处理的污水和工业废物严重污染。海洋是废弃物的最终归宿，大量向海洋倾泄废弃物和污染物已对海洋生态系统特别是海洋生物构成威胁。

二、可持续发展概述

（一）可持续发展理论的形成背景

在理论界，学者们在研究各国乃至世界经济的发展时，逐渐由早期的“经济增长理论”过渡到“经济发展理论”，近十多年来又演变为“可持续发展理论”。这一演变过程说明，人们已普遍认识到，片面追求经济增长不利于社会的长期发展，有增长不等于就有发展，社会的进步应该是人口、经济、资源、环境等的协调发展。

在20世纪70年代以前，发达国家醉心于经济高速增长，刚刚获得独立的那些发展中国家也专心于经济增长。因此，反映到经济理论上就是把增长与发展等同起来，认为有了增长就有了发展，自然就把国民（国内）生产总值的增长作为最优先的目标，忽视了资源和环境的保护以及社会发展的目标。20世纪60年代末70年代初，发展理论发生了变化。这是因为，一方面，片面追求经济增长的弊端逐渐显露，严重的污染事件频频发生，普通百姓的健康遭到威胁，招致死亡的恶性事件引起公愤，公害有酿成政治问题的危险，不能不引起统治当局的注意；另一方面，石油危机的冲击使人们醒悟过来，认识到资源并不是无限的。于是，关于经济发展的新理论应运而生。新理论认为，增长不等于发展，发展是社会经济协调发展的系统工程，中心思想是把发展与人口增长、环境污染、资源耗竭等因素综合起来分析。到了20世纪80年代，人们终于认识到通过高消耗追求经济数量增长和“先污染后治理”的传统发展模式已不再适应当今和未来发展的需求，必须努力寻求一条人口、经济、社会、环境和资源相互协调的，既能满足当代人的需求，又不对后代人需求构成危害的可持续发展的道路。

（二）可持续发展的含义及原则

1. 可持续发展的含义

“可持续发展”一词在国际文件中最早出现于1980年由国际自然保护同盟制订的《世界自然保护大纲》，其概念最初源于生态学，其后被广泛应用于经济学和社会学范畴，加入了一些新的内涵。在《我们共同的未来》报告中，首次给出了“可持续发展”的定义：既满足当代人的需求又不危害后代人满足其需求的发展，是一个涉及经济、社会、文化、技术和自然环境的综合的动态的概念。该概念从理论上明确了发展经济同保护环境和资源是相互联系、互为因果的观点。被广泛接受和认可的定义是1989年5月举行的第15届联合国环境规划署理事会通过的《关于可持续发展的声明》中的定义：可持续的发展，系指满足当前需要而又不削弱子孙后代满足其需要之能力的发展，而且绝不包含侵占国家主权的含义。可持续发展问题是世界范围再生产的重要问题。世界范围再生产的正常运行，不仅要求世界再生产的各个环节（即生产、交换、分配、消费）之间保持平衡，不仅要求各产业部门之间保持平衡，而且要求世界范围的物的再生产与人的再生产之间保持平衡。

2. 可持续发展的原则

第一，公平性原则。可持续发展要求当代人在考虑自己的需求与消费的同时，也要对未来各代人的需求与消费负起历史的责任。公平性原则是指机会选择的平等性。这里所说的公平具有两方面的含义：一方面是指本代人间的公平，即同代人之间的横向公平性；另一方面是指代际间公平性，即世代之间的纵向公平性。这是可持续发展与传统发展模式的根本区别之一。第二，持续性原则。人类的经济发展要以资源的环境的承载能力为限。经济发展不应损害支持地球生命的自然系统。人口增长、经济和社会发展如果超过资源和环境的承受能力，会导致资源枯竭、生态失衡，经济发展将不可持续。所以，可持续发展不仅要求人际间平等，而且人与自然也要平等。第三，共同性原则。人类拥有一个地球，实现可持续发展应有共同的目标和共同行为。正如《我们共同的未来》报告中指出的，这个分裂的世界十分需要进一步发展共同的认识和共同的责任感。尽管世界各国的历史、文化、经济和政治状况不同，各国的具体目标和行动不可能一致，但可持续发展作为全球共同目标和行动的义务是共同的。

三、世界可持续发展议程

（一）相关国际公约

国际立法一直是协调国际活动、处理世界重大问题的重要手段。在协调全球性环境问题时，国际立法更加迫切。

1972 年的《联合国人类环境会议宣言》、1980 年的《世界自然资源保护大纲》、1987 年的《我们共同的未来》等，已为国际立法确立了基本原则。1992 年联合国环境与发展大会发表了《21 世纪议程》《联合国气候变化框架公约》《联合国生物多样性公约》《关于所有类型森林的管理、养护和持续开发的无法律约束力的全球协商一致意见的权威性原则声明》，对当代全球环境合作中的一些原则性问题做了规定，进一步推动了全球环境立法的进程。此外，还有《联合国生物多样化公约》《联合国防止沙漠化公约》等。《21 世纪议程》指出，发达国家和发展中国家"应享有以与自然和谐的方式过健康而富有生产成果的生活的权利，并公平地满足今世后代在环境和发展方面的需要"。为此，发达国家和发展中国家应承担"共同但有区别"的责任。联合国在 1993 年设立了可持续发展委员会，每年都开会讨论和推动各国贯彻《21 世纪议程》。《联合国气候变化框架公约》（*united nations framework convention climate change*，UNFCCC，以下简称《公约》）是应对气候变化的第一份国际协议，该协议于 1992 年在巴西里约热内卢举行的联合国环境与发展大会上通过，目前有 190 多个缔约方，《公约》的最终目标，是将大气中温室气体浓度稳定在不对气候系统造成危害的水平，但它没有设定强制性减排目标。2009 年 12 月 7 日至 19 日，《公约》第 15 次缔约方会议暨《京都议定书》第 5 次缔约方会议在丹麦哥本哈根召开。发达国家和发展中国家在谈判中展开了复杂的利益博弈和激烈的政治较量，大会最终达成《哥本哈根协议》。

（二）世界可持续发展的途径

1. 走低碳经济之路，减少碳排放

2008 年全球金融危机后低碳经济已成为世界经济的主题词，它不仅强调减少温室气体排放，同时也涵盖了优化能源结构、扩大低碳产业投资、增加就业机会，以及促进经济繁荣。在全球房地产泡沫破灭的同时，可再生能源的投资价值凸显出来。而新能源和可再生能源技术取得重大进展后，将为缓解和适应气候变化奠定坚实的基础，为发展低碳经济和建设低碳社会提供有力支撑。低碳经济以降低温室气体排放为主要关注点，基础是建立低碳能源系统、低碳技术体系和低碳产业结构，发展特征是低排放、高能效、高效率，核心内容包括制定低碳政策、开发利用低碳技术和产品，以及采取减缓和适应气候变化的措施。

2. 明确发达国家和发展中国家"共同但有区别"的责任

《21 世纪议程》指出，发达国家和发展中国家"应享有以与自然和谐的方式，过健康而富有的生活的权利，并公平地满足今世后代在环境和发展方面的需要"。为此，发达国家和发展中国家应承担"共同但有区别"的责任。1992 年，世界银行以《发展与环境》

为主题出版了该年度的发展报告，探讨发展中国家如何解决发展与环境保护的问题。鉴于发展中国家资金、技术的不足和发达国家的经济发展对全球环境和发展中国家资源与环境所产生的影响，该报告着重指出：工业国需要解决自己的问题，但在帮助改善发展中国家环境方面也应该发挥重要的作用：第一，发展中国家需要获得污染较少的技术，并吸取工业国环境政策方面的经验教训；第二，发展中国家的环境政策所产生的某些效益（保护热带森林和生物的多样性）有利于富国的增长，这些国家理应分担这些费用中相当的部分；第三，发展中国家面临的某些潜在问题，尤其是全球变暖和臭氧减少问题，因其产生于富国的高消费水平，寻求和实施解决方案的责任应由富国承担；第四，愈来愈多的有力证据表明减轻贫困和环境目标之间的联系，这就为进一步减轻贫困和控制污染的增长提供了更有力的支持；第五，发展中国家享有可以维持收入增长的能力将取决于工业国的经济政策；改善进入贸易和资本市场的条件，增加储蓄和降低国际利率的政策，促进工业国环境责任感的政策都是有益的。

四、中国可持续发展的战略选择

对发展中国家而言，首先，发展是硬道理。发展经济、尽早消灭贫困，是发展中国家可持续发展的前提。国际经验表明，没有经济发展作为基础和大量的资金投入，没有技术进步和正确的政策指导，是不能解决环境问题的。其次，发展中国家在坚决维护自己的生存和发展权利的同时，也应该积极履行义务。要从本国的环境与发展的具体情况出发，正确处理人口、资源、环境与经济发展辩证统一的关系，做到“边发展、边治理，边利用、边保护”。

我国资源相对贫乏，大多数地区环境脆弱，如果将资源、环境问题放在一边，有可能等不到经济发展到实力雄厚阶段，环境已变得无法让人们继续生存下去；或者经济发展到实力雄厚阶段，环境问题的治理已不是经济实力所能解决的问题了。而我国目前是一个发展中国家，没有足够的经济实力和较高的科技水平实行发达国家现行的高投资、高技术解决问题的模式。由此我们知道，中国的人口、资源、环境问题都很突出。所以我们必须走可持续发展道路。

（一）国内对策及战略选择

在国内，确立《中国21世纪议程》的国家战略地位，并将其逐步纳入各级国民经济和社会发展计划，积极推进实施。《中国21世纪议程》是全球第一部国家级的《21世纪议程》。它是中国实施可持续发展战略的行动纲领，是制定国民经济和社会发展中长期计划的指导性文件。该议程提出了中国实施可持续发展的总体战略、对策以及行动方案。它既充分体现了中国对承担国际社会应尽的义务和为人类社会共同事业做出更大贡献的决心，也为我国创造一个更安全、更繁荣、更美好的社会提出了具体奋斗目标。主要内容分为四大部分：第一部分是可持续发展总体战略与政策；第二部分是社会可持续发展，包括人口、居民消费与社会服务、消除贫困、卫生与健康、人类住区和防灾减灾等；第三部分是经济可持续发展，《中国21世纪议程》把促进经济快速增长作为消除贫困、提高人民生活水平、增强综合国力的必要条件；第四部分是资源的合理利用与环境保护，包括水、土等自然资源保护与可持续利用，还包括生物多样性保护、防治土地荒漠化、防灾减灾、保护大气层（如控制大气污染和防治酸雨）、固体废物无害化管理等。

制定和实施《中国21世纪议程》，走可持续发展之路，是我国在21世纪发展的需要和必然选择，将为逐步解决中国的环境与发展问题奠定基础，有力地推动中国走上可持续发展的道路。

（二）国际对策及战略选择

加强同国际社会的经济、科学和技术交流与合作。通过国家间的磋商和对话，寻求有效的国际合作机制，保证现有发展援助资金，同时寻求新的、额外的资金，支持中国和其他发展中国家有效地参与保护全球环境的国际行动和补偿履行全球环境义务而带来的经济损失。积极参与全球环境保护行动，在温室气体控制、臭氧层损耗物质的替代品和替代技术开发利用、防止有毒有害化学品和废物污染与越境转移、保护海洋环境和生物多样性等方面，扩大与国际社会的交流与合作。

比如气候上，中国主张通过切实有效的国际合作，共同应对气候变化。中国将坚持《联合国气候变化框架公约》和《京都议定书》基本框架，坚持“共同但有区别的责任”原则，主张严格遵循巴厘路线图授权，加强《联合国气候变化框架公约》及《京都议定书》的全面、有效和持续实施，统筹考虑减缓、适应技术转让和资金支持，推动《哥本哈根协议》取得积极成果。

本章小结

本章主要叙述了世界经济所面临的资源问题，如人口、粮食、能源、环境等资源。当人口增长超越了经济发展所能承受的能力时，人口增长将阻碍经济发展，有时甚至会产生极大的破坏作用。粮食问题是当今举世瞩目的迫切问题之一。能源是促进经济发展的动力，是人类可持续发展的重要保证。世界能源结构开始发生变化。对石油、煤炭等不可再生能源的过度开采，导致世界能源存量迅速减少。随着全球环境问题的日益严峻，环境保护和实现可持续发展已成为21世纪各国政府的重要职责和目标，这就要求我们必须对环境问题的成因有正确深刻的认识。20世纪70年代以后，资源、环境、人口与经济的增长和发展构成了严重的冲突，人类开始反思自己的行为，重新认识经济的增长和发展，实现可持续发展成为整个社会共同的奋斗目标。可持续发展问题是全球性的问题，需要世界各国联合起来，协调行动，全面规划。可持续发展问题是从人类社会的经济、社会及其与生态环境之间相互关系的角度去探讨世界经济发展的可持续性，包括各国经济发展的可持续性、全球经济发展的可持续性。

思考与练习

1. 当代人口的流动方向是哪里？
2. 试论世界经济发展面临的粮食问题。
3. 结合近期石油问题，谈谈你对世界能源危机及其解决途径的看法。
4. 世界生态环境恶化具体表现在哪几个方面？
5. 可持续发展这一概念提出的背景如何？其内涵是什么？

第五章　国际贸易与多边贸易体制概述

教学目标

1. 了解国际贸易及其相关概念；
2. 认识国际贸易在国民经济发展中的地位和作用；
3. 熟悉西方发达国家的自由贸易政策和保护贸易政策；
4. 知道发展中国家贸易政策的演变及主要内容；
5. 理解并掌握关贸总协定与多边贸易谈判过程及其影响。

国际贸易是一个历史范畴，它是在一定的历史和社会条件下产生和发展起来的，国际分工是国际贸易的基础。国际贸易是国家间进行经济交往最早和最主要的渠道，直接体现着各国国民经济的相互依赖关系和世界经济的运行状况，也是世界经济的重要推动力量。二战后，特别是20世纪90年代以来，国际贸易的规模、结构、特征以及国际贸易政策和体制都发生了重大变化，极大地影响了世界经济的发展。

第一节　国际贸易的概念和作用

国际贸易是世界各国商品和劳务的交换活动，它是在国际分工的基础上形成和发展起来的。国际贸易始终是世界经济增长的引擎，国际贸易起着优化全球资源配置、促进世界经济增长、促进国际产业转移的重要作用。

一、国际贸易的概念

（一）国际贸易与对外贸易

国际贸易（international trade）亦称“世界贸易”，是指世界各国（地区）之间进行的商品和服务的交换活动。它由各国（地区）的对外贸易构成，是世界各国（地区）对外贸易的总和。

对外贸易（foreign trade）是指一个国家（地区）同其国家（地区）进行商品和服务的交换。从世界范围来看，这种商品和服务的交换活动就称为国际贸易或世界贸易。

因此，对外贸易是以一个国家（地区）为主体，相对于国内贸易而言的。国际贸易由出口和进口两部分组成，对运出商品和服务的国家（地区）来说，就是出口；对运进商品和服务的国家（地区）来说，就是进口。

国际贸易和对外贸易有广义与狭义之分：包括商品与服务的国际贸易和对外贸易称为

广义的国际贸易和对外贸易；如不把服务贸易包括在内，则称为狭义的国际贸易和对外贸易。

（二）对外贸易值与对外贸易量

对外贸易值（value of foreign trade）也称对外贸易额，是用货币金额表示的一国在一定时期内进出口的规模，是衡量一国对外贸易状况的重要指标。在一定时期内一国从国外进口商品的全部价值，称为进口贸易总额或进口总额；在一定时期内一国向国外出口商品的全部价值，称为出口贸易总额或出口总额。两者相加为进出口商品贸易总额。目前，有的国家用本国货币来表示，有的国家用外国货币表示。联合国编制和发表的世界各国对外贸易值的统计资料是以美元表示的。

把世界上所有国家的进口总额或出口总额用同一种货币换算后加在一起，即得出世界进口总额和世界出口总额。就国际贸易来看，一国的出口就是另一国的进口，如果把各国进出口额相加作为国际贸易总值就是重复计算，因此，一般把各国的出口额相加，作为国际贸易总额。在计算时，出口额一般按 FOB（离岸价）计算，进口额一般按 CIF（到岸价）计算。因此，世界出口总额要略小于世界进口总额。

对外贸易量（foreign trade volume）是以数量、重量、面积、体积等计量单位表示的反映贸易规模的指标。由于国际市场上的物价经常发生变动，用货币表示的国际贸易额并不能真实地反映该国外贸的实际规模。如果用贸易量，即用进出口商品的数量、重量等来表示，则可以避免这种缺陷。

（三）贸易差额

贸易差额（balance trade）是指一国在一定时期内出口总值与进口总值的差额。当出口总值与进口总值相等时，称为“贸易平衡”；当出口总值大于进口总值时，出现贸易盈余，称为“贸易顺差”或“出超”（trade surplus）；当进口总值大于出口总值时，出现贸易赤字，称为“贸易逆差”或“入超”（trade deficit）。通常，贸易顺差以正数表示，贸易逆差以负数表示。

贸易差额是衡量一国对外贸易状况的重要标志，一国的进出口贸易收支是其国际收支中经常项目的重要组成部分，是影响一个国家国际收支的重要因素。

（四）净出口与净进口

净出口（net export，NX）是净进口（net import，NI）的对称。一个国家在同种商品上往往既有出口又有进口，在一定时期内，如果该商品出口数量大于进口数量，其差额称为净出口；反之，如果该商品出口数量小于进口数量，其差额称为净进口。净出口和净进口都是以数量表示的，反映了一国在某种商品的贸易上是处于出口国地位，还是处于进口国地位。

（五）国际贸易商品结构

国际贸易商品结构表示在一定时期（如 1 年）内各类商品分别在进出口贸易总额中所占的比重。在国际贸易中，通常把进出口货物贸易的商品分为两大类：一类为初级产品，即未经加工或简单加工的农、林、牧、渔、矿产品；另一类为工业制成品，即经过充分加工的工业品。

第二次世界大战以后，国际贸易结构变化总趋势是初级产品的比重逐渐减少，工业制成品的比重不断增加，尤其是技术密集型产品的比重增加得更为迅速。例如，1937 年，初级产品在国际贸易中所占比重为 63.3%，工业制成品所占比重为 36.7%。从 1953 年起，工业制成品比重开始超过初级产品的比重，1971 年工业制成品比重增加到 65.7%。据世界银行统计，到 2003 年，工业制成品比重上升到 79.5%，初级产品所占比例则由 20 世纪 60 年代的 45% 降至 20% 左右。当今世界已是制成品贸易为主的世界，工业制成品比重上升意味着以出口工业制成品为主的国家在国际贸易中的地位不断上升。

（六）国际贸易地理方向

国际贸易地理方向（international trade by region）是指国际贸易地理分布和商品流向，也就是各个国家、地区在国际贸易中所占的比重，通常用它们的出口额（或进口额）占世界出口贸易总额（或进口贸易总额）的比重来表示。它表明了各国和各地区在国际贸易中的地位。在世界贸易额中所占的比重方面，欧洲一直名列榜首，而非洲最为落后。就国别来说，美、日、德、法、英等主要发达国家占比重最大，少数几个发达国家的贸易额比世界其余所有国家的总和还要大。这表明发达国家在国际贸易和世界经济中占主导地位。

从一国角度而言，国际贸易地理方向是指一国对外贸易的地区分布和国别分布状况，具体地说，是它的进口商品来源国和出口商品目的国的分布状况，它表示一国与不同地区和国家的经济贸易联系的程度。就一国而言，如果商品的进出口集中在某一个或几个国家，就说明该国的对外贸易地理方向比较集中；反之，则说明该国的对外贸易地理方向比较分散。对外贸易地理方向的集中与分散各有利弊。以出口为例，对外贸易地理方向比较集中有利于出口厂商的信息交流，降低交易成本。但出口的集中往往会带来国内厂商之间为了争夺客户，相互压价，从而造成出口国内部的恶性竞争。无论是出口还是进口，一国对外贸易地理方向过于集中，都会使得该国容易受制于人，从而在对外贸易中处于不利的境地。对外贸易地理方向分散则可以降低一国所面临的政治与经济风险，避免进出口商之间的恶性竞争，但其不利之处是交易成本比较高。

（七）对外贸易依存度

对外贸易依存度也称对外贸易系数（foreign trade coefficient），是指一国在一定时期进出口贸易值在该国同期国民生产总值（GNP）或国内生产总值（GDP）中所占的比重。它是衡量一国国民经济对进出口贸易的依赖程度的一个指标，其计算公式为

对外贸易依存度 =（进出口贸易总额/GDP 或 GNP）×100%

如果要分别衡量一国国民经济对进口贸易和出口贸易的依赖程度，可以用进口贸易依存度和出口贸易依存度这两个指标，其计算公式为

进口贸易依存度 =（进口贸易总额/GDP 或 GNP）×100%

出口贸易依存度 =（出口贸易总额/GDP 或 GNP）×100%

随着经济全球化进程的加快，国际分工在世界各国之间得到了迅速发展，各国之间的相互依赖程度也在不断加深，各国对外贸易依存度也在不断提高，尤其是实施了出口导向战略的发展中国家。改革开放以来，中国外贸依存度呈现不断增加的态势，但不同时期中国外贸依存度增速出现很大差异。1980—1990 年，中国外贸依存度由 12.6% 上升到 30%，

10年间提高约17个百分点，这段时间外贸依存度增长较快与改革开放初期外贸基数很低有关。1990—2000年，中国外贸依存度上升到39.6%，10年间提高了约10个百分点，在这段时间内，外贸依存度出现波动，其原因一方面是外贸增长受汇率调整、亚洲金融危机等因素影响，另一方面在这段时间内中国外贸增长的基础还不牢固。2001—2005年是中国外贸依存度上升最快的5年，到2005年，外贸依存度上升到63.9%，5年间提高了约24个百分点。其中2003年和2004年是外贸依存度增加最快的时候，几乎每年外贸依存度上升8～9个百分点。这段时间中国外贸依存度上升速度之快是全球少见的。2008年世界金融危机后中国外贸依存度呈现下降趋势，目前中国已经从经济高速发展、做大经济总量的经济旧常态阶段，进入了以调整经济结构、稳定经济增长为主的经济新常态时期，GDP的增长速度由过去30年的平均10%下降到如今的6%左右，随着经济结构的进一步调整和优化，中国的外贸依存度进一步下降，2017年外贸依存度已经回落到33.6%。

一般来说，对外贸易依存度受到该国的人口多少、地域辽阔与否、自然资源多寡、对外开放程度大小等各种因素的制约。一个国家对外贸易依存度大说明该国经济的外向性强，但不能说对外贸易依存度越高越好；对外贸易依存度过高，国内经济发展易受国外经济的影响或冲击，世界经济不景气对本国经济冲击较大；对外贸易依存度降低，则说明没有很好地利用国际分工的好处。各国应根据本国国情，探究不同阶段如何选择本国最佳的对外贸易依存度。

二、国际贸易的作用

国际贸易是世界经济最基本的运行机制。从世界经济形成和发展的历史过程可以看出，国际贸易始终是世界经济增长的引擎，在世界经济发展中具有举足轻重的地位和作用。

（一）优化全球资源配置

国际贸易作为世界经济的基本运行机制之一，主要是以商品、服务交换的形式来实现资源的优化配置。国际分工是国际贸易的基础，没有各国之间的分工协作，国际贸易不可能形成和发展。参与国际分工国家的生产要素分布不同，通过国际分工可以相互取长补短，用最合理的方式配置生产要素以达到最大的产出效率。每个国家都根据自己的比较优势从事专业化生产，可以使各国的生产要素得以充分利用，提高参与国际分工各国的经济效率和消费水平。

国际贸易为各国生产要素的优化配置和比较优势的充分发挥创造了条件，大大拓宽了一国资源配置的空间。它通过商品和服务的交换使得生产要素跨越国界，在世界范围内进行配置，从而有效地利用了资源。例如，18世纪中期，英国的海外农产品进口不但弥补了英国国内农产品的需求缺口，而且使英国有可能在减少农产品生产的情况下，将国内资源转移到更具优势的纺织、钢铁等工业部门，在世界经济中取得领先优势。20世纪60年代以来，一些发达国家加速了劳动密集型产业的国外转移，并将这些产业的生产要素转移到高技术、高附加值的计算机、信息网络和服务产业，并取得了全球性领先优势。

（二）促进世界经济增长

经济增长是人类长期以来普遍关心的问题。理论上讲，国际贸易是经济增长的重要推动力量。在世界经济发展到全球化的今天，对外贸易是一国融入世界经济的重要途径，也是经济增长的必要条件。任何一个国家要实现经济增长和经济发展，就必须具备实现经济增长和发展所必需的可供追加的生产要素，即生产资料和劳动力。同时，生产资料和劳动力的扩大再生产，还必须有追加的生产资料和生活资料。随着社会分工和经济的发展，任何一个国家都不可能单独解决社会资本再生产所必需的生产资料和生活资料，必须依靠对外贸易。"大工业造成的新的世界市场关系也引起产品的精致和多样化。不仅有更多的外国消费品同本国的产品相交换，而且还有更多的外国原料、材料、半成品等作为生产资料进入本国工业"。显然，社会化的商品生产离不开对外贸易。

在现代经济条件下，资本积累与技术进步是经济增长的关键。国际贸易则通过促进资本积累、增加投资和技术进步间接地带动经济增长。这对于资本短缺的发展中国家来说，尤其具有重要意义。一国出口的增加表明市场的扩大，即增加了该国的总需求水平。这时，出口就起到投资的作用：当社会生产力处于过剩状态时，出口部门生产的扩大将增加就业；国民收入与消费水平的提高，将引起其他部门增加生产，进而把就业水平和国民收入水平提高到一个新的层次；最终，国民收入将会倍数于出口增量而扩张，使经济增长过程得以持续进行。此外，国际贸易还将带来一国技术水平的提高。随着竞争加剧，日益激烈的竞争使得企业在重视研究开发与技术创新的同时，也促使企业大力借鉴国外的先进技术和管理经验，从而提高自身的技术水平。

因此，总体来看，国际贸易对于一国的经济增长具有较强的推动作用，从而带动整个世界经济的增长。从二战后的世界经济发展趋势看，国际贸易的增长速度一直明显高于世界生产的增长速度，这表明国际分工的深化和细化促进了国际贸易规模的扩大和结构的变化，从而使国际贸易成为世界经济增长的引擎。

（三）促进国际产业转移

李嘉图的比较优势理论表明，一国根据其比较优势参与国际贸易，而国际贸易通过商品和服务的移动使生产要素发生国际转移。但一国的比较优势并不是一成不变的。随着一国某种生产要素的积累与增加，必然导致其比较优势的变化，从而有助于该国经济结构转型能力的提高和部门结构的变化。20 世纪 50 年代以来，随着科技革命的兴起和各国经济发展水平的提高，欧美等发达国家的产业结构向知识密集型、技术密集型方向转变，而把劳动密集型、资本密集型和一般技术密集型产业转移到其他发展中国家和地区，从而形成了国际产业转移。

一般来说，国际产业转移是指某些产业从一个国家和地区通过国际贸易和国际投资等多种方式转移到另一个国家和地区的过程。二战以后，主要发达国家和地区以边际产业为"领头雁"快速向发展中国家和地区实施产业转移，转出产业的层次由低到高递进展开。20 世纪五六十年代，欧美一些发达国家将一些劳动密集型产业（如纺织、塑料玩具、电子装配等）转移到墨西哥、新加坡、韩国、中国台湾和中国香港等新兴工业化国家和地区。20 世纪 80 年代以来，随着承接发达国家产业转移的国家和地区工业化水平的提高，这些产业又逐步转移到中国和东南亚其他国家。随着国际贸易、国际投资的迅速发展，国际产业转移的速度、规模和范围也在不断扩大，而且产业转移的技术层次也在不断提升。进入21世纪以来，金融、信息服务等现代服务业也出现了转移扩散的趋势。

第二节　发达国家贸易政策的演变

历史上，西方发达国家主导着国际贸易的发展，其贸易政策主要分为自由贸易政策和保护贸易政策两大类，其政策演变主要经历了以下几个历程：15—17世纪重商主义政策、资本主义自由竞争时期的自由贸易政策和幼稚产业保护政策、垄断资本主义时期的超保护贸易政策、二战后的贸易自由化政策以及20世纪70年代后的新贸易保护主义政策。

一、自由贸易政策

（一）资本主义自由竞争时期的自由贸易政策

资本主义自由竞争时期的自由贸易政策主要以取消关税和垄断为特点，在国与国之间进行自由贸易和竞争。亚当·斯密1776年的《国富论》就对这一政策作了理论的阐述。

产业革命使英国率先进入机器大工业时代，生产力迅猛发展并确立了其“世界工厂”的地位。在新的历史条件下，英国工业资产阶级的地位和作用日益强大，他们迫切需要开拓其工业品的销售市场。于是，在工业资产阶级的推动下，英国逐步放弃了具有浓厚保护色彩的重商主义贸易政策，转而实行自由贸易政策。具体的政策措施包括以下几个方面。

第一，废除《谷物法》。在英国，关于《谷物法》的存废成为自由贸易与保护贸易斗争的典型事件。英国第一部全国性的《谷物法》可追溯到1436年，旨在通过管制主要谷物的进出口来保证消费和生产之间的平衡。随着重商主义在英国的盛行，1672年制定的《谷物法》旨在鼓励出口和限制进口。1815年，拿破仑战争结束后，英国政府为了保护贵族和大农场主的利益，再次通过新的《谷物法》以保证谷物的价格水平，避免外国竞争，但这却间接造成了资本家支付给工人工资成本的提高，因此遭到了工业资本的极力反对。1838年，英国棉纺织业资产阶级组成“反《谷物法》同盟”，展开了声势浩大的反《谷物法》运动，迫使国会于1846年通过了废除《谷物法》的法案。《谷物法》的废除标志着英国工业资产阶级对封建贵族的胜利，为资本的自由扩张铺平了道路。

第二，取消外贸特权公司。1813年和1834年，英国先后废止了具有国家垄断性质的东印度公司对印度和中国贸易的特权，并把对外贸易的经营权向所有英国人开放。

第三，废除《航海条例》。《航海条例》是英国限制外国航运业的竞争、垄断殖民地航运的一项法律。产业革命使英囤的航运业与其他国家相比具有绝对的优势。从1824年开始，英国在与其他国家签订的贸易条约中，逐步放松了对外国船只经营本国航运业的限制，最后于1854年把外贸商品的运输开放给所有国家。

第四，逐步降低关税水平，减少纳税商品项目。在重商主义时期，英国有关关税的法令多达上千种，内容极其繁杂，还经常对同一种商品规定不同的税率。1825年，英国开始简化税法，降低税率，废除了大部分对出口的限制；以后又逐步减少了纳税商品项目。1841年，英国征收进口税的商品项目有1 163种，1853年减少到466种，到1882年进一步减少至20种。

第五，与外国签订贸易条约。从1860年起，英国本着自由贸易和互惠互利的原则同其他国家签订了一系列贸易条约。1860年英、法签订的《科伯登条约》是以自由贸易为目标签订的第一项条约，其中就列有最惠国条款。在这些条约中，英国一方面承诺降低贸易保护，另一方面也要求其他国家开放市场，容许英国商品进入。

在英国实行贸易自由化政策的初期，美国与西欧其他一些国家由于经济发展起步较晚，先后实行了一段时期的保护贸易政策。在这些国家经济发展到可以与英国抗衡时，它们也以英国的自由贸易政策为蓝本，逐步转向了自由贸易政策。从总体上说，在资本主义自由竞争时期，国际贸易政策的主流是自由贸易政策。

（二）二战后的贸易自由化政策

两次世界大战之间，各发达国家纷纷实行以邻为壑的超保护贸易政策，造成了国际贸易秩序的混乱，阻碍了国际贸易的发展并激化了各国之间的矛盾。二战后，随着世界各国经济的恢复和发展，从20世纪50年代以来，全球范围内出现了贸易自由化浪潮，主要表现为大幅度降低关税和减少非关税壁垒。

促使贸易自由化出现的主要原因在于：第一，经过两次世界大战，发展为世界头号经济强国的美国为进一步对外进行经济扩张，积极主张削减关税，取消数量限制，成为贸易自由化的积极倡导者和推行者。第二，《关税与贸易总协定》的签订有力地推动了贸易自由化。关税与贸易总协定以自由贸易为宗旨，通过组织八轮多边贸易谈判，不仅大幅度地削减了关税，而且在一定程度上限制了非关税壁垒的使用。第三，世界经济中区域经济一体化组织的出现加快了贸易自由化的进程。自由贸易区、关税同盟、共同市场均以促进商品自由流通、扩大自由贸易为宗旨。第四，跨国公司的大量出现和迅速发展促进了资本的国际流动，加强了生产的国际化，客观上要求资本、商品和劳动力等在世界范围内的自由流动。第五，国际分工的广泛和深入发展以及分工形式的多样化，使商品交换的范围扩大，在一定程度上促进了贸易自由化的发展。

值得注意的是，二战后的贸易自由化与自由竞争资本主义时期的贸易自由化存在明显不同。在自由竞争资本主义时期，贸易自由化是由正处于上升地位的工业资产阶级推动的，代表了他们的利益和要求。而二战后的贸易自由化是在国家垄断资本主义日益加强的条件下发展起来的，在一定程度上反映了世界经济深化发展的内在要求，但主要是由垄断资本对外扩张的要求所推动的，代表了垄断资本的利益。因此，二战后的贸易自由化是一种有选择的贸易自由化，在一定程度上是和贸易保护主义结合在一起的。在发达资本主义国家之间以及它们占优势的产业领域，贸易自由化的程度要高于发达国家与发展中国家之间以及发展中国家所擅长的领域，如初级产品、劳动密集型产品。这样一种不平衡的贸易自由化的基础是比较脆弱的，当经济处于萧条状态或市场问题变得严重时，为了维护本国利益，贸易保护主义必然会重新抬头。

二、保护贸易政策

（一）重商主义政策

15—17 世纪，在资本主义生产方式准备时期，西欧各国普遍实行了具有浓厚保护贸易色彩的重商主义政策，其基本政策主张是国家干预对外贸易，实行贸易保护。在重商主义发展的早期，为了国内金银货币的积累，西欧各国政府直接垄断或管制对外贸易，并制定法令严禁金银出口和奢侈品进口。到重商主义晚期，随着工场手工业和海运业迅速发展，西欧各国的货币控制政策有所放松，其主要政策主张是贸易差额论。各国普遍采用关税手段，实行奖出限入政策，追求贸易顺差，以此来获取金银货币的流入。为保证少买多卖，贱买贵卖，实现贸易顺差，西欧各国先后制定了发展本国工业的政策，通过对原料的加工促使本国产品的价值增值。除此之外，西欧各国还积极推行殖民扩张和垄断对外贸易的政策，采取各种手段维护和扩大本国产品的销售市场。

（二）幼稚产业保护政策

资本主义生产方式确立以后，由于美国和西欧等国的工业发展水平与英国相比还有很大差距，经济实力难以与英国抗衡，商品的国际竞争力低下，于是纷纷采取保护贸易政策。在这一贸易政策体系下，各国主要通过关税措施来保护本国的幼稚工业，以避免遭受英国廉价商品的打击。在 19 世纪自由竞争资本主义时期，美国与德国先后实行了保护贸易政策。独立战争的胜利并没有自然而然地给美国经济带来繁荣和发展，反而工业发展迟缓，工业品市场几乎为英国商品垄断。美国首任财政部长汉密尔顿（1757—1804）认识到了一个国家的力量来自于制造业，而要发展制造业，必须有政府的保护，因为最新建立制造业的国家与制造业已经成熟的国家在平等条件下竞争，在多数情况下是不可能的。1807 年，美国国会通过了《禁运法案》，使得国内的制造业不再面对英国商品的竞争，国内工业品价格上涨，制造业利润大增，从而使美国制造业得到空前发展。在汉密尔顿保护贸易主张的影响下，美国的关税税率从 1789 年第一个关税法案之前的 5% ～ 15% 提高到 1890 年的 50%，有效地保护了美国市场，极大地促进了美国工业的发展。1900 年，美国的工业生产总值约占世界工业生产总值的 30%，一跃成为世界第一大工业国。受到汉密尔顿的影响，德国著名经济学家李斯特（1789—1846）从提倡自由贸易转而提倡贸易保护主义。从发展德国经济的角度出发，针锋相对地提出了国家对工业要实行贸易保护，为德国的经济崛起奠定了理论基础。

（三）超保护贸易政策

这是发达资本主义国家在垄断资本主义时期推行的一种贸易保护政策。19 世纪末 20 世纪初，资本主义从自由竞争过渡到垄断阶段。在一战与二战期间，发达资本主义国家普遍完成了第二次产业革命，工业生产能力得到迅速发展，但需求增长却相对滞后，世界市场的竞争日益激烈。尤其是 1929—1933 年大危机，使市场矛盾进一步尖锐化，国家干预经济能力增强。在本国垄断组织的影响下，发达资本主义国家纷纷推行超保护贸易政策。这段时期的贸易政策的主要特点是：贸易保护对象不仅是幼稚工业，更多的是保护已高度发展的或出现衰落的垄断工业；贸易保护的目的不再是培养本国商品的国际竞争力，而是巩固和加强对国内外市场的垄断；贸易保护措施不只限于关税，还推行各种非关税壁垒和其他奖出限入措施；贸易保护方式不再是防御性的限制进口，而是在垄断国内市场的基础上对国外市场进行进攻性的扩张；贸易保护受益者从一般的工业资产阶级转向垄断资产阶级。

（四）新贸易保护主义政策

进入20世纪70年代以后，伴随着布雷顿森林体系的瓦解和石油危机的发生，发达资本主义国家经济普遍陷入滞胀。特别是资本主义世界经济体系中美、日、西欧三足鼎立局面的形成以及新兴工业化国家和地区的发展，使得国际经济竞争日趋激烈。于是20世纪70年代中期以后，特别是20世纪90年代以来，经济全球化和区域经济一体化在促进全球贸易自由化发展的同时，也加剧了各国各地区经济发展的不平衡，在国际贸易领域再次出现了贸易保护主义浪潮——新贸易保护主义。以绿色壁垒、技术性壁垒、社会壁垒（SA8000）和知识产权保护等非关税壁垒措施为主要政策手段的新贸易保护主义有了许多变化和发展，更具有隐蔽性、挑战性和欺骗性，成为产品和生产要素跨国流动的主要障碍，阻碍了贸易自由化的发展。

新贸易保护主义其理论依据、政策手段、目标对象和实施效果都与传统的贸易保护主义有着显著的区别，其主要表现如下：

1. 利用WTO规则，实行贸易保护

总体来看，在WTO规则的约束下，大多数国家都在向自由贸易的方向迈进，但由于现行多边贸易体制并非无懈可击，因而保护主义总是千方百计从中寻找“合法”的生存土壤。WTO允许成员国利用其有关协议保护本国的利益，反击遭到的不公平待遇。这就为各国以“公平贸易”为理由实行贸易保护留下了空间。WTO规则并不排斥各成员国的经济自主性，保留本国经济自主性的要求不仅来自发达国家，而且还来自发展中国家。因此，采取与WTO不直接冲突的各种保护措施，已成为经济全球化过程中贸易保护主义的普遍形态。

2. 依据国内法履行国际条约

一般意义上讲，国际条约高于国内法。但现阶段由于各国对如何处理国际法与国内法的关系缺乏统一标准，因而，如何对待已承诺的国际条约及其在国内的适用程度，各国仍存在一定差异。一些国家只执行符合自己国家利益的国际条约，很多时候将国内法凌驾于国际条约之上。如根据美国贸易法案中的“301条款”，美国可以对来自国外的“不公平”和“不合理”的贸易活动采取单边贸易制裁。为维护本国的贸易利益，美国多次启动或威胁启动该条款处理贸易纠纷，公开向WTO的有关规则挑战，严重损害了WTO的权威性，并为其他国家处理国内法与国际法的关系产生了负面影响。

3. 利用区域贸易组织保护成员国利益

区域一体化组织具有的排他性特征被视为对成员国的一种贸易保护。通过“内外有别”的政策和集体谈判的方式，区域一体化协定在为成员国创造更有利贸易条件的同时，却往往对非成员构成了歧视。区域一体化组织具有的这种排他性特征，实际上起到了对成员国进行贸易保护的作用。

4. 保护手段更趋多样化

首先，反倾销、反补贴、保障措施等传统保护手段仍被频繁应用。其次，技术壁垒、绿色壁垒、知识产权保护、劳工标准（SA8000）等贸易壁垒花样翻新，应用范围更加广泛。发达国家利用自身在环保和科技方面的优势，制定更高的环保、技术、商品和劳工标准，以削弱发展中国家凭借低廉的劳动力成本而获得的出口竞争力。由于这些新型贸易保护手段具有良好的定向性、隐蔽性和灵活性，其中一些技术和环保方面的要求以提升技术水平、维护消费者利益为出发点，甚至可以视为中性的贸易标准，加之 WTO 对这些贸易措施应用的限制并不统一，因而，其保护效果更为突出，进一步加剧了世界范围内的贸易摩擦。

5. 制定实施战略性贸易政策

克鲁格曼等学者提出的战略贸易理论认为，不论在促进本国具有竞争优势的企业开拓国际市场方面，还是在维护本国企业免受国外竞争对手的冲击方面，都需要国家的贸易政策发挥作用，从而为国家通过干预贸易，提高和维护本国产业的战略地位提供了强有力的理论支持，并由此形成了战略性贸易政策体系。这一政策体系强调了国际贸易中的国家利益，政府通过确立战略性产业（主要是高技术产业），并对这些产业实行适当的保护和促进，使其在较短时间内形成国际竞争力。随着国际竞争的加剧，特别是发达国家在高技术领域的较量不断升级，战略性贸易政策被越来越多的发达国家和新兴工业化国家的政府所接受，成为新贸易保护主义的核心政策。

新贸易保护主义的盛行加大了中国企业拓展国际市场的难度，一定程度上导致了中国外贸发展外部环境的恶化。

随着中国产品占国际市场份额的不断扩大，中国企业频繁遭受反倾销、反补贴、各种保障措施以及技术、环境、劳工等贸易壁垒的限制，涉案金额猛增，国内企业蒙受了巨额损失，贸易摩擦进入了高发期。1995—2005 年间，WTO 成员向中国发起的反倾销、反补贴、保障措施和特保措施调查达到 716 件。中国已连续 10 年成为遭受反倾销调查最多的国家，涉案损失每年高达 300 亿～400 亿美元。发达国家和发展中国家与中国的贸易摩擦有不同特点，发达国家更倾向于使用技术壁垒。美国对中国出口产品频频进行知识产权调查（即 337 调查）。1996—2004 年，美国对中国发起 337 调查 36 起，占美国 337 调查总数的 13%。发展中国家则主要采用反倾销等传统手段。其中，印度、阿根廷、南非、土耳其等国家对中国的反倾销调查数增长较快。1995 年以来，这 4 个国家共对中国发起反倾销调查 178 起，占中国遭受反倾销调查总数的 41%。2005 年，美国和欧盟对中国纺织品实施的特保措施使中国与发达国家的贸易摩擦达到了高峰。尽管通过反复磋商谈判，最终中国采取主动配额暂时平息了这场争端，但在配额时代结束的第一年，中国纺织品出口未能充分享受到纺织品自由贸易释放的市场空间，却仍要受到主动配额的约束。贸易摩擦频发不仅使中国企业蒙受了巨额损失，而且损害了“中国制造”的国际形象，不利于中国出口的可持续增长。

（五）特朗普政府贸易保护主义政策

自从美国总统特朗普高喊着“美国优先”的口号上台以来，贸易保护主义的阴影就在全球经济“头顶”密布。上任伊始，特朗普即于 2017 年 1 月 23 日签署行政命令，宣布美国正式退出跨太平洋伙伴关系协定。截止到 2018 年 8 月，特朗普政府更是迅速发动了数次贸易冲突。在短短不到两年的时间，“美国优先”的对外经贸政策几乎与贸易冲突成为同义词。

首个贸易冲突发生在特朗普就任百日之时，目标对准的是加拿大。2016 年 11 月，美国商务部以“双反”（反补贴、反倾销）之名调查从加拿大进口的软木。2017 年 4 月初，美国对加拿大裁定征收 24% 的反补贴税。2017 年 6 月 26 日，美国继续裁定加征加拿大的进口软木 7.72% 的反倾销税，使加拿大的软木出口行业受到重大冲击。

2017 年 4 月，美国商务部依据《贸易扩展法》第 232 条款，就进口钢材、铝制品展开国家安全调查。2018 年 3 月，调查结果出炉，特朗普政府宣布，自 2018 年 3 月 23 日起，针对特定钢铁、铝制品分别加征 25% 和 10% 的从价关税，欧盟、加拿大、墨西哥被给予 3 个月的豁免期，期满后征税。少数获得豁免关税的国家，则受进口配额的限制。除澳大利亚之外，其他国家销往美国的钢铝产品都受到影响。

2017 年 8 月，美国商务部根据特朗普签署的总统行政备忘录，依据“301 条款”，以贸易伙伴国违反公平贸易为由，启动调查美中贸易关系。2018 年 3 月，美国商务部以中国对美贸易违反知识产权、技术转移、科技创新为由，宣布将对价值达 500 亿美元的中国进口商品加征 25% 的关税。随后，不断扩大征税商品的清单。从 2018 年 7 月 6 日起，分两个阶段征收关税。8 月 13 日，特朗普签署 2019 财年《国防授权法案》，加强审查外来投资，中资企业被视为主要审查对象。

2017 年 10 月，美国商务部依据《1974 年贸易法》针对贸易保障的“201 条款”，以商品进口数量激增、威胁美国国内产业和需要启动防卫保障措施为由，对进口洗衣机与太阳能产品启动调查。从 2018 年 1 月起，美国对进口的洗衣机收取最高达 50% 的关税，对太阳能电池模块征收 30% 的关税，随后逐渐减少，第 4 年起降至 15%。

2018 年 3 月，特朗普警告欧盟，若报复美国对欧盟进口钢铁征收关税，美国将加大力度对欧盟制造的进口汽车征收惩罚性关税。5 月，美国商务部再次根据“232 条款”，针对进口美国的汽车、卡车及零部件对美国国家安全产生影响的产品展开调查，评估是否加征 20% ～25% 的进口关税，受到影响的产品总价值达 2 080 亿美元，受到影响的主要生产国皆为美国的盟国。

截止到 2018 年 7 月，美国已针对中国、欧盟、加拿大、日本的总价值接近 600 亿美元的进口美国的产品征收关税。除此之外，特朗普对内警告准备出走海外的美国企业，若选择留在美国，可享受低税率优惠，若将生产线转移至其他国家，将被征以高额的边境税。

如果特朗普继续高举贸易保护主义“大旗”，脱离多边体系，导致全球贸易保护主义盛行，美国不仅不能解决贸易逆差的问题，而且在拖累世界贸易和经济下行的同时，也会使得美元在世界上的影响力下降。同时，这也会使得美股出现较大波动，甚至下行。在金融危机之后，美股已经多年上行并处在历史高位，其面临着巨大的下行风险。2018 年 10 月 10 日，美国股市三大股指全线暴跌。其中，道琼斯指数暴跌 832 点，跌幅 3.15%，创下 2 月初以来的最大单日跌幅；标普 500 指数跌 3.29%，出现五连跌，这也是该指数 2016 年 11 月以来的最长连跌；纳斯达克指数更是狂跌 4.08%，创下近 3 个月新低。总体来看，特朗普的贸易保护主义或将让美元、美债、美股出现较大幅度的风险和波动，进而将会引发世界范围内的金融危机。

从历史来看，美国多次采取贸易保护主义措施，但并未对美国经济带来裨益。例如，尼克松任美国总统期间，为了稳定美国对日本等国家迅速扩大的贸易逆差，选择临时大范围征收关税和美元与黄金脱钩，导致20世纪70年代美国陷入经济滞胀。2002年，为保护美国企业，时任美国总统的小布什对进口钢铁征收关税，不过遭到了WTO其他成员国的强烈抵制，美国钢铁制造业的就业岗位没挽回多少，还影响了供应链下游产业的就业增长。最终，小布什悄然撤除了关税。

历史反复证明，贸易保护的博弈各方没有赢家。如果每个国家都采取贸易保护主义措施，结果肯定是贸易活动与经济增长的螺旋式下跌。因而，反对和遏止贸易保护主义需要各国达成共识。尤其是在发生金融危机和经济危机的情况下，更需要坚决避免和抵制任何形式的贸易保护主义，任何旨在促进个别或少数经济体增长的保护主义措施将有害于全球繁荣，威胁国际贸易的健康发展。

第三节　发展中国家贸易政策的演变

第二次世界大战后，随着国际政治秩序的重新建立，许多原殖民地国家逐步收回了外贸主权，为了改变在国际贸易中的不平等地位，相继建立了自己的外贸机构，并根据本国经济发展的现实，纷纷制订了相应的外贸政策、措施和战略对进出口贸易实行管理，发展中国家之间还加强了经济合作，组织各种贸易集团，相互减关税，相互支持。发展中国家为了较快发展经济，缩小与发达国家的差距，提高自己在国际的地位，大致采取了以下贸易战略。

一、进口替代战略

（一）进口替代的概念

进口替代是一种内向的贸易战略，是指利用国内的工业制成品来替代同类的进口产品，以发展民族工业、改善国际收支，也即国产化的战略。第二次世界大战后初级产品对制成品的比价下降，发展中国家的贸易条件日益恶化，必须以更多的初级产品出口来换取进口工业制成品，从而使国际收支逆差加重。为改变这一现状，进口替代政策应运而生。战后拉美国家率先实施了进口替代战略，随后亚洲一些国家和地区也纷纷实行了这种政策形式。至20世纪60年代，进口替代已成为发展中国家占据主导地位的外贸政策形式。

进口替代一般分为两个阶段：第一阶段侧重轻工业产品的进口替代，第二阶段则侧重实行重化工业产品的进口替代。进口替代可减少外汇支出，缓和国际收支逆差，促进国内民族工业发展和经济多样化。但实行重化工业产品的进口替代，一般要有一定规模的工厂才能获益，许多中小发展中国家由于资源、资金、市场等限制，难以做到这一点。而且进口替代到第二阶段时，生产的增长就会低于消费的增长，不少国家收支不但未改善反而恶化，非进口替代部门和农业部门得不到正常发展，国内市场容量狭小阻碍进口替代产业的进一步发展等，许多发展中国家开始向出口替代转化。

（二）进口替代的政策措施

进口替代的贸易政策措施有：①对进口品尤其是最终消费品征收高关税以减少进口，但对国内生产必需的中间产品和资本品则征收低关税或免税，以降低进口替代品的生产成本；②实施进口配额，限制非必需品尤其是奢侈品的进口；③采取外汇管制，将外汇集中用于进口替代部门必需投入品的进口，并通过外汇升值减轻必需品进口所造成的外汇压力。在实行上述贸易政策措施的同时，有些国家还辅助以相应的内部保护措施，如在资本、劳动力、技术、价格及收益方面给予进口替代工业各种优惠，以增强其在国内市场的竞争力。

二、出口导向战略

（一）出口导向的概念

出口替代是一种外向贸易战略，即以工业品出口。出口导向是指通过建立面向国际市场的加工工业，增强本国制成品在国际市场的竞争力，以出口带动整个国民经济的繁荣，即以制成品出口带动工业化的发展。20 世纪 60 年代起，一些发展中国家，尤其是新兴工业化国家和地区开始转向实施出口导向战略。

20 世纪 60 年代中期，亚洲的新加坡、韩国以及拉美的巴西、墨西哥等国家和地区开始从进口替代转向出口替代。70 年代初，印度、马来西亚、菲律宾也相继推行出口替代政策，大力发展本国具有优势的产品。70 年代中期以后，新加坡、韩国、巴西等国家和地区还把出口侧重点逐步从劳动密集型产品转向资本密集型产品，终于打进了发达国家的市场。

（二）出口导向的措施

出口导向的政策工具主要是出口优惠措施，如出口补贴、出口退税、出口信贷及给予出口工业投入品实行优惠供给价格等。出口导向政策下的平均关税水平较低，有利于出口工业低价进口所需的原材料、资本品等，降低生产成本。出口替代赚取的外汇比进口替代节约的外汇更多，而且可用来料、来件加工或装配及劳务出口来换取外汇，增加就业。出口替代鼓励新技术的引进和产品的更新换代，也有利于引进外资和提高生产管理技术，从而带动国内工业的发展。

在 20 世纪 80 年代初，由于实行出口导向战略的一些发展中国家成功经验的示范作用，以及世界银行等一些国际经济组织的大力推荐，大多数发展中国家纷纷放弃进口替代的工业化战略，转而实行更加开放的贸易政策，从而拉开了发展中国家贸易自由化的序幕。

三、发展中国家间横向联合政策

发展中国家除了实施进口替代和出口导向政策外，还采取了经济集团化和加强横向联合的政策，运用共同的力量与发达国家抗衡，以维护和扩大本集团的正当经济利益，提高发展中国家在世界经济中的地位。20 世纪 70 年代，发展中国家为此也取得了一系列成果。

（一）南南经济贸易合作形式

1963 年，发展中国家在联合国大会上组成 77 国集团，商讨贸易、金融、关税、经济援助和开发等问题，彼此协调力量，争取共同行动。1967 年通过了《阿尔及尔宪章》，决定联合行动以结束旧的国际经济秩序。此后，该集团定期召开全体成员国会议，就一系列重大问题进行磋商和协调，目前的成员国已超过 130 个，但仍沿用“77 国集团”的名称。除此还成立了原料输出国组织、东南亚国家联盟、西非经济共同体、安第斯条约组织、加勒比共同体等。1982 年 2 月，在印度德里召开南南经济合作会议后，地区经济合作进入了一个新的阶段。1983 年 3 月，联合国拉美经济委员会在智利圣地亚哥召开了拉美经济一体化组织成员国对外贸易部长级会议。会议强调：①取消地区内部贸易保护主义措施；②要求拉美各国中央银行和对外贸易银行利用本国资金及世界硬通货建立一个能维持和扩大区域内部贸易的金融机构；③建立拉美地区内部贸易优惠制。事实上，很多发展中国家已经看到了南南合作的价值和前景，正试图通过扩大发展中国家之间的经贸交流实现贸易和投资多元化，推动共同发展。

（二）石油输出国组织合作机制

石油输出国组织（organization of the petroleum exporting countries，OPEC）简称“欧佩克”，是亚、非、拉石油生产国为协调成员国石油政策、反对西方石油垄断资本的剥削和控制而建立的国际组织，成立时间是 1960 年 9 月。现有成员国 15 个，即沙特阿拉伯、伊拉克、伊朗、科威特、阿拉伯联合酋长国、卡塔尔、利比亚、赤道几内亚、尼日利亚、阿尔及利亚、安哥拉、厄瓜多尔、委内瑞拉、加蓬、刚果。总部设在奥地利维也纳。组织成员国共控制约全球 2/3 的石油贮备，共占世界石油蕴藏 78% 以上的石油储量并提供 40% 以上的石油消费量。它们的产油量占全球产油量的 40%，它们的出口量占全球的一半。

欧佩克的宗旨是：协调和统一成员国石油政策，维持国际石油市场价格稳定，确保石油生产国获得稳定收入。最高权力机构为成员国大会，由成员国代表团组成，负责制定总政策，执行机构为理事会，日常工作由秘书处负责处理。另设专门机构经济委员会，以协助维持石油价格的稳定。该组织自成立以来，与西方石油垄断资本坚持斗争，在提高石油价格和实行石油工业国有化方面取得重大进展。

自欧佩克成立至今，它对世界原油市场有着举足轻重的影响。20 世纪 60 年代是欧佩克发展的时期。欧佩克采取的主要政策是：稳定油价；实现油田使用经费化；减少销售补贴；维护各成员国之间的团结，支持成员国维护石油权益的斗争。欧佩克对世界石油经济发挥了重要的作用：一是抑制住了国际原油标价下降的趋势，二是初步显示出了联合的强大威力，此时欧佩克被认为是国际石油卡特尔的有效组织形式。

20 世纪 70 年代，欧佩克一方面彻底改变了石油租让制的殖民地、半殖民地的生产关系，欧佩克成员国得以独立自主地行使石油资源主权；另一方面，收回了国际原油价格的决定权。80 年代初开始，欧佩克的联合范围扩展到非欧佩克国家，逐步从“减产提价”“保价战略”，转变为“减价增额”“稳价增额”的新战略，从而逐步使石油产量、油价和成员国的经济获得稳步增长。与此同时，也受到来自石油需求和供应两方面的压力，欧佩克面临着更加激烈的竞争，石油市场份额起伏不定，油价下跌，损害了欧佩克的利益。所以在 1986 年及以后的数年，欧佩克做出重大决定性的政策变化：放弃固定价格，转而采用一种对其增加市场份额更为有利的方法，以重新建立它在世界石油市场中的地位。尽管竞争仍在不断加剧，但这种政策的转变使欧佩克在世界石油市场上的原油供应量和市场份额都出现回升。

20 世纪 90 年代，由于 1997 年 11 月亚洲金融危机的影响，国际石油价格开始持续下滑，一直持续到 1999 年 3 月，此间欧佩克国家损失严重，被迫削减支出计划。同时，国际石油公司掀起了兼并、收购和削减成本的浪潮，也削减了它们的投资计划。所以欧佩克决定与非欧佩克（包括墨西哥、挪威、阿曼和俄罗斯）协议分别减产 170×104 桶/天和 40×104 桶/天之后，油价开始回升。这个协议对波动的石油市场的稳定起到了决定性的作用。

然而，面对 21 世纪，由于石油需求增长、产能趋紧、炼油能力不足、市场投机、地缘政治、非欧佩克国家石油技术的增强、灾难气候等多种因素作用，油价不断升高。面对诸多困难，欧佩克决定：建立与各大石油消费国和非欧佩克产油国之间的战略合作，并将其列为保障欧佩克长期能源利益和国际石油市场稳定的重要环节。在经过长时间的调整后，建立与石油主要消费国和生产国的“能源合作机制”已成为欧佩克的一项重要战略。

（三）南方共同市场

南方共同市场（mercado común del Sur，MERCOSUR），是南美地区最大的经济一体化组织，也是世界上第一个完全由发展中国家组成的共同市场。1991 年 3 月 26 日，阿根廷、巴西、乌拉圭和巴拉圭四国总统在巴拉圭首都亚松森签署《亚松森条约》（条约于同年 11 月 29 日生效），宣布建立南方共同市场。此后，南方共同市场先后接纳智利（1996 年）、玻利维亚（1997 年）、秘鲁（2003 年）、厄瓜多尔（2004 年）和哥伦比亚（2004 年）等国为其联系国。该组织宗旨是通过有效利用资源、保护环境、协调宏观经济政策、加强经济互补，促进成员国科技进步，最终实现经济政治一体化。

南方共同市场是拉美地区举足轻重的区域性经济合作组织，由巴西、阿根廷、乌拉圭和巴拉圭四个成员国以及智利和玻利维亚两个联系国组成，共有 2.2 亿人口，年产值超过 1 万亿美元，贸易额达 2 000 亿美元。南方共同市场建立于 1991 年 3 月 26 日，试运转 3 年后于 1995 年 1 月 1 日正式运行。成立以来，南方共同市场取得了令人瞩目的成绩，2014 年已成为世界第四大经济集团。而且，该组织的合作范围还在向其他领域，特别是政治、外交领域拓展。

南方共同市场成员国间绝大部分商品实行无关税自由贸易，共同对外关税则为 23%。南方共同市场为各成员国带来了巨大的现实利益。南方共同市场市成员国间贸易和对外贸易增长显著。4 个成员国之间的贸易额从 1991 年的 40 多亿美元猛增到 1998 年的 210 多亿美元，平均每年递增 20%。1995 年，南方共同市场和欧盟签署框架协议，计划于 21 世纪初实现两集团间自由贸易，2013 年双边贸易额已经达到 550 亿美元。1998 年 4 月南方共同市场还与安第斯共同体签署了框架协议，力争在 2000 年以前实现两集团间的自由贸易。

南方共同市场充满活力的运转和广阔的发展前景吸引了众多投资者，2013 年流入该地区的外国直接投资已超过 350 亿美元。成员国之间的相互投资也随之增多，各个领域的合作关系均有长足进展，相互依存的程度不断加深。

（四）非洲联盟

非洲联盟（African union，AU）简称非盟，是一个包涵了55个非洲会员国的联盟，是属于集政治、经济和军事于一体的全非洲性的政治实体。前身是1963年在埃塞俄比亚首都亚的斯亚贝巴成立的“非洲统一组织”。2002年7月在南非改组成立非洲联盟。

非洲联盟未来有计划统一使用货币、联合防御力量以及成立跨国家的机关，这包括一个管理非洲联盟的内阁政府。非洲联盟的目标是实现非洲国家和人民间更广泛的团结和统一；维护成员国主权、领土完整和独立；促进和平、安全和稳定；加快政治、社会和经济一体化进程；促进民主原则、大众参与和良政；促进和保护人权；推动非洲经济、社会、文化的可持续发展；推动在各领域的泛非合作，提高人民生活水平；协调和统一当前和未来的区域经济组织的政策，以逐步实现非盟目标；维护非洲共同立场和利益；加强国际合作，创造条件使非洲在全球事务中发挥应有作用。

非洲联盟在组织架构与运行机制方面，更加符合时代的要求。根据《非洲联盟章程》，非洲联盟是一个统管非洲政治、经济、军事、文化和社会实务的综合性机构，因此，其组织机构只能更趋完善，在处理内外事务时，被赋予更大的权限，换言之，非洲联盟具有更大的独立性和权威性。

维护非洲大陆的和平与安全，是非洲联盟的重要工作之一。作为组织保障成立了非洲联盟和平与安全理事会。理事会下设机构齐全，包括非洲联盟委员会、大陆预警机制、非洲待命部队和一个特别基金。非洲联盟在和平与安全领域，有很多创新和进展，非洲联盟成立了自己的维和部队，当成员国出现特殊情况时，非洲联盟可以进行干预。十分明显，非洲联盟的自我维护和平安全的能力大大增强。

非洲联盟的另一个重要任务是积极推进非洲大陆的经济一体化进程。1991年非洲统一组织各国在尼日利亚阿布贾签署了建立非洲经济共同体的《阿布贾条约》，依然是非洲联盟工作目标。为了加快发展经济，非洲联盟制定了“非洲发展新伙伴计划”，这是21世纪初非洲国家自主制定的第一个全面规划非洲发展目标的宏伟蓝图，旨在解决非洲大陆的贫困加剧、经济落后和被边缘化等问题。他的一个重要原则是非洲各国之间以及非洲国家与发达国家之间建立伙伴关系，促进地区和非洲大陆一体化，提高非洲各国和整个大陆的竞争力。

为了拓展国际合作空间、促进非洲大陆国际地位和与影响力，非洲联盟积极开展共同外交。非洲联盟与联合国、传统西方大国、新兴经济体以及世界其他国家建立了各种交流和合作关系，并且取得了许多进展。

总之，经过16年的发展，非洲联盟为了加快非洲大陆的发展，做了许多有益的尝试和探索，并取得了有目共睹的进展。然而，由于非洲大陆的发展基础仍然十分薄弱，因此要实现非洲联盟的目标，仍然有很长的路要走。

第四节　全球多边贸易体制的形成与发展

二战结束以来，国际贸易领域最引人注目的发展变化，是多边贸易体制的形成和发展，它对世界经济产生了多方面的重大影响。1948年1月1日，由23个国家参与缔结的关贸总协定的生效，标志着全球多边贸易体制的诞生；1995 年 1 月 1 日，世界贸易组织的正式建立及此后的顺利运作，标志着一个以贸易自由化为宗旨、囊括当今国际贸易诸多领域的多边贸易体制的框架已经构筑起来。半个多世纪以来，国际贸易的发展大大快于世界生产的发展，这与世界多边贸易体制的作用是密不可分的。

一、关贸总协定与多边贸易谈判

（一）关贸总协定的诞生

二战以前，国际贸易活动主要以单边或双边的形式进行，各国贸易政策的制定完全从自身的利益出发，缺少地区性的贸易协调机制，更没有世界性多边贸易体制。两次世界大战给世界带来的灾难使一些国家深刻意识到，要避免战争的发生，让世界拥有和平，要实现充分就业、繁荣世界各国的经济，必须建立一系列国际性机构和协调组织，以维护国际金融和国际贸易的正常秩序，促进世界经济的健康顺利发展。

根据 1944 年在美国布雷顿森林镇召开的国际会议精神，国际复兴开发银行、国际货币基金组织于 1945 年成立，构建了从金融领域支撑世界经济发展的框架。布雷顿森林会议还倡导组建国际贸易组织，以便在多边贸易的基础上通过减少关税和消除贸易壁垒来促进国际贸易的自由发展。1946 年 2 月，美国正式向联合国经济社会理事会提交了《国际贸易组织宪章》草案。理事会接受该建议并成立了筹备委员会。同年 10 月，筹委会在伦敦举行了第一次会议，讨论美国提出的《国际贸易组织宪章》草案，并成立了宪章起草委员会对草案进行修改。1947 年年初，该宪章起草委员会根据《国际贸易组织宪章》草案中的贸易规则部分，完成了《关税与贸易总协定》条款的起草工作。在参与起草《国际贸易组织宪章》的过程中，各国政府同意在国际贸易组织成立之前先就降低关税和其他贸易限制等问题进行谈判。于是，1947 年 4—10 月，美国、英国、中国等 23 个国家在日内瓦举行的联合国贸易与就业会议第二次筹委会期间，就具体产品的关税减让问题进行了多边贸易谈判并达成协议，这次谈判后来被称为关贸总协定的第一轮多边谈判。自 1948 年开始，作为与贸易有关的国际框架的关贸总协定体制正式发挥其职能，并支撑了二战后国际贸易的发展。

关贸总协定的宗旨是：各缔约方本着提高生活水平、保证充分就业、保障实际收入和有效需求稳定增长、充分利用世界资源、扩大商品生产和交换、促进经济发展的目的，来处理它们在贸易和经济发展方面的相互关系，彼此减让关税，取消各种贸易壁垒和歧视性待遇，实现贸易自由化。

关贸总协定规定了许多关于贸易的国际规则，但其基本原则可以概括为如下几个方面。

第一，无歧视性待遇原则。该原则又称非歧视原则、无差别待遇原则。这一原则规定：缔约国在与贸易相关的事项中相互之间不得有任何歧视。如果缔约一方根据某种理由而实施某种限制或禁止措施时，这种限制或禁止措施也必须适用于其他缔约方。无歧视待遇原则主要通过最惠国待遇原则和国民待遇原则来实现，也是公平贸易原则的体现。

第二，自由贸易原则。这一原则是指通过成员方的多边贸易谈判，削减关税和减少其他贸易壁垒，扩大成员方之间的货物贸易和服务贸易。自由贸易原则以关贸总协定的共同规则为基础，以多边谈判为手段，以争端解决为保障，以贸易补救措施为“安全阀”，并通过关贸总协定安排的过渡期方式体现对不同国家的差别或优惠。自由贸易原则主要通过关税减让和非关税贸易壁垒的削减来实现。

第三，互惠原则。这是关贸总协定的重要原则，也是关贸总协定关税减让谈判的基础。互惠分为双边互惠和多边互惠。双边互惠指的是关贸总协定两个缔约方之间相互给予对方关税减让或特权，多边互惠指的是将双边互惠原则扩大到多个缔约方之间。关贸总协定就是通过缔约方以对等减让以及相互提供优惠的方式来实现贸易自由化。互惠原则有例外规定，即允许缔约方在某些特殊情况下撤回它已做出的关税减让。

第四，透明度原则。这一原则是指缔约方应公布所制定和实施的贸易措施及其变化情况（如修改或废除等），不公布的不得实施，同时还应将这些贸易措施及其变化情况通知关贸总协定。缔约方所参加的有关国际贸易政策的国际协议也在公布和通知之列，以便于各成员方政府和企业了解和熟悉，从而提高国际贸易的可预见性和稳定性。透明度原则包括贸易措施的公布和贸易措施的实施两个方面。关贸总协定一直把透明度原则作为其基本原则之一，要求各缔约方增强贸易规章和政策措施的透明度，在公平、公正的基础上发展相互间的经济贸易关系。

（三）关贸总协定对多边贸易体制的贡献

在关贸总协定的推动下，世界各国先后进行了 8 轮多边贸易谈判（表 5－1），达成了范围广泛的贸易自由化协议。

表 5－1　关贸总协定的 8 轮多边贸易谈判

年份	地点/名称	主要议题	参与方	主要成果
1947	日内瓦（瑞士）	关税	23	创立了关贸总协定，达成双边减让协议 123 项，约 54% 的应税进口商品平均关税降低了 35%
1949	安纳西（法国）	关税	13	达成了约 5 000 项关税减让
1951	托奎（英国）	关税	38	达成了约 8 700 项关税减让，从而把 1948 年确定的关税水平下调了 25%
1956	日内瓦（瑞士）	关税	26	由于美国国会对美国政府的授权有限，所达成的关税减让只涉及 25 亿美元的贸易额
1960—1961	日内瓦（瑞士） 狄龙回合	关税	26	谈判达成的关税减让涉及 49 亿美元的贸易额
1964—1967	日内瓦（瑞士） 肯尼迪回合	关税与反倾销措施	62	确定削减关税“一刀切”的办法，在经合组织成员间工业品一律平均削减 35% 的关税
1973—1979	东京（日本） 东京回合	关税、非关税措施等	102	将世界 9 个主要工业品市场的关税平均削减 1/3，制成品的平均关税由关贸总协定成立时的 40% 左右降至 4.7%；还产生了一系列关于非关税壁垒的协议

续上表

年份	地点/名称	主要议题	参与方	主要成果
1986—1994	埃斯特角城（乌拉圭）乌拉圭回合	关税、非关税措施等	123	发达国家和发展中国家关税平均降低 1/3，发达国家工业制成品平均关税水平降低 36%；签署了《建立世界贸易组织协定》《农产品协议》《纺织品和服装协议》《技术性贸易壁垒协议》《进口许可程序协议》《原产地规则协议》《装运前检验协议》和《实施卫生与植物卫生措施协议》等多项与限制和削减非关税壁垒有关的全球性协议

资料来源：根据世界贸易组织网站的材料整理。

从关贸总协定进行的八轮多边贸易谈判中可以看出，前五轮谈判主要致力于削减关税和减少贸易壁垒的问题，后三轮谈判则更多地转向非关税壁垒问题，特别是乌拉圭回合谈判进一步将关注点由货物贸易扩展到服务贸易和与贸易有关的知识产权等领域，开始了进一步完善多边贸易体制的新尝试，通过缔约方的一系列谈判和协议，从削减关税和减少非关税壁垒两个方面促进了全球自由贸易的发展。

第一，削减关税。经过半个多世纪的努力，全球关税总水平从关贸总协定第一轮谈判前的 40% 降至第八轮乌拉圭回合淡判后的 6% 左右（其中，发达国家的加权平均税率从 1947 年的平均 35% 降至 4% 左右，发展中国家降至 14% 左右），降幅达 85%。除削减关税和关税约束外，在乌拉圭回合谈判中，发达国家和一些发展中国家还承诺取消某些领域的所有关税，其中包括药品、农用机械、建筑设备、医疗器械、家具、纸张、钢铁和玩具等。

第二，减少非关税壁垒措施。在关贸总协定前几轮谈判的推动下，关税削减的幅度和范围不断扩大，关税约束措施的力度不断加大，越来越多的国家将通过关税措施难以实现的贸易保护转向非关税措施，包括进口许可证、关税配额、“自愿”出口限制等数量限制和安全卫生标准、技术标准、包装要求等间接的非关税壁垒措施，形成了新的贸易壁垒。由于这些非关税壁垒措施的隐蔽性和随意性强，透明度低，因而对世界贸易的破坏作用更大。针对这种情况，从第六轮肯尼迪回合谈判开始，关贸总协定将非关税壁垒问题列入谈判议程，而将具有较高透明度、能够清楚反映保护程度的关税作为各缔约方保护国内市场的唯一手段。乌拉圭回合非关税措施谈判中又进一步决定，要实施减少或取消包括数量限制在内的非关税壁垒措施，将非关税措施关税化，并达成了《农产品协议》《纺织品和服装协议》《技术性贸易壁垒协议》等多项与限制和削减非关税壁垒有关的全球性协议。

由此可见，关贸总协定一方面禁止数量限制和其他非关税壁垒措施，将缔约方对国内产业和市场的保护锁定在透明度强和预见性强的关税手段上，使非关税措施向关税措施靠拢，另一方面又不断通过谈判降低关税水平，从而从两个方面推动了贸易自由化的发展。这些措施对改善货物贸易的市场准入、推动世界贸易的迅速发展和全球贸易自由化的深入发展具有重要意义。

（四）关贸总协定的局限性

由于关贸总协定不是一个正式的国际组织，这使它在体制上和规则上有着多方面的局限性。

（1）关贸总协定的有些规则缺乏法律约束，也无必要的检查和监督手段。例如，规定一国以低于“正常价值”的办法，将产品输入另一国市场并给其工业造成“实质性损害和实质性威胁”就是倾销。而“正常价值”“实质性损害和实质性威胁”难以界定和量化，这很容易被一些国家加以歪曲和用来征收反倾销税。

（2）关贸总协定中存在着“灰色区域”，致使许多规则难以很好地落实。所谓“灰色区域”是指缔约国为绕开总协定的某些规定，所采取的在总协定法律规则和规定的边缘或之外的歧视性贸易政策措施。这种“灰色区域”的存在，损害了关贸总协定的权威性。

（3）关贸总协定的条款中对不同的社会经济制度带有歧视色彩。例如，对“中央计划经济国家”进入关贸总协定设置了较多的障碍。

（4）关贸总协定解决争端的机制不够健全。虽然关贸总协定为解决国际商业争端建立了一套制度，但由于总协定解决争端的手段主要是调解，缺乏强制性，容易使争端久拖不决。

（5）允许纺织品配额和农产品补贴长期存在，损害了总协定的自由贸易原则。正是由于关贸总协定的上述种种局限性，使这个临时性准国际贸易组织最终被世界贸易组织所取代。

二、世界贸易组织的建立及其影响

（一）世界贸易组织的建立

关贸总协定的出现，结束了一直以来国际贸易中缺少统一规则、各自为政的状态，使全球贸易向一个统一的机制框架内融合，它标志着全球多边贸易体制的形成。但是，由于关贸总协定在组织形式和规则执行等方面存在的严重局限性，已无法解决服务贸易和知识产权等国际贸易中的新议题，乌拉圭回合取得的新的谈判成果也很难在仅以协调货物贸易为主要职能的关贸总协定框架内付诸实施。此外，关贸总协定解决国际贸易争端的主要手段是协商，缺少具有法律约束性的强制手段，这些都暴露出关贸总协定在体制上的先天不足，同时也使各缔约方意识到建立一个正式的国际贸易组织的必要性。1993 年乌拉圭回合谈判结束前，各方原则上达成了《建立世界贸易组织协定》。1995 年 1 月 1 日，世界贸易组织正式成立。经过一年的共存期，关贸总协定作为准国际贸易组织的使命于 1995 年 12 月 31 日结束，以世界贸易组织为核心的多边贸易体制终于取代了历经近半个世纪的关贸总协定体制，完成了世界贸易体制的重大变革。

世界贸易组织取代关贸总协定后，继承了关贸总协定的基本原则，除了在货物贸易领域继续推进自由化外，还在服务贸易、与贸易有关的知识产权以及与贸易有关的投资措施等新的领域加以适用和推广。与关贸总协定的不同之处在于，世界贸易组织是契约式的贸易组织，法律基础更加巩固，对成员方权利与义务的约束更强，因此也就更加完善和具有权威性。可以看出，从关贸总协定到世界贸易组织，世界贸易多边制约形式的形成和演变历程也是全球多边贸易体制不断发展和完善的过程，是世界贸易朝着更加自由化、规范化方向发展的过程。

(二) 世界贸易组织对世界多边贸易体制的贡献

从世界贸易组织成立至今的十几年时间里，世界贸易组织作为贸易自由化的推动者对世界经济和国际贸易的发展做出了新的贡献，主要表现在以下几方面。

1. 进一步促进了货物贸易自由化

在世界贸易组织成立之前，纺织品贸易作为一种特殊的贸易体制长期游离于关贸总协定体制之外，背离了《关税与贸易总协定》的基本原则。1974 年，进口纺织品的发达国家制定了《多种纤维协定》(又称《国际纺织品贸易协定》)，此后一直延期。《多种纤维协定》名义上是为了扩大纺织品贸易，减少贸易壁垒，逐步实现世界纺织品贸易的自由化，但实际上该协定是对来自发展中国家的纺织品实行歧视性的进口数量限制。在乌拉圭回合谈判中，《多种纤维协定》被《纺织品和服装协议》所取代，并确立在世界贸易组织成立之日起 10 年内，要逐步将纺织品贸易纳入到《关税与贸易总协定》的规则内，即到 2005 年 1 月 1 日，废止《纺织品和服装协议》，取消一切限制，逐步实现纺织品与服装贸易的自由化。

2. 推动了服务贸易自由化

《服务贸易总协定》是世界贸易组织中与《关税与贸易总协定》和《与贸易有关的知识产权协定》并行的多边贸易规则，这与当今国际贸易呈现货物贸易、服务贸易和知识产权贸易共同发展的态势是一致的。在新的科技革命推动下，信息技术产业作为一种技术含量高、附加值大、环境破坏小的新兴产业迅速发展。信息技术革命渗透到社会生活的方方面面，对世界经济贸易产生了重大而深刻的影响。消除对信息技术产品贸易的壁垒、最大限度地扩大全球范围内信息技术产品贸易的呼声越来越强烈。1997 年 4 月 1 日生效的《信息技术协议》和 1998 年 2 月 15 日生效的《基础电信协议》，在信息技术产品有形贸易和以此为基础的电信服务的无形贸易两个方面，同时推动着信息技术产业的发展。两项协议结合起来，涉及全球每年 1 万亿美元的贸易额，这将大大促进全球贸易的发展和全球贸易自由化的进程，从总体上提高世界的福利水平和经济发展水平。

3. 促进了发展中国家的贸易发展

按照协议，乌拉圭回合前后，世界贸易组织全体成员的平均关税降幅为 34.3%，发达国家关税削减幅度在 37% 左右，发展中国家关税削减幅度在 24% 左右，且在农产品关税削减的实施期限上，发展中国家比发达国家长 4 年。这使发展中国家的出口可以获得更多的关税降低的好处以及更长的调整、适应和保护期。在非关税壁垒方面，由于发展中国家出口产品主要集中在纺织品、服装、其他轻工产品和农产品等劳动或土地资源密集型产品上，这些恰是乌拉圭回合中贸易自由化力度最大的领域。这些领域非关税壁垒措施的消除，给发展中国家带来了贸易增长的好处。根据乌拉圭回合达成的有关规定和对发展中国家的优惠条款，2005 年取消纺织品和服装的限制后，发展中国家对主要发达国家的纺织品和服装出口分别可以增加 82% 和 93%，发展中国家纺织品出口国共可以每年从中获得 30 亿美元的贸易收益。总之，2005 年 1 月 1 日《纺织品和服装协议》的终止，意味着主导全球纺织品贸易长达 30 年之久的配额制度被废除，这在一定程度上为发展中国家充分发挥比较优势、发展对外贸易提供了可能。

三、全球多边贸易体制的挑战与前景

在全球多边贸易体制形成、演变、不断完善和发展的过程中，也遭遇和经历着来自各方面的冲击和考验。世界贸易组织成立后启动的第一轮谈判——多哈回合陷入困境，是对世界多边贸易体制的严峻挑战。

（一）多哈回合的议题与困境

世界多边贸易体制对全球贸易自由化进程的推动作用主要是通过世界贸易组织部长级会议、一系列谈判和多边协议实现的。2001 年 11 月，在卡塔尔首都多哈举行的世界贸易组织第四次部长级会议上，经过异常艰苦的谈判，最终通过了《多哈部长宣言》，各成员国一致同意开始新一轮多边贸易谈判，并规定谈判时间为 2001 年 11 月至 2005 年 1 月 1 日。为了强调对发展问题的重视，又将新启动的谈判命名为“多哈发展议程”（Doha development agenda，DDA，简称“多哈回合”）。多哈回合是世界贸易组织成立以来启动的第一轮多边贸易谈判，也是到目前为止涵盖议题范围最广、目标最宏伟、参与方最多的一轮多边贸易谈判，对于全球贸易体系的平衡稳定发展具有重要意义。

多哈回合谈判的宗旨是：促进世界贸易组织成员削减贸易壁垒，通过更公平的贸易环境来促进全球特别是较贫穷国家的经济发展，处理最不发达国家被边缘化问题，理顺与区域贸易协定之间的关系，把世界多边贸易体制的目标与世界经济可持续发展有机地结合起来，改善世界贸易组织形象，实现《建立世界贸易组织协定》的原则和目标。

多哈回合共列出 20 项工作计划，其中涉及谈判的大体上可分为 9 个大类：农业、非农产品市场准入、服务贸易、知识产权、规则、争端解决、贸易与环境、“新加坡议题”①、贸易与发展。在这些议题中，货物与服务的市场准入是各成员核心利益之所在，农业（尤其是发达国家的巨额补贴）是最棘手的历史遗留问题，“新加坡议题”备受诟病，而贸易与发展则涉及面最广、模糊点最多，但却是广大发展中成员的关注焦点。如果谈判成功，将不仅使得世界贸易组织的法律体系更加完善，还将使世界多边贸易体制的威信和影响力大大提高。但截至 2010 年年底，多哈回合谈判已持续 9 年，期间历经波折，仍深陷困境。

（二）全球多边贸易体制面临的挑战

1. 贸易保护主义重新抬头

发达国家总体上是经济全球化的受益者，但也面临传统产业空心化的挑战。这本来是各国按照比较优势参与全球分工的结果，但由于一些发达国家内部收入分配调节机制存在缺陷，其国内收入差距扩大便演变为严重社会问题。国际金融危机凸显了这一问题，加之互联网推动了极端民族主义、民粹主义思潮的传播，发达国家的一些群体错误地将本国的社会问题归咎于经济全球化、贸易自由化和其他国家的“不公平竞争优势”。尤其是美国总统特朗普上台后，美国在全球推行的单边主义、贸易保护主义对多边贸易体制提出了严

---

① “新加坡议题”主要内容包括投资、竞争政策、政府采购透明度和贸易便利化，因最早在 1996 年世界贸易组织于新加坡召开的第一次部长级会议上提出，故简称为“新加坡议题”。

峻挑战。欧洲一些国家内部也出现了日益强烈的反经济全球化情绪。

2. 多哈回合谈判困难重重

多哈回合谈判的宗旨是促进世界贸易组织成员削减贸易壁垒，通过更公平的贸易环境来促进全球特别是较贫穷国家的经济发展。谈判包括农业、非农产品市场准入、服务贸易、规则谈判、争端解决、知识产权、贸易与发展以及贸易与环境这 8 个主要议题。多哈回合谈判为国际贸易改革订下了颇为进取的改革计划，目标是在全球范围内达成一个统一的贸易协定。但是，由于发达国家和发展中国家在农业政策问题上陷入僵局，多哈回合历经多次谈判后均未有更多进展。

3. 区域贸易协定和区域经济一体化快速发展

区域贸易协定（regional trade agreement，RTA）是指区域内国家和地区之间通过签订区域贸易协定等方式，使得在区域内进行的贸易比在区域外的自由化程度更高。虽然区域贸易安排与多边贸易体制具有较强的互补性，但是区域贸易安排在短期或者一定程度上侵蚀了多边贸易体制的基础。区域贸易安排的迅猛发展及其在世界范围内蔓延，是对最惠国待遇原则的一种削弱，从而损害多边贸易体制的根基。区域贸易协定数量众多，规则烦冗复杂，对世界贸易组织构成挑战，也使各国难以招架，如同“盛意大利面条的碗”，意思是说，区域贸易协定就像碗里的面条，一根根绞在一起，一团乱麻，剪不断，理还乱。

4. 欠发达国家的经济体制转轨和改革停滞不前

20 世纪全球经济中的重大事件之一就是人类尝试用计划经济替代市场经济，希望创造出效率更高、同时分配更加公平的经济运行机制。几十年的实践证明，计划经济无法实现这个目标，发展中国家与发达市场经济之间的差距越来越大。到了 20 世纪的最后 20 年，几乎所有的计划经济都在向市场经济转轨和改革。大多数实行计划经济体制的发展中国家和转轨经济体起初都没有加入关贸总协定和世界贸易组织。虽然，自 20 世纪 80 年代以来，越来越多的发展中国家已经加入世界贸易组织，但是由于经济体制改革的滞后，一些欠发达国家面临被边缘化、丧失话语权等风险。

（三）全球多边贸易体制的前景

当前，以 WTO 为核心的全球多边贸易体制正面临前所未有的困难和挑战，但 WTO 多边贸易体系并不会因此没落并消失在世界贸易大潮当中，其仍旧扮演着很多独一无二的重要角色。

1. WTO 无可替代，世界仍然需要多边贸易体制

区域贸易体制在效率上相比全球多边贸易体制具有优势。但是，凡事都有两面性，区域贸易体制也并非完全可以替代全球多边贸易体制。事实上，当前 RTA 某种程度上的“泛滥”也带来了难以克服的种种弊端，例如，RTA 的排他性使得全球市场被人为割裂为大大小小的区域市场，并可能产生导致资源配置恶化的“贸易转移效应”。又如，各类 RTA 下不同原产地规则互相缠绕，也会导致所谓“意大利面碗效应”，增加国际贸易运行的障碍和成本。相比之下，全球性贸易公共产品平台，不仅可以节省分散谈判带来的大量谈判组织成本，而且因其全球多边的特征，也可以在最大程度上提高国际贸易的运行效率。难以想象，失去了 WTO 的全球贸易将会是什么样糟糕的局面。据测算，多哈回合谈判失败的潜在损失为全球贸易减少 9.9%，世界福利损失会高达 3 530 亿美元。因此，在

当前困难局面下，努力维护现有的 WTO 多边贸易体制应成为各方共识。我们看到，2013 年以来，以 WTO 总干事换届为契机，多哈回合谈判也出现了一些转机，达成了《贸易便利化协定》。这都表明，不论是发达国家还是发展中国家，各方都不希望多哈谈判彻底失败，依然需要 WTO 作为全球贸易公共产品的供给平台继续存在并发挥积极作用。

2. 中国积极维护全球多边贸易体制，持续推动经济全球化

以世贸组织为核心的多边贸易体制是国际贸易的基石，为推动全球贸易发展、建设开放型世界经济发挥了中流砥柱作用。中国作为世界第二大经济体坚决支持世界贸易组织，认为 WTO 在经济全球化中继续发挥着巨大作用。2018 年 6 月 28 号，中国政府发表了题为《中国与世界贸易组织》的白皮书，申明中国“坚决支持以世贸组织为核心的多边贸易体制”，反对单边主义和保护主义，维护多边贸易体制的权威性和有效性，与各成员共同推动世贸组织在经济全球化进程中发挥更大作用。

2001 年中国加入 WTO 以来，不断完善社会主义市场经济体制，全面加强同多边贸易规则的对接，切实履行货物和服务开放承诺，强化知识产权保护，对外开放政策的稳定性、透明度、可预见性显著提高，为多边贸易体制有效运转做出了积极贡献，对国际贸易产生了不可否认的积极影响。17 年来，中国对世界经济增长的平均贡献率已接近 30%。进出口量分别占世界总量的 10.2% 和 12.8%。中国在世界经济和贸易中的表现可能让一些国家感到担忧，但是这些国家需要关注这样一个事实，即中国正在进入的经济发展阶段具有巨大的消费能力，且在商品和服务进口等方面具有强大增长潜力，在未来五年其估值超过 10 万亿美元。换句话说，中国对世界开放的大门将越开越大。

未来，中国将继续坚定遵守和维护 WTO 规则，支持开放、透明、包容、非歧视的多边贸易体制，全面参与 WTO 工作，为共同完善全球经济治理发出中国声音、提出中国方案。

本章小结

国际贸易与对外贸易是两个不同的概念。国际贸易是指世界各国（地区）之间进行的商品和服务的交换活动。它由各国（地区）的对外贸易构成，是世界各国（地区）对外贸易的总和。对外贸易则是指一个国家（地区）同其他国家（地区）进行商品和服务的交换。国际贸易是世界经济最基本的运行机制。从世界经济形成和发展的历史过程可以看出，国际贸易始终是世界经济增长的引擎，在世界经济发展中具有举足轻重的地位和作用，即优化全球资源配置、促进世界经济增长和促进国际产业转移。国际贸易政策是指世界各国在一定时期内对进出口贸易所实行的政策，是世界经济活动中国与国之间经济贸易关系的基本原则的体现。对外贸易政策基本上可以划分为保护贸易政策和自由贸易政策。二战结束以来，国际贸易领域最重大的变化是多边贸易体制的形成和发展，它对世界经济产生了多方面的重大影响。关贸总协定的生效标志着全球多边贸易体制的诞生，世界贸易组织的正式建立标志着一个以贸易自由化为宗旨、囊括当今国际贸易诸多领域的多边贸易体制已经形成。但是，多哈回合陷入困境也使世界多边贸易体制面临严峻挑战。

思考与练习

1. 简述国际贸易与对外贸易的联系和区别。
2. 简述国际贸易国民经济发展中的地位和作用。
3. 试述 20 世纪 90 年代以来新贸易保护主义政策的主要内容。
4. 分别说出出口导向战略和进口替代战略的主要内容。
5. 从多哈回合的视角分析世界贸易组织面临的挑战与发展前景。
6. 简要说出世界贸易组织对全球多边贸易体制的贡献。

第六章　国际金融与国际货币体系概述

教学目标

1. 了解金融与国际金融的概念、内容和作用；
2. 知道国际货币基金组织、世界银行集团等国际金融组织的背景及宗旨；
3. 掌握国际金融市场的基本类型及其功能；
4. 熟悉国际货币体系的演进过程和发展前景；
5. 运用国际金融知识和分析手段，探析当代国际金融发展中的热点问题。

随着各国经济的发展和科学技术的进步，国与国之间的交往与联系便越来越密切。在广泛的国际交往中，必须涉及国际间的外汇与汇率、国际收支平衡、国际资本市场、国际资本流动、国际货币体系、国际货币机构等基本内容。而其中国际收支是衡量一国经济对外开放的主要工具，它反映了一国与其他国家的商品、服务以及资本和劳动力等生产要素的国际流动过程。一般来说，国际金融是构成一国经济乃至整个世界经济的基本要素和运行方式之一。

第一节　国际金融概述

第二次世界大战以后，由于国际金融业的飞速发展并日益在世界经济中发挥着关键性的作用，国际金融理论便逐渐从经济学（主要是国际贸易理论）中脱离、衍化出来，并发展成为一门较为独立和完整的经济学分支学科。

一、国际金融的概念

（一）什么是金融

1. 英语“Finance”的含义

关于“金融”一词的来源，英语“Finance”有如下解释：

（1）拉丁语词根的解释。“Finance”一词的词根，来源于拉丁语名词“Finis”，意思是“结束”“终结”；最初是指“终结债务”“解决争端”等，引申词义为“金钱”“资金”“金融”等。后来有了“最终结清债务”的意义，18 世纪发展为“货币资源管理”的现代意义。

（2）《牛津词典》的解释。《牛津词典》对“Finance”一词的解释为：财政、财政学、金融等；复数（Finances）则可解释为：财源、资金、财务管理、资金供应等。

（3）《柯林斯词典》的解释。《柯林斯词典》对“Finance”一词的解释为：财政、资金，金融等；复数（Finances）则可解释为：提供资金、资助、财力、财务状况（或管理）等。

2. 我国汉语词典的解释

在我国古代汉语中，早有“金”和“融”字，却没有“金融”一词。据资料介绍，我国最早将“金融”一词列入辞书条目的是1908年开始编撰的汉语《辞源》（1915），其中有“金融——今谓金钱之融通状态”。

在我国的汉语中，“金融”一词属于谓语宾语结构，其“融”是谓语，指融通、流通；“金”是金钱、货币、资金；主语已省略，实际上是指银行、钱庄等金融机构。在这里，金融的意思便是：银行融通货币资金。

3. 本书的解释

金融是货币资金融通和信用活动以及与之相联系的经济活动的总称。广义的金融泛指一切与信用货币的发行、投放、保管、兑换、结算、回笼、流通等有关的经济活动，甚至包括金银的买卖；狭义的金融专指信用货币的融通。

就一个名词的内涵来分析，金融一词的内在构成主要包括以下五个要素：一是金融主体，如金融机构，包括银行和非银行金融机构等，是金融市场的直接参与者；二是金融对象——货币（资金），由货币制度所规范的货币流通具有垫资性、周转性和增值性；三是金融工具，以借贷为主的信用方式为代表，一般指有信用关系书面证明、债权债券契约文书等，包括直接融资（无中介机构介入）和间接融资（通过中介机构的媒介作用来实现资金融通）；四是金融市场，即金融交易的场所和关系，包括资本市场、外汇市场、保险市场、衍生性金融工具市场等；五是金融调控机制，即国家对金融活动进行监督管理和政策性调节等措施。

（二）国际金融的定义

国际金融（international finance），就是国家和地区之间由于国际金融的经济、政治、文化等联系而产生的货币资金的周转和运动。国际金融由国际收支、国际汇兑、国际结算、国际信用、国际投资和国际货币体系等构成，它们之间相互影响，相互制约。譬如，国际收支必然产生国际汇兑和国际结算，国际汇兑中的货币汇率对国际收支又有重大影响，国际收支的许多重要项目同国际信用和国际投资直接相关等。

国际金融与一国的国内金融既有密切联系，又有很大区别。国内金融主要受一国金融法令、条例和规章制度的约束，而国际金融则受到各个国家互不相同的法令、条例以及国际通用的惯例和通过各国协商制订的各种条约或协定的约束。由于各国的历史、社会制度、经济发展水平各不相同，它们在对外经济、金融领域采取的方针政策有很大差异，这些差异有时会导致十分激烈的矛盾和冲突。

国际金融学则是研究国际范围内货币与金融关系的一门关键性学科。国际金融学是金融学（或经济学）研究领域的一个重要分支，随着各国间的交往日益频繁，人们越来越重视对国际金融学的学习和研究。

二、国际金融的内容

作为一个学科，国际金融学可以分为两个构成部分，即：国际金融学（理论、体制与政策）和国际金融实务。前者包括：国际收支、外汇与汇率、外汇管理、国际储备、国际金融市场、国际资本流动、国际货币体系、地区性的货币一体化以及国际金融协调和全球性的国际金融机构等；后者的内容则包括：外汇交易（包括国际衍生产品交易）、国际结算、国际信贷、国际证券投资和国际银行业务与管理等。

（一）国际收支

按照国际货币基金组织的定义，国际收支即“一国和其他国家之间的商品、债务和收益的交易以及债权债务的变化”。国际收支一般按一年、半年或一个季度计算。一国的国际收支不但反映它的国际经济关系，而且反映它的经济结构和经济发展水平。

一国的国际收支要做到收支相抵、完全平衡是十分困难。因此，各国政府大都会采取各种干预措施，力求改善国际收支不平衡状况。

（二）国际汇兑

国际汇兑是指因办理国际支付而产生的外汇汇率、外汇市场、外汇管制等安排和活动的总和。外汇一般指充当国际支付手段、国际流通手段和购买手段的外国货币以及外币支付凭证。外汇管制是一个国家为维护本国经济权益和改善国际收支，对本国与外国的国际汇兑、国际结算等实施的限制和管理。

（三）国际结算

国际结算是指国际间办理货币收支调拨，以结清不同国家中两个当事人之间的交易活动的行为。它主要包括支付方式、支付条件和结算方法等。国际结算方式主要有汇款信用证和托收方式。根据进口业务和出口业务，汇款又分国外汇入汇款和汇出国外汇款；信用证又分出口信用证和进口信用证；托收又分出口托收和进口代收。

国际结算是一项技术性很强的国际金融业务，且涉及许多复杂的社会、经济问题。社会制度不同、经济发展水平相异的国家或国家集团，对国际结算方式的要求和选择是不相同的。许多情况下，各国都力争采用对本国最为有利的结算方式。

（四）国际信用

国际信用是国际货币资金的借贷行为。最早的票据结算就是国际上货币资金借贷行为的开始，经过几个世纪的发展，现代国际金融领域内的各种活动几乎都同国际信用有着紧密联系。没有国际借贷资金不息的周转运动，国际经济、贸易往来就无法顺利进行。

国际信用主要有：国际贸易信用、政府信贷、国际金融机构贷款、银行信用、发行债券、补偿贸易、租赁信贷等。

国际信用同国际金融市场关系密切。国际金融市场是国际信用赖以发展的重要条件，国际信用的扩大反过来又推动国际金融市场的发展。国际金融市场按资金借贷时间长短可分为货币市场（即国际短期资金借贷市场）和资本市场（即国际中长期资金借贷市场）

两个市场。国际金融市场中规模最大的是欧洲货币市场。

（五）国际投资

各国官方和私人对外国进行的投资，其总体就是全球范围的国际投资。国际投资是货币资本从一国转移到另一国，以获取更多利润为目的的活动。按照货币流通的方式，国际投资主要分为两大类：一是国际直接投资，即通过跨国公司在海外发展实体经济的投资方式；二是国际间接投资，主要指国际间的资金借贷、证券交易的海外投资方式。第二次世界大战前，国际投资几乎全都是资本主义国家的资本输出。战后，苏联、东欧国家开始对发展中国家进行投资。与此同时，一些发展中国家也开始参加对外投资活动，其中主要是石油输出国。21 世纪后，国际投资进入金融经济的新时代，对冲基金发挥了跨时代的作用。

（六）货币制度

国际制度是指自发或协商形成的有关国际交往中所使用的货币以及各国货币之间汇率安排的规则和协议。它是国际金融领域的重要组成部分。最初的国际货币制度是金本位制。第二次世界大战后，资本主义世界建立了以美元为中心的国际货币体系。20 世纪 70 年代，美元持续贬值，布雷顿森林会议建立的国际货币体系崩溃，浮动汇率制在全球范围内基本上取代了固定汇率制。

三、国际金融的作用

国际金融在世界经济发展中发挥着主要的作用，具体表现在如下几个方面：

（一）国际金融是各国之间经济联系的纽带

当今世界经济全球化，世界各国的经济联系越来越紧密，一国要扩展对外贸易、引进先进技术和利用外资，增强经济实力，提高人们的福利水平，都离不开国际金融。

（二）国际金融知识是经济、金融工作者必不可少的理论工具

在对外开放的格局下，财经理论研究者和实际工作者都应当学习和掌握一些国际金融知识、实务和理论，因为对外开放涉及的面很广，各种财经工作都与国际金融息息相关。

（三）发展外向型经济需要有更多的高素质金融人才

搞社会主义市场经济对人才的要求更加迫切，从某种意义上说，市场经济就是人才经济，人才就是生产力，人才是在竞争中取胜的最重要砝码。同时，市场经济对人才培养提出了更高的要求，尤其培养出复合型、实用型、外向型人才，国际金融方面的人才就属于外向型人才。外向型人才深受各实际工作单位的青睐，这是现今有目共睹的。

（四）国际金融理论有利于解决世界经济发展中的现实问题

在研究国际金融基础理论的同时，通过对国际收支、国际储备、国际货币体系、国际金融市场、国际金融机构的具体分析，对外汇与汇率、外汇交易、外汇管制以及外汇风险

管理进行深层探讨，并深入研究国际资本流动规律，透视国际金融危机发生的根本原因，并提出解决问题的基本思路和具体架构。同时，学习国际金融有利于开拓分析研究经济问题的视野，拓宽筹资融资渠道，扩大经济实体的发展空间。

第二节　国际金融组织

自第二次世界大战以后，一系列国际金融组织相继出现并在国际货币关系与世界经济的发展中起着越来越重要的作用，构成了国际金融领域的突出现象之一。在这些国际金融组织中，既有全球性政府间国际金融组织，如国际货币基金组织（IMF）、世界银行集团（IBRD）等，又有洲际性政府间国际金融组织，如亚洲开发银行（ASDB）、非洲开发银行（AFDB）、泛美开发银行（IDB）、欧洲投资银行（EIB）等，还有某些地区一些国家建立的国际金融组织，如亚洲清算联盟（ACU）、阿拉伯货币基金组织（AMF）、西非开发银行（WADB）、加勒比开发银行（CDB）等。各个国际金融组织都在其特定方面和特定地域的国际金融活动中发挥着重要的作用和影响，尤其是全球性和洲际性的国际金融组织的作用和影响更加突出。

一、国际货币基金组织

1944 年 7 月在美国新罕布什尔州召开的、有 44 个国家代表参加的布雷顿森林会议，决定成立国际货币基金组织和国际复兴开发银行。1945 年 12 月，29 个国家的代表在美国华盛顿举行仪式，正式签署了《国际货币基金组织协定》（*international monetary fund agreement*）。1946 年 3 月，国际货币基金组织正式成立，并于 1947 年 3 月开始工作，总部设在美国的华盛顿。截至 2018 年 5 月，国际货币基金组织会员国为 189 个。

（一）国际货币基金组织的基本宗旨

国际货币基金组织成立时制定了六条宗旨：

（1）为会员国在国际货币问题上进行磋商和协作提供需要的机构，促进国际合作。

（2）促进国际贸易的扩大和均衡发展，借以达到高水平的就业与实现收入，并扩大会员国的生产能力。

（3）促进汇率稳定和会员国间井井有条的汇率安排，以避免竞争性的货币贬值。

（4）为会员国经常性交易建立一个多支付和汇兑制度，并极力消除阻碍世界贸易发展的外汇管理制。

（5）在临时性的基础上适当的保障下，为会员国融通资金，使它们在无须采取有损于本国和国际经济繁荣的情况下，纠正国际收支的失衡。

（6）力争缩短会员国国际收支失衡的持续时间，并减轻其程度。

此外，《国际货币基金组织协定》还明确了国际货币基金组织的根本任务：通过对会员国提供短期信用贷款来减缓各国由于国际收支危机所引起的货币贬值竞争与外汇管制等，以维持汇率的稳定，促进国际贸易的发展，提高就业水平和增加国际收入。

国际货币基金组织的基本职能可以归结为三个方面：一是通过制定国际金融和货币事

务中的行为准则来实行其管理职能；二是向会员国提供短期信用贷款，调整收支的不平衡，维护汇率稳定；三是为会员国就货币与资金问题进行协商与合作提供场所。概括起来，国际货币基金组织的宗旨就是维护国际货币体系的稳定。

（二）国际货币基金组织的组织机构

国际货币基金组织由理事会（board of governors）、执行董事会（board of executive directors）、总裁（managing director）和业务机构组成。

1. 理事会

国际货币基金组织理事会是国际货币基金组织的最高权力机构，由各会员国各派1名理事和1名副理事组成，一般是由财政部长或中央银行行长担任理事，而各国外汇管理机构的负责人担任副理事，副理事只在理事缺席时才有投票权。理事与副理事任期5年，可连任，任免由各会员国自定。作为最高权力机关的理事会的主要职权是：批准接纳新会员国；修改基金份额；普遍调整各会员国货币平价；决定会员国退出基金组织；讨论决定有关国际货币制度等重大问题。理事会每年举行一次会议，所有会员国都参加。1972年理事会下设“二十国委员会”，1974年后改为由22个部长级成员组成的“临时委员会”（interim committee），每年召开3～4次会议。该委员会是最重要的决策机构，具有管理和修改货币制度的决定权。

2. 执行董事会

国际货币基金组织执行董事会是基金组织负责处理日常业务的常设机构。它受理事会委托，定期处理各种行政和政策事务，如审议会员国提出的资金申请，制定一般决策与决定，向理事会提出年度报告，对会员国经济与金融方面的问题进行研究等。执行董事会名额原来为12人，现已增至22人，其中7人分别由美、英、德、法、日、沙特阿拉伯及中国7个会员国单独委派，其余会员国按国家集团和地区分组选出15名执行董事。执行董事不得兼任理事，任期两年，到期由会员国指派或改选一次。

3. 总裁

国际货币基金组织设总裁1人，由执行董事会推选产生。总裁是执行董事会的当然主席和基金组织最高行政首脑，总管基金组织的业务工作。总裁下设副总裁（deputy managing director）1人，辅佐总裁工作。总裁可出席董事会，但没有投票权；在执行董事会进行表决时，总裁也只有在双方票数相等时，才可以投关键1票，平时也无投票权。总裁和副总裁任期5年。

4. 业务职能机构

国际货币基金组织下设5个地区部和5个职能部以及资料、统计、联络、行政、秘书、语言服务等部门。5个地区部为亚洲部、非洲部、欧洲部、中东部和西半球部。5个职能部是汇兑与贸易部、财政事务部、法律部、调研部和资金出纳部。

国际货币基金组织是以会员国入股方式组成的企业经营性质的金融机构。凡是愿意履行国际货币基金协定的国家或地区都可以加入该组织。其具体程序是：提交申请，经执行董事会商定加入的条件；交理事会批准；最后在协定上签字。会员国若自愿退出，只要书面通知国际货币基金组织即可；若会员国不履行协定规定义务，国际货币基金组织有时可强制其退出。国际货币基金组织的一切重大问题或决议要有80%～85%赞成票通过方能生效，投票表决权的分配与成员国认缴的基金份额相关，每个会员国都有基本票数250

票，每增加 10 万美元的认缴份额，即增加 1 票，因而份额越大，票数越多，表决权也越大。另外，基金组织还随时根据会员国的债权债务关系调整成员国的票数，如规定到投票日止，会员国的货币贷出额每达 40 万美元，增加 1 票；反之，每借入 40 万美元，减少 1 票。目前，美、欧、日等西方发达国家在国际货币基金组织中的投票权占绝对优势地位。

（三）国际货币基金组织的资金来源及业务活动

1. 国际货币基金组织的资金来源

国际货币基金组织的资金来源主要由以下三个部分构成：

（1）会员国缴纳的基金份额。它是国际货币基金组织最主要的资金来源，份额在性质上相当于股东加入股份公司的股金，会员国缴纳后，即成为国际货币基金组织的财产（资本）。这些份额起着国际储备的作用，主要用以解决会员国国际收支失衡时的短期资金需要。各会员国缴纳的基金份额的多少依据各国的国民收入、外汇储备、国际收支状况及其他经济指标，由国际货币基金组织与成员国协商决定。会员国的基金份额原规定按 25% 以黄金或可兑换外币缴纳，75% 以本国货币缴纳。

基金份额的单位最初为美元，1969 年后改为特别提款权。基金组织建立之初，会员国缴纳份额总计为 76 亿美元，其余份额每 5 年进行一次普查，而且如有必要，可对会员国的份额进行调整。

会员国所缴纳的基金份额，可以起到以下四个方面的作用：第一，构成基金组织发放短期信用的资金来源；第二，决定会员国投票权的大小；第三，决定会员国从基金组织借款或提款额度的高低；第四，决定会员国分得特别提款权的多少。

（2）借款。它是指国际货币基金组织在与会员国协调后向会员国借入的资金作为国际货币基金组织的另一个来源，主要用以对会员国提供资金融通。1962 年 10 月国际货币基金组织从“十国集团”（group of ten）借入的 60 亿美元的“贷款总安排”（general agreements to borrow），是首次出现的这类资金来源。截至 2015 年 3 月，正在实施中的双边借款安排的会员国 33 个，合计金额为 3 693 亿美元。

（3）信托基金（trust fund）。国际货币基金组织在 1976 年 1 月决定将其 1/6 的库存黄金（2 500 万盎司）分 4 年按市场价格出售，将所得利润作为信托基金，用于向最贫穷的会员国提供信贷，它是一项新的特殊的资金来源。

2. 国际货币基金组织的主要业务活动

设立国际货币基金组织的目的最初在于维护布雷顿森林体系的正常运行，因而其业务活动主要是同汇率监督、储备资产创造和对国际收支赤字国家提供短期资金融通相联系，并为会员国提供各种培训咨询服务。

（1）汇率监督。为了保持有秩序的汇率安排，国际货币基金组织一方面要求会员国在出现国际收支根本性失衡的情况下，与之协商是否改变会员国的货币平价，另一方面对会员国的宏观经济政策进行检查和协调。汇率监督的主要内容是：“在会员国总的经济情况和经济政策战略的一种广泛分析结构内”评估会员国的经济政策；促进国际货币合作和国际金融合作；限制成员国家实行外汇管制和其他贸易壁垒，以促进国际贸易的发展。

（2）创造储备资产。为了弥补国际储备的不足，国际货币基金组织于 1970 年开始正式创设提款权，为成员国提供了一种新的储备资产和一项新的资金来源。

（3）资金融通。向会员国提供资金融通是基金组织最主要的业务活动。具体而言，国际货币基金组织主要对会员国提供8种类型的贷款：①普通贷款（normal credit tranches）。它是基金组织最基本的一种贷款，用于弥补会员国一般国际收支逆差的短期资金需要。②出口波动补偿贷款（compensation financing of export fluctuations）。它设立于1963年2月，是初级产品出口国家出口收入短期下降而发生国际收支困难时，在普通贷款之外可另申请一项专用贷款。③中期贷款（extended facility）。它是国际货币基金组织1977年9月设立的一项专用贷款，主要用于解决会员国长期的国际收支困难。④缓冲库存贷款（buffer stock financing facility）。它是1969年9月应发展中国家的要求而设立的一项专门贷款，用于帮助初级产品出口国家为稳定国际市场上初级产品价格，而建立缓冲库存的资金需要。⑤石油贷款。它是1974年6月至1976年5月间，专门为解决石油危机所致的国际收支困难的资金需要而设立的一种临时性贷款，贷款对象既有发展中国家，也包括因石油涨价而引起收支困难的发达国家。⑥补充贷款，（supplementary financing facility）又称维特芬贷款（the Witteveen facility）。它是1977年4月设置的，用于补充普通贷款和中期贷款之不足，帮助会员国解决持续而严重的国际收支困难。⑦信托资金贷款（trust fund）。它设置于1976年1月，用于向较贫穷的发展中国家提供优惠贷款。⑧扩大贷款（enlarged access policy）。它是国际货币基金组织实行扩大贷款政策而于1981年5月设立的一种贷款，是补充贷款承诺完毕后，以同样条件提供的一项贷款，因而该借款实质上起着补充贷款的作用。

（4）技术援助与培训。国际货币基金组织对会员国提供有关国际收支、财政、货币、银行、外汇、外贸和统计等方面的咨询和技术援助，帮助会员国组织人员培训、编辑、出版各种反映世界和国际金融专题的刊物和书籍，以提高会员国有关人员的素质，而且基金组织作为联合国的专门机构，还积极参与联合国的相关活动。

（四）特别提款权机制

特别提款权（special drawing right，SDR）是国际货币基金组织创设的一种储备资产和记账单位，亦称“纸黄金（paper gold）”。它是国际货币基金组织分配给会员国的一种使用资金的权利。会员国在发生国际收支逆差时，可用它向国际货币基金组织指定的其他会员国换取外汇，以偿付国际收支逆差或偿还国际货币基金组织的贷款，还可与黄金、自由兑换货币一样充当国际储备。但由于它只是一种记账单位，不是真正货币，使用时必须先换成其他货币，不能直接用于贸易或非贸易的支付。因为它是国际货币基金组织原有的普通提款权以外的一种补充，所以称为特别提款权。

1. 特别提款权的创立

特别提款权的创立经过了一个长时间的酝酿过程。20世纪60年代初爆发的美元第一次危机，暴露出以美元为中心的布雷顿森林货币体系的重大缺陷，使越来越多的人认识到，以一国货币为支柱的国际货币体系是不可能保持长期稳定的。从20世纪60年代中期起，改革二战后建立的国际货币体系被提上了议事日程。

为了挽救美元、英镑日益衰落的地位，防止黄金进一步流失，补偿美元、英镑、黄金的不足，适应世界贸易发展的需要，英美积极主张创建特别提款权机制。而以法国为首的西欧六国则认为，不是国际流通手段不足，而是“美元泛滥”，通货过剩。因此强调美国应消除它的国际收支逆差，并极力反对创设新的储备货币，主张建立一种以黄金为基础的储备货币单位，以代替美元与英镑。1964年4月，比利时提出了一种折中方案：增加各国向国际货币基金组织的自动提款权，而不是另创新储备货币来解决可能出现的国际流通手段不足的问题。国际货币基金组织中的“十国集团”采纳了这一接近于美、英的比利时方案，该方案在1967年9月国际货币基金组织年会上获得通过。

1968年3月，由“十国集团”提出了特别提款权的正式方案。但由于法国拒绝签字而被搁置起来。美元危机迫使美国政府宣布美元停止兑换黄金后，美元再也不能独立作为国际储备货币，而此时其他国家的货币又都不具备作为国际储备货币的条件。这样就出现了一种危机，若不能增加国际储备货币或国际流通手段，就会影响世界贸易的发展。于是，提供补充的储备货币或流通手段就成了基金组织最紧迫的任务。因此，国际货币基金组织在1969年的年会上正式通过了“十国集团”提出的储备货币方案。

2. 加入特别提款权货币篮子的标准

国际货币基金组织执行董事会于2000年批准：特别提款权篮子由五年期间货物和服务出口价值最大的四个（2016年10月1日起扩大到五个）成员国或货币联盟发行的、并被基金组织认定为“可自由使用”的货币构成。

出口标准扮演着“门槛”的角色，旨在确保有资格加入篮子的货币是由那些在全球经济中发挥核心作用的成员国或货币联盟发行的。自20世纪70年代以来，该标准一直是特别提款权定值方法的一部分。2000年，增加了特别提款权篮子中的货币还必须可自由使用这一标准，以使货币选择标准正式体现金融交易的重要性。

国际货币基金组织执行董事会在2015年特别提款权审查时采纳的决定再次确认了现有的两项实质性标准（出口和可自由使用），同时将篮子规模从四种货币扩大到五种货币，2016年10月1日生效。

2015年11月30日（华盛顿时间），国际货币基金组织执董会决定将人民币纳入特别提款权货币篮子。特别提款权货币篮子相应扩大至美元、欧元、人民币、日元、英镑5种货币，人民币在特别提款权货币篮子中的权重为10.92%，美元、欧元、日元和英镑的权重分别为41.73%、30.93%、8.33%和8.09%。新的货币篮子将于2016年10月1日正式生效。

2016年10月1日人民币被正式纳入国际货币基金组织特别提款权货币篮子，成为新的特别提款权五种构成货币中唯一的新兴经济体货币。

3. 特别提款权的分配

按国际货币基金组织协定的规定，国际货币基金组织的会员国都可以自愿参加特别提款权的分配，成为特别提款账户参加国。国际货币基金组织规定，每五年为一个分配特别提款权的基本期。第24届基金年会决定了第一次分配期，即自1970—1972年，发行95亿特别提款单位，按会员国所摊付的基金份额的比例进行分配，份额越大，分配得越多。这次工业国共分得69.97亿，占总额的74.05%。其中美国分得最多，为22.94亿，占总额的24.63%。这种分配方法使急需资金的发展中国家分得最少，而发达国家则分得大部分。发展中国家对此非常不满，一直要求改变这种不公正的分配方法，要求把特别提款权与援助联系起来，并要求增加它们在国际货币基金组织中的份额，以便可多分得一些特别提款权。

4. 特别提款权的用途

特别提款权的用途是：参加国分得特别提款权以后，即列为本国储备资产，如果发生国际收支逆差即可动用。使用特别提款权时需通过国际货币基金组织，由它指定一个参加国接受特别提款权，并提供可自由使用的货币，主要是美元、德国马克、法国法郎、日元和英镑。还可以直接用特别提款权偿付国际货币基金组织的贷款和支付利息费用；参加国之间只要双方同意，也可直接使用特别提款权提供和偿还贷款，进行赠予，以及用于远期交易和借款担保等各项金融业务。

特别提款权在国际储备总额中，1971 年占4.5%，1976 年下降到2.8%，1982 年重新增加到4.8%，十几年来基本上没有什么进展。而外汇在全部国际储备中的比重多年来都高达80%左右，因而在世界储备资产中主要的储备仍然是外汇，其中主要是美元。特别是随着世界经济多元化和区域一体化的不断深入发展，围绕国际金融领域的领导权问题的斗争依然激烈，特别提款权要成为牙买加货币体系的支柱看来是不容易实现的。

二、世界银行集团

世界银行集团（World Bank group）是世界银行及其两个附属机构（国际开发协会和国际金融公司）的统称。1944 年7 月，布雷顿森林会议通过了《国际复兴开发银行协定》（*articles of agreement of the international bank for reconstruction and development*），1945 年 2 月正式建立了国际复兴开发银行（即世界银行，IBRD），第二年 6 月开始营业，总部设在华盛顿，并在纽约、日内瓦、巴黎及东京等地设有办事处，1947 年成为联合国的专门机构之一。世界银行成立之初，有 39 个会员国，目前已增至 184 个。由于历史原因，我国于 1980 年 5 月 15 日才恢复了在这三个国际金融机构中的合法席位。

（一）世界银行

1. 世界银行的基本宗旨

世界银行是国际复兴开发银行（international bank for reconstruction and development，IBRD）的简称，它是布雷顿森林会议以后与国际货币基金组织同时产生的两个全球性金融机构之一。

世界银行作为一个全球性政府间的国际金融组织，主要是为了资助会员国使其被战争破坏的经济获得复兴和发展，对会员国提供中长期贷款，其基本宗旨是：

（1）对用于生产目的的投资提供便利，以资助会员国的复兴和开发，并鼓励不发达国家生产和资源的开发。

（2）通过保证或参与私人贷款和私人投资的方式，促进私人对外投资。

（3）向会员提供广泛的技术援助，并用鼓励国际投资以开发会员国生产资源的方法，促进国际贸易长期均衡的增长和保持国际收支平衡。

（4）提供贷款保证并与其他方面的国际贷款密切配合。可见，向会员国提供中长期信贷，促进会员国的经济复兴与开发，是世界银行的根本目的和根本任务所在。

2. 世界银行的组织结构

世界银行的组织机构与国际货币基金组织大体相似，主要由理事会和执行理事会组成。

（1）理事会。世界银行理事会是世界银行的最高权力机关，由会员国各派 1 名理事和 1 名副理事组成，一般委派财政部长、中央银行行长或其他地位相当的高级官员担任，任期均为 5 年，并可连选连任。副理事在理事缺席时才有投票权。理事会每年 9 月间与国际货币基金组织联合召开一次年会，每次开会的法定人数至少是代表投票权总数2/3的理事。必要时召开特别会议。作为最高权力机关，理事会的主要职权是：负责讨论批准接纳新会员；决定普遍增缴或调整应缴股本；决定停止会员国资格；决定银行净收入的分配以及其他重大问题。另外，理事会可授权执行理事会代行各项职权。

（2）执行理事会。世界银行执行理事会是世界银行负责处理日常事务的常设机构。现有执行理事22人，任期2年。其中5名常任执行董事分别由拥有股份最多的美、英、德、法、日五大国指派，我国恢复合法席位后也单独指派1名，其余16名则由其他120多个会员国按地区分组联合推选。执行理事会的最高首脑是执行董事会的主席，也是世界银行行长，由执行理事会推选1人产生，此人负责主持日常事务，无投票权，但在执行董事会表决中双方票数相等时，可投决定性的1票。行长下设副行长若干名，辅佐行长分管有关部门的工作。

（3）世界银行的办事机构、世界银行具有非常庞大的办事机构。在总部内设有50个局或相当于局的机构，分别由18名副行长领导，并且在许多国家设有办事处，派驻机构或常驻代表。会员国的投票权是根据其持有的股份计算和安排的，每个会员国均享有基本投票数250票，每认缴股金10万美元即可增加1票。除另有限定外，一般事务由简单多数表决通过即可。

3. 世界银行的资金来源

世界银行的资金来源主要有三个：会员国缴纳的股金、借款、出让债权。另外，利润收入也是其资金来源之一。

（1）会员国缴纳的股金。世界银行是按股份公司的原则建立起来的企业性金融机构，凡会员国均需认购该行的股份。各会员国向世界银行缴纳的股金，依据各国的经济实力，并以它们各自在国际货币基金组织中所摊份额为标准，即根据各会员国在世界贸易和国际收支中所占的比重而定。世界银行建立之初，法定资本为100亿美元，各会员国认缴股金总额为76亿美元，实缴股金为认缴股金的20%，其中20%以黄金或美元缴纳，18%以本国货币支付，其余的80%为代缴股金。到1988年财政年度，世界银行的法定资本增至1 710亿美元，认缴股金总额增至914亿美元。而且从1980年起，各会员国的实缴股金已由20%降到7.5%，其中0.75%以黄金或美元缴纳，6.75%则以会员国本币缴纳；余下的92.5%则为待交股金。

（2）借款。向国际金融市场借款，尤其是在世界资本市场上发行中长期债券是世界银行资金的另一个重要来源。20世纪60年代前，这些债券大部分在美国资本市场发行，此后逐渐推广到原联邦德国、瑞士、日本和欧佩克国家的资本市场发行。由于世界银行借款业务的不断扩大，加上世界银行拥有国际上至高无上的债信评级，其向国际金融市场借款额与日俱增，如1973—1988年间世界银行的借款总额由17.32亿美元猛增至108.32亿美元，增长了5倍多。

（3）转让债权。它是世界银行的另一个资金来源，其主要内容是世界银行将贷出款项的债权转让给私人投资者（主要是商业银行）收回一部分资金，以扩大贷款资金的周转能力，进而扩大贷款能力。近年来，这种资金来源在世界银行业务中的重要性有进一步提高的趋势。

此外，世界银行历年业务活动中的利润收入也是其资金来源之一。由于资信卓著、经营有方，世界银行自1947年营业以来，除第一年有小额亏损外，每年利润都相当可观，且逐步增长，如世界银行1979年的净利润收入为4.07亿美，到1988年增加到10亿美元。该利润收入的大部分通常被留作银行的储备金。

4. 世界银行的主要业务活动

世界银行的业务活动主要体现在两个方面：其一，为会员国尤其是发展中国家经济的复兴与开发提供中长期贷款；其二，为私人向发展中国家投资、贷款提供担保。

（1）提供贷款。它是世界银行最主要、最基本的业务活动。在成立初期，世界银行贷款主要是帮助发达国家（主要是欧洲国家）复兴战后经济，总额约为5亿美元。1948年后其重点转向为发展中国家提供开发资金。近年来，世界银行贷款已成为发展中国家发展经济的一条较为重要的资金渠道。世界银行的贷款1979年为69.89亿美元，而1989年增加到210亿美元，10年间增加近2倍。截至1989年，世界银行贷款累计总额约为1 760亿美元。从国别来看，世界银行的贷款主要是提供给中等收入国家；从经济部门来看，重点是设施项目贷款，这主要是贷款条件的限制使然，这些条件主要是：①贷款限于会员国主要是中等收入水平的国家；贷款对象若为非会员国时，则必须有会员国政府、中央银行或世界银行认可的机构提供担保。②除了在特殊情况下发放非项目贷款（non-project loan）外，申请的贷款必须用于一定的工程项目，包括交通、公共事业、农业和教育等。③申请贷款国的确不能以合理的条件从其他方面取得贷款时，世界银行才考虑贷款。④贷款只贷给有偿还能力的会员国，并且专款专用，接受世界银行的监督等。

世界银行的贷款同国际货币基金组织借款相比具有自身明显的特点：一是贷款期较长，短则数年，最长可达30年，中长期贷款总的平均年限约在6～9年，宽限期4年。二是贷款利率适中，杂费很低。其利率一般参照市场利率，但低于市场利率，采用固定利率；从杂费看，只是对已订立借款契约而尚未支用部分按年征收0.75%的手续费。三是贷款用途较为广泛，既有一般项目贷款，也有结构调整贷款等。四是贷款数额不受份额限制。因此，世界银行贷款具有一定的优惠性，国际货币基金组织借款的不利因素可以从世界银行贷款的有利因素中得到部分弥补。

（2）提供投资担保。它是世界银行一项较新的业务活动，主要是为促进发达国家向发展中国家进行直接投资提供担保。1981年世界银行提议，创建一个由其领导的为私人向发展中国家投资和贷款提供的“多边投资担保机构”，1988年4月该机构正式宣告成立。该机构的主要业务是对合格的投资提供担保，以免投资者遭受非商业性风险所致的损失，鼓励成员国相互之间进行以生产为目的的投资，尤其是向发展中国家的投资。

另外，世界银行还涉及其他业务活动，如向会员国提供技术援助，为发展中国家培训中高级专门人才，帮助会员国制定社会经济发展计划并提供某些特殊问题的解决方案等。同时，作为联合国的专门机构之一，还参与其他国际机构的相关活动。

（二）国际开发协会

1. 国际开发协会的基本宗旨

国际开发协会（international development association，IDA）是世界银行的附属机构之一，它的成立有其深刻的政治和经济背景：首先，由于长期受制于西方列强的殖民统治，亚非拉广大发展中国家虽然在政治上取得了独立，但经济畸形发展，资金尤为短缺；其次，发展中国家由于受国际市场不等价交换的剥削，贸易条件不断恶化，加上外债负担沉重，国际收支状况出现严重失衡；再次，国际货币基金组织和世界银行的贷款数量极其有限，条件十分苛刻，远远不足以帮助较贫穷的发展中国家解决严重的国际收支赤字，摆脱经济困境，发展中国家对发达国家的不满情绪与对立情绪与日俱增。这样，在广大发展中国家的强烈要求和不懈努力下，世界银行根据美国的倡议于1959年10月通过了成立国际开发协会的协定，1960年9月24日该机构正式成立，同年11月开始营业，总部设在华盛顿。

国际开发协会的基本宗旨是：以比世界银行更为优惠的条件专门向成员国中较贫穷的发展中国家提供长期贷款，促进其经济发展、生产和生活水平的提高；同时作为世界银行贷款的补充，促进世界银行目标的实现。国际开发协会又有"第二世界银行"之称，西方国家通常将世界银行当作国际复兴开发银行（提供硬贷款机构）和国际开发协会（提供软贷款机构）的总称。

国际开发协会作为一个独立的全球性国际金融机构，也是联合国的专门机构之一，协会初创时会员国68个，到目前，会员国增至163个。参加国际开发协会的会员国同时是世界银行的会员国，但世界银行会员国不一定必须参加该协会，国际开发协会年会与世界银行年会一起召开。

2. 国际开发协会的组织机构

国际开发协会的组织机构与世界银行相同，理事会是其最高权力机关，执行董事会是理事会下设的常设机构，负责组织领导日常业务工作。协会的正副理事、正副执行董事、正副经理分别由世界银行的正副理事、正副执行董事、正副行长兼任；其办事机构的各部门负责人也全由世界银行相应部门的负责人兼任。所以，国际开发协会与世界银行是两块牌子、一套人马，名义上是个独立机构，实际上是世界银行的附属机构。

国际开发协会的会员国按经济发展水平大体分为两组：第一组为工业发达国家，约占会员国总数的1/6；第二组为亚非拉广大发展中国家，约占会员总数的5/6。各会员国投票权的大小与其认缴股本呈正相关关系。协会开业时，每个会员国有500基本票，每新认购5 000美元增加1票；后来各会员国基本票调整为3 850票，每认缴2 500美元即增加1票。同其他国际金融机构一样，美国等发达国家认缴股本额最高，它们所占投票权也最大。

3. 国际开发协会的资金来源

国际开发协会的资金来源主要有四个方面：

（1）会员国认缴的资本。协会最初法定资本为10亿美元，第一组和第二组国家分别为7.6亿美元和2.4亿美元。其后又多次增资，到1988年财政年度，会员国认缴资本总额为536亿美元，第一组国家占90%以上。

（2）补充资金（replenishment）。为了保证协会的财源，维持其日益增长的信贷需要，会员国在一定时期还须认缴一部分资金作为补充，其中，绝大部分由第一组会员国提供，1964—1987年，协会提供了8次补充资金，最后一次补充金额为115亿美元。

（3）世界银行的拨款。它是世界银行从其净收益中拨给协会的资金，到1988年财政年度，拨款总额为25.76亿美元。

（4）协会业务经营的净收益。由于协会贷款条件极其优惠，这部分资金来源很少，到1986年6月底仅为2.86亿美元。

20世纪80年代后，国际开发协会的资金又有新发展。1982年10月设立了一项特别基金，由会员国捐款构成，以补充贷放的正常资金，到1988年财政年度，该项特别基金总额为5.81亿美元。1985年5月，协会又设立了一项非洲基金，由世界银行及其他会员国捐款构成，用于撒哈拉以南非洲地区的经济开发。

4. 国际开发协会的主要业务活动

国际开发协会的主要业务是向较贫穷的发展中国家的公共工程和项目等提供比世界银行更为优惠的长期贷款。世界银行所提供的资金一般称作“贷款”，是一种“硬贷款”，而国际开发协会所提供的资金一般称作“信贷”，是一种“软贷款”。这种“软贷款”的优惠性主要体现在：第一，期限长达50年，并有10年的宽限期，第二个10年开始还本，每年还本1%。其余30年每年还本3%；第二，不收利息，对已支付额每年仅收0.75%的手续费，对未支付额每年仅收0.5%的承诺费；第三，贷款可全部或部分用本国货币偿还。

国际开发协会的贷款程序与世界银行的要求一样，贷款用途也极为相似，一般用于农业和乡村发展、交通运输、教育、能源等基本建设项目，国际开发协会的信贷与世界银行的贷款唯一的区别是，国际开发协会的信贷条件宽，只贷给发展中国家较贫穷的会员国。其标准是1972年人均国民生产总值不足375美元的国家。20世纪80年代初，这一标准放宽。但总的来说，协会提供的信贷主要集中在南亚的印度、巴基斯坦和孟加拉国以及非洲撒哈拉以南地区的国家。

（三）国际金融公司

1. 国际金融公司的基本宗旨

国际金融公司（international finance corporation，IFC）也是世界银行的附属机构之一。1951年3月，美国国际开发咨询局（U. S. international development advisory board）建议在世界银行下设立国际金融公司，以补充世界银行的活动，对会员国私人生产性企业提供货款，而无须政府担保。1954年12月，世界银行决定国际金融公司于1956年7月正式成立，总部也设于华盛顿。1957年2月，成为联合国专门机构之一。国际金融公司正式成立时，有31个会员国，目前已增至180多个会员国。

国际金融公司的宗旨主要是：配合世界银行的业务活动，向成员国特别是其中的发展中国家的重点私人企业提供无须政府担保的贷款或投资，鼓励国际私人资本流向发展中国家，以推动这些国家私人企业的成长，促进其经济发展。

2. 国际金融公司的组织机构

国际金融公司的组织机构和管理办法与世界银行相同，其最高权力机构是理事会；理事会下设执行董事会，负责处理日常事务。正副理事、正副执行董事也就是世界银行的正副理事和正副执行董事。总经理由世界银行行长兼任。总经理下设若干办事部门，其工作也由世界银行相应机构、人员担任。所以，同国际开发协会一样，国际金融公司与世界银行是两块牌子，一套班子。

3. 国际金融公司的资金来源

国际金融公司的资金来源主要有三个方面：

（1）会员国缴纳的股金。公司的法定资本总额为1亿美元，分为10万股，每股1 000美元，后经多次增资。各会员国应缴股金额的大小，与其在世界认缴股金成正比，每个会员国有基本投票权250票，每新认1股，增加1票。

（2）从世界银行和其他来源借入的资金。它是国际金融公司最主要的资金来源。

（3）国际金融公司业务经营的净收入。

4. 国际金融公司的主要业务活动

根据国际金融公司的宗旨，国际金融公司的主要业务有两个方面：

（1）对会员国私人企业提供无须政府担保的贷款。贷款对象主要是亚非拉发展中国家的制造业、加工业及开采业、公用事业和旅游业等。贷款额一般在10万～2 000万美元；利率由资金风险和预期收益等因素决定，一般高于世界银行，在6%～10%之间；期限7～15年，经过一定宽限期后，以一年2次或4次分期偿还。1988财政年度，国际金融公司提供的贷款总额为13亿美元。

（2）对私人企业进行投资，直接入股。投资对象主要是发展中国家的集体所有制和公司合营企业。公司在联合投资活动中的股份一般不超过25%；而且该项业务具有严密的可行性分析、考察和评估体系，主要有两个要求：一是盈利，投资收益率一般在10%以上；二是该项投资能对东道国的经济发展有所贡献，如增加就业、提高技术和管理水平、开发自然资源等。20世纪80年代以来，国际金融公司的业务呈现多样化的趋势，如参与发展中国家国有企业私有化及企业改组活动、向发展中国家中的重债国提供有关债务转换为股本的意见安排等。

三、其他区域性国际金融组织

国际金融机构作为国际金融管理和国际金融活动的超国家性质的组织，除了前面介绍的全球性的以外，还有许多是区域性的，它们在战后国际货币金融关系的特殊领域和特定方面同样发挥着极为重要的作用。区域性国际金融机构的建立，一方面是为了抑制超级大国对国际金融事务的控制和操纵，另一方面则是适应本区域内各国经济合作的实际需要，谋求本区域各国经济的持续稳定发展。第二次世界大战以后先后成立的区域性国际金融机构主要有：非洲开发银行、欧洲投资银行、泛美开发银行、亚洲开发银行、阿拉伯货币基金组织等。

（一）亚洲开发银行

亚洲开发银行（Asian development bank，ADB）是亚洲和太平洋国家和地区同部分国家合办的一个区域性政府间金融开发机构。1963年3月，联合国亚洲及远东经济委员会（简称“亚经会”）在马尼拉召开大会，日本提议设立“亚洲开发银行”；同年12月，亚经会在尼拉召开第一次亚洲经济合作部长级会议，各国代表原则同意建立亚洲开发银行。1965年底，第二次亚洲经济合作部长级会议在马尼拉举行，一致通过了银行的章程。1966年11月，在东京举行了第一次亚洲开发银行董事会，标志着亚洲开发银行的正式成立；同年12月该行正式营业，行址设在马尼拉。

亚洲开发银行的会员国不限于亚洲地区的国家，凡是亚经会会员和准会员，以及参加联合国或联合国某一专门机构的地区外的发达国家均可加入该行。该行成立之初有34个成员国，其中本地区会员国22个，地区外会员国12个。我国于1986年2月恢复亚洲开发银行的席位，中国香港、中国台湾作为地区也是该行成员。

1. 亚洲开发银行的基本宗旨

亚洲开发银行的基本宗旨是：为亚太地区发展中国家和地区的经济发展筹集资金，提供技术援助，帮助恢复协调成员国在经济、贸易和开发事务方面的政策，以促进亚太地区的经济增长。

2. 亚洲开发银行的组织机构

亚洲开发银行的最高权力与决策机构是理事会，其职责主要是：负责接纳新成员、调整银行股金、选举董事和行长以及修改银行章程等。理事会由每个会员国委派理事、副理事各一名组成，一般由会员的财政部长或中央银行行长担任，理事会通常定期召开年会。理事会下设董事会，作为理事会的执行机构，在理事会的授权下负责管理银行的日常业务活动。董事会由12名董事组成，由理事会选举产生。其中亚太地区内有8名，区域外4名。董事任期2年，可连任。行长兼任董事长，是银行的合法代表和最高行政负责人，在董事会的指导下处理银行的日常业务并负责亚行官员和工作人员的任命和辞退。董事长由理事会选举产生，但必须是本地区成员的国民，董事长不兼任董事，也不参加投票表决。另外，亚洲开发银行在一些借款多的国家和地区设立若干常驻代表处。

3. 亚洲开发银行的资金来源

亚洲开发银行的经费，主要来自以下四个方面：

（1）成员国认缴的股本。亚洲开发银行属股份制企业性质的金融机构，凡成员国均须认缴该行的股本。亚洲开发银行法定资本原为10亿美元，分为10万股，每股面值1万美元。以后经多次增资。日本、美国和中国是前三位的出资者，认缴资本分别占亚洲开发银行总股本的15.0%、14.8%和7.1%。

（2）借款。从1969年起亚洲开发银行开始从国际金融市场上筹措资金，方式有三：一是在主要国际资本市场以发行债券形式借款；二是同有关国家政府、中央银行及其他金融机构直接安排债券销售；三是直接从商业银行借款。会员国认缴股金和借款两项资金合称普通基金（ordinary capital resources），是亚洲开发银行最主要的资金来源，主要用于硬贷款业务。

（3）亚洲开发基金。该基金创建于1974年4月，用于向亚太地区贫困会员国发放优惠贷款，其主要来源于工业发达会员国的捐赠。

（4）特别基金。该基金建立于1967年，主要是帮助发展中会员国提高人力资源质量，加强执行机构的建设及其他特殊用途。其来源有二：一是各成员国认缴股本以外的投资；二是认缴股本中提取10%，作为该基金的一部分。另外，1988年3月10日，亚洲开发银行理事会还成立了日本特别基金，由日本政府出资建立，主要用于技术援助和项目开发等。

4. 亚洲开发银行的主要业务活动

亚洲开发银行的业务活动表现在三个方面：

（1）为发展中成员国经济发展提供长期贷款。即对本地区各成员国政府、政府附属机构、公私企业，以及与本地区开发有关的国际机构提供长期贷款，它是亚洲开发银行主要的业务活动。贷款的形式有两种：一是普通贷款，即用普通基金发放的贷款，其期限为12～15年，利率随金融市场的变化而调整，属于硬贷款，主要贷给比较富裕的发展中国家；二是特别基金贷款，期限为25～30年，贷款年利率为1%～3%，属于软贷款，主要贷给比较贫穷的发展中国家，有经济援助的性质。

（2）对发展中国家私人企业融资。即通过购买私人企业股票或私人开发金融机构股票形式对发展中国家私人企业融资，它是亚洲开发银行1983年以来开办的一项新型业务。

（3）向成员国提供技术援助。亚洲开发银行技术援助的内容较多，包括咨询服务、派遣长期或短期专家顾问团，与各国或国际组织进行合作、协助拟订和执行开发计划等。具体而言，其技术援助可分为四类：一是项目准备技术援助，用于帮助成员国立项或项目审核，便于亚洲开发银行或其他金融机构对项目的投资；二是项目执行技术援助，用于帮助项目执行机构（包括开发性金融机构）提高金融管理能力；三是咨询性技术援助，用于机构建设、人员培训、研究和制定国家发展计划及部门发展政策与策略等；四是区域活动技术援助，用于重大问题的研究、开办培训班、举办涉及整个区域发展的研讨会等。亚洲开发银行的技术援助项目一般由董事会批准，但金额在 35 万美元以下的技术援助项目也可由行长批准，只是事后须通报董事会。

（二）欧洲投资银行

欧洲投资银行（European investment bank，EIB）是原欧洲经济共同体的一个金融机构。1957 年西欧六国（即法国、原联邦德国、意大利、荷兰、比利时、卢森堡）签订《罗马条约》，决定设立欧洲投资银行，1958 年 1 月该行正式成立，行址设在卢森堡首都卢森堡。它是战后世界上最早成立的区域性国际金融机构。

1. 欧洲投资银行的基本宗旨

欧洲投资银行的宗旨是：利用国际资本市场和共同体本身的资金，对共同体内经济落后地区发展计划提供长期贷款或担保，致力于共同体市场上的平衡和经济稳定发展。另外，还向与共同体经济关系较为密切的国家和地区提供资金，以帮助它们发展经济。

2. 欧洲投资银行的资金来源

该行成立之初，法定资本为 10 亿美元；1981 年底增至 144 亿欧洲货币单位，约合 157 亿美元。其他资金主要从货币市场筹措。

3. 欧洲投资银行的主要业务活动

欧洲投资银行的主要业务活动有四个方面：其一，对工业、能源和基础设施等平衡地区经济发展的投资项目提供贷款或担保；其二，促进成员国或整个共同体感兴趣的事业的发展；其三，促进企业现代化；其四，向成员国海外属地、地中海沿岸各国和参加“洛美协定”的国家提供贷款。

4. 欧洲投资银行的组织机构

理事会是欧洲投资银行的最高权力机构，由共同体成员国财政部长组成。理事会设主席 1 人，理事会主席下设总管理部、共同体融资部、共同体对外融资部、金融与财政部，以及研究院、法律与技术咨询服务中心等。另外，该行还在布鲁塞尔、罗马和伦敦等地设有办事处。

（三）泛美开发银行

泛美开发银行（inter-American development bank，IADB）是美洲国家组织的专门金融机构。1959 年 4 月，美洲国家组织的 21 个成员国家代表在华盛顿签订了关于建立泛美开发银行的协定，同年 12 月该协定生效，标志该行的正式成立。1960 年 10 月，泛美开发银行正式营业，行址设于华盛顿，一些欧洲和亚洲国家加入了该行。

1. 泛美开发银行的基本宗旨

泛美开发银行的宗旨是：集中各成员国的力量，对拉美国家经济、社会发展计划提供资金和援助，推动成员国自身的或共同的经济发展，协助实现泛美体系的目标。

2. 泛美开发银行的资金来源

泛美开发银行法定资本原为10亿美元，分“普通资本基金”和“特别业务基金”两种。此后，其资金总额逐年增加。此外，该行还掌握一些发达国家提供的“拉美开发基金”；同时也从国际金融市场筹措部分资金。

3. 泛美开发银行的组织机构

泛美开发银行的最高权力与决策机构是理事会，由各成员国委派1名理事和1名副理事组成，投票权依各国所占股本多少而定。执行董事会是常设机构，由理事会选出12名董事组成（拉美8名，美、加各1名，另2名由区外成员国选出）。行长由理事会选举产生，在执行董事会指导下处理日常业务并主持执行董事会会议。

4. 泛美开发银行的主要业务活动

泛美开发银行最主要的业务活动是发放贷款，方式有以下三种：一是普通资金贷款，用于成员国政府和公私机构的特定经济项目，期限为10～25年，年利率8%，以借贷货币偿还；二是特别业务基金贷款，主要用于拉美国家的经济发展计划项目，期限是25～40年，利率很低，可全部或部分用本国货币偿还；三是其他基金贷款，它是成员国存放于该行并由其管理的款项，用于对拉美成员国的投资。另外，为成员国提供技术合作援助也是其业务活动的构成部分。

（四）非洲开发银行

非洲开发银行（African development bank，AFDB）是非洲国家的一个区域性金融机构。1960年第一届非洲人民大会提出了关于成立非洲开发银行的建议。1963年8月，在喀土穆举行的非洲国家财长会议通过了成立该行的协定。1964年9月，在联合国非洲经济委员会的赞助下该行正式宣告成立，1966年7月开始营业，行址设在象牙海岸首都阿比让。该行的创始会员国右23个。1980年修改规定，欢迎非洲以外国家加入。到1988年，其成员国已增至75个，其中非洲国家50个（除南非外的其他非洲国家），非洲以外国家25个。1985年5月，我国也加入了非洲开发银行。值得注意的是，为保持银行的非洲特点，规定领导权由非洲国家掌握，行长必须由非洲人担任，行址永远设在非洲，非洲国家至少控制银行资本的66%。

1. 非洲开发银行的基本宗旨

非洲开发银行的宗旨是：为成员国的经济和社会发展提供资金，或给予技术援助，并充分利用本大陆的人力和资源，协调各国发展的计划，促进非洲经济的一体化。

2. 非洲开发银行的资金来源

非洲开发银行的法定资本原为2.5亿记账单位（1记账单位价值为0.888 671克黄金，与1971年贬值的美元等值），分为25 000股，每股10 000记账单位。此后，银行几经增资，到1988年底，非洲开发银行股金总额已达218亿美元。各成员国投票权的大小与其出资额相关，每个成员国有625基本票，出资每增1股，则增加1票。

3. 非洲开发银行的主要业务活动

非洲开发银行的经营业务分为普通业务和特别业务两种。前者是银行用普通资本基金提供贷款和担保的业务；后者是用银行规定专门用途的“特别基金”开展的贷款业务，其条件较为优惠。银行贷款主要用于公用事业、交通运输、农业、银行相社会部门。

4. 非洲开发银行的组织机构

理事会是非洲开发银行的最高权力与决策机构，由各成员国委派1名理事（一般为财政部长或经济部长）组成。董事会是负责银行日常事务的常设机构，由理事会选出的18名董事组成（非洲以外国家6名）。董事长即银行行长，由董事会选举产生，任期5年。另外，非洲开发银行还有许多附属机构或联系机构，如非洲开发基金组织、尼日利亚信托基金、非洲投资开发国际金融公司、非洲再保险公司等。

（五）阿拉伯货币基金组织

阿拉伯货币基金组织（Arab monetary fund，AMF）是阿拉伯国家的区域性金融机构。1976年4月，阿拉伯国家经济委员会在摩洛哥首都拉巴特召开大会，批准成立阿拉伯币基金组织的协定。1977年2月2日，该组织正式宣告成立，总部最初设在开罗，1979年4月因埃及被中止成员资格，总部又迁至阿拉伯联合酋长国首都阿布扎比。目前，成员国有21个。

1. 阿拉伯货币基金组织的基本宗旨

阿拉伯货币基金组织的宗旨是：向成员国中国际收支发生困难的国家提供援助，稳定成员国间的货币汇价，消除彼此在货币支付上的障碍，推进相互间的贸易，以加快阿拉伯经济一体化和各成员国的经济发展。

2. 阿拉伯货币基金的资金来源

阿拉伯货币基金组织的资金来源于各会员国缴纳的资金。其法定资本原为2.63亿阿拉伯第纳尔（1单位阿拉伯第纳尔等值于3单位特别提款权），分为5 260股，每股50 000阿拉伯第纳尔。到1983年4月增资为6亿阿拉伯第纳尔，分为12 000股。沙特阿拉伯、阿尔及利亚、埃及、伊拉克和阿拉伯联合酋长国是认缴最多的5个国家。

3. 阿拉伯货币基金的主要业务活动

阿拉伯货币基金组织的主要业务有三个方面：一是提供贷款，即向成员国政府、公共和私人机构提供条件优惠的贷款，以资助其投资性经济发展项目；二是鼓励投资，即直接或间接地鼓励成员国的政府和私人做出有利于阿拉伯经济发展的投资；三是技术援助，即为成员国经济发展的各个领域提供技术援助。

另外，协调各成员国的金融货币政策，就会员国的经济情况定期交换意见并磋商解决存在的问题，管理会员国存放的资金等，也是该组织业务活动的组成部分。

第三节　国际金融市场

国际金融市场有广义和狭义之分。广义的国际金融市场，是指进行各种国际金融业务活动的场所。这些业务活动包括长、短期资金的借贷、外汇与黄金的买卖等。狭义的国际金融市场，是指在国际间经营借贷资本即进行国际借贷活动的市场，也称国际资金市场。国际金融市场在经历了伦敦国际金融市场、纽约国际金融市场、欧洲货币市场等几个重要发展阶段后，目前已经进入到了一个新的历史发展时期。

一、国际货币市场

当黄金退出国际货币体系之后，美元取而代之，行使国际货币的各项职能，在世界各国之间流通，成为坚挺的国际货币。随后，在其他国家经济实力不断提高、美国经济地位相对下降的情况下，特别是在布雷顿森林货币体系崩溃以后，其他国家的货币，如英国的英镑、德国的马克、日本的日元、瑞士法郎等也纷纷成为国际货币，发挥着计价、结算和储备等各项职能。

（一）国际货币市场的定义

国际货币市场主要是指各国银行对多种货币所开展的业务活动。货币市场是经营期限在一年以内的借贷资本市场，常用的借贷方式如银行信贷、同业拆放等短期周转的业务。在货币市场上发行和流通的票据、证券也是短期的，如国库券、商业票据、银行承兑汇票和转让大额定期存单等。这些票证的共性是期限短、风险小和流动性强，都具有活跃的次级市场，随时可以出售变成现金。由于这些票证的功能近似于货币，所以把短期信贷和短期票证流通的市场叫作货币市场。

（二）国际货币市场的业务类型

国际货币市场的类型，主要有以下两种：

1. 银行短期信贷市场

银行短期信贷市场主要包括银行对工商企业的信贷和银行同业拆放市场。前者主要解决企业流通资金的需要，后者主要解决银行平衡一定头寸、调节资金余缺的需要。

（1）银行短期信贷市场。外国工商企业在西方国家的货币市场上进行存款或放款。首先应注意的是利息率惯例。按国际惯例，外币存款的利息计算方法是以存款按年历的实际天数除以 360 天计算；英国的惯例是，英镑、比利时法郎、新加坡元、爱尔兰镑、南非兰特等按年历的实际天数除以每年 365 天计算；瑞士的惯例是，瑞士法郎在国内市场上以每月 30 天计算，每年 360 天计算。

西方国家还规定，在本国的外国工商企业以自由兑换的货币在本国银行进行短期存款，根据不同的期限，有不同的数额规定。比如说，在瑞士，存款期限在 3 个月以上，最低额为 100 000 瑞士法郎，存款期为 1 天或 1 天以上，最低额度为 2 000 000 瑞士法郎。数额小于 1 000 000 瑞士法郎的存款，期限必须在 1 个月以上。外币存款的最低数额要相当于 100 000 瑞士法郎，存款期限在 1 ～ 12 个月。

（2）银行同业拆放市场。银行同业拆放是指银行同业间互相拆入、拆出资金，是银行筹措资金的一种行为。它既可以通过货币经纪人进行，又可以在银行之间直接进行。国际银行同业拆放市场具有以下几个特点：

一是交易期短。由于同业拆放主要用于银行的头寸调整，故期限都比较短，一般以隔夜拆放为多，今天借明天还，绝大部分是 1 天期到 3 个月期，3 个月以上到 1 年的较少。

二是交易量大。由于同业拆放是在银行之间进行的，因此每笔的交易金额都比较大，如伦敦同业拆放市场每笔交易金额最低限价为 25 万英镑。

三是交易手续简单。银行同业之间的拆放不需要签订协议，也无须提供抵押品，有时仅以电话联系就可以完成资金的拆放。

四是交易利率的非固定性和双向性。其利率随市场利率的变化而变化，不采用固定利率；交易利率有拆出利率与拆进利率之分，通常是拆进利率低于拆出利率。

2. 可转让定期存单市场

可转让定期存单（CD，简称定期存单）是指银行发行对持有人偿付、具有可转让性质的定期存款凭证。凭证上载有发行的金额及利率，还有偿还日期和方法。如果存单期限超过 1 年，则可在期中支付利息。在纽约货币市场，通常以面值为 100 万美元为定期存单的单位，有 30 天到 5 年或 7 年不等的期限，通常期限为 1 ～ 3 个月，一律于期满日付款。

3. 商业票据市场

商业票据是指没有抵押品的短期票据。而商业票据市场则是进行短期信用票据交易的市场。从本质上说，商业票据是以出票人本身为付款人的本票，由出票人许诺在一定时间、地点付给收款人一定金额的票据。

商业票据是最早的信用工具，起源于商业信用。而商业信用的出现先于金融市场的产生之前。在没有金融市场时，商业票据没有流通市场，只能由收款人保存，到期才能收款。到有了银行，有了金融市场，商业票据的持有者才可以拿商业票据到银行去抵押，到市场上去贴现，提前取得资金。近年来更进一步演变为一种单纯的用在金融市场上融通筹资的工具，虽名为商业票据，却是没有实际发生商品或劳务交易为背景的债权凭证。

在商业票据市场进行交易的短期信用票据主要有国库券、短期借款票据、银行承兑汇票、定期存款单等。国库券是西方国家政府为满足季节性财政需要而发行的短期政府债券。在美国证券市场上，国库券是信用最好、流动性最强、交易量最大的交易手段；它不仅是美国人而且是外国政府、银行或个人的重要投资对象。

4. 银行承兑汇票市场

银行承兑汇票是指发票人签发一定金额委托付款人于指定的到期日无条件支付于收款人或持票人的票据。它以银行为付款人并经银行承兑的远期汇票。汇票在性质上属于委托证券，是由发票人委托付款人付款，而本票是由发票人自己付款，两者的区别是明显的。“承兑”就是银行为付款人，表示承诺汇票上的委托支付，负担支付票面金额的义务的行为。一旦银行在汇票上盖上“承兑”字样，汇票就成为银行的直接债务，在此后银行负有于汇票到期时支付现金给持票人的义务。

5. 贴现市场

贴现是指持票人以未到期票据向银行兑换现金，银行将扣除自买进票据日（即贴现日）到票据贴现周期的利息（即贴现息）后的余额付给持票人。从本质上看，贴现也是银行放款的一种形式，这种方式与一般放款的差别在于是在期初本金中扣除利息，不是在期末支付利息。

贴现在西方国家是货币市场的一项重要融资活动。它是银行与票据经纪人成立的公共的贴现市场。贴现市场在英国是英格兰银行与商业银行间的桥梁，也是英国金融制度的一个特色。

二、国际资本市场

在过去的一百年间，世界经济从严格的国别壁垒和分割走向全面的区域联合和一体化，资本作为经济发展的要素之一，率先实现了大范围的跨国界流动，而国际资本市场则经历了由分割到融合进而走向全球化的发展历程。从总体上看，国际资本市场始终保持规模持续扩张的态势，资本跨国流动的影响范围不断扩大，可以说，全球化始终是国际资本市场的发展指向和最终目标，并成为21世纪初期国际资本运动的主要特征之一。

（一）国际资本市场的定义

国际资本市场，又称“国际借贷市场”，是指国际借贷资本集中的场所，也是国际资本以货币形式进行交易和流通的国际存贷活动场所，一般是指对期限在一年或者一年以上的金融工具进行跨境交易的市场。

通过资金的借贷及债券发行，促进资金在国际间移动和再分配。按借贷形式，分为国际信贷市场和国际债券市场。信贷市场又分为长期信贷市场和短期信贷市场。国际债券市场又分为欧洲债券市场和外国债券市场。

（二）国际资本市场的功能

国际资本市场有以下主要功能：

首先，提供了一种机制，使资本能迅速有效地从资本盈余单位向资本不足单位转移，此时资本市场承担了一级市场功能，只有一级市场才能通过发行和增发新的证券，为资金需求者提供新的资金来源。

其次，为已发行证券提供充分流动性的二级市场，即发行证券的流通市场，二级市场的存在是为了保证一级市场更有效地运行，二级市场上投资人可以通过不断调整其资产组合来降低风险，获取最大收益，并且随时使证券变现；同时发行人也可以迅速并持续地从社会上募集到其扩张所需的资金。

第三，能够更广泛地吸引国外资本或国际资本，提高资本使用效率及跨空间调配速度。

第四，能够以较低的成本吸收资本，降低融资成本，提高资金运作效率。

第五，能够通过发行国际证券的形式或创造新的金融工具，规避风险，逃避各国的金融、外汇管制及税收问题。

（三）国际资本市场的类型

按照借贷方式不同，资本市场分为银行中长期贷款市场和证券市场两种类型：

（1）银行中长期贷款市场。银行中长期贷款主要用于外国企业固定资本投资的资金需要。

（2）证券市场。证券的种类主要有政府债券，股票、公司债券、国际债券等几种。证券市场又分为发行市场和交易市场：证券发行市场是新证券发行市场，也称初级市场或一级市场，它的功能在于，工商企业或政府通过发行市场，将新证券销售给投资者，以达到筹措资金的目的；证券交易市场是已发行证券的流通市场，包括证券交易所（stock exchange）和场外交易市场（over the counter）。证券交易所是最主要的证券交易场所，是多数国家唯一的证券交易市场，在有些国家也称为二级市场。在交易所内买卖的证券是上市的证券。场外交易市场，是买卖不上市的证券的市场，而由证券商在其营业所自营或代客买卖。

三、国际外汇市场

（一）国际外汇市场的定义和特点

1. 国际外汇市场的定义

国际外汇市场是指国际上经营外币和以外币计价的票据等有价证券买卖的场所和行为，它是国际金融市场的主要组成部分。外汇市场不仅是一个外币兑换的概念，目前许多交易者应用外汇交易为理财工具。

2. 国际外汇市场的特点

近年来，外汇市场之所以能被越来越多的人所青睐，成为国际上投资者的新宠儿，这与外汇市场本身的特点密切相关。外汇市场的主要特点有：

（1）有市无场。投资者则通过经纪公司买卖所需的商品，这就是“有市有场”。而外汇买卖则是通过没有统一操作市场的行商网络进行的，它不像股票交易有集中统一的地点。欧洲等西方国家的金融业基本上有两套系统，即集中买卖的中央操作和没有统一固定场所的行商网络。全球外汇市场每天平均有上万亿美元的交易，如此庞大的巨额资金，就是在这种既无集中的场所又无中央清算系统的管制，以及没有政府的监督下完成清算和转移。

（2）循环作业。由于全球各金融中心的地理位置不同，亚洲市场、欧洲市场、美洲市场因时间差的关系，连成了一个全天 24 小时连续作业的全球外汇市场。这种连续作业，为投资者提供了没有时间和空间障碍的理想投资场所，投资者可以寻找最佳时机进行交易。因此，外汇市场可以说是一个没有时间和空间障碍的市场。

（3）零和规则。零和规则是指在市场交易中一方的收入意味着另一方的损失，各方的收入和损失之和为零。同样，在外汇交易市场上，投资者卖方的收入与买方的损失，或者买方的收入与卖方的损失是一样的。

（二）国际外汇市场的类型

按照不同的划分方法，国际外汇市场可以划分出不同的种类。

1. 按外汇市场的外部形态分类

按外汇市场的外部形态进行分类，外汇市场可以分为无形外汇市场和有形外汇市场。

（1）无形外汇市场，也称为抽象的外汇市场，是指没有固定、具体场所的外汇市场。其主要特点是：第一，没有确定的开盘与收盘时间；第二，外汇买卖双方无须进行面对面的交易，外汇供给者和需求者凭借电传、电报和电话等通信设备进行与外汇机构的联系；第三，各主体之间有较好的信任关系，否则，这种交易难以完成。除了个别欧洲大陆国家的一部分银行与顾客之间的外汇交易还在外汇交易所进行外，世界各国的外汇交易均通过现代通信网络进行。无形外汇市场已成为今日外汇市场的主导形式。

（2）有形外汇市场，也称为具体的外汇市场，是指有具体的固定场所的外汇市场。这种市场的主要特点是：第一，固定场所一般指外汇交易所，通常位于世界各国金融中心；第二，从事外汇业务经营的双方都在每个交易日的规定时间内进行外汇交易；在自由竞争时期，西方各国的外汇买卖主要集中在外汇交易所。但进入垄断阶段后，银行垄断了外汇交易，致使外汇交易所日渐衰落。

2. 按外汇所受管制程度分类

按外汇所受管制程度进行分类，外汇市场可以分为自由外汇市场、外汇黑市和官方市场。

（1）自由外汇市场是指政府、机构和个人可以买卖任何币种、任何数量外汇的市场。自由外汇市场的主要特点是：第一，买卖的外汇不受管制；第二，交易过程公开。例如：美国、英国、法国、瑞士的外汇市场皆属于自由外汇市场。

（2）外汇黑市是指非法进行外汇买卖的市场。外汇黑市的主要特点是：第一，是在政府限制或法律禁止外汇交易的条件下产生的；第二，交易过程具有非公开性。由于发展中国家大多执行外汇管制政策，不允许自由外汇市场存在，所以这些国家的外汇黑市比较普遍。

（3）官方市场是指按照政府的外汇管制法令来买卖外汇的市场。这种外汇市场对参与主体、汇价和交易过程都有具体的规定。在发展中国家，官方市场较为普遍。

3. 按外汇买卖的范围分类

按外汇买卖的范围进行分类，外汇市场可以分为外汇批发市场和外汇零售市场。

（1）外汇批发市场是指银行同业之间的外汇买卖行为及其场所，其主要特点是交易规模大。

（2）外汇零售市场是指银行与个人及公司客户之间进行的外汇买卖行为及其场所。

（三）国际外汇市场的职能和作用

1. 国际外汇市场的职能

外汇市场的功能，主要表现在以下三个方面：

（1）实现购买力的国际转移。国际贸易和国际资金融通至少涉及两种货币，而不同的货币对不同的国家形成购买力，这就要求将该国货币兑换成外币来清理债权债务关系，使购买行为得以实现。而这种兑换就是在外汇市场上进行的。外汇市场所提供的就是这种使购买力转移交易得以顺利进行的经济机制，它的存在使各种潜在的外汇售出者和外汇购买者的意愿能联系起来。当外汇市场汇率变动使外汇供应量正好等于外汇需求量时，所有潜在的出售和购买愿望都得到了满足，外汇市场处于平衡状态之中。这样，外汇市场提供了一种购买力国际转移机制。同时，由于发达的通信工具已将外汇市场在世界范围内联成一个整体，使得货币兑换和资金汇付能够在极短时间内完成，购买力的这种转移变得迅速和方便。

（2）提供资金融通。外汇市场向国际间的交易者提供了资金融通的便利。外汇的存贷款业务集中了各国的社会闲置资金，从而能够调剂余缺，加快资本周转。外汇市场为国际贸易的顺利提供了保证，当进口商没有足够的现款提货时，出口商可以向进口商开出汇票，允许延期付款，同时以贴现票据的方式将汇票出售，拿回货款。外汇市场便利的资金融通功能也促进了国际借贷和国际投资活动的顺利进行。美国发行的国库券和政府债券中很大部分是由外国官方机构和企业购买并持有的，这种证券投资在脱离外汇市场的情况下是不可想象的。

（3）提供外汇保值和投机的机制。在以外汇计价成交的国际经济交易中，交易双方都面临着外汇风险。由于市场参与者对外汇风险的判断和偏好的不同，有的参与者宁可花费一定的成本来转移风险，而有的参与者则愿意承担风险以实现预期利润。由此产生了外汇保值和外汇投机两种不同的行为。在金本位和固定汇率制下，外汇汇率基本上是平稳的，因而就不会形成外汇保值和投机的需要及可能。而浮动汇率下，外汇市场的功能得到了进一步的发展，外汇市场的存在即为套期保值者提供了规避外汇风险的场所，又为投机者提供了承担风险、获取利润的机会。

2. 国际外汇市场的作用

国际外汇市场在外汇交易过程中的主要作用有：

（1）国际清算。因为外汇就是作为国际间经济往来的支付手段和清算手段的，所以清算是外汇市场的最基本作用。

（2）兑换功能。在外汇市场买卖货币，把一种货币兑换成另一种货币作为支付手段，实现了不同货币在购买力方面的有效转换。国际外汇市场的主要功能就是通过完备的通信设备和先进的经营手段提供货币转换机制，将一国的购买力转移到另一国交付给特定的交易对象，实现国与国之间货币购买力或资金的转移。

（3）授信。由于银行经营外汇业务，它就有可能利用外汇收支的时间差为进出口商提供贷款。

（4）套期保值。即保值性的期货买卖。这与投机性期货买卖的目的不同，它不是为了从价格变动中牟利，而是为了使外汇收入不会因日后汇率的变动而遭受损失，这对进出口商来说非常重要。如果当出口商有一笔远期外汇收入，为了避开因汇率变化而可能导致的风险，可以将此笔外汇当作期货卖出；反之，进口商也可以在外汇市场上购入外汇期货，以应付将来支付的需要。

（5）“多头”和“空头”投机。在外汇期货市场上，投机者可以利用汇价的变动牟利，产生“多头”和“空头”，对未来市场行情下赌注。“多头”是预计某种外汇的汇价将上涨，即按当时价格买进，而待远期交割时，该种外币汇价上涨，按“即期”价格立即出售，就可牟取汇价变动的差额。相反，“空头”是预计某种外币汇价将下跌，即按当时价格售出远期交割的外币，到期后，价格下降，按“即期”价买进补上。这种投机活动，是利用不同时间外汇行市的波动进行的。在同一市场上，也可以在同一时间内利用不同市场上汇价的差别进行套汇活动。

（四）全球主要外汇市场

外汇交易市场是全球最大的金融产品市场，目前世界上交易量大且有国际影响的外汇市场主要有伦敦外汇市场、纽约外汇市场、苏黎世外汇市场、东京外汇市场、香港外汇市场、新加坡外汇市场、巴黎外汇市场、法兰克福外汇市场、惠灵顿外汇市场、悉尼外汇市场，以及卢森堡、巴林、米兰、蒙特利尔、阿姆斯特丹、上海（中国外汇交易中心）等外汇市场。

在国际外汇市场上买卖的外汇，主要有美元、英镑、德国马克、法国法郎、瑞士法郎、日元、意大利里拉、加拿大元和荷兰盾等十多种货币，其他货币也有买卖，但为数极少。

四、国际黄金市场

黄金自古以来就是货币。形成世界经济体系以后，黄金是国际货币。1976年，国际货币基金组织在牙买加首都金斯敦召开的会议上决定，废除黄金官价，用特别提款权逐步代替黄金作为国际货币制度的主要储备资产，宣布黄金非货币化。但是从那以后，黄金仍然被世界上绝大多数国家作为国际储备资产、价值的最终储藏手段。在通货膨胀严重、政治经济危机时期，黄金的价值更会增加。

（一）国际黄金市场的定义和职能

1. 黄金市场的定义

黄金市场是指集中进行黄金买卖和金币兑换的交易市场。一般可分国内黄金市场与国际黄金市场两种类型。前者只允许本国居民参加，不允许非居民参加并禁止黄金的输出输入。后者只允许非居民参加或居民与非居民均可参加，对黄金的输出输入不加限制或只有某种程度的限制，是国际金融市场的重要组成部分。

黄金市场上的黄金交易具有两种性质：一是黄金作为商品而买卖，即国际贸易性质；二是黄金作为世界货币而买卖，用于国际支付结算，即国际金融性质。

2. 国际黄金市场的职能

黄金市场的发展不但为广大投资者增加了一种投资渠道，而且还为中央银行提供了一个新的货币政策操作的工具。

（1）黄金市场的保值增值功能。因为黄金具有很好的保值、增值功能，这样黄金就可以作为一种规避风险的工具，这和贮藏货币的功能有些类似。黄金市场的发展使得广大投资者增加了一种投资渠道，从而可以在很大程度上分散了投资风险。

（2）黄金市场的货币政策功能。黄金市场为中央银行提供了一个新的货币政策操作的工具，也就是说，中央银行可以通过在黄金市场上买卖黄金来调节国际储备构成以及数量，从而控制货币供给。虽然黄金市场的这个作用是有限的，但是由于其对利率和汇率的敏感性不同于其他手段，从而可以作为货币政策操作的一种对冲工具。随着黄金市场开放程度的逐步加深，它的这个功能也将慢慢显现出来。可以说，通过开放黄金市场来深化金融改革是中国的金融市场与国际接轨的一个客观要求。

（二）黄金的计量与交易方式

1. 黄金的计量

在黄金的市场交易中，黄金的计量包括黄金重量标准、黄金成色要求和环境品质标志等方面的内容。

（1）黄金的重量标准。与任何物品一样，无论是金块、金条或金币，黄金都有其重量规格。国际上计算黄金、白银等贵重金属的基本单位是金衡盎司，也称“特洛伊”盎司。盎司旧称“英两”，是英制中的容量、重量和质量单位。金衡盎司是重量、质量盎司中的一种，其质量折算表如下：

1 金衡盎司 = 31.103477 克 = 0.62207 市两（中国 10 两制） = 1.09714 常衡盎司 = 0.8310106 司马两

（2）成色要求与“K”金。成色是指金属货币、金银条块或饰品的金属纯度，一般以千分比表示，也可用百分比表示，还可用“开”或“K”表示。

黄金的成色是指金币、金块及黄金饰品的纯度，其可分为24分，1分为1开（K），纯金为24开（K）。

K金也称洋金，其成分除黄金外，还含有铜、银等。其成色以K为计算单位，一般分为24K、22K、20K、18K、14K、12K，每K含金量为4.15%。

K金计算成色的方法是：

成色=K数×4.15%（每K含金量）；

24K成色金为24×4.15%=99.6%；

18K成色金为18×4.15%=74.7%；

12K成色金为12×4.15%=49.8%。

以上分别表示24K、18K、12K的含金量为99.6%（或996‰）、74.7%（或747‰）、49.8%（或498‰）。

对成色标志规定的形式有：黄金及黄金合金制品的成色标注，除以阿拉伯数字及英文字母“K”“C”“ct”等来标志（如18K、14K等）外，还可用精确到三位数的阿拉伯数字表示，例如“750”（表示含金量为750‰，相当于18K金）、“500”等。对于含金量不低于950‰的黄金饰品，也可用中文字“足金”表示。

（3）品质标志与鉴定。与购买任何商品一样，投资黄金的人对其品质十分敏感，是否货真价实，成色纯度如何，是每个黄金买卖人士都要明确的问题。

黄金与其他商品一样，也有不同的品牌（商标）。但由于黄金这种商品非肉眼所能鉴别，故通常采用黄金所具有的化学特性来验证其真伪。因此，黄金的品质，必须符合其化学成分的要求。所有金片或金条表面上都铸印有许多资料，包括黄金的成色、重量、注册编号以及生产公司的名称或标记等，用以“验明正身”。

2. 黄金的市场交易方式

国际黄金市场的交易方式主要有现货交易和期货交易两种方式。

（1）黄金现货交易及其特点。国际黄金市场上黄金现货交易的价格较为特殊。在伦敦国际黄金市场上的黄金现货交易价格，分为定价交易和报价交易两种：①定价交易的特点是提供客户单一交易价，即无买卖差价，按所提供的单一价格，客户均可自由买卖，金商只收取少量的佣金。定价交易只在规定的时间里有效。短则一分钟，长则一个多小时，具体时间视供求情况而定。定价交易是世界黄金行市的“晴雨表”，世界各黄金市场均以此调整各自的金价。定价交易结束后，即恢复正常的黄金买卖报价活动。②报价交易的特点就是有买、卖价之分。一般是在定价交易以外的时间进行报价交易。如伦敦国际黄金市场，每日进行两次定价交易，第一次为上午10时30分，第二次为下午3时。在国际黄金市场上的报价交易是由买卖双方自行达成的，其价格水平在很大程度上受定价交易的影响。但一般说来，报价交易达成的交易数量要多于定价交易达成的现货交易数量。

（2）黄金期货交易及特点。在国际黄金市场上进行的期货交易，又分保值交易和投机交易两种：①保值交易是指人们为了避免通货膨胀或政治动乱，出于寻求资产价值“庇护所”的意图，而购买黄金的活动。当然，也有的是以避免由于金价变动而遭受损失为目的而进行黄金买卖的。一般来说，套期交易是保值的理想办法。对套期交易者来说，期货市场是最方便的购销场所。②国际黄金市场上的投机交易，则是利用市场金价波动，通过预测金价在未来时期的涨跌趋势，买空或卖空，从中牟取投机利润。在进行期货投机时，当投机者预测市场金价将会下跌时，便卖出期货，即所谓的做“空头”或“卖空”。如果届时金价果然下跌，他就可以按跌落后的价格买入黄金，以履行卖出期货的义务，从而赚取先贵卖后贱买的差额投机利润。当投机者预测未来市场金价趋涨时，他买进期货，即所谓的做“多头”或“买空”。期货到期后，如果金价真的上涨，他可以将原来低价买入的期货，再按上涨后的价格卖出，从中赚取先贱买后贵卖的差额利润。

（三）国际黄金市场的类型

国际黄金市场可根据其性质、作用、交易类型和交易方式、交易管制程度和交割形式等作不同的分类。

1. 按其性质和对整个世界黄金交易的影响程度，可分为主导性市场和区域性市场

（1）主导性市场是指其价格的形成及交易量的变化对其他黄金市场起主导性作用的市场。这类市场主要有伦敦、纽约、苏黎世、芝加哥、香港等。

（2）区域性市场主要指交易规模有限，且大多集中在本地区并对整个世界市场影响不很大的市场。这类市场主要有巴黎、法兰克福、布鲁塞尔、卢森堡、新加坡、东京等。

2. 按交易类型和交易方式的不同，可分为现货交易和期货交易

（1）所谓现货交易，是指交易双方成交后两个营业日内交割的一种交易方式。

（2）所谓期货交易是指交易双方按签订的合约在未来的某一时间交割的一种交易方式。在同业间通过电话联系进行交易的欧洲型市场，如伦敦、苏黎世等，是以现货交易为主；设有具体交易场所的美国型市场，如纽约、芝加哥、香港等，是以期货交易为主。

由于黄金交易及其类型上的差异，黄金市场又呈现着国际化的趋势，因而世界上就出现了两大黄金集团：一个是伦敦—苏黎世集团，另一个是纽约—香港集团（包括芝加哥）。这两大集团之间的合作十分密切，共同操纵着世界黄金市场。其中伦敦黄金市场的作用尤为突出，至今该市场的黄金交易和报价仍然是反映世界黄金市场的一个“晴雨表”。

3. 按对黄金交易管理程度的不同，可分为自由交易市场和限制交易市场

（1）自由交易市场。这是指黄金可以自由输出与输入，居民和非居民均可自由买卖的黄金市场，如苏黎世。

（2）限制交易市场。又可分为两种情况：一种是黄金的输出与输入一般要受管制，只准非居民自由买卖，而不准居民进行自由交易的黄金市场；另一种是对黄金的输出与输入实行管制，只准许居民自由买卖的国内黄金市场。

（四）全球主要黄金市场

（1）伦敦黄金市场。发展历史达300年之久，它是世界最大的现货黄金市场，主要由五家大黄金交易公司组成。由于伦敦金市没有固定之交易场所，亦即随时随地均可交易。伦敦黄金市场的价格变化，被看作国际黄金市场价格的“晴雨表”。该市场现货交易由美元计价，期货交易为英镑计价。在夏季，伦敦黄金的开市时间为北京时间下午3：30至子夜12：00收市，冬季为下午4：00至翌日凌晨1：00。

（2）苏黎世黄金市场。它是二次世界大战后发展起来的世界性黄金自由市场。以瑞士三大银行为中心，联合经营黄金。与伦敦金商不同的是，他们不但充当经纪人，还掌握大量黄金储备进行黄金交易。瑞士是著名的西方各国的资金庇护所，每逢国际政治局势发生

动荡或货币金融市场发生波动时，各地大量游资纷纷涌向瑞士，购金保值或从事投机活动。加之，瑞士利率低，持有的黄金可以列为现金项目，市场交易没有任何限制，其业务发展趋势，已成为世界最大的黄金现货交易中心。

（3）纽约黄金市场。这是目前世界上最大的黄金期货市场。每年有2/3 的黄金期货契约在纽约成交，但交易水分很大，投机活动充斥整个市场。纽约黄金市场的发展历史很短，但发展速度相当快。1974 年在纽约商品交易所黄金交易开业之初时，每月黄金买卖数量不超过4 万笔，到1981 年每月成交数达1 040 万笔，日交易量达30 000 ～ 40 000 笔，成交额约70 吨黄金。纽约黄金市场的建立和发展，使得世界黄金市场的格局发生了重大变化：一方面促进了纽约黄金市场的发展，另一方面，纽约黄金期货市场巨大的交易量，使伦敦黄金市场的每日定价制的权威受到影响，有时还不如纽约黄金市场的定价更具适合性。

（4）香港黄金市场。香港黄金市场已有70 多年的历史，现在已发展成世界主要的黄金交易中心。1987 年黄金进口总值达186 亿港元，同期黄金成交额达到3 714 亿港元，升幅高达300%。由于香港时间凌晨2 时30 分至3 时这段时间正值世界其他黄金市场休市之际，欲继续进行黄金买卖交易者，就必须到香港黄金市场，加之香港黄金市场无外汇管制等客观有利条件，使香港黄金市场迅速发展，现已成为世界四大黄金市场之一。

（5）上海黄金市场（中国黄金交易中心）。2007 年9 月，经国务院同意，中国证监会批准上海期货交易所上市黄金期货。在黄金期货的基础上，一系列衍生产品，包括期权、远期以及近几年异常火热的黄金 ETF，甚至更多的创新产品都将逐步推出，进一步加大中国黄金市场的深度和广度。我国开展黄金期货交易具有重要意义：一是有利于广大企业和投资者利用黄金期货发现价格和套期保值，提高风险管理水平，增强国际竞争力；二是有利于进一步完善黄金市场体系和价格形成机制，形成现货市场、远期交易市场与期货市场互相促进，共同发展的局面；三是有利于打击黄金变相期货交易，维护投资者的合法利益。

第四节　国际货币体系的发展及其前景

国际货币体系是对货币在国际范围内发挥世界货币职能所确定的原则、采取的措施以及建立的组织形式的总称。它的作用是为了确保外汇市场的有序与稳定，促成国际收支问题的解决，并且为遭遇破坏性冲击的国家或地区提供获得国际信用的便利。国际货币体系作为世界经济运行的重要制度背景，它既由全球实体经济运行的模式所决定，同时又对全球实体经济的运行绩效产生巨大的影响。

一、国际货币体系的演变

自1870 年以来，国际货币体系先后经历了国际金本位制（1870—1914）、布雷顿森林体系（1944—1973）以及牙买加体系或美元本位制（1976 年至今）的几个发展阶段。

（一）国际金本位制

国际金本位制是历史上第一种国际货币体系，研究国际货币体系应从国际金本位制开始。金本位制是以黄金作为本位货币（standard money）的一种制度。所谓本位币，是指作为一国货币制度的基础的货币。在金本位制下，流通中的货币主要是金币，但也包括可自由兑换为黄金的银行券以及金属辅币，只有金币才能完全执行货币的全部职能，即价值尺度、流通手段、贮藏手段、支付手段以及世界货币。国际金本位制就是以各国普遍实行金本位制为基础的国际货币体系。在19世纪70年代以后，世界上主要资本主义国家都先后在本国实行了金本位制。

1. 国际金本位制的内容

国际金本位制的内容，大体包括金币本位制、金块本位制和金汇兑本位制三种。

（1）金币本位制。金币本位制是以黄金作为货币金属进行流通的货币制度，它是19世纪末到20世纪上半叶资本主义各国普遍实行的一种货币制度。1816年，英国颁布了《金本位制度法案》，开始实行金本位制，促使黄金转化为世界货币。随后，德国于1871年宣布实行金本位制，丹麦、瑞典、挪威等国于1873年也相继实行金本位制。到19世纪末，资本主义各国已经普遍实行了这一货币制度。金币本位制的主要内容包括：①用黄金来规定货币所代表的价值，每一货币都有法定的含金量，各国货币按其所含黄金的重量而有一定的比价；②金币可以自由铸造，任何人都可按法定的含金量自由地将金块交给国家造币厂铸造成金币，或以金币向造币厂换回相当的金块；③金币是无限法偿的货币，具有无限制支付手段的权利；④各国的货币储备是黄金，国际结算也使用黄金，黄金可以自由输出或输入。

（2）金块本位制与金汇兑本位制。第一次世界大战以后，一些资本主义国家经济受到通货膨胀、物价上涨的影响，加之黄金分配的极不均衡，已经难以恢复金币本位制。1922年在意大利热那亚城召开的世界货币会议上决定采用“节约黄金”的原则，实行金块本位制和金汇兑本位制。实行金块本位制的国家主要有英国、法国、美国等。在金块本位制下，货币单位仍然规定含金量，但黄金只作为货币发行的准备金集中于中央银行，而不再铸造金币和实行金币流通，流通中的货币完全由银行券等价值符号所代替，银行券在一定数额以上可以按含金量与黄金兑换。英国以银行券兑换黄金的最低限额为相当于400盎司黄金的银行券（约合1 700英镑），低于限额不予兑换。法国规定银行券兑换黄金的最低限额为21 500法郎，等于12千克的黄金。中央银行掌管黄金的输出和输入，禁止私人输出黄金。中央银行保持一定数量的黄金储备，以维持黄金与货币之间的联系。

（3）金汇兑本位制又称为“虚金本位制”，其特点是，国内不能流通金币，而只能流通有法定含金量的纸币；纸币不能直接兑换黄金，只能兑换外汇。实行这种制度的国家其货币同另一个实行金块本位制国家的货币保持固定比价，并在该国存放外汇和黄金作为准备金，体现了小国对大国（“中心国”）的依附关系。通过无限制买卖外汇维持金块本位国家货币的联系，即“钉住”后者的货币。国家禁止黄金自由输出，黄金的输出、输入由中央银行负责办理。第一次世界大战前的印度、菲律宾、马来西亚及一些拉美国家和地区，以及20世纪20年代的德国、意大利、丹麦、挪威等国，均实行过这种制度。

金块本位制和金汇兑本位制都是被削弱了的国际金本位制。1929—1933年世界性经济危机的爆发，迫使各国放弃金块本位制和金汇兑本位制，从此资本主义世界分裂成为相互对立的货币集团和货币区，国际金本位制退出了历史舞台。

2. 金本位制的特点

国际金本位制的主要特点是：第一，黄金不但是国际货币体系的基础，而且可以自由输出与输入；第二，一国的金币可以与另一国的金币或代表金币流通的其他金属铸币（如银币）或银行券自由兑换；第三，在金币流通的国家里，金币可以自由铸造。

金币的自由输出与输入，保证了各国货币之间的比价相对稳定；金币的自由兑换，保证了黄金与其他代表黄金流通的金属铸币以及银行券之间的比价相对稳定；金币的自由铸造，具有调节货币流通量的作用，从而保证了各国物价水平的相对稳定。因此，国际金本位制是一种比较稳定的货币制度。其对世界经济发展的积极作用主要体现在促进生产发展、保持汇率稳定、自动调节国际收支、促进国际资本流动以及协调各国经济政策。

3. 金本位制的缺陷

国际金本位制的主要缺陷有：第一，第一次世界大战前的国际货币秩序是一种金字塔形的格局，英国及其他欧洲国家获得了控制世界金融的霸权，并操纵了外围国家的金融命脉。这种国际货币秩序必然引发严重的利益冲突或矛盾。第二，各国的国际收支是自发进行调节的，这就使各国的货币供给量因黄金流入而增加和因黄金流出而减少。

4. 国际金本位制的崩溃

一战爆发前，国际金本位制的不稳定性开始凸显：一方面，英国、美国、德国、法国以及俄国所有的黄金在1913年年底达到世界黄金存量的2/3，使其他国家的金本位制难以为继；另一方面，一些国家为了准备战争，政府支出急剧增加，大量发行银行券，使银行券与黄金的自由兑换趋于困难，从而破坏了自由兑换的原则。战争爆发后，各国停止银行券与黄金的兑换并禁止黄金输出国际金本位制暂时停止运行。尽管战争结束后，各国便着手恢复金本位制。但由于出现了英镑、美元和法郎三个相互对立的货币集团，使得国际资本流动陷于停顿，英、美、法三国达成的“三国货币协定”（tripartite agreement）也因二战的爆发而被瓦解，国际金本位制最终崩溃。

（二）布雷顿森林体系

1944年7月，在美国新罕布什尔州的布雷顿森林小镇召开了有44个同盟国的300多名代表参加的“联合和联盟国家国际货币金融会议”（简称“布雷顿森林会议”），通过了以美国提出的“怀特计划”为基础的《国际货币基金组织协定》和以美国提出的“联合国复兴开发银行计划”为基础的《国际复兴开银行协定》，总称《布雷顿森林协定》。在《布雷顿森林协定》的基础上产生的国际货币制度被称为布雷顿森林体系。

1. 布雷顿森林体系的主要内容和积极作用

布雷顿森林体系是一种美元与黄金挂钩（即美元与黄金保持固定比价，各国政府可随时用美元按固定比价向美国政府兑换黄金）、各国货币与美元挂钩（即各国货币与美元保持可调整的固定比价）的可调整固定汇率。各国货币对美元的波动幅度为平价上下各1%，各国货币当局有义务在外汇市场上进行干预以保持汇率的稳定，只有当一国发生“根本性国际收支不平衡”时，才允许升值或贬值，当平价变动超过10%时，须经国际货币基金组织批准。在这种国际货币制度下，美元既是美国的货币，同时又是世界各国的货币即国际货币。换言之，美元由于作为储备货币和国际清偿力的主要来源而成为一种关键货币。在布雷顿森林体系下的国际货币制度，实质上是以美元—黄金为基础的国际金汇兑本位制。

布雷顿森林体系堪称国际货币合作的一次成功的创新性的尝试。它使美元等同于黄金（或者说作为黄金的补充），成为主要国际支付手段和国际储备货币，在一定程度上弥补了当时普遍存在的国际清偿能力和国际支付手段的不足，从而消除了影响国际间商品流通的障碍，促进了全球贸易的发展。它以单一中心确定了各国货币的相对汇率，否定了各国随意的汇率变动，以一个比较稳定的汇率确保了全球贸易和国际资本流动的安全与稳定；它消除了二战前各个货币集团之间的相互对立，避免了各国之间相互进行外汇倾销，结束了国际货币金融关系动荡不安的局面。

2. 布雷顿森林体系的根本缺陷及其瓦解

尽管布雷顿森林体系曾对当时世界经济的发展起了积极的作用，但是，随着时间的推移，该体系的根本缺陷开始凸显：要满足世界经济和全球贸易增长之需，美元的供给必须不断增加，从而美国的国际收支逆差必然不断扩大。而美国国际收支逆差的不断扩大和美元供给的持续超速增长，一方面将使美元与黄金之间的固定比价难以维持；另一方面，必将对美元产生贬值压力，并导致美元与其他国家货币的固定比价也难以长期维持，从而使这种国际货币制度的基础发生动摇。简言之，美元的双重身份和双挂钩，是布雷顿森林体系的根本缺陷。学界有人把这一缺陷称为“特里芬两难”。

从20世纪50年代后半期开始，随着美国国际收支状况的不断恶化，流出美国的美元不断增加，美元与黄金的可兑换性开始受到怀疑。到1960年，美国的对外短期债务首次超过其黄金储备，美元信用发生动摇。20世纪60年代中期，美国的国际收支状况由于扩大越南战争而进一步恶化，黄金储备不断减少而对外短期债务急剧增长。受1967年英镑危机的影响，1968年3月在伦敦、巴黎和苏黎世黄金市场上爆发了规模空前的抛售美元、抢购黄金的第二次美元危机，美国在半个月里就流失了14亿美元的黄金储备。为此，美国被迫实行“黄金双价制”（two - tier gold price system），即在官方和私人黄金市场上分别实行两种不同的金价。黄金双价制实际上意味着以美元—黄金为基础的布雷顿森林体系已难以维持。1971年，美国对外贸易发生了自1893年以来的第一次巨额逆差，由此导致国际收支逆差进一步扩大。面对巨额的国际收支逆差和各国中央银行要求兑换黄金的压力，尼克松政府被迫于当年8月15日宣布实行“新经济政策”，即对外停止履行美元兑换黄金的义务和对内冻结工资与物价。它宣告了美元与黄金的官价兑换的终止和历时25年之久（1947—1971）的布雷顿森林体系的解体。

（三）牙买加体系与浮动汇率制

布雷顿森林体系瓦解以后，关于建立新的国际货币体系的努力一直没有停止过。1976年1月，国际货币基金组织国际货币制度临时委员会在牙买加首都金斯敦召开会议（即牙买加会议），就若干重大的国际金融问题达成协议，即《牙买加协议》（*Jamaica agreement*），该协议从1978年4月1日起生效，在此基础上形成的国际货币体系被称为牙买加体系。

1. 牙买加体系的主要内容

牙买加体系的主要内容如下：

（1）汇率安排多样化。国际货币基金组织的成员国可以自由选择汇率制度，但必须事先取得国际货币基金组织的同意。国际货币基金组织有权对成员国的汇率进行监督，以确保有秩序的汇率安排和避免操纵汇率来阻止国际收支的必要调节和谋取不公平的竞争利益。

（2）黄金非货币化和储备货币多元化。黄金不再是各国货币的平价基础，也不能用于成员国之间以及成员国与国际货币基金组织之间的清算。各国中央银行可按市价进行黄金交易。为了解决国际清偿力不足的问题，国际货币基金组织将努力提高特别提款权作为国际储备的地位，使它逐步替代黄金和美元成为主要的国际储备资产，国际货币基金组织鼓励成员国持有多样化的储备货币，积极促进包括特别提款权、联邦德国马克和日元等多种货币的国际化。

（3）扩大基金份额，增加对发展中国家的资金融通。各成员国向国际货币基金组织缴纳的份额由原来的292亿特别提款权增加为390亿特别提款权，净增34.48%。在增加总份额的同时，对各成员国的份额也进行了调整。对发展中国家的资金融通也有显著增长，以帮助其解决国际收支困难。

牙买加体系并不是对布雷顿森林体系的彻底否定，该体系是在保留和加强国际货币基金组织作用的前提下，对布雷顿森林体系的进一步改革。当然，这种改革在很大程度上是对有关事实的一种法律追认，是对现实情况的一种适应，许多问题并没有得到解决。另外，在该协议生效后的30多年里，国际货币制度也没有完全按照该协议勾勒的方向发展，由此产生了对牙买加体系的不同评价。但可以肯定的是，牙买加体系下的储备货币多元化，在一定程度上避免了特里芬两难。

2. 浮动汇率制的实施

1973年布雷顿森林体系瓦解后，主要西方国家实行的浮动汇率制，在当时是一种自发行为，但事后在《牙买加协议》中得到了承认，从而成为国际社会的一种自觉形态。这一汇率制度不仅在目前还没有显示出即将终结的迹象，而且还被越来越多的国家所采用。据国际货币基金组织的统计，到1996年即东南亚金融危机爆发前，实行各种形式的浮动汇率制度的国家已经达到68个（而在1976年和1986年则分别为14个和39个）。亚洲金融危机爆发后，泰国、菲律宾、印度尼西亚、韩国、俄罗斯以及中国台湾地区，也先后由固定汇率制度改为浮动汇率制度，有些是从名义的浮动汇率走向实质的浮动汇率。浮动汇率制度是国际货币制度能够较好地维持运行的重要原因之一。

二、现行国际货币体系及其主要特征

（一）现行国际货币体系的属性

对于现行国际货币体系的属性，国际学术界的观点并不一致。如蒙代尔（Mundell Robert）认为，现行的国际货币体系不能被称为体系，因为其既没有明确的本位货币，也没有统一的汇率安排，各国的相关行为难以得到有效的约束，即“无体系”。但是，该体系也确实依然保留着不少布雷顿森林体系的特征，如国际货币基金组织和世界银行依然存在并发挥着一定的作用，美元事实上依然居于支配地位，有相当多国家的货币与美元保持着相对固定的汇率关系。所以，有学者将这一体系称之为“后布雷顿森林体系”。也有学者将其称为“复活的布雷顿森林体系”（the revived bretton woods system）或“新布雷顿森林体系”。尽管称谓不同，但学者们一致认为美元为事实上的本位货币，因此将这一体系称之为美元本位制（dollar standard）。美元本位制是一种单极信用储备货币体系。其原因在于，美元是全球最重要的国际储备货币，尽管欧元、英镑以及日元等发达国家的货币也或多或少扮演国际储备货币的角色，但其重要性无法与美元相比。美元本位制也是一种“中心—外围”式的国际货币体系。美国处于该体系的中心，而广大新兴市场国家和发展中国家则处于该体系的外围。由于外围国家的货币不能用于国际支付，因此其必须通过出口商品和服务或者吸引中心国家的投资来获得美元；而美国则可以通过进口商品与服务（即通过其经常账户逆差）的方式输出美元，或者通过对外围国家的直接投资或证券投资（即通过其资本账户逆差）的方式输出美元。

作为国际货币史上第一个以完全的信用货币为本位货币的国际货币体系，美元本位制同样存在特里芬两难：一方面，为满足全球经济对国际储备货币的需求，美国必须通过持续的经常账户逆差输出美元；另一方面，持续的经常账户逆差会造成美国对外净负债的不断增加。一旦其他国家的投资者对美国在不制造通货膨胀的前提下的偿债能力失去信心，这些投资者就会抛售美元和美元资产，从而使得美元本位制难以为继。事实上，凡是以主权国家货币充当国际储备货币的国际货币体系，都不能从根本上克服特里芬两难。其根本原因在于，储备货币发行国不能平衡其国内的政策需要与全球经济发展的需要。此外，作为单极信用储备货币体系，美元本位制还存在一个根本缺陷，即缺乏对储备货币发行国的货币发行量的硬约束。事实上美国政府基本上是根据其国内经济发展的需要来制定货币政策，而不是根据全球经济增长的需要来确定美元的发行量。更何况美国的经常账户长期处于巨额逆差状态，是全球最大的债务人。因此，在客观上存在通过增发货币制造美元贬值来稀释其对外债务和转移调整的负担的激励。如果说金本位制必然会带来通货紧缩的压力，那么美元本位制则必然会带来通货膨胀的压力。

（二）现行国际货币体系的主要特征

现行国际货币体系即美元本位制的上述属性，决定了它在诸如国际储备资产的供应、汇率制度选择、国际收支调节、国际资本流动以及货币体系运行与演进等方面具有以下五个主要特征。

1. 国际储备资产形成以美元为主体的多元化

从国际储备资产的供应看，尽管美元是最主要的储备货币，但欧元和日元（特别是欧元）也承担着部分国际储备货币的职能。尽管在现实中美元最具有成为现行国际货币体系的本位货币的实力，但没有法律意义上的明确承诺。这不仅在实质上导致现行国际货币体系下名义货币锚的缺失，即使得美国的货币政策行为不必受到纪律约束，而且也在某种程度上使其他国家的货币政策行为更具有任意性。

2. 汇率制度多元化与主要货币的频繁波动

从汇率制度的选择看，现行国际货币体系明确了货币自由浮动的合法性以及“操纵汇率”的非法性，但由于界定“操纵汇率”极为困难，因此各国货币当局的汇率政策行为难以受到有效的约束。美元作为现行国际货币体系的本位货币，而成为除欧元区以外大多数国家的（准）货币锚。尽管在亚洲、美洲以及其他地区许多国家普遍实行盯住汇率制，即在短期内非正式地盯住美元，但这种“软盯住”缺乏可信度，由此决定了美元本位制不足以确保汇率稳定。

3. 国际收支调节机制的多元化与集团化管理趋势

从国际收支调节与国际货币合作看，国际收支调节机制在现行国际货币体系下实现了多样化，即各成员国可以灵活运用汇率机制、利率机制、国际货币基金组织的短期贷款以及国际金融市场与商业银行的融资等多种手段对其国际收支进行调节。与此同时，货币与汇率管理也呈现出联合管理和国家集团化管理的倾向。

4. 资本流动的自由化趋势

从国际资本流动看，绝大多数国家实现了资本项目自由化，资本的跨境流动基本上不受限制。当然，跨境资本流动（以及国际投机资本）方向的变动与汇率变动之间的相互交织，使二者更容易出现剧烈波动。为此，东亚许多新兴市场国家为了维持汇率和资本流动的相对稳定，不得不持有大量储备资产，以便随时干预外汇市场。

5. 国际金融机构及其监管治理的改革要求迫切

从国际金融机构的治理看，由国际货币基金组织向发生国际收支危机（因储备资产不足）的成员国提供附有严格条件的贷款，但其贷款条件的顺周期性以及国际货币基金组织代表性的不足，使国际社会有关改革国际货币基金组织的呼声日趋高涨。同时，从国际金融监管看，国际货币基金组织和国际清算银行（BIS）等国际金融机构对发达国家的金融市场既不能实行有效的国别监管，也不能实行有效的跨国监管。

三、现行国际货币体系对世界经济的影响

布雷顿森林体系崩溃后，美元、德国马克、日元以及英镑等货币之间的汇率波动成为常态，而世界经济也先后经历了石油危机、石油美元回流、拉丁美洲国家债务危机、“广场会议”协定、日本金融危机、墨西哥金融危机以及东亚金融危机的考验。但是，以浮动汇率制和资本自由流动为主要特征的牙买加体系（即美元本位制），并没有影响世界经济和全球贸易的迅速发展。换言之，现行国际货币体系为世界经济的增长提供了有利的国际货币制度支撑，但与此同时，也对世界经济的稳定、持续以及健康发展产生了一定的负面影响。

（一）现行国际货币体系对世界经济的积极影响

（1）国际储备资产的多元化为国际储备资产的供给提供了多种渠道。布雷顿森林体系崩溃，特别是欧元诞生以后，尽管美元依然是全球最重要的国际储备货币，但是国际储备资产的多元化有所发展。根据国际货币基金组织的统计，目前美元在国际储备货币的构成中所占比重已经从1999年的71%下降到64.10%，而欧元所占比重则从1999年的17.9%上升到26.41%。从国际结算货币的角度看，尽管美元依然是全球最主要的结算货币，但欧元已经对美元的国际结算地位构成了一定的冲击。根据世界贸易组织的统计，目前在欧元区的对外贸易中有50%使用欧元进行结算，欧元区的国际贸易在全球贸易中所占的比重已经超过美国。国际储备资产的多元化，有助于缓解美元作为主要的国际货币资产的供给压力，在一定程度上保证了全球流动性的充足性和可获得性，从而为世界经济的发展提供了保障。

（2）浮动汇率多元化赋予各国在汇率制度选择上更大的自主权。目前全球范围内的汇率与汇率制度格局，是在牙买加体系所确立的自由选择这一原则基础上建立起来的。自20

世纪90年代以来，选择自由浮动汇率制的国家有所减少，而选择管理浮动汇率制的国家则明显增加。各国汇率制度的分布包括独立浮动、管理浮动、传统盯住以及无独立法定货币这四种形式。从总体上看，大多数发达国家，如美国、日本以及欧元区国家实行的是浮动汇率制度，而中国等许多发展中国家选择的是在不同程度上盯住发达国家货币的固定汇率制度。各国根据其国情选择汇率制度，降低了布雷顿森林体系下固定汇率制度对其的硬约束，可以更好地保证本国经济发展战略的实施和促进本国经济的发展。

（3）多样化的国际收支调节手段使各国在国际收支调节上具有更大的灵活性。在布雷顿森林体系下，国际收支调节主要在国际货币基金组织的框架下进行，这种调节类似于国际金本位制。而在现行国际货币体系下，除了国际货币基金组织的干预手段外，各成员国可以灵活运用汇率机制利率机制、国际货币基金组织的短期贷款以及国际金融市场与商业银行的融资等多种手段对其国际收支进行调节，从而可以避免外部经济和金融环境的变化对本国经济和金融构成的冲击。

（二）现行国际货币体系对世界经济的负面影响

（1）仍然难以克服广义的特里芬两难。尽管在现行国际货币体系下国际储备资产的多元化为国际储备资产的供给提供了多种渠道，从而在一定程度上缓解了美元作为主要的国际储备资产的供给压力，但是，发行国际储备货币的美国依然难以克服广义的特里芬两难。这主要是因为为满足全球范围对国际清偿力的需要，美国不得不通过其经常账户逆差源源不断地输出美元，而持续扩大的经常账户逆差必然导致美国的对外净债务不断增加，从而引发国际债权人对美国对外净债务的可持续性的担忧。而一旦国际债权人拒绝继续为美国的经常账户赤字融资，金融危机就会爆发。当美联储的货币政策信誉取代黄金成为国际货币体系的货币锚以后，国际货币体系内生的通货紧缩倾向就已经完全被通货膨胀倾向取代。

（2）许多发展中国家仍然采取盯住美元的汇率制度并因此受到美元等主要货币波动的影响。尽管三极多样汇率制度的实行赋予多国在汇率制度选择上更大的自主权，多数发达国家也都实行浮动汇率制度，但是许多新兴市场国家和发展中国家，尤其是东亚新兴市场经济体，依然选择实行事实上的盯住美元汇率制。在这种情况下，实行盯住美元汇率制是克服汇率波动对其实体经济影响的唯一选择。而在浮动汇率制度下，美国不必承担维持美元汇率稳定的义务，即现行国际货币体系下不存在可以阻止美元贬值的制度框架。因此美国可以以尊重市场汇率为由，任意操纵和降低美元汇率，最终使新兴市场国家和发展中国家被动地承受汇率变动风险的冲击。

（3）现行国际收支调节机制加剧了顺差国与逆差国之间的不平等。尽管多样化的国际收支调节手段使各国在国际收支调节上具有更大的灵活性，但是在经济全球化的背景下，这种以汇率调节为主要形式的国际收支调节机制，使顺差国和逆差国双方之间变得更加不对称和不平等。其主要表现是当主要储备货币发行国处于顺差国地位时，处于逆差国地位的发展中国家不得不独自承担由国际收支失衡所带来的“痛苦”；当主要储备货币发行国即美国沦为逆差国时，它往往将责任归咎于发展中国家汇率制度的僵化以及对汇率的操纵，并要求后者不对称地调整其汇率制度（如改变本币对美元的汇率水平）和开放资本账户。换言之，在这种以汇率调整为主要形式的国际收支调节机制下，调节国际收支失衡的责任主要是由现行国际货币体系中的外围国家即非储备货币国家极不对称地承担了。进入

21世纪以后，全球经济失衡的加剧充分证明了这一点。

四、国际货币体系改革及其前景

半个多世纪以来，国际社会一直在探索如何建立一个完善的、能够促进全球经济增长和全球金融稳定的多元化国际货币体系。特别是20世纪90年代以来，经济、金融全球化的迅速发展、世界经济格局的变化以及全球经济失衡的不断加剧，使现行国际货币体系逐渐暴露出各种问题。为此，许多经济学家认为，必须通过改革现行国际货币体系，来保证全球经济和金融的稳定。

（一）现行国际货币体系存在的主要问题

1997—1999年的亚洲金融危机和2008年爆发的全球金融危机，在给亚洲经济和金融以及全球经济和金融带来严重冲击的同时动摇了现行的国际货币体系，暴露出这种以美元为主导的国际货币体系的严重弊端。其主要存在的问题有：

（1）全球经济循环的非对称性。由美元这一主权国家货币主导的国际货币体系是不平等和不对称的：它既不能促进国际储备多元化或提供一种价值稳定的超主权国际货币，也不存在国际收支不平衡的自动调节机制，更无法保证国际资本的正常流动。在这一体系下，许多非储备货币国家在全球经济循环中处于极其不利的地位：一方面，这些国家为了获得必要的国际储备必须将其资源廉价地转让给美国居民消费；另一方面，又不得不以美元债券或其他美元资产的形式保持国际储备，即把资金的使用权让渡给美国，从而导致“最富有且资本化程度最高的国家事实上通过创造国际储备货币从贫穷的国家获得融资”。

（2）实际汇率安排的多元化难以克服汇率的频繁波动。在浮动汇率制度下，各币种之间汇率的不稳定性增大。多种汇率制度的并存加剧了汇率体系运行的复杂性，使汇率波动和汇率战成为常态，从而助长了国际金融投机活动而国际资本的高度流动性和经济全球化的发展又导致各国的汇率波动相互影响，从而使金融危机的风险大增，尤其是在“中心—外围”汇率制度框架下，经常会出现大国侵害小国的行为，使发达国家和发展中国家之间的利益冲突更加尖锐和复杂化。

（3）国际收支调节机制的非对称性。在现行国际货币体系下，虽然可以通过多种渠道对国际收支进行调节，但这些渠道本身都存在缺陷。如汇率调节机制受出口商品弹性的限制、商业银行的逐利性竞争导致贷款约束放松并造成发展中国家的外债积累，而且相互之间的协调也难以实现。特别是当前的国际收支调节机制仍然存在严重的非对称性，如以美国为代表的发达国家拥有成熟的金融市场，因此在应对外部金融冲击时具有较强的自我修复能力；而亚洲新兴市场经济国家的金融体系不尽完善，自我修复能力较差。在面对金融危机的冲击和全球经济失衡时，美国作为国际储备货币发行国可以通过扩张性的货币政策迫使这些国家承担更多的调整成本，即国际收支调节的成本主要由非储备货币国家承担。

（4）国际金融治理结构的代表性不足。长期以来，在国际货币基金组织的份额、投票权分配以及决策机制等问题上具有欧美中心主义的倾向，新兴市场国家和发展中国家在该组织中的份额被严重低估，从而严重影响了该组织的合法性和有效性。该组织的所有重大方针、政策的制定完全由美国控制，任何重大决策没有美国的同意都无法实施。同样，世界银行的政策制定及其变化也在很大程度上体现了以美国为代表的发达国家的利益取向和政策导向，其发展援助机制也存在很大的缺陷。

(5) 跨国金融监管的缺失和弱化。尽管国际货币基金组织和国际清算银行等国际金融机构提出了有关国际金融监管的统一标准，但目前的国际金融监管在很大程度上仍然是各个国家“以土为疆”式的独立监管。这种监管的国别化状况与金融活动的全球化是极不相称的，它使国际金融监管机构一直处于缺位和错位状态。

(二) 国际货币体系的多元化改革

美国次贷危机发生后，国际社会普遍认为，美元本位制助长了美国的过度负债和过度消费，并且这一现行国际货币体系的根本缺陷导致了全球金融危机。为此，应建立多元化的国际货币体系，以预防金融危机的发生。

(1) 改善美国经济的外部失衡。一些美国学者主张通过国际储备货币多元化改革限制美国的作用，改善美国经济的外部失衡。时任美国彼得森国际经济研究所所长的弗雷德·伯格斯坦（Fred Bergsten）认为，美元本位制并不符合美国的长期经济利益。这是因为：一方面，美元本位制造成美国过度依赖借贷和消费，助长了美国经济的外部失衡；另一方面，在美元本位制下，其他国家对美元储备资产的需求和对本国货币汇率的干预导致了美元汇率高估，从而影响了美国制造业的发展和就业的增加。为此，美国应支持国际储备货币多元化改革。

(2) 欧元的崛起对现行国际货币体系提出了挑战。进入 21 世纪以来，欧元作为国际货币，其地位明显上升。全球金融危机发生后，法国和德国等欧盟国家的政府首脑最先提出了对美元本位制的质疑。如时任法国总统萨科奇在 2008 年 11 月 G20 华盛顿峰会召开之际，反复强调有必要改变由美元独霸的现行国际货币体系。欧盟国家试图通过推动国际货币体系改革，为提升欧元在国际货币体系中的地位创造必要的制度环境。

(3) 新兴经济体在国际经济舞台上扮演着越来越重要的角色。最近几十年来，新兴经济体纷纷崛起，并在国际经济和政治舞台上扮演着越来越重要的角色。全球金融危机发生后，新兴经济体相对快速的复苏与发展为全球所瞩目，其在全球经济治理中的地位也相应提升。为此，“金砖国家”政府首脑在全球金融危机发生后明确表态，支持国际储备货币多元化改革，以使其本国货币能够在国际货币体系中获得与其经济实力相匹配的地位。

(4) 国际外汇储备大国逐渐成为国际金融体系中的重要力量。中国、日本等外汇储备大国希望通过建立多元化国际货币体系，以分散外汇储备风险。全球金融危机发生后，美联储先后推出了四轮量化宽松货币政策，以刺激美国经济复苏。而这一政策导致全球流动性过剩，从而使中国、日本等外汇储备大国面临美元贬值的风险。为此，这些国家希望通过国际货币体系改革，即建立多元化的国际货币体系，以避免外汇储备资产价值的变化。就中国而言，建立多元化的国际货币体系可以为推进人民币国际化进程创造良好的外部环境，所以这也是中国积极支持国际货币体系多元化改革的重要原因之一。

(三) 国际货币体系多元化改革的前景

在经济全球化迅速发展的今天，世界究竟应当选择一种什么样的本位货币以保证全球经济和金融的稳定与发展，仍是一个需要思考和研究的问题。从理论上说，能够充当国际本位货币的货币必须具备四个条件，即经济基本面良好（即经济实力要足够强大）、币值稳定、金融市场发达以及拥有规模巨大的货币交易网络。从现实情况来看，目前正在参与这一竞争的国际货币主要有美元、欧元以及日元，其中美元作为国际储备货币的比重远远超过欧元和日元（即目前美元是国际本位货币，而欧元和日元是国际化的货币）。更何况在国际贸易的计价和结算中，交易者更愿意使用美元；在其他金融交易活动中投资者也更愿意持有美元资产。美元在现行国际货币体系中的这种主导地位是美国经济在全球经济中主导地位的体现。只要美国经济在全球经济中的主导地位不变，美元在国际货币体系中的主导地位就不会发生根本的变化。因此，从路径依赖的角度看，短期内没有一种货币能够取代美元的强势货币地位。换言之，以美元为本位货币的国际货币体系仍将“惯性运行”。但是，基于现行不合理的国际货币体系是导致2008年全球金融危机的重要根源之一，对这一体系改革的当务之急，是创建一种能够约束美国货币当局肆意增加美元发行量以有效控制全球金融风险的机制。至于这一改革的最终目标，则是建立一个统一的、不以某个国家的本位货币为主导的、多元化的国际货币体系。

本章小结

本章在介绍国际金融的基本概念、主要内容以及重要作用的基础上，进而讲述了国际货币基金组织、世界银行集团（包括世界银行、国际开发协会、国际金融公司）、亚洲开发银行、泛美开发银行、阿拉伯货币基金组织等国际金融机构和组织的相关知识；同时讲述了国际货币市场、国际资本市场、国际外汇市场、国际黄金市场等国际金融市场的基础知识；接着讲述了国际货币体系由金本位制、布雷顿森林体系和牙买加体系的演进过程；最后阐述了国际货币体系多元化改革的内容和发展前景。

思考与练习

1. 什么是国际金融？学习国际金融的意义何在？
2. 简述国际货币基金组织的宗旨及其主要业务活动。
3. 什么是特别提款机制（篮子），中国在其中的地位如何？
4. 什么是国际资本市场？其金融性功能如何？
5. 简述布雷顿森林体系的含义，以及导致其瓦解的根本原因。
6. 为什么说实体经济的发展是推动金融全球化的首要原因？
7. 现行国际货币体系的主要问题及其对世界经济的主要影响是什么？
8. 简述国际货币体系改革的方向以及发展前景。

第七章 跨国公司及其影响

教学目标

1. 知道跨国公司的综合定义与基本特征；
2. 了解跨国公司的发展历程及其成因解说；
3. 熟悉跨国公司对母国、对东道国产生的经济效应；
4. 分析跨国公司对世界经济整体的作用和影响；
5. 学会用科学方法分析跨国公司的负面效应及对策。

国际直接投资作为一种经济行为，必然有其行为主体。这一主体主要就是跨国公司。当代跨国公司推动了全球直接投资的迅速发展，同时它本身也随着国际直接投资的增长而得到迅速发展，并成为当代经济全球化的重要载体。

第一节 跨国公司的定义和特点

从某种意义上说，跨国公司不仅是进行国际直接投资的企业，它也是按照市场环境和要素禀赋的不同优势，将生产经营的各个环节在世界范围内合理布局，以求收益最大化的国际化的产业组织形式。它是现代企业制度高度发展的产物，是资本国际化、生产国际化和企业国际化的集中体现。

一、跨国公司的定义及其标准

（一）跨国公司的地域组合形式

跨国公司之所以成为跨国机构，正是由于它的跨境投资经营活动所致。因此，跨国公司涉及母国、东道国、母公司、子公司、分支机构等一些基本概念。

（1）母国。跨国公司的母国，主要是指公司诞生和成长的国家，或者是企业总部所在的国家，或者是企业权力和利益的首要国家。

（2）东道国。跨国公司的东道国，一般是指跨国公司分支机构所在的国家，国际直接投资的资本流入国家，即吸收外资国家。

（3）母公司。跨国公司的母公司，是指以母国为基地，通过对外直接投资对海外经济实体进行有效控制的总公司。而总公司则是具有独立法人地位的企业总机构，是所属派出机构的首脑机关，拥有对分支机构的生产、销售、财务、人事等方面的控制权。总公司通常先于分公司的设立，在公司内部系统中，处于领导、支配的地位。

（4）子公司。跨国公司下属的子公司，是指母公司（或总公司）在东道国设立的具有独立法人资格（对其实施有效控制、直接主持其经营管理）的分支企业。

（5）分支机构。跨国公司的分支机构（也叫分公司），是指母公司（或总公司）依照东道国法律，经东道国政府批准，设立在东道国的非独立（不具备法人资格）分支企业。

国际直接投资是跨国公司形成的前提和基础，进行国际直接投资的企业往往成为跨国公司。

（二）跨国公司的界定

在西方文献中，最早将跨越国界从事经营活动的企业称为“多国企业”（multinational enterprises），该词首先由曾任美国田纳西河流域管理局长的戴维·E. 利连撒尔于 1960 年 4 月提出并逐渐为理论界所接受。虽然在 20 世纪 60 年代对于该类企业仍有其他称呼，如国际公司、国际企业、全球公司、宇宙公司等，但“多国企业”仍是经济文献中描述这类企业最为常用的名词。直到 1974 年在联合国经济及社会理事会第 57 次会议上，当讨论由知名人士小组提交的题目为《多国企业对发展和国际关系的影响》的报告时，部分拉丁美洲国家代表提出，“多国企业”这一概念容易与安第斯条约组织国家共同创办和经营的“多国联营企业”相混淆，因此建议使用“跨国公司”（transnational corporations，TNCs）取代“多国企业”，以体现这类企业特有的实际性质与法律性质。这一要求最终被经济及社会理事会所接受，在经济及社会理事会为设立跨国公司委员会和跨国公司中心而分别做出的 1908 号和 1913 号决议中，“多国企业”一词已被“跨国公司”所代替。自此以后，“跨国公司”这一名称在联合国的各种会议和决议文件中以及发展中国家里得到了一致认可和广泛采用。

（三）跨国公司的标准

由于跨国公司是一种复杂的经济组织，其活动涉及不同国家的经济、法律以至文化等多个方面，而且在不同情况下表现出不同的特征，因此很难对它给出一个严格的为各方都接受的定义。人们根据自己的理解和要求对跨国公司进行界定，形成了多种定义标准。下面就是最为流行的几种标准。

1. 结构性标准

它又可具体分为分支机构地区分布标准、生产或服务设施分布标准、所有权标准等。

（1）分支机构地区分布标准。就是以在多少个国家设立分支机构作为划分跨国公司与非跨国公司的标准。哈佛大学的多国企业研究中心就采用这一标准，它坚持认为必须在 6 个以上国家设立子公司或附属企业，才能算是跨国公司。

（2）生产或服务设施分布标准。采用这一标准的人认为，一个公司是否属于跨国公司，不是看它的机构分布，而主要看它是否在多个国家中拥有生产或服务设施。联合国经济及社会理事会、经济合作与发展组织等国际组织和不少西方学者都采用这一标准来界定跨国公司。他们认为，跨国公司作为一种国际生产综合体系，强调的是生产过程本身的国际化而不仅是组织机构的国际化，强调的是生产设施的综合而不仅是市场的综合，因此应该以生产和服务设施的分布作为界定跨国公司的标准。

（3）所有权标准。也就是以公司资产的所有权归属作为标准，认为只有公司的资产为一国以上的公民所拥有，该公司才属于跨国公司。这是一个比较严格的标准，因为有许多大型公司已经实现了生产经营的国际化，也在多个国家拥有分支机构，但是其所有权仍然只属于某一国公民，按照这一标准，它们就不能被视为跨国公司。

2. 营业绩效标准

该标准强调的是公司海外经营活动必须在其总体经背活动中占有较为重要的地位。按照这一标准，公司在海外的生产、销售、利润及拥有的资产与雇员的绝对数额或占公司总额的百分比必须达到一定指标，该公司才可算作跨国公司。

3. 行为标准

这种标准强调公司领导层的经营与决策行为的战略取向与思维方式，认为只有高层领导不偏爱或局限于本国市场或其他某国市场，其行为不带有片面性和歧视性，而是从全球性战略目标和动机出发，能够公平地对待和处理在世界各地所面临的机遇与挑战，这样的公司才可被称为跨国公司。

4. 国际组织标准

国际上对于如何界定跨国公司，存在着多种相互差异很大的标准。由于界定标准的不同，出现了大量对跨国公司的不同定义。这些定义大多是根据某一特定标准从某个侧面来说明跨国公司，因而难以对跨国公司的主要特征做出全面概括。所以有许多人主张综合多种标准对跨国公司进行定义。而由于对各种标准的组合方式不同，综合性定义也不止一种，迄今尚未形成统一的、为人们共同采用的定义。不过，对于跨国公司的基本特征，人们也已有了一定的共识。联合国跨国公司中心在 1983 年发表的《世界发展中的跨国公司》报告中把这些特征归纳为三大要素：

第一，在两个或两个以上的国家建有经营实体，不管它们采取何种法律形式和在哪个领域从事经营。

第二，这种企业在一个中央决策体系下进行经营决策，并制定有共同的政策，这些政策可能反映出跨国企业的共同战略目标。

第三，这种实体通过股权或其他方式形成联系，使其中的一个或几个实体可能对别的实体施加重大影响，并同其他实体分享资源、信息，同时承担责任。对于这些基本要素，各方面已基本取得一致意见。

5. 本书的解说

根据上述讨论，本书对跨国公司的定义做出归纳：所谓跨国公司，就是指在两个或两个以上国家进行投资活动，并因此对一定数量的经营性资产拥有全部或部分控制与管理权的企业。在这个定义下，跨国公司的内部可以有不同的管理模式，也可以在不同的产业领域内活动。

理解跨国公司的定义，还必须把握三个基本要点：一是企业生存的跨国性；二是发展战略的全球性和管理的集中性；三是公司内部的相互联系性，通过控股、合同来达到控制。

二、跨国公司的特征

尽管各类跨国公司在具体的经营结构、营业规模、主营项目乃至组织形式方面有着很大的差别，可以分成不同的类型，但是作为从事全球性生产经营活动的一般组织形式，各类跨国公司仍然具有一些共同特征，这些特征在与国内企业相比较中表现得尤为明显。上文已经涉及跨国公司的几个基本特征，下面对跨国公司的一些主要特征进行具体论述。

（一）企业结构特征

跨国公司在结构方面的特征，主要表现在营业规模、地理分布、股权结构等几个方面。

1. 营业规模大于国内企业

各个跨国公司的营业规模虽然有所不同，但是普遍大于相同类型的国内企业，尤其是作为世界跨国公司主体的大型制造业跨国公司，无论在国内还是在国外都处于寡头竞争的地位。它们依靠其在资金、技术、产品、人员等方面的优势及遍布全球的分支机构、营业额都达到惊人程度，远远高于各国内企业。1985 年，全球最大的 600 家工业跨国公司的产值，占世界市场经济国家总产值的 20% ～ 25%。最大的 56 家跨国公司的销售额，都高达几百亿美元甚至上千亿美元。1990 年度，通用汽车公司的销售额高达 1 251 亿美元，大于奥地利、丹麦等国的国民生产总值。跨国公司规模大于国内企业的原因，一是因为跨国公司是在全球范围内开展经营活动、从事竞争的企业，其所面对的市场远远大于国内企业，完全有条件扩大规模，二是因为跨国公司追求的是全球范围内的利润最大化，其规模大于国内企业是实现这一经营目标的必然要求。可以说，跨国公司规模大于国内企业，是其经营目标的内在要求和必然结果。

2. 地理分布广阔

根据跨国公司的定义，它在地理分布上显然有着与国内企业不同的特征。国内企业的机构局限在本国领土范围之内，其地理分布十分狭小，而跨国公司则在海内外建立起庞大的生产经营网络，它们不仅在国内拥有生产经营实体，而且在国外设立了众多的由自己直接控制的子公司和附属机构，其地理分布十分广阔。

3. 股权结构多国化

跨国公司在股权控制结构上的特点，可以从母公司和子公司两个方面来考察。在母公司的股权结构上，目前大部分跨国公司母公司的股权仍然全部控制在母国资本手中，但已有越来越多的跨国公司，其总公司的股权结构呈现出多国化的特点，尤其是 20 世纪 80 年代以来蓬勃发展的大型企业跨国并购浪潮，进一步推动了这种多国化趋势。在子公司股权控制结构上，早期跨国公司往往倾向于对子公司实行完全控股，即拥有子公司的全部股权。近年来跨国公司在这方面表现出较大的灵活性，不仅所占子公司股权比重呈逐渐减少趋势，而且有许多跨国公司使用各种非股权参与方式，组建自己的附属机构，参与其经营并分享产品或收益。尤其向发展中国家扩张业务的跨国公司更倾向于采取这种非股权安排。

（二）营运环境特征

由于跨国公司在全球范围内开展活动，其所面临的经营环境与国内企业迥然不同。

（1）在经济环境方面，跨国公司不仅受母国的经济状况、发展趋势和经济政策取向的影响，而且更要受其从事生产经营活动的各个东道国的经济发展水平及结构、市场运作情况、经济波动和政策变化的影响。

（2）在政治环境方面，无论哪个东道国的政府更迭、政治动荡都会给跨国公司造成损失，因此东道国的政治变动是影响跨国公司经营的重要环境因素。

(3) 在文化环境方面，跨国公司不像国内企业那样只在单一文化环境下从事业务活动，而要在具有不同价值观念、宗教信仰、社会结构、教育水平等的不同文化环境下从事生产经营。

(4) 在法律环境方面，跨国公司不仅受到国内法律的约束，而且其各个子公司和附属机构还要受到各自东道国的法律约束，因而它所面对的法律环境远比国内企业复杂得多。

(三) 经营管理特征

由于跨国公司的性质及其在业务活动、结构、经营环境等方面与国内企业的差异，使得它在经营管理上也呈现出一系列特征。具体表现在以下几个方面：

(1) 战略目标全球化。现代跨国公司从事国际生产和国际经营活动，其战略目标是以世界市场为导向，以充分有效地利用世界范围内的生产要素为手段，以公司的总体利益为基础，追求全球范围内的利润最大化，而不仅仅考虑某一个或几个子公司的盈亏。在这种全球战略指导下，为了实现全局利益，允许子公司出现暂时性的亏损，而且总公司对子公司业绩的评价标准是它对公司的总体贡献而非其本身的营业利润。这是跨国公司与其他经济组织的重要区别之一。

(2) 营运过程国际化。国内企业的营运过程从产品的研究开发直到投资、生产的各个阶段都在国内进行，只有销售阶段可能部分在国外进行，而跨国公司的营运过程有很大一部分甚至绝大部分在海外进行。它可以在一个国家进行技术开发，到另一个国家进行生产，然后再把产品销往第三国。这种国际化的营运是跨国公司在经营上的重要特征。

(3) 组织管理一体化。跨国公司的经营地域和业务范围都非常广泛，面对的市场环境复杂多变，没有周密的一体化管理，很难把分散在不同地域、从事不同业务活动的子公司组织成一个整体，灵活地应付市场竞争，实现其全球经营目标。而另一方面，现代科学技术的迅速发展，也为跨国公司实行集中式的管理体制提供了条件。因此，现代跨国公司普遍实行内部一体化的组织管理，其各地的子公司的重要活动，都要在总公司的统一指挥下，实行有计划的安排；同时要求公司的各级组织彼此密切配合，服从整体利益，从而使跨国公司的各个机构真正成为统一领导、步调一致的整体。

(4) 经营方式多样化。跨国公司经营环境的复杂性决定了其经营方式的多样化。一方面跨国经营为了满足不同市场特点和需求层次而实行的产品多样化，比如为不同收入水平的消费群体提供不同级差的产品等；另一方面在不同市场条件下实行的服务多样化，如生产农机设备的跨国公司在发达国家强调产品更新服务，而在发展中国家则强调对当地消费者进行产品使用与维修的指导等。

(5) 生产要素转移内部化。生产要素通过内部化交易而非通过外部公开市场交易实现转移，也是跨国公司生产经营活动的一个主要特点。这种内部化转移一方面表现为技术转移的内部化，即当需要在国外生产中使用某项本公司技术时，跨国公司通常将技术转让给自己拥有控制权的国外子公司，而不将其出售给当地企业；另一方面表现为中间产品转移的内部化，即跨国公司更倾向于从自己的子公司或附属企业手中购买生产某种产品所需的中间产品，而不愿通过外部市场交易从其他企业手中获得该种中间产品。越是在技术复杂、加工程度高的部门，交易内部化的程度也就越高。比如 20 世纪 80 年代美国食品饮料部门内部交易占该部门进口和出口的比重分别为 19.3% 和 22.4%；而在电气机械部门，上述比例分别高达 51.4% 和 74.2%。跨国公司实行技术转移内部化的最主要动机是为了保持其在技术上的垄断优势，推迟技术的外向扩散，以获得更多的垄断利润。而它们实行中间产品转移内部化的主要原因，则是尽量减少利用外部市场交易所导致的不确定性，降低交易成本，提高生产效率。

第二节　跨国公司的发展与成因

跨国公司诞生在近现代世界经济的演进过程中，本身就属于世界经济发展的客观结果。但与此同时，跨国公司发展反过来又大大加快了世界经济的增长和演进步伐。可以说，世界经济发展孕育了跨国公司，而跨国公司的发展又推动了世界经济的增长，其对未来世界经济发展也将发挥举足轻重的作用。

一、跨国公司的发展历程

跨国公司已经有两三百年的发展历程。在此过程中，跨国公司的产生和发展在不同历史阶段上具有的不同特点。

（一）跨国公司的早期发展

跨国公司的前身最早可追溯到17—19世纪西欧各国为了对殖民地进行掠夺性贸易而设立的特许公司，其中最著名的是英国和荷兰的东印度公司。虽然它们在本质上仍属于贸易公司，与从事国际化生产的跨国公司相去甚远，但是由于它们已经具备跨国经营的某些特点，可以看作是跨国公司的雏形。

到19世纪60年代，随着欧美主要国家产业革命的完成和国际垂直分工体系的建立，少数发达国家的大型企业，为了进一步扩大产量和销售量，增加利润，开始在海外的原材料供应地和目标市场设立生产性机构。同时，发达国家所积累的大量资本。为了寻找更好的投资获利机会，也开始流向海外，其中一部分即表现为直接投资形式，形成了早期跨国公司。现代跨国公司的先驱是德国的费里德里克·拜耳化学公司。1863年拜耳公司在科隆地方建立了子公司，两年后，于1865年购买了美国奥尔班尼的苯胺工厂的股份，后将其吞并为自己的分厂，成为第一家现代意义上的跨国公司。到19世纪末20世纪初，早期跨国公司在第二次科技革命、垄断企业迅速发展和瓜分殖民地热潮的影响下出现了一个发展高潮，西欧和美国的跨国公司都出现较大发展，到第一次世界大战前，美国在国外拥有的制造业子公司达到122家，欧洲大陆国家拥有167家，英国拥有60家。

在两次世界大战之间，跨国公司的发展相对缓慢。虽然全球对外直接投资的绝对数量从1914年的143亿美元增至1938年的263.5亿美元，但增长速度已低于战前。造成这一现象的原因，一方面是各国保护主义倾向加强，对外资实行了一些歧视性政策；另一方面，这一时期各国经历了三次较大的经济危机，包括1929—1933年的大危机，各国总体经济形势欠佳。这一时期的最突出特点是美国跨国公司的蓬勃发展．美国187家大企业的海外分支机构由1914年的122家增至1939年的715家，对外直接投资总额由26.5亿美元增至73亿美元，仅次于英国而居世界第二。

需要指出的是，直到第二次世界大战前，跨国公司虽然已经获得了一定程度的发展，但是它们既没有统一的全球战略也没有全球化的经营管理体制，其从事跨国经营的目的仅在于保持和扩大产品销售市场和原材料供应市场，为母公司的利益服务。

（二）战后到20世纪80年代跨国公司的大发展

战后，由于前述各方面条件的成熟，现代跨国公司得到了迅猛发展，20世纪六七十年代堪称跨国公司发展的第一个黄金时代。到80年代，虽然跨国公司发展速度有所减缓，但仍保持着稳步增长趋势。这一阶段跨国公司的发展有以下特点：

（1）跨国公司数目迅速增加，产销量不断扩大。以美国为例，在1950—1966年间，美国跨国公司的子公司数目从7 000家升至23 000家，增加了两倍多。20世纪60年代中期以后，跨国公司数量更是大幅增加。1968—1969年，发达国家跨国公司共有7 267家，子公司数目为27 300家；到1980年，全球跨国公司母公司和子公司数分别增加到11 000家和98 000家。80年代末，跨国公司母公司数量超过2万家，子公司超过15万家。从产值上看，60年代末，全球跨国公司总产值约为2 000亿美元，到1980年已上升到8 000亿美元，占世界工业总产值的28%。从销售额来看，1960年跨国公司海外销售额是当年世界总出口的84%，到1990年，全球跨国公司海外销售额增长到55万亿美元，是当年世界总出口的132%。

（2）跨国公司规模不断扩展。战后初期，跨国公司的规模还比较有限，1950年，美国跨国公司子公司平均每家的投资规模仅为168.9万美元。20世纪60年代之后，各跨国公司日益向大型化方向发展，其资产、销售额和利润大幅度增加，不少巨型跨国公司的经济规模和实力甚至超过了一些主权国家。到1988年，世界上最大的600家制造业和矿业跨国公司，其销售额均在10亿美元以上，其中68家的销售额超过100亿美元。同年，美国最大500家工业跨国公司和美国以外的500家最大工业跨国公司的销售总额，已超过了美国的国民生产总值。

（3）跨国公司直接投资的来源国和东道国的地理分布及其投资的产业结构发生了重大变化。在投资来源国的地理分布方面，首先是战后初期形成美国一国独强和遥遥领先的局面，而战前长期居于对外直接投资首位的英国地位日渐衰落。其次，从20世纪60年代起，日本和西欧国家的跨国公司迅猛兴起，形成美、日、欧并进的格局；在投资东道国的地理分布方面，跨国公司投资地区越来越广，投资的重心由发展中国家转向发达国家；在产业结构方面，总的趋势是由初级产业转向制造业，再进一步转向服务业。这些特点实际上也就是本时期国际直接投资的发展特点。

（三）20世纪90年代后跨国公司发展的新特点

进入20世纪90年代以后，跨国公司又出现了新的扩张浪潮，并呈现出新的特点。一方面，跨国公司母公司和子公司数量大幅度增加。90年代初期，全球范围跨国公司母公司数为3.7万家，所属国外分支机构为24万家。到2011年，全球跨国公司母公司总数已达到11.2万家，拥有115万多家国外分支机构。另一方面，以跨国公司为主体的全球化生产与销售规模空前扩大。截至1999年底，以跨国公司为载体的世界对外直接投资存量达到5万亿美元1999年，所有跨国公司附属公司的资产是对外直接投资存量的3.5倍，达17.68万亿美元。随着国际直接投资规模的不断扩大，跨国公司在国外的销售额亦呈现迅速增长的态势。1992年跨国公司在国外的销售额约5.5万亿美元，而到1998年已超过

11 万亿美元，到 2011 年已达到 28 万亿美元，大大超过同期全世界商品和劳务出口总额。

总体上看，这一时期跨国公司的发展，有如下一些新的特点：

（1）企业跨国并购日益成为跨国公司对外直接投资的主要手段。企业跨国并购（cross-border mergers & acquisitions）是指一国企业为了某种目的，通过一定的渠道和支付手段，将另一国企业的整个资产或足以行使经营控制权的股份收买下来。跨国并购作为一种比较复杂的跨国经营行为，可以分为横向并购（水平式并购）、纵向并购（垂直式并购）和混合并购。横向跨国并购，是指两个以上国家生产或销售相同或相似产品的企业之间的并购，其目的是为了扩大世界市场份额，增强国际竞争力和寡头垄断力量。纵向跨国并购，是指两个或两个以上国家不同生产阶段的企业之间的并购，并购双方一方是原材料供应者，另一方是生产成品购买者。混合跨国并购，是指两个或两个以上国家的不同行业企业之间的并购，目的在于减少单一行业经营风险，降低生产成本，增加企业在世界市场的整体实力。

企业跨国收购、兼并、合并的过程，也就是一国企业实现国际化的过程，一国资本市场实现国际化的过程，也是资本运营国际化的过程。当一国企业收购、兼并另一国企业时，它们之间并不是简单地花钱购买股权，购买厂房设备，而是购买属于另一个国家的资产及劳动等生产要家的控制权，并通过这种控制权将被收购、被兼并的别国企业的资源、生产、销咨、研究研制协调和统一起来，形成一个有机的经营整体。

在 20 世纪 90 年代，面对竞争压力、自由化浪潮和新投资领域的开放，越来越多的企业以兼并与收购作为自己的核心战略，在国外建立起自己的生产设施，以保护、巩固和增强自己的国际竞争力。从 1988—1995 年，世界跨国并购总额增加了一倍，达到 2 290 亿美元，到 1999 年达到 7 200 亿美元，是 1988 年的 7 倍左右。1980—1999 年间，全球并购总数年均增长率达 42%。进入 21 世纪后，尽管跨国并购的增长势头出现了明显回落，但总体水平保持增长趋势，2004 年跨国并购总额为 3 800 亿美元，2011 年跨国并购总额达到5 260 亿美元。

与此同时，发展中国家企业也积极参与到跨国并购活动之中。由发展中国家和地区企业进行的跨国并购价值从 1987 年的 30 亿美元，增加到 2011 年的 1 036 亿美元。跨国并购的盛行，标志着一种新的投资类型的产生——以寻求战略性资产为目标导向的全球扩张式的国际直接投资的出现。

（2）除了股权式并购外，属于非股权参与方式的国际战略联盟越来越扩展，成为跨国公司发展的新形式。所谓国际战略联盟（transnational strategic alliances），是指两个或两个以上的跨国公司根据对世界市场的考察和公司自身的战略目标，通过协议进行联合与合作的经营方式。按战略联盟协议内容的不同，可分为资源补缺型、市场营销型和联合研究开发型三种。跨国公司之间成立的第一个国际战略联盟是 1979 年美国福特公司与日本马自达公司结成的联盟。进入 20 世纪 90 年代后，跨国公司在国际化生产和经营中，越来越多地采用了国际战略联盟方式，以拓展其对外扩张能力。国际竞争极为激烈的半导体、信息技术、电子、汽车等行业成为跨国公司缔结国际战略联盟的集中领域，联盟的各方不受地理限制、不受市场地位约束的跨国战略性协作，使许多国家的产业结构正在发生着深刻的变化，各国资源也在世界范围内得到重新配置。国际战略联盟的兴起，既是多种因素交叉作用而产生的新经济现象，也是跨国公司在当今国际经济关系中实现战略调整的必然结果。首先，这是科技革命向纵深发展的结果。当今科学技术的迅猛发展把企业产品日益推向高技术化和复杂化，客观上要求不同国家间的跨国公司在资金、技术、设备、营销和融资能力等方面相互渗透，形成一种国际经营联合体，以便缩短从设计新产品到正式投产的时间，抢先占领国际市场。其次，是由于新技术开发和应用的加速发展。研究和开发知识密集型的、高附加值的新技术产品所需要的资金数额巨大，单个企业（包括跨国公司）往往难以承担，通过组建国际战略联盟分担相应的费用，可以充分利用单个企业组织以外的资源，实现外部经济的内部化，分散为研制这类产品而承担的投资风险。再次，组建国际战略联盟有利于增加进入新市场的机会，提高国际竞争的地位。此外，国际战略联盟在许多情况下也是打破贸易壁垒或进入障碍市场的可行途径。通过企业这种联合关系，可使企业尽快和易于绕过政府管制和贸易壁垒。

（3）跨国公司间技术合作与研究开发的全球化趋势不断增强。跨国公司技术合作的加强和研究与开发（R&D）国际化是国际生产和竞争格局变化的客观反映。20 世纪 80 年代以来，国际化生产已越来越成为涉及高新产业的知识密集型生产，这必然增加跨国公司 R&D 的预算支出。同时，由于技术进步的加快，产品生命周期越来越短，产品生产成本增大，使市场风险性和不确定性增加。跨国公司为了增强对市场环境变化的适应能力，力求建立公司间的技术合作，实行研发（R&D）国际化。另外，各国的投资自由化改革，使市场的一体化程度提高，以技术进步为基础的技术竞争加剧和技术扩散加快。为了分担在更为广泛的地理空间和新市场的开拓中因竞争而带来的 R&D 的高额成本，跨国公司间在相互兼并和联合的同时，加强了技术合作和 R&D 的国际化。以美国为例，1987—1993 年美国在国外的研究开发投资从 52 亿美元增加到 98 亿美元．这些投资不仅投向发达国家，也投向发展中国家。美国国际商用机器公司（IBM）不仅在瑞士、以色列、日本设有研究中心，也在中国设有研究中心。跨国公司研究与开发的国际化，有利于利用科技资源、降低研发成本和风险、适应和开辟当地市场需求、提高国际竞争力。

（4）“绿地投资”仍然是跨国公司对外直接投资的重要手段。尽管近年来企业跨国并购作为跨国公司对外直接投资手段的重要性在增强，但绿地投资（greenfield investment，即新建分支机构投资）仍然是跨国公司对外直接投资的重要手段。直到 1996 年，跨国并购金额在全球外国直接投资流量中所占比重还只有 45. 4%，亦即当时外国直接投资活动一半以上还是以绿地投资的方式完成。而 1998—2000 年，跨国并购活动迅速成为全球外国直接投资的最主要方式，其比重已在 80% 以上。但进入 21 世纪之后，绿地投资在跨国公司对外直接投资中的比重又有所回升，尽管全球金融危机的冲击导致跨国公司绿地投资额在 2009 年、2010 年连续两年下降，但到 2011 年，跨国公司国际绿地投资额仍达到 9 040 亿美元，占跨国公司对外直接投资总额的 63. 2%。可见，在国际金融环境不稳定的条件下，绿地投资将是跨国公司直接投资的不可替代的重要手段。

应该指出，2000 年全球国际直接投资创下历史最高纪录，达到 1. 27 万亿美元。然而在进入 21 世纪的 2001 年，全球国际直接投资数额由多年来直线上升转为下降。2001 年全球国际直接投资仅为 6 948 亿美元，相比锐减了 52. 7%。众多跨国公司的经营业绩出现滑坡的事实告诉我们，国际直接投资的进一步发展，可能还需要经过一个调整的过程。

二、跨国公司形成原因的理论分析

跨国公司作为生产国际化的载体和国际直接投资的主体，其形成是资本摆脱国家边界的限制，在世界范围内追求更高收益的结果。因此在宏观层面上，跨国公司建立和发展的原因与条件也就是推动国际直接投资发展的因素。但是跨国公司作为一个微观经济主体，它之所以开展对外直接投资活动，必然有许多微观层面的动因。具体来看，一个企业从事对外直接投资的动机大体上有以下几方面：一是充分利用本企业在技术、资金、管理等方面的垄断优势，在更加广阔的市场上展开竞争；二是推动自己的成熟产品在海外市场的销售；三是为了充分利用东道国在特定产业部门的比较优势，将该种产业转移至国外；四是通过跨国内部化交易，实现降低成本、减少风险的目的；五是通过直接投资绕过贸易壁垒，保持和扩大海外市场占有率。

对于促使企业对外投资，建立跨国公司的微观因素，西方学者从不同角度进行了具体分析，提出了一系列的理论。

（一）垄断优势论

1960 年，美国学者斯蒂芬·海默（S. H. Hymer）在其博士论文“民族企业的国际经营活动：一项对外直接投资研究”中指出，一国企业之所以要向国外进行直接投资，使自己成为跨国公司，其主要原因在于利用本企业的特定优势在国际经营中获取更高的利润。文中所说的“企业特定优势”（firm-specific advantages）实际上就是垄断优势。因而海默的这一理论被称为垄断优势论，它是最早从微观角度专门研究对外直接投资和跨国公司成因的独立理论。这一理论认为，企业要在海外进行直接投资并从中获得利润，就必须具备一种或多种当地企业所缺乏的独占性优势，足以抵消跨国竞争和国外经营所引起的额外成本。跨国公司要确保投资有利可图，它相对于东道国的竞争对手就必须处于某种垄断或寡占地位，也就是说，它必须拥有某种垄断优势，才能在竞争中取胜，获得高于当地企业的利润，只有这样，跨国直接投资才可能发生。

在这一意义上，可以说企业的这种垄断优势是它进行对外直接投资成为跨国公司的必要条件。也可以说垄断优势是企业在海外投资设厂，进行国际化生产经营的主要决定因素。

（二）寡占反应论

寡占反应论由美国的尼克博克在其 1973 年出版的《寡占反应与多国企业》一书中提出，他主张用寡占市场结构中的企业行为来解释对外直接投资的动机。在这种市场结构中只有少数大厂商，它们互相警惕地关注着对方的行为，如果有一家厂商率先对一国进行直接投资，则其他几个对手就会做出反应，追随带头的厂商到该国投资。这主要是各厂商为了保持竞争关系的平衡而采取的行动，如果不这样做，自己的竞争地位就可能受到威胁。因此这种理论也称为“交互威胁论”“追随潮流论”。

（三）内部化理论

此理论主要从微观角度，利用产业组织理论解释跨国公司形成的内在原因。其代表人物有英国雷丁大学的柏克莱（P. J. Bukley）、卡森（M. Casson），以及加拿大经济学家拉格曼（A. M. Rugman）等。这一理论认为，在封闭经济条件下，一个企业可以通过用科层组织替代市场的内部化行为来降低其外部交易成本；同样，在开放经济条件下，一个跨国公司亦可以通过对外直接投资这种国际性的内部化行为来降低其国际市场的交易成本。20

世纪70年代以来，随着跨国公司越来越多地进入发展中国家，经济学家又发现，跨国公司若能与发展中国家的本地企业合资或合作开展其跨国经营活动，不仅可以降低其市场交易成本，而且还可以实现租金的内部化。这些内部化的租金主要包括东道国合资或合作企业所提供的市场信息、销售网络、人力资本、与东道国其他企业的联系、与东道国政府的关系，以及有关东道国的法律、社会、文化等方面的知识。这些都是企业在进行贸易时需要支付额外成本才能够得到的，而通过跨国公司与当地企业的合作，就可以节省额外成本。

（四）投资有机构成论

这是美国产业协议局所持的观点。这一理论认为，随着企业竞争市场的扩大，企业只有继续增长和扩大才能生存下去；到海外投资就是为了在日益扩大的市场中维持自己的地位。从投资本身的规律来说，要想维持现有投资的获利能力，就必须进行新的投资，否则就会降低现有投资的收益。扩展对外投资，目的不是为了短期利润，而是为了防止未来市场份额被竞争者占领。这一理论把跨国公司的建立归因于企业提高长期投资收益率、维持竞争地位的动机。

（五）边际产业扩张论

边际产业扩张论也称边际产业转移理论，是由日本一桥大学教授小岛清（Kojimao）提出的。其理论核心可以归纳为：一国企业进行对外直接投资，建立跨国公司，是依照国内外生产的比较优势，把本国（投资国）边际产业的生产渐次转移到国外。所谓边际产业就是指按照比较优势原则，投资国已经处于或即将处于比较劣势的产业，而对投资东道国来说，可能正是其具有或即将具有比较优势的产业。一国边际产业的企业将其生产转移至国外，就可以充分利用东道国的潜在比较优势，保证本企业的收益。

（六）产品生命周期论

1966年，美国哈佛大学教授维农（Raymond Vernon）在《经济学季刊》上发表了题为“产品周期中的国际投资与国际贸易”的论文，文中利用产品生命周期的变更来解释战后美国企业对外直接投资的动机及其时机与区位的选择，由此提出了对外直接投资的产品生命周期理论。所谓产品生命周期，是指产品在市场销售中的地位兴衰变化的过程，具体说就是一种产品从向市场推出到逐渐扩大销路、广泛流行，再由盛而衰、终至被更新一代产品取代而退出市场的整个过程。

维农将新技术产品的生命周期分为产品创新、成熟与标准化三个阶段，产品的比较优势和竞争条件在这三个阶段中的变动，决定了一国企业对外直接投资的动机、流向和时间选择。

维农认为，企业对外直接投资是产品出口的替代方式是企业在其技术垄断地位被削弱，国内外竞争条件变化时所采取的防御性行为。随着一种新产品从创新阶段进入成熟阶段以至标准化阶段，其生产企业越来越难以保持其对生产技术的垄断，它在国际市场中的竞争方式也越来越表现为价格竞争，此时若仍采取国内生产、对外出口的方式，势必会降低企业在国内外的市场占有率和销售利润，因此将生产转移到其他国家以降低成本也就成为企业的必然选择。这种为转移生产而进行的对外直接投资首先在产品成熟阶段流向其他发达国家，因为此时产品生产技术尚未广泛扩散，销售市场也多集中于发达国家，该阶段的直接投资更大程度上是为了节省运输成本、关税支出以及就近供应市场；到产品标准化阶段，随着生产技术的扩散，劳动力成本成为竞争的关键因素，企业的对外直接投资就会进一步流向发展中国家。总之，随着企业垄断优势的不断削弱和生产地区位优势在竞争中作用的不断增强，企业生产和投资的区位选择在整个产品生命周期内将呈“产品创新国家—其他发达国家—发展中国家”的方向变化。

（七）国际生产折衷论

国际生产折衷论也称国际生产综合理论，是由当代西方研究跨国公司问题的著名专家约翰·邓宁（John Harry Dunning）提出的。他的理论吸收了以往各派跨国公司理论之长，较有概括性和综合性，能兼顾各种理论解释的需要，从而成为当前影响力最大的跨国公司直接投资理论。

国际生产折衷论的基本结论是，如果满足下列三个条件，企业将进行对外直接投资，构建跨国公司：

（1）企业具有高于其他国家企业的优势，这种优势主要表现为技术等无形资产的形式，并且至少在一定时期内为该企业所垄断；

（2）企业使上述优势的内部化，必须比出售或出租给外国企业更有利；

（3）企业在东道国结合当地要素投入来利用其优势时，必须比利用本国要素投入更有利。

这三个基本条件分别被称为所有权优势、内部化优势和区位优势。这一国际生产方式选择模型，也由此被称为“三优势模式”。它实际上是将垄断优势论、内部化理论和对于区位优势因素的考察结合在一起，综合分析跨国公司形成原因的一种理论。由此也可以认识到，促成跨国公司形成和发展的不仅是某一种因素单独的影响，而是上述多方面具体原因共同作用的结果。

第三节 跨国公司的经济效应与影响

跨国公司是世界经济持续发展的主要经济力量。跨国公司的快速发展，既对母国（投资国）和东道国（吸收外资国）产生积极效应，也对世界经济整体产生积极影响。

一、跨国公司对其母国的经济效应

跨国公司进入东道国后，对东道国产生重要的经济效应。其效应既有正面的，也有负面的。

（一）跨国公司对母国经济的积极效应

一般来说，跨国公司对母国经济的正效应，主要表现在：

（1）扩大了母国海外直接投资的场所。对于投资者母国来说，跨国公司的对外投资有利于其母国扩大市场，增强企业竞争力，促进经济增长。跨国公司对外投资不仅可以通过跨国贸易，还通过国外分支机构的销售来增强母国扩大国际市场的能力。

（2）解决了母国国内市场规模相对狭小的问题。跨国公司通过对外投资，在企业内建立起贸易网络，将跨国公司体系的生产单位联系在一起，保证每一具体单位能优先获得体系内其他单位的资源和市场；跨国公司内部贸易带来的交易成本的降低能够产生与国际贸易、规模经济相同的效应。

（3）提升了母国的综合经济实力。跨国公司的直接投资使投资国边际报酬相对低下的过剩资本和成熟技术通过对外转移得到更大的收益；这些收益又可以通过利润汇回和转移价格等方式回到国内，投入到技术创新和新产品生产领域中，促进投资国经济的发展，以及综合经济实力的提升。

（二）跨国公司的对母国经济的消极效应

当然，对投资母国来说，对外直接投资的增加，一方面意味着国内投资的减少，国内产业转移到国外市场，会出现国内产业“空心化”的问题；另一方面随着国内某些部门外迁而带动就业机会（岗位）的输出，会造成国内就业下降、失业率增加的问题。

不过，对于这两种现象，也有学者认为，一是直接投资输出的往往是投资国的过剩资本，不一定意味着输出了工作岗位；二是资本输出多局限于投资国的边际产业或劣势生产部门，其优势产业和领先生产部门的投资反倒会因对外投资汇回的收益而增加投资。因此，与其说对外直接投资减少了投资国的就业，导致国内产业“空心化”，还不如说它改变了投资国的就业结构，推动其产业结构升级，因而会更有利于投资国的经济发展。

二、跨国公司对东道国的经济效应

（一）跨国公司对东道国经济的积极效应

就东道国而言，引进跨国公司直接投资会带来许多益处。

（1）跨国公司投资有助于东道国的资本形成。对东道国来说，跨国公司的直接投资带来了新的设施，增加了东道国的资本存量，扩大了生产和就业。有关统计表明，外国直接投资在东道国资本形成中的比例，从1980年的2.3%提高到1998年的11.1%。

（2）形成产业关联效应，利于东道国产业结构调整和提升。通过购买和私营化而进行的国际直接投资，是发达国家中较为普遍的国际投资形式，这对东道国企业的资产重组及产业结构的调整起着间接的推动作用。

（3）扩大了东道国产品的销售市场。通过引进跨国公司投资，拓展了东道国产业空间，提高了东道国的生产能力和国际竞争能力，同时也扩大了东道国产品的销售市场。

（4）跨国公司能够促进东道国的技术进步。吸收外国直接投资是东道国获取新技术和先进技术、技能的主要途径。跨国公司的技术溢出效应和外在效应还会对东道国技术进步产生间接影响。

（5）增加就业机会，形成员工培训效应。一方面跨国公司向东道国转移产业或生产线，会给东道国输入许多就业机会和岗位；另一方面母公司向子公司转移机器设备、专有技术使用权等，常常会对本地相关人员进行教学和培训，从而产生培训的“溢出效应”。

（二）跨国公司对东道国经济的消极效应

当然，跨国公司在给东道国经济带来积极影响的同时，也会带来诸多消极作用。比如，东道国的主导产业和新兴工业部门可能为外国资本所控制；整个经济可能受到投资国跨国公司经营战略的影响，经济结构和产业结构的合理调整以及技术自主开发可能受阻；污染严重、高耗能产业可能被转移到后进国家。这种消极影响还会波及政治和文化等方面。对此，东道国要维护好国家主权和保护好国家安全，要制定正确的应对措施，化解风险，扬长避短，趋利避害。

三、跨国公司对世界经济整体的作用和影响

国际直接投资和跨国公司是生产国际化和世界经济高度发展的产物，它们反过来又对世界经济整体的运行和发展发挥重要作用和影响。国际直接投资和跨国公司对世界经济所产生的作用与影响，具体表现在以下几个方面。

（一）推进了世界经济一体化进程

战后，世界经济发展的一个主要特征就是各国经济走向一体化。国际商品和劳务贸易增长速度超过国内生产总值的增长速度，资本国际流动的增长速度超过国际贸易增长的速度，各国金融市场之间的联系日益加强，跨国流动的人数越来越多，各国之间相互直接投资迅速增长，市场经济体制超越意识形态的束缚成为世界性的规则和经济体制等，都体现了各国经济走向一体化的历史趋势。在此过程中，在生产和经营上推行全球战略的跨国公司，通过对外直接投资或其他控制形式，成为各国跨国经济活动的组织者，开创出以公司内分工为基本框架的国际生产一体化体系，极大地改变了商品、劳务、资本和技术等资源国际流动的格局与方式，极大地改变了世界经济结构。总之，跨国公司已经成为并将继续成为世界经济走向一体化的组织者和开拓者。

（二）加速了投资和生产国际化

（1）跨国公司国际直接投资的发展，通过深化国际分工促进了生产的国际化。

生产国际化程度的加深是与国际分工的发展密切相连的。而国际直接投资在国际分工的深化过程中起着重要作用。它把原来集中于一国国内的基本生产过程，分成一系列相对独立的环节，并将各个环节转移到不同的国家或地区进行，从而使过去市场自发形成的国际分工转向更多地由跨国公司进行的分工，使国际分工进一步扩大和加强，生产国际化程度进一步加深。

（2）跨国公司的扩张是生产国际化的微观纽带。随着现代技术带来的跨国协调成本的降低，各国投资政策壁垒的消除和区域经济集团化的加强，跨国公司海外各生产点的互相独立的传统组织方式发生了巨大变革。集中的研究与开发、集中的中间投入品筹措、集中的财务和金融安排等，日益成为跨国公司生产经营的普遍趋势。因此，跨国公司本身就形成了一种国际一体化的生产体系。也就是说，跨国公司体系内的职能分工从最初的国内与国外之分，转变为地区范围内价值增值链上下或水平之分，并向全球范围内价值增值链上下或水平间的分工过渡。于是，跨国公司通过内部控制体系将不同国家的经济活动有机地

结合起来，使分布于不同国别和区域的生产过程之间建立起高度依存的关系。现在，不仅跨国公司的国别属性难以确定，其产品的生产国属性也难以辨别，一种以价值增值链为纽带的跨国生产体系已经形成。这不仅使生产要素的配置得以在全球范围内展开，使生产资本国际化在广度和深度上发生了重大变化，而且把世界各国相互依赖的经济关系推进到了空前紧密的程度。

(3) 跨国公司在世界范围内的经济扩展，特别是20世纪90年代跨国投资与兼并活动的扩展，不断改变着国际经济分工协作关系，推动着生产向全球一体化发展。跨国公司的生产经营正在努力与本土政治制度、经济制度和文化习俗融合，从本土化出发进行企业制度创新，在使企业适应地区市场竞争需要的同时，将新的竞争规则带到了本土文化中，逐渐把世界上每一个国家或地区纳入全球经济竞争中来，促进了全球生产和市场的一体化。而且，跨国公司越来越独立于某个特定的国家，与多国经济竞争与合作，在一定程度上改变了传统意义上市场与国家之间的关系，从而对国家与市场、国家与国家之间的博弈产生了重要影响，并通过企业制度创新革新市场竞争规则，不断推进各国生产的国际化和一体化。

（三）促进并控制了国际贸易的发展

从宏观层面上看，跨国公司对国际贸易的创造及促进，使当代国际投资和国际贸易呈现出互为关联、互为补充的状态。这种贸易创造和促进，既涉及跨国公司与外部企业的贸易，也包括对跨国公司内部贸易的作用。事实上，跨国公司一方面犹如一般企业，由母公司或子公司直接从事世界范围的进出口，另一方面，跨国公司在公司系统内进行着技术、物品和服务的交易。大量实证研究表明，与一般国内企业相比，跨国公司具有更高的贸易倾向，跨国公司及其海外分支机构的进出口额超出其销售额。这不仅是因为跨国公司通常集中在贸易密集的行业，而且也因为其生产分布跨国化所必然引起的机器设备、原材料和零部件等的进出口。由此，一方面在跨国公司的母国，跨国公司成为进出口的主要创造者；另一方面，跨国公司的海外分支机构借助于公司拥有的国际销售网，通常是投资当地或投资东道国最主要的国际贸易创造者。

而且，在跨国公司的生产经营过程中，子公司与母公司之间、子公司相互之间往往要往返运输，多次贸易，从而会大大增加国际贸易的流量，因此它对国际贸易的发展具有积极意义。据联合国的统计，目前约1/3的世界贸易为跨国公司的内部贸易，企业内跨国界的贸易活动，是跨国公司国际化经营中的重要特点。这种贸易虽然同样引起商品的跨国界交易，但是交易双方实际是同一所有者，交易的价格也由公司内部确定。这种贸易既具有国际贸易的特征（跨越国界），也含有内部转移的因素（在公司内进行），是通过企业跨国化的组织机制将世界市场内部化了。因此，内部贸易的发展不仅改变了国际贸易的原有范畴，而且使得当今的国际贸易进一步向中间投入品和知识产品推进。

目前，跨国公司不仅成为国际贸易的推动力量，而且是国际贸易的重要主体。20世纪80年代初期，以美国为基地的跨国公司的出口占美国出口总额的2倍，占进口的1/2。现在，国际贸易中大约2/3是由跨国公司进行的。这一趋势说明跨国公司已经取代各国国内企业而控制了国际贸易活动。这对于国际贸易和世界经济的发展是一种积极因素。不过，跨国公司对国际贸易的垄断，也有可能对东道国产生不利影响。因为跨国公司在东道国的子公司不受东道国政策的约束，因而在跨国公司母公司的指导下，可能采取不利于东道国的贸易安排。另外，跨国公司还能够通过内部转移价格进行不等价交换，损害东道国利益。

（四）推动国际资本流动的发展

（1）跨国公司是资本国际化的微观基础，其投资体制是国际资本流动日趋活跃的微观渠道。跨国公司的投资体制由内外两部分组合构成：一是内部投资。内部投资主要是跨国公司母公司与子公司间的资金流动，比如子公司从母公司获得股权或贷款形式的资金，或从自身未分配的利润和折旧中提成；二是外部投资。而外部投资则涉及跨国公司母、子公司与外部市场间的资金流动，包括从母国的资本市场或金融机构获得外部融资，从东道国或国际市场获得外部融资。也就是说，既可从东道国的银行借款或出售债券，也可直接在国际资本市场上获得贷款或债券化融资。跨国公司分支机构的跨国界分布使跨国公司的资金来源和资金流动具有资本国际流动的特征。就跨国公司投资体制中内部化的部分而言，由于是公司系统内的资金流动（由母公司为子公司筹措或经由母公司在子公司之间调度），这部分资金的流动既不受国界限制，也不受地理上分割的市场限制。即使是在国际资本流动受管制的国家，跨国公司的国际直接投资仍然是超越这种管制的。近年来，跨国公司的投资呈现出外部化的倾向。也就是说，跨国公司的投资更多来源于本公司系统外。联合国的投资报告称，目前跨国公司外部投资约为其内部投资的 4 倍。更为重要的是，与以往跨国公司的外部资金多来源于母国资本市场或母国金融机构在投资当地的海外分支机构的情形不同，如今跨国公司外部融资的范围有所扩大，形式也更趋多样，直接构成了当前国际资本流动的重要组成部分。同时，跨国公司的投资体制对投资东道国的资本市场发育、发展，乃至成熟具有促进作用。全球新兴资本市场的崛起，离不开跨国公司在当地的分支机构的扩展。

（2）跨国并购浪潮促进了国际资本证券化。近年来跨国公司的跨国并购活动大多采用股权转换来实现。规模庞大的跨国并购交易，刺激了股权资本的相互渗透，使各类股票、债券的国际发行比重逐年上升。国际资本的证券化，就意味着国际资本市场的日趋成熟和一体化，意味着国际货币资本流动的进一步发展。

（3）跨国公司内部的国内机构与国外机构之间货款与费用的支付、结算等业务通常引起大量的资金转移。同时，母公司从全球利益出发，一方面经常利用资金往来和借贷以统一安排调度头寸；另一方面，为了投机获利或避免利率、汇率风险，跨国公司经常参与各种金融衍生产品交易，从而推动了国际资本流动的增长。这一推动作用虽然从理论上说能够促进资源的合理配置，增强金融市场调节机制，减少风险，但在实际操作中，却很有可能增加风险和不稳定性，引起东道国和相关国家金融市场的动荡。

（五）促使科技的开发和利用日趋国际化

战后，随着科学技术的加速发展，巨型科研项目越来越多，科技开发的难度也越来越大，对设备、人员等方面的要求越来越高。因此，跨国公司的国内机构或企业很难独立完成具有很大规模的科技开发项目，科研和技术开发越来越需要跨国性合作。

跨国公司凭借自己雄厚的资金实力，在全球范围内招揽人才、置办设备，利用来自各国的人力、物力资源进行国际协作开发。这不仅促进了科技开发的国际化，也加快了科技进步的步伐。可以说，跨国公司是技术创新的主要拥有者和技术发明的领头羊。

近些年来，在经济自由化背景下，跨国公司为了保持和增强自己的竞争能力，力求利用其他国家和地区的科学技术能力，利用不同国家的研究、开发成本的差异，获得研发的规模经济和区位经济效益，将研发活动在地理位置上更加广泛地分散开来。同时，跨国公司为了增强自己的科技创新能力，进而提升核心竞争力，都在不断增大自己的研发投资。如美国等一些国家中的企业，其研发投资已占国家研发总投资的70%左右。许多跨国公司拥有数量巨大的知识产权，知识产权已成为跨国公司控制世界经济的重要手段之一，特别是信息化、计算机化以及各种电子通信手段，正在起到增强跨国公司影响力的作用，信息技术革命已经成为强化跨国公司影响力的新手段。

与此同时，跨国公司加快了先进科学技术的国际传播。现代先进技术绝大部分为大型跨国公司所掌握。据统计，全球500家最大的跨国公司控制着世界90%的生产技术和75%的技术贸易。跨国公司大量进行的技术转让有助于国际间技术交流，加速技术扩散，从而推动了全球范围内对先进技术的利用。

本章小结

本章在介绍跨国公司的综合定义、跨国公司的地域组织形式、跨国公司的结构特征、环境特征和经营管理特征等知识的基础上，进而阐述了跨国公司的形成历程以及近些年来的发展特点，并简要介绍了跨国公司形成的理论解说；最后，围绕跨国公司的效应，分别就跨国公司对母国的经济效应、跨国公司对东道国的经济效应，以及跨国公司对世界经济整体的作用和影响，做出了分析和评价。尤其对东道国来说，须要有应对跨国公司可能带来负面影响的措施和策略。

思考与练习

1. 何谓跨国公司？跨国公司的界定有哪些标准？
2. 跨国公司在企业结构、经营管理等方面，有哪些主要特点？
3. 简述20世纪90年代以来跨国公司发展的新特点。
4. 请说出斯蒂芬·海默的垄断优势理论的基本观点。
5. 比较说明内部化理论与投资有机构成论有哪些不同的观点。
6. 跨国公司在世界经济发展中的地位和作用如何？
7. 有人说，跨国公司是一群狼；也有人说，跨国公司是一群羊。这些说法对吗？请以东道国为例，谈谈你的看法。

第八章 国际区域经济一体化

教学目标

1. 了解国际区域经济一体化的内涵、分类及理论基础；
2. 知道国际区域经济一体化的形成原因与发展过程；
3. 认识国际区域经济一体化对全球经济产生的影响；
4. 熟悉美洲自贸区、中国－东盟自贸区、上合组织等国际区域经济一体化实践的相关知识。

区域经济一体化或集团化是战后世界经济领域出现的一个新现象，也是当代世界经济发展的重要特征之一。它首先出现于西欧，即 1958 年 1 月 1 日建立的欧洲经济共同体，其后拉丁美洲、非洲、北美、亚洲和大洋洲也相继出现了不同类型和不同规模的区域性经济一体化组织。根据 WTO 区域贸易协定委员会的统计，截至 2011 年 4 月 21 日，在生效的 208 个区域经济一体化协定中，经济一体化协定占 6 个，自由贸易协定占 105 个，关税同盟为 12 个，优惠贸易协定为 13 个，关税同盟或自由贸易协定与一体化协定结合体 72 个。WTO 的成员几乎都加入了某个或多个区域一体化组织，使区域经济一体化成为世界现象。

第一节 国际区域经济一体化概述

经济全球化和一体化已经成为当今世界的明显趋势，其突出表现是：国际贸易、国际金融、国际投资的大发展；生产要素流动的规模不断增大，流动速度不断加快；各国之间的经济联系、经济合作、经济融合的程度日益加深。其途径主要有三：跨国公司的大发展，使各国资金、生产、技术、管理等领域的交流和联系日益密切，国际分工日益加深；国际经贸组织如国际货币基金组织、世界银行、世界贸易组织等的发展，使世界各国的贸易和金融关系日益紧密化、规范化和广泛化；区域经济一体化的大发展，将成员国间的贸易、金融、生产、服务等方面的关系，从自发的外部联系日益发展为制度性的内部结合。

一、区域经济一体化的内涵

区域经济一体化亦称区域经济集团化，是战后出现的新现象和新概念，通常是指一些地缘邻近的国家或地区，在平等互利的基础上，为了谋求本地区的共同利益联合起来，在彼此自愿地约束自己的部分经济主权甚至相互对等地分享或让渡部分国家主权的条件下，通过签订协议、规章组建国际调节组织和实体，使部分或全部生产要素在成员国间自由流动，使资源在成员国内得以优化配置，实现产业互补和共同经济繁荣的过程。它是经济生活国际化和各国、各地区之间经济联系与依赖程度不断加深的产物。

（一）区域经济一体化与通常所说经济国际化有着明显的区别

第一，经济国际化是指各民族国家随着相互之间贸易的发展，各种生产要素日益跨越国界流动的一种状态，是各国经济活动由国内扩展到国外，扩大经济交往，使经济生活国际化的现象。在这里不发生国家主权的让渡问题。而区域经济一体化则要求其成员国各自让渡部分主权，在此基础上共同行使一部分经济主权。

第二，在经济国际化过程中，各国不一定要建立共同的国际性组织或机构，也不需要签订特殊的协定或协议；而区域经济一体化则最终需要建立一个国际组织或机构，签订共同遵行的准则、协定，代表各成员国共同管理区域经济。

第三，经济国际化过程虽然也受到国家的干预和影响，但经济国际化本身并非以国家的直接干预或参与作为前提条件；而区域经济一体化则要求各成员国按共同协议或准则直接参与经济合作，对区域经济活动实行干预。

（二）区域经济一体化组织与国家间的部门或产品合作组织有所区别

一方面，区域经济一体化组织往往包括成员国贸易、金融、工业、农业等诸多领域的协调合作，而国家间的部门或产品合作组织如石油输出国组织，则限定成员国在某一部门或某一产品的协调生产或销售。另一方面，区域经济一体化组织是同一区域国家之间的经济合作组织，而国家间的部门或产品合作组织不是以区域为基础的，其成员国是以某种产品的优势而加入的。

（三）区域经济一体化与经济全球化的关系

区域经济一体化与经济全球化是对立统一的关系，两者长期共存、相互矛盾，又相互促进。区域经济一体化是世界经济走向全球化的重要步骤、途径和组成部分，在承认区域经济一体化对经济全球化存在负面影响的前提下，应更多地看到它对经济全球化的积极促进意义。区域经济一体化组织范围的不断扩大并逐步走向联合，必将推动世界经济全球化的进一步发展。

（四）区域经济一体化与世界经济一体化的关系

世界经济一体化或全球经济一体化，是指在整个世界形成统一的经济规则，民族国家的经济主权将完全让渡给全球性经济组织；而区域经济一体化，是指部分国家的经济合作组织或一体化组织，从动态上说，它是世界经济走向一体化的过渡形式和步骤。

二、区域经济一体化的分类

目前，世界上有数百个区域经济一体化组织，它们的一体化程度有高有低，组织规模有大有小，各处于不同的发展阶段。它们存在于世界不同的地区，具有不同的经济发展水平和合作内容。迄今对于这些区域经济一体化组织还没有一种统一的、明确的分类标准。

（一）按区域经济一体化组织的形式或层次进行分类

按区域经济一体化组织的形式或层次进行分类，可分为以下五种类型，它们亦可称为区域经济一体化发展的五个阶段。

1. 特惠关税区

这是在区内成员国间商品贸易的关税低于对区外国家征收的关税，如东南亚国家联盟。

2. 自由贸易区

在自由贸易区内，各成员国逐渐取消贸易限制，分阶段减免关税，在相互贸易中享有特惠关税，直至区内一切关税壁垒完全消失，商品在成员国间可完全自由流通，但各成员国对集团外国家仍独自实行不同的贸易和关税政策，如北美自由贸易区。

3. 关税同盟

在自由贸易区的基础上，成员国不仅取消了本区域内生产的商品的贸易壁垒，而且对集团外国家和地区逐步实行统一的贸易和关税政策，建立统一的对外贸易壁垒，即在同盟内部实行自由贸易，而对外则通过共同的贸易壁垒实行保护，如欧盟的前身欧洲经济共同体。

4. 共同市场

共同市场在关税同盟的基础上，不仅在集团内实行商品的自由流通，实行统一的对外贸易壁垒，而且在本地区实行资金、技术、人力等生产要素的自由流动，区内取消公民或公司在各成员国投资建厂的限制，如 1993 年时的欧盟。

5. 经济与货币同盟

在共同市场的基础上，各成员国在包括金融、货币、财政、农业、工业和福利等在内的各个领域实行统一的经济政策，发行统一货币，并对涉及本地区发展的重大事项采取共同立场和步骤，使各成员国的经济活动形成一个整体，如现在的欧盟。

从目前区域经济一体化组织形式的一般情况来看，自由贸易区是最为常见的形式，特惠关税区和关税同盟是少见的形式，而经济与货币联盟，只有欧盟进入了这一层次。同时，随着区域和次区域经济一体化的发展，经济一体化组织形式在向更加松散、更加灵活的方向发展，将会创造出许多新的形式。

（二）按区域经济一体化组织形成的动因差异进行分类

按区域经济一体化组织形成的动因差异，可将其分为以下三种类型：

1. 以产业内部分工为动因的区域一体化组织

这种区域一体化组织主要出现在发达国家之间。欧盟作为全球第一个完整意义上的区域一体化组织，便是发达国家间经济一体化的典型。欧盟从其前身欧共体成立之日起，就谋求通过一体化形式形成与美国旗鼓相当的竞争力，确立其在世界经济中“一极”的地位。从发达国家发展区域一体化组织的实践来看，这种一体化的基础主要不是要素禀赋的差异，而是相似的要素密集型（如资本和技术密集型）产品的差异。因此，对发达国家之间区域性一体化的分析主要借助于产业内部贸易和分工理论。这一理论告诉我们，产品的差异性决定了产业内部同类产品的生产分工，也导致了同产业国家之间的贸易，区域一体化的形成在同产业层次上会增强竞争优势。欧共体 40 多年的实践证明了发达国家间一体化模式的成功之处。

2. 以发展民族工业为动因的区域一体化

这种区域一体化组织往往发生在发展中国家之间。早在1949年成立的南非与南罗得西亚关税同盟和1951年成立的萨尔瓦多与尼加拉瓜自由贸易区，不仅是现代意义上最早的区域一体化组织，而且也是GATT第24条正式登记的第一、第二个区域一体化组织。拉美经济委员会自1949年起就致力于发展中国家经济发展模式的探讨，认为区域一体化是发展中国家实现经济共同发展的重要工具，是为各自民族工业发展提供一个完美的训练场，是发展中国家摆脱对发达国家依附、实现自主发展的重要途径。这一指导思想激发了发展中国家建立区域一体化组织的热情。

3. 以南北合作为动因的区域一体化

这种区域一体化组织就是发达国家和发展中国家之间出现的经济联合。北美自由贸易区和亚太经济合作组织便是典型。这两个组织所呈现的一个重要特征就是成员经济发展水平的差异性和多样化。北美自由贸易区自1994年1月1日成立以来，已经历了多年的运作实践，经受了1995年年底墨西哥金融危机冲击的考验。亚太经合组织也从最初的论坛性组织日益向区域贸易投资自由化的方向迈进。南北合作型区域一体化已超出了“经济水平相近、体制相似”的传统一体化模式，是对传统区域经济一体化理论的突破和创新。

三、区域经济一体化的理论基础

世界各个地区建立经济一体化组织的初衷各不相同，其成员国的动机和目的也各种各样。但从深层次和根本性来说，推动和支撑其建立的理论基础则大致相同，区域经济一体化的主要理论包括：

（一）关税同盟理论

对关税同盟理论研究最有影响的是美国经济学家范纳（Jacok Viner）和李普西（K·G·Lipsey）。按照范纳的关税同盟理论，完全形态的关税同盟应具备三个特征：第一，完全取消各成员国间的关税；第二，对来自成员国以外的国家和地区的进口设置统一的关税；第三，通过协商方式在成员国之间分配关税收入。这种自由贸易和保护贸易相结合的结构，使得关税同盟对整个世界经济福利的影响呈现双重性，即贸易创造和贸易转移并存。

1. 关税同盟的静态效应

所谓关税同盟的静态效应，是指假定在经济资源总量不变、技术条件没有改进的情况下，关税同盟对集团内外国家、经济发展以及物质福利的影响。关税同盟的静态效应主要是指贸易创造效应和贸易转移效应。

（1）贸易创造效应。贸易创造效应是指由于关税同盟内实行自由贸易后，产品从成本较高的国内生产转往成本较低的成员国生产，从而成员国的进口量增加，新的贸易得以“创造”。此外，一国由原先从同盟外国家的高价购买转而从结盟成员国的低价购买也属于贸易创造。

（2）贸易转移效应。假定缔结关税同盟前关税同盟国不生产某种商品而采取自由贸易的立场，无税（或关税很低）地从世界上生产效率最高、成本最低的国家进口产品；关税同盟建立后，同盟成员国内成本高的产品转由同盟内生产效率最高的国家进口。如果同盟内生产效率最高的国家不是世界上生产效率最高的国家，则进口成本较同盟成立后增加，消费开支扩大，使同盟国的社会福利水平下降，这就是贸易转移效应。

2. 次优理论与关税同盟的其他静态效应

首先，次优理论认为，如果福利最大化或者帕累托最优所需要的条件不能全部满足，那么尽量满足尽可能多的条件是没有必要的，并且这样做通常会导致次优情况的发生。因此，建立关税同盟并不仅仅在成员国之间消除贸易壁垒，并不必然产生次优的福利状态。其次，关税同盟的静态福利效应表现为：一是关税同盟使得各成员国的海关人员、边境巡逻人员等减少而引起的行政费用的减少；二是贸易转移型关税同盟通过减少对同盟成员国之外的世界上其他国家的进口需求和出口供给，有可能使同盟成员国共同的贸易条件得到改善；三是任何一个关税同盟，在国际贸易投票中以一个整体来行动，较之任何一个独立行动的国家来说，可能具有更强大的讨价还价的能力；四是关税同盟建立后，可减少走私。由于关税同盟的建立，商品可在同盟成员国之间自由移动，在同盟内消除了走私产生的根源，这样，不仅可以减少查禁走私的费用支出，还有助于提高全社会的道德水平。

3. 关税同盟产生的动态效应

所谓关税同盟的动态效应，是指关税同盟对成员国贸易以及经济增长的推动作用。关税同盟的动态效应表现在以下几个方面：

（1）关税同盟的建立使成员国间的市场竞争加剧，专业化分工向广度和深度拓展，使生产要素和资源配置更加优化；

（2）关税同盟建立后，成员国国内市场向统一的大市场转换，自由市场扩大，从而使成员国获取转移与规模经济效益；

（3）关税同盟的建立、市场的扩大、投资环境的大大改善，会吸引成员国厂商扩大投资，也能吸引非成员国的资本向同盟成员国转移；

（4）关税同盟建立以后，由于生产要素可在成员国间自由移动，市场趋于统一并且竞争加剧，投资规模扩大，促进了研究与开发的扩大，技术进步提高，加速了各成员国经济的发展。

（二）大市场理论

大市场理论的提出者认为：以前各国之间推行狭隘的只顾本国利益的贸易保护政策，把市场分割得狭小而又缺乏适度的弹性，这样只能为本国生产厂商提供狭窄的市场，无法实现规模经济和大批量生产的利益。

当经济一体化演进到共同市场之后，区内不仅实现了贸易自由化，其要素可以在区内自由流动，从而形成一种超越国界的大市场。一方面使生产在共同市场的范围内沿着生产可能线重新组合，从而提高了资源的配置效应；另一方面，区内生产量和贸易量的扩大使生产可能向外扩张，促进了区内生产的增长和发展。

（三）协议性国际分工原理

协议国际分工原理是由日本学者小岛清提出的。所谓协议国际分工，是指一国放弃某种商品的生产并把国内市场提供给另一国，而另一国则放弃另外一种商品的生产并把国内市场提供给对方，即两国达成互相提供市场的协议，实行协议分工。协议分工不能指望通过价格机制自动地实现而必须通过当事国的某种协议来加以实现，也就是通过经济一体化的制度把协议分工组织化。像拉美中部共同市场同一产业政策，由国家间的计划决定的分工，就是典型的协议国际分工。

国家之间为了互相获得规模经济的好处，实行协议国际分工是非常有利的，但达成协议分工还必须具有下列条件：

(1) 参加协议的国家生产要素禀赋比率没有多大差别，工业化水平和经济发展水平相近，因而协议分工的对象商品在哪个国家都能进行生产。

(2) 作为协议分工对象的商品，必须是能够获得规模经济的商品，一般是重工业、化工业的商品。

(3) 每个国家自己实行专业化的产业和让对方实行的专业化的产业之间没有优劣之分，否则不容易达成协议。这种产业优劣主要取决于规模扩大后的成本降低率和随着分工而增加的需求量及其增长率。

上述三个条件表明，经济一体化必须在同等发展阶段的国家之间建立，而不能在工业国与初级产品生产这种发展阶段不同的国家之间建立，同时也表明，在发达工业国家之间，可以进行协议分工的商品范畴较广，因而利益也较大。另外，生活水平和文化等较为类似的地区容易达成协议，并且容易保证互相需求的均等增长。

(四) 综合发展战略理论

“综合发展战略理论”是由国外学者鲍里斯·塞泽尔基提出来的。发展中国家的经济一体化是变革世界经济格局、建立国际经济新秩序的重要因素，它是对发展中国家经济一体化产生较有影响的区域合作理论。其主要内容包括：

(1) 发展中国家经济一体化的原则是：经济一体化是发展中国家的一种发展战略，它不限于市场的统一，也不必在一切情况下都寻求尽可能高的其他一体化形式；两极分化是伴随一体化出现的一种特征，只能通过强有力的共同机构和政治意志制订系统的政策来避免它；鉴于私营部门在发展中国家一体化进程中是导致其失败的重要原因之一，故有效的政府干预对于经济一体化的成功至关重要；发展中国家的经济一体化是集体自力更生的手段和按新秩序逐渐改变世界经济的要素。

(2) 发展中国家经济一体化的主要因素：一是经济因素。包括：区域内经济发展水平及各国间的差异；各国间经济的相互依赖程度；新建经济区的最优利用情况，特别是资源与生产要素的互补性及其整体发展潜力；与第三国经济关系的性质，外国经济实体（如跨国公司）在特定经济集团中的地位；特定集团中的一定条件一定选择的一体化政策模式和类型的适用性。二是政治和机构因素。包括：各国间社会政治制度的差异；各国间有利于实现一体化的“政治意志”状况及稳定性；该集团对外政治关系模式；共同机构的效率及其有利于集团共同利益的创造性活动的可能性。

(3) 该理论的主要优点：一是突破了以往经济一体化理论的研究方法，抛弃了用自由贸易和保护贸易理论来研究发展中国家的经济一体化进程，主张用与发展理论紧密相联系的跨学科的研究方法，把一体化作为发展中国家的发展战略，不限于市场的统一；二是充分考虑了发展中国家经济一体化过程中国内外的制约因素，把一体化当作发展中国家集体自力更生的手段和按新秩序变革世界经济的要素；三是在制定经济一体化政策时，主张综合考虑政治、经济因素，强调经济一体化的基础生产及基础设施领域，必须有有效的政府干预。

第二节 国际区域经济一体化的形成与发展

区域经济一体化是世界经济生活国际化和全球化的产物。也就是说，区域经济一体化组织的形成虽然与某些国家和地区为了解决眼前的困难或者为了应付国际政治经济矛盾直接相关，但其能存在和发展下去，还在于经济生活国际化和全球化是其基础。如国际分工的深化与经济生活的国际化、世界经济发展不平衡和世界经济多极化、世界市场的竞争加剧等要素都推动了国际区域经济一体化的形成与发展。本节将首先从宏观视角系统性介绍国际区域经济一体化形成的主要原因和历史进程，然后在此基础上，以欧洲经济一体化与亚太合作组织为例，介绍世界区域经济一体化的形成与发展。

一、区域经济一体化形成的原因

（一）国际分工的深化和经济生活国际化程度的不断提高是区域经济一体化发展的主要经济基础

在战后新技术革命的推动下，世界各国、各地区之间的分工与经济依赖日益加深，生产社会化、国际化程度不断提高，使各国的生产和流通及其经济活动进一步越出国界。这就必然要求消除阻碍经济国际化发展的边界障碍、市场障碍和体制障碍，必然要求改变旧的国家关系和经济关系，建立新的更加密切的经济政治合作关系，建立区域性经济一体化组织就是这一要求得以实现的载体或形式。

（二）经济发展不平衡和世界经济多极化是区域经济一体化形成的重要原因

世界经济走向一体化是社会经济发展的客观趋势，是经济全球化发展的必然结果。但是，经济政治发展不平衡又是世界各国和各地区发展长期存在的客观现实。这个现实决定了世界经济走向一体化的过程必然经历许多过渡性步骤，不可能一蹴而就。区域经济一体化的各种形式，就是世界经济走向一体化的各种步骤和各种过渡形式。各种区域一体化组织合作层次不断升级的过程和合作范围不断扩大的过程，就是世界经济走向和接近一体化的过程。同时，在世界经济政治不平衡发展中，各国的经济实力及在世界经济中的地位是经常发生变化的。这种变化使旧的不平衡关系不断被打破，新的不平衡关系不断生成。战后以来，作为世界经济霸主和超级大国的美国，经济地位相对下降，其经济实力相对削弱，因而在资本主义世界日渐形成了美国、欧洲、日本三足鼎立的局面，或称之为“三极”结构。在此过程中，各国之间的摩擦和矛盾不断扩大和加剧，各国都力图扩大自己的势力范围，在世界经济中占据优势地位。战后出现并不断扩大的欧共体，其重要发展动力之一就是要摆脱美国的控制，增强欧洲国家内部的凝聚力，扩大自己的势力范围。西欧力量的增强，严重威胁着美国的世界地位和世界利益，因而美国积极倡导和组建北美区域一体化组织和亚太区域一体化组织，以同欧洲经济集团相抗衡。已经成长为世界第二经济大国的日本，当然不甘孤立于经济集团之外，不甘坐视欧洲和美洲经济集团化的发展，也力图在亚洲建立以自己为核心的区域一体化组织，以取得“三分天下有其一”的地位。此外，广大的发展中国家虽处境不同，但在现存世界经济秩序下，在国际竞争中都处于不利的地位，它们为了促进本国经济的稳定和发展，寻求有利的贸易条件和投资环境，一方面在加强发展中国家相互之间的联合与合作，组成层次不同的区域一体化组织，另一方面一些国家也在积极地向发达国家的区域一体化组织靠拢。这些情况无疑也促进了区域经济一体化的形成和发展。

（三）当代世界市场竞争的日益剧烈是区域经济一体化发展的直接动因

在日益激化的竞争面前，各个国家都在寻求进一步消除贸易障碍、提高竞争力、缓解国家之间的经济摩擦和矛盾的途径，而建立区域经济一体化组织，是实现这一目标的途径。以建立欧共体大市场为例，仅取消过境的手续费一项，一年即可节省120亿左右欧洲货币单位；统一技术标准和产品规格，每年可给企业带来500亿欧洲货币单位的利益；通过消除贸易障碍将降低经营成本20%～30%。

（四）区域经济一体化是国家广泛干预国际经济关系的表现和产物

世界上形式多样、层次各异的区域经济集团，都是由有关国家直接出面建立起来的，都是以条约或协定固定下来的，并设有超国家的共同决策机构。没有国家的直接参与，国际经济一体化组织的形成和发展是不可能的。在现代市场经济条件下，国家不仅广泛而有力地干预国内经济的运行过程，而且广泛地干预并直接参与国际经济活动。区域经济一体化是面对国际竞争日益激化国家积极干预经济生活的一个结果。

二、区域经济一体化的发展进程

区域经济一体化的雏形可以追溯到1921年，当时的比利时与卢森堡结成经济同盟，后来荷兰加入，组成比荷卢经济同盟。1932年，英国与英联邦成员国组成英帝国特惠区，成员国彼此之间相互减让关税，但对非英联邦成员的国家仍维持着原来较高的关税，形成了一种特惠关税区。

世界经济一体化的迅速发展，始于第二次世界大战之后，并形成三次较大的发展高潮。

第一次高潮发生在20世纪五六十年代。尽管区域经济一体化的雏形可以追溯到1921年成立的比利时和卢森堡经济同盟（1948年荷兰加入，组成比、荷、卢同盟）。但是，区域经济一体化真正形成并迅速发展，却是始于第二次世界大战后。第二次世界大战后，世界经济领域发生了一系列重大变化，世界政治经济发展不平衡，大批发展中国家出现，区域经济一体化组织出现第一次发展高潮。

20世纪70年代西方国家经济处于“滞胀”状态，区域经济一体化也一度处于停滞不前的状态。在这一时期，欧洲经济共同体原定的一体化计划并未完全实现，而发展中国家的一体化尝试没有一个取得完全成功。以欧洲经济共同体为例，两次石油危机、布雷顿森林体系崩溃、全球经济衰退、日美贸易摩擦上升等因素使其成员国遭受巨大打击，各成员国纷纷实施非关税壁垒措施进行贸易保护，导致第一阶段关税同盟的效应几乎丧失殆尽，欧洲经济共同体国家经济增长速度急剧下降。

20 世纪 80 年代中期以来区域经济一体化又一次迎来发展高潮。20 世纪 80 年代中期以来，特别是进入 90 年代后，世界政治经济形势发生了深刻变化，西方发达国家在抑制通货膨胀、控制失业率方面取得成功，经济的发展推动着区域经济联合，区域经济一体化的趋势明显加强。这次高潮的出现是以 1985 年欧共体关于建立统一市场“白皮书”的通过为契机，该“白皮书”规定了 1992 年统一大市场建设的内容与日程。欧共体的这一突破性进展，产生了强大的示范效应，极大地推动了其他地区经济一体化的建设。

新一轮的区域经济一体化高潮覆盖了大多数国家和地区。据世界银行统计，全球只有 12 个岛国和公国没有参与任何区域贸易协议（RTA）。174 个国家和地区至少参加了 1 个（最多达 29 个）区域贸易协议，平均每个国家或地区参加了 5 个。世贸组织全体成员同时又是各区域经济组织成员，有的具有多重区域经济一体化组织成员的身份；区域经济一体化内容在广泛深入，新一轮的区域协议涵盖的范围大大扩展，不仅包括货物贸易自由化，而且包括服务贸易自由化、农产品贸易自由化、投资自由化、贸易争端解决机制、统一的竞争政策、知识产权保护标准、共同的环境标准、劳工标准，甚至提出要具备共同的民主理念等。新一轮的区域经济一体化浪潮使区域经济合作的构成基础发生了较大变化，打破了狭义的地域相邻概念，出现了跨洲、跨洋的区域合作组织。

三、欧洲经济一体化的形成与英国脱欧

（一）欧洲共同体——欧洲联盟的形成

1. 西欧经济一体化的起步与欧洲煤钢共同体的建立

战后，推动欧洲走向统一与联合的因素是多方面的。就其最初动因来说，政治因素大于经济因素。首先，战后对德国问题的处理成为欧洲各国普遍关心的问题。德国是两次世界大战的策源地，也是欧洲各国的宿敌。人们普遍认为只有建立起“欧洲联邦”或“欧洲邦联”，并且使德国成为其中的一员，才能将德国置于欧洲各国的联合控制和监督之下，一劳永逸地解决德国问题。第二，第二次世界大战给西欧各国以沉重打击，使其经济实力和地位下降，战后靠美国援助恢复经济，在政治上成为美国的小伙伴。随着经济的恢复和发展，西欧与美国的矛盾加剧，西欧不甘心依附于美国。而英国、法国或联邦德国等任何一个欧洲国家，单凭自己的力量都难以与美国抗衡，只有联合起来，才能在欧美关系中争取更为独立、平等的地位。第三，随着苏联的强大和其在东欧势力范围的扩大，西欧各国感到只有联合起来才能应对“共产主义威胁”。这些政治上的因素，是西欧各国考虑联合问题的最初出发点。防止德国军国主义复活和遏制苏联的扩张，实现西欧各国在政治、防务上的合作，解决西欧安全问题，在欧洲统一与联合的初期占有突出的地位。但是，建立“欧洲联邦”或“欧洲邦联”的主张一时难以实现，从而转向从经济合作着手走向政治联合和统一。

1950 年 5 月 9 日，法国外长舒曼发表了在欧洲历史上影响深远的声明，指出欧洲统一的关键在于解决法德冲突，而解决法德矛盾的有效途径就在于，把两国全部煤炭和钢铁生产置于一个其他国家可参加的高级联营机构的控制下。这不仅可以在物质资料方面避免德国军国主义的复活，而且可以为西欧各国的经济发展、为发展制造业提供同等条件的原材料供应，进而能促进各国经济的联合与统一。

舒曼计划出台后，虽然遭到英国的反对，但得到了美国、联邦德国以及联邦德国周边国家的响应，最终在1951年4月，法、德、意、荷、比、卢六国签署了《欧洲煤钢共同体条约》。该条约规定，煤钢共同体的使命是，在六国间建立取消关税、商品数量限制和其他歧视性措施的煤钢共同市场，以发展经济，扩大就业，提高生活水平。根据该条约，煤钢共同体建立了高级机构、共同议会、部长特别理事会和法院。欧洲煤钢共同体同以往的欧洲联合体的一个很重要的不同，就是其机构的超国家性。

煤钢共同体自1952年7月25日正式运营后，其主要活动是建立煤钢产品的“共同市场”，使之不受国界限制自由流通，并在平等的基础上自由竞争；扩大和发展煤钢生产；兴办一些改善生产或生活条件的社会福利事业。从1953年到1954年，先后开放了煤炭、铁、废铁、钢、特种钢的共同市场，基本上取消了关税和数量限制，允许产品自由流通，并在协调产品定价和铁路运费上取得了进展。在共同市场建立的最初几年内，共同体内部贸易发展很快。1952年到1955年年初，钢的贸易量增长了151%，铁增长了357%，煤增长了40%，铁矿砂增长了37%。联营的煤钢生产也得到相应的发展。同1952年相比，共同体国家1956年粗钢生产增长了31%，铁矿砂生产增长了22%，焦炭生产增长了15%。

欧洲煤钢共同体的成立，是西欧走向经济联合和实现国家主权转移的一次具体实践和极其重要的一步。

2. 欧洲共同体的建立

欧洲煤钢共同体的成立和成功实践，促使上述六国就全面开展一体化问题不断进行磋商与谈判，并于1957年3月在罗马达成一致，签订了《罗马条约》。根据该条约，六国将建立欧洲经济共同体和原子能共同体。《罗马条约》经各国议会批准后，于1958年1月1日正式生效。《罗马条约》的生效，标志着六国实施全面经济一体化的开始。1967年7月1日欧洲经济共同体、欧洲原子能共同体与欧洲煤钢共同体合并，改称欧洲共同体（EC），简称欧共体。

3. 欧共体内部大市场的建立与货币一体化

20世纪七八十年代是欧共体迅速扩张的时期，这一时期主要变化：一是欧共体内部大市场的建立；二是推进货币一体化。

（1）内部大市场的建立。欧共体成立时，只有法、德、意、荷、比、卢六国。此后，其经济和政治上的成就吸引着其他欧洲国家。英国、丹麦和爱尔兰于1973年1月1日加入，希腊于1981年1月1日加入，西班牙和葡萄牙于1986年1月1日加入，奥地利、瑞典和芬兰于1995年1月1日加入，使欧共体发展成为包括15个成员国、人口33 400万、国民生产总值6.9万亿美元、经济贸易一体化程度最高、影响最大的一体化组织。但是，随着成员国的增加，它们之间的经济差距和政策差距也在扩大，各国都引用《罗马条约》的保留条款保护本国经济，非关税壁垒广泛被采用，导致各国经济增长缓慢，失业增加。内部大市场计划正是在这一背景下出台的，为了推进欧共体一体化，增强欧共体成员国的经济实力，与美、日两个产业、经济和技术大国相抗衡，必须消除成员国之间的“围墙”。

欧共体成员国之间的“围墙”集中体现在各种非关税壁垒上。这些非关税壁垒大致分为三类：一类是有形壁垒，如欧共体内部的边界检查、海关控制以及有关的公文要求；另一类是技术壁垒，如各国不统一的产品标准、技术管理规则以及相互冲突的商业法律；最后一类是财政壁垒，各国不同的间接税、计税方法、税率以及不同的营业税、货物税等。

非关税壁垒的增加，使欧共体的关税同盟离《罗马条约》的规定越来越远，在欧共体内客观存在十几个分割的市场。这种市场的分割，给欧共体经济带来了巨大的消极影响。为此，1985 年 6 月，欧共体通过了《完成内部市场》的白皮书，制定了于 1992 年年底完成内部大市场的建设蓝图。此后，欧洲理事会卢森堡会议又拟定了《单一欧洲文件》，把 1992 年完成内部大市场的目标以修改和补充《罗马条约》的形式写进《罗马条约》，使内部大市场建设获得了组织上、法律上的保障。根据上述白皮书和文件，内部大市场是一个没有内部边界的地区，在该地区内实行货物、人员、服务、资本的自由流动。这同《罗马条约》对共同市场的规定是一致的。为此，欧共体采取了一些措施，主要是制定了 286 项立法，通过立法的形式消除阻碍上述“四大自由”的有形壁垒（边界限制）、技术壁垒和财政壁垒。内部大市场于 1993 年 1 月 1 日正式运转。

（2）货币联盟的建立。如果说欧共体关税同盟和共同农业政策是其经济一体化的两大基石，那么各成员国各自为政的货币制度，则是巩固和加强这两大基石并使之充分发挥作用的一大障碍。虽然欧共体成员国早在 1958 年就签署了欧洲货币协定，促进了西欧国家货币自由兑换的发展，但并未消除货币不统一的诸多障碍。1969 年，欧共体在海牙召开首脑会议，决定建立经济与货币联盟。1972 年 2 月，欧共体部长理事会通过了《经济与货币联盟报告》，提出从 1971—1980 年间分三阶段实现货币联盟的目标，其中包括：第一，对内实行可调整的中心汇率制，并规定成员国货币汇率的波动幅度，对外实行联合浮动制；第二，建立欧洲货币合作基金；第三，使用欧洲计算单位。这是欧共体实现货币一体化的重要一步，为后来欧洲货币体系的建立和运行准备了条件。

1978 年 12 月，欧共体成员国达成建立欧洲货币体系的协议。其目标是在欧洲建立一个较为稳定的货币区，在共同体内，保持相互汇率的相对稳定。它包括三个组成部分：第一，设立欧洲货币单位（ECU，“埃居”）。它是欧洲货币体系的核心，不仅作为决定成员国货币中心汇率的标准，而且是成员国货币当局之间的结算工具和规定农产品价格的价值尺度。另外，它还作为各成员国货币当局对外汇市场进行干预的手段，同时也成为各国的一种储备资产。第二，建立汇率的稳定机制和干预机制。参加欧洲货币体系的成员国对内实行可调整的固定汇率制，各成员国的货币对欧洲货币单位有一定法定比价，当某种货币偏离法定比价达一定程度时，该国货币当局就应采取相应措施。第三，逐步建立欧洲货币基金，最终建成欧洲中央银行。其目的是保证欧洲货币体系的运行，稳定各国货币的汇率。欧洲货币体系的建立和运行是欧共体货币一体化进程的重要成果。

1989 年，欧共体通过了关于欧洲经济与货币联盟的《德洛尔报告》，报告提出分三阶段建设经济与货币联盟，核心目标是建立欧洲中央银行，发行单一货币协调各国经济政策。这个报告的实施使欧洲经济一体化进入了一个新的发展阶段。

4. 欧洲联盟的起步

20 世纪 90 年代初，欧洲局势发生了深刻变化。首先，苏联解体后，东欧各国对欧共体各国抱有不同程度的期待，欧共体必须使其内部得到巩固和发展。其次，两极格局解体后美国在欧洲的军事力量收缩，打破了欧洲原有力量的均衡，欧洲迫切需要建立一种新的安全结构。最后，两德统一引起邻国不安，复兴东部成为德国的迫切任务。在这些背景下，1991 年 12 月，欧共体各国首脑集会于荷兰小城马斯特里赫特，通过了《欧洲联盟条约》，又称《马斯特里赫特条约》（简称《马约》）。《马约》成为欧洲一体化道路上一个新的里程碑。

欧洲联盟包括欧洲政治联盟和欧洲经济与货币联盟两部分，它大大扩展了欧共体的活动领域，同时也赋予了欧共体的结构和决策体制新的特征。在政治联盟上，《马约》对有关共同外交和安全问题，对法律和内务方面的合作做出了规定。在经济联盟上，《马约》规定在欧共体内建立内部大市场，实现商品、服务、资本、人员的自由流动；实现共同的竞争政策、产业结构政策、区域政策；实现宏观经济政策的协调。在货币联盟上，《马约》对货币联盟的建设步骤作了一系列规定：欧盟分三阶段实现货币联盟。

第一阶段事实上已开始于 1990 年 7 月 1 日。这一阶段的主要任务是：第一，实现资本流动的自由化；第二，所有成员国货币都加入欧洲汇率机制，其浮动幅度均不超过 2.25%；第三，成员国经济、货币、财政政策更紧密的协调。

第二阶段于 1994 年 1 月 1 日开始。这一阶段的主要任务是：第一，建立欧洲货币机构，这一机构的职能是负责各国货币政策的协调，为实现单一货币政策进行技术上的准备；第二，所有成员国的中央银行都独立于各国政府的控制；第三，固定各成员国在欧洲货币单位的“货币篮子”中的比重。到 1996 年 12 月 31 日前，理事会以特定多数的方式来表决是否应该进入第三阶段，但最迟应在 1999 年 1 月 1 日进入第三阶段（英国保留进入第三阶段的权利）。

第三阶段的任务是：第一，建立欧洲中央银行体系；第二，固定参加欧洲货币联盟的国家货币相互之间以及同欧洲货币单位之间的汇率；第三，通过多数表决制建立财政和经济政策的新框架；第四，在第二阶段开始时，将各国中央银行的外汇储备部分地转移给欧洲中央银行，转移总额为 500 亿欧洲货币单位。

《马约》的签署，只是欧共体走向欧洲联盟的第一步。《马约》虽然对欧洲联盟的建设规定了一系列的时间表，但欧洲联盟的建设并非一帆风顺，其间经历了诸多曲折。在斗争中协调，在妥协中发展，已经是也必将是欧洲一体化进程的一个突出特点。

5. 从欧元启动到统一货币的诞生

1999 年 1 月 1 日，欧元作为“账面货币”问世和启动。第一批参加欧元的是除英国、丹麦、希腊和瑞典之外的其他 11 个欧盟成员国。欧元的成功启动，是自布雷顿森林体系崩溃以来，世界货币结构最为重大的变化，表明欧洲经济联盟向货币统一迈出了重要一步，为建立真正的欧洲联盟奠定了重要基础。货币联盟的主要特点是确定一个以共同政策实现宏观经济目标的货币区域。它要求货币可完全自由兑换、资本交易充分自由化、银行业和其他金融市场的一体化，消除由于汇率不稳定造成的货币波动，协调包括预算政策在内的宏观经济政策。欧元从启动到完全意义上的货币一体化，其与区域内各国货币的调整过程是分阶段进行的。按欧盟现行进程表，自 1999 年 1 月 1 日至 2001 年 12 月 31 日为第一阶段。此阶段为欧元区内各国货币向欧元转换的过渡期，欧元于 1999 年 1 月 1 日固定下来，金融市场业务以欧元进行，企业、个人可以在银行开立欧元账户，欧元的收付可以在账户之间进行，欧元的纸币和硬币不投入流通；2002 年 1 月 1 日至 6 月 30 日为第二阶段，此阶段欧元纸币和硬币投入流通，欧元在欧元区内与各国原货币的纸币和硬币同时流通；2002 年 7 月 1 日欧元转换进入第三阶段，欧元区内各国的原货币完全退出流通。在此期间，希腊于 2000 年达到标准并于 2001 年 1 月 1 日加入欧元区。随后，斯洛文尼亚（2007 年）、塞浦路斯和马耳他（2008 年）、斯洛伐克（2009 年）、爱沙尼亚（2011 年）先后加入欧元区，使欧元区成员国增至 17 个，总人口超过 3.2 亿。

货币联盟的实现和统一货币的诞生将推动欧洲经济向纵深发展，它有助于增强欧洲市场的凝聚力，促进欧盟经济和内部贸易的发展。企业可在充分比较各成员国税收政策、劳动力价格、工作效率、规章制度、投资环境等因素的基础上，进行欧元区范围内的资产优化组合。而作为欧元区的消费者对同一质量的产品和服务，可在比较价格的基础上做出较为满意的选择。因此，欧元的启动必将导致欧盟内部新一轮的优胜劣汰的竞争，使企业进一步趋向联合化、大型化，成为名副其实的欧洲跨国集团，有效地抗衡美国和日本的竞争，在经济全球化进程中占据更有利的地位。

（二）欧洲自由贸易联盟的形成

在欧洲经济共同体成立后不久，英国、丹麦、挪威、瑞典、瑞士、奥地利和葡萄牙七个西欧国家于1960年1月缔结了《斯德哥尔摩公约》（以下简称《公约》），组成欧洲自由贸易联盟（EFTA）。EFTA成立后，其成员国变动较大，芬兰、冰岛、列支敦士登先后加入该联盟，而英国、丹麦和葡萄牙在20世纪七八十年代相继退出该组织而加入了欧共体。1993年3月，瑞典、芬兰、奥地利和挪威与欧盟就入盟问题举行的谈判结束。瑞、芬、奥三国经全民公决于1995年1月1日起加入欧盟，同时退出EFTA；挪威由于全民公决否决加入欧盟，仍留在EFTA中。随着欧盟的扩大，1995年后EFTA仅剩4个成员国。

按《公约》的规定，成员国之间的工业品贸易分阶段逐步减免关税，同时取消进口限额；农产品贸易不在自由流通之列，可由成员国通过双边协定另行协调处置；在对非EFTA的贸易上不实行统一税率，也不制定共同外贸政策，而由各国自由处置。EFTA虽设有一整套机构，包括理事会、常设秘书处和关税、贸易、经济等六个委员会，但这些机构仅有协商职能，对成员国的经济和社会政策基本上不拥有超国家的国际调节和干预职能。

EFTA建立后，根据形势发展的需要，也显示出进一步加强成员国经济合作的趋势，同时十分重视与欧盟发展经贸关系。1989年3月，EFTA在奥斯陆举行首脑会议，重申将与欧共体之间的合作由工业品自由贸易扩大到科研、技术、教育、运输、环境及社会政治领域，并表示愿与欧共体一道探讨建立共同决策和管理机构。1991年10月，EFTA与欧共体在卢森堡达成建立欧洲经济区的协议，规定从1993年1月1日起，两大经济组织之间实现商品、服务、资本和人员的自由流通，取消关税和进口限额，统一工业和产品标准，加强和扩大在环保、交通、教育、科技、旅游和社会政策领域里的合作。1998年10月，EFTA和欧盟财政部长会议在卢森堡举行，双方着重讨论了产业结构调整和增加劳动力市场的灵活性等问题。2000年6日，EFTA在苏黎世召开春季部长理事会，强调应加强EFTA国家对欧盟有关欧洲经济区的立法和规划的参与。2001年9月，EFTA成员国冰岛、挪威和瑞士加入欧盟安全健康信息网络。

此外，EFTA还重视与EFTA区域外国家和组织的关系。1996年3月，EFTA四个成员国与马其顿签署了一项合作协议，以扩大和加强双方在投资、贸易、教育等领域的合作。同年4月，EFTA成员国与埃及、摩洛哥、突尼斯召开了首届联合委员会会议，就签署自由贸易协议进行了谈判。10月，EFTA宣布成立第三国关系委员会，负责与第三国进行贸易谈判。12月，EFTA和东盟经济部长在新加坡举行非正式会谈，讨论了加强双方合作事宜。1997年6月，EFTA与摩洛哥签署了自由贸易协议，与约旦和黎巴嫩签署了合作宣言。2000年11月，EFTA与墨西哥签订了自由贸易协定，这是EFTA第一个跨大西洋的、迄今最为全面的自由贸易协定。此外，EFTA同拉美南方共同市场签署了贸易投资合作宣言。2001年3月，EFTA与新加坡在瑞士日内瓦就签署自由贸易协定展开谈判，这是EFTA首次与亚洲国家进行的自由贸易谈判。同年5月，EFTA与智利举行贸易谈判，内容涉及商品、服务、投资、政府采购、竞争以及法律等多个领域。同年6月，还与约旦、克罗地亚签署了自由贸易协议。

（三）欧洲经济区的建设

1990年10月，欧共体12国与EFTA 7国签署了建立欧洲经济区（EEA）协议，计划于1993年在上述19国内实现货物、人员、资金和服务的四大自由流动。但瑞士在1992年年底的公决中否决了该协议。针对瑞士退出EEA协议的新形势，1993年3月，欧盟又和EFTA中除瑞士以外的6国签署了议定书，保证EEA于1994年年初开始生效。1994年1月1日，除瑞士、列支敦士登以外的EFTA 5国与欧共体12国组成的EEA如期建成。EEA建立了一整套体制机构，包括理事会、联合委员会、联合议会委员会和一个协商委员会。它向EFTA 5国提供欧共体统一市场的四大（商品、人员、服务和资本）流通便利，同时EFTA 5国也将接受欧共体除农业和政治条例外的大约70%的条例。

应该指出的是，由欧共体和欧洲自由贸易联盟两大组织组成的经济区，其一体化程度大大低于欧共体以及后来的欧盟。区内既没有共同的外贸政策，也不要求共同农业政策和实行共同的货币政策。因此，EEA的本质是自由贸易区。也正因为如此，欧共体为了不因加入欧洲经济区而降低自己的一体化水平和延迟自己的一体化进程，在有关EEA建设的谈判中坚持以下三项原则：一是坚持把欧共体深入摆在首位，先深入巩固后再扩大；二是坚持欧共体决策自主权不能让步的原则，参加欧共体的国家只能接受欧共体目前的所有标准和准则；三是周边国家在参与一体化的形式上可以灵活多样，根据不同国家、不同情况采取不同的一体化形式。正是根据这些原则，1991年12月以来，欧共体同波兰、捷克、匈牙利、保加利亚、罗马尼亚、土耳其、塞浦路斯、马耳他等国签署了“联系国协定”。其主要内容包括以下五个方面：第一，逐步实现商品流动的自由化；第二，欧共体给联系国提供财政援助；第三，安排经常性对话，按欧共体现行法律调整联系国法律；第四，在交通和技术规范化等领域建立机构方面的合作；第五，进行文化合作和信息交流。1995年2月1日，欧盟与捷克、斯洛伐克、罗马尼亚、保加利亚4国签订的“欧洲协定”正式生效。根据该协定，双方将在协定生效后5～10年内，逐步相互取消关税及其他贸易壁垒，同时在一定限度内实现人员及资本的自由流动。该协定将使中东欧国家完全融入欧洲一体化进程，为它们日后正式加入欧盟创造条件。

欧盟委员会2003年6月10日发表公报宣布，EEA已经完成了与即将加入欧盟的10个国家的谈判，这些国家将在加入欧盟的同时，成为EEA的正式成员。由于新加入的成员国在经济上远远落后于上述国家，按照EEA的有关协议，挪威等3个非欧盟国家因享受了区内市场一体化带来的好处而有义务对区内落后地区提供财政支持，以促进这些地区的经济发展。根据这次谈判达成的协议，挪威等3个非欧盟国家将在此后5年内向EEA的财政机制注入6亿欧元的资金，以减轻10个欧盟新成员国、葡萄牙、西班牙和希腊等国的社会和经济发展的不平衡状况。此外，挪威还将在此后5年内以双边财政协议的方式，向欧盟10个新成员国提供5.67亿欧元的财政支持。至此，一个横跨南北欧和西中东欧的大欧洲自由贸易区宣告成立。

（四）英国脱欧简介

“英国脱欧”一般指的是从2013—2018年围绕英国“脱欧公投”发生的一系列历史

事件。其关键节点发生在2016年6月24日，当日英国举行了脱离欧盟的公投，脱欧派以微弱的优势获胜，正式表明英国脱离了欧盟。这一事件对于正处于高度一体化进程中的欧盟来说无疑是个巨大的转折，其产生的影响将复杂而深远。

它严重削弱了欧盟的软硬实力，激发欧盟范围内疑欧政党的反弹，改变内部的立场平衡并加剧欧盟发展的方向之争。未来，欧盟如果不能在危机下寻找到有效路径，务实寻求区域经济一体化的推进，其发展将丧失一定的动力。英国脱欧也将削弱欧盟的国际实力和影响力。英国虽然并非联盟的创始国，自始至终对联盟若即若离，但作为欧盟中最具影响力的三大国之一，在欧盟中发挥不可或缺的作用。英国退出，是一体化有史以来第一次有国家退出联盟，除了表明一体化并非不可逆之外，也暴露了一体化模式中的深层次问题，加剧了欧盟"多重危机"的国际形象，软实力受到严重侵蚀。英国是欧盟中最具影响力的三大国之一，经济占欧盟经济总量的15%，人口占12.5%，是欧盟范围内投资存量最大的国家，是欧盟预算的第二大出资国，是单一市场的重要推动力量。作为联合国安理会常任理事国和与美国有着特殊关系的北约成员国，英国是欧盟安全与防务政策的主要推动力量，对于欧盟的安全和全球影响具有重要意义，其退出直接损害欧盟硬实力。

四、亚太经济合作组织的形成与发展

所谓亚太地区，从狭义来说，指临近太平洋的亚洲地区，主要指东亚地区。从广义来说指环太平洋周边地域，包括东亚或西太平洋沿岸的日本，"亚洲四小龙"（韩国、新加坡、中国香港、中国台湾），印度尼西亚、马来西亚、菲律宾、泰国、文莱等东盟国家，中国、朝鲜、俄罗斯远东地区，西南太平洋的澳大利亚和新西兰、巴布亚新几内亚和众多太平洋岛国，北美自由贸易区三国和濒临太平洋的拉美各国。

从亚太经济合作的地域范围来看，能够代表整个亚太区域经济合作的组织是亚太经济合作组织（APEC），其形成和发展经历了三个阶段。

（一）酝酿阶段：20世纪60年代初至1979年

亚太经济合作问题最早是在20世纪60年代初由日本民间人士提出来的。1966年日本小岛清教授借鉴欧共体的成功经验，提议建立"太平洋自由贸易区"，在日本、美国、加拿大、澳大利亚和新西兰5个经济发达国家之间取消关税，形成类似于欧共体的自由贸易集团。日本是个资源贫乏的岛国，所需能源和原材料严重依赖进口，亚太地区是其重要的能源、原材料来源地，同时日本的产品又主要出口到亚太地区，尤其是美国市场。为此，日本迫切需要巩固其能源、原材料的供应及其产品的出口市场，以确保日本经济的长期稳定增长。这正是日本最初积极主张开展亚太经济合作的主要动机。1967年，在日本商工会议所会长的倡议下，日、美、加、澳、新5国商界、银行界和工业界人士成立了太平洋盆地经济理事会（PBEC），商讨和研究成员国公私各方关于地区贸易、投资以及更大范围合作事宜。这是亚太地区第一个规模较大、较正式的经济合作组织。1968年，在日本的积极推动下，又成立了太平洋贸易与发展会议（PAFTAP），着重开展学术活动。

最初提出的有关亚太经济合作的种种设想，都以这一地区的5个发达国家为对象，发展中国家被排除在外。但是，由于亚太地区发展中国家经济发展很快，在此地区经济中所占地位越来越重要，所以20世纪70年代中期以后，上述两个组织开始吸收亚洲新兴工业化国家（地区）、东盟国家乃至部分拉美国家，开始研究亚太合作构想。

（二）半官方协商阶段：1980—1988 年

大平正芳就任日本首相后，正式提出环太平洋合作构想。1980 年 1 月 1 日，日、澳一致同意就“太平洋共同体”构想举行一次非官方讨论会。同年 9 月，“太平洋共同体问题讨论会”在澳大利亚首都堪培拉举行，美、日、加、澳、新、东盟 5 国、南太平洋岛国和韩国的学者、企业家和政府官员参加。这就是太平洋经济合作会议（简称太经合会议，PECC）第一届会议。会议提出亚太合作的宗旨包括：①避开军事和安全问题，以创造共同体感；②经济合作是开放性的；③逐步发展，逐步加快，务必使每一步都切实有效；④实业界、学术界和官方共同参加这一事业；⑤机构应是松散的；⑥全体成员国一律平等。太经合会议的形成，标志着区域经济合作已由民间转向半官方性质，从论坛讨论到交流信息并考虑采取切实合作措施，使亚太合作走向实际一步。

此后，太经合会议经过十年发展，会议制度化和运作机构日臻完善，形成了全体会议、常务委员会、专门小组和各国委员会四个层次的会议运作体系。1990 年年初又设立了秘书处，作为常设协调机构。1986 年，中国加入该会议，使之更加完整。整个 20 世纪 80 年代，太经合会议为促进这一地区内部和外部经贸关系做出了巨大努力，取得了一定成就。该会议除了对太平洋地区各国贸易政策进行研究以外，还特别重视农业自由化问题，并对各国矿产与能源、渔业、畜产与谷物、森林开发与保护，乃至资本流动、民间直接投资、技术转让等问题进行调查。

（三）官方协调阶段：1989 年以来

面对欧洲共同体 1992 年统一内部市场计划和北美出现自由贸易区，澳大利亚时任总理霍克于 1989 年 1 月提议，召开亚太地区经济合作部长级会议。日本通产省也提出召开定期经济阁僚会议。美国也很快提出建立“环太平洋经济联盟”的建议。东盟国家经多次磋商，决定采取共同立场，做出了较积极的反应。1989 年 11 月，亚太经济合作组织部长级会议在堪培拉举行首次会议，美、日、加、澳、新、东盟 6 国和韩共 12 个国家的外交部长和经济部长参加。此次会议标志着亚太经济合作组织的成立。中国、中国台北和中国香港于 1991 年 11 月正式加入。1993 年年底在美国西雅图召开的 APEC 第 5 次部长级例会在协调一致的基础上通过了《贸易和投资框架宣言》，并决定建立常设的贸易和投资委员会来协调和促进亚太地区的贸易和投资活动。在西雅图首次举行的 APEC 成员领导人的非正式会议在就 21 世纪的前景、亚太经济合作的优先领域及促进合作的手段和机制等问题交换意见后，发表了《经济展望声明》，使 APEC 官方磋商机构的功能有所增强。1994 年年底在印度尼西亚召开的第 2 次 APEC 非正式首脑会议通过了《茂物宣言》，提出了“到 2010 年或 2020 年在本地区实现自由贸易”的具体目标，开拓了亚太经济合作的新阶段，它标志着 APEC 向机制化方向迈出了一大步。1995 年年底在日本大阪召开的第 3 次 APEC 非正式首脑会议通过了《大阪宣言》及《行动议程》。据此，1996 年批准了包括各国和地区自由化计划在内的《APEC 马尼拉行动计划》，为《茂物宣言》提出的目标制定了具体的行动议程，APEC 从制定目标阶段向付诸行动阶段转变。1996 年 11 月召开的第 8 届 APEC 部长级会议及第 4 届非正式首脑会议的议题是，落实亚太经合组织贸易和投资自由化时间表所制定的单边和集体行动计划，确立贸易和投资自由化已进入实施阶段。1997 年召开的第 9 届部长级会议和第 5 次非正式首脑会议，主要议题是讨论亚洲金融危机，进一步推动贸易和投资自由化。1998 年召开的第 10 届 APEC 会议和第 6 次非正式首脑会议，越南、俄罗斯、秘鲁被吸纳为新成员，至此 APEC 成员增加到 21 个。它们分别是日本、中国、韩国、中国台湾、中国香港、泰国、马来西亚、印度尼西亚、新加坡、菲律宾、文莱、澳大利亚、新西兰、巴布亚新几内亚、美国、加拿大、墨西哥、智利、俄罗斯、越南和秘鲁。会议提出紧急改革全球金融体系的计划，呼吁管制短期资本流动，设法使饱受亚洲金融危机冲击的国家和地区走出困境。

2001 年，APEC 在上海举行的第 13 届部长级会议和第 9 次非正式首脑会议，就进一步促进贸易投资自由化进行了协调，为此后召开的世界贸易组织部长级会议正式启动新一轮多边贸易谈判奠定了基础。2002 年，在墨西哥洛斯卡沃斯举行的第 14 届部长级会议和第 10 次非正式首脑会议上通过了《关于反对恐怖主义和促进经济增长的 APEC 首脑声明》。2003 年 10 月，在泰国曼谷举行 APEC 领导人非正式会议，在会后通过的《领导人宣言》强调，要继续加强伙伴关系，推动贸易投资自由化与便利化，保障民众和社会免受安全威胁，并能从自由开放贸易中受益，坚定支持"继续推进多哈发展议程"。2004 年 11 月，在智利首都圣地亚哥举行的 APEC 领导人第 12 次非正式会议上，各成员领导人呼吁，通过贸易投资自由化促进发展的重要性，鼓励"加强人类安全，确保经济增长"，呼吁推动"良政"和知识社会建设，为实现可持续和均衡增长、缩小经济差距、给亚太地区人民谋福利创造条件。会议发表了《圣地亚哥宣言》，强调以贸易促发展是优先目标，而推动世贸组织多哈发展议程取得进一步进展是当务之急，同时呼吁在反恐、预防禽流感和防止腐败方面加强合作。2005 年 12 月，APEC 领导人非正式会议在韩国釜山举行，主题是"迈向一个共同体：迎接挑战，推动变革"，并优先讨论了推动自由贸易、反腐败、共享知识经济繁荣、人类安全、中小企业与微型企业、消除性别差异、APEC 改革、加强不同文化间的交流等议题，并同意 2008 年年底前在区域自由贸易尽可能多的领域进行试点。2006 年至 2010 年举行的 APEC（第 14 ～ 18 次）领导人非正式会议，先后就支持多哈回合谈判、贸易投资自由化和便利化以及推动亚太自由贸易区建设等问题进行了讨论。2011 年 11 月，APEC 第 19 次领导人非正式会议在美国夏威夷举行，美国力挺跨太平洋经济战略伙伴关系协定的举动，被广泛认为是在针对并遏制中国，是美国对抗中国崛起的策略。人民币兑美元汇率的博弈也成为本次会议的焦点，美国继续向中国施压，要求加快人民币升值速度。此外，还围绕新能源产品关税问题进行了讨论。

APEC 的建立具有重要的历史意义，它表明亚太经济合作机构已由基本属于民间性协商机构向官方的政策协调和协调机构过渡，标志着亚太经济合作已步入实质性阶段，并且已开始着手实施具体合作项目。

第三节　国际区域经济一体化对世界经济的影响

区域经济一体化的形成和发展有其客观必然性，它的存在和发展对世界经济产生了多方面的影响。区域经济一体化反映了当代世界经济发展的客观趋势，而这种趋势又是在不断解决当代世界的许多矛盾的过程中发展的。在这一过程中，无论在集团内部还是在集团之间都充满着矛盾和斗争，有时还会出现曲折和困难。

一、区域经济一体化对世界经济发展及其格局的影响

（一）区域经济一体化使国际经济关系结构发生了变化

在以往的世界经济中，一般都是独立国家通过各种经济交往，结成一定的国际经济关系，它是在竞争中自发形成的，不涉及国家主权的转移。而区域经济一体化的发展，使国际交往中的各方，变成了通过条约或协定结成国际区域一体化组织，每个成员国的经济活动都将不同程度地受其所属区域一体化组织的制约，其部分经济主权将让渡给一体化组织，从而使国际经济关系结构发生了变化。

（二）区域经济一体化进一步推动了经济全球化趋势的发展

从产业角度来看，一体化组织成员国的产业结构调整，使跨区域的产业转移加快；从贸易角度来看，区域贸易自由化，在一定范围内对贸易保护主义有所抑制，有利于削弱不公平贸易；从金融角度来看，区域内贸易自由化，进一步推动金融市场的自由化，从而有利于国际金融市场的一体化。上述三大趋势都有利于生产要素的国际流动，使资源配置效益提高，从而刺激世界经济增长。

（三）区域经济一体化促使世界各类国家或地区加快经济调整步伐和经济转型速度

这种调整主要集中在两个方面：一是为适应区域内贸易自由化的需要，深化经济体制改革，使之与世界市场运行机制相衔接；二是为适应区域内部贸易增长的需要，成员国更加全面地参与国际分工，深化产业结构调整，更加重视发展具有优势的主导产业。同时，各国为了在区域一体化组织内部的竞争中占据更大的优势，在贸易中占有更大的份额，都力争在高科技领域占据优势，加快高新产业的发展。所有这一切，必将加快经济调整的步伐和经济转型的速度。

（四）区域经济一体化加强了区域内外的竞争机制和区域内各国经济与世界经济的活力

从区域内看，随着区域内市场障碍的消除，使各成员国自由市场范围扩大，竞争加剧。各国企业为了适应日益激化的竞争，必将使生产要素向着效率更高、更合理的领域转移，提高效率和降低成本；从区域外看，任何进入区域内的商品和投资，不仅面临东道国本身的竞争，而且将面临所有成员国的竞争，从而使区域外各国不得不增强自己的经济活力，从而在客观上促进了世界经济的增长。

（五）区域经济一体化使得区域性壁垒对国际贸易产生一定的消极影响

区域经济一体化虽然在本区域内实行自由贸易，改善区域内各国之间的贸易条件，促进区域内成员国之间贸易往来迅速增长，但对区域外实行统一的壁垒政策，推行不同程度的保护主义，具有比较明显的排他性，这实际上弱化了国际贸易自由化程度。虽然欧美两大区域组织一再强调将遵守全球贸易自由化原则，但实际上集团之间的贸易保护主义有日

益加强的趋势。特别是在区域内的某些国家陷入经济危机或贸易不平衡时，集团式的新贸易保护主义就更加强化，从而对区域外各国的对外贸易发展更为不利。

（六）区域经济一体化改变了世界经济格局

欧盟建立之前，构成世界经济格局的因素主要是单一的国家，即便是欧共体也主要是以德、法、英三国为主体，形成了世界经济的美、欧、日三极格局，从全球政治经济视角观察，还有所谓美、苏两极格局。世界经济格局的基础主要是各国的经济实力和影响力，即要具备相当的国民经济总量和密切的国际经济联系。欧盟的成立及不断扩充，打破了世界经济格局的主体状态，国家参与世界经济的方式日益从国家个体走向集团参与，北美自由贸易区和 APEC 的建立就是这一转变的真实写照。当前的世界经济格局是以区域经济一体化组织为主体的世界经济多极化，欧盟、北美自由贸易区和 APEC 构成了世界经济的三极。值得关注的是，各极之间已开始出现相互交叉和渗透的现象，美国对亚太事务的积极参与及 TPP 的出现就说明了这一点。可以预料，这一变化可能会对今后的世界经济格局的走向产生深远的影响。

二、区域经济一体化面临的主要矛盾与问题

（一）国家民族利益与区域一体化组织的共同利益之间的矛盾

区域经济一体化是各有关国家的民族经济的国际联合，或者说是国内经济即国民经济在邻近地区内的超国家联合。在这种联合中不可避免地发生国家民族利益与区域的共同利益之间的矛盾。就欧盟来说，长期以来内部一直存在两派主张之间的分歧和斗争。一派主张加速一体化进程，尽快实现欧洲联邦，把各成员国包括经济、货币、外交、防务等方面主权在内的国家主权尽快交给联邦机构，甚至主张把各成员国的公民变成“欧洲公民”；而另一派则认为共同体的真正主体应该是各成员国的国家权力机构，因而反对以放弃国家主权和民族主体为代价换取某些经济上、防务上的暂时利益。特别是经济实力相对弱小的国家，担心一体化进程的加快和加深，难免蒙受大国、强国的控制。

早前的英国拖延批准《马约》，丹麦公民投票否决《马约》，以及后来的欧盟宪法危机，英国否决就欧盟新条约进行修改，都突出地反映了区域一体化与国家主权之间的矛盾和冲突。

区域经济一体化的一个共同目标或理想，是按照市场经济规律的要求，逐步实现四大自由，即货物、服务、资本、人员的跨国自由流动。实现这四大自由，是一个相当复杂、曲折、漫长的过程。就欧盟来说，完成这个过程用了近 40 年的时间。其中一个重要原因，就是打破以国家利益为主体建立起来的对内、对外经济体制的束缚和障碍并非一朝一夕的事情。这突出表现在以下几个方面：①关税壁垒基本消除后，非关税壁垒却不断增加。成员国之间往往采取财政、技术及行政措施限制进口，以保护本国市场。例如，规定新的安全、卫生、技术标准，制定烦琐的商品进出口手续，利用边境检查刁难进口商等。②资本的自由流动，可能导致一些国家资本外流过多，影响本国外汇收支，损害经济增长和就业。因此，共同体成立之后，各成员国一般都保留程度不同的外汇管制，并在增值税、公司税、利润税等税收方面保留差别待遇。这些措施都妨碍资本的自由流动。③服务的自由

流动方面，在运输业、银行业和保险业中存在障碍最为严重。例如，在运输部门，成员国在收费标准、工作条件、车辆载重和体积的计算上实行不同的规章，因而影响运输服务的自由流动。

（二）各成员国之间经济实力悬殊、发展不平衡所带来的矛盾

这种矛盾在北美自由贸易区中尤其明显。众所周知，美国、加拿大、墨西哥三国的经济实力相差悬殊，北美自由贸易区成立之初，美国的年国民生产总值比墨西哥高出20多倍，加拿大的年国民生产总值也只有美国的1/10。其次，加拿大和墨西哥的出口贸易严重依赖于美国，加拿大对美国出口和进口分别占其出口总额的3/4和进口总额的2/3；而墨西哥对美国的相应比重则分别为2/3和3/4。此外，美国是加拿大和墨西哥的最大投资者，美在加的直接投资占外国在加直接投资总额的78%，美在墨西哥的投资则占墨所有投资的62%。《北美自由贸易区协定》生效之后，美国的资本更进一步渗透到加拿大和墨西哥所有经济领域，从而使加、墨两国对美国的依赖程度进一步加深。加、墨两国在利用美国资本和市场促进自己的经济增长的同时，也在千方百计维护自己的独立地位，在《北美自由贸易协定》范围内寻找防止民族工业被美国垄断资本完全控制的措施和途径。因此，北美经济一体化过程中控制与反控制的斗争是不可避免的。

以金融货币领域的矛盾为例，欧元的诞生，使得经济发展水平本不相同的欧元区各国实行统一的货币政策，干预经济的政策手段主要集中在财政政策上，而欧元区并没有共同的财政政策作为基础，各国财政政策的滥用，使部分成员国政府累积债务激增，导致欧洲主权债务危机爆发，致使欧元地位岌岌可危。

（三）区域内部的一体化与区域外部政策协调的矛盾

就欧盟而言，经过长期的努力，其内部经济一体化已经取得重大进展，但其成员国对外部世界的政策往往不能够做到完全协调一致。例如，德国在东欧有重大利益，法国在非洲有其势力范围，英国与英联邦国家保持着特殊关系，它们在这些地区很难采取共同的立场和政策。欧盟各国对美国的立场也不完全一致，例如在削减农产品补贴的问题上，法国和荷兰一直反对与美国达成协议等。

（四）各成员国政治制度和经济体制的差异所引起的矛盾或困难

这种情况主要表现在政治体制不同的国家之间的关系上。目前，世界上区域性经济联盟大都是由社会政治和经济制度大致相同的国家和地区组成的，但在亚太地区却形成了由不同政治体制国家组成的区域一体化组织，如亚太经济合作组织、东盟自由贸易区以及中国-东盟自由贸易区等。政治体制不同，必然给相互之间的合作带来一些障碍和矛盾，例如，美国一方面积极参与亚太经济合作，主张同包括中国在内的亚洲各国组成APEC，逐步在成员之间实行贸易自由化和投资自由化，但另一方面，面对中国的快速崛起，却经常采取敌视的政策，或宣扬“中国威胁论”，或采取各种手段图谋遏制、排挤和孤立中国。因此，不同政治体制国家间区域经济合作，更是一个艰难和复杂的过程。当然，也应当看到，进入20世纪90年代以后，在苏联解体和东欧剧变之后，在世界格局大变动、大转变中，各国之间的争夺日益从政治军事领域转向经济技术领域，政治制度及意识形态的矛盾和斗争有所弱化，在国家间的合作上，经济因素日益超越政治因素，从而使政治体制不同

的国家之间建立比较密切的经济联系和合作成为可能。这也是 APEC 得以存在和发展的条件。

总之，在区域经济走向一体化的过程中存在和产生这样或那样的摩擦和矛盾是不可避免的。在一体化和集团化中，统一是相对的，矛盾是绝对的。有的区域一体化组织，通过成员国相互协调和妥协，使矛盾不断缓解，从而使一体化组织得以巩固和发展；有的区域一体化组织，其成员国之间的矛盾得不到协调和缓解，最终导致一体化组织名存实亡，甚至瓦解。

第四节 国际区域经济一体化的实践

本章的第二节，以欧洲经济一体化与亚太经济合作组织为例介绍了区域经济一体化的形成与发展过程，本节将在此基础上，继续以“世界各主要自贸区的组建”为主题，介绍世界其他区域的经济一体化实践过程，其主要包括美洲自由贸易区的组建、中国－东盟自贸区与上海合作组织的建立等内容。

一、美洲自由贸易区构想

（一）美洲自由贸易区的提出

美洲自由贸易区（FTAA）的设想是美国在 1994 年西半球首脑会议（在迈阿密举行）提出的，目的是于2005 年年初在西半球建立一个世界上面积最大、年 GDP 总值达 14 万亿美元、拥有 8 亿人口的自由贸易区。FTAA 成立后，将是全球最大的自由贸易区，与欧盟形成对峙之势。

（二）组建美洲自由贸易区的基础

之所以要构建这一庞大的自由贸易区，是与该地区各国利益密切相关的。从美国来看，1988 年美国通过综合贸易竞争法案，确定了通过双边、多边和区域贸易等多种方式开展国际贸易以推动国内经济增长的战略。为了维护自身安全和国家利益，美一方面支持世界贸易组织，提倡多边贸易体制，另一方面更注重双边贸易，先后与加拿大、以色列、智利等国签订了双边自由贸易协定，也考虑通过建立区域自由贸易的方式加强其在西半球的战略地位，巩固其在西半球的霸权地位。从拉美各国来看，债务危机和经济衰退使拉美国家意识到，奉行了几十年的进口替代经济发展模式已走到尽头，它们迫切需要经济改革，渴望与美国、加拿大在贸易、投资、贷款、技术转让、生态环境等方面加强合作，以加快本国的经济发展，提高综合国力和国际竞争力。亚太经合组织和欧盟建立，特别是北美自由贸易区的成立给这些国家带来的震动和启示，使它们看到了墨西哥接近美国、加拿大而获得好处，激起了它们在国际政治经济格局中重新定位的强烈愿望，支持建立 FTAA。从加拿大来看，虽然并不把 FTAA 作为重要事项来对待，由于直接涉及加的切身利益，因此加政府对此仍持积极态度。按照 1994 年在迈阿密召开的美洲 34 国首脑会议的决定，在北美自由贸易区南扩的基础上，于 2005 年年初结束 FTAA 的各项谈判。进入 21 世纪以来，

FTAA 在很多方面取得了较大进展。

二、中国－东盟自由贸易区的形成

（一）中国－东盟自由贸易区的建立

在亚太经济合作领域，以国家为基础建立区域性组织的最早代表是东南亚国家联盟（简称东盟）。它成立于 1967 年，成立时成员包括印度尼西亚、马来西亚、菲律宾、新加坡、泰国、文莱六国。但 20 世纪 90 年代以前，它优先考虑的是政治而不是经济，奉行所谓政治优先主义；在谋求加强成员国之间的经济合作方面，由于内外种种原因进展未能如愿。进入 90 年代，在世界政治经济格局发生重大变化，特别是以欧共体和美国为中心的世界经济区域化趋势日益明显的形势下，东盟国家认识到，不调整策略，不加强成员国之间的经济合作，必将处于不利地位。在 1991 年 10 月 8 日第 23 届东盟经济部长吉隆坡会议上提出了推进地区经济合作的建议，各国一致同意采取建立制造业产品自由贸易区的形式加强地区经济合作。1992 年 1 月，东盟 6 国在新加坡举行的第 4 次首脑会议上，签署了《1992 年新加坡宣言》《东盟经济合作框架协定》和《共同有效普惠关税协定》。这些宣言和协定的签署，标志着东盟在经济合作方面跨入了自由贸易区的新阶段。

进入 20 世纪 90 年代，中国与东盟的关系迅速发展。1997 年 12 月，中国与东盟最高领导人首次会晤，确立了中国与东盟建立面向 21 世纪的睦邻互信伙伴关系。随后，中国与东盟 10 个成员国均签署了面向 21 世纪双边合作的框架协议，确定了双边合作的总体目标、行动准则和合作领域，尤其确立了双边经贸合作的重要地位和具体领域。同时，中国与东盟的合作对话机制逐步建立和完善，并形成了从政府首脑定期会晤到专门机构具体磋商的对话合作机制。进入 21 世纪，中国与东盟的经贸关系进入一个新的发展阶段。2002 年双边贸易突破 500 亿美元，东盟是中国吸引外资的重要地区，中国企业到东盟国家的投资逐年增长，东盟是我国工程承包与劳务合作的重要伙伴，双边农业合作力度加大，科技交流迅速发展，货币互换网络正在建立，“电子东盟”项目业已启动。中国与东盟经贸关系的日益密切，为建立中国－东盟自由贸易区奠定了坚实基础。

2000 年 11 月，在新加坡举行的第 4 次中国－东盟领导人会议上，中国首次提出建立中国－东盟自由贸易区的宏伟构想。时隔一年后，中国和东盟领导人在文莱举行的第 5 次中国－东盟领导人会议上宣布决定在 10 年内建成中国－东盟自由贸易区。2002 年 11 月，中国与东盟正式签署了《中国与东盟全面经济合作框架协议》，这标志着中国－东盟自由贸易区进程正式启动。

（二）中国－东盟自由贸易区的框架内容

中国－东盟自由贸易区合作的基本内容，主要包括：

（1）货物贸易自由化。按框架协议规定，2003 年 7 月 1 日，中国－东盟自由贸易区实行 WTO 最惠国关税率，2010 年与原东盟 6 国建立贸易自由区，而与东盟新成员建成的时间为 2015 年。

（2）服务贸易自由化。中国－东盟自由贸易区服务业自由化的基本原则是在《服务贸易总协定》（GATS）规范的基础上，进一步加强成员国彼此间服务业合作，减少服务贸易限制，逐步实现涵盖众多部门的服务贸易自由化。

（3）区内投资安排及便利化措施。中国与东盟在增加投资规则和管理的透明度、建立投资制度等方面将加强合作，促进区域内资本流动和增强对区外直接投资的吸引力。

（4）多层次全面性的合作。中国—东盟合作领域广泛，包括货物贸易、服务贸易、金融、旅游、人力资源开发、中小企业、产业合作、知识产权、环境保护、林业及其产品、能源及次区域开发等领域，并确定了重点合作领域即农业、信息及通信技术、人力资源开发、投资和湄公河流域开发。

（5）对东盟新成员制定了灵活措施。对东盟新成员提供特殊和差别待遇及灵活性。

（6）建立相应的组织机构以及标准规则，保证框架协议的有效实施。中国－东盟自由贸易区的目标由四个不同层次的协商机制推进，其中包括首脑最高层会议、部长会议、高官会议、联委会和专家组。

上述框架协议的目标是使双方结为全面经济合作的伙伴，互信的内容是确定自由贸易区范围、措施和时间的法律基础。2004 年 11 月，第 10 次东盟首脑会议签署了《中国－东盟交通合作备忘录》《中国－东盟全面经济合作框架协议货物贸易协议》《中国－东盟争端解决机制协议》等文件，这标志着中国－东盟自由贸易区已全面启动。2005 年 8 月，《货物贸易协议》降税计划开始实施，有近 7 000 种商品降低了关税。2009 年 8 月，《中国－东盟自由贸易区投资协议》的签署，标志着主要谈判的结束。2010 年 1 月 1 日，中国－东盟自由贸易区正式建立，形成了一个拥有 18 亿人口、近 6 万亿美元国内生产总值、4.5 万亿美元贸易额的自由贸易区。中国和东盟 6 个老成员，即文莱、菲律宾、印度尼西亚、马来西亚、泰国和新加坡之间，有超过 90% 的产品实行零关税。东盟 4 个新成员，即越南、老挝、柬埔寨和缅甸，也将在 2015 年实现 90% 零关税的目标。双方还将实现更加广泛深入的开放服务贸易市场和投资市场。

三、上海合作组织的组建及其影响

（一）上海合作组织的组建

上海合作组织的建立首先应归溯于各国对区域安全的重视与需要，1996 年 4 月 26 日和 1997 年 4 月 24 日，中、俄、哈、吉、塔五国先后签署了《关于在边境地区加强军事领域信任的协定》和《关于在边境地区裁减军事力量的协定》。这两个历史性文件为“上海五国”安全合作机制奠定了重要的法律基础，启动了“上海模式”的新型安全合作进程，也成为国际社会解决军事矛盾、建立军事互信的典范。

1998 年 7 月 3 日，“上海五国”在第三次元首峰会《联合声明》中首次明确指出，“任何形式的民族分裂主义、民族排斥和宗教极端主义都是不能接受的。各方将采取措施，合力打击国际恐怖主义、有组织犯罪、偷运武器、贩卖毒品和麻醉品以及其他跨国犯罪活动”。1999 年 8 月 25 日，五国元首在第四次峰会《联合声明》中再次重申了打击“三股势力”的决心，并明确要求“五国职能部门采取措施开展协作，包括制订有关联合行动计划”。这是国际社会首次在正式文件中提出“恐怖主义是地区安全的主要威胁因素”，并将非传统安全领域中的联合行动列入地区安全合作工作日程。此后，五国于 1999 年 12 月 2 日召开了“比什凯克‘上海五国’执法部门领导人安全合作与协作会议”，确定了非传统安全合作内容，包括反对国际恐怖主义，反民族分裂主义，打击有组织犯罪集团，打击非法贩运武器、毒品走私以及制止非法移民等。

2001 年 6 月 15 日，“上海五国”和乌兹别克斯坦正式组建上海合作组织，并发表了共同文件《打击恐怖主义、分裂主义和极端主义上海公约》。此后，面对错综复杂的地区形势，该组织积极开展安全合作，加强合作机制建设，不断完善综合安全体系。

2002 年 5 月，上海合作组织经贸部长在上海举行首次会晤，一致同意正式启动经贸部长会晤机制和贸易投资便利化谈判。2003 年 9 月，六国总理在北京举行第二次会议，通过了《上海合作组织成员国多边贸易合作纲要》，明确了成员国多边经贸合作的优先领域，即能源、交通、电信等基础建设，并确定了 120 多个多边合作项目。几年来，上海合作组织不仅建立了经贸部长会议、高官委员会会议等定期会晤机制，成立了银联体和实业家委员会，还组建了海关、质检、电子商务、投资、能源、信息和电信 7 个重点合作领域的专业工作组，通过开展经贸合作，有效维护成员国的经济安全。

此外，上海合作组织还建立了文化部长会议机制，积极开展文化合作。近十年来，各成员国在上海合作组织框架内，本着“尊重多样文明”的“上海精神”积极展开色彩纷呈、内容丰富的文化交流活动，为增进不同文明之间人民的相互理解和友谊，促进上海合作组织全面深入发展奠定了坚实的文化基础。

（二）上海合作组织的积极影响

1. 利于维护地区的安全和稳定

上海合作组织的建立，为成员国在安全领域的合作奠定了坚实的法律基础和全面的合作机制，有利于成员国合作打击分裂主义、恐怖主义和极端主义等“三股势力”，并在共同的利益和目标下，防止外来势力渗透和插手各国内部事务，共同维护地区的安全和稳定。

2. 利于维护国际战略平衡和促进多极化世界发展

由于上海合作组织成员国之间在经贸领域互利合作的潜力和机遇巨大而广泛，因而成员国在互利合作下经济的繁荣和综合国力的提升，有利于维护国际战略平衡和促进多极化世界发展。上海合作组织的诞生符合本地区的现实需要，顺应和平与发展的时代潮流，符合成员国人民的根本利益，它必将对促进成员国的睦邻互信与友好合作，维护地区的和平、安全与稳定，推动世界多极化和维护国际战略平衡。

3. 利于弘扬“上海精神”

互信、互利、平等、协商、尊重多样文明、谋求共同发展的“上海精神”，充分体现了和平与发展的时代潮流，为国与国之间解决争端、发展合作，提供了一种新思路和新模式。它昭示着一种新型安全观，一种新型国家关系和区域合作模式，必将有着美好的发展前景。

4. 产生良好的国际政治经济影响

上海合作组织的建立，不仅具有重大的国际政治影响，而且具有特殊的经济意义。上海合作组织可谓是国际政治领域的一股“清流”。它不以打造封闭的、以他国为目标的军事政治同盟为目的，而是以平等互信为基础，以互利共赢为原则，以对话协商为手段，以共同发展为目标，全面推进各领域合作发展，确立了长期睦邻友好合作关系，以实际行动开创了结伴而不结盟的国际关系新模式，成为国际秩序健康发展的建设性力量。同时，上海合作组织也意味着中国在具有实质意义的国际性组织中，展现出自己的主动性和主导性，也表明了中国经济实力已达到相当水准，对其他国家具备较强的吸引力。

本章小结

国际区域经济一体化是当代世界经济发展的重要特征之一。区域经济一体化组织可分为特惠关税区、自由贸易区、关税同盟、共同市场和经济货币同盟五个层次，还可分为以产业内部分工、发展民族工业、南北合作为动因的区域一体化组织。区域经济一体化的发展有一定的理论基础，它包括关税同盟理论、大市场理论、国际区域协作理论和综合发展战略理论等。区域经济一体化反映了当代世界经济发展的客观趋势，但在区域经济走向一体化的过程中也不可避免地存在这样或那样的摩擦和矛盾。区域经济一体化的存在和发展对国际经济关系结构、经济全球化趋势、世界经济格局等方面都产生了重要影响。国际区域经济一体化形成了三次发展高峰，从地域上主要又体现在欧洲区域一体化的形成和欧盟的发展、亚太经济合作组织的形成、美洲自由贸易区、中国－东盟自由贸易区的组建等。

思考与练习

1. 什么是国际区域经济一体化？其发展的基本原因有哪些？
2. 如何评价欧共体（现欧盟）的共同农业政策和单一货币政策？
3. 英国脱欧对国际区域经济一体化会产生哪些影响？
4. 简述 APEC 诞生的过程及其意义。
5. 中国－东盟自由贸易区框架协议主要包括哪些内容？
6. 简述国际区域经济一体化对世界经济格局产生的影响。

第九章　发达国家经济体的模式与经济调整

教学目标

1. 知道发达国家的含义及其特点；
2. 懂得发达国家主要市场经济模式的内涵及其区别；
3. 了解战后西方发达国家的经济发展的进程；
4. 掌握发达国家经济调整的政策和手段；
5. 认识 G7 峰会的产生背景及其影响。

“发达国家”是战后出现的新概念，同战前使用的“帝国主义国家”概念相比，它概括的范围更广泛，并反映着战后国际政治经济关系的新变化。“发达国家”通常又称为“发达的资本主义国家”，是与“发展中国家”相对应的概念，一般指那些生产力高度发达、具有成熟的市场经济关系及其体系、社会经济结构十分稳定的国家。

目前，在全世界 190 个国家中，可以称为发达国家的只有 20 多个，主要是经济合作与发展组织（OECD）的成员国。它们的人口只占世界人口的 1/5，但其经济却在世界经济中居主导地位。例如，在 1980 年全球 GNP 和出口总额中，仅美国、日本和欧共体（EC）国家就分别占了 64.8% 和 60.4%，如果把其他发达国家也包括在内，则两者的比重均在 2/3 左右。这说明，发达国家的经济在世界经济中占有举足轻重的地位，它们不但决定着世界经济的运行规则，而且它们的经济体制模式及其变革也对世界经济的发展具有十分重大的影响。

第一节　发达国家概述

对于人们耳熟能详的“发达国家（地区）”和“发展中国家（地区）”这一对概念，是在第二次世界大战后出现的新概念，它是从社会经济发展程度来考察和评价的，主要涉及收入水平、经济多样化程度、社会发展水平以及民生等多项指标。可以这样说，到目前为止尚无被公认的国际评判标准。

一、发达国家的界定

“发达国家”和“发展中国家”这一对概念的提出始于二战结束后不久，大量前殖民地从宗主国统治下独立出来。此时，发展经济学作为经济学的分支学科兴起。一开始，学术界将前殖民地称作是后来者（latecomers），而将发展水平较高的宗主国称作先行者（pioneers），后来分别逐步演变为发展中国家和发达国家。历史上，主要国际组织对发达国家和发展中国家均有不同的定义和界定标准。

（一）联合国《统计年鉴》的划分

20 世纪 60 年代中期，联合国《统计年鉴》中开始出现“工业化国家（industrialized countries）”和“低度工业化国家（less-industrialized countries）”的分组，相关表格的注释给出了明确的阈值，即人均增加值（GDP）125 美元（注：1948 年价格），首次将国家划分为发达市场国家、发展中市场国家和中央计划国家。

在实际操作中，通常将北美洲（美国和加拿大）、欧洲（不包括俄罗斯和部分东欧国家）、亚洲的日本和大洋洲的澳大利亚和新西兰归入发达国家；将非洲、拉丁美洲和加勒比、亚洲（不包括日本）、大洋洲（不包括澳大利亚和新西兰）归入发展中国家。

（二）联合国开发计划署的划分

联合国《统计年鉴》单独使用人均 GDP 来划分发达国家与发展中国家显然存在很多缺陷，对此联合国开发计划署于 1990 年开始每年发布《人类发展报告》，测算和分析世界及各国人类发展指数（human development index，HDI）。该指数主要由预期寿命、成人识字率和人均 GDP 对数三个指标构成。具体划分标准是：人类发展指数不低于 0.9 即为发达国家，低于 0.9 的国家为发展中国家。

表 9－1　2018 年人类发展指数概览（前 100 位）

HDI排名	国家	HDI	HDI排名	国家	HDI	HDI排名	国家	HDI	HDI排名
1	挪威	0.963	26	西班牙	0.891	51	保加利亚	0.813	76
2	瑞士	0.944	27	捷克共和国	0.888	52	罗马尼亚	0.811	77
3	澳大利亚	0.939	28	意大利	0.880	53	白俄罗斯	0.808	78
4	爱尔兰	0.938	29	马耳他	0.878	54	巴哈马	0.807	79
5	德国	0.936	30	爱沙尼亚	0.871	55	乌拉圭	0.804	80
6	冰岛	0.935	31	希腊	0.870	56	科威特	0.803	81
7	中国香港	0.933	32	赛普勒斯	0.869	57	马来西亚	0.802	82
8	瑞典	0.933	33	波兰	0.865	58	巴巴多斯	0.800	83
9	新加坡	0.932	34	阿联酋	0.863	59	哈萨克斯坦	0.800	84
10	荷兰	0.931	35	安道尔	0.858	60	伊朗	0.798	85
11	丹麦	0.929	36	立陶宛	0.858	61	帕劳	0.798	86
12	加拿大	0.926	37	卡塔尔	0.856	62	塞舌尔	0.797	87
13	美国	0.924	38	斯洛伐克	0.855	63	哥斯达黎加	0.794	88
14	英国	0.922	39	文莱	0.853	64	土耳其	0.791	89
15	芬兰	0.920	40	沙特阿拉伯	0.853	65	毛里求斯	0.790	90
16	新西兰	0.917	41	拉脱维亚	0.847	66	巴拿马	0.789	91
17	比利时	0.916	42	葡萄牙	0.847	67	塞尔维亚	0.787	92
18	列支敦士登	0.916	43	巴林	0.846	68	阿尔巴尼亚	0.785	93

续上表

HDI排名	国家	HDI	HDI排名	国家	HDI	HDI排名	国家	HDI	HDI排名
19	日本	0.909	44	智利	0.843	69	特立尼达和多巴哥共和国	0.784	94
20	奥地利	0.908	45	匈牙利	0.838	70	安提瓜和巴布达	0.780	95
21	卢森堡	0.904	46	克罗地亚	0.831	71	格鲁吉亚	0.780	96
22	以色列	0.903	47	阿根廷	0.825	72	圣基茨和尼维斯	0.778	97
23	韩国	0.903	48	阿曼	0.821	73	古巴	0.777	98
24	法国	0.901	49	俄罗斯联邦	0.816	74	墨西哥	0.774	99
25	斯洛文尼亚	0896	50	黑山共和国	0.814	75	格林纳达	0.775	100

数据来源：《2018 年人类发展指数和指标报告（HDI）》。

（三）国际货币基金组织

国际货币基金组织在 1948 年的《国际金融统计年鉴》中，从分析层面将国家划分为四组分类：一是工业化国家、其他高收入国家、欠发达国家；二是工业化国家、较发达地区的初级产品生产者、欠发达地区的初级产品生产者；三是工业化国家，如欧洲其他地区、澳大利亚、新西兰、南非，石油出口国家，以及其他欠发达地区；四是工业化国家和发展中国家。

总之，各主要国际组织对于发达经济体和发展中经济体的界定、覆盖范围存在明显差别。本书将发达国家或地区定义为：生产力高度发达、具有成熟的市场经济关系及其体系、社会经济结构十分稳定的国家或地区。它们主要包括：美国、日本、德国、法国、英国、意大利、加拿大、瑞典、丹麦、挪威、芬兰、比利时、卢森堡、瑞士、奥地利、荷兰、澳大利亚、新西兰等，其中，美国、日本、德国、法国、英国、意大利、加拿大是 7 个最大的发达国家。

二、战后发达国家的特点

纵观发达国家发展史，可以知晓，世界发达国家几乎都是经历了 18 世纪至 19 世纪工业革命的国家，具有较强的工业文化底蕴。并且在经济发展模式上，当今发达国家也多处于后工业化迈向信息化的模式中，在国际地位上具有比较明显的优势。虽然不同的发达国家形成了不同的经济体制特色，但各国的市场经济都具有以下共同特征：

（一）科学技术和生产力水平高度发达

1. 百年诺贝尔科学奖

截至 2017 年 10 月，三大科学领域诺贝尔科学奖共颁发 328 项（次），获奖人数 599 人次，共计 596 人。迄今有 27 个国家的科学家获得过诺贝尔科学奖（图 9－1），其中 50% 以上的诺贝尔科学奖都由美国科学家获得；95% 以上的诺贝尔科学奖都被发达国家摘得。中国

（含中国香港）仅获得过2项，获奖者分别是屠呦呦（2015年）和高琨（2009年）。

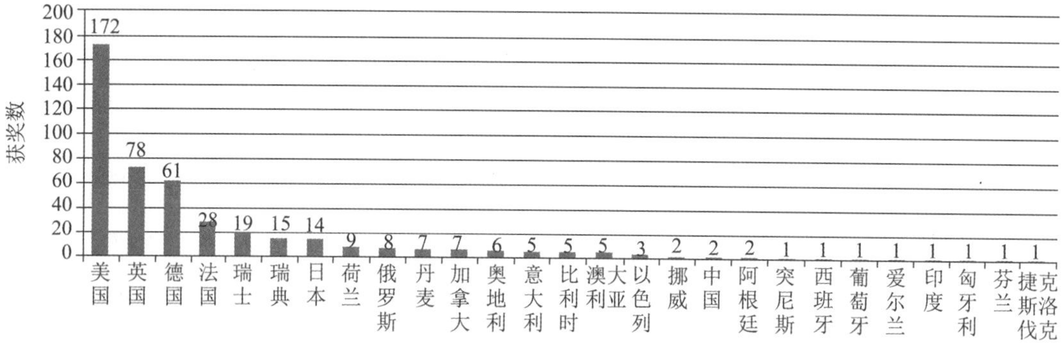

图9-1　1901—2017年诺贝尔科学奖各国获奖数

数据来源：OECD数据库。

2. 论文专利产出

虽然基础科学研究在各国已经普遍得到重视，但是可以发现不发达国家与发达国家在科研质量方面的差距仍然非常明显。以中国为例，中国科技论文产出大幅快速增加，但研究质量尚存在较大差距，基础科学研究的重大突破绝大多数也发生在发达国家。

3. 研发投入强度

发达国家高度重视研发（R&D）投入，2016年美国、德国、法国和日本四国的研发投入强度分别为2.74%、2.94%、2.25%和3.14%。对比之下，我国研发投入强度稳步提升，从2000年的0.90%升至2016年的2.11%。2017年我国研发投入强度达到2.12%（图9-2）。

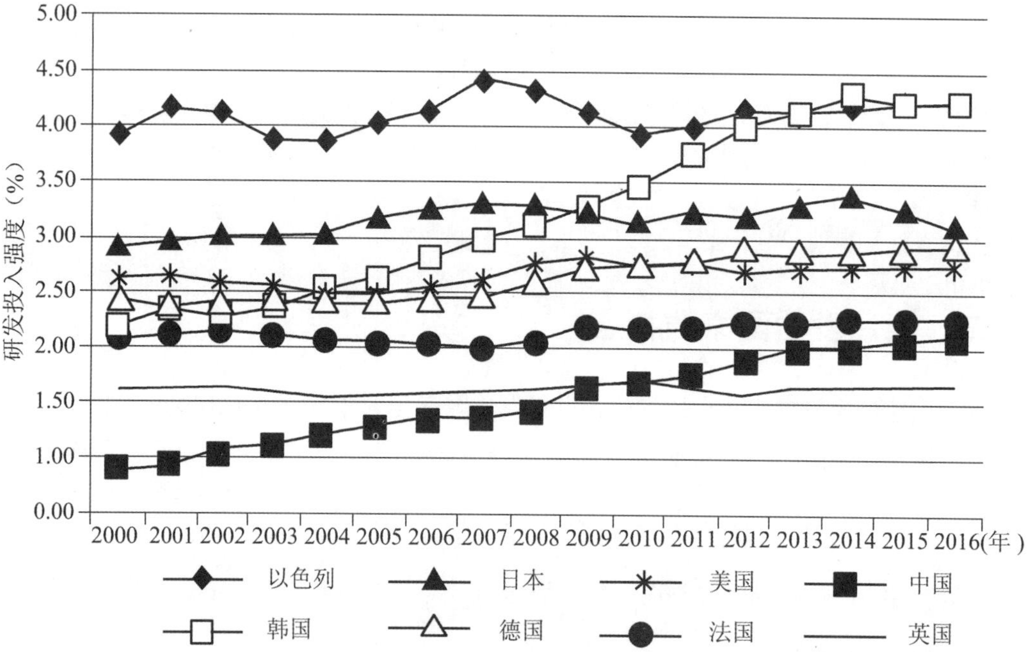

图9-2　2000—2016年中国与科技发达国家研发投入强度比较

数据来源：OECD数据库。

（二）先进的产业结构

对于发达国家和地区，经济结构中物质生产部门（农业部门、工业部门）所占比重下降，非物质生产部门（服务业）所占比重提高，这是多数国家产业结构调整的基本脉络。

发达国家产业结构调整的重点是推进高新技术产业化与产业结构高级化。以高新技术改造传统产业，使趋于衰退的传统产业——农业与制造业发生逆向回归，为它们赢得新的发展空间。

（三）经济运行机制比较成熟，宏观经济调控机制相对完善

一般来说，发达国家市场机制和市场体系更加健全，市场通过价格机制在资源配置中起主导作用，不仅有高度发达的消费品和劳务市场等商品市场，而且有高度发达的生产要素市场，从而使资源得到合理有效的利用。

发达国家具有比较完善的宏观经济调控体系和完备的经济法规体系。在企业自我约束和充分市场竞争的基础上，由国家对市场运行实行导向和监控，以财政政策和货币政策为主要控制手段，弥补市场经济本身的弱点和缺陷。一方面，在发达国家，制定政策与执行政策分开，政府部门之间形成相互制约和相互合作的协调运作机制；另一方面，发达国家建立的一套完整的监测体系和信息反馈系统，保证了政府决策科学性和调控的及时性。

三、发达国家的地位

（一）发达国家拥有强大的经济实力

发达国家人口仅占世界人口的24%，却拥有世界工业总产值的90%，在全球GDP总额中所占的份额举足轻重。2016年全球GDP总额为74万亿美元，仅美国、日本、德国、法国、英国这五个发达资本主义国家的GDP就达到了32.06万亿美元，占全球总额的43.33%。

与发达国家相比，发展中国家人口占世界人口的76%，只拥有世界工业总产值的10%。据外国一些经济学家估计，如果发展中国家经济增长率每年保持5%，发达国家增长率保持2.5%，发展中国家要赶上发达国家，还需要150年。

（二）发达国家主导着世界经济的发展

1. 发达国家的经济发展直接影响全世界的经济

发达国家经济实力和经济规模的增减将在很大程度上会改变世界经济的规模，而发达国家的经济增长率也很大地影响着全球和发展中国家或地区的经济增长率。换一句话说，世界经济的发展速度和生产力的发展在很大程度上依赖发达国家。

2. 在国际分工中处于优势地位

现代以高科技为特征的“朝阳工业”、资本密集型、技术密集型产业大多集中在发达国家，而农业、矿业等劳动密集型的初级产品部门大多集中在发展中国家。在国际贸易领域，形成“发展中国家（初级产品）—发达国家（工业制成品）”的国际交换格局。发展中国家主要出口石油、农矿原料，及其初级产品，进口工业制成品、粮食及高级消费品；

发达国家主要出口机床、汽车、精密仪器、化工及电子工业产品，并在世界市场上凭借其垄断地位，低价进口原料，高价出售成品。这种不平等的国际交换关系，使发展中国家国际收支的逆差越来越大。

3. 发达国家支配着国际经济事务

一方面发达国家控制着 IMF、世界银行、WTO 这三大国际经济组织的活动，另一方面还支配着国际金融领域。在国际金融货币领域，发达国家不仅控制国际金融机构，而且控制了许多发展中国家的财政金融。据世界银行统计，100 个发展中国家和地区的国际储备总额为 1 569. 48 亿美元，19 个发达国家的国际储备总额却为 5 057. 48 亿美元。在世界银行中，5 个发达国家拥有 42. 33% 的投票权，116 个发展中国家（不包括中国）只有 29. 35% 的投票权。在获得资金方面，由于受制于国际金融垄断财团，致使许多发展中国家负债累累，1970 年底为 729 亿美元，1980 年底为 6 100 亿美元，1985 年底猛增到 10 540 亿美元，平均每年增长 9. 7%。1980—1985 年发展中国家经济增长率为 3% ～4%，大大低于债务的年增长率，不少国家陷入严重的债务危机。

第二节　发达国家的市场经济模式

经济体制（economic structure）指在一定区域内（通常为一个国家）制定并执行经济决策的各种机制的总和，是市场运行的具体制度安排或运行方式。它规定了国家与企业、企业与企业、企业与各经济部门之间的关系，并通过一定的管理手段和方法来调控或影响社会经济流动的范围、内容和方式等。

经济社会经过长时间的发展会趋于稳定，逐渐形成一定的发展模式。市场经济模式是对一定的市场经济体制和市场经济运行机制类型的理论概括。从狭义上讲，发展模式仅仅是一个经济概念，是一个国家的经济制度、经济体制、经济政策及经济活动的经验总结与高度概括。从广义上讲，发展模式包含经济制度体制、社会政治制度、历史文化传统等综合要素。人类社会历史的实践表明，发展观及其主导的经济社会发展模式具有多样性和差异性的特点。任何一个国家的市场经济体制都是在特定的历史、文化、社会、经济、政治背景下形成的，都不可能是一成不变的，都应随着生产力的发展、技术进步、国内外社会经济形势的变化而不断地对其进行调整和变革。由于各个国家在经济发展水平、历史文化、意识形态及政治体系架构方面都各有不同，因而每个国家的经济发展模式都有自己的特点，因此不同国家及地区干预经济的方式和途径也存在着明显的区别，进而形成了各具特色的市场经济模式。

考虑到政府在经济生活中的地位和作用，以及政府干预经济的范围、强度和方式，市场经济模式可划分为三种基本类型：以美国为代表的自由市场经济模式、以日本为代表的政府导向型市场经济模式，以及以德国为代表的社会市场经济模式。

一、以美国为代表的自由市场经济模式

自由市场经济模式，也可以被称为“盎格鲁－撒克逊模式”，即所谓消费者导向型市场经济模式，典型代表国家为美国和英国。它起源并兴盛于英国，不断演化、发展与变

化，主要经历了古典自由主义、凯恩斯主义和新自由主义三个阶段，是世界上迄今为止影响最广泛的发展模式之一。这种经济模式十分强调市场力量对促进经济发展的作用，崇尚市场效率，认为政府对经济发展只能起次要作用。

与其他西方发达国家相比，自由市场经济模式更多地承袭了古典的自由放任和自由竞争的自由主义的历史传统，因此具有极强的扩张性，但并非完全排斥政府对经济生活的干预。从政府与市场的关系来看，也可以将这种模式称为“政府监管型市场经济”或“管理下的经济自由”模式或者是“有限干预的模式”。

（一）美国自由市场经济模式的主要特征

这种“野生植物”式成长起来的自由市场经济又称“个人资本主义”经济，是一种以私有垄断资本为基础，以经济决策高度分散为特征，私人“垄断主导型”的混合经济模式。它以新自由主义为理论基础，崇尚个人主义和自由主义；主张实行私有化，私人经济占绝对主导，国有经济比重小；私人资本集中程度高，垄断性强；推崇市场机制在生产、流通、分配、消费等经济环节的自发调节作用，以市场为导向优胜劣汰配置资源；反对凯恩斯主义的政府干预论，坚持“国家最小化、市场最大化”或者“小政府、大市场”原则，认为国家干预不仅不能消除经济发展的不利因素，而且会限制市场经济的功能发挥和自我调节；要求政府决策被限定在最小的范围之内，主张削弱政府作用、减少政府干预、缩减管制、取消物价、削减赋税，减少社会保障福利，鼓励市场机制自我调节、推动贸易自由化和投资便利化，发挥证券市场对经济的杠杆作用。

与此同时，政府对经济的干预是有限的，而且是间接的，主要是通过税收、财政和货币政策以及法制法治对市场进行间接调控、保证竞争秩序和市场活动的良性运行，依法对企业经营活动进行必要的监督。强调市场自由竞争、企业自由经营，公司注重并追逐利润至上的经营目标，鼓励私人资本发展和个人积聚财富。

（二）平等竞争的市场机制与自由企业制度

美国经济的发展是在市场经济体制中推进的，资源配置基本上是在自由市场中进行的。

1. 平等竞争的市场机制

自由市场经济模式充分体现在美国平等竞争的市场机制上。

一方面，美国市场经济的价格具有“自由价格”的性质。政府基本不介入商品价格的形成，只对一部分特殊行业、部门的特殊产品或服务进行一定的控制。自由的价格机制在市场经济中的作用表现在：

（1）价格指导生产。首先价格可以引导企业根据市场行情做出生产或投资决策；其次，价格可以引导企业决定用什么资源进行生产，促进生产资源在不同行业间的自由流动。

（2）价格调节社会需求。价格提高，消费者的需求就会减少；价格降低，消费者的需求增加。

另一方面，美国平等的竞争机制也十分突出。作为移民国家，美国深受英国古典经济思想的影响，非常推崇自由竞争。在美国市场经济发展过程中也是一样，更加强调市场竞争面前人人平等。每一位公民都有权利进入市场竞争，自由地生产社会所需要的产品。激烈的市场竞争迫使企业以尽量少的投入来生产出尽可能多的来满足社会需要的产品与劳务。

但需要指出，美国主张的平等竞争机制，并不是说政府对市场价格完全不做干预。在经济发展过程中，垄断市场的形成不可避免。在垄断市场上，市场的力量几乎起不到作用。在第二次世界大战以后，自由竞争的格局逐渐被打破，只有少数行业总体处于自由竞争状态，多数行业都或多或少具有垄断性质。为了维护市场的公平竞争，消除价格垄断，从19世纪起，美国政府就颁布了若干个反托拉斯法，对垄断产业进行价格管制。

2. 自由企业制度

美国自由市场经济模式中，非常突出的还有美国的自由企业制度。这种制度，是可以确保企业能够拥有在产权受法律保护的基础上所享有的自由创业权、自由经营权、自由交易权以及自由支配或处置财产权等一系列的制度安排。它包括产权制度、进入退出制度、公平竞争制度、平等合约制度、平等交易制度以及平等获取信息服务制度等。

在美国，个人业主制企业可以分为经过注册登记的个人业主制和未经登记的个人业主制。依照美国的法律观念和法律制度，从事任何营利性商业活动，是每个公民天赋法定的权利，无须政府部门再依企业登记的形式加以确认或限制。任何公民都可以按照自己的意愿，依法从事经营活动，并获得收益。当美国公民以个人为单位独立从事经营活动时，就自然地成为美国市场主体中的独资企业。诺贝尔经济学奖获得者、美国经济学家米尔顿·弗里德曼在其非常著名的《资本主义与自由》一书中指出："用'自由'来形容'企业'有什么意义呢？在美国，'自由'被理解为每一个人都有自由来建立企业的意思。"这可能是对自由企业制度最好的诠释。

在自由企业制度下，并不排除政府对企业的管理，但这种管理仅限于调整经济中各个主体间相互的利益关系，保护企业、居民等经济主体的合法权益，而不直接对企业内部的生产经营活动进行干预。

（三）间接性、有限的宏观调控政策

健全的宏观调控体系是高效率的现代市场经济体制的关键环节。相比日本经济更加重视国家计划，美国的经济运行主要是依靠市场自由竞争机制起主导作用来配置资源，政府不通过指导性计划对经济活动进行调节。但这并非是由于美国缺乏进行计划调节的经济基础，相反，自20世纪30年代以来，罗斯福等都曾对计划调节经济做过深入探索。但计划性调节之所以没有在美国扎根，最主要的原因还是在于美国垄断资本的力量非常强大。

在自由市场经济模式中，政府的干预非常有限，干预程度较低，且多是间接干预，即运用经济杠杆（税收、利率、汇率等）作用于市场，直接参与市场主体的活动范围较小。

1. 立法维护竞争环境，扶植中小企业发展

美国绝大多数企业都是中小企业，提高市场竞争的重要性不言而喻。为了维护市场竞争环境，推动经济发展，美国政府采取的两大措施是：打破市场垄断，保护竞争；扶植中小企业，鼓励竞争。

在打破市场垄断方面，美国政府更多的是从立法方面进行限制垄断，对各种市场垄断可能妨碍竞争的行为做出法律界定。例如，美国先后制定三部反垄断法律：1890年的《保护贸易和商业不收非法限制与垄断之害法》（又称《谢尔曼法》）、1914年的《克莱顿法案》和《联邦贸易委员会法》。在反托拉斯法的实施中，美国采取的措施有：（1）强制

解散已形成的垄断集团；（2）限制大企业的兼并和合并行为；（3）禁止大企业进行价格合谋和市场歧视。正因为如此，美国经济虽然高度集中，但却能够保持有效的市场竞争。

为鼓励市场竞争，美国政府大力扶植中小企业，一方面从管理、资金、技术上给予全方位的支持和服务；另一方面，在立法上，通过颁布诸如《小企业创新发展法》等法案，依法保护中小企业的发展。

2. 以财政杠杆为主的财政政策

财政政策和货币政策是各国政府进行宏观调控的主要手段，而美国对经济的宏观调控则主要是依靠财政杠杆和金融杠杆。财政杠杆主要包括“斟酌使用的财政政策”，也称为“补偿性财政政策”和“自动稳定器”的财政制度。财政杠杆的实施方法可以被简称为“逆经济风向行事”。美国的财政支出绝大多数被用于刺激经济发展：直接经济投资主要用于军事设备、基础设施和建筑物以及基础研究上；间接经济补贴则主要用于对农业、中小企业等进行资助和补贴，加强对落后地区的开发，改变地区之间的经济的不平衡发展。在财政收入上面，政府一般通过补贴性的税收政策来鼓励、扶持那些在国民经济中占据重要地位的产业和部门，同时利用增税来限制那些不宜迅速发展的产业和部门。

3. 以金融杠杆为主的货币政策

在货币政策方面，美国政府的主要应用工具包括调整法定准备金率、变更再贴现率和公开市场业务。这三大政策工具也被称之为金融杠杆，主要是通过对货币供应量的调整来影响利率，进而对经济进行干预，以刺激或紧缩经济活动来缓和经济周期波动。

例如联邦储备委员会可以通过调整法定存款准备金比率，即通过对存款准备金数量的影响来调节货币供应量和利率。当联邦储备委员会提高准备金比率，就会使存款性金融机构的准备金低于法定要求，于是便收回一部分贷款，并通过收缩信用的机制使货币供应量减少，利率因此而上升；反之，则通过扩张信用的机制使货币供应量增加，利率因此而下降。

公开市场业务是美联邦政府最常用的货币政策工具，具体是指联邦储备银行在公开市场上通过买卖政府债券（以短期国库券为主）以增加或减少商业银行的准备金，从而实现对货币供应量和利率的调节。当经济风向显示总需求不足时，联邦储备银行就决定买进政府债券。如果卖出债券的是商业银行，其准备金就会增加；如果卖出债券的是个人或非金融企业，这些企业和个人就会在卖出政府债券以后通过票据清算把联邦储备银行开出的支票存入商业银行，变成活期存款，从而使商业银行的准备金增加。另外，在公开市场上买进政府债券，则会促使其价格上升和市场利率下降，而商业银行准备金的增加也会使活期存款多倍增加，从而促使利率下降。随着利率下降，投资需求就会增加，刺激经济增长。

4. 扶植中小企业，发展创新型企业的产业政策

在产业政策上，美国致力于淘汰低附加值的制造业，充分发展高附加值知识密集型的第三产业，产业结构表现出了明显的后工业化特征，第一二产业所占比例不断下降，第三产业占据主导地位。美国对产业结构的调整主要有技术创新、劳动力资源开发、进口与贸易保护等几个方面。

（1）以法律手段促进人力资源再开发。通过对农村人力资源立法，促进职业教育发展。如 1914 年美国国会颁布的《史密斯 - 利弗农业推广法》；1963 年的《职业教育法》等，完善的立法为美国人力资源再开发提供了制度保障。

（2）科技创新国家战略与“再工业化”产业技术创新。20 世纪 70 年代以来，美国制

定和颁布了20多部科学技术创新法律，通过机构设立、知识产权许可、鼓励合作研发、税收优惠等方式不断激励技术创新和促进技术转移。进入21世纪，美国政府将加强创新和创业作为优先政策，其各时期政府的经济政策大多通过普适性或基础性技术研究、基础设施建设和教育的进步，推动先进技术和创新主体的产生，营造适合创新技术传播和推广应用的环境和基础，从而对其他多产业、技术形成影响，带动整个产业经济的发展，获得长期的动态效率增长。

（3）扶植中小企业发展。与大企业相比，中小企业在资金、技术和人才等方面处于劣势，而同时又在解决就业和实现社会公平等方面客观上分担了政府的职责。在产业结构调整过程中，很多老工业区的中小企业发展滞后，经济严重依赖少数大企业，普遍缺乏独立从事经济活动的传统和能成功经营企业的人才，在转型过程中出现严重的失业问题。因此，美国政府将发展中小企业作为其产业转型政策的重点之一。1953年美国国会通过了小企业法案。这是专门保护小企业的法律。根据这一法律，政府专门成立了为小企业提供融资、经营、技术、法律等方面服务的小企业管理局，并一直延续至今。美国小企业政策最主要的特点是把发展小企业作为抑止垄断与维持竞争的一种手段，在政府采购和资助研究开发等多方面对小企业采取倾斜政策。

二、以日本为代表的政府导向型市场经济模式

日本市场经济模式，即所谓政府导向型市场经济模式，又称“社团市场经济”，代表国家为日本、韩国、新加坡等。战后，日本经济除了近十几年来有所停滞外，基本处于持续的高速增长。1949—1973年期间，日本经济平均增长率高达9.3%，高于美、英、原西德和法国经济的年平均增长率，1986年以后，西方经济陷入了膨胀，日本经济的年平均增长率有所下降，但仍高达3.8%，并仍高于上述国家。日本在战后能够跻身于世界强国之林，与日本所采用的经济模式直接相关，日本政府在经济发展过程中起到了重要的多方面的作用，为经济增长和发展趋势提供了方向。

日本的市场经济模式与欧美发达国家相比，政府干预的力度和作用的范围都很大，主要靠中央计划和市场机制共同协调经济。国家有选择地进行干预，既能保证有较高的投资效率，而且能将投资适当地分配到能带来高速增长的部门。

（一）政府主导社会资源配置

1. 运用产业政策诱导社会资源向政府调控的领域和方向配置

从战后50年代重点发展纤维等轻工业，到20世纪60年代重点发展钢铁和化学工业，从80年代转向重点发展电器机械和汽车业，到90年代发展电子机械和信息产业的选择，每一次产业的转换选择，都是在政府产业政策的诱导下进行的。

2. 政企间建立“保护”关系，保证企业投资和管理符合政府的调控方向

日本政府与企业的关系，并不是欧美国家那种纯粹的纳税关系。日本政府与企业之间，更多的是指导和保护的关系。政府与企业的关系，不仅表现在一系列政策指导上，还表现在人事关系上。如日本的“神仙下凡”制度（指一种政府将需要升迁的官员派到企业任职的制度），就是从人事关系方面强化了政府对企业指导。

3. 运用政府计划和财政政策对社会资源进行直接配置

日本政府对社会资源的直接配置主要表现为两大方面。首先是自20世纪80年代末经济不景气以来，日本政府通过发行国债来刺激经济增长。其次就是从50年代开始的每10年制定一次的“国土开发综合计划”。为了解决地区之间经济发展的不平衡，推行的国土综合开发计划，是日本政府按照计划对开发地区进行直接投资的计划。尽管这种投资主要是基础设施的投资，但对整个社会资源的配置具有一定引导作用。

（二）日本的政府导向型市场经济模式的宏观经济调控内容

1. 财政方面日本大部分财权由中央所掌握

从原则上讲，各地方自治体负有自主经营财政的责任。行政上必需的支出，由各地区负担。但由于各地方政府不可能都具备与所需经费相适应的税收财源，而中央税收额通常要占税收总额的70%，所以中央通过“下拨地方税”“让与地方税”及“国库支出款”等方式，把中央收入的大部分拨付给地方政府。

从日本财政支出模式中，可以看到政府导向型市场经济模式的特点。政府财政政策的调控经济包括几个方面：一是政府直接对公共事业的投资，为私人资本创造投资条件并开拓国内市场；二是利用减免税收、价格补贴等手段，以诱导私人资本的发展方向。政府财政政策的基本方向，则是更多地用于解决社会福利等问题。

2. 金融调节

战后，日本政府在干预和控制经济方面，比起其他发达的资本主义国家更有成效。金融手段便是日本政府调节经济的有力措施。

日本政府利用金融手段干预经济是通过两个途径进行的：其一是制定和执行金融政策（即货币政策）来管理总需求，调节经济变动；其二是利用政策金融，推行政府的一系列经济政策和调节经济变动。

（1）金融政策。在经济高速增长时期，日本金融政策以再贴现率为主，辅之以“窗口指导”“限制贷款额制度”等金融政策手段，而公开市场政策和存款准备金政策始终未能充分发挥作用。其原因在于政府人为的低利率政策和历史上形成的以间接金融为主的金融制度，以及证券市场不发达等情况的限制。

“窗口指导”是日本特有的金融政策的一种手段。它是日本银行通过日常的业务往来，以“道义上的说服”为主要形式，对城市银行等主要民间银行的资金筹措、信贷计划等进行经常性的干预。它具有速效性、确实性以及不受利率影响等特点，并且其内容也随金融形势的变化而变化。在市场机制不能充分发挥作用的条件下，“窗口指导”在总需求管理方面起到了重要作用，特别是在金融紧缩时期，其政策效果更为显著。

但是，日本银行长期的信用膨胀、1970—1973年过剩流动性的冲击、1973年的第一次石油危机和1974年开始的资本主义世界性经济危机，导致日本经济出现严重“滞胀”，使日本经济由高速增长时期转入稳定增长时期，日本经济的一轮良性循环也随之结束。经济形势的急剧变化导致了经济政策和金融政策的目标从全力支持经济高速增长，转变为维持、促进经济的稳定增长和物价稳定；逐步放弃以往推行的人为的低利率政策，开始实行使市场机制能够充分发挥作用的利率自由化，随之金融政策手段也从以再贴现率为主，以“窗口指导”等其他手段为辅，逐步转变为以公开市场调节为主，以“窗口指导”等其他手段为辅。

（2）政策金融。所谓政策金融，就是运用民间资金来推行政府的经济政策。战后，由于财政无力拿出足够的资金用以推行各项经济政策，于是日本政府发明了一种特殊的银行部门——资金运用部，并通过它直接筹集巨额的民间资金，将筹集到的民间资金当作政府推行各项经济政策和调节经济的手段，以所谓“财政投资贷款”的形式干预经济，故称之为政策金融。它与一般国家借用的民间资金有重要区别，前者是通过政府的特殊银行吸收资金，而后者是通过发行国债筹集资金。

在日本经济高速发展时期，政策金融是通过以下几个途径支持推行经济政策的：其一，同民间金融机构一起向重化学工业企业提供长期低利贷款，弥补民间金融机构的长期资金不足，以此推动重化学工业的发展；其二，引导民间金融机构的投资方向，使更多的民间资金流向重化学工业部门。政策金融通过调节全社会资金流动的不平衡，相对稳定了二重结构的日本经济，推动了日本经济的全面现代化。

3. 产业政策

日本的产业政策与其他市场经济国家的不同之处是，侧重点在产业结构政策上，其主要作用是干预资源在产业间的配置和实现产业结构转换的目标。日本的国内产业政策历程大致如下：

战后，日本的产业政策的总指导思想是保护夕阳产业的结构调整，选择培植在国内外市场有发展前途的产业，既鼓励竞争，又防止过度竞争。如1946年把钢铁、煤炭作为先导产业。20世纪50年代后期，又制定了以扶植出口和经济起飞为目标的产业政策，并把新兴成长型产业、加工产业、“支柱”产业和出口导向型产业作为重点产业。

在高速增长时期，1963年，政府首次提出产业结构高度化的产业政策，指出重化工业是今后发展的重点产业。主要采取了两种扶持政策：一是优惠税率，二是通过政府金融机构在财政投资与贷款规划中实行优先分配。

20世纪70年代至80年代初，在石油危机的冲击下，日本政府大力扶持节能技术产业和高技术产业为中心的第三产业的发展，将资本密集型的“工业化型产业结构”向知识、技术密集型的“后工业化型产业结构”转变。

泡沫经济后，日本经济长期低迷，日本经济结构被迫进行调整。结构调整同时就是制造业的转移和下降的过程。一是提出“产业结构设想”，通过向民间企业提供有关未来国内外经济和产业结构动向的信息，诱导企业实现资源的合理分配；二是从资金、技术、人才等方面大力扶持新兴产业发展，并积极指导落后产业的调整；三是日本政府积极促进服务业的技术开发和公共服务业企业化，采取各种引导和补充性措施，推动产业结构合理。

经济全球化时期（2000年至今），日本的产业政策已逐渐由战略性的产业政策向补充性的产业政策转移，政策目标由积极赶超转变为弥补市场失灵，政策手段上也由行政调控逐渐转变为信息指导，通过发布产业结构展望的方式来引导产业结构的调整，企业成为推动产业结构调整的主体。

三、以德国为代表的社会市场经济模式

德国的社会市场经济模式就堪比“人工培育的植物”，亦称“莱茵模式”的互助资本主义，这一模式主要国家为莱茵河流域的一些欧洲大陆国家以及北欧国家、德国等。社会市场经济其实是一种理想化的经济模式，它是以自由竞争为基础，国家进行有限干预和适

当调节，并以社会安全为保障的市场经济，强调自由竞争与国家调控并存、市场杠杆与政府引导并用、经济增长与社会福利并重。因而，也可以将这种模式称为“政府引导型市场经济”。

（一）德国社会市场经济模式的主要特征

社会市场经济模式包含两个密不可分的领域：一个是由充分竞争带来经济高效率的市场，另一个是提供社会保障、社会公平和社会进步的社会福利政策领域。社会市场经济被认为是市场竞争和社会保障相结合的经济制度，既保证经济效率，又注重社会公平。

社会市场经济模式非常强调市场机制在配置资源方面的核心地位，认为市场的灵魂是利益和竞争，主张利益追求和自由竞争。这种核心地位体现在市场是资源配置的主题，社会的绝大多数资源是通过市场手段来调节的。市场对资源进行有效配置的手段是价格，价格是决定资源供需两方的有效手段。当社会的需求量与供给量不匹配时，价格会引导供需两方实现均衡。同时它反对过度逐利和自由化的市场经济，认为逐利和竞争不能放任自由，应该遵循规则，公平竞争。

但这种模式认为，单纯使用市场机制无法克服市场本身的一些问题，必须由国家来加以扶正和干预，并且为维护市场竞争创造基础条件和环境。在这种经济下，国家的作用既不是像计划经济那样直接配置资源和进行具体经济活动，也不是像凯恩斯主义那样运用政策干预市场机制本身，而是运用间接经济手段、法律法治维护市场经济运行所必需的正常秩序。国家对经济的宏观调控、干预和引导的倾向点在于维护社会与经济平衡。

例如，德国政府在保证经济的竞争性的同时，对垄断进行限制；政府不提出经济高速增长的目标，也不通过产量、投资和消费来控制国民经济的发展。这是德国社会市场经济模式不同于其他模式的重要方面。1957 年政府正式通过《反对限制竞争法》，经过后续的数次修订，已经成为维护市场竞争的基本法，它的主要作用在于防止大企业滥用市场势力，禁止大企业签订卡特尔协定。

同时，德国还建立联邦卡特尔局，作为执法机构。为了贯彻执行《卡特尔法》，根据该法规规定，联邦政府在经济部下设立卡特尔局，负责对各类限制竞争的行为进行监督。

不过，反限制竞争行为并非教条或千篇一律，为保证社会经济目标的实现，它规定了许多例外，如在农业、信贷、保险、运输、市政等行业的垄断企业被认为是可以接受的。

（二）德国社会市场经济模式的主要内容

1. 有效的货币政策

与英美等国家宏观经济调控手段相比，德国主要是运用货币政策来稳定经济，而不是主要用财政政策来刺激经济发展。第二次世界大战后，在西方工业化国家中，德国被认为是在保持货币价值稳定的基础上实现经济较快增长的范例。这种成功，在相当程度上要归因于德国独具特色的联邦银行体制和其始终坚持反通货膨胀的货币政策。

（1）独特的联邦银行体制。德国的银行体制同英美、日本等发达国家相比具有自己的独特性。1957 年 6 月德国颁布了《德意志联邦银行法》，在合并、改组州中央银行的基础上，建立了具有明确的调节货币供求职能的统一的德国中央银行——德意志联邦银行。德意志联邦银行享有高度的独立性，其在履行货币政策（如发行货币、执行存贷款政策以及调节最低准备金、贴现率和公开市场业务等）职责时，可以不听命于联邦政府。政府代表可以参加中央银行的理事会，参与讨论货币政策问题，但无表决权，也无否决联邦银行货币政策的权利。作为某种制衡，德国于 1961 年成立了银行监管局，隶属于财政部，独立于德意志联邦银行，负责对银行业进行监管。

德国中央银行与金融监管机构在监管过程中分工明确，责任清晰。一是从法律层面，如通过《银行法》，界定双方监管职责；二是由双方签订备忘录，对各自的职责范围作进一步的界定，避免双方的重复劳动。正因为有德国中央银行对金融监管的广泛参与，从而确保了德国金融业的稳定。自从二战以来，德国国内没有发生过严重的金融危机，即使在全球发生严重金融危机时也保持了相对的稳定。德国的金融监管体制被国际社会看作是金融监管的范例。

（2）以反通货膨胀为核心的货币政策。历届德国政府都把通货的稳定作为其经济政策的核心内容之一。这一方面是由于通货稳定是经济健康运行的前提，另一方面也是为了满足人民的意愿。20 世纪 20 年代与第二次世界大战期间，德国曾两次遭受恶性通货膨胀，给人民生活带来严重打击，也使得通货膨胀问题变成社会敏感问题。

一般地说，只有在稳定通货，货币有目的的投放和收缩的条件下，货币政策才能防止经济出现过冷或过热，实现经济持续和均衡增长。德国第二次世界大战后出现的经济奇迹，就是在价格相对保持稳定的状况下实现的。比如 1951—1970 年间，德国的国民生产总值年均增长 6%，而同期生活消费品的价格指数年均仅增长 2.2%。这说明联邦银行以抑制通货膨胀为目标的货币政策是成功的，在保持币值稳定的同时，并未阻碍经济的高速增长。

2. 完善的收入分配体系

国民收入分配问题关系到一个国家的政治稳定、社会公正和经济公平，它首先同一个国家的价值目标相联系。德国的收入分配体系具有明显的社会市场经济的特征，它重视效率与公平兼顾。

为实现公平收入分配目标，德国将税收、社会保障、义务教育与反贫困作为调控收入分配的主要财政措施。

（1）税收调节制度。一般来说，可用于调节收入分配差距的税收调节措施主要有个人所得税、社会保障税、财产税中的房产税、车船税、遗产税（或继承税）和赠与税等。德国征收最广泛的税种是个人所得税，其中的工资税是个人所得税中的主要税种，约占全部税收总额的 43%。计税范围包括工资及工资以外的收入，以及医生、会计师、律师、作家等的收入。工资税实行累进税制，1990 年起采用线性累进税率制，更有利于公平。

（2）社会保障制度。二战以后，德国经济能够持续发展，社会稳定是重要的前提，而完善的社会保障体系，就是政府缓和社会矛盾、维护社会稳定最重要的手段。社会市场经济论者认为，一个有效的市场经济体制不仅要完成经济任务，同时还要完成一系列的社会保障任务，即要通过社会政策对市场经济的消极后果——社会不公正进行修正，将经济发展与社会公平、社会进步结合起来，防止经济自由和社会公正之间出现矛盾和冲突。

德国的社会保障体系主要由社会保障和社会救济以及其他一些社会福利项目构成，其中社会保险是最主要的部分。德国的社会保险主要包括失业保险、养老保险、事故保险和医疗保险四大部分。失业保险金的交纳由雇主和雇员交纳等数额，领取失业金的数额大体相当于失业者最后工作净收入的 60%，多数失业者领取失业金的时间在一年内，最长的领取时间也不超过两年。如果超过了领取失业保险金的期限，仍找不到工作，失业者就只能申请失业救济。养老保险费、医疗保险费一般也是由雇员和雇主各交一半。

德国社会救济的负责单位是市或县，而不是联邦政府和州，因为基层的政府和社区组织更了解本地具体情况，不必贫困者申请，他们就能知道该去救济谁。社会救济的形式有许多种，如提供咨询和照顾，给予物质或金钱上的帮助等。德国的社会救济不但强调要帮助贫困者能够维持一种符合人尊严的生活，更要求通过社会救济使贫困者能借此得到一种生存的本领或提供一个让其能自食其力并过上正常生活的机会。

随着新形势的发展，德国的社会保障制度也在不断完善，近年来，政府提出了“机会创造”的口号，表明政府的政策趋向不在于为失业者提供就业保障，而是提供就业机会，这更加符合市场经济的竞争原则，从而将更富有生命力。

（3）义务教育制度。义务教育制度就是国家通过设立义务教育制度，在全国范围内对全体学龄儿童实行一定年限的免费教育，通过教育机会的均等来提高人的劳动能力，从而达到缩小收入分配差距的目的。正如经济学诺贝尔奖获得者、美国经济学家萨缪尔森所说：“在走向平等的道路上，没有比免费提供公共教育更为伟大的步骤了。这是一种古老的破坏特权的社会主义。”

德国义务教育始于1763年，1919年的魏玛宪法中就已明确规定实行8年制义务教育，因此它是世界上实行义务教育最早的国家之一。联邦德国现行的义务教育制度，就是在这个基础上发展起来的。20世纪50年代联邦德国义务教育时间为8年，60年代中延长到9年，80年代在少数州里又延长到10年。在完成普通学校的义务教育之后，如果不继续升入高一级学校深造，准备就业，而年龄不满18周岁者，必须要接受3年职业义务教育，因此整个义务教育时间可以说是12年或13年。德国教育普及程度非常高，据历年来的统计，6～16岁的人口中入学率平均达到99%。1990年，全国普通教育的中小学、各类职业教育学校和高等学校的在校学生已占总人口的15%。德国义务教育经费主要由州政府承担，它将教师工资直接划拨到教师个人账户，约占义务教育经费的大约75%，另有少量经费由州转移给市镇政府。

（4）反贫困调节措施。反贫困调节措施就是政府为了消除一定地区的贫困、体现社会公平、缓解社会矛盾、维护政局的稳定、实现经济的稳定与增长，运用财政工具对贫困人口或贫困地区进行救济、补贴或者扶贫开发，以消除绝对贫困或解决相对贫困问题的制度。

1990年9月，东德与西德的合并标志着两德在政治上实现了统一。为了缩小东西德在经济发展上的差距，德国新政府接连实施了一系列的援助措施，在合并初期以及合并后多年间一直实行西部向东部的资金转移和政策倾斜，德国每年把国内生产总值的3%（约600亿欧元）用于德国东部的建设。

值得特别注意的是，德国还运用平衡财政来进行反贫困。德国的财政平衡包括纵向与横向平衡两个方面。

纵向财政平衡主要包括联邦对州和州对地方这两个层次：一是实施返还性转移支付，主要是对某些规模小或拥有重要港口的州实行返还性转移支付，使之有能力偿还其因每年保养和改造港口等原因欠下的债务；二是对某些贫困州或根据需要拨付补助金，联邦每年要从其销售税收入份额中拿出20%作为对相对贫困州的分配金；三是根据《投资资助法》，联邦有义务帮助贫困州和有经济发展需要的州进行投资；四是建立德国统一基金，使之成为广义的纵向财政平衡的一部分。

所谓横向财政平衡是指各州之间实行的财政转移支付，即财力强的州拿出部分税收收入“捐给”财力弱的州，这种形式的转移支付是德国所特有的。

应当注意到，作为当今世界比较有代表性的三种市场经济模式，每种市场模式都有着自己的特点。但同时这三种市场并不是相互对立的，甚至是存在着互补的趋势。

第三节 发达国家的经济发展与调整

当代发达国家的经济体制模式基本上都是在 20 世纪五六十年代最终确立的，有其深远的历史渊源。在经历了经济高速增长阶段以及 70 年代“滞胀”（stagflation）困境后，发达国家对经济指导思想、调节经济的手段或方式进行过一些调整和改革，但其目标和手段具有明显的单一性，即主要是为了解决“滞胀”及其所带来的一系列问题。这些调整与改革措施也确实取得了一定成效，在 80 年代初期基本上解决了“滞胀”问题，使经济进入了一个缓慢增长的调整时期。但总的来看，进入 80 年代后发达国家的经济形势并未出现大的好转，各类经济问题依然成堆。特别是在 2008 年金融危机以后，发达国家意识到现行的经济体制已经明显不能适应新形势的要求，必须对其进行全面、深入的调整与改革。由此发达国家经济体制调整与改革的步伐明显加大，并产生了一系列深远的影响。

一、发达国家的经济发展

战后发达国家的经济发展，大体上都经历了以下四个时期：

（一）经济恢复时期（从战争结束到 20 世纪 50 年代初期）

1. 战后经济恢复的历史背景

第二次世界大战是人类历史上规模空前的浩劫，对资本主义制度打击沉重。当战争结束时，西欧和日本生产衰退、交通瘫痪、燃料短缺、食品匮乏和住房不足等，成为普遍的社会问题。而且，战争还使得发达国家的国际环境严重恶化。

（2）战后经济恢复工作。在上述历史背景下，发达资本主义国家开始了战后的经济恢复工作。经济恢复最为迅速的是西欧各国，日本经济恢复则跨越了 10 年的时间。总的来说，战后西欧和日本的经济恢复还是较为迅速的，主要有以下几个方面的原因：①它们拥有比较雄厚的物质基础和人力资源；②国家推行国有化、经济计划化和“福利国家”等社会经济政策，加强了对经济的干预和调节；③美国的大力扶持。

（二）经济高速增长时期（从 20 世纪 50 年代中期到 20 世纪 70 年代初期）

20 世纪 50 年代初直到 1973 年石油危机爆发，发达国家进入了经济高速增长时期，也被称为“黄金时代”的 20 余年，是发达国家实现经济高度现代化的决定性时期。这一时期，经济发展的突出特征表现为以下几个方面：

（1）经济发展速度超过历史上任何时期；

（2）经济增长主要是靠先进科学技术所带来的劳动生产率的提高实现的；

（3）各国经济发展的不平衡，日本增长最快，联邦德国和法国其次，美英两国最慢。

（三）经济“滞胀”及其后的缓慢增长时期（从20世纪70年代中期到20世纪90年代初期）

1. 经济“滞胀”时期

1973年爆发的世界性经济危机中断了发达国家长达20多年的经济高速增长，使其进入了历史上空前的经济“停滞膨胀”即“滞胀”时期。滞胀是由“停滞”（stagnation）和“通货膨胀”（inflation）两个词合并简化而成的，是指在同一时期里生产停滞（或低速增长）、失业增加和物价暴涨并存的不符合以往经济学理论和社会发展实践的“怪现象”。这一时期，发达国家经济发展呈现以下主要特征：①经济增长处于停滞状态；②失业率升高；③物价大幅度上涨。

“滞胀”的出现，标志着发达国家经济高速增长的“黄金时期”已经成为过去，并暴露出经济高速增长背后所隐藏着的一系列问题和矛盾。经济“滞胀”产生的主要原因有：①石油危机及其所导致的油价上涨；②工资提高过快，导致物价上涨和失业增多。

2. 缓慢增长时期

面临着经济“滞胀”的困境和反凯恩斯主义经济学的兴起，发达国家政府开始重新思索以往的经济政策及其失误，实行了紧缩政府开支、采取紧缩性货币政策、国有企业民营化、调整产业结构、加速科技发展和积极开展国际经济协调等措施。发达国家经过一系列激烈的经济协调和改革，都在不同程度上取得了一定积极的效果，具体表现在以下两个方面：①发达国家通货膨胀率下降，已摆脱严重的通货膨胀局面；②发达国家经济已经进入了一个缓慢增长的时期。

（四）“新经济”的产生与发展（从20世纪90年代至今）

1. 新经济的含义

新经济是指在信息技术出现重大突破和一系列制度创新的基础上，由经济全球化推动的经济结构调整，促进了劳动生产率的提高，形成了微观经济和宏观经济良性互动的新的经济增长方式。与过去的经济增长方式不同，作为一种崭新的经济增长方式，新经济具有以下三个主要特征：①经济知识化；②经济网络化；③经济全球化。

2. 新经济的影响

新经济的影响主要表现在以下几个方面：①推动了信息产业的大发展。第一，信息技术和设备投资成为美国企业投资的重要组成部分；第二，信息技术的发展降低了交易成本和生产成本，极大地提高了劳动生产率；第三，信息产业的迅速发展推动了就业的增长。②促进了制度创新。③引发了新的社会经济问题。

3. 新经济面临的问题

以美国为代表的新经济增长也面临一系列问题，主要体现在以下几个方面：①数字鸿沟。数字鸿沟（digital divide）是指由于存在着信息收集处理能力的差异，在信息社会中所引起的不同机遇、不同地位，乃至造成经济上的巨大差别和心理失衡；②两极分化；③新型垄断。

二、发达国家经济调整的原因和目标

（一）国家进行经济调整的原因

在20世纪30年代大危机之前，西方国家大多信奉自由竞争和自我调节，政府很少干预经济。大危机之后，西方国家开始意识到，单靠市场自由竞争并不能解决总供给与总需求之间的矛盾，也不能解决就业问题，而需要国家进行干预和调节，国家在经济生活中的作用也逐渐体现了出来。一般地说，发达国家政府加强对经济生活的干预，主要是出于市场缺陷的原因。国家调节的直接目标，就是矫正“市场失灵”。“市场失灵”，主要是指由于社会化生产和市场分散决策之间的矛盾，由于信息的不对称性和市场的不完全性，以及交易费用的存在，使得市场机制出现缺陷，无法实现资源最有效配置与社会福利最大化目标的状况。这些缺陷主要表现在垄断、公共物品匮乏、收入分配不公平及经济运行存在周期波动等方面。具体来看，主要有以下几个方面：

（1）自然垄断。在为整个市场提供某种商品或服务时，与许多分散的小公司相比，当一个公司可以更廉价（平均成本最低）地完成任务时，它就形成了一种自然垄断。这种垄断在一些公共事业部门如水电、煤气等部门中最为普遍。

（2）破坏性竞争。当几个企业主导了某个产业时，它们可能会陷于非公平的或破坏性的竞争。比如，它们可能大幅度地降价，迫使竞争者离开市场后再抬高价格；它们也可能联手密谋定价，给消费者带来损害。对此，需要政府制定反托拉斯条款或反垄断法律，并予以必要的强有力的实施。

（3）外部性问题难以得到解决。外部性又称为溢出效应、外部影响、外部经济，指某种商品的生产和消费所产生的效应扩散或波及当事人之外时所产生的经济效应。经济外部性是经济主体（包括厂商或个人）的经济活动对他人和社会造成的非市场化的影响，分为正外部性（positive externality）和负外部性（negative externality）。正外部性是某个经济行为个体的活动使他人或社会受益，而受益者无须花费代价，负外部性是某个经济行为个体的活动使他人或社会受损，而造成负外部性的人却没有为此承担成本。

（4）信息不充分。在完全竞争市场，当每个主体都可以获得充分的信息并根据信息做出选择时，市场运转就会是有效的。但当这种信息的不可获得达到一定程度时，政府就会出台相关的政策，针对信息和知识的不足进行干预，以确保市场有效运行。

（二）国家经济调节的主要目标

国家调节的主要目标可以从保障经济运行环境、宏观调控来考察。

1. 保障经济运行环境

在这方面，国家调节的目标主要是：

（1）提供并维持经济运行的基本规则。任何一个良好运行的市场，都需要一套明确的运行规则。无论“市场失效”是否存在，国家都应该为市场提供有效的运行规则与制度框架。

（2）提供公共物品。所谓公共物品，是指那些在消费上具有非歧视性和非排他性，在计量上具有不可分割性，因而供给者难以收取费用的物品。私人部门没有向市场或社会提供公共物品的意愿或能力，而公共物品对社会而言又往往是不可或缺的。在此情况下，国家有必要承担其责任，为社会提供公共物品。

（3）实行收入再分配和实施社会保障。由于市场机制有可能导致不平等，为了在市场机制的基础上尽可能地达到社会公平，保证社会安定，减少人们的生命、生活风险，国家应该承担起进行收入再分配的职能。

2. 宏观调控

国家调控经济的四大宏观经济目标是：充分就业、价格稳定、经济持续增长和国际收支平衡。

（1）充分就业。充分就业是指所有愿意工作的人都能按照他们愿意接受的工资条件找到职业；同时，包括劳动力在内的各种生产要素，都能按照它们愿意接受的价格全部用于生产。在这种状态下，社会总需求等于社会总供给，国民经济可以实现无通货膨胀的稳定增长。充分就业包括一定程度的失业。这部分失业是由两方面的因素造成的：一是所谓“摩擦性”失业；二是所谓“自愿失业”。这两种失业与充分就业并不矛盾，是正常现象。争取实现充分就业，就是要把失业率保持在自然失业率的水平。

（2）价格稳定。价格稳定并非是所有商品价格静止不变，而是要保持“一般价格水平”的相对稳定。一般物价水平是指各类商品和劳务的价格加总在一起的平均数。计算平均价格需要编制物价指数。目前，西方各国主要是用消费物价指数来确定通货膨胀率。一般情况下，如果消费物价指数的上涨幅度在3%以内，可以视为物价基本保持稳定。

（3）经济持续增长。经济持续增长指的是一定时期内社会所创造的人均产量和人均收入的持续增长。目前，经济增长的核算通常依靠 GDP、GNP 等统计数据，即以本年度的 GDP 总量对比往年的 GDP 总量，而得出经济增长的百分比。

（4）国际收支平衡。国际收支平衡就是指通过补偿性交易和官方金融资产的变动，使金融和资本项目的收支达到的平衡。保证国际收支平衡是保证国民经济持续稳定增长和国家安全的重要条件。巨额国际收支逆差可能带来外汇市场波动，资本大量外流，外汇储备急剧下降，本国货币大幅贬值，并导致严重的货币金融危机。

三、“滞胀”危机后发达国家的经济调节

在经历了 20 世纪 70 年代的滞涨困境以后，发达国家政府意识到现有的经济指导思想、调节经济的手段已经明显不能适应新形势的要求，必须对其进行全面深入的改革。再加上知识经济的出现，使发达国家进入了一个新的转型期，而经济全球化的迅速发展，则使这些国家与其他国家的经济关联不断提高。面对这种新的形势，发达国家都采取了不同程度的因应措施，其经济体制也随之得到了相应的调整。

（一）所有制形式

发达国家对所有制结构的调整和改革是一个长期、渐进的过程。20 世纪 80 年代以来的改革主要体现在以下三个领域：

1. 国有企业的民营化

在西方经济中，近些年来，最引人注目的变化之一就是国有企业的私有化。1979 年，英国以撒切尔夫人为首的保守党执政后，提出了把国有企业逐步实现私有化的决策，掀起

了一股猛烈的国有企业私有化浪潮。这股浪潮迅速波及几乎所有的发达国家，成为这些国家经济体制改革的一项重要内容。如联邦德国自1933年科尔总理上台后，也将国家拥有25%以上股权的958家企业私有化。类似的还有意大利政府、日本、法国等发达国家也纷纷通过出售股权的形式，将国有企业进行私有化。

2. 股权分散化

20世纪60年代以来，以美国为代表的发达国家比较广泛地实施了“雇员持股计划”（employee stock option plan，ESOP），即指通过让员工持有本公司股票和期权而使其获得激励的一种长期绩效奖励计划。在实践中，员工持股计划往往是由企业内部员工通过购买企业部分股票（或股权）而拥有企业的部分产权，并委托员工持股会管理运作，员工持股会代表持股员工进入董事会参与表决和分红。需要指出的是，雇员持股计划的实施并没有能够削弱垄断资本对股权的有效控制。

3. 法人股东与机构投资者的大发展

法人股东是指以公司或集团（机构）名义占有其他企业股份的股东。在20世纪80年代尤其是90年代以后，法人股东在发达国家获得了普遍发展，其主要表现是机构投资者的广泛兴起和发展。

机构法人股东的兴起，意义甚为久远。首先，它弥补了私人股份资本所有制的缺陷，大公司不再直接面向个人，而是直接面向各类公司和机构法人筹集资本，大大拓宽了筹资渠道，增大了筹资规模；而且机构法人股东凭借集中化的持股直接控制公司资本的运营，监督公司经理的经营行为，促使经理从长远角度进行决策和管理，谋求远期目标利润最大化；机构法人股东对公司经理构成有力的约束，实现了公司内部各利益相关者权益的均衡化，保证了公司内部资源的优化配置。同时，机构法人股东使公司治理结构发生了新的变化，股东、董事会及经理之间建立了相互依赖、相互制衡的关系，机构股东能对董事会行使有效控制。

（二）金融体制制度调整

在20世纪60年代后半期，为避免金融体制陷入危机，增加在国际金融领域的竞争力，适应国内经济增长引起的资金供求关系变化，许多西方发达国家进行了以利率自由化为中心的一系列金融制度改革。

20世纪80年代前后，欧美各国相继制定有关法令，进行金融制度的改革。1980年和1982年，美国制定了两个重要法案。一个是“1980年取消对存款机构限制和货币控制法”；一个是“1982年高恩—圣杰曼存款机构法”。这两个法案的主要内容是：①准许授权的非银行储蓄机构在全国范围内开设交易账户与商业银行的支票账户相竞争；②取消所有不同存款机构所实施的不同存款利率的上限规定；③准许银行持股公司建立跨州银行网和开展跨州业务；④对银行成立子公司给予更大的权力；⑤联邦储备银行有权通过要求商业银行和其他存款机构建立准备金的方式控制货币量。

1992年，日本国会正式通过金融制度改革法案，正式打破已维持近半个世纪的“长短期金融分离”“银行业与证券业分离”的专业分工金融制度，开始向金融自由化、业务多元化的方向发展。

（三）税收制度调整

税收是资本主义国家干预和调节经济的重要杠杆，构建高效、公平、科学的个人所得税制度对社会的意义也非常重大。因此，税收制度的改革也成了发达国家经济调整的重要内容之一。

20世纪80年代中后期，西方主要发达国家如美国、英国、瑞典、意大利、法国、日本等推行了个人所得税改革，使个人所得税收发生了较大变化。进入20世纪90年代以后，西方各国又进行了新的一轮税制改革。税制改革主要措施有：

（1）扩大个人所得税税基。将原先被排除在税基之外的收入（如红利、失业救济等）重新归入综合所得之中，征税范围的扩大主要表现在资本利得、附加福利和失业救济金上。

（2）缩减个人所得税扣除政策。取消或减少某些特定的税负减免项目，包括对各种特定支出减免税的取消或缩减，如英国取消对新的人寿保险、国外收入、慈善捐款和新的住宅修缮贷款的课税扣除，以及其他一些税收减免和扣除条款。

（3）由分类所得税制向综合所得税制转化。综合所得税最重要的特征是将资本利得与来自资本的其他所得（利息、股息、利润等）同样课税。这种税制模式是将纳税人在一定期间内（一年）各种不同来源的所得综合起来，减去法定减免和扣除项目的数额后，就其余额按累进税率计征所得税。它能够体现纳税人的实际负担水平，并且不缩小其税基，还能体现支付能力原则或量能课税原则。

（四）社会福利制度改革

社会保障是现代经济与社会协调发展的安全机制、稳定机制和促进机制。当今世界所有现代化国家，都把实施和完善社会保障制度作为一项基本国策。但随着经济的发展、老龄化社会的到来以及失业问题的日益严重，发达国家所形成的主要由国家负责支出和管理的社会福利制度也暴露出越来越严重的负面问题。一方面社会福利制度加大了很多发达国家的财政负担。另一方面，社会福利制度的广泛实施还助长了居民对福利救济的依赖，不去靠努力工作而是坐享社会福利。因此，从20世纪70年代至80年代，发达国家开始对社会福利制度进行大刀阔斧的改革。

发达国家的社会福利制度改革的方向是从以往单一的“福利国家”制度，向由国家、个人、私人机构、社会机构相结合的多元化和混合式的“福利社会”制度转变，以实现福利制度社会化。总的来看，发达国家的社会福利制度改革的途径主要有以下几种。

1. 削减政府预算中的福利支出

在发达国家中，社会福利计划一般分为以下两类：①以政府管理的、被纳入特别基金的义务性摊款为资金来源的社会保险；②以政府税收为主要资金来源的公共救助。

所以，为了减轻财政负担，各国纷纷控制或缩减用于社会公共救助的政府开支。1983年，作为减少开支的措施之一，美国将按物价调整年金的时间推迟了半年。后来又规定，当消费物价指数与上年同期相比增长幅度超过3%时，才对年金进行调整。在英国，过去对失业者发放两种津贴，一种是与工作、职务毫不相干的基本失业津贴，另一种是与失业前的工资收入挂钩的失业补助。20世纪80年代开始后不久，失业补助被宣布取消。与此同时，还取消了按工资收入计算的患病补助以及按死者生前工资计算的遗属补助以及工伤补助。此外还削减了社会福利中用于教育的支付。

发达国家在进行社会保障改革时，更多考虑的是在制度的设计和调整过程中制度本身的效率，改变了过去那样过分强调社会福利的做法，更多的是追求一种完善的社会保障制度，即又能有效地为人民提供必要的保障，国家又能够承担，同时还能激励人们努力工作，保护就业者工作的积极性，减少人们对社会保障的过分依赖。

2. 社会保障更注重借助市场的力量

这主要表现在两个方面：一方面是社保基金运营更加注意运用商业投资的方式来进行经营管理。这种运作方式促使社会保障基金运营走向自我平衡的道路，最大可能地保值增值，既减少社会保障事业对国家财政的依赖，又切实保证了社会保障基金的支付能力，从而能够较好地维护社会保障对象的利益。一些国家甚至把大多数项目的社会保障基金交由私营商业机构，政府只负责监督、提供业务指导和担保，并且取得了成效。另一方面，许多国家还大力发展商业社会保障，使之成为社会保障的重要补充。

3. 社会保障更注重提高政府管理效能

对社会保障进行管理是现代政府的一项重要的职能和职责，许多国家的政府采取了多种措施对社会保障机构的组织体制和管理体制进行改革，淡化它的行政色彩，引进商业机构的管理和运作机制，加强监督。美国的社会保障改革在这方面便具有显著特色，改革中充分强调了发挥私营组织在社会保障中的作用，并且将具体的社会保障项目交给民间非营利性组织。这不仅有利于政府减轻负担，同时，私营机构对效率的关注以及私营机构之间竞争的存在，也有利于提高社会保障运行的效率和服务质量。

（五）政府调控经济手段的变革

随着知识全球化与知识经济的到来，发达国家也逐渐对宏观经济调控手段进行变革，主要表现在政府导向功能增强、财政政策重要性下降与货币政策作用提升、国际合作与协调加强等方面。

1. 在追求政府调控与市场机制平衡的同时，政府的导向功能得以增强

第一，规范市场，促进竞争。一是严格保护知识产权，使知识通过法制渠道进入经济；二是通过执行反垄断法，维护市场的竞争性。在知识社会，虽然对新知识、新技术的开发与使用是为了获得早期暂时的市场垄断，但长期、持续对该行业的垄断却会破坏市场的正常秩序，阻碍小企业的发展和创新，因此，通过规范、限制企业垄断市场的行为和其他不正当行为，能够达到保护小企业、限制大企业、鼓励竞争的目标。第二，实施产业扶持政策，促进知识产业的发展，提高知识分子的国际竞争力。如加强政府对科技发展和创新活动的领导、通过政府计划组织相关的科研机构和企业进行重大科研项目的创新活动、加大政府对基础科学研究领域的研究和创新活动的资助等。第三，把发展教育提到空前的高度，以此提高国民素质，为知识经济奠定坚实基础。

2. 货币政策的重心发生调整

战后，西方发达国家的货币政策调整总的来看，是从以利率为主要调节手段转变为货币供应量调节和利率调节交替使用。

二战后直至1970年，以传统凯恩斯理论为指导的货币政策在各国政府间普遍使用。主要通过再贴现率和公开市场操作引导货币市场利率。随着20世纪70年代滞涨的出现和货币学派的兴起，发达国家逐渐放弃了传统凯恩斯主义，并于1970年初开始引入货币供

应量作为中介目标。这种变革虽然对遏制通货膨胀、解除滞涨起到了相当大的作用，但同时也带来了相当大的副作用，即通货膨胀率的下降是以利率上升和经济衰退为代价的。因此20世纪80年代末各发达国家几乎都放弃了货币中介目标。

货币政策由于在钉住货币供应目标的政策模式下，中央银行无法有效控制货币，货币目标与实际结果总是存在差异，这损害了货币政策的信誉，再加上货币外延的扩大及其与经济关系的不稳定趋势，1990年以来，很多国家中央银行将政策重点重新集中在货币市场短期利率，但与1970年之前的操作模式不同，而是根据货币政策的最终目标（通货膨胀和产出）来设定货币市场短期利率目标，在政策实施中密切观察市场参与者预期的变化，完善货币决策程序，及时披露货币政策信息，加强与市场的沟通，通过告示效应使公众能够更好地理解中央银行决策意图，有效引导市场预期，更好地实现货币政策最终目标。

四、金融危机后主要发达国家的经济调节

（一）美国主要的经济调控措施

1. 财政政策

一是密集推出经济刺激方案紧急救市。2008年2月，布什政府出台了规模1 460亿美元的经济刺激法案应对危机。同年10月，美国国会通过了资金总额7 000亿美元的问题资产救助计划。奥巴马执政后，2009年2月，国会通过了7 870亿美元的一揽子经济刺激方案，即《复兴和再投资法案》。二是推动金融改革和促进就业增加。随着经济形势渐趋稳定，财政政策核心从救市转向金融改革和创造就业，推出《多德－弗兰克华尔街改革与消费者保护法案》，进行规则和监管机构的改革。此后连续推出多项法案，通过向小企业提供贷款援助和税收减免，增加对教育、清洁能源项目和交通基础设施建设投资、通过推动出口增长、重振美国制造业等多种渠道促进就业。三是逐步转向稳固财政。2011年8月，美国参众两院就提高政府债务上限和削减财政赤字达成协议，通过了《2011年预算控制法案》。2013年起，美国财政政策开始趋于紧缩。如2013年1月起，上调薪资税，3月起公共部门实行全面减支。

2. 货币政策

一是降低联邦基金利率。2007年9月至2008年12月，美联储将联邦基金利率从5.25%降至0～0.25%历史最低水平，并维持至今。二是创新金融工具积极利用贴现窗口提供贷款。三是建立货币互换机制向外国央行提供美元流动性。四是实施量化宽松和国债扭曲操作等非常规货币政策向市场注入流动性，以降低长期利率水平。从2008年11月至2011年6月，美联储推出两轮量化宽松政策共计购买约1.95万亿美元债券。2011年9月，美联储推出国债扭曲操作的货币政策（OT）。2012年9月美联储推出第三轮量化宽松政策（QE3），每月购买400亿美元的机构抵押支持债券（MBS）。同年12月，美联储宣布第四轮量化宽松政策（QE4），每月购买850亿美元债券，其中，购买450亿美元长期国债，以替代年底到期的“扭曲操作”工具。同时，将联邦基金利率与失业率和通胀率挂钩，即只要失业率保持在6.5%以上，且未来1～2年通胀率预计不超过2.5%，则将基金利率继续维持在0～0.25%的超低水平上。

（二）欧元区主要的经济调控措施

1. 财政政策

国际金融危机爆发初期，欧元区各成员国采取了加大基础设施建设力度、减税等一系列扩张性财政政策，爱尔兰等部分成员国甚至动用财政资金直接向金融机构注资。这些政策在短期内发挥了一定的效力，但加重了各国的主权债务负担，客观上加速了欧洲债务危机的爆发。欧债危机爆发后，欧元区逐渐转向严控赤字的紧缩性财政政策。在IMF和欧盟委员会的约束下，欧元区各国特别是重债国出台了多项财政紧缩计划，包括削减退休人员的养老金、下调公务人员工资水平、裁减公共部门员工人数、增税、提高退休年龄等内容。

然而，这些方案虽然有效地减少政府债务规模，但也对经济增长产生了较大的负面影响，希腊等部分国家GDP的降幅甚至超过公共债务降幅。因此，自2013年起，欧元区的财政政策重心从单纯追求缩减赤字转向在经济增长和减少赤字之间寻求平衡。2014年2月欧盟峰会通过了2014—2020年欧盟“多年度财政框架”。其中，支出额度较2007—2013年财政框架削减了3.5%左右，但围绕促进就业和经济增长、技术创新的财政支出增幅高达37.3%。此外，欧盟已经放宽了对法国和西班牙等主要成员国财政减赤目标的时限要求，并鼓励各成员国在减少赤字的同时实施结构性改革以刺激经济增长。目前，一方面欧元区成员国倾向于实施结构性税收调整政策，适度降低企业所得税，引导企业投资和生产；另一方面，在减少养老金、失业保险等福利支出的同时，适当增加培训、研发等对提高经济潜在增长率有较大作用的支出项目。此外，欧元区成员国综合运用财政资金、国际组织贷款、私人贷款等诸多渠道，建立了欧洲金融稳定基金和欧洲稳定机制，采取了直接运用财政资金干预金融市场的非常规财政政策。

2. 货币政策

在欧债危机不断升级的背景下，欧央行货币政策的目标和操作工具均进行了调整。一方面，欧央行从单纯追求价格稳定向价格稳定与经济增长、金融体系稳定并重转移，在2012年通胀压力持续超过2%警戒线的背景下仍维持低利率政策不变；另一方面，大量应用3年期长期再融资操作直接为金融市场注入流动性，推出直接货币交易计划（OMT）稳定市场信心，促使欧债危机趋于平复。

（三）日本主要的经济调控措施

1. 财政政策

2008年10月到2009年12月，出台了3次经济刺激政策，总支出共120万亿日元，用于稳定金融和资本市场，增加居民就业和消费，扩大公共基础设施投资。同时，出台鼓励发展低碳经济包括鼓励节能型家用电子设备的消费和延长电动车补贴方案。

2011年3月日本大地震后，内阁府先后四次推出预算追加案，其中18万亿日元补充预算用于震后灾区的恢复与重建。2012年底安倍政府执政后，开始实行扩张性财政政策。2013年1月，日本政府公布了总额20.2万亿日元的“紧急经济措施”，包括重建与防灾对策、经济增长带动财富增加（鼓励民间投资，支持企业向海外发展）、安心生活和搞活地方经济（扶持年轻人创业，支持女性就业）三个组成部分。5月中旬日本通过了规模92.61万亿日元的2013财年预算案。

2. 货币政策

一是通过固定利率贷款为银行和企业提供流动性。二是实施零利率政策。三是实施量化宽松货币政策。2010 年 10 月至 2012 年底，日本央行资产购买计划规模从 5 万亿日元增加至 101 万亿日元。2013 年 4 月，日本央行用基础货币量取代无担保隔夜拆借利率作为央行货币市场操作的主体目标。资产购买规模不再设限，直到两年内将基础货币量扩大一倍，实现 2% 的通胀目标为止。

除了上述代表国家和区域的调整措施外，在金融危机后，几乎所有的发达国家都更加注重国际协调与合作，增加政府间交往，以此协调各国间的经济联系与政策，保证国内经济体制的正常运转。

第四节　发达国家首脑会议

发达国家首脑会议，也被称之为七国集团首脑会议（G7 Summit）。G7，是七个主要发达资本主义国家（美国、日本、德国、英国、法国、意大利和加拿大）的国家元首或政府首脑就共同关心的重大问题进行磋商会晤的机制，经历了“经济议题首脑会议”“政治议题首脑会议”和“多元议题首脑会议”三个阶段。

一、产生背景

世界上工业化最先进的七个国家首脑会议产生于 20 世纪 70 年代中后期美苏冷战趋于缓和的时期，与当时世界复杂动荡的局势密切相关。七国首脑会议发展成一年一度的定期会晤机制，还受到了当时国际体系结构性变革的推动。

首先，二战后西方阵营内部经济相互依赖加深，国际和国内的政治经济界限日益模糊，“政策外溢效应”显现，传统的主权观念受到挑战，各国为了解决自身的问题，需要加强相互间的政策协调。

其次，美国霸权的相对衰落以及西方阵营内部美日欧“三架马车”态势的出现，冲击着二战后建立的美国居于支配地位的国际治理体系。

再次，随着经济因素在各国对外关系中地位的上升，各国领导人不得不改变将经济问题视为“低级政治”的现实主义思维，开始关注国际经济事务，同时也只有最高领导人出面，才能将政治与经济、对内与对外政策协调起来，解决多重危机并发带来的困难。

总之，世界上最为发达的七个国家首脑会议在 20 世纪 70 年代后半期产生并机制化，是当时世界复杂动荡的局势与国际体系结构性变革共同作用的结果。20 世纪 70 年代中期，G7 创立后没几年，美苏再次进入新一轮的冷战，因此 G7 的协调机制由主要协调各国对外经济政策，转变为统一对外立场以对付苏联的工具。总体而言，整个冷战时期 G7 的行为受到美苏两极结构的严重制约。

二、历史沿革

1971 年 12 月和 1973 年 2 月，美元两次贬值，布雷顿森林体系解体，国际货币基金组织和世界银行无能为力，关税与贸易总协议的新一轮多边贸易谈判也困难重重；1973年10月中东战争再次爆发，石油输出国组织实行限量提价政策，并对美国、荷兰等支持以色列的国家实行禁运，给西方国家经济造成了巨大冲击，西方国家对此反应不一，矛盾彰显；在金融动荡、石油危机以及农业萧条的冲击下，1973—1974年西方世界经历了二战后最严重的经济衰退，通货膨胀加剧、失业人数急增，各国的贸易保护主义抬头。为了避免重蹈20世纪30年代经济大危机的覆辙，西方发达国家的领导人都急于寻找平息危机的出路。

1975年7月31日，在赫尔辛基的英国大使馆的午餐会上，德斯坦总统向前来参加欧洲安全与合作会议的福特总统、威尔逊首相和施密特总理，正式建议召开一次由西方五大国（法国、美国、英国、联邦德国和日本）首脑参加的会议，得到了这三位首脑的响应和支持。

1975年11月由法国倡议，在巴黎召开了西方主要工业国家首脑会议。首次会议有六国首脑参加，1976年起加拿大首脑参加后变为七国经济最高级会议。

1977年起，欧洲共同体委员会主席也应邀参加。首脑会议每年举行一次，轮流在各国召开。会议起初以讨论经济问题为主旨。

自20世纪80年代以来，有关国际政治问题的讨论逐渐增多。该会议作为西方主要工业发达国家的首脑会议，旨在对复杂多变的国际政治经济形势，从整体上协调共同的和各自的政策，缓解内部矛盾，以维护成员国在世界经济和国防政治中的地位。会议已形成一种制度，将继续存在下去并发挥其重要作用。

21世纪，俄罗斯正式加入该组织，改称西方八国首脑会议，简称G8。后来2014年俄罗斯因克里米亚问题被剔除出去，G8峰会重新改为G7峰会。

三、G7峰会的重要议题

G7峰会首次会议于1975年11月在巴黎郊外朗布依埃古堡举行，参加国为美国、联邦德国、日本、英国、法国和意大利的政府首脑。会议中心议题是如何建立“新秩序”，协调宏观经济，共同对付战后最严重的经济危机问题。会议基本同意刺激经济增长措施，接受浮动汇率，提出“最紧急的任务是保证经济恢复和解决失业”，从中可以看出G7峰会成立初期的议题是以经济议题为主。

第五次会议于1979年6月在东京举行，会议着重讨论了能源问题。这一时期的西方七国首脑会议值关税与贸易总协议多边贸易谈判“东京回合”期间，谈判的进程成了西方七国首脑会议的重要议题。1973年和1979年两次发生石油危机，朗布依埃会议和1979年的东京会议就此发表了声明，协调了七国在能源问题上的立场。而且在货币金融领域，西方七国首脑会议肯定了浮动汇率制的合法性，并推动国际货币基金组织、世界银行和五国财长集团等多边机制在国际货币金融领域发挥积极作用。

第六次会议于1980年6月在威尼斯举行。由于国际局势的变化，会议公开地表示关注国际政治形势，讨论了阿富汗问题、中东问题以及苏联对西方的威胁问题。会议确认降低通货膨胀率是首要任务，要求减少石油消耗量；会议要求苏军撤出阿富汗。

从20世纪80年代初期开始，主张减少政府干预的货币主义和供给学派逐渐主导着七国的经济政策，使得七国首脑会议在经济政策协调方面降低了“调门”；同时，由于东西方关系的再度紧张，在美国的极力推动下，首脑会议的议题开始扩展到政治领域。经济议题首脑会议发展成了政治、经济议题首脑会议。

2018 年 6 月，被称为“史上最分裂”的七国集团峰会在加拿大魁北克落下帷幕，为了掩饰内部分歧，主办国加拿大总理特鲁多当天宣布，由美国支持的 G7 峰会联合公报将解决贸易保护主义问题、削减贸易壁垒。然而特鲁多话音刚落，就遭到美国总统特朗普的反驳，可以看出西方发达国家在相关经济和政治上的矛盾也越来越凸出。

四、G7 峰会的影响

（一）G7 峰会的积极影响

1. G7 峰会对维护发达国家的利益起到了重要作用

世界上较为发达的七个国家首脑会议，作为一个西方主要大国和富国的俱乐部，其各种活动和采取的相关措施主要是为了维护自身的国家利益，而不是为发展中国家和全球利益服务的。G7 的初衷，也是为了协调西方世界的内外政策，尤其是经济政策，以解决二战后资本主义世界的第一次经济危机。20 世纪 80 年代，G7 担当了加强西方的共识，抗衡东方的威胁和抵制南方要求改革国际秩序呼吁的“重任”。

2. G7 峰会客观上有助于探索全球化背景下的大国协作和全球治理机制

由于西方七国无论是在经济力量、政治影响力上，还是在社会先进程度方面都处在世界的前列，因此西方七国首脑会议无论是就发达国家之间的关系进行的协调，还是就与发展中国家关系的协调，都对全世界产生重要影响。

G7 集团的形成首先是着眼于大国关系的协调，但同时反映了“全球治理”的客观需要，也反映了当前治理机制的中枢所在的区位。它对全球的影响从经济层面扩展到政治层面直至全球问题，成了与联合国、世界贸易组织、国际货币基金组织和世界银行等国际组织并行的治理机制。自 G7 集团 1995 年提出全面改革国际金融体系以来，一直主导着现存国际金融体系的改革进程，例如，在 IMF、世界银行、经合组织、WTO 乃至联合国批准采取的政策，有不少正是在 G8 会议期间，特别是在筹备 G8 峰会期间形成的。

3. G7 集团对于国际体系进程的演进产生的巨大、深刻的影响

在推进国际体系结构演变方面，G7 的影响和作用是极为有限的。它所起的作用，如果有的话，就是强化了西方作为一个整体的存在。G7 在冷战时期的行为一直受到两极结构的制约，在很长一段时间内不得不为该结构的稳定而努力。相比于国际体系结构，G7 对于国际体系进程的演进产生了巨大、深刻的影响，它强化了东西方关系的对立，并使整个西方集团的内部矛盾始终处于“斗而不破”的状态；它使得西方集团在南北关系上处于优势地位，突出了南方的贫穷、落后和分化，而加强了西方集团内部的相互依存。

但随着经济全球化在第二次世界大战之后的深入发展，世界各国相互依赖性加深，各种问题的全球性凸显，全世界日渐成了“地球村”，七国在世界体系中主导性的影响力，决定着它们相互之间矛盾和与其他国家间矛盾的协调，客观上有利于整个世界秩序的稳定和发展。

（二）G7峰会已日渐衰微

1. G7峰会对全球治理促进作用有限

G7是为了满足某些富裕国家而建立的组织严密的经济俱乐部，过去因为其掌控了世界上大部分财富和资源，才能够在全球经济治理中充当政策制定者的角色，也始终按照自己的意愿对全球利益进行分配和管理。但随着2008年金融危机爆发和蔓延，在新兴国家和各种全球性经济合作集团带领下，全球经济缓慢走出低谷。这些新兴国家和各种全球性经济合作集团希望更多地参与到全球治理当中，且他们在全球经济中的地位和作用不容忽视。因此，G7已经无法发挥其原有的作用。

而且，G7治理机制缺乏弹性，还停留在旧的制度下，难以针对复杂多变的全球性问题给出快速的处理办法，无法适应新的治理模式。

G7成员国的国内生产总值（GDP）合计占全球经济的比重已经从1992年的68%下降至2015年的47%，其作用已经被涵盖成员范围更广、代表性更强的二十国集团（G20）取代，G7在全球经济政策制定中的角色已经成为过去时。

2. G7集团内部分歧严重

虽然G7可能就全球经济、政治问题共同发声，但是他们却无法就任何关于经济、政治问题的解决办法达成共识。每个成员都只把自己国家的利益作为优先考虑事项，导致峰会内部矛盾、冲突明显。再加上各国对世界政治经济形势的认识不同，各项决议更加难以落实。例如，经济议题向来是G7峰会的最重要议题。然而，因各国对世界经济形势认识不同，在应该采取何种经济对策上存在差异，宣言中的相关表述一度难产。因此，就目前来看，G7无法在任何一个领域达成共识，更不会采取实质性行动。

3. 决议不具代表性

从G7在全球治理中暴露出的问题可以看出，G7的治理效果堪忧，成员内部矛盾重重，各自主张和推销对自己有利的全球经济政策和价值观，根本没有考虑到他国利益，也得不到世界上多数国家的支持，其决议根本不具有代表性。2018年的峰会更加凸显了上述问题以及G7在处理全球问题上的乏力。未来G7是否还有存在的必要值得思考。

20世纪90年代尤其是2008年全球金融危机爆发以来，新兴经济体更加积极地参与到全球治理、气候变化以及应对经济危机等一系列重要的国际协调进程之中，推动了全球经济治理机制朝着有利于新兴经济体的方向发展，新兴经济体在全球经济治理结构中的地位得到显著提升，并与发达经济体一起共同推进新的国际经济秩序的建立。

随着新兴经济体的迅速崛起，现行全球经济治理机制业已界定的利益分配格局变得越来越不合时宜。新兴经济体的快速发展和群体性崛起趋势与世界经济的大发展、大调整和大变革互为因果，成为当今世界经济发展形势和特征的重要组成部分。

二十国集团的升级、金砖国家的成立成为这一进程的标志性事件。尽管目前二十国集团仍只是一个非正式的对话机制，但它已成为全球经济治理的主导机制，无论对于推动发达经济体与新兴经济体之间的协商和合作，还是促进国际金融稳定和全球经济增长来说，起着其他机制无可替代的作用。

本章小结

本章首先介绍了发达国家的概念。发达国家主要是指那些被联合国和IMF共同认定的经济发展水平高，市场经济机制成熟的西方主要资本主义国家或地区，目前主要包括 18 个国家。进而介绍了西方发达国家的经济体制主要有三种模式，即自由市场经济模式、政府主导型经济模式及社会市场经济模式。它们之间的差异，主要是政府干预和调节的广度、力度、手段有所区别。接着介绍了西方发达国家经济发展历程和经济调节过程，即 20 世纪 70 年代以前，西方各国奉行传统凯恩斯主义实行宏观政策，并获得了经济的高速增长；80 年代后，西方发达国家政府在所有制结构、社会福利制度、宏观经济调节手段等方面进行了调整和改革。最后介绍了 G7 峰会的基本情况。发达国家的一系列经济调整措施，对世界经济的发展产生深刻的影响。

思考与练习

1. 什么是发达国家？发达国家的特点是什么？

2. 什么是经济体制与经济体制模式？试比较美、日、德等发达国家的经济体制模式的不同点。

3. 战后发达国家的经济发展历程是怎样的？分别具有怎样的特点？

4. 20 世纪 80 年代以来发达国家为什么要对经济体制进行调整和改革？其主要内容包括哪些方面？

5. 发达国家首脑会议产生的背景是怎样的？具有怎样的社会意义？

第十章　发展中国家经济体的改革与发展

教学目标

1. 知道发展中国家的含义、特点和基本类型；
2. 了解战后发展中国家的经济发展政策、发展战略和主要成就；
3. 认识20世纪70年代以后新兴工业化国家的共同特点和主要模式；
4. 掌握“金砖国家”的形成、发展，以及中国与其他金砖国家间的经贸关系；
5. 运用比较法分析发展中国家与发达国家及发展中国家内部的差异性。

战后，发展中国家在取得政治独立之后，积极发展民族经济，成为世界经济中具有重要作用和影响的力量。发展中国家经济力量的增长，推动了世界经济的发展，改变了世界经济力量的对比，同时也影响着国际经济关系格局的变化。发展中国家的一些新兴工业化国家或新兴市场国家的发展历程，为人们提供了大量成功的经验，当然发展中国家的经济发展也面临着重大的压力和挑战。

第一节　发展中国家概述

全世界共有220多个国家和地区，主要分布在亚洲、非洲、拉丁美洲及其他地区。发展中国家地域辽阔，人口众多，有广大的市场和丰富的自然资源，还有许多战略要地。无论从经济、贸易上，还是从军事上，都占有举足轻重的战略地位。

一、发展中国家的含义和特征

（一）发展中国家的含义

发展中国家是与发达国家相对应的一个概念，通常是指那些过去长期遭受帝国主义国家殖民统治和剥削，现已获得政治独立，但经济发展水平相对落后，面临着经济发展问题的国家。这些国家最初曾被称为“欠发达国家”或“不发达国家”。战后初期，世界银行曾以人均国民生产总值为标准来划分国家类型，规定人均国民生产总值在1 000美元以上的国家为发达国家，1 000美元以下的为欠发达国家或不发达国家。由于“不发达”这个概念不能确切地反映不断发展变化的亚非拉国家的实际情况，在1964年召开的联合国第一届贸发会议前后，国际上不经常使用“不发达”或“欠发达”的概念，而用“发展中国家”这一概念代替，广大的经济发展比较落后的亚非拉国家由此被统称为发展中国家。目前，发展中国家的人口约占世界总人口的4/5，土地面积约占世界总面积的2/3。

（二）发展中国家的共同特征

虽然发展中国家各国之间在历史、文化、制度以及经济发展水平等各个方面差异很大，但这些国家却拥有某些共同特征。这些特征包括：

1. 生产力水平相对低下

发展中国家虽然拥有比较丰富的自然资源和人力资源，但生产效率却普遍低于发达国家，不仅工业生产能力低下，而且农业部门也并不发达。

发展中国家生产技术落后和劳动者文化素质低是其生产力水平低下的根本原因。以农业为例，大多数发展中国家的农业生产仍以手工劳动为主，耕作技术落后。在机械和化肥施用的效率方面，也远远低于发达国家。

2. 经济结构呈现二元化

发展中国家经济的另一个不同于发达国家的特征就是经济结构二元化。也就是在一个国家内，落后甚至原始的经济成分与先进的，甚至现代化的经济成分并存。这种在同一国家内同时存在两个相互割裂、反差强烈的经济结构的现象，在完全工业化的发达国家中是不存在的，它只能出现于正从传统社会向工业化社会转型的发展中国家中。

经济结构的二元化，不仅体现在不同经济部门之间、城乡之间，往往还体现在一国内部不同地区之间。某些发展中国家的工业化战略使现代化经济部门过于集中在城市和经济发达地区，更扩大了这种差距。

3. 产业结构相对落后

与其落后的生产技术水平和经济结构相应，发展中国家的产业结构也处于相对落后的状态。经济中农业和初级产品产业所占比重较大，而制造业，尤其是服务业所占比重较小。

4. 低下的生活水平

在发展中国家，大多数人民的生活水平很低。生活水平的低下表现在如下几个方面。首先，这些国家的人均生活水平很低。其次，在发展中国家，作为人口大多数的穷人与少数富人生活水平之间的鸿沟也较发达国家大。最后，大范围的贫困。所谓贫困是指缺少达到最低生活水准的能力。

5. 低下的生产率水平

发展中国家由于人力资源素质、资本存量、技术和管理水平等条件的限制，生产率水平比较低下。2002 年，发展中国家的劳动生产率仅为发达国家的 1/23。

6. 高水平的失业和低度就业

发展中国家劳动力中相当大的一部分却未得其用。劳动力利用不充分有两种表现形式。一种是公开失业，指有劳动力和劳动意愿的人们得不到工作机会；另一种是低度就业或不充分就业，指劳动者形式上虽然就业，但得到的工作时间比他们能够工作的时间少，或指劳动者虽然在形式上得到充分就业的工作时间，但他们的劳动生产率却非常低，甚至接近于 0。

7. 对农业生产的严重依赖

从生产结构看，低收入国家（中国和印度除外）农业在 GDP 中份额要远远高于发达国家；从就业结构看，农业劳动力的比重在发展中国家多达 50% ～ 70% 左右；从城市化水平看，低收入和中等收入国家城市人口占总人口比例要远低于高收入国家和地区。

8. 不发达市场经济

不发达市场经济是发展中国家经济的本质特征。由于长期遭受殖民掠夺和封建生产关系的束缚，以及独立后政府干预不当，发展中国家的市场运行不灵且受到严重扭曲，无法发挥作为资源配置基本手段的功能。

二、发展中国家的分类

发展中国家作为一类国家群体，由于各自的自然条件、历史传统、发展战略和经济结构的不同，经济发展水平高低不等，情况复杂，其内部各成员之间存在着巨大的差异。根据各国具体情况的不同，按照不同的标准，可以把发展中国家分成不同的类型。

（一）按人均国民收入标准来划分

由于在实际工作中不可避免地要对发展中国家做出划分，通常的做法是将人均国民生产总值（GNP），即现在所说的人均国民总收入（GNI）或国内生产总值（GDP），作为衡量一个国家经济发展水平的主要参数。按人均国民总收入标准来划分是目前最普遍的分类方法，据此可将发展中国家和地区分为三类。

1. 低收入国家和地区

按世界银行的划分，截至 2011 年 7 月 1 日，低收入经济体系指其 2010 年平均收入在 1 005 美元以下的经济体，这一类别共有近 60 个国家，约占发展中国家的 1/3，人口占全球人口的 36.9%，主要分布在南亚、中亚和撒哈拉以南非洲地区，美洲只有海地和尼加拉瓜属于此类。

2. 中低收入国家和地区

按世界银行的划分，截至 2011 年 7 月 1 日，中低收入经济体的平均收入为 1 006 ～ 3 975 美元。该类国家近 100 个，人口占全球人口近一半。由于它们彼此之间的经济发展仍很悬殊，分成“下中等”和“上中等”国家及地区。共有近 60 个国家和地区属于下中等收入类别，主要集中于拉丁美洲、东欧和亚太地区；有近 40 个国家和地区属于上中等收入类别，大部分是拉丁美洲国家。

3. 高收入但仍处于发展中的国家

高收入但仍处于发展中的国家虽然与发达国家同列为高收入国家，但仍被联合国、经济合作与发展组织（OECD）或本国政府定为发展中国家和地区。主要包括几个石油生产国和出口国，以及一些新兴工业化国家和地区，如阿拉伯联合酋长国、科威特、卡塔尔、文莱、新加坡等，总数不超过 10 个，主要集中于中东和亚太地区。虽然这类发展中国家收入较高，但就石油输出国来说，人均收入的提高主要是 20 世纪 70 年代初以来石油价格提高和出口收入增加的结果。它们的制造业还处于落后或起步阶段，产业结构单一化和畸形发展的特点十分明显。

（二）按产业结构、出口结构和发展程度的标准来划分

按产业结构、出口结构和发展程度的标准，可以把发展中国家分为如下四类。

1. 原料和初级产品生产国

原料和初级产品生产国是指农（主要是经济作物）矿（石油除外）业生产在国民经

济中占主要地位，其初级产品出口占出口总额绝大部分的国家。目前，人口在100万以上的这类国家近50个，包括绝大多数低收入国家和部分中等收入国家。

这种畸形经济结构的形成是长期殖民统治的结果。殖民主义者为把殖民地变成可靠的原料供应地和商品销售市场，在殖民地开垦矿山和经营种植园，并以先进的工业制成品摧毁当地人民的自然经济和手工业生产，阻碍现代工业的发展，从而逐步使这些殖民地变为主要生产和出口一种或几种农矿原料的国家。

独立后，许多原料生产和出口国为改造这种畸形经济结构，积极发展其他产业部门，尤其在发展农矿原料加工工业方面取得一定成就，但是进展缓慢，并未根本改变这种畸形面貌。

同时，由于国际垄断资本操纵市场和科学技术的进步，各种质高价廉的合成原料和替代原料日益增多，导致农矿原料出口市场萎缩，贸易条件恶化，国际收支逆差扩大，筹集建设资金更为困难。

它们为了协调各国产量、出口额和价格等方面的政策，维护自身利益，求得公平合理的收入，以及为进行资金和技术合作，交流生产经验和促进生产合理化等，先后成立了近30个原料生产和出口国组织。

2. 石油输出国

石油输出国是指以石油开采业和炼制业为主要生产部门、以石油及其产品出口为其主要收入来源的发展中国家。目前，生产和出口石油的发展中国家有30多个，其中石油出口占本国商品出口总额50%以上的石油输出国约有20多个。石油及其相关产品的生产是这些国家经济生活的主要内容，其他经济部门的规模和发展水平都十分有限。这类国家多在中东地区。

石油生产国的石油资源长期被西方石油垄断公司所独占。从20世纪60年代后期起，石油生产国在广大发展中国家支持下，团结合作，同西方石油垄断公司进行了多种形式的斗争。它们通过增收石油所得税，修改石油标价，加强对外国石油公司的监督，参与股权，对外国石油公司国有化，独立进行石油的出口和销售等手段和途径，收回了石油资源的主权，石油收入大幅度增加。

石油收入的大幅度增加，为产油国的经济发展和居民物质文化生活的提高提供了有利条件。石油是非再生资源，因此，大多数产油国都力图在本国石油资源枯竭之前，一方面对石油资源进行有计划地开采与深度加工，以增加出口石油的附加价值；另一方面，利用出口石油获取的巨额收入，对经济文化事业进行大规模投资，摆脱经济文化落后状态，改变畸形的经济结构，迅速实现国家工业化和经济现代化。

3. 综合发展型发展中大国

我国与巴西、印度、南非等少数发展中大国属于这一类型。这类国家一般自然资源比较丰富，劳动力充裕，并有着广阔的市场潜力，能够依靠自己的优势，全方位地发展经济。其产业结构与出口结构均呈现出多元化的特点。但也正由于人口多、幅员广、经济发展不平衡，使得这类国家的人均收入明显低于新兴工业化国家和地区。

4. 最不发达国家

最不发达国家（least developed country，LDC）又称“未开发国家”，是指那些社会、经济发展水平以及人均国民生产总值最低的一系列国家。

“最不发达国家”一词最早出现在1967年“77国集团”通过的《阿尔及利亚宪章》

中。1971 年联合国大会通过了正式把最不发达国家作为国家类别的 2678 号决议，并制订了衡量最不发达国家的 3 条经济和社会标准：①人均国民生产总值在 975 美元以下；②在国内生产总值中制造业所占比重低于 10%；③人口识字率在 20% 以下。

2000 年以后，最不发达国家的标准有三条（2000 年制定）：第一，低收入标准，即三年人均 GDP 小于 900 美元准入最不发达国家，大于 1 035 美元则“毕业”；第二，人文资源的匮乏标准，主要指标为营养、健康、教育、成人扫盲率；第三，经济脆弱性标准，包括农业生产的不稳定性、货物和服务出口的不稳定性、制造业和现代服务业在国民生产总值中所占比例、货物出口的综合评价指数、经济规模。满足以上三点标准，且人口不超过 7 500 万方可成为最不发达国家。

根据这 4 条现行标准，截至 2015 年，全世界经联合国批准的最不发达国家已经有 44 个：亚洲 9 国（阿富汗、孟加拉国、不丹、老挝、柬埔寨、东帝汶、缅甸、尼泊尔、也门）、非洲 31 国（贝宁、布基纳法索、布隆迪、中非、乍得、刚果（金）、吉布提、厄立特里亚、埃塞俄比亚、冈比亚、几内亚、几内亚比绍、莱索托、利比里亚、马达加斯加、马拉维、马里、毛里塔尼亚、莫桑比克、尼日尔、卢旺达、圣多美和普林西比、塞拉利昂、索马里、苏丹、多哥、乌干达、坦桑尼亚、科摩罗、塞内加尔、南苏丹）、大洋洲 3 国（图瓦卢、基里巴斯、所罗门群岛）、北美洲 1 国（海地）。

最不发达国家在取得政治独立后，社会经济也有了一定的发展，但经济增长缓慢。1970—1982 年间的年均经济增长率，整个发展中国家平均为 5% 以上，而最不发达国家仅为 3%。而且，由于人口增长过快，按人口平均计算的经济增长率则更低：1970—1980 年整个发展中国家平均为 3%，而最不发达国家仅为 0. 81%。

这些国家经济所以如此落后，一是自然条件不利，大都是内陆国家和岛屿国家；二是国内的封建关系和封建势力严重存在，阻碍着经济的健康发展；三是原有的经济基础落后，经济结构畸形，几乎没有现代工业；四是在落后的社会、政治基础上建立的政府，未能获得足够的“强度”与“质量”对经济发展提供支撑，也未能提出有针对性地发展战略，这是最不发达国家经济发展受阻的重要原因。

为帮助最不发达国家摆脱贫困，联合国在 1981 年和 1990 年两次在巴黎召开了关于最不发达国家问题的会议，分别通过了援助最不发达国家的《80 年代新实质性行动纲领》和《90 年代行动纲领》。这两个纲领为最不发达国家确定了具体的发展目标，并在官方发展援助、商品贸易和减免债务等方面，提出了一系列国际支援和帮助措施。但是，由于最不发达国家所面临的外部经济条件没有明显改善，国际社会，尤其是发达国家对最不发达国家的援助指标和减轻债务负担的安排未能兑现，加之最不发达国家本身受国内政治动乱、武装冲突等不利因素影响，最不发达国家的贫困状况仍在恶化。

三、发展中国家在国际经济关系中的地位

发展中国家自身经济的弱点，加上发达国家在当前国际生产、贸易和金融体系中的主导作用，决定了发展中国家在国际经济关系中的脆弱地位和它们对发达国家不同程度的依赖。这种对外依赖性与脆弱地位主要表现在以下三点。

（一）发展中国家在贸易中的对外依赖

多数发展中国家工业基础薄弱，制造业相对落后，许多工业制成品尤其是资本品和高技术产品依赖进口，同时其出口产品，无论是初级产品还是制成品，都以发达国家为主要销售市场。前一类产品，发展中国家需求弹性较小，发达国家在生产上基本处于垄断地位，而后一类产品的进口需求弹性和替代弹性又比较大。因此造成发展中国家在进口上依赖发达国家，而在出口上又受制于发达国家市场需求的现象。这种依赖使发展中国家的对外贸易乃至于经济发展极易受到发达国家市场波动的冲击。比如战后初级产品贸易条件的恶化和20世纪80年代石油价格的下跌，就先后对初级产品出口国和石油输出国的经济造成了严重影响。而20世纪90年代中期发达国家对电子产品进口需求的下降，则直接导致了东南亚国家贸易逆差的扩大，成为金融危机的重要诱因。

（二）对外资的依赖

建设资金短缺是许多发展中国家面临的共同问题。为了充分利用外部资源，加快经济发展进程，发展中国家往往大量引进来自国外主要是发达国家的资金，形成对外资的依赖。外资的进入虽然有效地弥补了发展中国家国内资本形成的不足，推动了经济增长，但也带来了一些弊端。首先是外债负担的加重。到2002年，发展中国家外债总额已达到2.34万亿美元，是当年发展中国家出口总值的117.6%，有40个国家成为重债穷国。此外，外资的大规模流入与流出也会造成经济上的动荡，甚至引发债务危机或金融危机。

（三）技术和人才的依赖

由于发展中国家技术水平低下，迫使它们必须从发达国家引入先进技术与专业人才。这一方面使发展中国家能够利用现成的技术与人员，发挥“后发优势”，增强生产能力；另一方面也容易使发展中国家产生过于依赖国外技术与人才、忽视自身技术创新与人才培养的倾向，不利于提高本国经济的长期发展潜力。随着世界经济信息化进程的不断深入和高新技术产业的发展，发展中国家在技术、人才和经营管理方面对发达国家的依赖程度有可能进一步加深。

上述几个方面特征，相互之间有着密切联系，共同构成了“发展中”经济的基本要素，是它们与“发达”经济的主要区别所在，同时也是发展中国家在经济发展过程中所需要解决的共同课题。

第二节　战后至20世纪70年代发展中国家的经济改革和发展

第二次世界大战后，亚、非、拉兴起了巨大的民族解放斗争风暴，殖民地纷纷独立，帝国主义的殖民体系上的瓦解。到20世纪70年代末期，全世界发展中国家约130个，其中90多个是二次大战后新独立的国家。这些新独立的发展中国家的基本经济特征是：经济落后，现代工业不发达，农业在国民收入中占主要地位；国民经济生产结构单一；且经济成分复杂多样；经济发展不平衡；贫富悬殊，国民收入分配不均；劳动人民生活贫困等一系列的难题。如何发展经济、改善民生就成了二战后摆在这些国家面前迫切需要解决的难题。

一、独立初期的经济政策

大部分的发展中国家在第二次世界大战前曾经是帝国主义国家的殖民地或半殖民地，其社会结构和经济结构处于比较落后的状态。

二战后，随着民族解放运动的开展这些曾经的殖民地、半殖民地取得政治独立。取得政治独立后，这些新独立的发展中国家所面对的最重要的历史任务之一就是发展本国的经济。发展中国家在经济方面一般认为先需要解决三个问题：一是选择什么样的经济制度；二是如何维护经济主权，摆脱殖民国家的经济特权；三是通过怎样的经济政策改变封建式的、落后的社会结构和经济结构。针对这些问题，发展中国家采取了以下措施。

（一）经济制度的选择

发展中国家的数量众多，其历史条件和所处国际环境也不相同，在独立进程中的差异也很大，发展中国家选择了不同的经济发展道路。

少部分的国家模仿苏联高度集权的计划经济体制，选择了社会主义的政治经济制度，大部分国家选择了资本主义政治经济制度。

（二）取消帝国主义国家的经济特权

在取得独立后，为了消除其他国家对本国经济的控制，发展中国家采取了一系列取消帝国主义国家的经济特权的措施。这些措施主要包括收回海关权和货币发行权、接管原殖民政府的财产、废除外国资本的租借地和采矿权等。

其中影响最大的举措是对外国资本实行国有化和民族化。具体途径包括直接征用、没收外资企业，给予补偿赎买外资企业，以参股方式获得外资企业的控制权等等。

（三）实施土地制度改革

发展中国家在取得政治独立后到 20 世纪 70 年代普遍实行了比较深入彻底的土地改革。土地制度的改革在一定程度上推动了社会结构的优化，促进了农村经济的发展，也起到稳定社会的重要作用。

在拉丁美洲有十多个国家颁布了土地改革法或土地垦植法，通过法律正式废除了各种奴役性的租佃关系，同时征收私人土地、开垦公有土地，使以往的佃农和雇农成为自耕农或农村工资劳动者。在亚洲泰国、马来西亚、菲律宾、印度尼西亚等国也开展土地改革，以赎买的方式从地主手中获得土地再分配给农民。在非洲，各国主要是在原有的村社土地公有制基础上推行合作化政策。

二、经济发展的主要战略

所谓经济发展战略，是指各个国家为实现经济发展目标而制订的总体规划、战略方针及相应的经济政策。它对国家的经济发展具有长远性、总体性的指导作用，因而在经济发展过程中起着至关重要的作用。发展中国家在获得民族独立后，普遍面临着发展社会经济、提高国民福利、改造传统社会使其向现代社会转变的任务。而要完成这一任务，关键就在于根据本国的具体情况，制订和实施适当的发展战略。在此问题上，不同的发展中国家根据各自的不同国情、不同的指导思想以及对国际经济环境的不同认识，采取了不同的经济发展战略。从主导产业发展方向、对外经济关系模式和政府在经济中发挥的作用等角度出发，可将经济发展战略分为不同的类型。

具体来说，这一阶段发展中国家经济发展的主要战略包括以下几个方面。

（一）强化国家对经济的全面控制

强化国家对经济的全面控制主要从四个方面展开：

第一，制订中长期发展计划。对国家重大建设项目、生产力分布和国民经济重要比例关系等做出规划，为国民经济发展远景规定目标和方向。并通过财政、税收等方面的政策措施，确定和引导经济发展的方向。

第二，国有化。不少发展中国家在对外资企业进行国有化的基础上，又将部分国内私人企业收归国有，并通过国家投资建立起新的国有企业，大力发展国有经济。由国家掌握基础工业、交通运输、金属、电力、通讯等国民经济命脉，直接控制生产活动。一般情况下国家会支付一定的金额来补偿原来的所有者，但是有的时候这个价格比市场价格要低很多，所以会造成原来所有者的损失。国有化的理由往往是因为某些产业比如公共供水供热具有重要的战略作用。相似地，国有化的对立面通常是私有化，但是有时也可以是国有化。在私有化后发生的国有化经常称为再国有化。

第三，政府对产品价格和工资进行管制，通过倾斜性的价格和工资政策扶植主导产业或进口替代产业。

第四，采取金融抑制政策。通过利率管制，规定利率上限，实行低利率甚至负利率的政策，降低本国企业成本，并通过信贷分配计划使很大一部分优惠利率贷款流向政府指定的部门。

（二）利用保护性贸易政策，实现制成品的进口替代

在取得独立的初期，广大发展中国家的本国经济相对落后，经济结构不合理，工业基础薄弱。为了发展和扶持本国经济，发展中国家往往采取各种措施，限制某些外国工业品进口，促进国内有关工业品的生产，逐渐在国内市场上以本国产品替代进口品，为本国工业发展创造有利条件，实现工业化。

一般做法是国家通过给予税收、投资和销售等方面的优惠待遇，鼓励外国私人资本在国内设立合资或合作方式的企业；或通过来料和来件等加工贸易方式，提高工业化的水平。为使国内替代产业得以发展，就要使用提高关税、实行数量限制、外汇管制等手段，限制外国工业品进口，以使国内受进口竞争的工业在少竞争、无竞争的条件下发育成长。

进口替代一般要经过两个阶段。第一个阶段，先建立和发展一批最终消费品工业，如食品、服装、家电制造业以及相关的纺织、皮革、木材工业等，以求用国内生产的消费品替代进口品，当国内生产的消费品能够替代进口商品并满足国内市场需求时就进入第二阶段；在第二个阶段，进口替代由消费品转向国内短缺的资本品和中间产品的生产，如机器制造、石油加工、钢铁工业等资本密集型工业。经过这两个阶段的发展，进口替代工业日

趋成熟，为全面的工业化奠定了基础。

（三）引进外资和技术

为了既利用战后科技革命的成果，克服本国资金不足和技术落后的状态，又维护本国的经济自主，不少国家实行利用与限制外资的政策。引进外资和技术的好处是明显的：弥补了企业资金来源不足，促进了经济的增长和发展；引进国外的先进技术和设备，明显能促进国内生产力水平的提高；产品的综合质量也能明显提高，国际竞争力有明显增强；也能提高了本国企业的管理水平，加快了国有企业经济机制转换。

大部分的国家在外资经营范围、股份比例、利润汇出、市场经营等方面，都有限制性的规定。同时多数国家大力引进工业发达国家的先进技术。有的国家特别强调引进能够吸收较多劳动力的适用技术和适合本国条件的中间技术。中间技术其特点是：规模小、投资少、技术简易便于推广，与生态系统相容。这种技术的指导思想强调有效利用地区资源、人力和智力资源；尽量利用可再生资源；规模小并尽量利用当地资金；适应当地环境条件和当地文化、传统相容等，中间技术普遍受到重视。

虽然这一阶段发展中国家把工业化作为经济发展的首要目标，但此时的发展中国家普遍重视农业。农业是人类衣食之源、生存之本，是一切生产的首要条件。它为国民经济其他部门提供粮食、副食品、工业原料、资金和出口物资。如果农业不能提供粮食和必需的食品，那么人民的生活就不会安定，生产就不能发展，国家将失去自立的基础。

此时的发展中国家在土地制度改革的基础上发展农业生产，提高粮食自给率，扩大经济作物的出口。许多国家为了大力发展农村合作经济，或在农村中推行“绿色革命”，采取农业技术改良措施，推广优良品种，发展水利建设，扩大灌溉面积，提高农业机械化水平，并通过农村信贷政策和价格补贴政策促进农业生产的发展，提高农民的生产积极性。

三、经济发展的成就

在上述战略和政策指引下，战后的20世纪50—70年代，发展中国家在发展民族经济上都取得了不同程度的进展，一些国家曾出现经济建设高潮，创造了经济“奇迹”，涌现出一批新兴工业国和地区。发展中国家作为一个整体来说，在经济上取得的主要成就表现在如下几个方面。

（一）经济增长速度较快，在世界经济中的地位有所提高

政府的干预和保护性贸易政策为本国企业提供了有保护的、有利可图的市场，使发展中国家的工业特别是制造业得到了迅速发展。发展中国家制造业年均增长率超过了同期西方发达国家制造业的增长速度。从地区和国家情况看，大多数实行进口替代战略的国家，工业增长都比较快。工业特别是制造业的增长，成为这一时期许多发展中国家经济发展的主要推动力量。

（二）出口贸易能力增强，在世界贸易中的比重增大

发展中国家的出口贸易增长率，在20世纪70年代以前低于发达国家，而在70年代以后，由于制成品出口能力增强和石油的大幅度涨价，出口增长速度开始高于发达国家。

发展中国家不仅是能源和原料的出口国，而且在一些制成品领域也具有了日益增大的出口能力和竞争能力，如纺织品、机器、电子产品等。发展中国家出口能力的增强，不仅有利于民族经济的发展，而且对世界经济的发展也产生了日益重要的影响。

（三）产业结构发生了较大变化

20 世纪六七十年代，大部分发展中国家农业的比重由 31% 下降为 21%，工矿业的比重明显上升（由 29% 上升为 37%），以服务业为中心的第三产业也有小幅上升（由 40% 上升为 42%）。以拉美地区为例，农业在其国内生产总值中的比重降幅明显，到 20 世纪 70 年代农业在国民经济中比重降低至 10% 左右；同期，制造业的比重则已经占到 25%。

战后 20 世纪 50—70 年代，发展中国家作为一个整体，在发展本国经济，改变落后经济面貌和殖民地经济结构、争取经济独立等方面，取得了很大进展，已经成为世界经济中举足轻重的力量。

四、发展中国家开始分化与差距的扩大

在这一时期，不同的发展中国家和地区在发展民族经济的道路上所取得的成就很不相同，有的发展较快，有的比较缓慢，差距有拉大的趋势，发展中国家开始分化。一部分石油生产国由于收回石油资源主权和石油价格的上涨，收入迅速上升；另一些国家和地区通过采取成功的发展战略和一系列政策措施发展为新兴工业化国家和地区。而某些国家的贫困状况却没有得到缓解，成为经济最不发达国家。

发展中国家的分化充分表明了其经济发展的不平衡特征。发展中国家之间的发展不平衡，又造成了南南差距，也就是发展中国家内部的差距不断扩大。这主要表现在以下几个方面。

（一）不同类型发展中国家经济发展速度出现明显差异

总的来说，经济水平较高的中等收入国家的经济发展快于低收入的国家；石油生产国及新兴工业化国家和地区快于其他发展中国家；东亚国家和地区、拉美快于非洲特别是撒哈拉以南非洲国家。例如，韩国和中国台湾的人均收入增长率，在 1960—1995 年间相当于中等收入国家平均水平的 2 到 3 倍。而撒哈拉以南非洲国家，虽然工业生产的年增长率在 1965—1973 年间一度达到 14%，但到 1980—1985 年间，工业增长率则已成为负值。以肯尼亚为例，该国一直将进口替代作为实现工业化的途径，1960 年，其进口额超过其国内生产总值的 1/3。到 1992 年，进口额下降到占国内生产总值的 25%。1970—1980 年，制造业年均增长率为 10%；但是 1980—1992 年，增长率降低到只有年均 5%。经济增长率在 1965—1973 年间年均接近 8%，而 20 世纪 80 年代降到年均 4%。

（二）不同类型发展中国家经济结构差异加大

以亚洲“四小龙”为代表的新兴工业化国家和地区，产业结构实现了升级，其经济结构正在趋近于发达国家，它们在汽车、家电、电子等当前具有代表性的主导产业上，已经处于世界前列。发展中国家制造业产值的 70% 以上集中在东亚、拉丁美洲，非洲所占的比重还不到 10%。大多数非洲国家的制造业还处于早期发展阶段，主要是食品、纺织等传统

工业。

（三）不同类型发展中国家在世界经济中地位的差距加大

一方面，亚洲和拉美的一些发展中经济体在世界经济中的地位逐渐上升，作用逐渐增强。1960 年，东亚 8 个发展中国家和地区的出口总额仅为 50.85 亿美元，在世界出口总额中只占 4.3%；而到 1995 年，其出口总额已增至 7 220.69 亿美元，在世界出口总额中所占比重相应提高到 14.4%。与此同时，其他一些发展中国家的地位则趋于恶化，在非洲的 53 个国家中，有 33 个（绝大多数是撒哈拉以南非洲国家）已被联合国列入最不发达国家。

发展中国家内部的发展不平衡与其分化表明，即使独立时的经济发展水平类似，发展中国家的经济绩效也可能出现很大的差别。其原因除了自然禀赋、基础条件和外部环境的作用外，最关键的还在于发展中国家自己。战后以来，已经有许多落后国家，通过采取正确合理的发展模式和经济政策，取得了巨大成就，实现了经济持续发展的“奇迹”。有理由相信，目前落后的国家，只要走上正确的发展道路，同样能够实现这一目标。

第三节　20 世纪 70 年代以后新兴工业化国家的发展

20 世纪 70 年代以后，美国在美苏争霸第二阶段中处于劣势，经济上的矛盾剧增，同时中东产油国大幅度提高石油价格。在内外因的作用下导致 1973 年“以美元为主导的布雷顿森林货币体系”彻底瓦解，美国陷入经济停滞与衰退。同时蔓延到其他资本主义国家，从而引发了大面积的经济危机，结束了资本主义世界长达 20 多年的经济发展“黄金时代”。

而同一时期的部分国家尤其是以新加坡、韩国、中国台湾地区为代表的亚洲国家和地区，经过战后初期政策的调整和经济的发展，到 20 世纪 70 年代经济总量大大提高、经济结构优化、工业化发展水平甚至接近部分发达国家。

一、新兴工业化国家的定义和特征

（一）新兴工业化国家的定义

新兴工业化国家是指经济发展程度介于发达国家以及发展中国家之间，又称“半工业化国家”，这一名称是在 20 世纪 70 年代末期的《经济合作发展组织报告书》里提出的。总的说来所谓新兴工业化国家是指具有一定资本主义基础的发展中国家在较短的历史时期内克服了社会经济的落后性并在工业化进程中一定程度上接近于发达国家水平的国家和地区。

关于“新兴工业化国家”的定义，世界银行从两个方面做出更加简明的解释，即“个人所得在 1 100 ～ 3 500 美元之间及 1977 年制造业占国内生产总值（GDP）的比重在 20% 或更高的国家”。这些国家（地区）有拉丁美洲的阿根廷、巴西、智利、墨西哥及乌拉圭；欧洲及中东地区的以色列、南斯拉夫、科威特、沙特阿拉伯、利比亚；东亚地区的中国香港、韩国、新加坡及中国台湾。当时的新兴工业化国家如韩国、新加坡现都已被联合国归为发达国家。

（二）新兴工业化国家的共同特征

新兴工业化国家与发达国家的区别在于：后者的资本形成和发展经历了一个相当漫长的过程（除日本等极少数国家外），其发展范围是无限的；而前者的这个过程是已有的空间数，即世界资本范围内，在不开拓新领土的情况下进行的，它不是向广度而是向深度发展。新兴工业化国家的共同特征是：

（1）经济增长率保持较高水平，20 世纪 70 年代超过日本 5% 的增长率。

（2）20 世纪 80 年代以来，经济结构特别是工农业结构变化显著，工业比重超过农业。

（3）在出口总额中制成品的比重增加，摆脱了依靠初级产品的局面。总体说来新兴的工业化国家经济在比较短的时间内取得了不错的发展。但和发达国家的经济关系仍不平等，许多生产需要的中间产品和机械设备还掌握在发达国家手中，在一些制成品生产上，只是发达国家的装配加工工厂。此外由于引进大量外国资本，负有巨额外债，还本付息的数额很大。

（4）人均 GDP 较高。20 世纪末期这些国家和地区的人均 GDP 都已超过了 4 000 美元。这一水平与发达国家相比，虽然还有相当差距，但在发展中国家属上等水平。其中新加坡、中国香港地区的人均 GDP 已超过许多发达国家的水平。

二、新兴工业化国家的基本类型

新兴工业化国家，系发展中国家步入工业化的先驱。在发展过程中，新兴工业化国家和地区又分化出以下几种基本类型：

（1）新加坡、韩国、中国香港、中国台湾等国家和地区。这些国家和地区在以国内生产取代非耐久性消费产品及投入进口的第一次进口替代完成后，都采用对内外销售提供相同诱因的外向发展战略，即“出口导向型发展模式”。

（2）阿根廷、巴西、墨西哥等国家。为了刺激民族工业中消费品工业的发展，加强发展中国家独立发展经济的能力，减少经济的对外依存度，培养专门技术人才和熟练劳动力。许多拉美、南亚、中欧国家选择了进口替代战略，并在一定程度上实现了经济发展目标。

（3）以色列及南斯拉夫等国家。这类国家开始出口扩张的时间虽然很早，但以后扩张的趋势有所缓慢，即“出口扩张型发展模式”。

（4）智利及乌拉圭等国家。这类国家在 20 世纪 70 年代中期以前一直都采取国内导向发展战略，即“国内导向型发展模式”。

三、东亚模式与拉美模式

（一）东亚模式

东亚经济体，主要是亚洲“四小龙”等新兴工业化国家和地区在制度安排与发展战略上的诸多特点，被人们归结为“东亚模式”。作为一种制度模式，东亚模式的本质内涵在于，东亚部分国家和地区在共同或相近的历史传统或文化背景下，形成了致力于经济发展的“强政府”。这种“强政府”在一定的“政府强度”的基础上，能够有效地发动经济增长和减缓由此产生的各种社会经济压力，并且在一定时期内（主要是经济赶超和跳跃发展时期）以较高的“政府质量”，克服或约束政府机体的种种弊端，使之最大限度和最大效率地服务于经济增长。

1. 东亚模式的主要特点

具体而言，以韩国等东亚发展中经济体为典型的东亚模式的主要特点是：

第一，在内部普遍存在严重的市场不发育或短缺，市场规模扩大受到压抑，市场远没有达到可以正常运作程度的初始条件下，为了克服市场弱化压力，有效地实施了政府替代即强制扭曲某些市场价格及其资源配置，培植主导产业及其主要企业组织。政府对特定部门进行积极的扶植与干预，即实施所谓选择性干预，施加直接影响，以达到纠正市场失灵的目的。如韩国就通过明确的产业政策和信贷配给手段对经济运行施加决定性影响。政府在20世纪60年代鼓励企业生产并出口劳动密集型产品，到70年代鼓励大型企业转向钢铁冶炼、造船、电子、化工等产业，并加速工业集中化的趋势。印度尼西亚、马来西亚和泰国的政府也都广泛干预信贷市场，并对重点扶植产业执行倾斜性的激励政策。

第二，政府一方面通过强有力的行动，创造较为稳定的政治和社会环境，给经济发展提供了良好的空间，另一方面通过控制财政赤字和通货膨胀，努力维持宏观经济环境的稳定。

第三，在“强政府”的主导下，实行典型的出口导向发展模式，将出口导向产业作为主导产业加以大力发展，对外贸易采取“加工组装型工业化”的模式。这是东亚新兴工业化国家和地区与许多其他发展中国家的明显区别。就在大批拉美、非洲和南亚国家纷纷实施进口替代战略时，东亚国家和地区很早就转向了出口主导战略，以出口贸易带动整个经济的起飞。它们利用自己有利的地理条件和廉价而充足的劳动力条件，利用战后科技革命和世界经济大发展的有利形势，积极发展面向出口的加工制造业，并通过对外贸易的发展带动整个国民经济的增长。政府对出口战略部门从资金、税收、设备、原材料和技术进口等方面给予支持和扶植建立工业基地及出口加工区根据世界经济的发展变化趋势，不断提升出口工业结构。

第四，一方面，依靠国内高储蓄和政府控制的借款，实现高增长。在20世纪90年代中期以前的较长时期内，实现两个良性循环：一是“高储蓄—高投资—高增长—适当提高消费水平继续高储蓄”，二是利用外资的“引进—使用—管理—偿还—再引进”的良性循环。另一方面，将引进外资和积极引进国外先进技术结合起来促进国内经济与国际经济接轨，学习国外先进管理经验，随着国际产业结构的调整而及时实现自身产业结构的升级，提高产品的国际竞争力。

第五，重视公共政策的积极作用，强调通过政策调整收入分配，建立相对合理的收入结构，重视基础设施、教育等公共产品的提供。以教育为例，东亚新兴工业化经济体普遍大量投资教育，重视人才培养。它们的教育投资比重都较大，用于初等、中等教育的比重又比高等教育大。通过大力发展初等、中等教育来培养熟练的劳动力，提高劳动生产率，并为其迅速吸收外来技术以及提高自身技术开发能力奠定了人力基础。

2. 亚洲“四小龙”经济腾飞的原因

20 世纪七八十年代，支撑作为东亚模式主体的“四小龙”经济腾飞的原因主要有：

（1）存在良好的社会制度。这些地区社会制度是不错的。广泛的私有制加市场经济是现代经济发展的最佳结合模式。良好的法制体系可以为市场经济保驾护航。私有制、市场经济、法制化是经济发展的制度保障，是经济快速发展的基础。具备类似社会制度的国家或地区，在当时世界占大多数，亚洲“四小龙”是这大多数群体中的佼佼者。

（2）临海的地理位置。在现代社会，在全球自由贸易时代，海洋能提供方便、廉价的运输模式，是外向型经济的重要保障。临海因素对亚洲“四小龙”的迅速崛起帮助很大。

（3）适合经济发展的人口天赋。亚洲“四小龙”的人口天赋——非常适合现代社会经济发展，这才是“四小龙”经济腾飞的重要因素。

（4）重视教育。政府重视教育，国民重视教育。教育是百年大计，具有长远影响，是实现经济发展水平高度发达的基础。国民受教育水平达不到较高水平，国家的经济发展水平就难以达到较高水平，二者具有一定的对应关系。

（5）良好的国际经济形势。二战以后，世界进入最自由的贸易时期，二战以前，国际贸易受到的限制因素很多。关贸总协定的签订，美元的国际贸易地位，传统殖民地体系的崩溃，海盗的减少，水上航运技术或设备的前进，航空运输的发展，通信的便利，极大的便利了国际贸易，降低了国际贸易的成本，促进了国际贸易的发展。这为“四小龙”发展外向型经济奠定了基础。

（6）人类科学技术的前进与扩散。二战促使科学技术获得重大前进，科学技术的前进带来经济的发展。科学技术在二战以后扩散速度加快，“四小龙”是受益者。“四小龙”廉价地接受了来自先进国家的科学技术，这对“四小龙”经济高速发展意义重大。归根结底，我们经济发展的最主要原因是科学技术的前进导致的，人口数量的扩张是经济发展的另一个原因。

（二）拉美模式

1. 拉美模式的含义

拉美模式是指阿根廷、墨西哥、巴西等拉美新兴工业市场国家的发展模式。在拉美地区，阿根廷、墨西哥、巴西属于自然资源丰富的大国。

拉美地区 20 世纪 30 年代至 50 年代初，初级进口替代工业化阶段。19 世纪拉美各国摆脱殖民统治获得独立后曾长期推行以矿产品和农产品为主的初级产品出口导向战略，20 世纪 30 年代资本主义世界大危机的冲击迫使拉美改变旧模式，阿根廷、巴西、墨西哥首先开始推行初级进口替代工业化战略。50 年代初到 60 年代中期，实行进口替代工业化发展阶段。

20 世纪 60 年代中期到 80 年代初，进口替代和促进出口相结合阶段。实行结合政策较成功者有巴西、墨西哥。巴西以汽车、电子等为新的经济增长点，制造了国内生产总值年均增长率 10% 以上的“巴西奇迹 ”（1968—1974），墨西哥则侧重以石油推动经济增长。这时期国际游资充裕，于是拉美大借外债发展经济，形成了对外债的严重依赖。特别是 70 年代以来，拉美政府和企业主要借由国际私人银行提供的以浮动汇率计息的中短期贷款，利率每升高一个百分点，拉美国家就得增加数十亿美元的利息支出。1982 年由于外债总额超过了偿还能力，爆发了一场遍及整个拉美大陆的债务危机 。

1982年至今是“失去的十年”和“后进口替代工业化”时期。20世纪80年代拉美基本上处于混乱时期，债务危机肆虐、经济发展缓慢。根据拉美开发银行的统计，80年代拉美地区的年均增长率只有1%左右，整个80年代因此被称为“失去的十年”。80年代后期，拉美开始推动结构性改革，在新自由主义思想指导下，制订了“后进口替代工业化”战略，主要是建立健全宏观经济秩序，进行私有化，增强经济的外向性，开始转向一种类似于美国模式的、强调私营经济自由发展的社会市场经济体制。进入90年代以后，拉美经济形势相对平稳，但也出现了动荡局面。1994年底至1995年初，墨西哥发生金融危机，产生了龙舌兰效应；1999年巴西金融危机产生了桑巴舞效应。

2. 拉美模式的主要特征

拉美地区有30多个发展中国家，各国实施的政策并不尽相同。但在战后，尤其是20世纪80年代以前，其经济发展进程中也存在一些曾经取得成绩和经历挫折的“共同特征”，被称之为“拉美模式”。其主要特征为：

（1）政府同样对经济进行了比较积极的干预，但更多侧重于通过制定经济计划、实施扩张性经济政策刺激需求，以及通过国有化和贸易管制等措施直接控制和保护国内进口替代产业。其政府管理、执行政策的能力较弱，没有足够的力量与有效的手段维持政治环境和宏观经济环境的稳定，财政赤字和通货膨胀问题未能得到有效控制。

（2）依靠得天独厚的丰富自然资源，以初级产品出口支持工业化，在保护国内市场的条件下发展进口替代工业，实行典型的进口替代发展战略。从20世纪三四十年代开始，在大危机和第二次世界大战背景下，拉美少数国家率先推行进口替代发展政策。战后，在拉美经委会的经济思想影响下，进口替代发展战略为拉美主要国家所接受和推行，逐渐形成了进口替代的发展模式。

（3）国内积累率较低，投资率不高，对外资依赖较重。曾大量借用外债，以提高增长率，一度形成借债增长型经济。

（4）公共政策并不积极，收入分配不均现象突出，对基础设施、教育等公共产品的投入相对较少。

总的来说，拉美模式具有更多发展中国家的共性特征，经济制度安排、发展战略和政府在经济生活中扮演的角色也更接近于其他地区的发展中国家。不过拉美国家一方面在要素禀赋、市场基础条件、外部融资条件等方面具有优势，另一方面部分拉美国家，如巴西、墨西哥等国，其政府的“强度”与“质量”尽管低于东亚新兴工业化国家和地区，却明显高于非洲等地区的发展中国家。因此，直到20世纪70年代，拉美国家经济发展进程尚比较顺利，也产生了一些新兴工业化国家。

无论是亚洲的“四小龙”模式，还是拉美模式，其取得的成就都表明，落后国家在当代历史条件下要实现工业化，必须依靠政府强有力的干预，保证经济的持续增长。政府干预的作用，一方面体现在促进资本形成与技术进步、制定经济计划或发展战略、纠正市场失灵等领域，另一方面则体现在维持政治、经济环境稳定、提供发展急需的公共物品等领域。政府干预的效果，一方面取决于“政府强度”，另一方面则取决于反映了政府理性、效率与自律性的“政府质量”。韩国、新加坡、中国台湾等东亚新兴工业化经济体，政府在强度与质量上均优于拉美，后者又优于非洲国家，这就使得在发展绩效上，也是东亚优于拉美，拉美优于非洲。

第四节 发展中国家新兴市场经济体——"金砖国家"的崛起

进入21世纪以来，发展中国家的经济发展中体现出三个明显的趋势。一是发展中国家总体上获得了相对较快的发展速度，与发达国家的相对差距在缩小。大多数发展中国家都成为中等收入国家，许多发展中国家人均国民收入水平已经接近发达国家水平。二是发展中国家内部的差距日益明显，到2016年中高收入发展中国家的人均国民收入的平均水平已经达到低收入发展中国家的14.4倍。三是综合发展型发展中大国强势崛起，其最突出的代表就是所谓"金砖国家"。

一、金砖国家的成立及意义

（一）金砖国家的成立

金砖国家指的是近年来发展态势出众，在全球经济中占有越来越重要地位的一组新兴市场大国，其中有四个是综合发展型发展中大国。2001年，美国高盛公司首次提出"金砖四国"（BRIC）的概念，囊括了全球最大的四个新兴市场国家。"金砖四国"引用了巴西、俄罗斯、印度和中国的英文首字母——BRIC，由于该词与英文中的砖（brick）类似，因此被称为"金砖四国"，其中巴西、印度和中国是典型的综合发展型发展中大国，而俄罗斯则属于转轨国家。经俄罗斯倡议，四国于2006年9月在联合国大会期间举行了首次金砖国家外长会晤，此后每年依例举行。2010年12月，四国在协商一致的基础上，正式吸收南非加入机制，英文名称为BRICS。

近年来，金砖国家合作已经形成以领导人会晤为引领，以安全事务高级代表会议、外长会晤等部长级会议为支撑，在经贸、财政、金融、农业、教育、卫生、科技、文化、禁毒、统计、旅游、智库、友城、地方政府合作等数十个领域开展务实合作的多层次架构。

（二）金砖国家成立的原因

金砖国家走到一起是国际关系发展的客观要求。金砖国家的发展导致世界经济增长点多元化，成为国际经济关系民主化的自然推动力。金砖国家在改革和完善全球经济治理方面有相同的关切和主张，加强协调、携手合作是大势所趋，也成为21世纪以来国际关系的新特点。换句话说，这也是经济基础决定上层建筑的反映。

金砖国家走到一起是互利共赢的选择。五国虽国情各异，禀赋不同，但所处发展阶段相近，都面临保增长、保稳定、保民生的艰巨任务。在经济发展过程中，也都会遇到调结构、护环境等相似的挑战或难题。金砖国家合作为他们交流发展经验、破解发展难题提供了宝贵平台。同时，金砖国家各具优势，经济互补性很强，既有开展广泛合作的坚实基础，也有促进共同发展的现实和战略需求，加强合作顺理成章。

金砖国家走到一起符合国际社会共同利益。与七国集团等发达国家合作机制不同，金砖国家不是新的大国集团，不是政治同盟，而是发展伙伴。该机制讨论的问题集中于经济、金融和发展领域，无论是发达国家和发展中国家都普遍关心。可以说，金砖国家是全球发展伙伴关系的积极倡导者和实践者，是南北对话与合作的一座桥梁。

（三）金砖国家成立的意义

1. 推动发达国家与发展中国家加强沟通

在经济全球化不断走向深入的今天，包括金砖国家在内的发展中国家与发达国家之间的关系并非“零和”关系。相反，双方在有立场分歧的同时，也有互利共赢的一面。金砖国家合作机制是一个重要创新，这一机制让发达国家和发展中国家加强国际协作、同心协力共谋发展。金砖国家将会成为发展中经济体同发达经济体沟通的桥梁和纽带，强化南北对话、南北合作。金砖国家希望通过对国际秩序进行渐进式的改革，而不是革命式的推翻，推动国际秩序朝着更为合理的方向发展。

2. 有利于金砖国家机制的自身建设

金砖国家加强机制建设，有利于在国际舞台上发挥更大作用。金砖国家合作机制的建设，使其合作范围扩大至能源、贸易、农业、粮食安全等领域，协调在国际重大政治、经济事务上的立场。合作机制的深化使它们之间的对话与合作更加常态化、制度化和深入化。

二、金砖国家的合作与发展

（一）金砖国家的合作宗旨

（1）在现有经济增长的基础上提高质量，并向全面、平衡和可持续方向发展。金砖国家之间应继续拓展经贸合作的规模和深度，展开全方位、多领域的合作。金砖国家属于新兴经济体，有着与发达国家不同的发展要求，在优化本国产业结构、改善外部发展环境和提升自身国际地位方面有着共同要求。同时还体现了广大发展中国家的发展意愿。

（2）建立具有时代特点的新型伙伴关系，体现金砖国家群体的多元化、宽领域、跨地区和可塑性等的合作特色。金砖国家的合作领域不仅包括双边的经贸、金融和能源合作，而且包括气候变化、能源安全、国际发展和世界经济等全球性问题。金砖国家分布在主要发展中地区并且是后者的主要经济体，其合作对于推动跨地区合作也具有积极意义。金砖国家遵循循序渐进、积极务实、开放透明的方式不断推进合作，树立了具有时代特点的新型伙伴关系典范。

（3）加强金砖国家之间、发展中国家内部、发展中国家和发达国家之间的包容性合作关系。金砖国家对话与合作，对现有国际制度进行的调整是非对抗性的，是在接受现存世界治理规则的背景下逐步改革旧治理体系的渐进进程。

金砖国家遵循开放透明、团结互助、深化合作、共谋发展原则和“开放、包容、合作、共赢”的金砖国家精神，致力于构建更紧密、更全面、更牢固的伙伴关系。

（二）金砖国家经济的发展状况

从2006—2016年，金砖国家的GDP总量之和在世界经济中的比重从12%上升到23%，贸易总额比重从11%上升到16%，对外投资比重从7%上升到12%。这10年来，有超过30亿人的生活质量日益改善。IMF报告指出，过去10年，金砖国家对世界经济增长的贡献超过50%。

1. 成员之间经济互补性强

金砖国家的成员之间具有很强的依赖性。特别是在南非加入以后，形成了从原料到生产加工再到出口的经济发展方式，而且借助南非这一“第三世界”的窗口我们拓展了广阔的市场。这是因为成员国之间根据自己的特点进行了准确的定位，真正地实现了利益共享。

归根到底，金砖国家成员国之间能够有今天的局面，是符合经济发展规律的。不管是他们成员国之间还是金砖国家与其他的经济组织，经过十年的磨合之后他们已然成了维持全球范围内的经济稳定的重要力量。我相信在未来借助这一优势他们也一定能够创造出更美好的明天。

2. 吸引外资的能力提升

近20年来，中国无疑是吸引外资最多的国家，这是我们进行改革开放以来带来的伟大成果。虽然其余金砖国家成员国在吸引外资方面从数量上来说与中国还有较大的差距，但是他们的增长速度依然是很可观的。尤其是近几年来随着世界产业结构的调整，巴西和印度两国凭借着自身的优势在吸引外资方面有着明显的增加。

面对这一发展的契机，金砖国家自身也在改变旧有的经济增长模式。就比如，中国已经在逐步出台和完善外资企业管理规范，让外资的进入真正做到没有后顾之忧。印度在某些行业提高了国外资金的占有比率，这对于某些连锁经营的企业来说是很有影响力的。巴西也在尝试改变自身的税收制度，并且有政府牵头对工人进行专业的培训，以保证他们能够正常适应外资的运作方式。以上成员国采取的措施都是为了更方便外资的引入，提高本国经济的发展优势。

3. 在对外贸易中的重要性逐渐增强

从进出口方面来说，金砖国家的进出口比重占世界进出口贸易比重的数值在逐年增加。出口方面，金砖国家的农产品等出口产品一直在世界同类产品中享有很高的声誉，这是成员国之间依照自身的经济发展特点制定出来的合理的发展方案带来的结果。进口方面，虽然自身的经济增长点不同，但是对于一些职能密集型产品，五国的需求量一直是逐年增加的，这同样也在一定程度上带动了世界贸易体系的发展和进步。

（三）金砖国家面临的挑战

1. 缺乏足够的影响力

虽然说金砖国家成员国之间已经能够达到紧密的合作，但是归根结底在世界经济格局中还缺少一定的影响力，在政治格局当中也摆脱不了这样的命运。而一些有影响力的国际经济组织大都是由发达国家所主导的。

面对新兴经济体而言，金砖国家的贸易规模较小，公共管理等方面的工作都需要加强。

2. 成员根本的利益冲突没有得到很好的解决

虽然说目前成员国之间已经找到了一条稳定的发展道路，但是各个成员国之间面对的难题依然不容乐观，而且很多问题在相互合作的过程中并没有得到很好的解决。这对金砖国家加强合作以及发挥自身优势为世界经济贡献自己的力量的工作带来了很大的困扰。

中国面临的是如何在稳定经济增长的同时提高在教育、医疗方面的投入，改善人们的生活水平。巴西面临的是稳定经济改革带来的成果；俄罗斯则需要改革现有的经济体制，提高政府等相关单位的办事效率。印度则必须完善基础行业，让更多的人民享受经济发展带来的成果。以上各成员国之间的矛盾和冲突如果不能寻求出解决的办法，那么这样的合作将是很难维持下去的。

3. 外部经济体系波动性较大

虽然说金砖国家抓住了经济发展的机遇，取得了很大的成果。但是在经济全球化之下的世界市场经济体系当中所受到的影响仍然不容小视。他们在欧洲进行活动就很容易受到世界贸易组织的影响，虽然说两者都是为了促进国家之间的经济合作而建立的世界经济组织，但是从意识形态上来说却有本质的区别。而且世界贸易组织的影响力要远远大于金砖国家，再加上西方经济体制固有的金融危机的影响，金砖国家在世界经济市场中面对的压力就更大了。

三、中国和其他金砖国家的经贸关系

（一）中国与其他金砖国家合作的基础

1. 资源禀赋差异为中国与其他金砖国家的经贸合作奠定了基础

金砖国家巴西、俄罗斯、印度、中国、南非资源禀赋的差异性，为开展相互之间的经贸合作奠定了基础。中国劳动力资源丰富，经过改革开放几十年的发展，在工业制成品的生产和出口上具有明显的比较优势，为世界市场提供廉价的工业制成品，被称为“世界工厂”，但在经济发展过程中对能源和自然资源的进口依赖却越来越强。巴西被称为“世界原料基地”，农牧业发达，矿产资源丰富，工业体系较完整。俄罗斯被称为“世界加油站”，油气资源丰富，原油、石油和天然气是主要出口商品，但出口结构较为单一。印度被称为“世界办公室”，有劳动力资源优势，矿产资源丰富，并在计算机软件和信息技术上有一定的优势。南非被称为“非洲门户”，是世界上最大的非油气矿产出口国。

2. 中国与其他金砖国家贸易互补性强

中国与其他金砖国家参与国际分工的基础不同，经济发展模式不同，在贸易上具有较强互补性，为开展贸易创造了有利条件。具体来说，中国参与国际分工的基础和依托是规模经济和丰富的劳动力资源，工业制成品是中国出口金砖国家的主要商品而与中国形成互补的是，俄罗斯、巴西、南非提供了中国经济发展必不可少的能源和资源产品。中国从俄罗斯进口的是以原油、石油、天然气为代表的初级产品，向俄出口的是机电产品、纺织品。中国从南非进口的主要是金属矿砂、贱金属等，出口到南非的主要是机电产品、纺织品等。中国出口巴西的主要商品有机械设备、纺织品以及计算机与通信技术、机器仪表、光电技术、液晶显示板、钢材、自动数据处理设备及其部件等，而从巴西进口的主要是矿产品、农产品等。印度在劳动密集型产品和资源密集型产品上有一定的优势，但印度对华出口的商品中矿产品和农产品占据相当比重，而中国对印度出口的产品主要为附加值较高的工业制成品，如机电设备、化工产品等，也存在一定的互补性。

3. 中国与其他金砖国家间的经贸合作为推动技术进步开辟新途径

长期以来，发达国家凭借技术和资本优势，牢牢占据高新技术产品和资本密集型产品的垄断地位。从贸易结构上看，发达国家从新兴经济体进口的是处于国际产业链低端的初级产品和技术含量低、附加值低的工业制成品，而向新兴经济体出口的是高附加值的离新技术产品和资本密集型产品新兴经济体处于国际分工中的不利地位，贸易条件恶化。

金砖国家通过与发达国家贸易获得技术外溢效应从而推动技术进步的实际效果并不明显。相反，金砖国家之间经济发展水平接近，市场需求相仿，中国发展与金砖国家的经贸合作，为实现规模经济，通过相互学习和借鉴推动技术进步和完成产业结构的升级开辟了新的途径。

（二）中国与其他金砖国家的贸易关系与竞争

1. 中国与其他金砖国家的贸易关系

金砖国家经济发展水平相近，在应对全球经济和金融挑战，促进可持续发展，实现包容性增长，维护金融稳定，完善全球经济治理，建立国际经济新秩序等方面具有共同的利益诉求，这成为中国与金砖国家开展经贸合作的重要前提和基础。从 2009 年 6 月到 2014 年 7 月，金砖国家领导人已经举行了六次会晤，发表了《三亚宣言》《德里宣言》《德班宣言》和《福塔莱萨宣言》，达成了广泛的共识。金砖国家在经济、贸易、投资、金融、科技、社会、人文各领域的全面深入合作取得了积极的成效，夯实了中国与金砖国家经贸合作的基础。

近十年来，中国与其他金砖国家经贸发展迅速，进出口贸易总体呈增长态势，但也存在波动。2004 年，中国对其余 4 个金砖国家进出口贸易额为 531 亿美元；2013 年达到 3 096. 4 亿美元，增长了 4. 8 倍。从中国对金砖国家贸易的绝对数来看，除 2009 年贸易总额是下降的以外，其余年份都保持了增长的态势。从增速上看，2004—2013 年，中国与金砖国家进出口贸易额年均增速为 21. 6%，高于同期中国外贸 15. 3% 的年均增长速度。从金砖国家占中国外贸的比重来看，2004—2013 年 10 年间，除 2009 年和 2013 年所占比重是下降的以外，其余年份均为增长。2004 年中国与金砖国家进出口贸易额占中国外贸进出口额的比重为 4. 6%；2012 年达到近 10 年来的最高值（7. 8%）；2013 年受金砖国家经济增速放缓的影响，所占比重向下调整为 7. 4%。2004—2013 年，中国与其他金砖国家贸易额占中国对外贸易额的平均比重约为 6. 36%。

从具体国别来看，中国与其余 4 个金砖国家互为重要的贸易伙伴。金砖国家中的俄罗斯、印度、巴西都曾是中国的十大贸易伙伴国。近三年来俄罗斯和巴西连续成为中国的十大贸易伙伴国。2009 年中国取代美国成为巴西最大贸易伙伴国，中国是巴西的第一大出口国和第一大进口来源国。到 2014 年，中国已经连续 4 年成为俄罗斯和南非的最大贸易伙伴国，南非则是中国在非洲第一大贸易伙伴国。在中印贸易方面，2013—2014 财政年度的前 9 个月，中印贸易额达到 495 亿美元，占印度对外贸易总额的 8. 7%，中国首次取代印度传统贸易国阿联酋和美国，成为印度最大贸易伙伴国。

2. 中国与其他金砖国家的贸易竞争

中国与其他金砖国家之间主要存在以下两个方面的竞争：

（1）中国与其他金砖国家在能源和资源产品的贸易中将争夺定价权。俄罗斯是石油、天然气等能源的主要输出国，巴西和印度是铁矿石的主要输出国。随着中国经济的发展，资源约束越来越明显，对进口资源的依赖程度越来越高。中国与巴西、俄罗斯等国争夺资源和能源产品定价权的竞争日趋激烈。巴西淡水河谷公司是全球最大的铁矿石生产企业，该公司生产的铁矿石近一半是出口到中国的，而中国每年进口的铁矿石中有 20% 来自淡水河谷公司。为取得有利的铁矿石价格，双方展开了铁矿石定价权的激烈争夺。中国与俄罗斯在天然气贸易上围绕价格，也开展了旷日持久的谈判。为获得稳定的资源和能源供应渠道，中国加强了对巴西、南非相关行业的直接投资，又引发了巴西和南非对国家经济安全的担忧。此外，中国、印度两个能源消费大国还在全球范围内展开了争夺能源的竞争。

（2）中国与其他金砖国家在拓展国际市场空间上存在利益竞争。中国与其余4个金砖国家由于经济发展阶段相似，产业发展目标相近，在能源、原材料的进口市场和产品出口市场上存在一定的竞争。从进口来看，中国与印度在进口结构上有一定的相似性，如中国与印度都是能源消费大国，在能源产品的进口上存在竞争。从出口的角度上看，欧盟、美国、日本是中国与金砖国家的主要出口市场，在拓展欧、美、日市场空间上存在竞争。如中国和印度在劳动密集型产品的出口上各自具有一定的优势，服装、纺织品都是中印的主要出口商品，目标市场都集中在欧、美、日。中国与巴西的制成品以及中国与南非的中等技术产品在拓展国际市场空间方面也存在竞争。

本章小结

发展中国家与发达国家是一个相对应的概念。发展中国家地域辽阔，人口众多，资源丰富，市场广阔，在当今世界经济关系格局中有着越来越重要的影响和地位。

本章在介绍发展中国家的含义、特征、政治独立后的经济政策和发展战略，以及取得巨大成就的基础上，进而描述了发展中国家中新兴工业化国家和地区的共同特征和典型模式；最后讲述了新兴市场经济体——“金砖国家”的含义、形成原因、合作基础、发展状况，以及中国与其他金砖国家间的经贸关系。发展中国家与发达国家是世界经济总体中的两大经济体系，了解发展中国家的经济发展状况及基本知识，对于深入学习和全面掌握世界经济的基本知识，有着基础性作用和重要意义。

思考与练习

1. 何谓发展中国家，其共同特征是什么？
2. 新兴工业化国家或石油国家的人均收入都很高，为什么不叫发达国家？
3. 怎样认识发展中国家经济发展战略的变化趋势？
4. 就“东亚模式”与“拉美模式”的含义和特点做出评价。
5. 什么是“金砖国家”？其经济发展有哪些特点？
6. 简述中国与其他金砖国家的经贸关系。

第十一章 国别经济选读

教学目标

1. 了解美国经济发展的地理条件、历史进程、经济特点及空间布局；
2. 熟悉俄罗斯的经济地理概况与经济转型后的主要特点；
3. 知道日本经济高速发展和走向低迷的表现及原因；
4. 认识德国经济发展的状况及其在欧洲经济体中的地位；
5. 分析印度成为新兴市场经济体的改革措施及成就。

世界经济学的研究对象及内容，既包括世界各国经济总体（即世界经济整体），也涉及世界各主要国家的经济状况及最新发展（即国别经济），尤其是一些大国的国民经济，不仅是构成世界经济的重要元素，而且是影响世界经济形成和发展的重要引擎。本章选编美国、俄罗斯、日本、德国、印度等几个国别经济的范本，以供同学们学习、选读。

第一节 世界经济强国——美国

美利坚合众国（United States of America）简称美国，是一个联邦共和立宪制国家，其主体部分位于北美洲中部，总面积约 937.3 万平方千米，人口约 3.3 亿，通用英语，是一个移民国家。北美原为印第安人的聚居地，15 世纪末，西班牙、荷兰等国开始向这里移民，英国则后来居上，1773 年，英国已建立 13 个殖民地。1776 年 7 月 4 日，在费城召开了第二次大陆会议，由乔治·华盛顿任总司令，通过《独立宣言》，正式宣布了美利坚合众国的成立。1788 年，美国独立战争结束，乔治·华盛顿当选为美国第一任总统。南北战争之后，美国的资本主义经济得以迅速发展。19 世纪初，美国开始对外扩张，二战后，美国国力大增，是当今世界上唯一的超级大国。

一、美国经济发展的地理条件

美国是当今世界头号超级大国，然而，它的建国时间只有 200 多年。是什么原因使它一跃而成为世界工业、农业、科技和国防现代化强国呢？

（一）自然地理条件

美国本土大部分位于中纬度地带，气候温和、降水丰富、夏季潮湿，主要为温带大陆性气候。美国地貌类型多样，500 毫米年降水量线与西经 100°大致吻合，并将美国分成两个截然不同的区域，东部地区湿润，地形平坦广阔，土壤深厚肥沃，水源充足，有利于早期移民开发；西部干燥，多沙漠和草原，地势高峻，土壤贫瘠，适宜发展灌溉农业和畜牧业。美国水陆交通极为发达，东北部的五大湖与纵贯中部的密西西比河构成庞大的内河航运系统，经圣劳伦斯河与大西洋相通，且与稠密的公路和铁路相衔接；由于它三面临海，多优良不冻海港，既可享有海上交通和捕捞之利，又可加强与其他国家在政治、经济、文化等方面的联系，还可辟建军港，发展海军，捍卫海洋权益，并有利于国际人口迁移和对外贸易。美国有丰富的自然资源，阿巴拉契亚北部和密西西比河中游东部有大量煤蕴藏，五大湖以西盛产优质铁矿，墨西哥湾西北是主要油田，西部多有色金属，森林覆盖率约占全国面积的 1/3，耕地约占世界耕地面积的 10%。优越的自然条件为美国经济发展提供了强大的物质基础。

（二）人力资源条件

由于美国自然条件优越，海运便利，因而引发了人口迁移的洪流，外来移民汇集。外来移民纷纷涌入美国，其中大部分是英国人，此外还有爱尔兰人、德意志人、法国人、荷兰人、瑞典人、犹太人等欧洲移民，以及非洲、拉丁美洲和亚洲一些国家的移民，欧洲各国移民中白人占 80% 以上。从 1607 年到 1733 年，英国首先侵占北美大西洋沿岸富饶地区，先后建立 13 个殖民地。经过外来移民及其后裔 100 多年的积极开拓，美国经济发展起来了。北部工商业发达，造船工业兴盛，渔业、纺织、制铁、木材加工业都有发展；中部是主要产粮区；南部盛行种植园经济，以黑人奴隶为主要劳动力；西部的开发建设，提供了广阔的国内市场。源源不断的欧亚移民，在 19 世纪最后 25 年达千万人以上。他们不仅提供了必要的劳动力，而且带来了熟练的生产技术，雄厚的“剩余资本”，先进的思想观念，从而使美国能够在较短时间内获得飞速发展。

（三）国土资源条件

随着资本主义的发展，美国很快走上了对外扩张的道路。18 世纪末至 19 世纪初，美国利用欧洲国家战乱、参战国无力兼顾美洲的有利形势，一方面通过海外贸易壮大其经济实力，另一方面乘机夺取交战国在美洲的土地。1803 年，美国从法国手里购买面积达 200 万平方千米的路易斯安那，将领土扩大到墨西哥湾；1810—1819 年，美国采取先派兵强占，然后以出低价“购买”的手段从西班牙手里夺走佛罗里达半岛；19 世纪 30 年代，美国在得克萨斯挑起叛乱，使其脱离墨西哥成为所谓“孤星共和国”，又于 1845 年吞并了它；接着，美国又发动侵略墨西哥的战争，抢走墨西哥格兰德河以北的大片领土，直到加利福尼亚；1846 年，美国从英国取得俄勒冈。这样，美国领土就从大西洋岸向西延伸到太平洋岸，约占北美大陆面积的一半。1867 年，美国从俄国购得阿拉斯加；1898 年，美国吞并了北太平洋中部的夏威夷群岛。现在，美国共有 50 个州和一个首都华盛顿所在的哥伦比亚特区，总面积已达 937 万平方千米，仅次于俄罗斯（1 709 万平方千米）、加拿大（998 万平方千米）和中国（960 万平方千米），居世界第四位。辽阔的领土，使美国拥有极丰富的各种自然资源，这为美国工农业生产提供了先决条件。

（四）政治地缘条件

美国横亘北美洲中部，与欧亚大陆之间被大洋隔离，南北邻国墨西哥和加拿大又远比它弱小，这既使其在两次世界大战中远离主战场，境内免受战争创伤，又不用担心邻国侵扰。美国还利用其有利的政治位置，在两次世界大战中，一方面向欧洲各交战国供给武器和粮食，另一方面又取代欧洲列强向落后国家倾销工业品。因此，美国工业突飞猛进，海外贸易激增，藏金之富甲天下。一战后，世界金融中心由英国伦敦移到美国纽约；1949年，美国黄金储备占资本主义世界的73.4%。雄厚的资本，为美国工业发展注入了巨大活力。“二战”后初期，美国工业总产值在资本主义世界中占1/3，到1948年占1/2，美国还是当时世界上掌握核武器的唯一国家。

（五）高新科技条件

美国中央大平原原来只是茫茫旷野，欧洲移民到来之后才成为商品谷物生产基地。由于这里地广人稀，自然条件极其优越，因而谷物生产比起欧洲有很大竞争优势。一方面，美国依靠发达的工业实现了农业机械化。这里谷物生产和销售的各个环节，都由机械作业，农业机械向大型、宽幅、高速、联合作业方面发展，有的农场还使用飞机作业。另一方面，美国根据各地自然条件和市场需要，实现了地区生产专门化，如玉米带、小麦带和乳畜带等。因为农业专门化便于充分利用自然条件，大规模使用农业机械，提高农业生产技术。美国由此成为世界现代化农业大国，其生产的小麦、玉米、大豆、棉花等作物产量都居世界前列。美国工业现代化得益于本国丰富的资源、发达的交通、强大的农业和庞大的市场。事实上，美国在近代工业发展的最初一个世纪内，工业生产主要靠其丰富的自然资源，直到19世纪末，才使用新技术而进入钢铁工业大发展阶段。美国东北部是世界工业最发达地区之一，工业主要分布在从波士顿经纽约、费城、巴尔的摩至华盛顿一线，以及五大湖南岸地区，主要工业部门有钢铁、机械、汽车、电力、化学等。虽然美国传统工业在世界经济中的主导地位已有所下降，但随后崛起的微电子、生物工程、航空航天等高技术产业却占绝对优势。美国在全国建立了一个庞大的农业科技研究和推广系统，这个系统免费向所有农场主提供最新农业科技成果。大平原农业一体化离不开美国的高新科技投入。在新技术革命推动下，美国电子工业、半导体工业、核工业、航天工业、高分子合成工业、遗传工程、激光工业等高新技术工业部门方兴未艾，旧金山“硅谷”是美国乃至世界电子工业中心，这里每一项重要发明，都会影响全世界电子工业的发展。自20世纪60年代以来，世界电子工业更新换代的新技术、新设备、新材料、新工艺、新产品，几乎都出自“硅谷”。尤其值得一提的是，美国以宇宙探测为突破口，研制的各种载人飞船、航天站和航天飞机先后进入太空，带动了综合国力的迅速提高。为实现“阿波罗登月计划”，美国历时11年，耗资255亿美元，动用了2万家企业、200多所大学、80多个科研机构和30多万人参与此项工程的运作。1969年7月20日，美国“阿波罗11号”宇宙飞船登上月球，成为世界航天史上具有划时代意义的一项伟大成就，也成为美国现代化强国的一个突出标志。当然，美国迅速成为现代化强国还有其他原因，如良性的竞争环境、成熟的资本市场等，但优越的自然条件、移民的不懈开拓、领土的不断扩张、有利的政治位置、持续发展的经济、高新科技的推动无疑是其主要原因。

二、美国经济发展的历程

美国经济史从16世纪至18世纪欧洲人建立殖民地开始算起。200多年间，美国建立了一个工业化的、完整而巨大的经济体，占据了世界经济的1/4有余。这主要是由于美国拥有统一的市场、丰富的自然资源和肥沃的农耕地。政府宽松的政策支持以及独特的企业家精神使得美国经济一直保持着高速的发展，并吸引了来自世界各地数以百万计的移民。

（一）以农业为主时期

自1620年开始，大批清教徒移民北美洲，在美国南部种植棉花、烟草、蓝靛等作物，直到1860年以前美国一直是以农业为主的国家。1776年建国后，国会先后通过了“公有土地转让给农民”“垦殖权条例”等相关法令，大大刺激了农民的积极性，促进了农业发展。据统计，1800年美国农业产值为2.2亿美元，而到1860年已增长到14.69亿美元。

（二）实现工业化时期

1812年，由于英国的入侵和禁运，促进了美国工业的发展。尤其是南北战争的结束，更清除了资本主义发展的障碍，使纺织、钢铁等现代化工业得到了迅速发展。1860年，美国工业产值第一次超过农业产值，1890年工业产值超过英、法、德，跃居世界第一位。1900年，美国钢产量已达1 035万吨，煤产量达2.45亿吨，均居世界第一位。19世纪末至20世纪初，美国已完全实现了工业现代化。

美国工业化进展如此迅速，是有其特定条件的：①农业发达为工业发展提供了坚实的物质基础；②19世纪中叶是第二次科技革命发生的时期，美国正是此次产业革命的发源地；③1850—1890年美国大规模地修建铁路和公路，为工业发展提供了方便的运输条件；④工业化初期美国实行了严格的贸易保护政策，提高了进口产品的关税，保护国内新兴产业；⑤美国资源丰富，为工业提供了充足的原料和燃料。

（三）两次世界大战期间的美国经济

两次世界大战期间，美国经历了经济发展繁荣阶段以及危机阶段。

在“一战”期间，美国由于远离战场，参战时间较晚，因此战争损失不大，而且在战争中因出售军火与其他商品而发了战争财。战争结束后，美国的经济实力进一步增长，拥有世界黄金储备的40%，纽约成为与伦敦并存的国际金融中心，这为美国战后的经济繁荣创造了条件。据统计，1914年美国国内生产总值为386亿美元，到1918年已增长到764亿美元，几乎增长了一倍。

除战争所带来的财富以外，美国在这一时期出现经济繁荣的主要原因是新机器的使用和技术管理的进步。美国企业在战后大力推行“生产合理化”运动，广泛采取自动传送装置，革新技术，实行标准化生产。生产合理化运动从企业对生产的管理入手，提高了劳动生产率，降低了成本，从而提高了利润率，1923—1929年，制造业每个工人的每工时的产量提高了32%，1919—1929年，整个工业生产率提高了40%，农业提高了26%。但劳动生产率与产量提高的同时也强化了工人的劳动强度。许多工业部门在这一时期进行了技术革新，例如装配线技术在汽车制造、造船、飞机引擎及军火等部门被广泛采用。钢铁工业采用连续轧钢机，效率提高4 050倍。从20世纪20年代起，许多公司建立了自己的研究机构，从事新产品的研究开发。新技术的应用对这一时期的经济繁荣起到了重要的作用。

经过20年代的发展，主要资本主义国家在世界经济中的比重与地位也随之发生变化，美国取代英国成为资本主义世界的经济第一强国，在世界经济中的比重由1913年的38%上升到1929年的44%，同期在世界贸易中的比重也由11.1%上升到14%，超过了英国的13.2%。

美国经济高度繁荣的背后也孕育着危机。美国政府实行的高利润、低税率的政策使社会财富都流入少数垄断资本家手中，而广大工人、农民的购买力反而下降，生产的高效率和低下的购买力之间的矛盾，使生产相对过剩。各工业部门的发展也不平衡，建筑业、机器制造业、汽车业以及化工、电气等新兴工业部门发展迅速，而传统的工业部门如纺织、制鞋、航运、铁路等都处于停滞甚至衰退状态，农业更是处于慢性危机状态。此外，当时美国强大的经济实力，也使资本主义世界形成了一个以美元为中心的金融体系，但这一体系并不稳定，其中任何一个环节出现问题，都会引致整个体系的崩溃。这些问题最终导致了20世纪30年代初最严重的经济危机。1921—1929年主要工业部门的开工率只有60%～70%，开工不足再加上“生产合理化运动”排挤工人，使同期美国年平均失业者在220万人以上。

面对空前严重的经济危机，1933年罗斯福总统实行新政。他顺应了历史发展的潮流，通过强化国家全面干预金融财政、工业、农业、公共工程、社会保障等领域，缓解了经济危机的严重恶果，保护了劳动生产力，避免了美国走上法西斯主义的道路，并为美国在“二战”中的胜利准备了物质条件。罗斯福新政的改良措施是有利于现代化发展的进步改革举措，它的全面强化国家干预的政策使垄断主义发展到国家垄断资本的新阶段，标志着现代资本主义发展的成熟，对于现代美国历史的发展具有多方面的深远影响。

（四）“二战”后的经济发展

“二战”后美国经济的发展，大体可以划分为三个阶段。

1. 第一阶段（战后至1973年）是“二战”结束后的经济持续发展时期

这一阶段的经济发展主要表现出三个特点：

首先，“二战”后，美国的经济实力骤然增长，在资本主义世界经济中占有全面的优势。1955—1968年，美国的国民生产总值以平均每年4%的速度增长，并且曾出现连续106个月的持续增长，这一记录直至20世纪90年代出现所谓的“新经济”之后才被打破。

美国战后经济的迅速发展和优势地位的保持在很大程度上得益于联邦政府对经济的干预，也就是运用财政和金融手段干预资本主义的再生产，其主要特点是不断地依靠增加国家预算中的财政支出，依靠军事订货和对垄断组织甚至中小私营企业实行优惠税率来刺激生产，增加社会固定资本投资。虽然美国没有在战后实行工业国有化，但是，美国联邦政府在战后对许多新兴的工业部门、重大科研项目、现代化公共设施进行大量的投资，其中对发展原子能工业的投资从1945年到1970年共计175亿美元，对宇航工业的投资从20世纪60年代末起每年投入50多亿美元。此外，为了维持高出口水平，美国政府一方面在“援外”项目中通过国家购买进行出口，另一方面对某些产品的出口实行补贴。

其次，战后美国经济发展的重心逐渐向西部和南部转移。美国传统的工业区在东北部，随着战后新兴工业的迅速发展，没有传统工业负担的西部和南部，由于拥有新兴工业的原料——石油，而特别适宜于诸如飞机制造业、石油工业和石油化工等新兴产业的发展。与此同时，美国西部和南部的新财团也骤然兴起，在经济乃至政治上与传统的东北部财团形成激烈的竞争。例如太平洋沿岸的加利福尼亚财团控制了美国最大的银行——美洲银行，而南部的得克萨斯州由于战时石油开采和军事工业的扩建也形成了得克萨斯财团。

最后，现代跨国公司在美国兴起。跨国公司在20世纪上半期就已出现，但是直到“二战”前，早期的跨国公司还是以局部地区为重点，其经济实力和业务经营的多样化也没有达到现代跨国公司的水平。战后，现代跨国公司首先在美国获得空前的发展，对美国乃至世界经济的发展有着举足轻重的影响。

2. 第二阶段是经济衰退期和调整时期

20世纪70年代以来，世界经济的不稳定性加剧，黄金时代一去不返。作为世界第一大经济体的美国也逐渐丧失其世界经济霸权的优势，并且在经济发展中出现了高失业率与高通货膨胀率并存的滞涨危机。

战后经济的快速发展使得美国通货膨胀的压力加大，早在1957年，美国经济就出现了显著的物价上涨的现象。通货膨胀情况在1973年春天开始加剧，不管是发布日用品价格冻结的命令，还是执行略为缓和的控制措施，通货膨胀都不曾出现降低的迹象。通货膨胀的持续且不断加剧严重阻碍了经济的增长，而1973年10月之后出现的能源危机则是导致事态严重失控的重磅炸弹，这次石油危机爆发的突然性与猛烈性十分罕见，其对美国经济的打击异常沉重。到1974年秋天，通货膨胀率和失业率均已失控，传统的宏观调控措施在应对滞胀危机时难以发挥效用。在经历了1966—1969年的繁荣之后，失业率从1970年就已经开始进入上升周期。美国失业人口绝对数和失业率分别在1975年达到了大萧条以来的最高值，失业人口总数接近800万人。1975年3月，宏观经济跌到谷底。

从1983年开始，随着美国政府经济政策出现重大调整及政策效果逐步显现，加上20世纪80年代一些特殊因素的作用，美国经济出现复苏，并逐步走出滞胀的泥潭。首先消费者物价指数由80年代初的两位数下降到1983—1988年平均4%左右。其次，经济的持续增长开始出现，就业人数也有较大增加。最后，美国劳动生产率的增长率也止住了下降的趋势，并在某些领域出现较快增长。经济能够得以恢复，主要是由于现代科技的迅速发展和广泛应用以及美国开始重视并加强国际合作和政策协调，改善美国商品在国际市场上与日本、西德的竞争地位，增强在国际市场上的竞争力。此外，国际上一些客观有利因素，如石油及原料价格的下跌也是美国经济摆脱滞胀的重要原因。

3. 第三阶段是20世纪90年代以来的新经济时代

20世纪90年代以来，美国经济在各种因素的共同作用下，获得了持续、较快的增长。事实上，进入90年代以后，美国经济确实发生了本质性的变化，以信息技术产业为代表的新经济部门是主要增长来源之一。1990—1999年，美国的信息技术产业国内总收入从3 300亿美元增长到7 290亿美元，平均每年增长10.4%，大大高于经济总量增长速度，占经济的比重由5.5%上升到8.2%。1995—1999年，美国GDP年均增长速度为3.8%，计算机、软件和电信产业对GDP增长的贡献为0.87个百分点，约占23%。美国经济进入新经济阶段。美国诺贝尔经济学奖获得者克莱因教授指出，美国经济可以划分为三个部分，即传统经济、知识经济和新经济。传统经济指制造业，知识经济指教育、文化、科学技术研究与开发等产业，新经济指以网络、信息和通信技术为主体的新兴产业。

美国新经济表现出高增长率、高就业率、低通货膨胀率的特点。1996年以后，计算机和电信产业价格下降致使美国的通货膨胀每年减少0.4个百分点以上。由于对计算机和通信设备的投资占美国的资本投资比重已经超过40%，计算机和通信设备价格的大幅度持续下降，使美国的投资效益大大提高，经济规模快速膨胀，在劳动生产率快速提高的情况下，就业稳步增加。同时，作为投资品的计算机和通信设备价格高速下降，为这些技术和产品向传统产业的渗透奠定了良好的基础。最重要的是，美国在计算机和通信产品研究与开发领域的领先地位，使美国既向全世界出口技术和服务，获得“技术租金”，又出口产品获得利润。因此，在以计算机和通信技术为代表的新一轮产业革命中，尽管随着以计算机和通信为代表的高技术产品日益普及，市场逐步饱和，这些产业的增长速度将会放慢，美国经济增长也将会放慢，但由于美国在信息技术领域的领先优势仍然很明显，其他国家在短时间内很难赶上，因此，其经济的高速增长速度不会急剧下降，而是会软着陆。

三、美国经济发展的特点及地位

美国是当今世界上典型的“自由市场经济”国家，主张由市场决定资源的配置，按市场经济规律办事。企业生产什么和生产多少、如何生产、为谁生产的问题，主要是由市场价格来支配和决定；企业和个人是市场经济的主体，进行分散决策，以达到自身利益最大化为目标。美国政府的宏观调控政策是建立在充分尊重并发挥市场机制作用的基础之上的，财政、货币政策在美国宏观调控政策中占有重要的地位。

（一）美国经济的主要特点

自20世纪90年代以来，美国逐渐走进“新经济”时代，其经济发展主要呈现以下几个方面的特点。

1. 美国仍然是当今世界上经济最发达、最强大的国家，但与“二战”后初期相比，其所处的国际地位却相对下降了

美国是当今世界经济最发达的国家，其经济规模之大、部门结构之完整、生产水平之高是其他任何国家都无法比拟的。据统计，美国在2000年国内生产总值（GDP）为10.28万亿美元，2015年为18.22万亿美元，一直遥遥领先。石油、钢铁、飞机、汽车、天然气、煤炭、通信及电子产品等重要工业产品的产量均居世界前列。但是“二战”后，由于世界经济多极化的出现，日本、欧盟和中国等新兴工业化国家和地区的经济迅速地恢复和发展，美国在世界经济所占的地位却相对下降了。“二战”后初期，美国的国民生产总值曾占世界的40%～45%（1960年美国经济占世界经济总量的39.8%），工业产值占1/2以上，黄金储备也占全世界的一半以上，出口贸易占世界的1/4左右，成为世界唯一的经济大国。而目前，美国的国民生产总值只占全世界的22%～25%（2008年和2017年美国经济总量分别占世界经济总量的23.1%和24.1%）；出口贸易占世界总量不足10%（2017年美国货物出口额仅占总量的8.72%），而且长期出现外贸逆差（2017年美国商品和服务贸易逆差为5 660亿美元，较前一年增长12.5%）；1985年以前美国为债权国，1985年后则沦为债务国。汽车、钢铁、家电、机器人等产品产量曾经或至今仍被日本和中国所超过。

2. 美国国内的资本和生产的垄断性不断加强

美国经济具有高度垄断性，生产和资本高度集中在少数资本家手中。美国是世界上垄断组织出现最早的国家，早在1879年第一个托拉斯洛克菲勒家族的标准石油公司，就控制了全国石油生产的90%，20世纪初托拉斯已在全国经济中占有统治地位。两次大战中及战后，生产和资本的垄断和集中更得到了空前的发展。据统计，2005年美国企业总数1 000万余家，其中资产额在500万美元以上的大公司约占美国企业总数的2%，而

它们的资产却占美国企业资产总额的89%。以摩根、洛克菲勒、加利福尼亚、第一花旗银行、芝加哥、波士顿、梅隆、杜邦、得克萨斯、克利夫兰为代表的十大垄断财团，几乎控制了全国石油、钢铁、汽车、化学、金融等主要产业部门。通用、福特、克莱斯勒三大汽车公司控制了全国汽车生产的95%以上。美国农业生产也日趋集中，农场的数量由19世纪30年代的600多万个减少到了目前的200万个，但农场的规模不断扩大，土地面积超过1 000公顷的大农场只占全国农场数目的8%，而拥有的土地面积却占全国的62.4%。

3. 美国的产业结构日趋高级化，高技术产业和服务业在国民经济中的比重不断上升，农业和传统的制造业所占比重不断下降

“二战”后，在第三次科技革命和新技术革命推动下，美国积极调整产业结构，逐步淘汰和改造劳动密集型和资源密集型的传统产业，大力发展知识技术密集型的产业和服务业，使产业结构不断升级，出口产品的竞争能力不断增强。据统计，1960—1980年期间，美国高技术工业在工业总产值中所占的份额已从29%增长到38%，而资本、资源和劳动密集型工业则从71%下降到62%，农业在国内生产总值中的占比则从1950年的10.5%下降到1980年的3.3%，第三产业增长迅速，1980年已占国内生产总值的73.3%。美国产业结构的调整，除了用电子信息技术改造传统产业外，主要是大力发展以信息产业为主导的新兴产业，如电脑软件开发、集成芯片、卫星通信器材。当今美国，信息产业已经超过汽车生产，成为第一大主导产业。

4. 美国的知识经济已初具规模

经济合作与发展组织对知识经济的定义是：知识经济是建立在知识和信息的生产、分配和使用基础上的经济。知识经济是区别于以往以传统工业为产业支柱，以稀缺自然资源为依托的新型经济。信息产业是知识经济的基础，掌握高科技手段处理信息的各类人才队伍是知识经济发展的关键。20世纪90年代以后，美国经济开始步入知识经济时代，其主要表现为：一是以电子计算机、电脑软件、芯片和通信设备为主的信息产业，已经超过了汽车、钢铁等传统产业，跃升为美国第一大主导产业，如微软、英特尔等信息公司的影响力，大大超过了通用、克莱斯勒等传统工业企业；二是企业用于计算机和通信硬件的投资大大超过一般工业设备的投资，信息产业对国内生产总值的增长已占1/3；三是由于具有创新能力的高素质人才是实现知识经济的关键，因此无论政府或企业都大力吸纳劳动力在新技术产业就业，并加强对职工的培训；四是信息技术的发展和应用，不但提高了技术在经济增长上的贡献率，而且提高了生产效率；五是在经济增长的同时，出现了高就业率和低通胀率共存的，与传统经济增长规律不同的经济特征。

5. 跨国公司的发展和海外投资的增加，支持了美国经济的增长，确保了它在世界经济中的地位

“二战”后，美国为了推动其全球化的经济战略，谋求建立按其自身利益设计的国际经济秩序，积极推动跨国公司的发展。美国正是利用跨国公司的资本输出，使其商品通过了东道国设置的种种关税和非关税壁垒，打开国外市场，保障自身能源和原材料的稳定供应，促进本国经济的增长。

（二）美国经济的国际地位

1. 美国是世界上经济规模最大、实力最强的国家

美国是当今世界上最发达的市场经济国家，其国内生产总值居世界首位。2017年美国

GDP 为 19.39 万亿美元，占世界经济总量（79.86 万亿美元）的 24.28%。

2. “二战”以来，美国在世界经济中始终保持领先地位

美国企业为了适应不断发展变化的竞争和生存环境，根据成本和效率的高低不断对各生产部门、生产环节，甚至生产要素进行调整，保留竞争力强、附加产值较高的部门和产业。美国经济结构经过产业高级化调整后，一些初级产品如日用品、原料加工和工业半成品的生产都转移到了发展中国家，而这些产品又是生产和生活消费所必需，这就决定了美国从国际市场进口的大多是这些初级工业产品。

3. 美国是世界上工业最发达的国家，很多工业产品的产量均居世界前列

美国工业以技术先进、门类齐全、生产力强劲、生产效率高而著称于世。进入 20 世纪 90 年代以后，与尖端技术有关的新兴工业部门，如计算机、电脑软件、芯片、通信器材、医疗设备、宇航等高新技术产业的发展大为迅速，已成为带动美国经济增长的骨干产业。目前，美国的主要工业产品，如石油、天然气、电力、铜、铝、硫酸、乙烯、汽车、飞机等的产量，以及微电子工业、计算机技术、激光技术、宇航技术、生物工程技术、核能利用和新材料的研制与开发等方面，在世界上均居领先地位。

4. 在一些现代产业中，美国一直位于世界的核心地位

美国是现代汽车工业的发源地，曾经是世界上最大的汽车生产国和汽车出口国；美国的软件和集成电路行业长期占据产业的顶端，操作系统、数据库、开发工具等核心软件在全球市场上的占有率高达 80%，通用处理器、高端网络芯片、高端模拟芯片、可编程逻辑芯片、半导体加工设备等集成电路产品和设备在全球市场居于领先地位；美国是世界航空航天工业的发源地之一，拥有世界上产值最高、技术最先进的航空航天工业；目前美国是全球最大的服务贸易国及服务贸易顺差国。

四、美国的经济区域

美国领土辽阔，不但各地自然条件差异明显，而且来自欧洲的移民和领土的扩张有一个自北向南、自东向西的发展过程，因此形成了目前经济发展水平、产业结构、城市集中化程度存在明显差异的北部区、南部区和西部区。

（一）北部经济区域

1. 北部地区经济发展概况

北部经济区是指美国本土部分 48 个州中位于东北部的新英格兰地区的缅因、新罕布什尔、佛蒙特等 6 个州，和大西洋沿岸中部区纽约、宾夕法尼亚、新泽西、马里兰、特拉华 5 个州，以及中央东北区的俄亥俄、印第安纳、伊利诺伊、威斯康星、密歇根 5 个州，西至中央西北区南达科他、北达科他、内布拉斯加、堪萨斯、密苏里、艾奥瓦、明尼苏达 7 个州，共计 23 个州。这里是美国资本主义的发源地，是经济最发达、人口最密集的地区。19 世纪末北部区曾占全国工业生产的 80% 以上，第二次世界大战后的初期还占全国的 3/4。但随着“二战”后科学技术的进步和美国产业结构的调整，北部区工业设备陈旧、资源（主要是指石油等现代能源）不足、交通拥挤、污染严重、土地价格昂贵等劣势逐渐明显，随着南部、西部所谓“阳光地带”的崛起，北部地区在全国经济中所处地位逐渐下降，但目前仍为美国经济最发达地区。其面积占全国的 1/4，但人口却占全国的 1/2，

制造业产值目前仍占全国50%以上，农业收入占全国一半。主要产业部门有钢铁、汽车、仪器仪表、金属加工、化学、食品加工等。"二战"后随着产业结构的调整，钢铁、机械加工等逐渐丧失优势地位，而在波士顿、匹兹堡、纽约、费城等地兴起了电子信息、生物工程等新兴工业。北部区还是美国最大的乳、肉、玉米、大豆、小麦的产区。金融、保险、运输、通信、教育等第三产业成为本区最大优势产业，许多大的银行、大的跨国公司的总部均设在本区。北部区是美国城市最多、规模最大的地区，最大城市群"波士华"就在这里。

2. 北部经济区域的形成原因

这里之所以形成美国经济最发达地区，主要与下列条件有关：

（1）这里是欧洲移民最早到来的地区，他们带来了资金和较为先进的技术；

（2）这里从一开始就没有封建"行会"等生产关系的束缚，实行的是资本主义的生产方式；

（3）这里有五大湖、圣劳伦斯河、伊利运河和大西洋沿岸的水运，交通方便；

（4）这里有煤、铁等矿产资源，为钢铁、采煤、化学等传统工业提供了充足的原料；

（5）这里农业发达，既为轻工业提供了原料，又为城市工业人口提供充足的食品。

3. 北部地区的经济中心

北部地区的经济中心主要包括以下中心城市：

（1）纽约。纽约位于大西洋沿岸哈得孙河入海口，市区主要由曼哈顿岛、长岛和斯塔腾岛等组成。它是美国第一大城市，市区人口约827万（2007年），连同周围的"卫星城"，总人口约1 850万（2007年），仅少于东京和墨西哥城，是世界第三大城市。纽约是美国最大的金融中心，曼哈顿岛南部的华尔街是美国大银行、大保险公司、证券公司和大工业公司总部所在地，有"金融一条街"之称。纽约又是仅次于芝加哥的第二大工业中心，工业部门齐全。哈得孙河和伊斯特河沿岸，岸线长、水深、潮差小，是优良的港区，沿岸码头林立、泊位众多，是美国第一大港，多年来年吞吐量都在1亿吨以上。联合国总部就位于伊斯特河畔。

（2）芝加哥。芝加哥是美国第三大城市，位于密歇根湖的南端，有约950多万人口。在丰富的农产品、煤和铁矿资源的基础上，工业主要以乳肉加工、钢铁、机械、化工、飞机、电子等为主。另外，芝加哥还是全国最大的铁路枢纽。

（3）华盛顿。华盛顿是美国的首都。它位于波托马克河与阿纳科斯蒂河汇合处，华盛顿哥伦比亚特区人口仅70多万。华盛顿仅是政治和文化中心，除供市民生活需求的食品、印刷等工业外，不允许建立其他工业，但旅馆、博物馆、图书馆等旅游、文化设施众多。近年来在华盛顿周边地区已发展起一系列以政府、高校和科研机构为依托的高科技型企业。

（二）美国的"阳光地带"——南部经济区与西部经济区

1. 经济区域的形成条件

所谓"阳光地带"（sunbelt）是指美国本土北纬37°以南的地带，这里因气候温暖、阳光充足而得名。"阳光地带"主要包括位于太平洋沿岸的华盛顿、俄勒冈、加利福尼亚、亚利桑那、新墨西哥和科罗拉多等11个州，即传统的美国西部区；南卡罗来纳、北卡罗来纳、佐治亚、佛罗里达、得克萨斯、俄克拉荷马、密西西比、弗吉尼亚等14个州，即传统的美国南部区。美国“阳光地带”的崛起，是由第二次世界大战后下述条件促成的：

（1）“二战”期间和“二战”后冷战时期，美国政府为了对日作战的需要和对抗苏联的需要，有计划、有目的地把与军事有关的航空、电子、原子能等科研项目和生产企业放在西部和南部，并加大政府对西部、南部开发的拨款，从而带动了西部、南部工业的发展。

（2）西部和南部的崛起得益于20世纪60年代兴起的以信息产业为主的新科技革命。西部和南部由于传统产业少，因此束缚小，新建产业可以从一开始就采用最先进的技术和设备。新技术产品由于使用原材料少、体积小、附加价值高，因此抵消了西部交通不便、水源缺乏等不利条件。而且这些高科技产品一般均与军事用途有关，一旦研制成功就有市场保障，企业就能获取高额利润，从而促进了新技术产业的发展。

（3）着重发展高等教育，并使高等教育部门与高新技术企业相结合。高等教育的发展不但提高了人才素质，而且使人才结构发生了变化。而高校与企业的结合，加快了科研项目的开发和成果的转化，从而促进了经济的发展。例如，亚利桑那大学曾拨专款与企业创办“太阳谷”项目，力图把图森市的“太阳谷”变为第二“硅谷”，从而聚集了大量的人才和企业。

（4）自20世纪六七十年代起，美国对外贸易的地理方向西移，开始加强与亚太各国的经贸往来。外贸重点的西移相应促进了西部工业、交通、金融等产业的发展。

（5）北部退休的老人，为了寻觅温暖的阳光也开始西移南迁。他们多年积累的知识和财富，在新居住区重新投资或消费，也有利于西部和南部的发展。

（6）西部和南部由于土地辽阔、人口少、污染少、能源供应充足，也诱使北部的一些企业西移和南迁，从而有利于西部和南部的发展。

2. 南部地区经济概况

南部经济区虽然自然条件优越，但由于历史上受奴隶制的影响，直到“二战”前仍然是以农业和采矿业为主的落后地区，是北部农矿原料的供应地。“二战”后，随着墨西哥湾沿岸石油资源的大规模开采，老棉区西移以及实现机械化的种植和采摘，以肉鸡饲养为主的养禽业的发展，南部区无论工业、农业和旅游业都取得了巨大的发展，与北部区的差距进一步缩小，兴起了休斯敦、达拉斯、亚特兰大等一大批城市。

南部重要城市——休斯敦。休斯敦位于墨西哥湾沿岸，通过长约40千米的休斯敦深水运河与墨西哥湾相通。20世纪50年代初，人口仅有50多万，以后随着石油的开采，迅速成长为拥有约640万人口，仅次于纽约、洛杉矶、芝加哥的第四大城市。工业主要有石化、造船、钢铁、采油设备制造、炼锡等。由于石油工业发达，因此被称为“石油城”，又因美国宇航局在休斯敦设有航天中心，又称“宇航城”。

3. 西部地区经济概况

西部区面积几乎占全国面积的1/2，拥有丰富的森林、水力、有色金属、石油和煤炭等资源。但内陆地区由于气候干旱和交通相对不便，因此“二战”前只是以放牧业、伐木业和采矿业为主，工业落后。“二战”中，由于西部区靠近太平洋战场，迅速刺激了与军事有关的航空、石油、化工、电子、造船和原子能工业的发展，兴起了洛杉矶、旧金山、西雅图、丹佛、菲尼克斯等一大批工业城市。

（1）洛杉矶。洛杉矶是西班牙语的译音，意即“天使之城”。1880年，洛杉矶是人口仅有1.1万人的小城市。20世纪随着南加州石油的开发和灌溉农业以及第三产业的发展，才逐渐成长起来。目前连同周围的“卫星城”，人口有 1 500 多万，成为仅次于纽约的美国第二大城市。主要工业有石化、航空和航天、电子、汽车、造船、食品等。郊区的好莱坞是世界著名的电影产业中心。洛杉矶也是美国西部最大的港口。

（2）旧金山。旧金山是美国西部第二大城市，人口约 760 万。它的发展起步于 18 世纪 40 年代的“采金热”，“二战”后迅速发展了电子、石油化工、食品加工等现代化工业。其南部的圣克拉拉谷地，由于聚集了大量的电子信息产业，是第一块半导体材料的发明地，被称为“硅谷”，目前这里生产了全国 1/3 的集成电路和 1/8 的电子计算机。旧金山还是仅次于纽约的美国第二大金融中心。旧金山是美国华人最多的城市，其“唐人街”驰名世界。其附近的奥克兰港是美国西部重要港口。

第二节 经济转型发展——俄罗斯

俄罗斯是一个由 22 个自治共和国、46 个州、9 个边疆区、4 个自治区、1 个自治州、3 个联邦直辖市组成的联邦共和立宪制国家。俄罗斯位于欧亚大陆北部，地跨欧亚两大洲，国土面积为 1 707.54 万平方千米，是世界上面积最大的国家。15 世纪末，大公伊凡三世建立了莫斯科大公国。1547 年伊凡四世自称沙皇，建立沙皇俄国，并在 1721 年由彼得一世改称俄罗斯帝国，走上了对外侵略扩张的道路，曾吞并欧亚多个国家，领土不断扩张。1917 年十月革命后建立了苏维埃政权。1922 年 12 月，苏维埃社会主义共和国联盟正式成立，冷战期间成为与美国并驾齐驱的“超级大国”。1991 年 12 月 25 日苏联解体后，最大加盟国俄罗斯正式独立，继承了苏联的大部分军事力量，综合军事实力居世界第二。在“一超多强”的国际体系中，俄罗斯是有较大影响力的强国，其军工实力雄厚，特别是航空航天技术，居世界前列。俄罗斯还是联合国安全理事会五大常任理事国之一，对安理会议案拥有一票否决权。除此以外，俄罗斯还是五个金砖国家之一。

一、俄罗斯的经济地理概况

俄罗斯国土面积广大，自然资源丰富，地理环境具有如下鲜明的特点。

（一）世界上国土面积最大的国家

俄罗斯地跨欧亚两大洲，位于欧亚大陆的北部，北纬 41° ～ 82°之间，横跨 11 个时区。领土略呈长方形，包括欧洲的东半部和亚洲的北部，从最东端白令海峡的杰日尼奥夫角到最西端加里宁格勒州的波罗的海海岸，长约 1 万千米，总面积达 1 707.54 万平方千米，共占地球陆地面积的 11.4%，是世界上领土面积最大的国家。

（二）地势低平、大陆性气候、河湖众多

俄罗斯的地形东高西低，南高北低，以平原和高原为主。叶尼塞河将俄罗斯国土分为东西两部分，西部以平原和低地为主，东部大部分是高原和山地，从西向东依次是东欧平原、乌拉尔山脉、西西伯利亚平原、中西伯利亚高原、北西伯利亚平原和东西伯利亚山地、太平洋沿岸山地等。

俄罗斯位于中高纬度，大部分地区处于北温带和北寒带，气候多样，以大陆性气候为主。温差普遍较大，1月平均温度为－18℃～－10℃，7月平均温度为11℃～27℃。年降水量平均为150～1 000毫米。从西到东大陆性气候逐渐加强，冬季漫长严寒；各地气候差异明显，东欧平原西部气候较温和，西伯利亚地区冬季非常寒冷，但夏季日照时间长，气温和湿度利于针叶林的生长。北冰洋沿岸属极地苔原气候，太平洋沿岸属季风气候。从北到南依次为极地荒漠、苔原、森林苔原、森林、森林草原、草原带和半荒漠带。

俄罗斯境内河湖众多，沼泽广布，其欧洲部分的河流多发源于东欧平原中部丘陵地带，呈放射状流向四方，河网密布，水量丰富。主要河流有伏尔加河、第聂伯河、顿河、伯拉河。全长3 692千米的伏尔加河是欧洲的第一长河，流域面积138万平方千米，享有“俄罗斯母亲河”的称誉。亚洲部分的河流发源于西伯利亚南部和东部山地，多为源远流长的大河，著名的有自南向北注入北冰洋的鄂毕河、叶尼塞河、勒拿河和自西向东注入太平洋的阿穆尔河（即中俄界河黑龙江）。俄罗斯有大小湖泊20多万个；其中水面面积超过1 000平方千米的有10多个。俄罗斯与伊朗等国之间有世界上最大的咸水湖里海。位于东西伯利亚南部的贝加尔湖是世界上最深、淡水储量最大的湖，被誉为“西伯利亚的明眸”。

（三）地大物博，自然资源十分丰富

俄罗斯地大物博，广袤的国土赋予俄丰富的自然资源，自然资源总量居世界首位。俄罗斯科学院社会政治研究所2004年的报告称，俄罗斯是世界上唯一一个自然资源几乎能够完全自给的国家。作为世界资源大国，俄罗斯已经探明的资源储量约占世界资源总量的21%，高居世界首位。从类别看，俄各种资源储量几乎都位于世界前列，特别是在其他国家非常短缺的矿物、森林、土地、水等资源方面，俄罗斯的优势非常大。俄资源总储量的80%分布在亚洲部分。石油、天然气、煤炭等能源资源的储量均居世界前列，其中，石油探明储量1 032亿桶（2014年数据），占世界探明储量的6.1%，居第八位；天然气探明储量32.6万立方米，仅次于伊朗，居第二位。煤炭探明储量1 570.1亿吨，也居第二位。金属矿铁、锰、铜、铅、锌等的储量也非常丰富。水力资源4 270立方千米/年，居世界第二位。森林覆盖面积8.67亿公顷，占国土面积50.7%，居世界第一位。据统计，目前俄罗斯木材蓄积量为821亿立方米，占世界木材总蓄积量的1/4。俄罗斯森林资源主要分布在该国亚洲部分，占全俄罗斯森林资源的72%，主要集中在西伯利亚联邦区和远东联邦区。俄罗斯年可采伐木材蓄积量为6.67亿立方米，年增长蓄积量为9.94亿立方米。目前，俄罗斯木材采伐量在全球排名第四，位于美国、巴西和加拿大之后。

二、俄罗斯的经济改革与转型

1991年苏联解体以来，俄罗斯经济改革与转型大致经历以下三个阶段。

（一）以“休克疗法”为标志的经济转型阶段（1991—1998年）

1991年，苏联解体后成立的俄罗斯联邦，叶利钦引进了“休克疗法”，价格放开、卢布自由兑换和经济私有化，进行了一场激进的经济改革，希望借此跨入市场经济轨道，跻身西方发达国家之列。不料事与愿违，俄罗斯经济非但没有起色，反倒陷入了空前的危机。不顾国情盲目改革，使俄罗斯付出了惨重的代价。休克疗法对于俄罗斯的影响是显而

易见的，经济连年萧条，物资匮乏，人民的生活水平大大下降。到了1997年，俄罗斯的经济似乎有了转机，但1997—1998年的金融危机再次沉重地打击了俄罗斯刚刚复苏的经济形势。20世纪90年代，这一时期俄罗斯国内生产总值几乎下降50%。到1999年，俄罗斯的经济实力“只及美国的1/10和中国的1/5”。

（二）“第三条道路”经济改革阶段（1999—2008年）

1999年普京接掌政权后，提出“第三条道路”的经济改革，对俄罗斯经济发展战略做出了新的调整，俄罗斯的经济很快走出困境，朝着国富民强的目标大步前进，其发展变化令全世界惊叹。俄罗斯在普京总统的带领下迎来了一个为期10年的春天。2000年以来，在多方面因素的作用下，俄罗斯经济呈现持续快速的恢复性增长，总体经济状况明显好转，基本上进入一个稳定的发展阶段。从1999年至2006年，年均增长约6%，经济总量增加了70%。然而，俄罗斯人的工资和人均收入却增加了500%，扣除通胀后，人均收入实际增长超过了200%。2000—2007年，俄罗斯国内生产总值总体上增长了70%，工业增长了75%，投资增长了125%。2006年，俄罗斯GDP增长突破万亿美元大关，增幅达6.7%，经济总量首次超过苏联解体前水平。2007年俄罗斯的宏观经济状况得到进一步改善，俄罗斯跻身世界十大经济体之列。2007年俄国内生产总值增幅达到近7年来的最高水准，据俄国家统计局统计，2007年俄国内生产总值同比增长8.1%，俄多项经济指标达到历史最高水平。十年间，俄罗斯的人均实际工资和人均实际收入的增长速度，比人均GDP的增长速度，高出两倍。俄罗斯的老百姓，实实在在地享受到了经济增长的成果。这意味着俄罗斯结束了始于20世纪90年代初的社会转型期的经济危机。2007年以来，拉动俄罗斯经济快速增长的主要因素是投资和消费需求旺盛。

（三）世界经济衰退下的俄罗斯经济发展阶段（2008年至今）

2008年，由美国引发的全球金融海啸祸延欧洲大陆，与国际金融市场关联性有限的东欧市场也难逃被洗劫，东欧各国面临十年来最严重的经济衰退。当然这也让俄罗斯面临严峻挑战。大西洋彼岸刮来的“传染病”让昔日傲慢不羁的石油大国失业人员猛增，商品价格飙升，卢布汇价下泻，国家工业有解体的危险，对国家经济产生了一定影响。随着金融危机的不断扩散，国际市场石油需求继续减少，油价大幅回落，俄罗斯经济陷入了十年来的首次衰退。根据俄罗斯联邦国家统计局公布的统计数据，2009年俄国内生产总值比前年下降7.9%。从2009年下半年开始，俄罗斯的经济出现了复苏迹象，到2010年，俄罗斯的经济增长率达到4%，超过了其之前的预期，复苏形势比较乐观。俄罗斯经济自2014年开始就进入了非常艰难的时期，经济结构不合理等内在因素加之西方制裁和油价低，使得俄罗斯经济出现了负增长。从2014年11月到2016年6月，俄罗斯的经济一直处于负增长状态。俄罗斯GDP从20 790亿美元跌至12 907.31亿美元。其原因也是非常复杂的，内因有经济结构不合理，第一产业和第三产业的产值远低于第二产业，而在第二产业中也存在不合理，重工业发达，轻工业发展缓慢，民用工业落后；外因则是吞并克里米亚以后，西方国家就对俄罗斯实施全方位的制裁，导致卢布贬值，加上国际油价下跌等。近两年来，俄罗斯的宏观经济初步走出了“零增长”的陷阱。但是，俄罗斯经济仍然面临相当严峻的挑战，形势不容盲目乐观。当前，俄罗斯存在着通胀率高水平和通胀波动变化无常这两大问题。俄罗斯的GDP增长率接近2%，但是却无法摆脱对能源经济的过度依赖，经济结构调整并没有起到实效。俄罗斯的失业率下降，但是存在不均衡。俄罗斯居民可支配收入呈现下降的态势。

三、普京主导下的俄罗斯经济发展

1999 年，普京上台后，提出了走“第三条道路”的改革路线，对俄罗斯经济发展战略做出了新的调整。具体做法有以下三点。

首先，在宏观体制方面，主张建立国家干预的市场经济；采取把稳定生产和稳定财政货币两者结合的经济发展政策和量入为出的预算收支政策。在微观体制方面，主张在现有私有化的基础上，转变企业经营机制，提高私有企业的生产效率和经济效益；保持对垄断部门企业的国家控制和管理。

其次，制定“富国强民”和“实现经济快速增长”的社会经济发展战略，推出俄罗斯长期经济发展纲要，规定至 2010 年的俄罗斯经济发展各项指标。

再次，出台治理、改善经营和投资环境的方案。着手进行税制改革，整顿金融秩序，取缔“影子经济”，修改和完善涉外法律、法规。

普京担任总统以后进一步阐述了其经济思想，主张建立“有秩序的市场经济”，重视国家对经济的干预，国家要承担起“协调员”的责任，执行更加积极的经济政策。综合来说普京的经济思想和改革措施主要有以下几点：

（1）保护自由经济。普京在 2000 年国情咨文中提出五个方面的具体措施：保护所有权、保证竞争条件的平等、使经营者不受行政压迫、减轻税负、发展金融基础设施。

（2）实施现实的社会政策。社会政策遵循的基本原则是“主要社会福利共享和人人都能享受得起”，其主要措施是有针对性地提供社会补贴和优惠。

（3）加强国家对战略性资源的控制和垄断。在继续私有化的同时，对战略性企业如油气、军工、飞机制造、重型机械、汽车、核能、矿产开采、海洋运输、民用机场、银行、造船等领域进行资产重组，实行国有制或国家控股。

（4）财政与金融体制的完善。普京执政以来，经过一系列政策调整，财政与金融体制日臻完善，不但形成了国内外多种机构平等竞争的现代金融体系，卢布在国内实现了完全的自由兑换，且从 2002 年开始，国家财政从过去的巨额赤字转为盈余。

总之，自 1999 年普京执政以后，从内部形势来看，俄罗斯国内政局逐渐稳定、制度环境不断改善、社会政策强化、宏观经济政策正确，明确了俄罗斯经济发展道路，提出了俄罗斯经济走“第三条道路”的发展方针，一切以维护国家经济利益为核心。从外部环境来看，世界经济总体形势对俄罗斯比较有利，尤其是能源原材料市场行情一路走高。在内外良好形势下，俄罗斯经济出现了恢复性增长，并步入稳步快速增长阶段。但是，在原料出口型经济结构下，俄罗斯经济长期与国际能源市场密切挂钩。特别是国际原油价格，几乎成为俄罗斯经济的“命根”。俄罗斯经济形势与经济发展往往与国际石油价格走势密切相关，这种相关性为俄罗斯的发展提供了机遇，但能源市场价格的不稳定性与不可预见性也使俄罗斯的经济发展面临挑战。

四、俄罗斯的主要产业部门及经济中心

（一）俄罗斯的主要产业部门

俄罗斯的能源、军火、矿产等重工业极其发达，但服装、家电、通信、汽车等轻工业相对较弱。

1. 油气工业

油气工业长期以来在俄罗斯经济中发挥核心作用，乌拉尔牌石油价格是俄制定国家财政预算的重要依据。2014 年俄罗斯原油产量创下后苏联时代的历史新高，日均产量高达 1 058 万桶，与 2013 年相比增长 0.7%，主要由于小型非国有原油生产商的产量增长。在原油价格下跌以及西方国家制裁的影响下，2014 年俄罗斯石油出口量缩减 5.7%，为 2.215 98 亿吨；通过俄罗斯石油运输公司的石油出口量下降 4.2%，为 1.762 55 万吨；石油过境出口量减少 11.3%，为 1 928.7 万吨；俄国内石油加工量增加 5.2%，达 2.889 57 亿吨。

2. 冶金业

俄罗斯矿产资源丰富，铁、铝、铜、镍等金属以及金、银、白金、宝石（主要为金刚石）等贵金属矿产的储量和产量都居于世界前列，矿石开采和冶金行业在俄罗斯经济中发挥重要作用，有色冶金行业是俄罗斯重要的工业部门之一，其产值约占俄罗斯国内生产总值的 2.8%，占工业生产的 10.2%。钻石加工业在俄罗斯工业中占有重要的地位，是联邦预算收入的资金来源之一。

3. 国防工业

俄罗斯国防工业继承了苏联庞大国防的大部分，从设计、研发、试验到生产体系较为完整，部门较为齐全，是世界上少有的能生产海、陆、空、天等领域武器和装备的国家。在俄罗斯国内装备更新速度有限的情况下，俄罗斯国防工业大力发展对外合作与出口，2014 年武器装备出口额达 98 亿美元。在俄罗斯出口武器名单中，占据首位的是军用飞机，随后依次为海军舰艇、陆军装备和防空武器。

4. 航天工业

航天工业是苏联少数几个处于世界领先地位的领域之一。苏联解体后，俄罗斯继承了苏联约 90% 的航天工业。通过组建航空航天局、制定航天法等措施，俄罗斯大力振兴航天工业。目前，俄罗斯的航天产业规模与水平处于世界前列。2013 年 1 月，俄罗斯航天署公布了“2013—2020 年俄罗斯火箭及航天工业发展计划”，称俄将在未来 8 年内进行火箭和航天工业的现代化改造和技术更新。根据该计划，到 2020 年前，俄火箭及航天工业的产量应比 2011 年扩大一倍，而俄在世界航天技术产业所占份额应由 10.7% 提升至 16%。

5. 核工业

自 1954 年建立世界第一座核电站以来，俄罗斯积累了丰富经验，技术优势明显。俄政府自 2006 年以来不断出台政策，大力支持核能产业走出去。俄政府 2007 年组建了俄罗斯国家原子能公司，合并了国内 240 多家相关公司和科研单位，负责从铀矿开采到核电站建造的所有相关业务，极大增强了俄核工业在国际上的竞争力。目前，俄正积极开发的小型化和多样化核能，更充分展示了自身优势。

（二）俄罗斯的主要经济中心

1. 莫斯科

莫斯科市域人口约1240万，是有870多年历史的国际大都市，也是俄罗斯政治、经济、军事、文化和科技中心。

2. 圣彼得堡

圣彼得堡为俄罗斯第二大城市，面积为1 439平方千米。位于俄罗斯西北部，波罗的海沿岸，涅瓦河口，是俄罗斯的中央直辖市，列宁格勒州的首府，俄罗斯西北地区中心城市，全俄重要的水陆交通枢纽，是世界上人口超过百万的城市中位置最北的一个，是俄罗斯通往欧洲的窗口，又被称为俄罗斯的“北方首都”。圣彼得堡市是一座大型综合性工业城市，在俄罗斯经济中占有重要地位，它也是一座科学技术和工业高度发展的国际化城市，许多外国领事馆、跨国公司、银行和其他业务据点均位于此。

3. 新西伯利亚

新西伯利亚是新西伯利亚州的首府，也是俄罗斯整个西伯利亚地区最大的城市和经济、科技、文化中心。人口有161.2万，仅次于莫斯科与圣彼得堡，是俄罗斯人口第三多的城市。该城境内工厂非常多，曾是苏联的重要军事工业及核工业基地，设有很多科研单位，并拥有一些俄罗斯非常好的大学、博物馆和剧场。

4. 符拉迪沃斯托克

原名海参崴，清朝时为中国领土，1860年11月14日《中俄北京条约》将包括海参崴在内的乌苏里江以东地域割让给俄罗斯，俄罗斯将其命名为符拉迪沃斯托克，意为“镇东府”。符拉迪沃斯托克是俄罗斯远东第一大城市，俄罗斯东部地区经济贸易中心，远东第一港，世界知名旅游城市。城市人口约59.2万（2010年），总面积为600平方千米，城市海岸线达100多千米。符拉迪沃斯托克港货物吞吐量居俄远东地区之首。工业种类有修船、机车车辆、采矿设备、电子仪器、建筑材料、食品加工等。主要输出石油、煤、谷物，输入石油制品、鱼等。

5. 摩尔曼斯克

摩尔曼斯克是俄罗斯摩尔曼斯克州首府，北冰洋沿岸最大的港口城市，人口约29.5万。该城一年中有一个半月的长夜，又有两个月的长昼。由于受到北大西洋暖流的影响，成为俄罗斯北方唯一的“终年不冻港”，一年四季可以通航。工业以鱼类加工、修船、木材加工和建筑材料为主，是俄罗斯北极地区的重要科研中心，有极地研究所、海洋渔业及海洋学等研究机构。

第三节　从高增长走向低迷——日本

日本，位于东亚，国名意为“日出之国”，领土由北海道、本州、四国、九州四个大岛及7 200多个小岛组成，总面积37.8万平方千米。总人口约1.26亿。日本是一个高度发达的资本主义国家，也是世界第三大经济体。其资源匮乏并极端依赖进口，发达的制造业是国民经济的主要支柱。

一、日本经济发展的地理条件

日本是一个“四多”（人口多、山地多、火山地震多、优良港湾多）、“三少”（领土少、平原少、矿产资源少）的岛国，日本的山地多，森林覆盖率高，有丰富的森林资源；日本海岸线全长33 889千米，有许多优良的港湾，有着丰富的渔业资源。除了丰富的森林和渔业资源，日本的自然资源贫乏，基本大部分都依赖进口，通过国外进口的自然资源有石油、铁矿石、铜矿石等。日本以海港为依托，进口原料，出口工业产品，主要依靠国际市场。日本主要出口的产品有汽车、电器、一般机械、化学制品等，主要贸易对象是中国、美国、韩国、德国等国家。日本经济主要依赖大量进口原材料和出口成型的工业产品，受全球经济影响很大，一旦爆发全球经济危机，日本经济就会受到很大的影响。

日本在钢铁、汽车、电子技术、动漫领域处于世界领先水平。在钢铁领域，特种钢生产水平领先于其他国家，全球市场份额占到33%；在汽车领域，日本有丰田、日产、本田、三菱等多个汽车品牌，全球汽车销量前十的汽车品牌日本就占据了三席，其中，丰田全球销量第一；在电子技术领域，索尼、松下、尼康等品牌的电子产品在全球热销；在动漫领域，20世纪80年代初日本动漫行业兴起，市场份额一度占到全世界市场份额的85%以上。

二、“二战”后的日本经济发展

纵观日本资本主义经济发展史，日本模式的形成和确立是“二战”以后的事情，大致经历了两个发展阶段。

第一阶段为过渡阶段，即从统制经济向政府主导型市场经济过渡，时间从“二战”结束到20世纪50年代中期。起初，为了应对天皇军事扩张的需要，军事工业在日本国内占据很大一部分，资本主义制度在政府的管制下发展。1940年前后日本在德国统制经济和苏联计划经济影响下，形成战时经济体制，将整个国家经济完全置于政府控制之下，这就是所谓统制经济体制。起初这种经济模式对改善战后日本通货膨胀、一片狼藉的经济状况起到显著的作用。但是，随着日本国内经济的逐渐恢复，这种经济模式的弊端也不断呈现，并越来越明显。1949—1955年，日本进行了一场主要以美国模式为蓝本的内容广泛的体制改革，经济制度由行政手段控制为主转变为经济手段控制为主，政府主导型市场经济逐渐形成。尽管战后的经济恢复经历了很多困难和曲折，但从总体上看，无疑是取得了很大的成功。

第二阶段为创造奇迹阶段，即从20世纪50年代中期到90年代初，在这一阶段，日本模式的诸多重要特征得以形成和发展，并促成了经济奇迹的产生。日本经济恢复和成为世界经济大国，战后日本经济经历1945—1955年的恢复和改组阶段，到1956—1973年进入经济高速发展时期。日本以赶超先进工业国家为目标，在这一时期，日本实际国民生产总值每年平均增长10%以上，工业增长率则平均达13.6%。这种长期、持续的高速增长在世界资本主义经济发展史上是罕见的。在这18年时间（即1956—1973年），日本一跃成为仅次于美国的第二经济大国，并朝政治大国发展，这是日本实现国民经济现代化的重要历史时期。20世纪80年代末90年代初，日本经济进入了第二个高速发展期，日本的GDP

不断逼近美国。膨胀的日本人甚至放出豪言“买下美国”，日元和美元的汇率下降到了85:1。这一阶段日本经济取得了迅猛发展，投资迅速高涨，景气不断出现，先后出现了四次经济持续高涨的局面，即“神武景气”（1954年11月—1957年6月）、“岩户景气”（1958年6月—1971年12月）、“伊奘诺景气”（1965年10月—1970年7月）、“平成景气”（1986年11月—1991年2月）。

三、20世纪90年代日本经济走向低迷

日本作为东亚地区唯一完成工业化现代化的国家，在东亚的经济发展与既有东亚国际分工体系中，扮演着十分重要的角色，战后日本倡导东亚施行“雁行模式”的国际分工，从而保证日本在亚洲的核心地位和经济、政治等各方面的主导权，但这一国际分工模式是一把“双刃剑”，对日本来说在长期发展中已显露了双重效果，特别是20世纪90年代开始，其负效果日益突出，日本开始沿着放松规制、限制政府主导经济的思路进行改革，“泡沫经济”崩溃之后，日本经济陷入了长期低迷的状态。

1989年12月29日，东京证券交易所的日经平均股价曾高达38 915日元，而1990年10月1日却跌破了2万日元，为19 781日元，跌幅达49%。由此，东京股票市场的时价总额就像泡沫一样消失了270万亿日元。这一天被称为“黑色星期一”，也是泡沫经济开始崩溃的起点。1991年，地价也转为下降，下降了1.8%。其后，由于大规模破产的增加，特别是1992年4月28日东洋信用金库因受到料亭惠三（房地产公司）破产的影响而倒闭，首次打破了“银行不会破产”的神话，日本的泡沫经济就宣告崩溃了。泡沫经济崩溃后，随着不动产公司和非银行金融机构的破产增加，银行的不良债权也就大量增加了。从1991年下半年起随着泡沫经济的瓦解，日本经济呈大幅下滑之势，受到广泛赞誉的日本模式开始陷入危机。1993年自民党下台。在不断的声讨和改革呼声中，日本政府于1999年推出“六大改革”措施，包括金融体制改革、财政体制改革、行政改革、经济结构改革、社会保障制度改革和教育改革。其目的和实质是放松规制，限制政府对经济的主导作用，创造“自由而富有活力的经济社会”，以使日本经济恢复生机与活力，但体制、政局、内需外患等各种复杂多变的外部经济因素使得近四十年日本的经济发展甚是缓慢。在此期间，日本经济出现了设备过剩、房地产过剩。在泡沫经济崩溃后，由于企业经营规模和事业领域的缩小，企业就出现了人员过剩的局面。由于泡沫经济崩溃及其后遗症的影响，日本经济从1990年3月起，就陷入了泡沫经济崩溃萧条。泡沫经济崩溃萧条一直持续到1993年10月，共持续了44个月，超过了迄今为止10次经济萧条平均的14个月，仅次于1980—1983年经济萧条的36个月，是战后第二个持续时间最长的经济萧条。1993年10月泡沫经济崩溃萧条下降到谷底以后，尽管景气停止了下滑的势头，但复苏却十分乏力，到1997年5月，景气上升一共持续了43个月。日本经济的这次景气复苏是在世界经济、东亚经济特别是中国经济增长的有利的国际环境中实现的。由此，日本才实现了出口增加并以此带动了景气复苏。2017年日本GDP总量为48 675亿美元，是中国的GDP总量的1/3左右，同比增长率为1.6%，增速缓慢，早在1994年日本GDP总量已达到49 070亿美元，可以看出近二十多年日本经济总量没有很大变化。当前，日本国内投资需求不振，增长压力较大；对外贸易增长稳健，宽松货币政策继续维持；国内失业率较低，物价水平有所回升；财政金融面临明显压力，但短期内基本稳定。

在如今世界各经济体之间互相紧密联系的全球背景下，没有国家或地区可以在金融浪潮中独善其身。在亚洲地区，中国和日本作为最大的经济体，两国关系到整个世界经济发展的稳定和趋势。从长远的目光来看，在资本、劳动、技术等增长的决定性要素上，日本的世界经济大国地位依然稳固。

四、日本的主要产业部门与经济中心

（一）日本的主要产业部门

日本是一个高度发达的资本主义国家。其资源匮乏并极端依赖进口，发达的制造业是国民经济的主要支柱。科研、航天、制造业、教育水平均居世界前列。此外，以动漫、游戏产业为首的文化产业和发达的旅游业也是其重要象征。日本工业高度发达，工业结构向技术密集型和节能节材方向发展。主要部门有电子、家用电器、汽车、精密机械、造船、钢铁、化工和医药等，工业产品在国际市场上具有很强的竞争力。主要工业区大都集中在太平洋沿岸。

日本的科学研发能力位居世界第二，应用科学、机械及医学等领域尤为突出。每年的科研经费达1 300亿美元，高居全球第二。日本在电子、手机通信、低耗能环保车、机械、工业机器人、光学、化学、半导体和金属等多项领域拥有世界领先技术且屡获殊荣。日本的工业用机器人产量占世界一半以上。

日本主要进口商品有原油、天然气等一次能源、食品、原材料等；主要出口商品有汽车、电器、一般机械、化学制品等。主要贸易对象是中国大陆、美国、东盟、韩国、中国台湾、中国香港、德国等。日本对华出口减少，是造成贸易逆差的主要原因之一。

（二）日本的经济中心

日本的工业中心主要分布在太平洋沿岸的东京湾、大阪湾和濑户内海一带，是一种“临海型”工业布局结构。这种布局的特点与日本地理条件、自然资源情况以及对外贸易在经济中的地位有关。日本主要有三个经济中心，其主要的工业都分布在本州岛和濑户内海沿岸。这三个经济中心是：京滨（东京、横滨）、阪神（大阪、神户）和中京（名古屋）。

1. 京滨工业区

以东京为中心，关东平原为腹地，包括东京、横滨以及川崎、千叶、横须贺等大中城市在内的日本最大的工业区，也是以机械（汽车、精密机床、电子产品等）、钢铁、石油冶炼和石油化工、印刷出版等部门为主的综合性工业区。近年来，特别是在东京，为保护首都环境，工业部门结构有所变化，印刷出版业、电器仪表等部门发展迅速，冶金、化工等部门或外迁或改建，比重不断下降。该工业区印刷设备已占全国的70%～80%，电器仪表占全国的2/3。

2. 阪神工业区

以大阪、神户、京都等城市为中心，形成以钢铁、造船、石油化工为主体的综合工业区，成为日本第二大工业区。

3. 中京（名古屋）工业区

以名古屋为中心。第二次世界大战后，重化工业迅速发展，改变了过去以轻纺工业为主的结构。主要工业部门有汽车、造船、钢铁、石油化工等，但其纺织、陶器、木制品等轻纺工业传统部门在日本仍占重要地位。中京工业地带主要以机械工业为主，特别是汽车工业发达。陶瓷等制窑业也主要集中在该地带。

第四节　欧洲经济强国——德国

位于欧洲中部的德意志联邦共和国（简称德国），是欧洲联盟中人口最多的国家，是发达国家中的大国，欧洲第一大经济体；同时是欧盟的创始会员国，北约、申根公约、八国集团、联合国等国际组织的重要成员国。德国的社会保障制度完善，国民具有极高的生活水平。以汽车和精密机床为代表的高端制造业是德国的重要象征。

一、经济发展历程和特点

（一）经济发展的历程

德国成为一个拥有雄厚实力的世界经济大国，走过了漫长而曲折的发展道路。历史上的德国经济落后于英、法两国，19 世纪末至 20 世纪初德国经济迅速发展，国民生产总值相继超过了英、法两国。到“二战”之前，已成为仅次于美国的资本主义世界第二经济大国，但作为两次世界大战的发起者，德国在“二战”期间经济受到严重破坏。1949 年德国分裂为两个国家，先后建立了德意志联邦共和国和德意志民主共和国。其中联邦德国是战前德国垄断资本最集中、经济最发达的地区，有着强大的技术力量与劳动力队伍，再加上美国有意识地保存了联邦德国的工业生产能力，所以到 1950 年其工业生产已基本上恢复到战前的最高水平。战后联邦德国的经济发展迅速，1951—1966 年为经济高速增长阶段，国民生产总值增长了两倍，每年平均递增 7.1%，创造了“经济奇迹”。国民生产总值在 20 世纪 50 年代后半期超过法国，1960 年超过英国，再次成为资本主义世界第二经济大国。1966—1967 年的经济危机以后，联邦德国的经济进入平稳发展阶段，国民生产总值的增长速度减慢，1973—1985 年的年平均增长率为 2.0%。在主要资本主义国家战后几十年的发展历程中，联邦德国经济的增长速度仅次于日本，年均增长率超过 5.0%。同时联邦德国是世界第二大对外贸易国，其外汇储备居世界之首，直到 1987 年被日本超过。

民主德国（即东德）在战后初期经济形势非常严峻，德国的分裂给东德带来很大损失。战前，德国的主要工业部门集中在西部地区。如 1936 年，煤炭开采中，产自东德地区的仅占 2.9%，生铁产量中只有 1.6%，钢产量占比只有 2.7%。民主德国成立后，制定了发展经济的“五年计划”。特别是第一个“五年计划”的实施，初步建立了一个完整的工农业体系。此后，又连续实施了七个“五年计划”，建立了以现代化工业为主体的国民经济体系。1949—1988 年，东德建立了雄厚的物质生产基础，生产投资增长了 19 倍多。进入 20 世纪 80 年代，其国内生产总值在当时的经互会成员国中仅次于苏联，为东欧国家中经济发展水平最高的国家之一。

1990 年 3 月，两德实现了统一。两德合并后货币统一，制度调整，东德经济结构转变快速推进。受此影响，1992 年、1993 年德国经济增速连续下滑，分别为 1.91% 和 -1.0%。与此相对照的是，联邦德国 1991 年的经济增速超过 5.0%。尽管经济增速下滑，但是两国的统一，的确提升了德国在当时的欧共体中的地位：人口数量上升到欧共体的第一位，比当时意大利的人口多 2 060 万，合并后的德国生产了整个欧共体国民生产总值的近 25.0%。

进入 21 世纪，德国经济面临一系列的问题，包括经济增速大幅下滑、传统产业陷入困境、失业率居高不下、财政赤字不断积累、出口竞争力日渐衰落，以及高福利的社会保障体制难以为继。为解决这些问题，德国进行了创新与改革，全面改革国家福利体制。这一改革尝试在德国遇到很大阻力。2005 年默克尔执政后，推出以“新社会市场经济”为标签的“小步子”新政。德国经济 2001—2005 年的年均增速只有 0.36%，2005—2013 年的年均增速达到了 1.38%。到 2014 年，德国经济实现连续三年的高增长，当年增速为 1.5%，GDP 达到 38 595.47 亿美元，占欧盟经济总量的 20.9%，为欧盟第一经济大国，世界第四经济大国。

（二）战后经济迅速发展的原因

战后德国经济的迅速增长与稳定发展，除了美国的大力扶持和处于战后世界资本主义经济大发展的时期外，还有以下原因：

（1）德国十分重视教育的发展。在德国的财政支出中，教育经费一直处于优先地位，增长大大超过国民生产总值的增长。

（2）德国重视科技的研究与技术的引进。德国通过科技的研究与新技术的引进，提高了劳动生产率，带动了经济的全面增长。

（3）德国重视固定资本的投资。在主要资本主义国家中，德国的固定资本投资额仅次于日本，居第二位，这就使工农业能不断更新机器设备，保持世界先进水平。

（4）德国大力发展第三产业。1950—1986 年，第三产业在德国国民生产总值中的比重从 39.8% 上升为 58%。

（5）德国大力发展对外贸易。德国从国外进口大量廉价的原料，利用本国的高技术力量进行加工，然后出口大量高附加值的工业品。由于工业品的大量出口，刺激了生产的发展，巨额的外贸盈余又为经济的大发展提供了资金。

（三）经济发展的基本特点

德国在其经济改革和发展中，逐渐形成了自己的特点。

1. 经济高度发达，是欧洲第一经济大国

德国是资本主义国家中高度发达的工业化国家，国民生产总值和工业生产总值仅次于美国、中国、日本，居世界第四位，是欧洲（或欧盟）的第一经济大国。

2. 经济政策先进，保持长期发展活力

德国的经济政策基于社会市场经济体制的理念，即德国特有的社会市场经济体制模式。它既能克服自由市场经济市场失灵的弊端，也能避免计划经济失去市场活力的困境；既保证市场经济机制的活力，也能通过政府的干预使经济在平稳的轨道上运行。

3. 工业发达，门类齐全

德国是全球八大工业国之一，拥有门类齐全、技术水平高、工艺设备先进的工业体系，机械、汽车、电器、化学、精密仪器、光学仪器、航空航天工业和信息产业等都在世界上占有重要地位，食品、纺织与服装、钢铁、采矿等也很发达，汽车、电子电气、机器装备制造和信息产业是德国经济的支柱产业。德国产品在国际市场上具有较高的竞争力，尤其是汽车和机械在出口中占据主导地位。制药业、医疗器械、航空航天等发展迅速，目前已成为德国经济新的增长点。

4. 服务业和旅游业发达

德国的对外开放程度高，服务业、旅游业等第三产业发达。德国的金融业、会展业、物流业和咨询业等服务业享誉世界。德国的旅游资源丰富，每年有大量国内外游客在德国旅游，自进入工业化后期以来，旅游业成为一个非常兴盛的行业。

二、主要产业部门及生产分布

（一）农业生产及分布

德国农业高度发达，被誉为德国的“绿色心脏”。德国是欧盟最大的农产品生产国之一，动物生产仅次于法国，居欧盟第二位，植物生产居第四位，农产品出口名列欧盟前列。德国农业的战略定位是除了提供食物外，更重要的功能是保护自然资源，特别是保护物种的多样性、地下水、气候和土壤；提供良好的生活、工作和休养的场所；为工商业提供原材料，并为能源部门提供能源。

德国的主要农产品有小麦、大麦、土豆、甜菜、水果、牛、猪、鸡等。肥沃耕地主要种植小麦、大麦、玉米和甜菜；较贫瘠土地则主要种植黑麦、燕麦、土豆和饲料甜菜。

1. 粮食种植业

小麦、大麦和黑麦是德国最主要的粮食作物。欧盟实施的价格支持导致德国粮食生产大大超过国内需求，近50%的国产小麦属于高质量品种，国产小麦的25%用于国内面粉加工业，其余则用于出口、饲料生产以及工业用途。德国粮食生产不仅完全可以满足国内需求，而且还出口到欧盟各国，主要是满足法国、荷兰和意大利的需求。德国农业因地制宜，已形成许多农业专业化地区。北德平原主要是黑麦、燕麦等作物种植区，北德平原的南部与中德山地主要是小麦和甜菜的种植区，南部的巴伐利亚高原是小麦和甜菜的重要产区。

2. 畜牧业

德国的畜牧业以猪、牛、羊和禽类为主，整体养殖具有规模化。德国农业中大约60%的收益来自出售畜牧业制品。德国是欧盟最大的生猪生产国，2009年生猪饲养量为2 690万头，几乎占到欧盟总量的20%，而牛奶等奶制品是德国农业最重要的支柱。北德平原是以饲养奶牛为主的畜牧业区。

（二）工业

德国的工业在国民经济中占绝对优势，在全球也占有重要地位。德国工业产值仅次于美国、日本，居第三位，人均工业产值接近美国的水平。

1. 钢铁与机械制造工业

钢铁工业在德国现代国民经济体系中拥有重要地位，该产业不仅构筑了德国汽车及配件工业、机械工业和农业的基础，而且是德国外贸出口比重较大的优势产业。德国是欧盟最大产钢国，占欧盟28国（包括英国）粗钢总产量的近1/4，位居世界第七。目前德国已经建成了以传统钢铁产区——鲁尔区为依托，以杜伊斯堡为核心城市，覆盖北威斯特法伦州、巴符州和萨尔州的钢铁生产中心，该区域集中了德国钢铁工业前15强企业的大部分炼钢厂，年粗钢产量已占全德总产量的54%。

德国是世界汽车制造强国，汽车是其最重要的出口产品。2012年、2013年德国汽车厂商总产量分别为1 362万辆和1 408万辆，2014年德国汽车及零部件总产值约3 855亿欧元。德国汽车工业拥有3 600多项专利，确保了德国汽车工业在全球的技术领先优势和在德国经济中的核心地位。在全球中高档汽车市场上，德国汽车品牌占有重要地位，奔驰、宝马老少皆知，大众、奥迪、保时捷有口皆碑，迈巴赫、宾利更成为身份高贵的象征。安全、舒适、节能、环保、美观、耐用是德国品牌轿车的主要特点。德国的汽车生产分布很广，在不来梅、汉诺威、沃尔夫斯堡、奥斯纳布吕克、杜塞尔多夫、波鸿、莱比锡、德累斯顿、斯图加特、慕尼黑等城市都分布着不同品牌或型号的汽车的生产基地。

机械设备制造业一直以来是德国就业人数最多的行业，在欧洲首屈一指。德国是世界第二大机械设备制造国，仅次于美国。2014年其机械制造业销售额达2 120亿欧元。德国是世界第一大机械设备出口国，76%的产品销往国外，约占世界机械出口总额的19%。在32个产品领域中，德国产品在18个领域是世界出口第一。

2. 电子电气工业与化学工业

德国拥有世界技术领先的电子电气工业，其电子电气行业是德国第三大支柱产业。德国电子元件主要产品包括：半导体产品、电阻器、电容器、缩合器、感应器、无源及混合微电路、电子机械元件和印刷/混合电路板等。德国制造的电子元件一半以上用于出口，主要目标市场分别是中国、美国、法国、英国、奥地利。

化学工业是德国第四大支柱产业。德国是世界第四大化工生产国和最大的化工产品出口国，拥有优良基础设施、众多研究机构和高素质劳动力。2014年德国化工行业年销售额达1 932亿欧元。基础有机化学品、初级塑料产品及药品是德国化工工业的三大优势领域。特种及精细化工品、聚合物药物产品、石化及衍生物、洗涤类产品、无机基础化学品和农用化学品是德国主要的化工产品类别。德国拥有为数众多的世界级大型化工企业，其中巴斯夫（BASF）公司是世界最大的化工企业，拜耳（Bayer）公司也名列前茅，德固赛（Degussa）公司是世界最大的精细化工品生产商，汉高（Henkel）公司是世界第三大日用化工品生产商。

3. 航空航天工业与信息通信产业

航空航天是德国最具创新精神和表现最出色的行业之一。2014年全行业销售额达321亿欧元，就业人数达10.57万。民用航空部门是全行业最大也是发展最好的部门，得益于全球订单和交付数量的增长，2014年该部门销售额达230亿欧元。德国航空航天工业有超过200家公司和相关机构，发展前景广阔。

从销售规模、产业范围、成长潜力、研究实力和员工素质而言，德国的信息与通信技术产业在欧洲居第一位，在世界市场位居第四。2014年德国的信息与通信技术产业产值（包括设备及服务）达1 533亿欧元。德国有84%的家庭使用互联网，宽带覆盖率达97%。德国拥有最优秀的通信、信息技术研究机构，在云技术与服务、智能网络建设、电子游戏、信息安全以及移动数据服务等方面具有发展潜力。

（三）服务业

德国在20世纪80年代末逐渐向服务型经济转型，服务业在国民经济发展中的地位举足轻重。

1. 交通运输业

德国基础设施完备，陆路运输、空运、内河航运和海运都很发达。德国公路交通十分发达，城际公路网全长23.1万多千米，其中高速公路超过4.1万千米，仅次于美国，居世界第二位。德国铁路总里程3.79万千米，居欧盟国家之首，其铁路网是欧洲交通道路的核心部分之一，慕尼黑、柏林、科隆等主要城市都可以通过铁路网和其他国家的主要城市相连。2014年德国内河航运货物吞吐总量2.29亿吨，海港货运量3.04亿吨。德国民航运输业发达，法兰克福机场是世界主要航空港之一。2014年航空货运吞吐量440万吨，运送乘客约1.86亿人次。

2. 旅游业与会展业

德国是世界上游客产生地最多的国家之一，由于收入水平高且社会保障体系完善，工时较短，因此德国人酷爱旅游。德国旅游业的发展不仅得益于国内游客，更得益于国外游客。2010年，德国接待过入境外国游客6 030万人次，首次突破6 000万大关。博物馆、教堂和古堡被称为“德国旅游三绝”。

会展业是展览会与博览会的总称，在德国至少已有100多年的历史。德国是世界展览大国，会展业处于世界领先地位，拥有26个大型展会中心。德国每年在本国举办约300场展览会，其中国际展和国内展各半。在世界范围内影响较大的210个专业性国际贸易展览会中，有150多个是在德国举办的，每年吸引约18万名参展商和1 000万名观展者。德国展览场馆集中，形成了规模效益，全球5大展览中心有3个位于德国，即汉诺威、法兰克福和科隆展览中心。

3. 金融保险业

德国金融保险业历史悠久，发展迅速，在本国经济和世界经济中都占有重要地位。德国联邦银行是德国的中央银行，决定国家货币政策、负责货币发行并管理外汇黄金储备，其基本任务是确保币值的稳定。自欧元诞生以来，德国联邦银行将货币政策的决定权上交欧洲中央理事会。德国金融业一直居于欧洲领先地位，甚至在全球同行中也独占鳌头。法兰克福是德国的金融中心，也是欧洲乃至世界的金融中心。在欧洲，法兰克福作为金融中心的地位居于伦敦之后，但在英国退出欧盟后，法兰克福的地位将进一步提升。

三、对外贸易与中德经贸关系

（一）德国的对外贸易概况

1. 对外贸易的国际地位

德国是世界贸易强国，对外贸易在德国的经济生活中起着决定性作用，GDP中大约1/3为出口产品所创造，大约每三个工作岗位中就有一个依赖出口。自“二战”以来，德国对外贸易发展迅速。1950年联邦德国的对外贸易总额为46亿美元，到1970年已猛涨至646亿美元，1989年贸易总值已增至7 203亿美元，位居世界第一。进入21世纪后，德国进出口贸易都处于上升时期，即使在2009年遭遇全球金融危机时也依然保持顺差态势。2009年之前，德国一直保持世界第一出口贸易大国的地位。此后虽然被中国超越，但是德国大多时候都保持着世界第一顺差大国的地位。2013年，德国贸易顺差额达2 717亿美元，处于第二、第三位的分别是中国和沙特阿拉伯。2014年，德国的贸易总额为26 408.8亿美元，是世界第三贸易大国。2015年，德国货物贸易总额为23 795亿美元，其中出口额为13 294.7亿美元，进口额为10 500.3亿美元，仍是世界第三贸易大国。但世界第一顺差大国的地位已被中国取代。

2. 进出口商品结构特点

德国企业高度重视对出口贸易商品结构的优化。近几年来，化工产品、机械设备和汽车及汽车配件等资本密集型产品的出口额稳居德国的前三甲；同时电力设备、贱金属及制品、塑料、橡胶、光学、钟表、医疗设备等也是主要出口产品。机电产品、汽车及配件、能源、矿产品、运输设备、化工产品、贱金属及制品、塑料、橡胶、食品等产品是德国的主要进口产品。德国商品进口以资本/技术密集型产品为主，其次才是劳动密集型产品以及资源类产品。德国大量出口机电产品、运输设备等的同时，也大量进口相关产品，对这些产品及零部件进行国内加工、组装、升级后，再进行出口。

3. 主要对外贸易伙伴

从地区来看，德国的贸易伙伴主要集中在欧洲地区，尤以欧盟成员国为主；其次是北美地区，主要是美国；再次是亚洲，主要是日本和中国。2015年德国对欧盟的出口达7 599.7亿美元，占其出口总额的57.2%；从欧盟的进口为6 761.4亿美元，占其进口总额的64.4%。2015年，德国的前十大贸易伙伴中，仅美国、中国、瑞士不是欧盟国家。这得益于20世纪90年代德国政府制定的新亚洲政策，德国积极发展与亚洲国家的贸易往来，其中，不少发展中国家，尤其是中国、东南亚地区的国家与德国之间的贸易发展十分迅速。

从国别来看，德国的贸易伙伴也相对集中，主要是西方的工业发达国家。2015年，荷兰超过法国，成为德国最大的贸易伙伴，德荷双边进出口总额达2 169.55亿美元。2015年，美国超过法国成为德国第一大出口目标市场，占其出口总额的9.6%；荷兰是其最大的进口来源地，占其进口总额的12.8%。中国是德国的第四大贸易伙伴，第五大出口目标市场，第三大进口来源地。德国的主要贸易顺差来源是美国、英国、法国、奥地利、中国、阿联酋、西班牙、瑞士、韩国、沙特等国，贸易逆差来源是荷兰、比利时、捷克、越南和哈萨克斯坦。

4. 服务贸易发达

德国的服务贸易发达，处于全球领先地位。2015年，德国服务贸易的进出口总额为5 367.85亿美元，位居美国、中国、英国之后，居全球第四位。信息与通信技术是德国服务贸易中的重要出口部门，德国是欧盟最大的信息通信产品与服务的出口国。德国是欧洲最大的物流中心，可为整个欧洲5亿多人口提供物流服务，其中一半人口能做到隔夜送达。

（二）中德经贸关系

1. 中德贸易

中德于1972年10月11日建交，关系发展顺利。1980年欧共体开始对中国出口的商品给予普惠制待遇，中德商品贸易出现加速发展的势头。两德统一后，德国一直是中国在欧洲的最大贸易伙伴。2002年中国超过日本成为德国在亚洲的最大贸易伙伴。2014年中德双边贸易额为1 802.7亿美元，德国成为中国在全球的第六大贸易伙伴。机电产品、运输设备和医疗设备一直是德国对中国出口的前三大类产品。德国自中国进口的主要商品为机电产品、纺织品及原料和家具、玩具杂项制品。此外，贱金属及制品、化工产品也是德国自中国进口的主要大类商品。

2. 双边投资

德国是对中国直接投资最多的国家之一。德在华投资领域主要为汽车、化工、发电设备、交通、钢铁、通信等，西门子公司、拜尔化工集团、巴斯夫化工集团、汉高集团、大众汽车集团和戴姆勒、德固赛（现已更名为赢创集团）等德国企业已先后在华成立了投资性公司。中资企业在德投资项目主要集中在机械制造、运输、汽车零配件、新能源、电信和贸易等领域。中国对德国投资的企业主要分布在德国北部、中部经济发达地区，尤其是北部的大汉堡地区是中国企业在欧洲最集中的地区，其次是包括杜塞尔多夫、科隆等城市的鲁尔区。

3. 财政、技术合作

德国是对华提供发展援助最多的国家之一。1955年两国政府签订了财政合作协定。财政合作领域主要涉及自然资源可持续利用、医疗、扶贫、轨道交通及金融等领域。现在中德财政合作已逐步提升为互惠互利的合作，促进性贷款成为合作的主要资金来源。

德国是中国自欧洲引进技术最多的国家。1982年，两国签订技术合作协定。援助形式有技术合作项目、粮食援助紧急援助、项目外奖学金和资助研讨会。德国是欧洲对华技术转让最多的国家，截至2014年底，中国从德国引进技术累计20 907项，金额678.17亿美元。

4. 金融合作

截至2015年7月，中国银行、中国工商银行、中国建设银行、中国交通银行、中国农业银行5家中资银行已在德设立11家分行，中国人民银行在德设立代表处。中国银行法兰克福分行被指定为人民币法兰克福清算行。此外，两国保险业监管机构于2001年9月签署保险监管合作备忘录，目前德国已有6家保险机构在华设有保险公司。

四、主要经济中心

1. 柏林

柏林是德国首都，也是德国最大的城市，还扮演了欧洲大陆上航空与铁路交通枢纽的角色，同时是德国主要工业区。工业以电机、电子、仪器、仪表最为发达，其次是机械、冶金、化工、服装食品加工、印刷等部门。

2. 汉堡

汉堡位于德国北部易北河下游的右岸，距入海口约76海里，是德国仅次于柏林的第二大城市，德国最大的港口，被誉为德国“通往世界的大门”。汉堡始建于1189年，迄今有800多年的历史，现已发展成为世界上最大的自由港。汉堡港是欧洲最重要的中转海港，也是德国重要的铁路和航空枢纽，市区跨越易北河两岸，市内河道纵横，多桥梁，在易北河底有横越隧道相通。汉堡工商业发达，是德国的造船工业中心。

3. 科隆

位于德国东北部莱茵河畔的科隆经济区，是德国第三大工业区，拥有多种充满活力的行业，是欧洲化学工业最重要的基地之一，还是欧洲乃至日本汽车制造商云集的中心，福特、雪铁龙、达夫、马自达、尼桑、雷诺、丰田、沃尔沃等一流汽车公司都把它们在德国以及欧洲的总部设在科隆。科隆地区的机械制造业、食品加工业、五金加工业和电器技术也具有重要的地位。

4. 慕尼黑

慕尼黑是德国巴伐利亚州的首府，是德国南部第一大城，德国第三大城市。慕尼黑是德国主要的经济、文化、科技和交通中心之一，也是欧洲最繁荣的城市之一，是德国生物工程学、软件及服务业的中心，也是德国仅次于法兰克福的第二大金融中心。

5. 法兰克福

法兰克福位于中部莱茵河的支流美因河下游两岸，是德国重要的工商业、金融和交通中心，德国最大航空站和铁路枢纽。德意志联邦银行、欧洲中央银行及其他大银行总行多设于此。工业以化学工业（染料、制药、化肥、人造纤维、合成橡胶等）最为重要，其次为电子机械等。

6. 斯图加特

斯图加特位于德国的西南部，是德国的铁路枢纽、河港、国际航空站，是德国南部仅次于慕尼黑的工业城市，有电子、汽车、机械、精密仪器、纺织、食品等工业。世界著名汽车城，奔驰汽车公司所在地。它也是出版业中心，高等院校、博物馆众多。附近有大矿泉，多葡萄园，是重要的矿泉水、葡萄酒产地。

第五节　新兴市场经济体——印度

位于南亚次大陆的印度（全称印度共和国），国土面积居世界第七位，是南亚最大的国家，世界人口第二大国（仅次于中国）。印度是全球耕地面积最广阔的国家（达1.87亿公顷），矿产资源丰富，云母、煤和重晶石的产量均位居世界前列。印度是世界宗教的发祥地，也是世界上受宗教影响最深的国家之一，宗教几乎在每个印度人生活中扮演着重要角色。印度是亚洲的一个新兴市场经济国家，虽然近些年来经济有了较快的发展，但总体来说，经济发展水平还处于相对落后状况。印度的软件产业，在国民经济构成中具有重要作用。

一、经济改革与特点

（一）经济改革的历程

印度是世界四大文明古国之一。公元前2500年至公元前1500年间创造了印度河文明。1526 年，蒙古族后裔建立莫卧儿帝国，成为当时世界强国之一。自 17 世纪开始，印度处于殖民统治时期，工业停滞，农业的发展也无法支持日益增长的人口。1947 年 6 月，英国公布“蒙巴顿方案”，将印度分为印度和巴基斯坦两个自治领地。同年 8 月 15 日，印巴分治，印度独立。1950 年 1 月 26 日，印度共和国成立，同时其仍为英联邦成员。1947 年印度独立后，逐步实施各项经济改革政策，其经济发展可分为三个阶段。

1. 第一阶段为“社会主义类型社会”的公私混合经济体制时期

印度独立后，首任总理尼赫鲁认为，为了摆脱殖民地经济落后状态，并避免西方国家频繁发生的经济危机，只有建立“社会主义类型社会”，实行公私混合经济体制，走自力更生的道路才是唯一正确的。从 20 世纪 50 年代初至 70 年代末，尼赫鲁政府在农业方面推行“绿色革命”扩大粮食产量，重点发展工业和基础工业，对外实行贸易保护主义，实行进口替代，保护民族工业，严格控制外汇，限制外国资本流入。财政上实行扩张性财政政策，财政赤字激增，外债不断扩大。该阶段 GDP 年增长率为 3% ～4%。

2. 第二阶段为经济初步调整与改革时期

20 世纪 80 年代初至 90 年代初，印度政府继续推动中央主导的扩张性财政政策，但对经济政策进行了调整，放松了对私营部门的限制，鼓励出口，逐步摆脱了经济缓慢增长的局面，GDP 年增长率提高到 5. 5% 左右。在公私混合的计划经济体制下，印度的市场是封闭的，经济发展缓慢。在这种情况下，印度国内要求改革的呼声越来越高，最后导致了第三阶段中经济政策的大调整。

3. 第三阶段为市场自由化取向改革时期

20 世纪 90 年代至今，印度政府推行市场自由化取向的经济体制改革。国家推行本币卢比实现经常项目下自由兑换，鼓励私营经济发展，逐步扩大对外开放程度，取消出口补贴和进口数量限制，使国内经济同国际经济接轨，经济发展逐步进入良性发展阶段，GDP 年增长率提高到 6. 5% 左右。1997 年亚洲金融危机前，为控制通货膨胀和缓解财政赤字，政府实行紧缩财政政策，亚洲金融危机后略有放松。1993—2002 年期间年均增长率达到 6%；2006—2007 年达到创纪录的 9. 7%，2007—2008 年达 9. 0%。受 2008 年全球金融危机的影响，印度经济增速有所回落，但仍是世界上经济发展最快的国家之一。2015 年，印度的国内生产总值达到 20 735. 43 亿美元，居世界第七位，在金砖国家中居第二位，仅次于中国。

印度经济发展还存在相当多的问题。第一，经济发展在地域上和产业结构上都极不平衡，国际贸易份额偏低，进出口都很少。目前印度的年出口额仅为 430 亿美元，它的预算赤字已经超过国内生产总值的 10%，国内债务已超过国内生产总值的 100%。第二，国内社会贫困问题还没有解决，贫富差距仍然悬殊。按购买力计算，印度人均收入不到中国的一半，只相当于美国的 2%，在地区和全球性大国中几乎是最低的。印度文盲率仍高于 40%，有 4. 3 亿人每天的生活费不到一美元。印度饮用水缺乏，电力不足，基础设施严重落后。它除了贫困、落后之外，还有沉闷的官僚体制和腐败。第三，印度经济发展决不能忽略其固有的种姓制度和国内宗教、民族矛盾，以及与邻国的紧张关系。印度要实现工业化、步入发达国家行列，实现经济腾飞，还有许多包袱，甚至是非常困难的。

（二）经济发展的特点

印度历史悠久，劳动力资源丰富，又有得天独厚的自然条件，但由于长期的殖民统治和封建生产关系的束缚，却使它成为经济相对落后的国家。印度经济发展的主要特征有如下几个方面。

1. 农业生产技术落后，仍然处在靠天吃饭的时期

虽然印度的自然条件优越，但其农业基础设施薄弱，农业对气候和雨水等自然条件的依赖性很大，抗御自然灾害的能力较差，经常遭受季风的危害而造成水旱灾害。农业生产以传统的生产工具和手工劳动为主，85%的耕地依靠人畜力耕作，70%的耕地无灌溉设施，靠雨水灌溉。印度农业的社会经济结构表现出封建的、个体的和资本主义并存的显著特点，小农经济占绝对优势，尽管独立后进行了“土地改革”，但是土地所有权仍集中在少数人手里。

2. 工业基础相对薄弱，政府开始重视工业体系建设

印度工业基础相对薄弱，劳动力职业技能偏低，投资不足。工业在国民经济中处于相对次要的地位。2002财年以前，印度工业增长率始终在5%上下徘徊。近年来，印度政府也认识到工业发展落后的弊端和制造业创造就业机会的重要作用，大力发展对基础设施依赖相对较低的产业，形成了比较完整的工业体系。2004—2005财年至2008—2009财年，印度的工业平均增长率达8.7%，高于同期GDP的增长。其中，制造业年均增长达8%。在印度制造业的各行业中，排名前五位的是食品行业、基础金属行业、橡胶行业、石化行业及电动机械行业。

3. 服务业相对发达，在国民经济中所占比重较大

印度三次产业结构的演进经历了从“一、三、二”到“三、一、二”再到“三、二、一”发展时期，服务业在印度国民经济中占的比重较高，2012—2013财年服务业产值约占GDP的59.3%。软件业和服务外包业是印度服务业中的龙头产业，在国际上具有明显的比较优势。目前印度已成为仅次于美国的世界第二大软件大国，世界第一大外包服务接包国。

二、主要产业部门及生产分布

（一）农业

印度是农业大国，拥有得天独厚的自然条件，耕地十分广阔。北部主要是由恒河和布拉马普特拉河冲积形成的恒河平原，地势比较开阔低平，土层比较厚，且开垦历史悠久，是印度农业最发达、人口最稠密的地区。印度南部的德干高原是古老高原，海拔不高，起伏和缓，并且土壤为黑棉土，有利于棉花种植。此外，印度的气候主要是热带季风气候，水热条件优越。

1. 种植业

印度农业生产结构以种植业为主，种植业又以粮食作物为主。种植业内部结构是：粮食产值占种植业总产值的48.3%，油料作物占12.7%，蔬菜和水果占10.4%，棉花占3.8%，烟草占0.5%。主要农作物有大米、小麦、玉米、高粱、小米、大麦、油籽等。此外，经济作物还包括黄麻、甘蔗、咖啡、茶叶和橡胶等。水稻主要分布在东北部和半岛的沿海地区，小麦则分布于德干高原西北部以及恒河上游地区。

2. 畜牧业

随着人们收入的增加，印度畜牧业不断发展。畜牧业占全国农业总产量的27%，是农民的主要收入来源之一。印度畜牧业主要包括养牛业（32%）、养羊业（34%）、家禽业（24%）和养猪业（10%）。牛存栏量居世界第二位，2009 年为 1.72 亿头，仅次于巴西。印度是全球第三大鸡蛋生产国，仅次于中国和美国。在过去的 30 年中，印度鸡蛋产业逐渐走向集约化经营，蛋鸡饲养是印度农业中发展最快的部门。印度也是牛奶生产大国。由于 20% 的人口是素食者，因此印度人均年肉类消费仅为 4.3 千克，远低于世界平均水平。

（二）工业

印度的工业部门，主要包括纺织、食品、化工、制药、钢铁、水泥、采矿、石油和机械等。其中汽车零配件制造、生物制药、化工、食品加工等，在国际市场上的竞争力日益凸显。

1. 汽车产业

印度汽车产业发展缓慢，到 1980 年轿车年产量仅为 30 989 辆。1983 年，印度政府与日本铃木公司设立合资公司，1995—2000 年，韩国现代，美国福特、通用，日本本田、丰田等跨国公司先后在印度投资设厂，并开始建设服务网络。汽车产业是印度利用外资额最大的制造业部门。2000 年以来，随着政府取消进口数量限制和允许外资 100% 持股等产业政策的出台，汽车贷款和保险业务日益成熟，使其进入快速发展阶段。目前印度是全球第二大两轮车生产国，第六大汽车生产国，第二大客车生产国，第四大重型商用车生产国。

2. 化工及制药产业

化工产业是印度最古老的产业之一，是工业和农业发展的中坚力量，并为下游行业提供发展基础。目前印度是世界第十二大、亚洲第三大化工国。印度制药产业发展迅速，医药业规模排名全球第二位，其中，生物医药是印度制药业的领头羊。从产量来看，印度制药产业占全球的 1/4；从产值来看，制药产业占全球的 1/13；从药品用量来看，印度医药市场占全球医药市场的 8%，名列全球第 4 位。

3. 纺织业

印度纺织业在全球纺织业中占有举足轻重的位置，是全球仅次于中国的第二大纺织品生产国，也是全球第七大纺织品贸易国和第五大成衣贸易国。纺织业在印度国民经济中占有极其重要的地位，是仅次于农业的第二大创造就业的部门，共吸引就业 3 500 多万人，占印度总就业人数的 21%。纺织业也是印度仅次于信息技术产业的第二大出口创汇行业。印度纺织业的门类齐全，包括棉纺、毛纺、麻纺、丝绸工业、手织机行业。主要产品包括棉纺品、人造纤维、毛制品、黄麻制品、手织品、地毯、手工艺品以及成衣等。其中规模最大的是棉纺业。

4. 食品加工业

食品加工业是增长最快、发展前景最广阔的工业。近年来印度政府把该工业作为优先发展的产业之一，出台了一系列优惠政策，鼓励对农产品的深度加工开发和综合利用，最大限度地减少收获前后的浪费，产生了巨大的经济效益，同时还创造了很多就业机会。食品加工主要包括啤酒及酒精类饮料、软饮料、肉类及家禽加工业、乳品业、鱼类加工业、果蔬加工业、谷物加工业等。

5. 电子产品和家用电器产业

印度的电子产品主要包括消费电子、工业电子、计算机、电信设备、战略电子和零部件六大类，2007—2008 财年产值约为 8 080 亿卢比（约合 202 亿美元）。印度家用电器市场基本为外国进口商品或外商投资企业所掌握。其中，韩国 LG、美国惠而浦、韩国三星 3 家占印度电冰箱市场 70% 的份额，占洗衣机市场 71% 的市场份额，韩国 LG、韩国三星合计占空调市场 57% 的份额。

（三）服务业

印度是新兴经济体中服务业发展得很好的国家之一，服务业成为印度国民经济中举足轻重的产业。印度的服务业既涵盖简单技能的服务提供，也包括诸如 IT 外包等高技术服务出口。

1. 软件外包业

印度软件外包业的发展一方面得益于全球化的浪潮，特别是美国和欧洲的产业分包，即将部分低端非核心技术的开发和服务外包出去；另一方面，由于印度基础设施建设落后，劳动密集型和技术密集型产业无法与中国、墨西哥等国抗衡，因此，印度政府采取措施推动企业发展以输出智力为主的软件和服务外包的道路，以减轻对本国资源和环境的压力。作为印度服务出口的第一大产业，软件业产值从 2004—2005 年度到 2011—2012 年度的 7 年间翻了两番，达到 4 万多亿卢比。随着软件服务业的发展，现在已形成了班加罗尔、金奈、海德拉巴、孟买、普纳和德里等一批著名的软件服务业基地城市，以及塔塔咨询、威普罗公司、印孚瑟斯公司等一批全球著名的软件服务外包企业。

2. 旅游业

印度有着十分丰富的旅游资源，拥有沙漠、野生动物、著名的河流等自然风光以及星罗棋布的庙宇、城堡等历史遗迹，自然和文化遗产的数量仅次于意大利、西班牙、中国、德国和法国，使印度成为国际游客尤其是朝圣者向往的所在。20 世纪 80 年代后，印度旅游业进入快速发展时期。目前印度旅游业已成为仅次于软件外包业的第二大服务产业，对扩大就业起到重要作用。2014 年，入境旅游人数突破 767.9 万人，实现旅游外汇收入 207.6 亿美元。

3. 零售业

印度的零售业是服务业中增长最快的行业之一。其零售部门约有 1 500 万个，其中大部分与食品有关。促成印度现代零售业高速增长的因素包括国民购买力的提高，快速的全球互动和一体化，消费者需求、生活方式和态度的不断改变。有组织的大型零售部门使用先进技术和通信网络，向消费者提供多种优惠和便利，客户有更大范围的选择，购物环境方便、宽敞和有娱乐设施等，是印度传统的个体小门户零售规模上的巨大进步。

三、对外贸易与中印经贸关系

（一）对外贸易概况

自实行经济改革以来，印度对外贸易的发展速度逐渐加快，对外贸易规模迅速扩大，总额不断增加。2015 年，货物贸易进出口总额达到 6 591.3 亿美元，居全球第 14 位，其中，服务贸易出口额为 1 552.9 亿美元，进口总额为 1 222.25 亿美元，列世界第 10 位。

1. 对外贸易的商品结构

货物贸易在印度的对外贸易中仍占了半壁江山。出口商品过去以农副产品为主，现在则是以制成品为主。印度主要出口商品有矿物燃料、珠宝及贵金属制品、运输设备、有机化学品和机械设备等。2013 年，上述五大类商品的出口总额达 1 437.7 亿美元，合占印度出口贸易总额的 46.0%，其他出口商品还有机电产品、药品、粮食、原棉、钢材、针织品等。印度进口的前五大类商品是矿物燃料、宝石及贵金属制品、机械设备、机电产品和有机化学品。2013 年五类商品的进口额合占印度进口总额的 71.0%，其他主要进口商品还有钢材、动植物油、塑料制品、船舶、光学仪器设备和矿产品等。

软件行业是印度服务出口的第一大产业。软件服务贸易出口约占印度服务贸易出口份额的 46%，10 年间印度软件服务出口增长了 20 多倍。其中 IT 服务、工程与研发、基于 IT 的服务暨商业流程外包三类服务出口又是软件服务出口的主要支柱。

2. 对外贸易地理方向

自 20 世纪 60 年代到现在，印度的对外贸易的地理方向发生了较大的变化，贸易伙伴呈分散化趋势。从经济组织来看，印度的主要贸易对象包括经合组织、亚太经合组织和石油输出国组织，尤其以经合组织和亚太经合组织为主。2014 年，印度向亚太经合组织的出口占总出口额的 38.3%，经合组织占到 39.2%，石油输出国组织则占 18.4%，而印度从三个组织进口的贸易额分别占到进口总额的 39.5%、30.2% 和 33.7%。从国家和地区来看，2015 年，印度主要从中国、瑞士、沙特、美国、阿联酋、印度尼西亚等国进口，主要向美国、阿联酋、中国香港、中国内地、英国、新加坡等国及地区出口。印度最大的进口来源地是中国，2015 年自中国的进口额达 616.4 亿美元，占印度进口总额的 15.7%；印度最大的出口市场是美国，2015 年对美出口 402.42 亿美元，占印度当年出口总额的 15.1%。

（二）中印经贸关系

中印双边贸易大致可以分为两个阶段。第一个阶段为两国建交后至 20 世纪 90 年代。这一阶段两国在政治理念上相互对立、边界争端不断，因而贸易合作有限。1989 年两国双边贸易额仅为 2.7 亿美元。第二阶段为 20 世纪 90 年代至今。印度大刀阔斧地进行了市场经济改革，中印双边贸易进入了快速发展时期，1994 年印度成为中国在南亚地区最大的贸易伙伴，2008 年印度成为中国全球第十大贸易伙伴。2014 年，中国已成为印度第一大贸易伙伴、第一大进口来源地和第四大出口目标市场。棉花、铜及制品、矿物燃料、有机化学品、矿砂、建筑材料是印度对中国出口的主要产品。印度自中国进口的商品主要有机电产品、机械设备、有机化学品、肥料、钢材、塑料制品等。

在投资合作方面，中印均为经济高速增长的发展中人口大国，市场规模的迅速扩大孕育了大量投资机会。在全球生产链上，中国侧重于硬件设备的生产，而印度则致力于软件服务外包和生物制药研发。产业发展模式的互补性为扩大中印投资合作提供了充足的发展空间。总体来看，基础设施建设、IT 软件及相关服务和制造业三大领域，可以成为中国企业赴印度投资的重点。

四、主要工业区与中心城市

（一）主要工业区及其特色

英国对印度的长期殖民统治，使印度的工业分布极不合理，工业高度集中在几个沿海的大城市。沿海地区的孟买、加尔各答、阿默达巴德所在的三个邦的工业产值占全国工业总产值的70%以上。自20世纪80年代以来，印度工业集中分布在沿海地区的状况已经有所改善，分布趋于合理。目前，印度已形成五个重要的工业区。

（1）以加尔各答为中心的工业区。这里是全国最早形成的工业区，近几十年略有衰退，现在该区的工业产值仅占全国的10%。麻纺和机械是本区的两大工业部门。

（2）以孟买—浦那为中心的工业区。其工业产值占全国的1/16，已显著领先于其他工业区。棉纺工业长期居优势地位，占全国的30%。此外，机械、化工、炼油等部门在国内均占有突出地位，已成为多部门的综合性工业基地。

（3）以阿默达巴德为中心的工业区。周围是印度主要棉花和油料产地，以传统工业为主，棉纺织业和油脂工业在国内居首位，水泥、化工两部门地位突出。

（4）以马德拉斯—班加罗尔为中心的工业区。这是发展最快的工业区，规模已接近于加尔各答区。区内集中了电力、飞机制造、造船、炼油等工业部门，以及航空、电子、电机等一系列新兴工业部门。

（5）以那格浦尔为中心的工业区。这是20世纪50年代发展起来的重工业区，有印度的“鲁尔区”之称。它接近主要煤炭产区，煤和钢铁产量均占全国的3/4。电力、重型机械、化工、非金属产品等地位也很突出，是内地重要的重工业基地。

（二）中心城市及经济部门

1. 新德里

位于恒河支流亚穆纳河畔的新德里，是印度的首都，全国政治和文化中心，也是印度铁路与航空交通中心。其面积1 483平方千米，人口2 500多万。自独立以来，新德里发展很快。不但传统的小型工业和家庭手工业有较大发展，而且陆续建起一些规模较大的现代化工业，如纺织、化工、机械、电器和电子工业等。根据城市规划，工业区均在郊外。新德里也是文化教育中心，这里有许多著名的博物馆、纪念馆、高等学府和科研机构，著名的尼赫鲁大学就位于市郊。新德里还是全国的旅游中心，名胜古迹很多，其中著名的有圣雄甘地墓、印度门、红堡、古特伯高塔等。

2. 孟买

孟买位于印度西部，濒临阿拉伯海。它是印度最大海港，也是全国工商、金融中心，西部铁路、航空枢纽，面积603平方千米，人口2 150万。孟买是个天然深水良港，承担印度超过一半的客运量，货物吞吐量相当大，被称为印度的“西部门户”。孟买是印度的商业和娱乐业之都，拥有重要的金融机构，诸如印度储备银行、孟买证券交易所、印度国家证券交易所和许多印度公司的总部。孟买是印度纺织业的发源地，还是世界上最大的纺织品出口港之一。孟买也是印度的经济中心和工业基地，其工厂数目占全印度的15%，纺织工厂占全印度的40%。该市有亚洲最长的首饰街“黄金市场街”，众多经营金银珠宝的大小商铺相连，陈列各色金银首饰。

3. 加尔各答

位于恒河下游支流胡格利河畔的加尔各答，是西孟加拉邦首府，印度第三大城市，面积568.8平方千米，人口1 400多万。加尔各答是印度东部最大的港口和铁路、航空枢纽，在印度的工商业、金融、文化等方面占有重要地位。加尔各答是印度东部和东北部主要的商业和金融中心，拥有加尔各答证券交易所——印度第二大交易所。它还是一个重要的商港和军港，是该地区唯一拥有国际机场的城市。加尔各答号称世界最大的黄麻加工中心，纺织、食品、机器制造和铁路机车等行业都很发达。该市有旅印华人华侨最大的聚居地"塔坝社区"，他们主要从事制革、餐饮、美容、镶牙等行业。

4. 班加罗尔

班加罗尔位于印度南部，是印度第六大城市，人口520万。城市规划整齐，市内公园众多，风景幽雅，有"花园城市"之称。班加罗尔是一座新兴的科技城市，高科技及信息产业发展迅速，有"科技之都""南亚硅谷"和"印度信息技术业的麦加"等美称。1940年后，印度斯坦航空公司、印度电子公司、印度电话工业公司和印度机床公司等现代化的企业都陆续在此兴建。20世纪80年代后期和90年代，印度政府在这里兴建了软件技术园，吸引了国内外众多的企业。如著名的高科技公司和国际商用机器公司惠普、西门子、微软等都在此设有代表处。印度科学研究院、班加罗尔大学、农业科学大学、拉曼研究所、国家宇航研究实验室和国家动力研究所等印度一流的科研机构和高等院校也聚集于此。班加罗尔已成为名副其实的"印度硅谷"。

本章小结

本章选编了美、俄、日、德、印五个大国的国别经济，其各国经济的发展状况为：

（1）美国是当今世界头号超级大国，然而它建国只有200多年历史。美国一跃而成为世界工业、农业、科技和国防现代化强国，主要条件包括：自然地理条件、人口资源条件、国土资源条件、政治地理条件和高新科技条件等。当代美国经济发展的主要特点是：美国是当今世界上经济最发达、最强大的国家；产业结构日趋高级化；知识经济初具规模；跨国公司的发展和海外投资的增加，确保了它在世界经济中的强势地位。

（2）俄罗斯是苏联解体前的主体部分，其经济改革与转型大致经历三个阶段：第一阶段（1991—1998年）以"休克疗法"进行经济转型；第二阶段（1999—2008年）实行"第三条道路"的经济改革；第三阶段（2008年至今）是世界经济衰退下的俄罗斯经济发展阶段。自1999年普京执政以后，俄罗斯经济出现了恢复性增长，并步入稳步快速增长阶段。

（3）二战后日本经济发展大致经历了两个阶段：第一阶段为过渡阶段，即从统制经济向政府主导型市场经济过渡；第二阶段为创造奇迹阶段，日本模式的诸多重要特征得以形成和发展，并促成了经济奇迹的产生。日本作为东亚地区唯一完成工业化现代化的国家，在东亚的经济发展与既有东亚国际分工体系中，扮演着十分重要的角色。20世纪90年代开始，"泡沫经济"崩溃，日本经济陷入了长期低迷的状态。然而，从长远的目光来看，日本的世界经济大国地位依然存在。

（4）德国是高度发达的工业化国家。1949年曾分裂为西德（联邦共和国）和东德（民主共和国）两个国家；1990年两德合并，实现了统一。目前德国是欧盟中人口最多的国家，是欧洲第一大经济体和世界第四大经济体；德国的工业和农业发达，尤其以汽车和精密机床为代表的高端制造业，成为本国的重要象征；德国对外贸易发达，是当今世界的贸易强国，同时是中国的重要贸易伙伴。

（5）印度是南亚最大的国家，是世界人口第二大国，也是全球耕地面积最大的国家。过去印度的经济发展一直处于比较落后状况。近些年来，政府推进经济改革，使之成为全球新兴市场经济体，同时是“金砖”五国之一。印度的服务业（尤其是软件产业）较为发达，在国民经济构成中具有重要作用。

思考与练习

1. 简述美国经济的发展历程及其特点。
2. 试说出普金主导下的俄罗斯的经济发展成就。
3. 试分析日本自 20 世纪 90 年代以来经济走向低迷的原因。
4. 简要说出德国在欧盟经济体中的重要作用和地位。
5. 试分析印度经济长期处于落后的原因，以及近些年来经济改革的巨大成就。

第十二章　中国经济发展与国际地位提升

教学目标

1. 认清中国经济发展环境的基本国情；
2. 熟悉中国改革开放的历程以及取得的丰硕成果；
3. 掌握新时代中国经济发展的新思路，增强学生的责任担当意识；
4. 通过对中国国际地位提升的认知，增进学生的爱国主义情怀。

改革开放40年来，中国的经济取得了飞速发展，中国的国际地位显著提高，国际影响力明显增强。1979年至2017年，中国对世界经济增长的年均贡献率为18.4%，仅次于美国，居世界第二位。特别是自2006年以来，中国对世界经济增长的贡献率稳居世界第一位。2016年，中国对世界经济增长的贡献率达到34.7%，拉动世界经济增长0.8个百分点，是世界经济增长的第一引擎。2017年，中国对世界经济增长的贡献率依然高达27.8%，超过美国、日本贡献率的总和，同样拉动世界经济增长0.8个百分点。

第一节　中国的基本国情

中国是世界上人口最多的国家，也是世界上最大的发展中国家，其物质文明和精神文明对人类社会发展做出过重大贡献。只是进入近代以后，由于政府腐朽、帝国主义入侵和掠夺，经济上才日益衰败，沦为西方国家的殖民地和半殖民地。1949年新中国的成立，使中国重新走上了国家独立、民族振兴之路。特别是1978年以来，中国政府顺应和平与发展的时代主流，顺应经济全球化、国际化和一体化的历史趋势，实行了以经济建设为中心的改革开放路线和政策。中国经济与世界接轨，呈现出勃勃生机和活力，国民经济得到了持续、稳定和快速增长，人民生活水平极大地提高，中国经济在各方面都取得了非凡的成绩。不过由于中国众多的人口、特殊的国情，中国要在各方面赶上发达国家的水平还有很长一段路要走。

一、中国经济发展的自然地理环境

自然地理环境是指人类生存的自然地域空间，是地球气相、固相和液相三种物质的交界面，是有机界和无机界相互转化的场所，是人类赖以生存的自然界，是人类社会存在和发展的自然基础。

（一）中国的领土与地理位置

中国位于亚洲的东部和中部，面临太平洋，是一个海陆兼备的国家。中国纵横经纬跨度大。我国最东端在黑龙江与乌苏里江汇合处，西端则是白雪皑皑的帕米尔高原喀拉湖，跨经度约62度，间距为5 200千米，东西时差4小时以上。最南端是南海群岛的曾母暗沙附近，最北端在漠河县北面的黑龙江主航道，跨纬度约50度，间距5 500千米。

中国陆地领土面积约为960万平方千米，约占世界陆地面积的6.42%，占亚洲面积的21.8%，仅次于俄罗斯和加拿大，居世界第三位。中国陆疆长两万多千米。陆上相邻的国家，东北面有朝鲜，北面有俄罗斯和蒙古，南面有越南、老挝和缅甸，西面和西南面有哈萨克斯坦、吉尔吉斯斯坦、塔吉克斯坦、阿富汗、巴基斯坦、印度、尼泊尔和不丹。大陆海岸线北自鸭绿江口，南至中越边境的北仑河口，长达18 000多千米。与日本、韩国、菲律宾、马来西亚、文莱、印度尼西亚等国家隔海相望。

中国领海及内水面积约为37万平方千米，管辖的海域面积约为300万平方千米，是世界上为数不多的海洋大国之一。中国近海有渤海、黄海、东海、南海和台湾以东太平洋海区这五大海区。其中，渤海是中国内海。中国大陆海岸线北起鸭绿江口，南至北仑河口，长约1.8万千米，加上岛屿海岸线，总长约3万千米。沿岸多优良海湾和港口城市，自北向南依次有大连、秦皇岛、天津、烟台、青岛、连云港、南通、上海、宁波、温州、福州、厦门、广州、湛江、北海等。中国的浅海大陆架是世界最宽广的大陆架之一，包括渤海、黄海全部，东海大部和南海的一部分，其中蕴含着丰富的矿产资源和巨大的开发价值。

（二）中国的气候条件

中国的气候复杂多变，气候种类多样，显著的季风特色，属于明显的大陆性季风气候。

1. 气候复杂多样

中国幅员辽阔，跨纬度较广，距海远近差距较大，加之地势高低不同，地形类型及山脉走向多样，因而气温降水的组合多种多样，形成了多种多样的气候。从气候类型上看，东部属季风气候，又可分为亚热带季风气候、温带季风气候和热带季风气候；西北部属温带大陆性气候，青藏高原属高寒气候。从温度带划分看，有热带、亚热带、暖温带、中温带、寒温带和青藏高原区。从干湿地区划分看，有湿润地区、半湿润地区、半干旱地区、干旱地区之分。中国最北的漠河地区位于北纬53°以北，属寒温带，最南的南沙群岛位于北纬3°，属赤道气候，青藏高原4 500米以上的地区四季常冬，南海诸岛终年皆夏，云南中部四季如春，其余绝大部分四季分明。

2. 季风气候显著

中国的气候具有夏季高温多雨、冬季寒冷少雨、高温期与多雨期一致的季风气候特征。由于中国位于世界最大的大陆——亚欧大陆东部，又在世界最大的大洋——太平洋西岸，西南距印度洋也较近，因此气候受大陆、大洋的影响非常显著。冬季盛行从大陆吹向海洋的偏北风，夏季盛行从海洋吹向陆地的偏南风。冬季风产生于亚洲内陆，性质寒冷、干燥、在其影响下，中国大部地区冬季普遍降水少，气温低，北方更为突出。夏季风来自东南面的太平洋和西南面的印度洋，性质温暖、湿润、在其影响下，降水普遍增多，雨热同季。中国受冬、夏季风交替影响的地区广，是世界上季风最典型、季风气候最显著的地区。和世界同纬度的其他地区相比，中国冬季气温偏低，而夏季气温又偏高，气温年较差大，降水集中于夏季，因此被称作大陆性季风气候。

3. 中国气候条件的优势

复杂多样的气候，使世界上大多数农作物和动植物都能在中国找到适宜生长的地方，使中国农作物与动植物资源种类都非常丰富。比如玉米的故乡在墨西哥，引种到中国后却广泛种植，已成为中国重要的粮食作物之一。其次，中国季风气候的特征，也为中国农业生产提供了有利条件，因夏季气温高，热量条件优越，这使许多对热量条件需求较高的农作物在中国种植范围的纬度远比世界上其他同纬度国家的偏高，比如水稻可在北纬52°的黑龙江省呼玛县种植。夏季多雨，高温期与多雨期一致，有利于农作物生长发育，中国长江中下游地区气候温暖湿润，物产富饶为居民生活、生产提供了有效支撑。

4. 中国气候条件的不利方面

中国气候虽然在许多方面有利于发展农业生产，但也有不利的方面，中国灾害性天气频繁多发，对中国生产建设和人民生活也常常造成不利的影响，其中旱灾、洪灾、寒潮、台风等是对中国影响较大的主要灾害性天气。我国的旱涝灾害平均每年发生一次，北方以旱灾居多，南方则旱涝灾害均有发生。在夏秋季节，中国东南沿海常常受到热带风暴——台风的侵袭。剧烈的台风会使得生活生产中断，甚至带来较大经济损失。

（三）中国的地形地势条件

1. 地形多种多样，山区面积广大

在中国辽阔的大地上，有雄伟的高原、起伏的山岭、广阔的平原、低缓的丘陵，还有四周群山环抱、中间低平的大小盆地。陆地上的5种基本地形类型，中国均有分布。山地、高原和丘陵约占陆地面积的67%，盆地和平原约占陆地面积的33%。山脉资源丰富，主要有阿尔泰山、天山、昆仑山、喀喇昆仑山、喜马拉雅山、阴山、秦岭、南岭、大兴安岭、长白山、太行山、武夷山、台湾山脉和横断山等山脉。号称“世界屋脊”的青藏高原雄踞西部，高原上耸立着多条著名的高大山系。位于中尼边界上的珠穆朗玛峰海拔8 844.43米，是世界第一高峰。崎岖不平的山区（通常人们把山地、丘陵和比较崎岖的高原称为山区）给交通运输和农业发展带来一定困难，但山区可提供林产、矿产、水能和旅游资源，这为中国工农业、旅游业的发展提供了多种多样的条件，同时为改变山区面貌、发展山区经济提供了资源保证。

2. 地势西高东低，地貌复杂

中国地势西高东低，自西向东逐渐下降，构成巨大的阶梯状斜面。西部是高峻的青藏高原，中部是高原与盆地相间的区域，东部是低矮的平原；长江、黄河等主要大河均沿此斜面自西向东流，汇入太平洋。阶梯状且向东部倾斜的地形地势条件，即有利于夏季风（海洋气流）深入内地，并产生了丰富的水能资源。

（四）中国的自然资源条件

中国自然资源种类多，数量大，向来有“地大物博”之说。但是由于中国人口多，所以人均占有资源量并不多。这是中国自然资源国情的显著特征之一。中国自然资源地区分布很不平衡，以水、能源和矿产三种资源尤为突出。

1. 土地资源

中国的土地资源丰富，且种类繁多；山地多，平地少，耕地的比例较少；农业用地绝对数量多，人均占有量少；各类型的土地资源分布不平衡，土地生产力地区差异比较明显。我国土地资源空间分布看，耕地主要分布在湿润、半湿润平原、盆地及低山丘陵，北方以旱地为主，南方以水田为主；林地主要分布在东北、西南的深山区和边远地区及东南山地；草地主要分布在内陆干旱、半干旱高原、山地及青藏高原。

中国丰富的土地资源利用类型有两个显著的地理特色：一是海拔较高、起伏较大的山地所占的面积超过平地；二是土地资源利用类型以耕地为主，但土地资源结构形成草原多、耕地少、林地比例小、难利用土地比例大，以及水土流失严重的特点。

2. 水资源与水能资源

我国的河川径流总计达到27 115 亿立方米，地下水资源量是8 288 亿立方米（地质部门计算为8 700 亿立方米），因为地表水与地下水可以互相转化，所以两者之间有一部分的量重复，经过核算，这部分重复量为7 279 亿立方米。扣除重复水量后，全国水资源总量为28 124 亿立方米。地表水资源中国河川年径流总量为27 115 亿立方米，占全世界径流总量的5.8%，占亚洲径流总量的18.8%。但按人口平均，每人每年拥有水量尚不及2 700立方米，只相当于世界平均数的1/4。

中国水资源的分布情况是南多北少，东多西少，空间分布不均，季节变化也很大。中国水能资源蕴藏量达6.8 亿千瓦，可开发的水能装机容量约3.8 亿千瓦，居世界第一位。其中以长江水系的水能蕴藏量为最多，其次为雅鲁藏布江水系。黄河水系和珠江水系也有较大的水能蕴藏量。目前，已开发利用的地区集中在长江、黄河和珠江的上游。中国河流多分布在东部季风区内，夏季降水丰沛，冬季降水稀少，普遍具有丰、枯水期交替循环的特点，汛期和枯期河流径流量差距大，给开发利用带来一定难度。

3. 矿产资源

中国幅员广大，地质条件多样，矿产资源丰富，矿产171 种。已探明储量的有157种。其中钨、锑、稀土、钼、钒和钛等的探明储量居世界首位。煤、铁、铅锌、铜、银、汞、锡、镍、磷灰石、石棉等的储量均居世界前列。

中国矿产资源分布的主要特点是：地区分布不均匀。如铁主要分布于辽宁、冀东和川西，西北很少；煤主要分布在华北、西北、东北和西南区，其中山西、内蒙古、新疆等省和自治区最集中，而东南沿海各省则很少。这种分布不均匀的状况，使一些矿产具有相当的集中，如钨矿，在19 个省区均有分布，储量主要集中在湘东南、赣南、粤北、闽西和桂东-桂中，虽有利于大规模开采，但也给运输带来了很大压力。为使分布不均的资源在中国范围内有效地调配使用，就需要加强交通运输建设。

4. 能源资源

中国能源资源丰富。水力资源占世界总量的30%，蕴藏量达6.8 亿千瓦，居世界第一位。煤炭地质储量约占世界煤炭地质总储量的12%，居世界第三位。石油和天然气资源丰富。从水力、煤炭、石油、天然气等常规能源的资源总量来看，中国是世界能源资源丰富国家之一。煤炭是中国的主要能源。除常规能源外，中国的新能源，例如核能、太阳能、地热能、风能、潮汐能等亦有广阔的利用前景。中国的能源资源在地区上分布极不均衡，西部地区能源储藏丰富，经济发达地区的能源储藏极其贫乏。

5. 生物资源

生物资源主要包括植物资源和动物资源。

（1）植物资源。中国幅员广阔，地形复杂，气候多样，植被种类丰富，分布错综复杂。在东部季风区，有热带雨林，热带季雨林，中、南亚热带常绿阔叶林，北亚热带落叶阔叶常绿阔叶混交林，温带落叶阔叶林，寒温带针叶林，以及亚高山针叶林、温带森林草原等植被类型。在西北部和青藏高原地区，有干草原、半荒漠草原灌丛、干荒漠草原灌丛、高原寒漠、高山草原草甸灌丛等植被类型。植物种类多，据统计，有种子植物 300 个科、2 980 个属、24 600 个种。其中被子植物 2 946 属（占世界被子植物总属的 23.6%）。比较古老的植物，约占世界总属的62%。有些植物，如水杉、银杏等，在世界上其他地区已经绝灭，都是残存于中国的“活化石”。种子植物兼有寒、温、热三带的植物，种类比全欧洲多得多。此外，还有丰富多彩的栽培植物。从用途来说，有用材林木 1 000 多种，药用植物 4 000 多种，果品植物 300 多种，纤维植物 500 多种，淀粉植物 300 多种，油脂植物 600 多种，蔬菜植物也不下 80 余种，成为世界上植物资源最丰富的国家之一。

（2）动物资源。中国是世界上动物资源最为丰富的国家之一。据统计，中国陆栖脊椎动物约有 2070 种，占世界陆栖脊椎动物的 9.8%。其中鸟类 1 170 多种、兽类 400 多种、两栖类 184 种，分别占世界同类动物的 13.5%、11.3% 和 7.3%。在西起喜马拉雅山—横断山北部—秦岭山脉—伏牛山—淮河与长江间一线以北地区，以温带、寒温带动物群为主，属古北界，线南地区以热带性动物为主，属东洋界。其实，由于东部地区地势平坦，西部横断山南北走向，两界动物相互渗透混杂的现象比较明显。

6. 海洋资源

中国是海洋资源极为丰富的国家，共拥有 18 000 千米的大陆海岸线，200 多万平方千米的大陆架和 6 500 多个岛屿，管辖海域面积近 300 万平方千米，其中蕴含着丰富的海洋生物资源，共有海洋生物 20 278 种，占世界海洋生物总数的 25% 以上。其中具有捕捞价值的海洋动物鱼类有 2 500 余种，可入药的海洋生物 700 种。除了海洋生物资源，还藏有巨大的海洋能源资源，如海底矿产资源、潮汐能、潮流能、温差能等。

另一方面，由于诸多的人为和自然的因素，中国海洋环境日趋恶化，海洋灾害与日俱增。每年陆源污染物的入海量高达 87 亿吨。沿岸地区还发生了大面积赤潮，持续时间长，危害严重。每年因海洋地质灾害造成的直接经济损失在 100 亿元以上。风暴潮、海浪、赤潮、海水入侵和海岸侵蚀等较为严重。面对这种情况，中国政府已制定出相关的法律法规以保护宝贵的海洋资源。

7. 旅游资源

中国的自然旅游资源，以名山秀水、山水风光为主，如五岳名山（东岳泰山、西岳华山、北岳恒山、南岳衡山、中岳嵩山），四大佛教名山（五台山、九华山、普陀山、峨眉山）和景色奇绝的黄山、庐山、石林等；杭州西湖美景、无锡太湖风光、海南三亚的天涯海角、云南的大理、丽江、西双版纳和台湾日月潭湖光山色等，都是闻名的旅游胜地。

除了自然旅游资源，中国的人文旅游景观资源也多种多样。一是古代文化艺术宝藏：如八大古都（西安、洛阳、安阳、南京、开封、杭州、北京、郑州）和其他历史文化名城；被誉为世界七大奇迹之一的万里长城以及北京的故宫和皇家陵园，西安的秦始皇兵马俑等。二是革命纪念地较多，比如著名革命纪念地有延安、遵义、井冈山等，每年游客络绎不绝。三是民族风情和地方风俗旅游资源。中国有 56 个民族，不同民族、不同地区，形成了风采各异、各有特色的风情习俗和民间节日。如汉族的春节、元宵节和端午节，傣族的泼水节，蒙古族的那达慕大会、彝族的火把节等。四是中国著名的现代工程建筑，神奇的中医和养生之道，名扬世界的中国菜等，对中外游客也都具有巨大的吸引力。

二、中国经济发展的人文社会环境

中国是一个人口大国，也是一个团结统一的多民族国家，经济发展的人文社会条件优越。

（一）中国人口基数与人口红利

截至2018年末，中国人口总数为139 538万人，是世界上人口最多的国家。中华人民共和国成立至2000年期间，人口增加较快，人口出生率较高。庞大的人口基数，一方面会制约社会的发展，所以2015年之前国家把实行计划生育作为一项长期的基本国策；其主要内容是：控制人口数量，提高人口素质；其具体要求是：晚婚晚育，少生优生。计划生育政策效果显著，进入21世纪以来，人口增速开始下滑，出生率与生育率都有所下滑。另一方面，越来越多的学者把中国经济增长的奇迹归结为体制的松绑和大量劳动力人口带来的人口红利。有学者通过研究估算，改革开放头30年，人口红利对中国经济增长的贡献超过10%。有利的人口因素确保了劳动力数量和质量对经济增长做出的贡献。年轻的人口结构意味着充足的劳动力供给，有利的人口结构条件保障了新成长劳动力的不断进入，确保经济持续增长。而为什么在改革开放前，人口红利没有发挥？因为改革开放前大量劳动力人口困在农村，无法发挥其应有的作用，而改革开放通过改善微观环节的激励机制、矫正价格信号、发育产品市场、破除生产要素流动的体制障碍，以及对外开放引进技术、资金和竞争，把劳动力从生产率较低的部门（劳动力剩余的农业和存在冗员的国有企业）转向生产率更高的部门（非农产业和新创企业），将农村闲置的劳动力引向城市，使丰富的劳动力资源得到充分和有效率的利用，把劳动年龄人口不断增长、人口抚养比持续降低的有利人口结构实际转化为人口红利，进而对经济增长做出显著的贡献。

（二）团结统一的多民族国家

中国是一个统一的多民族国家，由56个民族组成。由于汉族人口众多（占全国总人口的91.6%），习惯上把其余55个民族统称为少数民族。据2000年第五次全国人口普查数据，55个少数民族中，100万人口以上的有壮、满、回、苗、维吾尔、彝、土家、蒙古、藏、布依、侗、瑶、朝鲜、白、哈尼、黎、哈萨克、傣18个民族，其中壮族人口最多，达1 617.9万人。中国民族分布特点为大杂居、小聚居。汉族的分布遍及全国，主要集中在东部和中部；少数民族多分布在西南、西北和东北等边疆地区。云南省是全国少数民族最多的省份。

中国实行平等、团结、互助的民族政策，各民族不论大小，一律平等。国家尊重少数民族的文化、风俗习惯、宗教信仰等，在少数民族聚居的地区实行民族区域自治（如自治区、自治州、自治县、民族乡等）的政策。国家根据各少数民族的特点和需要，帮助各少数民族加快发展本地区的经济、文化和各项社会事业。

（三）中国传统文化背景

中国传统文化是中华文明演化而汇集成的一种反映民族特质和风貌的民族文化，是历史上各种思想文化、观念形态的总体表征，是指居住在中国地域内的中华民族及其祖先所创造的、为中华民族世世代代所继承发展的、具有鲜明民族特色的、历史悠久、内涵博大精深、传统优良的文化。简单来说，就是通过不同的文化形态来表示的各种民族文明、风俗、精神的总称。具体来说有以下特征：第一，世代相传。中国的传统文化在某些短暂的历史时期内有所中断，在不同的历史时期或多或少的有所改变，但是大体上没有中断过，总的来说变化不大。第二，民族特色。中国的传统文化是中国特有的，与世界上其他民族文化不同。第三，历史悠久。有五千年的历史。第四，博大精深。“博大”是说中国传统文化的广度——丰富多彩，“精深”是说中国传统文化的深度——高深莫测。

中华传统文化应包括：古文、诗、词、曲、赋、民族音乐、民族戏剧、曲艺、国画、书法、对联、灯谜、射覆、酒令、歇后语、成语等；传统节日（均按农历）：正月初一春节（农历新年）、正月十五元宵节、四月五日清明节、五月五日端午节、七月七日七夕节、八月十五中秋节、腊月三十除夕以及各种民俗等；包括传统历法在内的中国古代自然科学以及生活在中华民族大家庭中的各地区、各少数民族的传统文化也是中华传统文化的组成部分。

（四）中国教育基础

改革开放后，迅速恢复高考，通过高考选拔人才，实施科技兴国战略，大力发展教育，实施免费九年义务教育。中华人民共和国成立初期，全国文盲人口已占总人口的80%，学龄儿童（小学）入学率仅占20%，初中入学率才10%多，大学生才有一万多人。而截止1984年，全国小学学龄儿童入学率和巩固率均超过95%，2000年总体实现了“普九”的目标，普九人口覆盖率和初中毛入学率均超过85%。21世纪，九年义务教育从基本普及转向全面普及和巩固提高。2007年底，全国普及九年义务教育人口覆盖率达到99.3%，实现“普九”县数已占全国总县数的98.5%。1978年小学阶段净入学率为94%、初中阶段毛入学率为66.4%，而2017年这两个数据已分别达到99.9%和103.5%。1978年，高中阶段教育毛入学率为33.6%；2017年，毛入学率已提升至88.3%。

改革开放40年来，中国教育大步向前与教育经费的投入不断增加密不可分。近年来，国家财政性教育经费支出占国内生产总值比例连续保持在4%以上。据教育部统计，2017年，全国教育经费总投入达42 557亿元，比上年增长9.43%。其中，国家财政性教育经费为34 204亿元，比上年增长8.94%。数据显示，2017年，全国幼儿园、普通小学、普通初中、普通高中、中等职业学校、普通高等学校生均教育经费总支出均比上年有所增长，增幅分别为：13.21%、6.82%、9.60%、10.70%、8.11%、9.75%。教育投入越来越多，教育资源越来越优质，学习路径越来越广。通过发展各类教育，不断为社会经济发展输送人才。

三、中国经济发展的政治和经济基础

（一）中国的基本政治制度和法律制度

社会政治的稳定，对经济的发展是至关重要的。中国特色社会主义政治制度具有实现稳定的功能，无论是人民代表大会制度，还是中国共产党领导的多党合作和政治协商制度，以及其他政治制度，都既存在着组织形式的多样性，又存在着核心的一元性。这种结构的特点使该制度既能够发挥不断汲取政治资源的功能，融合各民族、地区、宗教、界别、阶层的不同利益，又有利于形成统一的意志和团结的力量，有利于实现社会政治稳定。

“基本政治制度”一般是中国基本政治制度的特定用语，是包括中国共产党领导的多党合作和政治协商制度、民族区域自治制度以及基层群众自治制度。中国宪法规定：中华人民共和国是工人阶级领导的、以工农联盟为基础的人民民主专政的社会主义国家。与这种国体相适应的政权组织形式是人民代表大会制度，与这种国体相适应的政党制度是中国共产党领导的多党合作和政治协商制度。

法律是道德的底线，是一种强制性的规范，是全体国民意志的体现，国家的统治工具。由享有立法权的立法机关（全国人民代表大会和全国人民代表大会常务委员会行使国家立法权），依照法定程序制定并颁布，并由国家强制力保证实施的规范总称。包括基本法律、普通法律。宪法是高于其他法律部门（法律、行政法规、地方性法规、自治条例和单行条例）的国家根本大法，它规定国家制度和社会制度最基本的原则，公民基本权利和义务、国家机构的组织及其活动的原则等。改革开放以来，中国政治制度的稳定性、自主性、适应性以及制度化程度的不断提高，中国法律法规制度不断调整和完善，为国民经济发展提供了稳定的政策环境。

（二）中国的经济体制

中华人民共和国成立后，中国经济体制经历了两次转型：第一次发生在中华人民共和国成立初期，从一种半统治半市场经济转变为计划经济；第二次发生在改革开放后，由计划经济转变为社会主义市场经济。这两次转型对中国经济社会的发展都产生了重大影响。

1978年12月中共十一届三中全会之后，在新的历史条件下，实行改革开放，于1984年中共十二届三中全会提出发展有计划的商品经济，1992年中共十四大提出发展社会主义市场经济。社会主义市场经济是通过计划和市场两种手段实现社会资源合理配置、收入分配平等的经济运动形态。中国的市场经济是同社会主义制度结合在一起的，因此，它必然具有以下一些基本特征：第一，在所有制结构上，以公有制为主体，多种所有制经济共同发展；第二，在分配制度上，实行以按劳分配为主体，多种分配方式并存的制度，把按劳分配和按生产要素分配结合起来，坚持效率优先，兼顾公平，有利于优化资源配置，促进经济发展，保持社会稳定；第三，在宏观调控上，把人民的眼前利益与长远利益、局部利益和全局利益结合起来，更好地发挥计划和市场两种手段的长处。

（三）中国主要经济部门

中华人民共和国成立后，中国人民在过去战乱频繁、经济濒临破产的基础上开始了社会主义的建设事业，有计划地开展了以发展现代工业为主要内容的大规模经济建设。60多年来，中国在“一穷二白”的基础上艰苦创业，建立了独立的、比较完整的工业体系和国民经济体系，实现了初步繁荣富强。进入21世纪后，国有大中型企业经过改革，企业效益和财政收入大幅增长，投资、消费和出口增长较快，农业基础设施建设进一步加强。国民经济整体实力快速增强，经济规模进一步扩大。

1. 工业

中国近代工业在19世纪中叶到20世纪50年代的百余年中，发展缓慢，结构不合理，技术水平低。到1947年，工业总产值占工农业总产值的30%。中华人民共和国成立后，经过多年的工业基础建设，建立了钢铁、煤炭、石油、化学、机械、汽车、电力、纺织、核、航天、电子信息等工业门类，形成了一个比较完整的工业体系。1952—1980年，工业投资累计达3 955.19亿元，建设大中型项目500多个，建成武汉、包头两大钢铁基地，大庆油田、大港油田被发现并开采。各种工业产品产量的迅速增长并大大超过了其他各国的增长速度。我国工业建设的伟大成就还突出表现在一大批重点工程陆续建成投产。首先是从“一五”时期开始的以156项重点工程为中心，由限额694个项目组成的大规模建设工程陆续建成投产；二是一大批举世闻名的项目，如大庆油田、万吨水压机、万吨级远洋货轮及5万吨级远洋油轮、10万吨水力发电机组、百万伏高压标准电容器、武汉和南京长江大桥、三门峡等水利工程的问世。改革开放后，工业更是加速发展，成为经济发展的排头兵。进入21世纪，随着全球信息化步伐的加快，中国电子信息产也得到了迅速发展。

2. 粮食

根据中国国家统计局公报，2017年全国粮食播种面积112 220千公顷（168 329万亩），粮食总产量达61 791万吨（12 358亿斤），比2016年增加166万吨（33亿斤）。“手中有粮，心里不慌”。中国稳定的粮食生产，夯实了国民经济发展的基础。

3. 对外贸易

早在唐代、元代，中国就通过丝绸之路和海上运输，把陶瓷、茶叶、丝绸等商品源源不断地运到世界各地。到了中国近代，由于帝国主义的垄断、剥削，一度削弱、破坏了中国正常的对外贸易。中华人民共和国成立后，外国列强在中国的一切特权被废除，中国开始在平等互利的基础上，与各国政府和人民发展友好通商贸易关系。进入20世纪80年代，中国对外贸易体制改革和经济体制改革同步进行，中国的对外贸易也得到了飞速发展，进出口贸易额持续增长。2001年12月11日，中国正式加入世界贸易组织，融入世界经贸体系，为中国在国际市场创造了更多的贸易机遇。

四、中国经济发展的国际环境

（一）中国与联合国的关系

中国是联合国的创始会员国和联合国安全理事会常任理事国，但由于各种原因，中华人民共和国成立后，中国在联合国的地位和合法权益一直被排除在外，直到1971年10月25日，第26届联合国大会才恢复了中华人民共和国在联合国的合法权利，恢复了中国安理会常任理事国的席位。同年11月，中国代表团首次出席联大会议并发表重要讲话。中国为了恢复常任理事国的地位做出了相当多的努力和斗争，付出了许多的智慧，常任理事国地位的恢复极大地提高了中国的国际地位，增强了其在国际中的影响力。

（二）中国的外交成就

中华人民共和国成立以来一直奉行独立自主的和平外交政策，积极开展外交活动，取得了巨大的成就。中国政府充分展现了自己的组织能力和多边外交能力，在国际事务中的作用越来越大。

中华人民共和国成立的第一年，中国与苏联、东欧等17个国家正式建立外交关系。

为恢复经济建设创造了良好的外部环境。1953 年，周恩来总理在接见印度代表团时，首次提出“和平共处五项原则”，作为处理国与国之间关系的原则。1954 年，周恩来总理访问印度、缅甸，三国总理积极倡导和平共处五项原则。同年参加日内瓦会议，第一次以五大国之一的身份参加，这大大提高了中国的国际地位，为打开新中国外交新局面发挥积极了作用。

1971 年 7 月，基辛格秘密访华。1972 年 2 月，美国总统尼克松访华，中美双方在上海签署《中美联合公报》，同年中日邦交正常化。1979 年，中美正式建立外交关系。随后中国陆续与许多其他国家建立外交关系。截至 1979 年，中国同 100 多个国家建交，到 1992 年，中国已同世界上 150 多个国家建立了外交关系，截至 2018 年 8 月 21 日，同中国建交的国家达到 178 个。

（三）中国积极参与国际活动

1. 积极加入各类国际组织

1996 年，中国、俄罗斯、哈萨克斯坦、吉尔吉斯斯坦、塔吉克斯坦五国元首在上海签署关于在边境地区加强军事领域信任的协定。2001 年，中、俄、哈、吉、塔和乌兹别克斯坦六国元首，在上海签署了《“上海合作组织”成立宣言》。上海合作组织是第一个以中国城市命名的国际组织，进一步加强了中国与周边国家的关系。2001 年，中国成功承办了亚洲太平洋经济合作组织（简称亚太经合组织或 APEC）会议，通过了《上海共识》，上海 APEC 会议是中国迄今举行的规模最大、规格最高的多边外交活动。同年 11 月，在卡塔尔多哈举行的世界贸易组织第四次部长级会议上，审议通过了中国加入世界贸易组织的决定，中国终于成为世界上最重要的国际性贸易组织的成员。标志着中国的对外开放事业进入一个新的阶段，中国也将在国际事务中发挥越来越重要的作用。

2. 主导金砖银行和亚洲基础设施投资银行的成立

自金融危机以来，美国金融政策变动导致国际金融市场资金波动，对新兴市场国家的币值稳定造成很大影响。中国货币波动较小，但是印度、俄罗斯、巴西等国都经历了货币巨幅贬值，导致通货膨胀。在世界银行和国际货币基金组织改革受阻的背景下，靠国际货币基金组织救助存在不及时和力度不够等问题，金砖国家在 2012 年提出金砖国家开发银行的概念，中国作为金砖国家的主要成员国，为筹备成立金砖银行不懈努力，终于在 2015 年 7 月 21 日金砖银行在上海正式开业。金砖银行的成立为金砖国家和其他发展中国家的基建和可持续发展提供资源支持，大大简化金砖国家间的相互结算与贷款业务，并且减少对美元和欧元的依赖。

2013 年 10 月，中国提出筹建亚洲基础设施投资银行（以下简称亚投行）倡议。经过不懈努力，2016 年 1 月 16 日，亚投行在北京正式成立并开业，亚投行的成立有效地增加亚洲地区基础设施投资，推动区域互联互通和经济一体化进程，也有利于改善亚洲发展中成员国的投资环境，创造就业机会，提升中长期发展潜力，对亚洲乃至世界经济增长带来积极提振作用。同时，亚投行顺应了世界经济格局调整演变的趋势，对全球经济治理体系改革完善具有重大意义，有助于推动全球经济治理体系朝着更加公正合理有效的方向发展。亚投行成为首个中国倡导设立并作为大股东的多边金融机构，截至 2018 年 12 月，亚投行已有 93 个正式成员国。

3. 提出共建“一带一路”倡议与实践

2013 年 9 月，国家主席习近平在哈萨克斯坦提出共建丝绸之路经济带倡议。同年 10

月 3 日，习近平在印度尼西亚提出共建 21 世纪海上丝绸之路倡议。共建“一带一路”倡议提出 5 年来，已经有 100 多个国家和国际组织积极响应支持，40 多个国家和国际组织同我国签署了合作协议，“一带一路”的“朋友圈”正在不断扩大。130 多个国家和国际组织同中国签署“一带一路”合作文件；联合国安理会通过的第 2344 号决议，呼吁国际社会通过“一带一路”建设加强区域经济合作；中国成功举办首届“一带一路”国际合作高峰论坛，来自 29 个国家的国家元首、政府首脑与会，来自 130 多个国家和 70 多个国际组织的 1 500 多名代表参会，覆盖了五大洲各大区域，达成 279 项成果。截至 2018 年 6 月，中国与沿线国家货物贸易累计超过 5 万亿美元，中国已经成为 25 个沿线国家最大的贸易伙伴。中国企业在沿线国家建设境外经贸合作区共 82 个，累计投资 289 亿美元，入区企业近 4 000 家，上缴东道国税费累计 20.1 亿美元，为当地创造 24.4 万个就业岗位。

总之，中国良好的自然环境，稳定的政治环境和社会环境，改革开放前积累的工农业基础和科技实力，改革开放后中国政府和领导人正确的政策和决策以及积极参与的促进世界共同发展的各种努力，为改革开放以来中国经济的快速增长提供了全方面的发展条件。

第二节　中国的改革开放进程

改革开放，是 1978 年 12 月十一届三中全会中国开始实行的对内改革、对外开放的政策。中国的对内改革首先从农村开始，安徽省凤阳县小岗村开始实行“家庭联产土地承包责任制”拉开了我国对内改革的大幕；对外开放是中国的一项基本国策，中国的强国之路，是社会主义事业发展的强大动力、不竭动力。自 1978 年党的十一届三中全会开启我国的改革开放进程以来，弹指一挥间，中国的改革开放事业已经走过了 40 年的光辉岁月。40 年来，中国政府历经了从计划经济到商品经济再到市场经济的探索，从无到有构建中国社会主义市场经济体系并不断进行完善，扭转了“文革”的动荡混乱走向依法治国并不断提高国家治理水平。可以自豪地说，中国的改革开放事业取得了不可磨灭的成就。中国的改革开放事业当然也并非一帆风顺，改革开放的航程历经千难万险，改革开放的开拓却从未停歇。

一、中国 40 年经济改革的基本历程

中国的经济改革，就是以市场经济体制为导向的，从传统的计划经济向市场经济体制的转型。可以说，中国的改革是从农村到城市，从经济领域到政治领域以及其他各个领域全面展开的，到目前为止，这一历程大致可以划分为“目标探索”“框架构建”“体制完善”和“全面深化”四个阶段。

（一）改革的启动和目标探索阶段（1978—1991 年）

自 1978 年党的十一届三中全会直到党的十四大确立社会主义市场经济体制，这一时期是中国改革的启动和目标探索阶段。

改革首先从农村开始，逐步向城市推进；先开展改革试点，积累经验，再逐步推广。在农村改革方面，安徽等一些地区率先实行了家庭联产承包责任制、统分结合的双层经营

改革试验，这一改革取得了巨大成功，得到人民群众的普遍支持，随后推广到全国。

在流通体制方面，废除了农副产品的统购统销制度，逐步培育农产品市场。在企业改革方面，开展了多种形式的国有企业扩大自主权试点，集体经济和个体经济逐步恢复和发展。在财税体制方面，推行两步“利改税”，逐步推进“划分收支、分级包干”的财政体制改革。随着改革取得巨大成功和人们对推进改革的共识逐步形成，1984 年 10 月，党的十二届三中全会通过《中共中央关于经济体制改革的决定》，确定社会主义经济是“公有制基础上的有计划的商品经济”，改革的重点逐渐从农村转向城市，以搞活国有企业为中心全面展开。

为了增强国有企业的活力，对国有企业实施了承包制、租赁制等改革措施，积极推进以厂长负责制、工效挂钩制、劳动合同制为内容的企业领导、分配、用工等管理制度的改革。宏观管理体制方面，以宏观间接管理为目标，对价格、财税、金融、计划以及流通体制等进行改革。采取“调、放、管”相结合的方针，理顺商品和服务的比价关系；大幅度缩小指令性计划；改革银行组织体制；实行各种形式的财政包干制。

（二）社会主义市场经济体制初步建立阶段（1992—2002 年）

以党的十四大确立社会主义市场经济体制的改革目标，党的十四届三中全会通过《关于建立社会主义市场经济体制若干问题的决定》为标志，中国正式确立社会主义市场经济的改革方向和基本内容。到 2002 年，社会主义市场经济体制的基本框架初步建立。

1992 年党的十四大明确了建立社会主义市场经济体制的改革目标。建立社会主义市场经济体制，使价值规律深入到社会经济的每一个微观单元发挥作用，极大地激发了人们的发展热情和创造活力。1993 年党的十四届三中全会通过了《中共中央关于建立社会主义市场经济体制若干问题的决定》，提出了构成社会主义市场经济体制基本框架的 5 个主要环节：建立产权清晰、权责明确、政企分开、管理科学的现代企业制度；建立全国统一开放的市场体系；建立以间接手段为主的宏观调控体系；建立以按劳分配为主体的收入分配制度，鼓励一部分地区一部分人先富起来，走共同富裕的道路；建立多层次的社会保障制度。同时，要求围绕这些主要环节，建立相应的法律体系。其后 10 年的改革开放，都是以这 5 项工作为中心展开的。

这一阶段改革的主要内容包括：宏观管理体制方面，1994 年提出对财政、税收、金融、外汇、计划和投融资体制进行系统改革的方案，确立以分税制为核心的新的财政体制框架和以增值税为主的流转税体系，中央银行的调控职能得到加强。国有企业改革方面，党的十五大确立了公有制为主体、多种所有制经济共同发展的基本经济制度。

按照建立现代企业制度的方向，实施“抓大放小”，积极推进国有企业改革和国有经济布局的结构调整。一批国有大中型企业改制为国有独资公司、有限责任公司或股份有限公司；许多全国性的行业总公司改组为控股公司；通过改组、联合、兼并、租赁、承包经营和股份合作制、出售等形式，对中小型国有企业进行了改革。市场体系得到极大发展，取消了生产资料价格双轨制，进一步放开了竞争性商品和服务的价格，要素市场逐步形成。

（三）社会主义市场经济体制的初步完善阶段（2003—2012 年）

2002 年党的十六大提出到 2020 年建成完善的社会主义市场经济体制的改革目标，

2003 年党的十六届三中全会提出了完善社会主义市场经济体制的战略任务，要求以完善社会主义市场经济体制为目标，坚持以人为本，树立全面、协调、可持续的发展观，促进经济社会和人的全面发展。

这一阶段主要的改革措施有：取消农业税、牧业税、特产税。清理和修订限制非公有制经济发展的法规、规章和政策性规定，放宽非公有制经济的市场准入，允许非公有资本进入法律法规未禁入的行业和领域，为非公有制经济发展提供制度保障。同时公共财政体制不断健全。

国有商业银行股份制改革加快推进。在汇率制度方面实现有管理的浮动汇率制度。改革了投资体制，政府投资的范围进一步缩小，企业投资自主权进一步扩大。土地、劳动力、技术、产权、资本等要素市场进一步发展，水、电、石油和天然气等重要资源价格的市场化步伐加快。

（四）“五位一体”全面深化改革的新阶段（2012 年至今）

2012 年党的十八大的召开，标志着中国的改革事业迈入了新的时期，正如习近平总书记所指出的：“今天的中国，前所未有地靠近世界舞台中心，前所未有地接近实现中华民族伟大复兴的目标，前所未有地具有实现这个目标的能力和信心。”虽然前进的道路上仍然充满挑战，但是踏平坎坷成大道，斗罢艰险又出发。

十八大以来，在以习近平同志为总书记的党中央的坚强领导下，中国不仅有效应对了复杂国际政治经济环境的风云变幻，更在相当不利的条件下取得了经济的中高速平稳增长。

党的十八届三中全会做出的《中共中央关于全面深化改革若干问题的决定》，非常明确地表明：改革不再拘泥于经济体制改革领域，而是涵盖社会、政治、文化以及生态文明的五位一体的全面的改革。与此同时，为落实这些改革内容，中央全面深化改革领导小组还为此成立了 7 个专项小组。中央全面深化改革领导小组第一次会议，就将十八届三中全会规定的改革任务分解为 336 项重要举措，逐一确定协调单位、牵头单位和参加单位，为落实十八届三中全会决定奠定了坚实的基础。截止 2017 年 8 月底，中央全面深化改革领导小组已经召开了三十八次会议，会议内容囊括了农村集体土地制度改革、司法体制改革、财税体制改革等过去的改革当中一直难以解决甚至回避的诸多议题，并出台了《关于农村土地征收、集体经营性建设用地入市、宅基地制度改革试点工作的意见》《设立跨行政区划人民法院、人民检察院试点方案》《关于进一步推进户籍制度改革的意见》《深化财税体制改革总体方案》等一系列方案，彰显了新一代的领导集体直面改革难点的勇气。

二、中国 40 年对外开放的基本历程

社会主义理论是作为一种科学的、先进的思想体系，还是作为一种超越资本主义的先进制度，其本质特征之一是开放性。1978 年之前，关起门来搞经济建设的方法限制了经济的发展，要发展生产力，必须对内改革，对外开放。2017 年 10 月 18 日，习近平同志在十九大报告中指出，推动形成全面开放新格局。中国开放的大门不会关闭，只会越开越大。要以“一带一路”建设为重点，坚持引进来和走出去并重，遵循共商共建共享原则，加强创新能力开放合作，形成陆海内外联动、东西双向互济的开放格局。

（一）对外开放格局形成的历程

我国的对外开放大体上经历了以下四个发展阶段。

1. 实验探索阶段（1978—1991 年）

该阶段从 1978 年改革开放起，至 20 世纪 90 年代初，是以沿海区域开放为重点的探索开放阶段。此阶段以重点开放沿海地区、建立经济特区并赋予特殊优惠政策为主要特征，经历了一个由点（经济特区）到线（沿海开放城市），由线到面（沿海经济开发区）逐步推进和深化的过程。1979 年 7 月，党中央、国务院根据广东、福建两省靠近港澳，侨胞众多，资源丰富，便于吸引外资等有利条件，决定首先对两省的对外经济活动实行特殊政策和灵活措施。1979 年 7 月，中共中央、国务院同意在广东省的深圳、珠海、汕头三市和福建省的厦门市试办出口特区。1980 年 5 月，中共中央和国务院决定将深圳、珠海、汕头和厦门这四个出口特区改称为经济特区。1984 年 5 月，党中央、国务院决定全部开放中国沿海港口城市，从北到南包括大连、秦皇岛、天津、烟台、青岛、连云港、南通、上海、宁波、温州、福州、广州、湛江和北海共 14 个大中港口城市。1985 年 2 月，党中央、国务院将长江三角洲、珠江三角洲和闽南三角区划为沿海经济开放区，并指出这是我国实施对内搞活经济、对外实行开放的具有重要战略意义的布局。1988 年 4 月，设立海南经济特区。这个阶段出口产品主要以原煤、原油、原木等自然禀赋的产品为主。

2. 全面开放阶段（1992—2000 年）

这是对外开放加速向纵深推进和全方位区域开放格局基本形成阶段。以 1992 年春邓小平南行讲话为标志，中国的对外开放进入全面开放时期。1992 年 3 月，中国开放黑龙江、吉林、内蒙古、新疆、云南、广西 6 省（区）的 13 个市、镇，形成了沿边开放的雏形。同年 6 月，国务院决定进一步对外开放重庆、岳阳、武汉、九江、芜湖等五个长江沿岸城市，以后又增加宜昌等为长江沿岸开放城市，7 月进一步开放哈尔滨、长春、呼和浩特、石家庄等四个边境、沿海地区省会（首府）城市，太原、合肥、南昌、郑州、长沙、成都、贵阳、西安、兰州、西宁、银川等十一个内陆地区省会（首府）城市，对外开放逐步向内地推进。十四大要求进一步扩大对外开放，形成多层次、多渠道、全方位开放的格局。十五大要求“完善全方位、多层次、宽领域的对外开放格局，发展开放型经济”。期间，在经济特区、开放城市和其他开放区，还兴办了多个经济技术开发区、高新技术产业开发区和保税区。

在这一时期，中国对外开放的特点表现为：一是开放的战略格局开始由沿海经济特区向内地扩散，对外开放扩大到全国各地和国民经济的众多领域；二是开放的战略重心开始由体制试点向全面制度建设转型，由政策导向逐渐向市场导向转变，如深圳、厦门特区已逐步对外商投资企业实施国民待遇；三是以开放促改革，对外开放的发展不断对贸易、金融等领域的改革提出要求；四是兼顾区域平衡发展。如发挥中心城市的作用，加快资源富集区的对外开放，鼓励沿边省区积极参与周边国家的次区域经济合作，建立边境自由贸易区与跨国经济合作开发区。1999 年 3 月，正式实施西部大开发战略。之后又先后提出了振兴东北老工业基地战略和中部崛起战略。

3. 全面接轨阶段（2001—2012 年）

2001 年 12 月，中国加入世界贸易组织，标志着中国的对外开放步入了历史新阶段。中国的对外开放不仅按照自己的时间表逐步展开，还在国际制度规范下开放。对外开放进入一个崭新的阶段，即由有限范围和领域内的开放，转变为全方位的开放；由以试点为特征的政策性开放，转变为在法律框架下的可预见的开放；由单方面为主的自我开放，转变为中国与世界贸易组织成员之间的相互开放。中国做出了广泛的入世承诺，不仅包括影响货物贸易的边境政策和国内政策、影响服务贸易的政策、与贸易有关的知识产权制度，而且在宏观经济体制和政府管理体制方面都做出了说明和承诺。中国政府切实地履行了各项入世承诺，通过大幅度削减关税水平，逐步取消非关税壁垒，进一步放宽服务市场准入，促进了中国对外贸易的发展。中国顺利通过了世界贸易组织每年一次的过渡期贸易政策审议，获得了世界贸易组织及其成员的肯定。党的十七大报告不仅提出要“完善内外联动、互利共赢、安全高效的开放型经济体系”，而且要“奉行互利共赢的开放战略”。

4. 互利共赢阶段（2012 年至今）

十八大以来，习近平总书记多次强调，中国开放的大门不会关闭，只会越开越大，要构建人类命运共同体。一方面，中国将坚持对外开放的基本国策，把“引进来”和“走出去”更好结合起来，扩大对外开放领域，优化开放结构，提高开放质量，完善内外开放、互利共赢、安全高效的开放型经济体系。另一方面，中国将始终不渝奉行互利共赢的开放战略。从最初提出对外开放，到利用国内国外两种资源、两个市场，再到明确提出互利共赢的开放战略，中国的对外开放已经从立足于提升自身竞争力的适应性开放，进入到全球化视野下以主动的姿态积极参与经济全球化的战略性开放阶段。

（二）对外开放的具体形式

1. 扩大商品和服务贸易

这是对外开放的基本形式。古典经济学和现代经济学告诉我们，通过国际贸易既可以获得绝对优势，调剂余缺；又可以获得比较优势，充分利用本国资源，节约社会劳动。出口将促使资本投向最有效的领域，为国际市场进行规模化、专业化的生产，从而取得规模经济效益。同时，还能带动国外资金、技术和管理知识的引进。它通过乘数效应产生一轮又一轮的连锁反应，推动经济的快速发展。因此，我们要努力扩大商品和服务贸易，积极开拓国际市场。就当前国际国内形势来讲，要从以下几个方面继续努力：要重视空间上的扩展，实施市场多元化战略，既巩固传统市场，又开拓新兴市场，增强抗风险能力。要重视质量上的提高，坚持以质取胜，完善“中国智造”，提高出口商品与服务的技术含量和附加值。加快高新技术产品出口基地的建设，努力推进高新技术产品的出口，扩大名牌机电产品的市场份额，使我国出口商品结构从以低技术含量、低附加值产品为主向以高新技术产品、高附加值产品为主转变。还要优化进口结构，着重引进先进技术和关键设备；要推动关系国家生存发展的重要战略物资进口的多元化；要建立必要的战略储备制度。

2. 兴办经济特区

这是适合中国国情的对外开放的特殊形式。特区是技术、管理、知识的窗口，是对外政策的窗口，是开放的基地。通过兴办经济特区，探索改革开放的道路，取得有价值的经验，可以带动沿海地区乃至全国的改革开放。我国的经济特区从诞生的时候起，其命运就与改革开放和现代化建设紧紧相连。可以说，如果没有经济特区对外开放的实践，就不可能形成现在的全方位开放的格局。

3. 利用国外的资金和技术

这是对外开放的重要形式。我国是发展中国家，物质基础薄弱，建设资金匮乏。要实现社会主义现代化建设“三步走”的战略目标，必须筹集充足的资金，包括国内的资金和国外的资金。根据国际经济学关于跨时比较优势的观点，任何社会都面临着当前消费与未来消费之间的选择。一般来说，发展中国家是偏好当前消费的，因而可以通过借贷来进行跨时贸易，用一定的未来消费换取当前的消费。由于中国给外资提供的许多富有吸引力的招商引资政策，使之成为外商直接投资最大的国家之一。在利用外资的同时，能够带动国外的先进技术和设备的引进。通过吸收和消化，加快技术进步，促进产业结构和产品结构的升级换代，提高国内企业的素质，增强国际竞争力。

三、中国40年改革开放的基本经验

习近平总书记指出：“改革开放是党和人民大踏步赶上时代的重要法宝，是坚持和发展中国特色社会主义的必由之路，是决定当代中国命运的关键一招，也是决定实现‘两个一百年’奋斗目标、实现中华民族伟大复兴的关键一招。”在坚持社会主义基本制度的前提下，立足基本国情，遵循市场经济的一般规律，借鉴有益经验，不断对经济基础和上层建筑进行调整和完善，不断探索社会主义和市场经济相结合的有效途径和方式，中国走出了一条有中国特色的改革开放道路。

（一）与时俱进，推进理论创新

科学的理论是改革顺利推进的思想保证。改革的进程，就是思想解放的过程，就是理论创新的过程。中国的改革开放，就是中国人民坚持马克思主义指导地位不动摇，坚持科学社会主义基本原则不动摇，勇敢推进理论创新、实践创新、制度创新、文化创新以及其他各方面创新的结果。

（二）坚持以经济建设为中心，不断解放和发展社会生产力

改革开放40年来，中国共产党始终坚持以经济建设为中心，把解放和发展社会生产力，尽可能快地提高人民生活水平放在首位；把是否有利于发展社会主义社会的生产力，是否有利于增强社会主义国家的综合国力，是否有利于提高人民生活水平，作为衡量改革成败和判断是非得失的标准；把改革的着眼点和落脚点始终放在解放和发展生产力，提高人民生活水平上。中国改革开放40年，所有改革理论的提出和一切改革政策的制定，都是围绕尽可能快地发展生产力这一中心展开的。推进改革开放和中国特色社会主义事业的建设，同中国共产党的建立、中华人民共和国的成立，被世人认为是“五四运动”以来中国发生的三大历史性事件，是近代以来实现中华民族伟大复兴的三大里程碑。若没有1978年的改革开放，中国社会主义的前途将不堪设想。

（三）灵活运用改革方法

在40年的改革开放进程中，根据具体国情和国际形势的变化，不断改变与创新改革方法，既先行先试、先易后难，又统筹兼顾、协调推进。立足于把解决本地实际问题与攻克共性难题有机结合起来，选择一定地区先行开放或改革领域开展试点，在对试点进行总结的基础上，对成功经验和做法再行推广。这种由点而面、先易后难的改革开放推进方式，既控制了风险，又通过有效的推广机制使成功经验能够迅速普及，成为中国渐进式改

革战略的重要经验，也是新时期推进改革开放、探索新的发展模式和体制模式的重要途径。

（四）正确处理改革、发展、稳定的关系

改革开放是经济社会发展的强大动力，有效的体制是实现经济社会又好又快发展的根本保证，从长远来看，也是确保社会稳定的根本保障，同时，发展和稳定也提供了深化改革的良好环境和基本条件。正确处理好改革与发展、稳定的关系，适时有序推进改革开放，把改革的力度、发展的速度和社会的承受能力有机结合起来，在保持稳定的前提下推进改革开放和发展，通过改革开放和发展促进社会稳定。

（五）坚持中国特色社会主义道路，不断深化政治体制改革

发展社会主义民主政治，党和国家领导体制日益完善，全面依法治国深入推进，中国特色社会主义法律体系日益健全，人民当家做主的制度保障和法治保障更加有力，人权事业全面发展，爱国统一战线更加巩固，人民依法享有和行使民主权利的内容更加丰富、渠道更加便捷、形式更加多样，掌握着自己命运的中国人民焕发出前所未有的积极性、主动性、创造性，在改革开放和社会主义现代化建设中展现出强大力量。

（六）坚持发展社会主义先进文化，建设社会主义精神文明

培育和践行社会主义核心价值观，传承和弘扬中华优秀传统文化，坚持以科学理论引路指向，以正确舆论凝心聚力，以先进文化塑造灵魂，以优秀作品鼓舞斗志，爱国主义、集体主义、社会主义精神广为弘扬，时代楷模、英雄模范不断涌现，文化艺术日益繁荣，网信事业快速发展，全民族理想信念和文化自信不断增强，国家文化软实力和中华文化影响力大幅提升。改革开放铸就的伟大改革开放精神，极大丰富了民族精神内涵，成为当代中国人民最鲜明的精神标识。

（七）坚持在发展中保障和改善民生

全面推进幼有所育、学有所教、劳有所得、病有所医、老有所养、住有所居、弱有所扶，不断改善人民生活、增进人民福祉。改革开放 40 年来，我国人民的收入持续增加，贫困人口大幅减少，教育事业全面发展，九年义务教育巩固率达 93.8%，我国建成了包括养老、医疗、低保、住房在内的世界最大的社会保障体系，基本养老保险覆盖超过 9 亿人，医疗保险覆盖超过 13 亿人，社会大局保持长期稳定，成为世界上最有安全感的国家之一。粮票、布票、肉票、鱼票、油票、豆腐票、副食本、工业券等百姓生活曾经离不开的票证已经进入了历史博物馆，忍饥挨饿、缺吃少穿、居住条件恶劣、生活困顿这些几千年来困扰我国人民的问题总体上一去不复返了。

（八）坚持独立自主的和平外交政策

始终坚持不渝走和平发展道路、奉行互利共赢的开放战略，坚定维护国际关系基本准则，维护国际公平正义。中国实现由封闭半封闭到全方位开放的历史转变，积极参与经济全球化进程，为推动人类共同发展做出了应有贡献。积极推动建设开放型世界经济、构建人类命运共同体，促进全球治理体系变革，旗帜鲜明反对霸权主义和强权政治，为世界和

平与发展不断贡献中国智慧、中国方案、中国力量。中国日益走近世界舞台中心，成为国际社会公认的世界和平的建设者、全球发展的贡献者、国际秩序的维护者。

第三节 中国经济的发展现状

中国作为世界上的最大的发展中国家，随着改革开放和依据国情适时适度制定社会经济发展政策，经济实力和综合国力都得到了快速攀升。40 年来，中国的经济体制改革取得了举世瞩目的巨大成就，全国范围内经济社会生活出现了翻天覆地的巨变。自 1978 年以来，中国是同期世界上经济发展最快的国家，经济实现了 40 年持续高速增长，创造了"中国经济奇迹"。

一、中国改革开放的主要成就

习近平同志指出，改革开放是当代中国发展进步的活力之源，是党和人民事业大踏步赶上时代的重要法宝。40 年改革开放取得的重大成就，主要体现在它推动我国实现或正在实现的六个方面的重大转变。

（一）改革开放推动了以阶级斗争为纲向以经济建设为中心的转变

十年"文化大革命"结束后，国家拨乱反正，恢复并稳定了正常的生活秩序。1978 年开展的真理标准问题大讨论，从思想理论上否定了"两个凡是"，号召人们彻底打破思想枷锁，恢复实事求是的马克思主义思想路线，为开辟中国特色社会主义道路奠定了基石。1978 年党的十一届三中全会抛弃了"以阶级斗争为纲"，把党和国家工作中心转移到经济建设上来。正是由于有了这个转变，才可能改变传统计划经济体制，改变封闭半封闭的状况，进而迎来整个国家的发展进步。"解放思想、实事求是"作为改革开放的思想内核，为中国的发展进步提供了不竭的思想理论活力源泉。

（二）改革开放推动了从计划经济向市场经济的转变

如今的中国已经彻底告别了由国家计划统配资源的时代，产品丰富、市场繁荣。可能绝大多数人认为，遵循价值规律、由市场来配置资源是理所当然的事情。但实际上，从计划经济到社会主义市场经济的转变极为不易，是改革开放曾经走过的最艰难的历程，也是到目前为止改革开放所取得的最重要的成果。党的十一届三中全会之后，改革就在农村和局部地区铺开，农村生产力迅速得到解放，农产品日渐丰富，但城市经济因延续计划管理体制未见大的起色。经过不懈探索，一直到 1992 年党的十四大才明确了建立社会主义市场经济体制的改革目标。建立社会主义市场经济体制，为中国经济发展构建了最为重要的制度基础。2003 年党的十六届三中全会提出了完善社会主义市场经济体制的战略任务，要求以完善社会主义市场经济体制为目标，坚持以人为本，树立全面、协调、可持续的发展观，促进经济社会和人的全面发展。改革进入新的阶段后，党的十八届三中全会历史性地明确了：使市场在资源配置中起决定性作用，这是对市场经济的一般规律的认可，也是使市场经济规律为社会主义经济建设服务的起点。无疑，从计划经济转向社会主义市场经济，为中国改革和发展奠定了经济基础。

（三）改革开放推动中国从闭关锁国转向全方位开放

改革开放之前，中国各项工作中长期存在一种“左”偏见，盲目自信，唯我独尊，排斥国外好的做法和经验，使之在管理、科技、产业发展等诸多方面严重落后于发达国家。党的十一届三中全会开启了对外开放的历史新时期。1979 年初，国务院决定设立蛇口工业区。同年 7 月，中央批准广东、福建两省对外经济活动实行特殊政策和灵活措施。1980 年，全国人大常委会批准在深圳、珠海、汕头、厦门设立经济特区，随后接着开放大连等 14 个港口城市，武汉、重庆等长江沿岸开放城市以及 15 个省会城市，1992 年，邓小平同志南方谈话之后，对外开放步伐进一步扩大，由沿海地区迅速向内陆腹地拓展。这一阶段的对外开放，引进了大量国外资金、技术和先进管理经验，使国内商品市场丰富和繁荣起来，使市场因素在整个经济中的比重大幅上升，有力冲击了计划经济的樊篱，为社会主义市场经济体制的确立做出了重大贡献。党的十六大以后，中国吸收利用外资从弥补“双缺口”为主转向优化资本配置、促进技术进步和推动社会主义市场经济体制完善转变，利用外资实现新发展，规模和质量全面提升。党的十八大以来，对外开放水平进一步提升，中国经济不仅仅在局限于引进来，更拓展到了走出去的高度，“一带一路”倡议的提出、亚投行的设立、G20 峰会的召开都表明，中国在国际经贸体系中的地位越来越突出。在全球经济衰退，各国贸易保护主义抬头的情况下，中国已经逐渐成为全球化的领军者、推动者，这在 40 年前是不可想象的。

（四）改革开放推动国家从人治走向法治

中国有着数千年的封建历史传统，坚定走依法治国道路、建设社会主义法治国家，这是巨大的历史进步，党和国家为推动法治建设做出了巨大的努力。党的十一届三中全会开启改革开放时，邓小平同志就在总结历史教训的基础上指出：“为了保障人民民主，必须加强法制。必须使民主制度化、法律化，使这种制度和法律不因领导人的改变而改变，不因领导人的看法和注意力的改变而改变。”

在党的十四大明确建立社会主义市场经济体制改革目标后，依法治国的要求更加迫切，因为市场经济必须是法治经济。正是顺应这一历史发展潮流，党的十五大把依法治国、建设社会主义法治国家作为党领导人民治理国家的基本方略郑重地提了出来，并把过去“建设社会主义法制国家”的提法改为“建设社会主义法治国家”。1999 年 3 月，全国人大对宪法进行了修改，明确规定：“中华人民共和国实行依法治国，建设社会主义法治国家。”2012 年党的十八大进一步强调，依法治国是党领导人民治理国家的基本方略，法治是治国理政的基本方式，要更加注重发挥法治在国家治理和社会管理中的作用，全面推进依法治国，加快建设社会主义法治国家。十八届三中全会提出，“建设法治中国必须坚持依法治国、依法执政、依法行政共同推进，坚持法治国家、法治政府、法治社会一体建设”。建设社会主义法治国家，能够从根本上杜绝“文化大革命”那样的政治混乱，进而保障经济社会在稳定的环境下顺利发展。法治还是现代市场经济有机体的重要组成部分。

（五）改革开放推动中国从贫穷落后的国家向大国强国转变

改革开放 40 年，中国从一个贫穷落后的国家转变为世界大国，从缺衣少食到物质资源丰富，从居所简陋破旧到舒适享受。可以说，目前中国基础设施建设成就显著，信息畅通，公路成网，铁路密布，高坝矗立，西气东输，南水北调，高铁飞驰，巨轮远航，飞机翱翔，天堑变通途。现在，我国已成为世界第二大经济体、制造业第一大国、货物贸易第一大国、商品消费第二大国、外资流入第二大国，外汇储备连续多年位居世界第一（表12－1）。

1. 经济总量不断提升

改革开放后，中国的国民经济、综合实力实现由弱到强，由小到大的历史性巨变，综合国力明显增强，国际地位和影响力显著提高。1952 年，中国国内生产总值仅为 679 亿人民币，2008 年达到 31.4 万亿人民币，超过德国，位居世界第三；2010 年超过日本，位居世界第二，成为世界第二大经济体。改革开放 40 年来，中国国内生产总值由 3 679 亿人民币增长到 2017 年的 82.7 万亿人民币，年均实际增长 9.5%，远高于同期世界经济 2.9% 左右的年均增速，是世界上增长最快的国家；中国国内生产总值占世界生产总值的比重也由改革开放之初的 1.8% 上升到 15.2%。

对外贸易方面，改革开放 40 年来，中国货物进出口总额从 206 亿美元增长到超过 4 万亿美元，累计使用外商直接投资超过 2 万亿美元，对外投资总额达到 1.9 万亿美元。

表 12－1　世界主要国家国内生产总值及占世界比重

国家	1978 年			2017 年		
	位次	国内生产总值（亿美元）	占世界比重（%）	位次	国内生产总值（亿美元）	占世界比重（%）
世界		85 429			798 655	
美国	1	23 566	27.6	1	193 906	24.3
中国	11	1 495	1.8	2	120 146	15.0
日本	2	10 084	11.8	3	48 721	6.1
德国	3	7 377	8.6	4	36 848	4.6
英国	5	3 359	3.9	5	26 245	3.3
印度	12	1 355	1.6	6	26 110	3.3
法国	4	5 082	5.9	7	25 836	3.2
巴西	8	2 008	2.4	8	20 550	2.6
意大利	6	3 140	3.7	9	19 379	2.4
加拿大	7	2 186	2.6	10	16 524	2.1
韩国	24	517	0.6	11	15 380	1.9
俄罗斯				12	15 275	1.9
澳大利亚	13	1 184	1.4	13	13 795	1.7
西班牙	9	1 602	1.9	14	13 140	1.6
墨西哥	15	1 025	1.2	15	11 492	1.4

资料来源：1978 年数据来自 WDI 数据库。

2. 基础设施和基础产业由薄弱到成为领军者

中华人民共和国成立初期，中国基础设施和基础产业极其薄弱，生产和生活均受到较大影响。中华人民共和国成立以后直到改革开放初期，党和政府尽管付出了巨大努力，但基础设施和基础产业发展依然比较滞后，成为经济和社会发展的瓶颈。20世纪90年代后，经过前期工业化的积累，基础设施和基础产业进入发展的黄金时期，并逐步由发展瓶颈转变为促进发展的推进器：①大力兴建农田水利基础设施，农业生产条件不断改善。②能源生产能力由弱变强，终结了“贫油”“缺电”历史。③以铁路为骨干，公路、水运、民用航空和管道组成的综合运输网基本形成。④覆盖全国、通达世界、技术先进、业务全面的国家信息通信基础网络初步建成。

截至2017年末，中国铁路营业里程达到12.7万千米，比1978年末增长1.5倍；其中高铁2.5万千米，占世界高铁总里程的66.3%，居世界第一位，以“四纵四横”为主骨架的高铁网基本形成。公路通车总里程477万千米，比1978年末增长4.4倍，其中高速公路13.6万千米，位列世界第一。可以说，中国基础设施建设成就显著，信息畅通，公路成网，铁路密布，高坝矗立，西气东输，南水北调，高铁飞驰，巨轮远航，飞机翱翔，天堑变通途。中国已初步形成现代化综合运输体系。

3. 建筑业持续快速发展，居民居住质量大为提高

改革开放40年来，建筑业房屋建设能力大幅提高，住宅建设成绩斐然，住宅建设规模连年增加，住宅品质明显提升。改革开放之前，人民的住房条件非常简陋，城市居民住房拥挤，农村居民很多人还住在土砖房里，采光、通风等情况非常糟糕，而且很多农村房子下雨天会有漏雨现象，改革开放后，尤其进入21世纪以来，居民住房条件大为改善，不仅追求住房实用性，还讲究美观性、舒适度等更高级别的要求。而且党的十八大以来，建筑行业继续加强住宅开发，增进人民福祉，全国住宅建设规模也不断跃上历史新台阶，满足了人民群众对更美好更高品质住宅的需求。而且我国部分建筑技术世界领先。40年来，中国建筑行业不断提升建筑设计水平，突出地域特征、民族特点和时代风貌，积极发展装配式混凝土和钢结构建筑。党的十八大以来，中国建筑施工技术水平再次实现了新跨越，高速、高寒、高原、重载铁路施工和特大桥隧建造技术迈入世界先进行列，离岸深水港建设关键技术、巨型河口航道整治技术、长河段航道系统治理以及大型机场工程等建设技术已经达到了世界领先水平。港珠澳大桥的建成，更是让世界震惊。

4. 科技事业不断发展，科技创新成果大量涌现

改革开放以来，国家不断加强科技队伍建设，创新完善人才政策，优化人才发展环境，科技队伍日益壮大，为国家发展汇聚强大智力支撑。2017年，按折合全时工作量计算的全国研发人员全时当量403.4万人年，比1991年增长5.0倍。按折合全时工作量标准，中国研发人员总量在2013年超过美国，连续5年居世界首位。改革开放以来，中国在高温超导、纳米材料、古生物考古、生命科学、超级杂交水稻、高性能计算机等一些关键领域取得重要突破。近年来，又在载人航天、探月工程、量子科学、深海探测、超级计算、卫星导航等战略高技术领域取得重大原创性成果，C919大型客机飞上蓝天，首艘国产航母下水，高铁、核电、特高压输变电等高端装备大步走向世界。在政策引导和改革推动下，全社会科技创新活力得到有效激发。2017年全国发明专利申请量138.2万件，连续7年居世界首位；科技进步贡献率提高到57.5%。

5. 国际竞争力显著提升

改革开放40年来，中国经济和社会发展取得了举世瞩目的成就，主要经济社会指标占世界的比重持续提高，居世界的位次不断前移。世界经济论坛《2015—2016年全球竞争力报告》显示，2015年，中国的国际竞争力在140个国家和地区中排名第28位，比2012年提高1位，在发展中国家名列前茅。《财富》杂志发布的世界500家最大企业（或称500强企业）排行榜显示，2015年，中国上榜企业达110家，比2012年增加15家，仅次于美国，居世界第二位。

（六）改革开放推动我国人民生活从贫穷落后转向全面小康

改革开放40年来，中国城乡居民收入水平呈现出大幅度增长态势，全国居民人均可支配收入由171元增加到2.6万元，中等收入群体持续扩大，人民生活从满足于吃饱穿暖转变到更加注重个性和享受的多层次消费。

1. 人均国民总收入不断迈上新台阶

随着国内生产总值的增长，中国人均国民总收入（GNI）也不断增加。1978年，全国人均GNI为200美元，远低于中等偏下收入国家；2016年提高到8 250美元（表12－2）远远高于中等收入国家的平均水平，与世界平均水平的差距也大幅缩小。1978年，中国人均GNI相当于世界平均水平的10.3%，2016年提高到80.0%，上升了69.7个百分点。在世界银行公布的人均GNI排名中，2016年中国排名第95位（共计217个经济体），比1978年（共计188个经济体）提高80位。

表12－2　世界各收入组及金砖国家的人均国民总收入

国　家	人均国民收入（美元）					
	1978年	1990年	2000年	2010年	2015年	2016年
世界	1 934	4 208	5 475	9 384	10 576	10 308
高收入国家	7 301	18 828	25 956	39 872	42 084	41 150
中等收入国家	520	849	1 218	3 627	4 995	4 891
中等偏上收入国家	687	1 186	1 905	5 969	8 393	8 176
中等偏下收入国家	316	479	547	1 534	2 065	2 078
低收入国家	224	291	232	502	624	614
中国	200	330	940	4 340	7 950	8 250
巴西	1 670	2 730	3 860	9 610	10 080	8 840
俄罗斯			1 710	9 980	11 760	9 720
印度	200	380	440	1 220	1 600	1 670
南非	1 550	3 280	3 020	6 160	6 070	5 480

资料来源：世界银行WDI数据库。

2. 人民生活水平不断提升，收入来源多样化

人民生活实现由贫困到总体小康的历史性跨越，正在向全面小康目标迈进。中华人民共和国成立初期，人民生活极弱极贫，挣扎在贫困线上。到1978年，人民群众的生活水

平虽然有所改善，但仍处在温饱不足状态。经过改革开放40年的发展，我国居民收入节节攀升，消费水平大幅提高。2017年，全国居民人均可支配收入25 974元，扣除价格因素，比1978年实际增长22.8倍，年均实际增长8.5%。全国居民人均消费支出18 322元，扣除价格因素，比1978年实际增长18.0倍，年均实际增长7.8%。40年间，我国居民用31年时间实现人均收入跨万元大关，用5年时间实现人均收入跨2万元大关，目前正向人均收入3万元大关迈进。

其中，中国农村居民人均纯收入从1978年的133.6元增加到2015年的10 772元；城镇居民人均可支配收入从1978年的343.4元增加到2017年的36 396元，比1978年实际增长14.4倍。1978年，中国城镇居民收入来源单一，主要是工资收入和少量的利息收入。到2017年，非工资性收入占城镇居民可支配收入的比重明显扩大，达39.0%。其中，经营净收入所占比重为11.2%，财产净收入为9.9%，转移净收入为17.9%。

在此基础上人民生活质量明显提高。20世纪80年代初期以前，全国居民消费是以吃、穿等基本生存需求为主。经过改革开放40年的发展，我国城乡居民恩格尔系数显著下降，人民生活水平明显提高。2017年，全国居民恩格尔系数为29.3%，比1978年的63.9%下降了34.6个百分点；城镇居民恩格尔系数为28.6%，比1978年的57.5%下降了28.9个百分点；农村居民恩格尔系数为31.2%，比1978年的67.7%下降了36.5个百分点。食物、衣着等基本消费品的消费质量极大提高，而且式样繁多，40年前，自行车、缝纫机、手表都还是大众眼里的奢侈品，而如今电视机、冰箱、洗衣机、空调等耐用消费品的消费量大幅增加，智能手机、平板电脑、汽车等高端消费品也进入了寻常百姓家。

3. 教育事业全面发展

改革开放40年来，中国教育事业全面发展，九年义务教育巩固率达93.8%。1978—2015年，全国高等教育毛入学率从0.7%提到43.4%，2015年全国高等教育毛入学率比中等收入国家高出10.1个百分点，比世界平均水平高7.7个百分点；中等教育毛入学率从1978年的54.9%提高到2015年的94.3%，2015年全国中等教育毛入学率超过中等收入国家平均水平16.5个百分点，远高于世界平均水平。

4. 民生不断改善，医疗卫生持续发展，预期寿命延长

改革开放40年来，中国全面推进幼有所育、学有所教、劳有所得、病有所医、老有所养、住有所居、弱有所扶，不断改善人民生活、增进人民福祉。我国建成了包括养老、医疗、低保、住房在内的世界最大的社会保障体系，基本养老保险覆盖超过9亿人，医疗保险覆盖超过13亿人，居民医疗卫生条件持续改善。2015年，全国享有卫生设施人口占总人口比重为76.5%，比1990年提高29个百分点，超过中等收入国家65.4%的平均水平。居民预期寿命由1981年的67.8岁提高到2017年的76.7岁，超过世界平均寿命5岁。尤其十八大以来，中国医疗卫生事业得到进一步发展。如2015年，婴儿死亡率降低到8.1‰，远远低于世界平均水平，也显著低于中等偏上收入国家平均水平。

5. 脱贫攻坚取得巨大成绩

联合国千年发展目标成功地帮助了全世界十亿多人摆脱极端贫困，中国在此领域取得了举世瞩目的成就，为世界减贫事业做出了巨大贡献。改革开放40年来，中国贫困人口累计减少7.4亿人，贫困发生率下降94.4个百分点，谱写了人类反贫困史上的辉煌篇章，是第一个提前实现千年发展目标贫困人口减半的发展中国家。按中国现行农村贫困标准（2010年价格水平每人每年2 300元）测算，1978年全国农村贫困人口为7.7亿，贫困发

生率为97.5%。2017年年末农村贫困人口3 046万人，比1978年减少7.4亿人；贫困发生率降低到3.1%，比1978年下降94.4个百分点，平均每年下降2.4个百分点。

总之，改革开放以来，中国经济保持了中高速增长，成为拉动世界经济增长的主要引擎，党的十八大以来，中国各项经济指标稳居世界前列，人民生活水平大幅提高，对世界经济稳定复苏做出了重要贡献。

二、中国经济发展面临的主要问题和矛盾

中国的经济发展虽取得了世界瞩目的成绩，在各个经济领域也取得了很好的发展，但毕竟中国的国情与所处的时代背景，决定了其综合经济社会发展还需承受诸多的考验。

（一）技术进步与扩散的效应减弱

在实行改革开放政策后的很长一段时间里，由于在科学技术、工业化水平与程度方面中国与发达国家存在较大差距，因此即便是利用发达国家落后或已经淘汰的技术，也能够推动中国经济实现快速增长。在经济发展到一定阶段后，那种单纯依靠技术模仿和学习的老路已经走不通了。一方面，低端技术的流入与扩散对经济的提升效应明显下降；另一方面，发达国家对新技术的扩散控制更加严格。为此，经济的高速增长和持续发展的动力必须转到依托自主研发和科技创新的路子上来。但由于科技创新基础薄弱、研发人员相对较少和资金投入不足等问题的长期存在，自主创新能力不强和缺乏核心技术已成为很多行业和企业的通病。虽然目前中国每年申请的专利和专有技术不少，但大都为外资企业或外国人所有。因此技术进步与扩散对经济发展的促进作用逐渐减弱将是未来中国经济面临的主要挑战之一。

（二）劳动力供给面临新的压力

随着劳动力人口下降、“刘易斯拐点”（劳动力过剩向短缺的转折点）加速到来、生育率持续走低以及老龄人口比例持续上升，长期以来支撑中国经济高增长的人口红利开始衰减。国家统计局数据显示，2016年中国65岁及以上人口占总人口的比例为10.8%，较十年前上升了2.9个百分点；0至14岁人口占总人口的比例为16.6%，较十年前下降了3.2个百分点。同时，由于城镇化速度放缓，农村劳动力向城镇转移的速度也随之放慢，从而导致劳动力成本不断上升。与人口结构的不利变化相伴而生的，还有人力资本形成步伐放缓。当前，中国经济的重心正从制造业向服务业、从中低端制造业向高端制造业转型升级，但高新科技人才匮乏状况的改善步伐不能满足国家对人力资本和知识资本的需求，人力资本的积累非常缓慢。

（三）能源资源与环境的制约加大

长期以来，能源资源是支撑中国经济高速增长的物质基础。中国虽是世界第二大经济体，目前GDP占世界经济总量约15%，然而中国经济高速增长在很大程度上是建立在资源的过度消耗甚至浪费的基础之上，并往往以牺牲环境和牺牲后代的机会获得，先前粗放型的增长方式消耗了过多的能源，并且带来不少的环境生态问题。2017年，全国338个地级以上城市，空气质量达标仅占1/4。特别是河北省空气污染居全国之首，据世界卫生组

织的2016全球空气污染数据库显示，中国空气质量最差的十个城市，前八名均位于河北省。中国经济的高速发展，对资源与环境带来了极大的压力。随着对外部能源资源的需求日益上升，能源资源瓶颈已成为中国经济发展的“软肋”，中国经济也由此与国际市场的能源资源供应风险密切联动。这其中，能源资源的可获得风险与价格风险尤其值得注意。能源资源的持续可获得，既要拥有较强的支付能力，也要保持供应来源的稳定性和能源资源的运输安全。并且，保持国际市场上能源资源价格的稳定更非易事。因此，能源资源瓶颈将是中国经济必须面临的长期问题，在未来相当长的一段时间内都难以得到彻底破解。与此同时，过去许多地区和领域以能源资源的粗放利用和环境污染为代价换取经济发展，导致生态环境问题日益突出，环境质量恶化的趋势仍未得到根本扭转。控制环境污染的存量和增量的持续上升，必须在未来的经济发展中加以统筹解决。

（四）产业结构的调整进入“阵痛期”

随着经济发展与资源环境的矛盾日趋尖锐，加快转变经济发展方式和调整经济结构刻不容缓。十八大以来，中国经济结构转型大致包括以下四个方面：以主要依靠内需来替代原来的主要依靠外需；以主要依靠消费替代原来主要依靠投资；以主要依靠社会投资替代主要依靠政府投资；以主要依靠高级要素投资替代主要依靠普通要素投入。但结构转型不得不付出相应的代价。化解过剩产能和优化产业结构必然会对一些行业和企业带来较大冲击，那些依然沿用传统生产和经营策略的企业将不得不面临被淘汰的命运。对全社会而言，结构转型还将导致劳动生产率降低。在工业化初期，劳动力从农业部门向制造业部门的大规模转移，意味着全社会劳动生产率的提升，因此支撑了经济的高速增长。产业结构的进一步升级将要求劳动力从制造业部门向生产率相对较低的服务部门转移，由此导致劳动生产率的提升速度放缓。

（五）经济发展的制度性障碍凸显

中国经济的腾飞与破除束缚经济发展的制度性障碍的改革密不可分。改革开放以来，中国多次推动各领域进行非常深入的改革，由此实现了经济上的快速发展。在经济发展的过程中，发展方式粗放，发展不平衡、不协调、不可持续等问题日益突出，一些不能适应新的发展阶段需要的旧体制和制度对经济发展的阻碍作用不断加大，一些深层次的社会矛盾也在不断累积。为了破除一切不利于科学发展的体制机制障碍，为发展提供持续动力，必须坚定不移地全面深化改革。基于此，党的十八届三中全会通过了《中共中央关于全面深化改革若干重大问题的决定》，并展现出新的历史时期党和国家空前的改革勇气和决心。但是，全面深化改革将触及深层次的社会关系和利益调整，统筹兼顾各方利益的任务艰巨，凝聚改革共识形成共同行动准则的难度加大，从而在很大程度上影响着促进技术和机制创新的新一轮改革的成效。

（六）发展的不平衡、不充分

当前，不平衡不充分已成为中国经济发展的最大瓶颈。不平衡主要表现为城乡发展不平衡、区域发展不平衡、产业发展不平衡、行业发展不平衡；不充分则主要表现为推进改革不充分、创新驱动不充分、对外开放不充分、要素供给不充分等。具体表现为：

1. 经济与民生发展不平衡

十九大报告指出：民生领域还有不少短板，是我们在发展中面临的困难和挑战。社会保障体系的公平性和统一性依然不足，社会力量与市场主体承担的多层次补充保障体系不发达，亟须通过结构优化提升社会保障的可持续性。“看病难、看病贵”依然是人民群众最为关心的民生“痛点”。2016 年，全国医疗卫生支出占 GDP 比重为 6.2%，仅与中高收入国家平均水平持平，远远低于高收入国家平均水平（12.3%）。乡村的基层医疗机构仍处于技术水平低、医疗效果差、高素质医疗人员紧缺的状态，导致乡村居民不得不舍近求远，一些常见病、多发病、慢性病都拥入大医院，加重了大医院的负荷。

2. 教育事业发展不平衡

据教育部发布的数据，2016 年，全国教育经费总投入为 38 866 亿元，占 GDP 比重为 5.22%，与美（5.38%）、英（5.68%）、法（5.49%）等发达国家相比仍有一定差距。学前教育阶段师生比仅有 9 省市达标，幼教职工缺口近 250 万人，是当前学前教育专业学生人数的近 10 倍。高中毛入学率比高收入国家约低 10 个百分点，高等教育毛入学率低 30 多个百分点。平均受教育年限仅为 10.4 年，与发达国家的 13 ～ 15 年存在一定差距。城乡义务教育发展差距较大，多数农村学校缺乏必需的教学设施和优秀师资，部分贫困地区学前教育普及率整体尚不足 90%。全面教育、终身教育、素质教育和学习型社会建设仍待加强，应试教育体制亟待改变，城乡间、区域间教育差距依然较大，技术技能型人才、大国工匠后备人才结构性缺口很大。

3. 区域发展不平衡

区域差异大、发展不平衡是中国的基本国情，东中西部的经济发展和民生幸福的差距仍未明显缩小。中国常住人口城镇化率已达到 58.52%，东部城镇化率已达 65.94%，接近发达国家水平，而中西部仅为 52.77% 和 50.19%。一些区域内部发展不平衡也较为严重，如京津冀地区，北京与天津发展较好而河北发展落后。即使在经济发达省份内部，也存在区域发展不平衡现象。广东省经济发展在全国名列前茅，珠三角是我国经济增长的重要引擎之一，但粤东西北地区却仍是全省发展的短板。

4. 金融与实体经济发展不平衡

近年来，中国实体经济结构性供需失衡，金融业发展过快，实体经济企业融资难、融资贵问题较为突出，实体经济占 GDP 比例从 2011 年的 71.5% 下降到 2016 年的 64.7%。这一不平衡的本质是金融资本资金脱实向虚，大量产业资本、金融资本、信贷资金、民间融资都涌向了房地产行业，金融机构表外融资大幅度增加，导致大量社会资本不但进不了实体经济，实体经济中保证正常生产经营的存量资本也被抽血进入金融体系牟利。2016 年金融业增加值占全国 GDP 的比例为 8.4%，超过美国、日本等几乎所有发达国家。金融“脱实向虚”严重削弱了金融服务实体经济的功能，而且近两年还有进一步扩大的态势。

5. 房地产与其他产业投资领域不平衡

十几年来，房地产业是发展速度较快的产业之一，工业地产、商业地产、体育地产、养老地产等与服务业和实体经济衔接的地产层出不穷，成为各个企业争相投资的领域。房地产长期高速增长已经显露出其对其他投资领域的挤出效应，同时导致水泥、钢铁等产业产能过剩。2012 年起，中国制造业 PPI 连续下降，同期制造业固定资产投资增速从 2011 年的 37.7% 下降至 2016 年的 4.2%，而 2016 年房地产开发投资增速 7.5%。在 2016 年下半年至今的房地产行政命令高压下，2017 年 1—10 月制造业固定资产投资增速 13.4%，超过房地产 5.6 个百分点。

展望未来，中国要在 2020 年实现全面小康目标，到 2050 年达到中等发达国家水平，如何克服经济发展中的阻力，保持经济的快速发展，进而实现我国的战略目标，已成为摆在全国人民面前的重大课题。

三、新时期中国经济发展的新思路

自十八大以来，中国的改革进入了新的阶段。为了顺应时代潮流和适应经济发展面临的新环境，中国提出了“创新、协调、绿色、开放、共享”的发展理念，创造性地规划了未来中国的发展道路和增长方式。

（一）准确把握经济发展阶段

经过 30 年的经济高速增长后，从大的历史阶段看，中国仍处在社会主义初级阶段；但从当前世界各国经济发展水平看，中国已经进入中等偏上的发展阶段。相比改革开放初期，中国经济面临的国内、国际环境发生了巨大变化。一方面，经济发展方式正从注重规模和速度的粗放型增长向注重质量和效率的集约型增长转型，经济结构正从以增量扩能为主转向化解过剩存量、提质增量并重调整，经济发展动力正从依托能源资源和劳动的传统增长点向以创新为支撑的新的增长点转变，社会主要矛盾由人民日益增长的物质文化需要同落后的社会生产之间的矛盾转化为人民日益增长的美好生活需要和不平衡不充分的发展之间的矛盾；另一方面，发达经济体对中国经济崛起的防范力度不断加大，在出口、技术转让、规则等方面对中国严加限制。因此，要准确分析判断我国经济发展的阶段性特征，提前布局创造新的经济增长点，尽早规避“中等收入陷阱”。

（二）培育技术竞争新优势

在传统技术领域，先进技术主要集中在欧美等发达国家；在新兴技术领域，发达国家同样拥有技术开发与创新的优势。要为经济崛起提供持续的技术支持，必须打破这种技术分配格局，跨越“技术鸿沟”，并在部分领域占据优势地位。一是加大对基础性研究的支持，鼓励普遍性的技术改进，为全社会的科技创新夯实牢固基础；二是为科研项目创造良好的融资环境，在进一步加大政府投入的基础上鼓励和引导社会资本参与科技创新活动；三是高度重视高精尖人才的培养和引进，健全人才培养、引进、使用和保护机制，激发科技人才的持久创新动力；四是推动企业与高等院校、科研机构的技术研发合作，推进产学研一体化发展，促进科技成果快速转化为现实生产力；五是推动在节能环保、新一代信息技术、高端装备制造、新能源、新材料等新兴领域的技术开发，力争取得突破性进展，创造相对于发达国家的优势地位。此外，还要创造机遇和条件继续加强同欧美等发达国家之间的高新技术合作。

（三）系统推进深化结构改革

在结构性因素持续压制需求的情况下，仅靠短期政策刺激不仅难以持续维持较高经济增速，而且还可能导致更为严重的经济问题。因此，解决经济问题的根本出路在于深化结构改革。在人口结构上，不断提高高素质人口的比例，加快人力资本积累。这包括加强职业技能培训和高精尖人才的培养，促进更多人口更高质量的就业；推动劳动力市场改革，在提高劳动力市场弹性和加强社会保障之间寻找更好的平衡；持续增加研发投入，在保护知识产权的原则下促进知识扩散和技术转移，将创新作为推动经济持续增长的关键动力。在需求结构上，一方面优化投资结构，提高投资效率；另一方面逐步实现更多依靠内需特别是消费需求拉动经济增长。在产业结构上，一方面逐步实现更多依靠服务业和战略新兴产业带动经济发展；另一方面大力推进新型工业化、新型城镇化和农业现代化，促进经济的转型升级。

（四）完善社会主义市场经济机制

为了破除不合时宜的旧体制机制的束缚，创造新的经济增长活力和动力，需要充分发挥市场在资源配置中的决定性作用，不断完善市场机制，提高资源配置效率。具体来说，它包括以下三个方面的内容：一是反对垄断，促进竞争。逐步打破部门分工的传统格局，反对行业垄断，促进各行业的自由竞争。二是放松管制。在加强监管的基础上放松管制，不断完善现有宏观经济治理规则的设计，促进全社会要素的自由流动。三是扩大开放。在加强宏观审慎的基础上循序渐进地扩大对内对外开放，推动开放不断向广度拓展和深度延伸。

（五）深度参与全球经济治理

为了给经济发展营造良好的外部环境，充分利用国际国内两个市场、两种资源，中国必须更加积极地参与全球经济治理，深度融入世界经济体系，并在国际经济规则的制定方面发挥更加重要的作用。在理念上，中国形成了“共商共建共享”的国际合作和全球治理基本理念，彰显了中国参与全球治理的开放性和包容性，得到了很多国家和地区的认同。在行动上，需要重点做好以下三点：一是以“一带一路”倡议为依托，加强国际产能合作，根据需要促进产能“走出去”和“引进来”的双向流动；二是加强同发展中国家的经济合作和政策协调，推动建立反映新兴经济体发展利益的国际规则；三是积极参与全球经济治理，积极应对发达经济体追求自身利益优先的政策调整，引领经济全球化朝着符合时代潮流的方向继续前行。

四、十八大以来的全面深化改革

自十八大以来，党和国家高度重视经济社会发展中存在的问题，不断推进改革，可以说中国的改革进入了新的历史阶段。党的十八届三中全会制定了中国在新的发展阶段全面推进改革开放事业的宏伟蓝图，提出了全面深化改革的指导思想、总体思路、主要任务、重大举措。

（一）国家政治体制顶层设计适应新的要求、获得新的突破

党的十八届三中全会提出：“全面深化改革的总目标是完善和发展中国特色社会主义制度，推进国家治理体系和治理能力现代化。”在长期以经济体制改革为核心的制度背景下，要推进国家治理体系和治理能力现代化，势必要对过去领导改革的行政部门本身进行改革，这就对改革领导者的决策效能和执行力提出了重大考验。

为了推进改革，中央先是设立了中央全面深化改革领导小组，有力提升了改革的决策效能，使过去总是被回避的改革议题，比如户籍问题、农村土地制度问题等，能够被集中力量突破各种利益羁绊获得正面突破。国家治理体系和治理能力提高还体现在我国社会主义民主政治的进步上。全面深化改革对加强社会主义民主政治制度建设提出了通过各项制度建设，丰富民主形式，从各层次各领域扩大公民有序政治参与，充分发挥我国社会主义政治制度优越性的总目标。

（二）反腐倡廉效果显著，依法治国有效推进

进一步推进改革，创建良好的经济发展环境，需要廉洁奉公高效的党员和公务员队伍。十八大以来党中央对腐败行为坚决查处，破除了过去一段时间党纪国法松懈滋生的各种潜规则，扫灭了贪腐猖獗的不良风气。中央对于滥权渎职的腐败分子，上至中央常委，下至乡村干部，不管是军方大将，还是地方大员，但凡触犯党纪国法，均依法予以严惩。这样大规模的反腐浪潮，党风得以清正，使全体党员干部受到深刻的教育，掌握权力行使权力的全体党员干部自觉地规范行使权力、自觉避免滥权渎职行为，这为规范政府权力的行使、保障市场主体的合法权益奠定了良好的基础。

在肃清腐败的基础上，中央通过确立依法治国的方略，希望从制度建设来从根本上国家的长治久安。2014 年 10 月底召开的党的十八届四中全会，通过了《中共中央关于全面推进依法治国若干重大问题的决定》。这是中国共产党历史上，第一次专门研究法治建设的中央全会。运用法治思维和法治方式推进改革，实现立法和改革决策相衔接，立法主动适应改革，成为全面深化改革的鲜明品格。从摸着石头过河到先立后破，在法治的轨道上来推进改革，最大限度地节约了改革的成本，同时也分担改革的风险。

（三）供给侧结构改革，成效显著

中国改革开放 40 年来的进程，实际就是从计划作为配置资源的主要手段逐渐变革成为市场成为配置资源的主要方式，市场经济逐步确立，并不断完善的过程。在这个进程当中，市场的力量从无到有、从弱小到壮大，直至党的十八届三中全会《中共中央关于全面深化改革若干重大问题的决定》提出，使市场在资源配置当中发挥决定性的作用，这在中国的改革开放和市场经济发展历史中，具有里程碑式的意义。

十八大以来，中国的经济发展面临着全新的环境和挑战。世界经济严重衰退，贸易保护主义抬头，世界经济格局面临新的洗牌。与此同时，国内土地、劳动力等要素价格越来越高，资源、环境的约束越来越紧，我国传统的经济发展模式和结构继续调整。中国经济面临着保持一定水平的增速和调整结构的两难困境。在这种经济新常态背景下，中央及时做出了供给侧改革的决定和布局，以习近平同志为核心的党中央带领中国人民，以前所未有的勇气和决心，开启了一场中国经济发展方式向更高形态发展的结构之变。深化供给侧结构性改革的深层次着力点，就是进一步处理好政府和市场的关系。这是经济体制改革的核心问题，也是结构之变的关键。党的十八届三中全会提出，“使市场在资源配置中起决定性作用和更好发挥政府作用”。

与此同时，国务院破除了大量行政审批事项，从根本上破除权力寻租的土壤。党的十八大以来，国务院各部门取消或下放行政审批事项 618 项；取消中央指定地方实施行政审批事项 283 项。中央政府层面核准的企业投资项目削减比例累计接近 90%。工商登记前置

审批事项中的87%，改为后置审批或取消。在市场体系建设中建立公平竞争审查制度。“简政放权、放管结合、优化服务”的改革得到了有效落实。十八大以来如此大力度的对不必要的行政审批的程序破除，极大地提升了市场经济的活力，毫无疑问是改革的重大突破。

可以说，十八大以来的改革开放取得了巨大成就，但改革开放没有完成时，只有进行时，在改革开放40周年之际，中国的改革开放事业仍然需要在诸多议题上深入推进。

第四节　中国经济的国际地位提升

四十多年前中国成为联合国的常任理事国，此后邓小平启动了中国经济的改革开放，使中国这个世界上人口大国以前所未有的速度，在经济、政治、外交和军事等各领域重新融入国际社会。2001年，中国加入了世界贸易组织，之后中国又成功举办奥运会、亚运会、世界博览会、首届中国国际进口博览会，发起设立多家国际机构，如上合组织、金砖国家组织、亚洲基础设施投资银行，提出共建“一带一路”倡议等。中国不仅实现了经济腾飞，其国际地位、国际影响力更是显著提高。在世界形势的发展变化中，中国越来越成为一个举足轻重甚至是不可或缺的因素。可以说中国是目前世界上最大、综合实力最强的发展中国家，中国在国际上的地位不断提高，在国际事务中的影响力不断增大，成为国际舞台上的一支重要力量。

一、中国国际地位和影响力显著上升

国际地位是指一个国家在国际体系中所处的位置，是该国在与其他国际行为主体相互联系、相互作用而形成的国际力量对比结构中的状态。衡量和评估一国国际地位主要看两方面因素：一是综合国力，二是外部世界。综合国力是国际地位和影响力的基础；外部世界是影响一国国际地位的重要因素，包括国际环境和外部联系。中国现在是世界上发展速度最快、变化最活跃的一支力量。从纵向看，中国正处在过去几个世纪发展最快的时期；从横向看，中国的发展变化正对世界产生广泛而深刻的影响。

（一）国际地位提升的基础是综合国力增强

综合国力是评价一国国际地位的根本依据。综合国力是指一个国家所拥有的全部实力和潜力，它是国家在国际社会中地位高低和作用强弱的主要标志，反映一个国家生存与发展的内在能力与在国际社会中发挥影响的外在能力的能力总和。

1. 中国通过改革开放，经济实力明显增强，对世界经济增长的贡献跃居全球首位

中国通过改革开放，将现代化规律和本国国情有机结合，走出了中国特色社会主义道路。21世纪头8年中国经济在世界的排位几乎是一年上一个台阶，2008年GDP达到4.4万亿美元跃居世界第三大经济体，2010年成为世界第二大经济体。从1978年到2017年，中国国内生产总值按不变价计算增长33.5倍，年均增长9.5%，平均每8年翻一番。2017年GDP折合12.3万亿美元，占世界经济总量15.2%，比1978年提高13.4个百分点，综合国力增长奠定了中国国际地位提升的基础。特别是自2006年以来，中国对世界经济增

长的贡献率稳居世界第一位。2017 年，中国对世界经济增长的贡献率为 27.8%，超过美国、日本贡献率的总和，拉动世界经济增长 0.8 个百分点，是世界经济增长的第一引擎（表 12－3）。

表 12－3　主要国家和地区对世界经济增长的贡献率

国家	对世界经济增长的贡献率（%）							
	1978 年	1990 年	2000 年	2010 年	2015 年	2016 年	2017 年	1979—2017 年
中国	3.1	2.8	8.3	21.5	27.7	31.6	27.8	18.4
美国	33.2	15.5	23.7	13.5	22.3	13.1	16.7	20.4
欧元区	20.1	28.1	19.8	9.5	12.9	12.6	13.8	13.1
日本	13.7	22.4	6.9	8.4	3.5	3.3	4.4	6.3
韩国	1.3	2.9	2.8	2.4	1.7	1.9		2.3①
墨西哥	3.5	2.7	2.1	1.9	1.5	1.5	1.0	1.5
巴西	2.7	－3.5	2.9	5.7	－4.4	－4.4	1.0	2.6
俄罗斯		－4.0	4.1	2.4	－2.3	－0.2	1.2	0.5②
印度	1.4	2.2	1.4	5.6	8.2	8.7	7.1	4.4
南非	0.5	－0.1	0.5	0.4	0.3	0.1	0.1	0.5

注：①为 1979—2016 年平均贡献率，②为 1990—2017 年平均贡献率。
资料来源：世界银行 WDI 数据库。

2. 中国与世界的关联度空前增强

中国广泛参与全球和区域合作，成为世界经济增长的重要动力。2007 年，中国对世界经济增长的贡献率首次超过美国，跃居世界首位。2008 年中国对世界经济增长贡献率近 22%。近几年，中国对世界经济增长贡献率超过 30%。中国同国际社会建立起千丝万缕的联系。中国积极参与国际和地区事务，履行应尽的国际义务，在反恐、防扩散、打击海盗等国际事务上发挥着负责任的建设性的作用，逐渐成为维护世界和平、促进共同发展的一支重要力量。

3. 除经济实力外，中国的军事、科技、软实力也持续上升

军事上，美国国防部认为，这 20 多年来中国的军费每年以两位数的速度增长，巨额的投入使中国的海军、空军等实力比 20 世纪 90 年代有显著的提升，军事活动范围扩大。科技上，航天活动取得突破性的进展，令全世界华人骄傲，令整个世界刮目相看。在软实力方面，中国发展模式得到越来越多的发展中国家和发达国家的认可，成为不少国家试图仿效的样板。此外，2016 年 10 月 1 日人民币加入国际货币基金组织特别提款权货币篮子，这在整体上有利于提高我国在国际货币体系中的话语权，以及国际上出现的汉语热、孔子学院，也表明中国的地位上升了，中国越来越受到世界的关注和认可。

4. 其他主要力量受到国际金融危机冲击而实力地位发生变化

美国在伊拉克战争后国际形象和软实力受损，其秘密监狱、虐待战俘等行径使美国“民主、自由、法治、人权”旗手形象大打折扣，国际地位和声誉下降。国际金融危机又使其自由市场经济模式受到冲击。俄罗斯受金融危机冲击较大，欧盟一体化进程放慢，日

本经济发展面临新困难，印度、巴西等发展中新兴大国受到金融危机影响较大。

（二）中国成为应对金融危机的重要力量

1. 中国应对金融危机采取的措施，不仅对本国经济，而且对区域经济乃至世界经济都产生了积极影响

金融危机以来中国及时调整宏观经济政策，形成了进一步扩大内需、促进经济增长的一揽子计划。在美欧日经济衰退的情况下，世界普遍寄希望于中国率先走出危机带领世界经济复苏。中国一再表明，将继续同国际社会加强宏观经济政策协调，推动国际金融体系改革，积极维护多边贸易体制稳定，为推动世界经济增长做出应有的贡献。可以说中国一直在向世界传递着战胜危机的“中国信心”。中国也确实做到了，带领世界经济较快地走出了危机。

2. 国际社会高度评价中国在应对金融危机过程中的积极姿态和果断行动

大多数国家认为中国的一系列举措展现出了世界上最大发展中国家的责任感。欧盟财政规划和预算事务委员达莉亚·格里葆丝凯特的观点颇有代表性：“虽然具体问题如何解决还需各方的磋商，但是可以肯定的是，如果没有中国的参与，这轮金融危机是无法完全得到解决的。”中国为国际社会共同努力应对金融危机发挥了重要的建设性作用，中国的国际地位和影响在金融危机后进一步提升。

（三）中国深入参与国际体系调整，牵动世界格局走向

国际金融危机推动国际金融体系改革拉开序幕。受金融危机影响西方国家深陷衰退，以中国为代表的新兴国家开始发出自己的声音，从金砖国家的迅速崛起到发展中国家有一席之地的二十国集团峰会，一个明显的趋势是：作为金砖国家中最大的经济体，中国正从世界舞台边缘位置向中心位置靠近。作为世界第一大外汇储备国、第二大进出口国、第二大经济体同时也是对世界经济增长贡献率最大的国家，中国在国际金融体系改革及国际秩序变革中的作用和影响备受瞩目。美欧等西方国家主动深化与中国的合作，新兴大国希望加强与中国的协调，发展中国家希望中国维护其利益，各国对中国的借重明显增强。中国在国际金融体系改革中的话语权提高，在联合国改革、气候变化谈判、粮食和能源问题等其他重要国际议题方面，中国的主张和建议也越来越受到重视。

同时，中国积极引领全球治理体系变革。在各种多边场合，中国坚定支持全球化进程，推动构建包容普惠的世界经济，倡导人类命运共同体理念，为国际社会指明了前进方向。中国正阔步走向全球治理舞台中央，成为全球治理体系的领导力量。

（四）“中国模式”等软力量大幅提升，推动发展模式多样化

金融危机彰显了中国特色社会主义的活力和影响力，提高了中国在国际事务中的话语权。中国特色社会主义既突破了传统计划经济的框框，又不盲目照搬西方资本主义的模式，而是将社会主义的基本制度与市场经济的运行方式相结合。在强有力的国有经济支持下，政府对市场进行有效的调控和监管，使得中国具有较强的规避危机与应对危机的能力。

一些舆论认为，在 20 世纪 90 年代“苏联模式”“东亚模式”“拉美模式”相继失败之后，“中国模式”为发展中国家在全球化背景下实现现代化提供了一种真正可行的“备

选方案”。美国前助理国防部长约瑟夫·奈等学者认为“中国模式”代表了世界发展模式的未来潮流。如果说欧洲“莱茵模式”和美国“盎格鲁－撒克逊模式”分别在19世纪和20世纪引领风骚，“中国模式”将主导21世纪。越来越多的发展中国家希望学习借鉴中国发展经验，“中国模式”的影响在全球范围日益彰显。

（五）中国广泛参与全球和区域合作，积极推动世界经济发展

改革开放后，中国广泛参与全球和区域合作，举办各种国际会议，发起设立多家国际或区域性组织，中国同国际社会建立起千丝万缕的联系，积极参与国际和地区事务，中国不仅成为世界经济增长的重要动力，也成为维护世界和平、促进共同发展的重要力量。

1. 举办各种国际会议

改革开放以来，中国成功举办奥运会、亚运会、世界博览会、新领军者年会（即夏季达沃斯年会）、博鳌亚洲论坛年会，通过努力，获得参加20国峰会，TPP会议等多项国际社会公认的重要会议资格。提出共建“一带一路”构想并付诸有效实施。设立自由贸易试验区、谋划中国特色自由贸易港、成功举办首届中国国际进口博览会。在国际贸易保护主义和单边主义抬头的背景下，中国成功举办了首届中国国际进口博览会，进博会有172个国家、地区和国际组织参会，3 600多家企业参展，其中包括了200多家世界500强和行业龙头企业；超过40万名境内外采购商到会洽谈采购。进博会作为迄今为止世界上第一个以进口为主题的国家级展会，在国际贸易发展史上具有开创性意义。可以说，首届中国国际进口博览会富有成效，广受赞誉，取得了圆满成功，进博会顺时应势，吸引力、感召力强，参展国别范围、展位面积、企业数量、企业质量、采购商规模、嘉宾人数都超出预期。

2. 发起设立多个国际组织

改革开放以来，为了促进本国经济的发展，促进地区或全球经济的发展，中国发起设立多家国际机构，如上合组织、金砖国家组织、亚洲基础设施投资银行等，有效地拉动了区域经济和发展中国家经济的发展。

（六）中国在联合国的影响力提升

中国一直为促进世界和平与发展不懈努力，随着中国经济实力的提升，中国更多的承担大国责任，为促进世界共赢献言献策献力，习近平总书记提出共建人类命运共同体，倡导“一带一路”，致力于世界和谐发展，这些努力得到了联合国的肯定与支持。当前美国日益退出多边领导和联合国活动，拒绝多边接触，放弃国际合作，这种情况下，中国正加快速度填补空缺，随着中国经济实力和财力增强，在联合国2019—2021年的预算中，中国超过日本成为第二大出资国，仅次于美国。中国对联合国常规预算和国际维和行动增加出资，将赋予中国额外的影响力。

二、提升中国国际地位的机遇

经济全球化以及世界经济格局多极化趋势，为中国走向国际舞台、进一步提升其国际影响力，带来了新的历史机遇。

（一）全面认识中国国际地位的复杂性

实力上升并不一定导致地位上升和影响力上升。邓小平指出："中国是个大国，另一方面实际上是小国，是不发达国家，或叫发展中国家。"中国是人口大国但还不是人力资源大国、人才强国。由于有将近 14 亿人口，不管多么可观的财力物力只要除以 14 亿那就成为很低的人均水平。这种既大又小、既强又弱的矛盾现状在相当长时期内都难以根本改变。这突出反映在经济上中国已成为当之无愧的经济大国但仍非经济强国。中国国内生产总值居世界第二，占世界经济总量约 15%，但人均 GDP 同发达国家相比还有很大差距，人均 GDP 只有美国的 1/7，仍然排在全球 70 多位。"中国制造"无处不在，但中国有自主创新能力的企业却屈指可数，我国发明专利授权中相当一部分为外国人所拥有。

同时随着中国综合国力不断提升，国际社会对中国的期待日益上升，要求中国承担更多国际责任。中国历来是国际社会中负责任的一员，始终以认真、负责的态度处理国际和地区事务。作为一个人口最多的发展中大国，中国的主要任务是首先把自己的事情办好，这是中国对自己、对世界承担的最大责任。对于中国来说也只有解决好自身发展问题才可能在世界上承担更大责任。而且，随着综合国力不断增强国际地位和影响不断上升，中国也应承担相应的国际责任为世界和平与发展做出新的更大的贡献。

（二）中国国际地位进一步提升的国际环境

1. 和平转型的国际体系，有利于中国渐进式地成为世界主要大国

当代国际体系转型的大趋势是从大国对抗为核心的传统特征向大国合作治理全球问题的未来特征转变。"和平与发展"将成为未来几十年国际体系的主导力量。中国的和平发展道路与当代国际体系转型是正相关的历史进程这是以往后起大国所没有的历史条件。

2. 世界经济增长步入新常态，为中国经济发展提供了稳定的外部条件

近年来，世界经济呈现出向更长历史时段的中低速增长回归的趋势。在影响世界经济增长的技术进步与扩散、人力资本、市场规模、制度条件、资源环境约束等中长期因素中，积极与消极因素并存，但总体趋于稳定。一方面，技术进步与扩散将对劳动生产率的提高产生正向作用，全球经济一体化和区域深度一体化的持续推进将为全球市场规模的扩大带来积极影响，国际经济制度变迁进展缓慢但一些经济体内部制度改革的效应正逐渐显现；另一方面，人口老龄化导致的劳动力供给数量下降，世界各国尤其是曾经历长期高速增长的新兴市场国家的资源环境约束也不断加大。这种世界经济总体稳定发展的趋势和环境为中国经济的发展提供了稳定的外部发展条件。

3. 在全球事务中各方对中国的借重和需求显著上升

虽然以联合国为主体的全球治理体系尚需完善，但国际社会认为主要国际组织应在现有架构基础上发展和演变，继续发挥而不是削弱联合国、世界贸易组织、世界银行、国际货币基金组织等机构的作用。中国是国际体系的积极建设者。各方对中国的借重和需求显著上升，中国在重大国际议题上的发言权和影响力上升，正从世界舞台的边缘走向中心，战略回旋空间大大拓宽。

4. 广大发展中国家整体实力和影响上升，是中国实现和平发展道路不可或缺的战略依托

进入 21 世纪以来，发展中国家开始进入经济高速增长的快车道。这不仅表现在"金

砖五国”对世界经济日益显著的影响力，而且出现了“钻石七国”迅速上升的势头，整个非洲经济也呈现前所未有的增长态势。这是世界历史上前所未有的现象。也就是说中国作为其中的一员不是孤军奋战，不是单兵崛起，发展中国家发展所遇的阻力会减小。

三、中国国际地位上升的障碍和挑战

虽然目前中国是世界上最大、综合实力最强的发展中国家，在国际上的地位不断提高，在国际事务中的影响力也不断增大，但中国要想迈入世界经济强国的行列，在国际社会上拥有相应的发言权，仍需继续努力，还将面临许多的挑战与困难。

（一）中国发展面临诸多内部困难

中国经济发展的内部困难，主要表现为发展的不平衡不充分和经济结构的层次不高。当前中国发展呈现一系列新的阶段性特征：经济结构不合理和粗放型经济增长方式还没有根本改变，城乡、区域、经济社会发展不够协调；人口资源环境压力加大；就业、社会保障、教育、医疗等民生问题依然突出；经济增长的资源环境代价过大；农业稳定发展和农民持续增收难度加大。北京、上海、广州、深圳等大城市，绝对不是中国的全部面貌。经济人均总量的中低层次是中国的特征，中国目前是大国但远没变成强国，要把低水平的量变成高水平上的量，其实还面临许多的问题和困难，还有很长的路要走。可以说这些内部问题是中国进一步发展面临的最大挑战。

（二）中国存在各种形式的潜在社会危机

这些危机不能小看，如独生子女造成的年龄结构问题、人口老龄化问题，今后中国的劳动力也许会短缺，劳动力价格会急剧上升，我们所有的竞争力可能改写，因为我国廉价的工业制造品依靠的就是廉价的劳动力，目前中国制造在国际社会上具备的成本优势主要还是依托廉价的劳动力，与欧美等发达国家相比，同工种我国的人工工资只有其四分之一左右；中国制造想要成为中国智造，还有一段距离。

（三）资源的有限性和生态的脆弱性

中国虽已成为世界第二经济大国，如果要高质量地成为第二经济大国或世界经济强国，资源上和生态上都将面临较大的挑战。目前中国经济的大发展很多都是依靠消耗资源和环境取得，许多地方由于十多年前的滥采乱挖出现了资源枯竭、生态环境遭到严重破坏，土壤肥力严重丧失等问题，为了恢复环境恢复生态，其实需要投入不少的资金。

（四）周边地缘环境的复杂多变性

中国周边邻国多，差异大，面临的安全压力大，热点问题多，如朝核问题、阿富汗问题、钓鱼岛问题等。中国的邻国如朝鲜、阿富汗、巴基斯坦等，其政局变化难以预测，中国与太平洋沿岸的邻国在海洋问题上矛盾也较多，生态恶化、河流污染、空气污染导致周边国家居民对我们产生敌对不满情绪。如所有的亚洲大河都来自中国，如果这些河流的上游生态遭到破坏，亚洲的一些国家都会受难于中国。

（五）中国与经济大国之间的利益与冲突并存

随着中国的经济总量越来越大，战略空间越来越大，大国之间战略冲突有可能上升。有效的处理这个问题，一是要提前做好措施预防这类冲突，二是要使共同利益的增长快于战略利益冲突的扩大。

（六）西方国家对中国的消极态度

在中国实力和国际地位持续上升的同时，由于意识形态、社会制度、价值观等差异，西方国家对中国的消极态度仍然没有改变，中国外部舆论环境仍存在较大压力和挑战。“中国威胁论”一直存在。中国总体的国际形象和国际声誉在西方主流舆论中没有根本改善，其基本面仍然是负面的，这在近几年的瑞典电视台公开辱华事件、德国著名服装定制网站（Spread shirt）售卖辱华 T 恤、意大利 D&G 筷子辱华事件等事件中可以窥见一斑。而且西方媒体经常拿中国的社会制度、意识形态、民生问题、宗教问题、民族问题来说事。而特朗普上台后采取的针对中国的一系列贸易壁垒措施，实质就是为了限制中国的发展。如何消除外部世界对中国的意识形态偏见，让更多的人接受中国特色社会主义道路创造一个客观友善的国际舆论环境，将是中国长期面临的挑战。

四、中国成为世界强国的方向和路径

十六大以来中国政府提出的“和平发展战略”，以及十九大提出“共建全球命运共同体”发展理念，使世界各国对中国的信任、肯定和信心有所增强。2017 年以来，在贸易保护主义和单边主义抬头的背景下，中国多次强调开放的大门不会关闭，只会越开越大，并成功举办首届中国国际进口博览会，获得国际社会一致好评。中国要向世界经济强国迈进，持续获得国际社会的认同，应从以下方面作出努力。

第一，坚持和平发展、和谐发展、共同发展，维护世界共同安全、共同利益。全球一体化将全球经济更紧密地连接起来，全球可以说是一个利益密切相关的命运共同体，只有坚持和平发展、共同发展，实现多赢，实现各国经济的共同前进，共同发展，才是趋势。如果一国的发展只是建立在独立强大，甚至建立在掠夺他国的基础上，是不可行的，也是不可能长久的。

第二，量力而行，有所作为；不挑战霸权，不称霸；主持公道，保持平衡。中国过去提“韬光养晦、有所作为”，现在应该转变为“量力而行、有所作为”。根据本国的实力，该做多少就做多少。主持公道、保持平衡，反对强权主义、霸权主义是要主持公道，但也不能过，需要保持平衡。

第三，渐进改革，兼顾各方；立足当前，放眼长远。40 年的改革开放中国发生了巨大变化，每每在重要的时刻，党中央、国务院都非常及时地调整了政策，顺应了形势的变化，维持了持续发展的势头。同时也有一些问题需要面对，到底怎样面对过去近 100 多年的历史，怎样面对现实不公平的国际秩序，怎样面对在国际上常常遇到的歧视性的对待，这些都都会在发展过程中遇到的新问题，需要通过发展来进一步解决。

总的来说，中国正处在从地区大国走向世界大国的历史进程之中，中国的国际地位不是单一的、静态的，而是复合的、动态的。中国的国际地位内在蕴含着大和小、强和弱的对立统一，具有复杂性、快速多变性。

展望未来，在以习近平同志为核心的党中央坚强领导下，中国经济社会发展将会取得更大成就，对世界经济增长的贡献将更为突出，中国国际地位会进一步提高，国际影响力将进一步增强。

本章小结

改革开放后，中国经济能够取得飞速地发展，创造了经济增长的奇迹，与中国良好的自然条件，稳定的政治和法律社会环境以及劳动力人口众多带来的人口红利等密不可分。中国的改革开放使中国成功实现了从高度集中的计划经济体制到充满活力的社会主义市场经济体制的历史性转变，社会主义市场经济体制在探索中逐步建立和完善，极大地解放了生产力，为中国特色社会主义的发展带来蓬勃生机。中国通过实行对外开放政策，实现了大力发展和拓宽对外经济关系，融入世界经济之中，从封闭、半封闭到全方位开放的伟大历史转折，基本形成了全方位、多层次、宽领域的对外开放格局。

改革开放以来，中国国民经济持续、快速发展，综合国力不断提高，对世界经济的发展做出了巨大贡献，中国在世界经济中的地位也由此发生了根本性的转变。十八大以来，中国共产党提出“五位一体”的发展战略和构建人类命运共同体的理念，有理由相信中国社会经济将取得高效高质的发展，中国将为世界经济的持续发展做出更大贡献。

思考与练习

1. 描述和分析当代中国地理环境、政治与法律环境、国际环境等基本国情。
2. 中国的改革开放取得了哪些成效？有哪些可借鉴的经验？
3. 中国国际地位提高的主要表现有哪些？其意义如何？
4. 中国未来社会经济发展将面临哪些国际、国内方面的挑战？
5. 试述现阶段中国深化改革开放的主要途径。

参考文献

[1] 程恩富，朱富强. 经济全球化与中国的对策思路 [J]. 上海行政学院学报，2000 (4).

[2] 郝占辉，马志嵘. 经济全球化的历史进程考 [J]. 商场现代化，2008 (23).

[3] 李伟. 为实现“一带一路”的美好前景积累正能量 [J]. 管理世界，2015 (11).

[4] 张蕴岭. 如何认识“一带一路”大战略 [J]. 中国经济报告，2015 (5).

[5] 刘丽坤. 世界人口增长渐呈集中化趋势 [J]. 社会科学报，2017.

[6] 辛翠玲. 特朗普政府经贸战略探析：“美国优先”的国际贸易新秩序 [J]. 当代美国评论，2018 (9).

[7] 刘敬东. 多边体制 VS 区域性体制：国际贸易法治的困境与出路——写在 WTO 成立 20 周年之际 [J]. 国际法研究，2015 (9).

[8] 张帆. 国际公共产品理论视角下的多哈回合困境与 WTO 的未来 [J]. 上海对外经贸大学学报，2017 (7).

[9] 刘丹，李宏瑾. “二战”后发达国家货币政策变迁及对我国的启示 [J]. 金融与经济，2011 (6).

[10] 刘洪钟. 论新世纪发达国家经济体制的调整 [J]. 世界经济与政治论坛，2000 (6).

[11] 闾海琪. 国际组织关于发达国家和发展中国家的界定 [J]. 调研世界，2016 (7).

[12] 吴润生，姚淑梅，李大伟等. 金融危机以来发达国家宏观调控的经验及借鉴 [J]. 宏观经济管理，2013 (10).

[13] 文淑惠. 西方主要发达国家金融体制改革研究综述 [J]. 云南金融，1995 (2).

[14] 十国社会保障改革课题组. 西欧发达国家社会保障制度及政策的最新改革动向 [J]. 经济学动态，1994 (3).

[15] 张志强，田倩飞，陈云伟. 科技强国主要科技指标体系比较研究 [J]. 中国科学院院刊，2018 (10).

[16] 谢汪送. 比较与借鉴：发达市场经济国家的宏观调控模式 [J]. 经济视角（下），2008 (4).

[17] 吴润生，姚淑梅，李大伟等. 金融危机以来发达国家宏观调控的经验及借鉴 [J]. 宏观经济管理，2013 (10).

[18] 全毅. 全球区域经济一体化发展趋势及中国对策 [J]. 经济学家，2015 (1).

[19] 陈军亚. 西方区域经济一体化理论的起源及发展 [J]. 华中师范大学学报，2008 (11).

[20] 潘兴明. 英国对欧政策新取向 [J]. 外交评论，2014 (4).

[21] 孙兴杰. 英国的脱欧困境与欧盟的裂解 [J]. 中国经营报，2018 (12).

[22] 徐秀军. 中国经济发展的新环境与新思路 [J]. 当代世界，2017 (9).

[23] 陶大镛. 世界经济学的研究对象 [J]. 世界经济，1980 (4).

[24] 何曙荣. 非洲联盟研究（2002—2017）[D]. 上海师范大学，2018 (5).

[25] 杨金琼. 论非洲联盟的成立与发展 [D]. 湘潭大学，2007 (4).

[26] 潘成. 石油输出国组织集体行动问题研究 [D]. 复旦大学，2014 (5).

[27] 张幼文，金芳. 世界经济学（第 4 版）[M]. 上海：立信会计出版社，2017.

[28] 池元吉，李晓. 世界经济概论（第 3 版）[M]. 北京：高等教育出版社，2013.

[29] 尤盛东. 世界经济概论（第 2 版）[M]. 北京：北京师范大学出版社，2015.

[30] 范跃进. 世界经济概论 [M]. 济南：山东人民出版社，2012.

[31] 张曙霄，吴丹. 世界经济概论 [M]. 北京：经济科学出版社，2008.

[32] 郭吴新，池元吉等. 世界经济 [M]. 北京：高等教育出版社，1989.

[33] 赵莉，王振峰. 世界经济学 [M]. 北京：中国经济出版社，2008.

[34] 宋则行，樊亢. 世界经济史（修订本）[M]. 北京：经济科学出版社，1998.

[35] 郑必坚. 当代世界经济 [M]. 北京：中共中央党校出版社，2003.

[36] 陈漓高，杨新房等. 世界经济概论［M］. 北京：首都经济贸易大学出版社，2006.
[37] 杨培雷. 国际经济学（第3版）［M］. 上海：上海财经大学出版社，2017.
[38] 简·阿特·斯图尔特. 解析全球化［M］. 王艳莉，译. 长春：吉林人民出版社，2010.
[39] 洪功翔. 政治经济学［M］. 合肥：中国科学技术大学出版社，2012.
[40] 孙聆轩，林建. 世界经济地理［M］. 北京：石油工业出版社，2017.
[41] 张永安，孙定东. 世界经济概论［M］. 上海：上海人民出版社，2011.
[42] 高连廷. 世界经济概论［M］. 北京：对外经济贸易大学出版社，2010.
[43] 王长义，狄琳娜. 世界经济概论［M］. 北京：对外经济贸易大学出版社，2010.
[44] 黄梅波. 世界经济学［M］. 上海：复旦大学出版社，2007.
[45] 赵莉，王振芳. 世界经济学［M］. 北京：北京出版社，2006.
[46] 俞坤一，马翠媛. 新编世界经济贸易地理［M］. 北京：首都经济贸易大学出版社，2004.
[47] 王娟，崔朝东. 世界经济概论［M］. 北京：中国统计出版社，2004.
[48] 张麦花，贺建平. 世界经济概论［M］. 北京：中国物价出版社，2002.
[49] 张幼文，屠启豪. 世界经济概论［M］. 北京：高等教育出版社，2001.
[50] 尤盛东. 国际贸易理论（第2版）［M］. 北京：北京师范大学出版社，2016.
[51]《世界经济概论》编写组. 世界经济概论［M］. 北京：高等教育出版社，2011.
[52] 梁琳琳. 欧佩克产量行为不确定性及其对国际油价波动的影响研究［M］. 北京：经济科学出版社，2012.
[53] 孙黎. 金融学基础［M］. 北京：中国人民大学出版社，2018.
[54] 冀玉玲，郝尉君等. 金融学概论［M］. 北京：北京交通大学出版社，2015.
[55] 沈国兵. 国际金融（第3版）［M］. 北京：北京大学出版社，2018.
[56] 徐荣贞. 国际金融概论（第3版）［M］. 北京：中国金融出版社，2016.
[57] 刘园. 国际金融（第3版）［M］. 北京：北京大学出版社，2017.
[58] 宿玉海，卫娴. 国际金融学（第2版）［M］. 北京：经济科学出版社，2017.
[59] 刘淄，李根忠. 国际金融［M］. 北京：清华大学出版社，2017.
[60] 韩宗英，伏琳娜. 金融营销［M］. 北京：清华大学出版社，2016.
[61] 窦祥胜. 国际金融［M］. 北京：中国人民大学出版社，2017.
[62] 池元吉，李晓. 世界经济概论（第3版）［M］. 北京：高等教育出版社，2013.
[63] 薛求知. 当代跨国公司新理论［M］. 上海：复旦大学出版社，2007.
[64] 杨培雷. 跨国公司经营与管理（第2版）［M］. 上海：上海财经大学出版社，2015.
[65] 张继康. 跨国公司与直接投资［M］. 上海：复旦大学出版社，2005.
[66] 杭言勇，尹国俊. 世界经济概论［M］. 北京：机械工业出版社，2010.
[67] 张永安，杨逢珉. 世界经济概论［M］. 上海：上海人民出版社，2010.
[68] 邓宗豪. 欧洲经济一体化进程：历史、现状与启示［M］. 成都：四川大学出版社，2011.
[69] 陆雄文. 管理学大辞典［M］. 上海：上海辞书出版社，2013.
[70] 崔日明，任靓. 世界经济概论（第二版）［M］. 北京：北京大学出版社，2013.
[71] 刘嗣明等. 世界市场经济模式及其最新演进（上卷）［M］. 北京：经济科学出版社，2008.
[72] 王凯. 国际贸易地理［M］. 北京：清华大学出版社，2017.
[73] 林毅夫. 繁荣的求索：发展中经济如何崛起［M］. 北京：北京大学出版社，2012.
[74] 李晓. 东亚奇迹与"强政府"［M］. 北京：经济科学出版社，1996.
[75] 江时学. 拉美发展模式研究［M］. 北京：经济管理出版社，1996.
[76] 约瑟夫·E·斯蒂格利茨著，王玉清译. 东亚奇迹的反思［M］. 北京：中国人民大学出版社，2013.
[77] 曹吉云. 发展中国家的贸易政策选择［M］. 北京：北京大学出版社，2017.

[78] 程伟. 世界经济十论 [M]. 北京：高等教育出版社，2004.
[79] 黄卫平，彭刚. 发展经济学 [M]. 成都：四川人民出版社，2003.
[80] 王文，刘英. 金砖国家：新全球化的发动机 [M]. 北京：新世界出版社，2017.
[81] 黄梅波. 国别与地区经济 [M]. 北京：高等教育出版社，2010.
[82] 吕向生. 国际贸易地理（第2版）[M]. 北京：对外经济贸易大学出版社，2015.
[83] 丁溪. 美国经济 [M]. 北京：中国商务出版社，2006年.
[84] 冯昭奎. 日本经济 [M]. 北京：中国社会科学出版社，2015.
[85] 王玉芬，田东霞. 俄罗斯经济 [M]. 北京：中国经济出版社，2017.
[86] 于志达. 国际贸易地理 [M]. 北京：清华大学出版社，2010.
[87] 竺仙如. 国际贸易地理（第五版）[M]. 北京：中国商务出版社，2007.
[88] 程鹏飞. 中国地理国情蓝皮书（2017）[M]. 北京：测绘出版社，2018.
[89] 中共中央文献编辑委员会. 邓小平文选 [M]. 北京：人民出版社，2004.
[90] 中共中央文献编辑委员会. 江泽民论有中国特色社会主义 [M]. 北京：中央文献出版社，2002.
[91] 胡锦涛. 坚定不移沿着中国特色社会主义道路前进，为全面建成小康社会而奋斗 [M]. 北京：人民出版社，2012.
[92] 高尚全. 中国改革开放四十年——回顾与思考 [M]. 北京：人民出版社，2018.
[93] 田克勤. 中国特色社会主义理论与实践研究 [M]. 北京：中国人民大学出版社，2015.
[94] 习近平. 在庆祝改革开放40周年大会上的讲话 [M]. 北京：人民出版社，2018.
[95] 中共中央马克思恩格斯列宁斯大林著作编译局. 马克思恩格斯文集（第5卷）[M]. 北京：人民出版社，2009.
[96] 国家统计局. 改革开放40年经济社会发展成就系列报告 [EB/OL]. http：//www. stats. gov. cn20180827.
[97] 国务院三部委联合发布. 推动共建“一带一路”的愿景与行动 [EB/OL]. 中国政府网：http：//www. gov. cn/guowuyuan/2015－06－27.